근세 일본의
국제관계와 대외인식

동아대학교 역사인문이미지연구소 총서 04

근세 일본의
국제관계와 대외인식

신동규 지음

경인문화사

서 문

일반적으로 '국제관계'(이하 문맥에 따라 따옴표 생략)라고 말할 때, 그 시대적 배경은 근대 아니면 현대를 떠올리는 경우가 많다. 하지만, 전근대 국가들도 국가권력의 유지와 인민의 지배를 위해 제 외국과 끊임없는 관계를 맺을 수밖에 없었고, 또한 국제관계는 자국의 이권과 평화 유지를 위한 다른 무엇보다도 중요한 수단이었다. 더군다나 본서의 대상 시기인 근세 일본은 자급자족만으로는 국가를 영위할 수 없었기에 제 외국과의 인적·물적 교류와 통신·통상의 관계는 필수적이었고, 그렇기 때문에 외국과의 관계를 통신국(通信國)·통상국(通商國)으로 그 대상을 분별하여 관계를 유지하고 있었다는 것은 널리 알려져 있다. 즉, 한 국가의 국제관계라는 네트워크의 형성은 해당 국가권력의 대외적 영속과 대내적 안정의 토대라고 말할 수 있는 부분인 것이다. 그러나 국제관계는 자국중심주의라는 일종의 에스노센트리즘 속에서 추진될 수밖에 없는 한계성을 원초적으로 지니고 있고, 이것이 국가 간의 갈등, 또는 여기서 촉발되는 전쟁이라는 최악의 결말을 초래하기도 한다.

에도시대라 불리는 근세 일본도 위의 경우에 벗어나지 않는다. 물론 에도시대에 국가권력 간의 전쟁이라는 결말까지 치달은 역사적 내력은 없지만, 자국의 이권을 위해 수많은 대외적 갈등이 내재하고 있었으며, 이러한 국제관계는 실제 막말 시기에 러시아의 남하와 서유럽 국가들의 일본 진출과 함께 내부에서 침략주의적인 사상을 발현시키고 있었다. 이것은 세계사의 변화 속에서 근세 일본의 국제관계 범주가 변화·확산하는 과정과

연동된 것이다. 그렇다고 필자가 근세 일본에 싹텄던 타국에 대한 침략주의적 사상의 발현이 세계사의 변화와 국제관계에만 그 원인이 있다고 보는 것은 결코 아니다. 여기에는 당연히 근세 일본의 내적 변화와 사상의 변화가 존재한다. 그렇기에 필자는 근세 일본사를 연구하면서 외적인 '국제관계'와 내적인 '대외인식'이라는 두 개의 키워드를 가지고 그 상관관계를 어떻게 규명할 수 있을까에 대한 고민을 끊임없이 해왔으나, 그 고민은 여전히 해결되지 못한 채 오히려 근세에서 근대로 연구 대상 시기를 확대해 가며 더 많은 의문과 궁금증들이 파생되고 있다. 이에 대해서는 지속적으로 연구를 추진해나갈 계획이지만, 다만 지금까지의 연구를 정리해두고 문제점을 재고·확인할 필요성도 있기에 본서의 출간을 계획하게 되었다.

본서에서 말하는 '국제관계'와 '대외인식'이라는 두 개의 키워드는 모두 외적 개념과 결부되어 있어 '대외관계'라고도 볼 수 있지만, 자국의 국가권력에서 본 '대외관계'만이 아니라, 자국을 제외한 국가권력들 사이의 관계까지도 포괄적으로 검토할 필요가 있다. 그렇기 때문에 국제관계라는 용어를 사용한 것이며, 그러한 의미에서 본서의 제명을 『근세 일본의 국제관계와 대외인식』이라고 정한 것이다. 수록된 논고들은 그간 발표한 논고 중에서 10편의 논고를 선별한 것이며, 이를 두 개의 테마로 나누어 제1부에서는 「국제관계와 대외정책의 변화」라는 부제로 5편의 논고를, 제2부에서는 「대외인식과 영토관의 변화」라는 주제로 역시 5편의 논문을 분류하여 수록하였다. 각 논고를 장으로 삼았고, 통일성을 갖추기 위해 제목과 함께 상당 부분 내용도 수정·보완·가필하였는데, 논문의 출처는 본서 「범례」부분에 기재하여 밝혀두겠다. 우선 그 개략적인 내용은 아래에 같다.

제1부 「국제관계와 대외정책 변화」의 제1장 「전근대 서유럽 세계의

진출과 에도막부의 국제관계 변화」에서는 15세기 대항해시대 이래 서유럽 국가들, 즉 포르투갈·스페인·네덜란드 등의 일본 진출에 따른 그리스도교 금교와 '해금' 정책 및 국제관계의 변화를 살펴보았고, 제2장 「근세 '일본형 화이질서'로 본 국제관계 재고(再考)」에서는 이러한 국제관계가 어떠한 '국제질서'로 발현되었는가를 고찰하면서 주변 국가가 인정하지 않는 이른바 일본 중심의 허상적 '화이질서'의 문제점을 재고해 보았다. 제3장 「'시마바라(島原)·아마쿠사(天草)의 난'으로 본 아마쿠사 시로(天草四郎)의 신격화와 근세적 내셔널리즘」은 1637년 10월에 발발한 일본 최대 종교 반란의 지도자였던 아마쿠사 시로의 신격화 과정과 함께 이 '난'이 근세 일본에 어떤 내적 변화를 초래했는지를 검토한 것이며, 제4장 「'시마바라(島原)·아마쿠사(天草)의 난'으로 본 에도막부와 네덜란드의 공조(共助) 관계」는 전술한 '난'의 진압과정에 네덜란드가 참전하여 막부와 공조하면서 이후 일본과 네덜란드와의 국제관계가 또 다른 서유럽 국가에 대한 배타성을 띠면서 통상국으로 정착하게 되는 원인을 살펴보았다. 제5장 「근세 일본의 해난구조정책과 '4개의 창구'」에서는 전근대 국제관계 속에서 필연적으로 발생한 중국·조선·류큐·네덜란드 선박 등의 해난사고에 대한 구조정책과 이를 효율적으로 관리·통제하기 위한 항구의 설정을 이른바 근세 '4개의 창구(四つの口)'와의 관계에서 살펴본 것이다.

제2부 「대외인식과 영토관 변화」의 제6장 「중근세 일본의 사찬지도(私撰地圖)로 본 '삼도영토관(三島領土觀)'」은 당대 일반에 널리 퍼진 사찬지도를 이용해 중세부터 근세에 이르기까지 일본의 영토관이 규슈(九州)·시코쿠(四國)·혼슈(本州)의 '삼도(三島)'와 주변의 부속 도서로 한정되어 있었다는 점에서 '삼도영토관(三島領土觀)'을 주창한 것이며, 제7장 「근세·근대

일본의 관찬지도(官撰地圖)로 본 영토인식 변화」는 근세부터 근대 메이지 시대 초기에 이르기까지 일본인의 영토인식의 변화를 국가권력이 제작한 관찬지도로 살펴본 것으로 역시 막말 시기까지는 전술한 '삼도영토관'을 벗어나지 못했었고, 그 이후에 에조치(蝦夷地, 현재 홋카이도[北海道]와 그 주변 지역)를 포함한 '사도영토관(四島領土觀)'이 출현하고 있음을 밝혔다. 제8장 「전근대 조어도제도(釣魚島諸島)에 대한 중·일의 영토인식」에서는 중일 간의 영토분쟁 지역으로 지금도 그 분쟁의 불씨가 강하게 남아있는 조어도(댜오위다오[釣魚島]·센카쿠도[尖閣島])에 대한 양국의 영토인식을 살펴보았다. 이는 중근세 시기 류큐책봉사(琉球册封使)의 기록과 고지도를 이용한 것으로 본서 제6·7장에서 다룬 '삼도영토관'의 연장선상에서 일본의 남방지역에 대한 대외인식과 영토관을 파악한 논거이다. 제9·10장은 일본의 북방지역에 대한 대외인식과 영토관을 고찰한 것이다. 제9장 「근세 후기 『赤蝦夷風說考』를 통해 본 일본의 북방인식과 에조치(蝦夷地)」에서는 구도 헤이스케(工藤平助)의 『赤蝦夷風說考』를 중심으로 18-19세기 일본의 에조치에 대한 근세 일본의 북방인식을 고찰한 것으로 이를 통해 1799년 에조치의 막령화가 막부의 북방정책에 큰 전환점이 된 것은 분명하지만, 당시 에조치는 경제적 관념에서의 개발이 중요했지 영토적 관념에서의 개발론은 아니었다는 점을 명확히 했다. 제10장 「근세 후기 경세론가(經世論家)의 에조치에 대한 침탈적 인식의 변화」는 전술한 제9장의 연관 속에서 근세 후기 구도 헤이스케·하야시 시헤이(林子平)·혼다 도시아키(本多利明)·사토 노부히로(佐藤信淵) 등의 이른바 경세론가들의 에조치에 대한 인식이 경제적 침탈에서 영토적 침탈로 변화되었고, 에조치가 대륙침략 루트의 교두보로 설정되고 있었음을 살펴본 것이다.

즉, 본서의 제1부는 에도막부 성립 후 서유럽과의 국제관계를 조정하면서 막번체제의 안정을 위해 자기중심적인 국가체제를 형성했고, 1637년 '시마바라·아마쿠사의 난'을 거치면서 보다 강화된 그리스도교 금교정책을 토대로 네덜란드·중국·조선·류큐를 제외한 이국과의 배타적이고 차별적인 국제질서를 재정립하게 되는데, 이것이 바로 이른바 '해금·쇄국'이라는 대외통제책으로 발현되는 맥락을 도출한 것이다. 제2부는 전근대 일본의 관찬·사찬 고지도를 통해 당시의 일본인들은 혼슈·규슈·시코쿠를 중심으로 한 전통적 '삼도영토관'의 고착과 에조치를 포함한 '사도영토관'으로의 변화, 그리고 전근대 일본의 남방(조어도)과 북방에 대한 영토인식(에조치)의 제상을 살펴본 것이다. 근세 시기에 에조치 문제를 포함해 현재도 지속되고 있는 일본의 영토분쟁, 명확히 말하면 '조어도제도'나 러시아와의 사이에서 일본 북방지역 4개 섬의 영토문제는 결국 막말과 메이지정부의 제국주의 팽창 과정에서 시작된 문제로 이들 지역이 막말 이전까지 일본 고유의 영토인식 범위에서는 벗어나 있었다고 평가할 수 있다.

한편, 본서를 출판하는데 다소간의 어려움이 있었다. 원래 출판을 계획한 것은 10여 년 전의 일인데, 약간 게으른 성격에 이 핑계 저 핑계로 미루어 왔었고, 더욱이 2022년 6월에는 몸에도 이상이 생겨 더더욱 출판이 늦어졌다. 이 때문에 가족들과 주위 분들에게 걱정을 끼치기도 했지만, 지금은 많이 좋아진 상태로 이렇게 졸저나마 출판하게 되어 다행이라 생각하고 있다. 특히, 집사람에게는 너무나 많은 고생과 짐을 안겨 미안한 마음뿐이다. 우연인지, 문득 서문을 마무리하며 생각해 보니 오늘이 진단을 받은 지 만 1년이 되는 날이다. 1년인데 어제 같은 생각이 든다. 시간은 아무튼 잘 지나가는데, 왜 이리 고민과 생각은 많아지는지 모르겠다. 이것도 부질 없으려나 라는 생각을 순간 떠올려 본다.

 끝으로 항상 느끼는 것이고 또 고치려 해도 고쳐지지 않았던 것이지만, 필자의 투박하고 거친 문투가 한 두 곳이 아닌데, 이점 독자분들께 양해를 구한다. 더불어 이 책의 출판을 쾌히 받아준 경인문화사 한정희 대표와 편집에 고생하신 여러분들께 감사의 말씀을 드리며 서문을 맺는다.

2023년 6월 20일
동아대 연구실에서

범례

1. 연도 표기는 서기를 기준으로 본문의 이해에 필요할 경우 괄호에 관련 국가의 연호를 표기한다. 단, 각 장(章)의 첫 출현 연도에만 연호를 표기하며, 이후 생략한다.
   예) 1627년(仁祖5), 1635년(寬永12).

2. 동서양 사료에 따라 양력과 음력이 사용되고 있어 본서에서는 기본적으로 음력을 사용한다. 다만, 서양 기록의 경우에는 원문의 양력 날짜를 필요에 따라 표기하되 문맥의 이해를 위해 괄호 안에 '음:월.일'로 음력을 표기한다.
   예) 1637년 12월 12일(음:10.26).

   ※ 참고로 본서에서 연대·음력·양력·연호 등은 한국의 경우, 한국과학기술정보연구원(KISTI)의 「한국의 표준연력」(http://manse.kisti.re.kr), 일본의 경우에는 「單位換算(計算: CASIO)」(https://keisan.casio.jp)의 「こよみの計算」을 이용했음 (두 곳 모두 2022년 7월 20일 확인).

3. 인명과 지명은 해당 국가의 원음대로 표기하며, 한자음이나 서양어 표기는 괄호에 기재한다. 단, 각 장의 첫 번째 출현에만 표시하는데, 괄호 '( )' 안에 다시 한자음이나 서양어 표기를 할 경우에는 '[ ]'를 이용하고, 이후 같은 인명·지명이 표기될 경우는 해당 국가의 원음을 한글로 표기한다. 예외적으로 내용의 이해를 위해 괄호 안에 한자를 반복하여 표기하는 경우도 있다.
   예) 프라이 아구스틴 로드리게스(Fray Agustin Rodriguez), 도쿠가와 이에야스(德川家康), 쓰시마(對馬)·사쓰마(薩摩), '코우츠우라(上津浦)→'고우쓰우라(上津浦)'.
   예) "평가산(平嘉山)·조어서(釣魚嶼)·황모서(黃毛嶼)·적서(赤嶼)를 지났다는 기록이 보이고 있는데, 여기서 평가산(平嘉山)은 팽가서(彭佳嶼), 조어서(釣魚嶼)는 조어도(釣魚島)이다. 황모서(黃毛嶼)는 황미서(黃尾嶼, 중국명)로 현재 일본명으로 구바지마(久場島)를 가리키고, 적서(赤嶼)는 적미서(赤尾嶼, 중국명)로 현재 일본명으로는 다이쇼지마(大正島)를 가리키며, 당시 책봉사들이 조어도제도를 항로로 이용하고 있었음을 알 수 있다."

4. 인명과 지명은 모두 원음의 한글 표기가 기준이지만, 일반적으로 널리 알려진 명칭에 대해서는 원음보다는 한자음 표기를 우선한다. 또한 외국어 용어 중에 지역명 등의 고유명사와 일반명사가 합체된 용어에 대해서는 지역명·고유명사는 일본어로, 일반명사는 한자음으로 표기한다.
   예) 저장성(浙江省) 닝보(寧波), 동북부의 쌍서도(雙嶼島), 왕직(王直), 정성공(鄭成功), 도쿄대학(東京大學), 쇼헤이학교(昌平學校), 가이세이학교(開成學校).

5. 원 자료의 명칭은 원래의 명칭과 표기를 그대로 사용하며, 굳이 한글로 표기하지 않는다.
   예) 『赤蝦夷風說考』, 『三國通覽圖說』, 「官板實測日本地圖」 등.

6. 사료를 인용할 때 번역문에 포함되어 있는 용어는 가능한 한 원문 용어대로 표기하며, 필자의 추가 설명이 필요한 경우에는 꺾쇠괄호('[ ]')를 사용해 '[용어 의미, 또는 설명]'의 방식으로 기재한다. 또한 인용문의 생략 부분은 '…'로 표시한다.
   예) 기리시탄(吉利支丹[그리스도교])의 경문[성경], 종문(宗門[종파]).
   예) "…교토에 있는 모든 교회[이른바, '南蠻寺']는 파괴되었다."
   예) "그렇기 때문에 드디어 [내가(히데요시가)] 꼭 조선에 건너가야 한다. 이번에 대명국(大明國[중국])까지도 남김없이 따르게 할 것이고, 대당(大唐, 중국)에서의 칸파쿠(關白) 직을 [히데쓰구(秀次)에게] 넘길 것이다."

7. 국서(國書)나 서계(書契)를 인용할 경우, 그 내용 부분만을 번역하여 인용하고, 원문은 각주에 표기한다. 단 원문에 보이는 段(존중어 다음의 빈칸이나, 어떤 용어를 다음 단으로 쓰는 형식을 포함)을 구분한 형식을 무시한다.
8. 각주 번호와 [그림]·[도표] 등은 각 장별로 매긴다.
9. 인용 문헌의 각주 표기에서 동양서는 일반적 표기 원칙을 따르고, 서양서는 "저자, 서명, 서지사항, 연도, 쪽수"로 표기하되, 서명이나 논문명은 이탤릭체로 표시한다.
   예) 신동규, 「'VOC'의 동북아시아 진출에 보이는 조선무역의 단절과 일본무역 유지정책」, 『韓日關係史硏究』22, 한일관계사학회, 2005), 50-53쪽.

   예) H.J.van Hove, *Hollanders in Korea*, Het Spectrum BV, 1989.
10. 각주의 내용 중에 인용 문헌을 표기할 경우에는 괄호 안에 표기하되 "(저자, 『서명』·「논문명」, 출판사, 연도, 쪽수)"의 순서로 나열하여 표시한다.
    예) '에조치'(蝦夷地)라는 용어는 아이누의 봉기였던 '샤크샤인의 난'(1669-1672) 전후부터 사용된 용어라고 한다(海保嶺夫, 『エゾの歷史-北の人々と「日本」』, 講談社, 2006, 13-14쪽).
11. 본서는 필자가 근세 일본의 국제관계사 관련 논문 10편을 가필·수정한 것이며, 전체 내용의 일관성을 부여하기 위해 제목과 내용이 변경되었음을 밝혀둔다. 크게 보면 제1부는 국제관계와 대외정책의 변화, 제2부는 대외인식과 영토관의 변화로 구성하였으며, 각기 원래의 논문은 이하와 같음을 명기해둔다.

| 제1부 국제관계와 대외정책의 변화 |

- 제1장 「전근대 서유럽 세계의 진출로 본 근세 일본의 국제관계 변화에 대한 고찰」 (『日本學硏究』27, 단국대학교일본연구소, 2009).

- 제2장 近世 동아시아 속에서 日本의 '國際秩序'論 고찰-世界觀 변화와 '日本型 華夷秩序'론을 중심으로」(『전북사학』35, 전북사학회, 2009).

- 제3장 「근세 일본 '島原·天草의 난'에 보이는 天草四郞의 신격화와 그 영향」(『日本思想』13, 한국일본사상사학회, 2007).

- 제4장 「근세 일본의 '島原·天草의 난'으로 본 江戶幕府와 네덜란드의 共助關係」 (『東洋史學硏究』105, 동양사학회, 2008).

- 제5장 「일본 江戶時代의 海難救助 정책과 '4개의 창구'」(『동북아역사논총』28, 동북아역사재단, 2010).

| 제2부 대외인식과 영토관의 변화 |

- 제6장 「근대이행기 일본의 官撰地圖로 본 영토인식 변화에 대한 고찰」(『일본연구』 18, 2012).

- 제7장 「일본의 私撰地圖로 본 전근대 '三島領土觀'에 대한 고찰」(김보한·송완범·신동규·홍성화 공저, 『전근대 일본의 영토인식』 동북아역사재단편, 경인문화사, 2012).

- 제8장 「전근대 시기 '釣魚島諸島'에 대한 中·日의 영토인식 고찰」(『한일관계사연구』41, 한일관계사학회, 2012).

- 제9장 「『赤蝦夷風說考』와 에도막부(江戶幕府)의 북방인식」(『동북아역사논총』30, 동북아역사재단, 2010).

- 제10장 「에도시대(江戶時代) 후기 일본 經世論家의 에조치(蝦夷地)에 대한 침탈적 인식 고찰」(『한일관계사연구』39, 한일관계사학회, 2011).

목차

서 문 | 004
범 례 | 010

― 1부 국제관계와 대외정책의 변화 ―

제1장 전근대 서유럽 세계의 진출과 에도막부의 국제관계 변화

1. 머리말 020
2. 서유럽 세계의 동아시아 진출 023
3. 쇼쿠호기(織豊期) 서유럽 세계의 일본 진출과 금교정책 028
4. 에도막부의 서유럽 관계 변화 037
5. 에도막부의 서유럽 통제와 외교 설정 045
6. 맺음말 055

제2장 근세 '일본형 화이질서'로 본 국제관계 재고(再考)

1. 머리말 058
2. 전근대 일본의 세계관과 화이의식 변화 062
3. '일본형 화이질서'론의 구조와 특징 086
4. 일본의 '화이질서'론에 대한 평가와 재고 098
5. 맺음말 109

제3장 '시마바라(島原)·아마쿠사(天草)의 난'으로 본 아마쿠사 시로(天草四郎)의 신격화와 근세적 내셔널리즘

1. 머리말   113
2. '난' 이전 시로(四郎)의 행적과 그리스도교 입문   117
3. 시로의 신격화와 기적   126
4. '난'에 보이는 시로의 역할   135
5. '난'의 영향과 근세적 내셔널리즘   150
6. 맺음말   159

제4장 '시마바라(島原)·아마쿠사(天草)의 난'으로 본 에도막부와 네덜란드의 공조(共助) 관계

1. 머리말   162
2. 근세 초기의 일란관계(日蘭關係)와 '난(亂)'   165
3. 네덜란드의 참전과 일란 공조의 실체   179
4. 에도막부의 네덜란드 참전 평가와 그 영향   196
5. 맺음말   210

제5장 근세 일본의 해난구조정책과 '4개의 창구'

1. 머리말   214
2. 해난구조의 나가사키(長崎) 체제화   218
3. 동아시아 선박의 해난구조   229
4. 네덜란드 선박의 해난구조   248
5. 맺음말-해난구조와 '4개의 창구' 관계에 대해서   255

- 2부 대외인식과 영토관의 변화 -

제6장 중근세 일본의 사찬지도(私撰地圖)로 본 '삼도영토관(三島領土觀)'

1. 머리말   262
2. 중세「行基圖」와 '삼도영토관'의 출현   268
3. 근세 전기「行基式日本圖」와 '삼도영토관'의 계승과 정착   279
4. 근세 후기「赤水圖」와 '삼도영토관'의 잔영(殘影)   286
5. 맺음말   303

제7장 근세·근대 일본의 관찬지도(官撰地圖)로 본 영토인식 변화

1. 머리말   306
2. 17-18세기 관찬지도와 '삼도영토관(三島領土觀)'   309
3. 19세기「伊能圖」와 '삼도영토관'의 붕괴   322
4. 메이지(明治)시대 '사도영토관(四島領土觀)'의 정착   332
5. 맺음말   340

제8장 전근대 '조어도제도(釣魚島諸島)'에 대한 중·일의 영토인식

1. 머리말   343
2. 명대(明代)의 조어도제도 인식   351
3. 청대(淸代)의 조어도제도 인식   364
4. 맺음말   379

제9장 근세 후기 『赤蝦夷風說考』를 통해 본 일본의 북방인식과 에조치(蝦夷地)

1. 머리말 383
2. 구도 헤이스케(工藤平助)의 북방인식과 에조치(蝦夷地) 대책 391
3. 『赤蝦夷風說考』의 에조치 개발론 402
4. 막부의 『赤蝦夷風說考』 수용과 에조치 이주 개발론 409
5. 에조치 비(非)개발에서 재(再)개발로-1799년 막령화(幕領化)까지 426
6. 맺음말 435

제10장 근세 후기 경세론가(經世論家)의 에조치(蝦夷地)에 대한 침탈적 인식의 변화

1. 머리말 440
2. 침탈적 에조치 인식의 시원과 전개 445
3. 침탈적 에조치 인식의 강화와 정착 460
4. 맺음말 476

참고문헌 | 480
찾아보기 | 502

제1부

국제관계와 대외정책의 변화

제1장

전근대 서유럽 세계의 진출과
에도막부의 국제관계 변화

1. 머리말

　　15세기 대항해시대 이후 서유럽의 포르투갈과 스페인이 동남아시아와 동아시아 해역 세계에 진출하면서 각 지역과 국가는 정치·경제·사회·문화·과학 등 많은 분야에 걸쳐 변화가 초래되었다. 특히, 동아시아 제 지역이 전통적으로 유지하고 있던 중국 중심의 세계관과 그 틀로서 이른바 조공책봉체제는 서유럽 세계의 그리스도교 포교와 무역 진출이라는 네트워크 형성에 의해 서서히 탈 중국화의 경향을 띠기 시작했다. 마찬가지로 동아시아 해역의 동단에 위치한 전근대[본서에서는 중근세 시기를 말함] 시기의 일본도 서유럽 세계의 중요한 진출 대상이었다. 여기에는 고대 이래 서유럽 세계에서 유행했던 아시아의 '황금의 섬'을 찾겠다는 의식이 그 배경으로 존재하고 있지만,[01] 마르코 폴로의 『동방견문록』에 의해 '황금의 섬'

---

[01] 船越昭生,『北方圖の歷史』(講談社, 1967), 33-40쪽 ; 신동규,「'VOC'의 동북아시아 진출에 보이는 조선무역의 단절과 일본무역 유지정책」(『韓日關係史研究』 22, 한일관계사학회, 2005), 50-53쪽. 유럽의 일본에 대한 '금은도 탐험'에 대한

으로서 '지팡그'가 알려지자 대항해시대 이후 스페인과 포르투갈의 동아시아 진출은 더욱 격렬해졌다. 특히 스페인이 필리핀제도를 장악하자 경쟁 상태에 있던 포르투갈은 일본과의 통교 독점에 사활을 걸게 되었고, 포르투갈에 의해 '지팡그'가 일본이라는 설이 제기되면서 일본과 서유럽 관계는 새로운 역사의 장을 열기 시작했다.

하지만 서유럽 세계의 진출에 대한 일본의 대응방식은 동아시아 각국의 대응 방식과 상극적인 자세를 보여주고 있다. 이러한 일본의 서유럽 세계에 대한 대응의 차이는 전근대 동아시아와 서유럽 간의 국제관계를 변화시키는 중요한 요소로 작용했고, 나아가 일본 국내적인 문제로서 일본인들의 세계관 변화와 내재적 발전에도 상당한 변화를 초래했다. 즉, 일본은 16세기 서유럽 세계의 진출로 인해 세계가 천축(天竺[인도])·진단(震旦[중국])·본조(本朝[일본])로 구성되어 있다는 전통적 세계관(이른바 '중세적 세계관')이 붕괴되었고, 이후 서양을 포함한 근세적 세계관으로의 변화를 통해 약육강식과 하극상의 전국시대(戰國時代)에서 벗어나 도요토미 히데요시(豊臣秀吉)에 의한 통일국가로서의 역사를 창출했다.02

이와 관련해 서유럽 세계의 진출과 일본을 테마로 수많은 연구들이 진행되어 왔다. 그러나 대부분 서유럽의 특정 국가나 지역, 특정 사건과 인물에 관한 것이었고 시기적으로도 한정되어 있으며, 에도시대(江戶時代)에 들어와서는 이른바 '쇄국(鎖國)'과 관련한 연구들이 중심을 이루고 있어 통사적인 입장에서의 종합적 고찰이 필요하다. 이러한 점에서 서유럽 세계의

02　대략적인 흐름은 小葉田淳, 『日本と金銀島』(創元社, 1942)를 참조.
　　的場節子, 『ジパングと日本』(吉川弘文館, 2007), 1-32쪽, 87-93쪽.

진출로 인한 동아시아와 일본의 국제관계 변화, 이러한 국제관계를 능동적으로 통제하고 설정해 나간다는 입장에서 통시적인 외교 변화에 대한 연구의 필요성이 증대되고 있다. 물론, 최근에 아시아가 바다에 의해 유기적으로 연결된 교역 네트워크의 세계였음을 규명하고, 전근대의 입체적 세계변화 속에서 일본과 아시아의 해양성을 파악한 시라이시 다카시(白石隆)의 연구[03]도 있지만, 이 역시 싱가포르·말레이시아·인도네시아·필리핀 등의 지역을 중심으로 한 동남아시아와 중국 연구가 중심이다.

따라서 본 장에서는 전근대 시기, 즉 15세기 대항해시대 이후 동아시아에 진출한 서유럽 각국이 일본과 어떠한 유기적 관련성을 맺고 있었으며, 이들과의 관계 속에서 일본의 국제관계가 어떻게 변화되고 있는지를 고찰해보려는 것이다. 구체적으로 첫째는 포르투갈·스페인이 동아시아에 진출하면서 어떠한 의도로 일본에 접근했으며, 그에 대한 일본의 대응방식과 외교의 처리 과정을 해명하는 것이다. 둘째는 서유럽 세계의 일본 진출에 대한 세대교체, 즉 17세기 초반을 기점으로 포르투갈과 스페인에서 영국과 네덜란드로, 이후에는 일본에 대한 네덜란드의 독점적 점유로의 국제관계 변화에 그리스도교 금제정책이 어떠한 의미를 갖는 것인가를 밝히는 것이다. 셋째는 에도막부(江戶幕府) 성립 후 서유럽 세계의 진출에 대해서 어떠한 통제와 외교 설정을 능동적으로 끌어나갔는지를 규명해 보고자 한다.

---

[03] 白石隆, 『海の帝國-アジアをどう考えるか』(中央公論新社, 2000).

2. 서유럽 세계의 동아시아 진출

1) 포르투갈의 동남아시아 진출과 교역

포르투갈이 처음으로 동남아시아에 모습을 보이기 시작한 것은 디오고 로페스 드 세케이라(Diogo Lopes de Sequeira)가 5척의 함대를 이끌고 믈라카(Melaka, 말라카) 항구에 도착한 1509년 9월이다. 이것은 동남아시아뿐만 아니라, 아시아에서의 새로운 시대의 개막과 동시에 아시아 식민지 침탈의 서장이기도 했다. 당시 믈라카는 이슬람교국으로서 국왕 마후무드 샤(Mahmoud Shah)는 포르투갈에게 교역과 상관의 건설을 허락하였으나, 포르투갈이 인도에서 이슬람교 상인에 대한 적대적인 행위가 알려져 국왕은 오히려 포르투갈인을 기습해 약 60명을 살해하고, 24명을 포로로 잡는 사건이 발생해 첫 원정은 실패로 돌아갔다.[04]

이후, 제2대 인도 총독 아폰수 드 알부케르케(Afonso de Albuquerque)는 1510년 고아를 점령하여 아시아 진출의 거점으로 삼았는데,『東方諸國記』의 저자 토메 피레스(Tome Pires)가 고아를 점령한 것은 인도 전체를 수중에 넣은 것과 같다고 평가했을 만큼 중요한 곳이었다.[05] 1511년에는 16척의 함대를 이끌고 전술한 1509년 때의 포로 석방과 손해배상을 목적으로 다시 믈라카를 공격하여 동남아시아 진출의 교두보를 구축하고 이곳을 거점으로 17세기 네덜란드가 진출할 때까지 동남아시아 교역의 패권을 장악하게 된다. 이것은 스페인이 1521년 인도네시아의 몰루카(Molucca) 제도에

---

[04] トメ·ピレス 著/生田滋 外譯註,『東方諸國記』(大航海時代叢書 5, 岩波書店, 1966), 473-498쪽.

[05] 상동, 134-135쪽.

도착한 것보다 9년이나 앞서 있어 향료 획득 경쟁에서 포르투갈이 승리하고 있음을 의미하는 것이며,06 1615년 페르시아 만의 호르무즈를 점령하여 몰루카→믈라카→고아→호르무즈를 연결하는 향료무역의 해상루트를 완전히 장악했다. 이러한 포르투갈의 전략은 알부케르케에 의해 창출되었는데, 초기 단계에서 포르투갈의 아시아 진출의 의도를 알부케르케는 다음과 같이 언급하고 있다.

[사료 1]

첫 번째는 ⓐ소수의 중요 전략 기지를 배치해 포르투갈이 아시아의 해상 무역로를 장악하고, 나아가 그러한 기지에 대해서 직접적인 지배를 확립하는 것이며, 또 다른 하나는 향신료와 같은 특정 상품의 공급을 장악하는데 도움이 될 수 있는 부차적인 요새를 유지하는 것에 있다. … ⓑ그것은 다른 무엇보다도 통상로나 생산시장과 결합되어야 하며, 영토나 식민지 지배 등을 목표로 하지는 않는 것이었다.07

즉, 밑줄 ⓐ에 보이듯이 아시아 각지의 중요 지역에 기지를 만들어 해상무역의 장악과 직접적인 지배의 확립을 도모하는 것이며, ⓑ를 통해서는 각 지역의 장악이 영토 확장에 있는 것이 아니라 교역과 생산시장의 확

06　五野井隆史,『大航海時代と日本』(渡邊出版, 2003), 13-14쪽.
07　ブライアン·ハリソン 著/竹村正子 譯,『東南アジア史』(みすず書房, 1967), 74쪽.

보를 목표로 하고 있음을 알 수 있다. 때문에 알부케르케는 믈라카에 요새와 교회를 건설하여 동남아시아 해역을 지배하기 위해 인도양과 믈라카 경유의 선박들에 대한 과세를 징수했을 뿐만 아니라, 믈라카 해협을 항해하는 선박들에 대한 '무역허가증(카르타스)'을 부여해 새로운 해상교역권을 장악하였던 것이다.08 물론, 포르투갈의 이러한 행위는 결국 향료의 일종으로 육두구(肉荳蔲)의 산지인 반다제도(Banda Islands), 정자(丁字)의 산지인 몰루카제도, 나아가 중국에 진출하기 위한 교두보의 건설에 있었다.

다만, 이쿠다 시게루(生田滋)에 의하면 포르투갈의 아시아 진출 목적은 "향료무역에 대한 독점을 타파하기 위한 경제적 목적과 이슬람교도를 괴멸시키려는 종교상의 목적이 있었다."09고 한다. 이러한 포르투갈의 믈라카 점령은 믈라카 왕국이 당시까지 영유해왔던 동남아시아의 전통적 교역 네트워크를 붕괴시켰을 뿐만 아니라, 동남아시아의 항구도시 세계에 커다란 영향을 끼치게 되었고, 항구도시 국가의 신구 교체를 초래했으며, 또 다른 도시국가의 형성과 교역권의 확대를 가져와 포르투갈의 동아시아 진출의 토대가 되었다.

2) 네덜란드(VOC)의 진출과 바타비아 건설

네덜란드는 1568년부터 스페인의 식민 지배에 대한 강력한 저항을 통해 1581년에 독립한 신생국가이다. 이후, 스페인과 해외에서도 경쟁적 관계를 형성하게 되었고, 해상교역을 통한 무역 이익을 선점하기 위해 이

---

08 M.N.ピアスン 著/生田滋 譯, 『ポルトガルとインド-中世グジャラートの商人と支配者』(岩波書店, 1984), 70-72쪽.
09 『東方諸國記』, 앞의 책, 13쪽.

른바 1594년 '원국회사(遠國會社)'를 창설한 후, 1596년 코넬리스 드 하우트먼(Cornelis de Houtman)을 사령관으로 삼아 4척의 함대를 현재의 인도네시아인 자바 서쪽에 위치한 반텐(Banten)으로 파견시켜 이듬해 입항해 교역을 하게 되는데,10 이 시기는 포르투갈 보다 약 100년이나 뒤늦은 시점이었다.

네덜란드 함대는 희망봉 도달 후에 마다카스카르 북부에서 곧바로 동북쪽으로 진로를 변경해 약 6,000Km의 인도양을 횡단해 반텐에 도착했는데, 이는 인도양의 포르투갈 세력과 직접적인 충돌을 회피함과 동시에 우수한 품질의 향료를 직접 거래하고 싶었기 때문이었다.11 이 항해법의 성공에 따라 많은 회사들이 설립되었고, 이로 인해 과도한 출혈 경쟁이 발생하자 1602년에 기존의 회사들을 모아 새로운 회사, 즉 세계 최초의 주식회사라고 할 수 있는 '네덜란드 동인도연합회사'(Vereenighde Oost-Indische Compagnie, 이후 본서에서는 VOC로 약칭)를 설립하였다.12 이 회사는 정부로부터 대외무역의 독점권을 부여받고 있었으며, 외국과의 조약체결 및 군대 편성, 관리의 임명 등에 대한 권한도 가지고 있어 이른바 정치·경제·군사권을 가진 권력 집단이 되었다. 한마디로 네덜란드가 VOC이며, VOC가 네덜란드인 일종의 회사 국가였던 것이다.

네덜란드가 VOC 창립 후에 동남아시아에 진출했을 초기 당시에는

10 永積昭, 『オランダ東インド會社』(近藤出版社, 1971), 26-27쪽, 44쪽.
11 Holden Furber, *Rival Empires of Trade in the Orint, 1600-1800(Europe and the World in the Age of Expansion*, vol.Ⅱ), University of Minnesota Press, 1976, pp.34-36.
12 淺田實, 『東インド會社-巨大商業資本の盛衰』(講談社, 1989), 15-17쪽 ; 科野孝藏, 『榮光から崩壞へ-オランダ東インド會社盛衰史』(同文館, 1993), 23-27쪽.

동남아시아 지역 향료의 산지 확보, 나아가 경쟁국이었던 포르투갈을 축출하기 위해 선박이나 그들의 요새를 공격해 쟁탈하는 것이었다. 특히, 1605년 네덜란드 함대가 향료제도를 공격해서 티도레섬(Tidore)의 포르투갈을 항복시켰고, 이후 몰루카·암보이나·반다 등을 VOC 지배하에 두었다.13 1607년과 1608년에는 포르투갈이 장악하고 있던 아프리카 동부 해안 쪽의 몸바사(Mombasa)와 모잠비크(Mozambique) 등도 공격해 실패하기도 했지만,14 네덜란드는 동남아시아에서 점점 강력한 교두보를 확보하기 시작했다. 그 이유에 대해서 마스다 요시오(增田義郎)15와 해리슨16은 탁월한 네덜란드의 해군력을 강조하고 있는데, 당시 네덜란드가 VOC 창립 이후 교역만이 아니라, 전쟁을 치르기 위한 강력한 해군력과 함께 동남아시아로 진출하고 있었기 때문에 포르투갈을 넘어선 해상 패권의 장악 시도는 당연한 결과였다.

이후, VOC는 반텐에 상관을 설치함과 동시에 태국의 파타니(Pattani)·아유타야(Ayutthaya), 인도네시아의 마카사르(Makassar) 등에도 상관을 개설하였고, 1609년부터는 동인도 총독의 자리까지 설치하였다. 또한, 1619년 제4대 총독 얀 피에테르존 쿤(Jan Pieterszoon Coen)은 임명되자마자 아시아의 교역을 독점하기 위해 새로운 요새를 건설해 군사력을 집

---

13   增田義郎,「ポルトガルとアジア(2)」(『國際關係紀要』9-第1·2合倂號, 亞細亞大學國際關係研究所, 2000), 482쪽.
14   Om Prakash, *European Commercial Enterprise in Pre-Colonial India, Cambridge* University Press, 1998, pp.175-210.
15   增田義郎, 앞의 책, 484-485쪽.
16   ブライアン·ハリソン 著, 앞의 책, 92쪽.

결시킨다는 정책을 취하여 향료제도의 제해권을 장악해 나갔다.[17] 그는 우선 자카르타의 치리운강(Ciliwung)을 사이에 두고 있던 영국 상관을 공격한 후, 16척의 함대로 다시 자카르타를 공격해 모든 민가를 불사르고 원주민 [반텐 軍]을 쫓아내 바타비아성을 건설하는데,[18] 이것은 바로 당시 VOC 동남아시아 진출의 한 형태였으며 바타비아는 자바에서 최초의 네덜란드 점령지가 되었다. 이후 바타비아성은 동남아시아와 동아시아 무역의 최고 거점지역이 되었고, 이곳을 통해 타이완의 젤란디아 상관, 일본의 히라도 상관과의 네트워크 무역을 연계시켜 나갔다.

결국, 바타비아성의 건설은 동남아시아 교역권의 패권이 포르투갈에서 네덜란드로 전이되었다는 것을 의미한다. 환언하자면, 동남아시아의 교역 네트워크의 중심 센터가 포르투갈령 믈라카에서 네덜란드령 바타비아로 확대 이동되었다는 것을 말하며, 이것은 포르투갈 대항해시대의 종막을 예고하는 것이었다.

3. 쇼쿠호기(織豊期) 서유럽 세계의 일본 진출과 금교정책

1) 포르투갈과 스페인의 일본 진출

16세기 동아시아 해역에서는 명의 '해금정책(海禁政策)'이 실시되고 있었음에도 왜구들이 저장성(浙江省) 닝보(寧波) 동북부의 쌍서도(雙嶼島)

---

17 Pieter Geyl, *The Netherlands in the 17th Century, Part One* : 1609-1648, Ernest Benn Ltd, 1961, pp.167-183.
18 永積昭, 앞의 책, 72-73쪽.

에 기지를 건설해 활동하고 있었으며, 1526년 무렵부터는 포르투갈인이 내항하고 있었다는 것이 알려져 있다.[19] 그것은 당시 명이 포르투갈을 조공국으로 인정하지 않아 선박의 입항이 허락되지 않았기 때문에 포르투갈과의 밀무역이 횡행하였던 것인데, 바로 이러한 사실이 포르투갈과 일본 관계 시작의 역사적 배경이 된다. 즉, 왜구의 수령인 왕직(王直)의 선박에 포르투갈인이 승선하여 1543년에 다네가시마(種子島)에 표착하게 된 것이 포르투갈과 일본 관계의 최초였다.[20] 그러나 중국과 포르투갈의 관계는 1557년에 전환점을 맞았다. 1557년에 해적 진압에 협력한 것에 대한 대가로서 중국으로부터 포르투갈인의 마카오(Macau) 거주를 묵인 받은 것이다. 더욱이 당시 명은 1567년에 해금령을 완화했지만, 일본에 대해서는 적용 단계가 아니었기 때문에 포르투갈은 이러한 상황을 이용해 명과 일본 사이의 중계 무역으로 커다란 이익을 거두게 되었다.

이 배경을 전제로 포르투갈 선박들의 일본 내항이 잦아지게 되는데, 당시 영국과 네덜란드가 일본에 입항하기 이전까지만 해도 포르투갈과 스페인은 무역 진출뿐만이 아니라 그리스도교, 특히 예수회를 중심으로 한 포교 활동도 겸하고 있었다. 특히, 포르투갈은 일본과의 관계 초기부터 포교에 역점을 두고 있었다. 일례로 1592년이기는 하지만, 당시 작성된 예수회 명부에 의하면, 전체 그리스도교 신자의 숫자가 217,500명이나 되었고

---

19 村井章介, 「鐵炮傳來再考」(『東方學會創立五十周年記念東方學論集』, 1997) ; 田中健夫, 『倭寇-海の歷史』(敎育社歷史新書, 1982), 119-129쪽.

20 포르투갈인의 일본 표착에 대해서 1542년·1543년·1544년으로 각기 달리 기록되어 있어 문제가 있지만, 일반적으로 일본 측의 「鐵炮記」에 기록된 1543년 설에 비중을 두고 있다. 的場節子, 「南蠻人日本初渡來に關する再檢討」(『國史學』162, 國史學會, 1997) ; 五野井隆史, 『大航海時代と日本』(渡邊出版, 2003), 22-26쪽.

교회도 207개가 있었다고 한다.21 더욱이 1580년에는 그리스도교 다이묘(大名) 오무라 스미타다(大村純忠)가 1549년에 방일한 프란치스코 자비에르(Francisco de Xavier)의 소속 예수회에 나가사키(長崎) 항구와 그 주변의 지역을 기증함으로써22 히라도(平戶)와 나가사키는 포르투갈 선박의 주된 기항지가 되었고, 이 두 항구를 중심으로 일본에서의 포교 활동이 활발해졌다.

그렇다면 포르투갈과 경쟁국이었던 스페인은 어떠한 경로로 일본에까지 진출하게 되었을까. 스페인은 1494년에 포르투갈과 토르데시야스 조약을 맺어 세계의 권력 구도를 양분하였다.23 하지만, 스페인은 그 조약을 무시하고 함대를 파견하여 태평양 횡단을 시도하였고, 결국 1521년 마젤란(Ferdinand Magellan)이 필리핀에 도착하게 된다. 이에 대응하여 포르투갈은 마젤란 함대가 물러간 뒤, 테르나테섬(Ternate)에 도착해 요새의 건설을 개시하면서 스페인과 포르투갈 양국 사이에 몰루카제도를 둘러싼 분쟁이 발발했다.24 그러나 1529년에 '사라고사(Saragossa) 조약'이 체결되어 스페인은 거금을 받아들이고 몰루카제도에서의 모든 권리를 포기하였고, 그에 따라 포르투갈은 17세기 초엽의 네덜란드 진출 이전까지 몰루카제도 주변 지역에 대한 교역독점권을 영유하였던 것이다.

그런데도 스페인은 1542년에 루이 로페스 데 빌라로보스(Ruy Lopez de Villalobos) 함대를 파견하였고, 1564년에는 미겔 로페스 데 레가스피(Miguel

---

21　五野井隆史, 『日本キリスト教史』(吉川弘文館, 1990), 9쪽.
22　五野井隆史, 앞의 책, 129쪽.
23　Jose Luis Alvarez-Taladriz, 「1494年のトルデシーリャス條約と極東伝道のデマルカシオン」(『サピエンチア:英知大學論叢』29, 聖トマス大學, 1995), 참조.
24　浜岡究, 「スペイン·ポルトガルの大西洋制海權爭い」(『武藏大學人文學會雜誌』154, 2008), 참조.

Lopez de Legazpi)의 함대를 멕시코에서 필리핀 군도에 파견하여 이듬해에 세부를 점령해 필리핀에 대한 공식적인 정복사업을 시작하였다.[25] 이후, 스페인은 필리핀을 거점으로 멕시코 등 남아메리카 산의 은을 중국에 수출하고, 생사·견직물·도자기·공예품 등 중국산 제품의 중계 무역에 노력을 기울였다. 다만, 스페인의 마닐라는 일본 입장에서 생각해 볼 때, 일본의 무역 구조와 마찬가지로 은을 수출하고 생사 등을 수입하고 있었기 때문에 동아시아 무역 네트워크의 구조상 경쟁 상대국이라고도 할 수 있지만, 일본에게 다른 무엇보다 위험한 요소가 되었던 것은 바로 마닐라가 그리스도교 포교의 거점이 되고 있다는 점이었다. 스페인 사람이 승선한 선박이 일본에 최초로 입항한 것은 1584년부터인데, 이때 필리핀 탁발수도회의 회원 4명이 승선하고 있었고,[26] 이후에도 포교 활동이 일본 진출의 목적으로서 계속 유지되고 있었다. 에도막부가 이른바 '쇄국정책(鎖國政策, 또는 海禁政策)'을 강화하면서 체제 안정기로 들어갈 무렵 그리스도교 금제정책의 일환으로서 마닐라에 대한 공격 계획[27]을 가지고 있었던 것도 바로 이러한 이

---

25 박승우, 「스페인 식민지배하 필리핀의 토착 지배계급의 형성 과정」(『동남아시아연구』13, 한국동남아학회, 2003), 5쪽.

26 Pablo Pastells 著/松田毅一 譯, 『16-17世紀 日本·スペイン交涉史』(大修館書店, 1994), 7쪽.

27 永積洋子 譯, 『平戸オランダ商館の日記(4)』(岩波書店, 1970), 60쪽(1638년 2월 24일). 다만, 야마모토 하쿠분(山本博文)에 의하면, 일반적으로 쓰지 젠노스케(辻善之助) 이래로 1637년에 도쿠가와 이에미쓰(德川家光)가 계획하고 있었다는 설이 답습하고 있으나, 이 원정계획은 실제로 나가사키부교(長崎奉行) 및 일부 각료만이 열심이었고, 당시 쇼군이었던 도쿠가와 이에미쓰(德川家光)가 허가한 것인지 아닌지는 알 수 없다고 한다(『幕藩制の成立と近世の國制』, 校倉書房, 1990, 54-155쪽).

유가 있었기 때문이다.

2) 도요토미 히데요시(豊臣秀吉)의 '바테렌(伴天連) 추방령'과 금교정책

일본에서는 1573년 무로마치막부가 무너지고 새로운 시대가 들어섰다. 오다 노부나가(織田信長) 뒤를 이어 도요토미 히데요시가 새로운 경제정책과 수탈책으로서 검지령(檢地令), 병농분리의 기초를 세운 도수령(刀狩令) 실시, 나아가 해적정지령과 다이묘 및 무사들의 사적인 전쟁을 금지한 총무사령(總無事令)의 실시로 혼란과 약육강식의 전국시대를 통일하고 있었다.28 이 시기에 마닐라의 스페인은 왜구의 활동이 가라앉고 또 일본의 무역선들이 내항하게 되자, 중국과 마찬가지로 일본에 대해서도 교역을 추진하였다. 하지만, 스페인 역시 교역을 행하는 그 주체는 필리핀계 수도회의 선교사들이었다. 물론, 포르투갈도 스페인과 마찬가지로 무역과 포교라는 두 가지 목적을 가지고 일본 진출을 시도하고 있었는데, 히데요시는 이러한 포교 활동에 대해서는 용인하지 않았다. 즉, 1587년 규슈(九州)를 평정한 직후에 이른바 '바테렌(伴天連) 추방령'29을 통해 그리스도교 포교에 대한 금지를 선언하게 되는데, 그 내용을 보면 다음과 같다.

---

28 박석순 외, 『일본사』(대한교과서주식회사, 2005), 189-192쪽.
29 '바테렌(伴天連)'은 그리스도교 선교사 중에서 사제를 말하며, 사제 이외의 선교사로 '이루만(伊留滿)'이라고 한다. 포르투갈어 '파드레(padre)'에서 전화된 용어이다.

[사료 2]

一, ⓐ일본은 신국(神國)이므로 그리스도교 국가로부터 사법(邪法)을 받아들이는 것은 매우 괘씸한 것이다.

一, [선교사가] 국군(國郡)의 사람들을 가까이하여 신도로 삼고, 신사(神社)와 불각(佛閣)을 파괴하는 것은 전대미문의 일이다. ⓑ국군(國郡)과 마을 등의 지행지(知行地)를 다이묘와 무사에게 급여한 것은 그때의 일시적인 것이다. 때문에 도요토미 히데요시의 법령을 지켜 모든 것은 그 허가를 받아야 하므로 토지를 마음대로 교회에 기증해서는 안 된다.

一, 선교사가 교묘하게 그 지식과 설법을 이용하여 뜻 한대로 신자를 획득하고 있다고 [도요토미 히데요시가] 생각하시고 있어 위와 같이 일본의 불교를 파괴하는 것은 옳지 못한 것이기 때문에 선교사를 일본 땅에 두어서는 안 된다. ⓒ오늘부터 20일 이내에 준비해서 돌아가야 한다. 만약에 그 기간에 그들에 대해서 해를 끼치는 자들이 있다면 처벌을 받을 것이다.

一, ⓓ흑선(黑船[남만선])은 상매를 위해서 오는 것이기 때문에 각별하게 취급해야 하며, 금후에도 무역을 해야 한다.

一, ⓔ금후에라도 불교를 방해하지 않는 자들은 상인은 물론 누구라도 그리스도교 국가에서 왕래하더라도 문제가 되지 않는다. 그렇게 알도록 하라.[30]

---

[30] 「松浦文書」, 天正十五年六月十九日 豊臣秀吉定書寫(『日本史史料[3]-近世』, 岩波書店, 2006, 43-44쪽). "定. 一, 日本ハ神國たる處きりしたん國より邪法を授候儀, 太以不可然候事. 一, 其國郡之者を近付門徒になし, 神社仏閣を打破之由, 前代未聞候. 國郡在所知行等給人に被下候儀は当座之事候. 天下よりの御法度を相守, 諸事可得其意處, 下々として猥義曲事事. 一, 伴天連其知惠之法

우선, '바테렌 추방령'은 밑줄 ⓐ에 보이듯이 일본의 신국사상에 근거해 그리스도교를 사법(邪法)으로서 부정하고 있고, 밑줄 ⓑ에서는 국군(國郡) 및 마을 등을 다이묘와 무사에 부여한 것은 어디까지나 일시적인 것으로 교회에 기부해서는 안 된다는 것을 강조하고 있다. 이것은 전술한 1580년 오무라 스미타다가 예수회에 나가사키 항구와 그 주변 지역을 기증한 것에 대한 힐난이기도 했다. 때문에 밑줄 ⓒ에서와 같이 20일 이내에 선교사들은 일본을 떠나야만 한다고 지시한 것이다. 다만, 밑줄 ⓓ와 ⓔ부분에서 알 수 있듯이 포교 활동은 금지하지만, 무역과 교역을 위한 남만선에 대해서는 무역을 장려하고 불교를 방해하지 않는 이상, 그 어떤 국가라도 무역을 위한 입국을 허용하고 있다.

이 '바테렌 추방령'의 발령 배경에는 여러 가지 원인이 언급되고 있는데,31 분명한 것은 그리스도교의 확장을 히데요시 자신의 권위에 대한 도전으로 보았다는 점이다. 하지만, 여기서 주의해야 할 것은 [사료 2]에서도 명확히 언급되어 있지만, 그리스도교는 금지하되 무역을 위한 남만선, 즉 서유럽 세계의 내항 자체를 금지한 것은 아니었다는 점이다. 이러한 조치는 히데요시 정권이 무역과 포교 활동을 분리하였다는 것을 의미하고, 포

を以, 心さし次第に檀那を持候と被思召候へは, 如右日域之仏法を相破事曲事候條. 伴天連儀日本之地ニハおかされ間敷候間, 今日より廿日之間に用意仕可歸國候. 其中に下々伴天連に不謂族申懸もの在之ハ, 曲事たるへき事. 一, 黑船之儀ハ商買之事候間格別候之條, 年月を経諸事賣買いたすへき事. 一, 自今以後仏法のさまたけを不成輩ハ, 商人之儀は不及申, いつれにてもきりしたん國より往還くるしからす候條, 可成其意事. 已上. 天正十五年六月十九日."

31　安野眞幸, 「伴天連追放令の研究」(『文化紀要』14, 1980) ; 清水紘一, 「伴天連追放令の發布をめぐって」(『中央大學文學部紀要』128, 1988), 참조.

교를 금지함으로써 정권 유지의 강화와 동시에 무역을 통한 경제적 이익의 독점을 전제로 한 정책이라는 것을 말해주는 것이다.

한편, 전술한 1584년 6월 필리핀의 탁발수도회 선교사 4명이 탑승한 마카오 상인의 정크선이 히라도에 입항한 후, 히라도 번주 마쓰라 시게노부(松浦鎭信)는 그리스도교를 인정함과 동시에 그를 통한 필리핀 총독과의 수호를 구하였고, 이에 필리핀 수도회에서는 일본에 대한 포교에 열의를 가지게 되었다.[32] 그러나 당시 히데요시는 1591년에 하라다 마고시치로(原田孫七郎)를 통해서 필리핀 총독부에 일본으로 사절을 보내지 않으면 군대를 파견해 정복할 것이니 항복하라는 서장을 보내고 있었기 때문에 필리핀에서는 일본에 대한 경계도 강화하고 있었다. 아무튼 그 답서의 사자로서 1592~1593년 도미니코회와 프란치스코회, 1594년에는 프란치스코회의 수도사 프라이 아구스틴 로드리게스(Fray Agustin Rodriguez) 등 선교사 3명이 포교 목적으로 일본을 방문하게 되었다.[33] 하지만, 스페인과의 관계를 악화시킨 최초의 순교 사건이 발생한다. 1596년 스페인 선박 산 페리페호가 마닐라에서 멕시코로 항해하다가 풍랑으로 일본의 도사(土佐)에 표착하게 되는데, 조사하는 과정에서 다음과 같은 언설이 나왔기 때문이다.

[사료 3]

항해사는 그에게(심문하는 일본 조사관 마시타 나가모리[增田長盛]) 공포심을 불

---

32 Pablo Pastells, 앞의 책, 7쪽.
33 Pablo Pastells, 앞의 책, 94-96쪽.

> 러일으킬 생각으로 "ⓐ우리들은 세계의 모든 곳과 무역 거래를 하려고 하며, 우리들을 우호적으로 대우하면 같은 편이 되고, 학대하면 영토를 빼앗는다."고 말하였다. ⓑ그러자 히라도노조(增田長盛)는 이것을 듣고 기뻐했다. [히라도노조가] "그 때문에 우선 수도사(修道士)가 파견된 것인가"라고 묻자, 그가 "그렇다."라고 답하였는데, 히라도노조는 이 말을 오사카의 다이코(太閤[豊臣秀吉])에게 보고했다.34

즉, 위의 밑줄 ⓐ에서 조사를 받던 항해사는 자신들을 학대하면 그곳의 영토를 빼앗는다고 답하였고, 이것을 들었던 히라도노조는 상당히 기뻐하고 있다. 그것은 바로 산 페리페호가 표착했을 당시의 화물들을 전부 몰수하여 수중에 넣었기 때문에 그 행위에 대한 정당성을 부여할 수 있었기 때문이다. 더욱이 밑줄 ⓑ에서 히라도노조가 스페인의 침략성을 히데요시에게 보고하고 있음을 알 수 있다. 이와 관련해 『フィリピン諸島誌』의 기록에 히라도노조의 보다 상세한 보고 내용이 있는데, 그는 히데요시에게 "스페인 사람은 다른 왕국의 정복자이며, 그들은 우선 수도사를 보내고, 그 후에 연이어 군대를 파견해 정복하려는 것이며, 그것을 일본에서도 행하려고 하고 있다."35고 언급한 것이다. 이 사실을 들은 히데요시는 매우 격노했고, 결국 수도사들은 물론 이들과 관련된 일본인을 포함해 총 26명을 1597

34　アビラ・ヒロン, 『日本王國記』(大航海時代叢書XI, 岩波書店, 1965), 643쪽.
35　モルガ, 『フィリピン諸島誌』(大航海時代叢書VII, 岩波書店, 1966), 110쪽.

년 2월에 처형하는데, 이것이 바로 '26성인 순교사건'이다.

이로 인해 예수회 선교사들의 포교 활동은 제약을 받았고, 교토에 있는 모든 교회[이른바, '南蠻寺']는 파괴되었다. 하지만, 히데요시 스스로가 서유럽 세계와의 교역을 중요시하고 있어 그 이상의 강경한 정책은 실행되지 않았다. 일본의 이러한 변화는 이후 일관된 그리스도교 금제정책의 일환으로서 토대를 이루었고, 결국 도쿠가와 이에야스에 의해 1614년에 강력한 '그리스도교 금교령'이 내려지게 되는데, 이에야스의 기본적인 금교령의 문구 등은 모두 히데요시의 '바테렌 추방령'을 모방하고 있다. 이에야스 또한 종교 이외의 영역인 무역에 대해서는 용인하고 있어 일본 그리스도교 금제정책과 기본적 대외정책의 토대는 히데요시 정권기에 수립되고 있었다고 평가할 수 있다.

4. 에도막부의 서유럽 관계 변화

1) 네덜란드와 영국의 일본 진출

1598년에 네덜란드 로테르담 회사가 파견한 5척의 함대가 마젤란 해협 경유로 아시아로 향하다가 마젤란 해협 통과 후에 악천후로 인해 뿔뿔이 흩어지게 되었다. 리흐데호(De Liefde) 1척만이 1600년 3월에 분고(豊後)의 우스키(臼杵)에 표착하는데, 선원 110명 중에서 생존자는 24명이었고, 6명이 상륙 직후에 사망하는 사건이 발생하였다.[36] 이 사건은 네덜란드 선

---

36 山田準, 「リーフデ号とスペイン」(『東洋研究』152, 大東文化大學東洋研究所, 2004), 참조.

박으로서 최초의 일본 내항인 동시에 일본에 온 최초의 영국인 윌리엄 아담스(William Adams, 일본명 미우라 안징[三浦案針], 1564-1620)가 리흐데호에 승선하고 있어 여러 가지 면에서 의미있는 사건인데, 오카다 아키오(岡田章雄)는 일본 국제관계에서 16세기와 17세기를 구분 짓는 획기적인 사건으로 평가[37]하고 있다.

더욱이 이에야스는 이 표착 사건을 대외무역의 장악과 확대라는 측면에서 이용하고 있었는데, 그것은 1605년 귀국하는 리흐데호의 선장 야곱 쿠아케르넥(Jacob Quaeckernaeck) 등으로 하여금 당시 네덜란드의 총독 마우릿츠(Maurits van Nassau)에게 서간을 보내 무역선 파견을 요청[38]하고 있었다는 것으로부터 확인할 수 있다. 무역을 허가한다는 주인장(朱印狀)으로서 네덜란드는 이에 부응해 1609년 히라도에 최초로 함대를 파견해 무역 상관을 개설하였다. 이후 네덜란드는 근세 시기 동안에 서유럽 국가들 중에서 유일하게 무역 관계를 지속해서 유지한 국가로 자리 잡게 된다.

그렇다면 영국의 일본 진출은 어떠했을까. 영국은 한때 해적이기도 했던 프랜시스 드레이크(Francis Drake)가 1579년 세계 일주 도중에 몰루카 제도, 세레베스섬(Celebes), 자바섬을 거쳐 마젤란에 이은 세계 2번째 세계 일주에 성공한 것을 계기로 아시아 원정을 단행했으며, 1588년에는 세계사에도 유명한 스페인 무적함대를 괴멸시켜 스페인과 포르투갈에 뒤이은 세계 패권의 세대교체를 이루어나갔다. 더욱이 이 승리로 영국 정부에 의해 스페인 선박에 대한 약탈을 공인받은 사략선(私掠船)의 활동은 더욱 활

---

37 岡田章雄, 『三浦按針』(思文閣出版, 1984), 5-20쪽.
38 オスカー・ナホット 著/富永牧太 譯, 『十七世紀日蘭交涉史』(天理大學出版部, 1956), 60-77쪽.

발해졌고, 이러한 영국 동인도회사의 발전은 네덜란드의 아시아 진출에 영향을 받은 것으로 특히 1599년에 네덜란드가 아시아의 무역품을 무사히 가지고 귀환한 것에서 기인한 것이다.[39]

영국은 네덜란드의 성공을 따라 1600년에 동인도회사를 조직하였고, 1601년부터 1613년에 걸쳐 인도와 동남아시아 탐험을 계기로 아시아 교역과 진출을 시작하였다.[40] 영국 동인도회사는 네덜란드와 비교해 규모는 작았지만, VOC가 상관을 설치하고 있던 암보이나섬(Amboyna)에 상관을 설치하였고, 1613년 11월경부터는 일본의 히라도에도 상관을 설치해 동아시아에서의 무역 거점지로 삼아 확장을 시도하고 있었다. 그러나 영국은 다방면에서 VOC와 경쟁하여 무역 손실을 초래하는 소모전을 치르지 않으면 안 되었고, 더욱이 1623년에는 네덜란드에 의해 이른바 「암보이나 사건」이라는 영국인과 일본인 등에 대한 학살 사건이 일어나, 이 여파로 약 10년 만에 일본 상관을 폐쇄하지 않으면 안 되었다.[41] 네덜란드와의 격렬한

---

[39] Kirti N. Chaudhuri, *The English East India Company : A Study of an Early Joint-Stock Company 1600-1640*, London: F. Cass, 1965, p.11.

[40] 藪下信幸, 「17世紀前半におけるイギリス東インド會社の航路網の推移」(『商經學叢』134, 近畿大學, 2001) ; 堀江洋文, 「イギリス東インド會社の盛衰」(『專修大學人文科學硏究所月報』230, 專修大學人文科學硏究所, 2007).

[41] 1623년 인도네시아 동부에 위치한 암보이나섬에 있는 영국 상관을 네덜란드가 습격하여 상관원 전원과 일본인 9명, 포르투갈인 1명을 학살한 사건이다. 이로 인해 영국의 동남아시아 무역은 쇠퇴하였고, 이후 동남아시아에서 철수해 인도에 관심을 갖게 되었다. 이에 관해서는 이하를 참조. 國史大辭典編集委員會 編, 『國史大辭典(14)』(吉川弘文館, 1993), 「암보이나」 항목 ; 野上勝彦, 「翻刻『アンボイナ事件』(1624年版)第一部-イギリス東インド會社の興亡(1の1)」(『千葉工業大學硏究報告(人文編)』43, 千葉工業大學, 2006), 25-44쪽 ; 野上勝彦, 「翻刻『アンボイナ事件』(1624年版)第二部及び第三部-イギリス東インド會社の興亡(1の

무역 진출 경쟁에 그 원인이 있지만, 그 배경에는 다음과 같은 일본 상인들과의 갈등도 존재하고 있다.

> [사료 4]
> 주로 ⓐ일본무역을 빼앗고 있는 것은 부유한 대부업자들로서 그들은 모든 일본 무역을 그들 자신의 수중에 장악하였습니다. 그 때문에 지금까지 황제(將軍)가 우리들에게 부여한 일본의 모든 부분에서의 무역 특허권을 소실하였고, 더욱이 황제의 명에 의해 우리들은 히라도와 나가사키에 가두어져 있어 그 어떤 곳에도 갈 수 없습니다. … 더욱이 ⓑ그들은 교토 쪽에서 모든 것을 자신들 마음대로 획득하는 것에 만족하지 않고, 히라도와 나가사키까지 와서 이익이 된다면 샴·코친시나·통킨·캄보디아까지 그 어떤 지역이라도 정크선을 보내고 있습니다.[42]

즉, 밑줄 ⓐ에 보이듯이 일본 대부업자, 다시 말하면 일본 상인들에 의해 영국의 무역특허권이 소실되었고, 밑줄 ⓑ로부터는 일본 상인들이 영국 상관이 있는 히라도, 그리고 일본 제1의 무역항인 나가사키뿐만이 아니라, 동남아시아 각지에까지 진출하여 영국무역을 방해하고 있음을 확인할 수 있다. 결국, 이러한 현실에 직면한 상관장 콕스는 "만약, 우리들이 중국무역을 확보하지 않는다면, 우리들의 일본무역은 전혀 무익한 것이라고 저

---

2)」(『千葉工業大學研究報告(人文編)』43, 千葉工業大學, 2006), 45-64쪽.

[42] 「리차드 콕스 書狀」, 1619년 3월 10일부(『イギリス商館長日記』日本關係海外史 付錄譯文編上, 東京大學史料編纂所, 1979).

는 평가합니다."⁴³라고 본국에 보고한 것으로 알 수 있는 바와 같이 일본 시장을 포기하고 중국으로의 무역 진출로 계획을 전환하였던 것이다. 이후 영국이 주로 인도 주변 지역을 중심으로 무역 활동을 전개하게 된 것은 바로 일본에서의 위와 같은 문제점이 존재했기 때문이었다.

1641년 VOC는 염원이었던 포르투갈로부터 믈라카를 탈취하는데 성공하였고, 포르투갈과 마찬가지로 믈라카 해협의 교역 통제에 나서 상선에 대한 강제 기항과 통행증의 발급, 관세 징수 등을 중심으로 한 교역정책을 실시했다. 그야말로 VOC는 믈라카 해협의 해상권을 장악한 것을 계기로 동남아시아 해역에서 거의 완전하다고 할 정도로 포르투갈을 축출하는데 성공하였고, 이후 바타비아를 중심으로 동아시아 전체의 무역 네트워크를 설정하는데 성공을 거두어 동아시아에서의 교역독점권을 거의 확립하였다. 아사다 미노루(淺田實)는 "이 시기의 네덜란드는 일본에서도 최고의 무역 이익을 거두었으며, 이러한 동남아시아의 무역 번창을 배경으로 1648년 유럽에서는 네덜란드 독립을 승인받아 역사상 최고의 황금시대를 맞이한 시기였다."⁴⁴고 평가하고 있다.

2) 스페인·포르투갈의 내항 금지와 네덜란드

한편, 1614년에 쇼군(將軍) 도쿠가와 히데타다(德川秀忠)의 명으로 「바테렌 추방문(伴天連追放文)」을 작성해 전국적인 그리스도교 금교령을 공포했다. 고노이 다카시(五野井隆史)에 의하면, 「바테렌 추방문」은 유교적 이

---

43 상동.
44 淺田實, 앞의 책, 38쪽.

념을 근본으로 삼은 것으로 일본이 신국(神國)인 동시에 불국(佛國)이고, 그리스도교는 불법을 어지럽히는 사법이라고 단언한 것이라고 평가함과 동시에 이 금교령 실시로 교회의 파괴와 선교사의 국외추방 및 교토와 오사카를 중심으로 한 대대적인 박해가 이루어졌다고 한다.[45] 그런데도 불구하고 마닐라를 거점으로 한 스페인계 선교사들의 일본 밀입국은 계속되었다. 1620년에는 신자인 히라야마 조친(平山常陳)이 선교사 2명을 마닐라에서 일본으로 밀입국시키려다가 영국과 네덜란드 선단에 의해 나포됨에 따라 그 사실이 발각되기도 하였다.[46]

이러한 상황에서도 필리핀 총독은 1624년에 사절을 파견해 새로운 통상조약을 맺으려고 시도했으나 그것은 저지되었고, 결국 스페인과 일본의 관계는 단절되고 만다. 그리스도교 금제라는 일본의 대외통제가 일본의 기본 외교노선으로서 실질적 가치를 발휘하기 시작한 것이다. 이에 대해서 스가야 나리코(菅谷成子)는 스페인에 대한 내항 금지의 과정은 단순하지 않다고 하며, "스페인 측이 전개했던 도쿠가와막부(德川幕府)에 대한 집요한 네덜란드인 축출 요청이나, 네덜란드인의 반 스페인 활동의 배후에는 '구교국' 대 '신교국'의 대립 외에도 '종주국' 스페인과 식민지 네덜란드 사이의 뿌리 깊은 대립이 있었다. 이 당시 네덜란드인은 그 독립을 승인하지 않는 스페인의 식민지 필리핀에 대해 집요한 군사 행위와 시위 활동을 전개하여 총독부를 자극하고 있었다. 이것이 스페인과 일본의 관계를 보다 긴

---

45 五野井隆史, 앞의 책, 202-204쪽.
46 永積洋子, 『朱印船』(吉川弘文館, 2001), 제5장 수록 「平山常陳と元和の大殉教」 참조 ; 武田万里子, 『鎖國と國境の成立』(江戸時代叢書21, 同成社, 2005), 제3장 수록 「平山常陳事件」 참조.

박하게 만든 한 요인이었다."⁴⁷라고 평가하고 있다.

그렇다면 네덜란드는 일본의 그리스도교 금제와 스페인 단교에 대해서 어떠한 정책을 취하고 있었을까. 당시 네덜란드의 일본 진출의 가장 큰 목적은 일본과 중국 및 그 외 국가들과의 중계무역으로 수익을 올려 스페인이나 포르투갈에 타격을 주는 것에 있었다. 따라서 1621년부터 스페인과 맺고 있던 휴전조약이 실효를 잃게 되자 마카오를 점령하려고도 하였으나, 포르투갈에 의해 격퇴되었다. 이에 네덜란드는 마카오를 포기하고 평후섬(澎湖島)에 기지를 건설하려 했지만, 이것도 뜻을 이루지 못하고 젤란디아라는 요새를 타이완에 건설하여 일본과 중국 사이의 중계무역 기지로 삼았다. 더욱이 타이완은 녹피·설탕·장뇌 등의 일본 수출 전용 상품을 생산하기에도 유효한 장소로서 자카르타에 위치한 바타비아 상관과 함께 네덜란드 동아시아 무역의 중요 거점지가 되었다.⁴⁸ 1626년에는 스페인이 타이완 북부에 진출해 요새를 건설하고 타이완 개발을 시도하고 있었는데, 네덜란드는 1642년에 이들을 축출하는데 성공함으로써 타이완을 완전히 장악하여 바타비아 상관→젤란디아 상관의 무역 네트워크를 구축하였고, 이후 일본무역에서의 은 확보와 동아시아에서의 중계무역으로 막대한 부를 축적하게 된다.

더욱이 막부는 네덜란드 선박과 중국 선박에만 의지하더라도 일본

---

47 菅谷成子稿,「フィリピンとメキシコ」(歷史學硏究會 編, 『講座世界史1-世界史とは何か』, 東京大學出版會, 1995), 218쪽.

48 中村孝志,「オランダの臺灣經營」(『天理大學學報』15-3, 天理大學, 1964) ; 鄭伯衡,「臺灣貿易の史的考察(1)-和蘭の據台以前及び據台以後の時期」(『修道商學』33-1, 廣島修道大學商經學會, 1992), 참조.

국내에서 필요한 생사나 면직물 등을 조달할 수 있다는 것을 이미 네덜란드와의 무역 거래로 확인하고 있었기 때문에 1635년부터는 종래의 주인선 무역을 폐지함과 동시에 일본인의 해외도항금지를 결정하였고, 나아가 1639년에는 포르투갈 선박의 내항을 금지하였다. 물론, 포르투갈 선박의 내항 금지는 1637년부터 1638년 초엽에 걸친 그리스도교의 반란이라고 할 수 있는 '시마바라(島原)·아마쿠사(天草)의 난'의 발생에 그 직접적인 원인이 있지만,[49] 이러한 조치들은 결국 근세 일본의 이른바 '쇄국정책·해금정책'의 일환으로서 발현된 것이다. 하지만, 포르투갈에 대한 내항 금지와 단교령의 실시에는 네덜란드가 막부에 펼친 포르투갈에 대한 적극적 방해 공작과 외교적 노력이 있었다는 사실을 무시할 수 없다.

물론, 명청교체 후 반청활동을 계속하고 있던 정성공(鄭成功)에 의해 타이완의 네덜란드 상관도 공격을 받았고, 당시 바타비아 상관으로부터의 원군이 없었기 때문에 1661년에 항복하고 퇴거함으로써 최초의 중국인 정부가 들어서게 되었지만, 일본무역은 바타비아 상관을 중심으로 변함없이 유지되고 있었다. 더욱이 청이 정성공 세력을 무력화시키기 위해 해금령(海禁令)과 천계령(遷界令)을 폐지한다는 전해령(展海令)을 1681년에 실시해 해외 무역을 공인하였고, 또 정성공의 반청운동은 1683년 정씨 일가의 내분을 이용한 청의 공격에 의해 무너져 타이완이 청의 영토로 편입됨으로써[50] 영국과 네덜란드 동인도회사가 광저우(廣州)에 진출하는 계기를 이루었다. 이로써 타이완 상관 때와 마찬가지로 네덜란드의 동아시아 무역권은

---

49   '시마바라·아마쿠사의 난'과 포르투갈 선박의 내항 금지에 대한 일련의 과정 및 상관관계에 대해서는 본서 제3장과 제4장을 참조.
50   上田信, 『海と帝國-明淸時代』(講談社, 2005), 301-303쪽.

그대로 유지되었다. 다만, 그 반대급부로서 포르투갈의 중국 교역에 대한 독점적인 지위가 소멸하였을 뿐이다. 결과적으로 보면, 17세기 초엽부터 중반에 걸쳐 동아시아 국제관계 측면에서의 일본무역에 관한 선점권은 포르투갈과 스페인에서 영국과 네덜란드로 전이되어 버렸다. 이후 영국이 네덜란드와의 경쟁에서 참패를 거듭하여 일본의 히라도 상관에서 철수하였고, 이에 네덜란드가 서유럽 세계에서 유일하게 일본무역을 독점할 수 있는 권리를 획득하게 된 것이다.

5. 에도막부의 서유럽 통제와 외교 설정

1) 막부의 국제관계 통제와 설정-쇄국·해금정책

이상과 같은 서유럽과 동아시아의 복잡한 종교적·무역적 관계로 인해 막부는 대외체제를 정비하게 되는데, 가장 기본적으로 신중하게 처리했던 부분은 서유럽 세계가 일본에 진출하면서 동시에 수반되었던 그리스도교의 포교 문제였다. 따라서 막부의 대외정책은 그리스도교에 대해서는 철저히 금지하지만, 무역은 장려한다는 기본구조 속에서 전개되었고, 이것이 일본의 국제관계를 변화시키는 가장 핵심적인 토대였다. 그것이 근세 일본의 이른바 '쇄국' 또는 '해금'이라는 정책으로 표출되었던 것이다.

물론, '쇄국'과 '해금' 개념 문제에 대해서는 학계에서 지금도 많은 논란이 거듭되고 있지만,[51] 에도막부가 국제관계의 통제책으로서 '쇄국'과 '해

---

[51] 아라노 야스노리(荒野泰典)의 연구 이래 '쇄국' 대신에 '해금(海禁)' 개념의 도입

금'을 실행한 가장 큰 목적은 첫 번째로 그리스도교의 금지에 있었다. 당시 포르투갈과 스페인 등 구교 계통의 그리스도교 국가는 불교와 유교를 거세게 배척했고, 더욱이 양국의 선교사들은 본국의 식민지 정책에 적극적으로 참여하고 있었다. 특히, 전술한 바와 같이 스페인은 자신들을 무역 상대국으로 허용하지 않을 경우, 그 지역에 대한 정복 의도까지 표출하고 있어 막부의 그리스도교 금제를 중심으로 한 국제관계의 통제는 어떻게 보면 당연한 귀결이었다고도 볼 수 있다.

국제관계 통제의 두 번째 이유는 막부에 의한 대외무역 장악에 있었다는 점이다. 무역이 활발해지자 상공업이 발전하였고, 이에 따라 농업을 기반으로 한 봉건제도, 즉 막부의 권력 기반이었던 석고제(石高制)와 지행제(知行制)를 근간으로 한 근세적 봉건제도의 붕괴를 막부는 우려하였다. 또한 서유럽 세계가 일본에 진출하면서 무역에 종사하는 서국(西國) 다이묘들이 그 이익으로 강대한 경제력과 군사력을 가지게 되는 것을 저지해야 했고, 막부만이 무역 이익을 독점하기 위해서는 당시 상당한 이익을 창출하고 있던 대외무역을 막부의 엄중한 통제하에 두고 관리할 필요가 있었던 것이다. 때문에 막부는 1616년에 「伴天連宗門御制禁奉書」를 내려 중국 선박을 제외한 서유럽 선박들의 기항지를 히라도와 나가사키로 한정한 것이며,[52] 1624년에는 선교사의 활동에 가장 깊이 관련해 있던 스페인 선박의 내항을 금지했다. 더욱이 이러한 통제책을 더욱 강화하여 1633년에 봉서선

이 주장되고 있는데, 이에 대해서는 이하를 참조. 「日本型華夷秩序の形成」(『日本の社會史-列島內外の交通と國家-』, 岩波書店, 1987) ; 동, 「國際認識と他民族觀-'海禁''華夷秩序'論覺書」(『現代を生きる歷史科學』2, 大月書店, 1987).

52   五野井隆史, 앞의 책, 209쪽.

(奉書船) 이외의 일본 상선에 대한 해외 도항을 금지(이른바 '제1차 쇄국령')하였고, 1634년에 전년의 금령에 대한 재 통지와 강화('제2차 쇄국령'), 1635년에 중국과 네덜란드 등의 외국선박을 나가사키 항구에 한정함과 동시에 일본인의 해외 도항과 해외 일본인의 귀국에 대한 금지('제3차 쇄국령'), 1636년에는 포르투갈인과 그 처자 및 혼혈 일본인에 대한 추방('제4차 쇄국령')을 시행하였다.[53] 일본 학계에서는 이러한 '쇄국령'이 과연 전국적으로 통달된 것인가에 대한 의문이 제기되고 있기는 하지만,[54] 막부의 그리스도교에 대한 금교정책과 이와 관련된 국가들에 대한 통제 의지는 분명했다.

그런데, 막부의 통제정책을 다른 무엇보다 강화하게 된 원인으로서 일본 최대의 종교 반란이 1637년에 발생했다. 그것은 시마바라와 아마쿠사 지역의 백성들을 중심으로 아마쿠사 시로(天草四朗)라는 소년을 '하늘의 사자(天之使)'로 신격화하면서 군사적 행동을 취한 '시마바라·아마쿠사의 난'으로서 막부는 이 사건에 커다란 충격을 받게 되었다.[55] 이 난의 원인은 시마바라의 성주 마쓰쿠라(松倉)씨와 아마쿠사의 영주 데라사와(寺澤)씨에 의한 과중한 세금 부과와 그리스도교 신도들에 대한 탄압에 있었다고 알려져 있는데, 난군(亂軍) 약 3만 7천 명이 시마바라의 하라성(原城)에 진을 치고 저항하였으나, 결국 막부군 12만여 명의 병력에 의해 모두 몰살되는 것으로 종결되었다. 여기서 흥미로운 것은 막부의 요청으로 네덜란드가 참전하여 육지와 해상으로부터의 포격 활동을 벌여 난의 진압에 공조하고 있다는 점이다.

---

53 加藤榮一/山田忠雄 編, 『鎖國』(有斐閣, 1981), 95-108쪽.
54 山本博文, 『鎖國と海禁の時代』(校倉書房, 1995), 26-65쪽.
55 본서 제3장 참조.

그간 선행연구에서는 네덜란드가 난에 참전한 것은 '네덜란드인의 충절'에 의한 것으로 평가하며, 또 참전의 대가로서 향후 네덜란드가 일본에서의 무역 독점권을 얻었다고 평가하고 있지만,56 단순히 막부에 대한 '충절'과 난에 참전했다는 대가로서 그 권리를 인정받은 것은 아니다. 그것은 어디까지 막부의 의도된 계산의 결과였다. 즉, 막부는 1368년 난을 진압한 직후 포르투갈과의 단교를 계획하고 있었기 때문에 포르투갈을 대신할 무역 종사국으로 네덜란드를 염두에 두고 있었다. 다만, 최종적인 단계에서 네덜란드의 그리스도교 관련성에 대한 시험이 필요했다. 그 시험이 바로 난을 일으킨 그리스도교인들을 공격하여 진압하는가의 문제였는데, 결과적으로 난을 진압하는데 참전함으로써 시험에 통과한 네덜란드에게 막부는 무역 독점권을 인정해줌과 동시에 1639년에 이른바 '제5차 쇄국령'이라고 하는 포르투갈 선박의 내항을 금지하여 포르투갈과의 단교를 결정한 것이다.

2) 막부의 대외창구 설정과 국제관계 변화

막부의 이른바 '쇄국·해금정책'에 의해 나가사키는 유일한 무역항으로서 번성하여 네덜란드와 중국 민간 상인들과의 교역이 활발해졌다. 그 이외에도 쓰시마번(對馬藩)을 통한 조선무역, 사쓰마번(薩摩藩)을 통한 류큐(琉球) 무역, 마쓰마에번(松前藩)을 통한 아이누와의 무역이 존재했는데, 나가사키를 포함한 이들 '4개의 창구'가 근세 일본의 국제관계와 외교를

---

56 助野健太郎, 『島原の亂』(東出版株式會社, 1966), 372쪽 ; 煎本增夫, 『島原の亂-歷史新書101』(敎育社, 1980), 236쪽.

규정짓는 역할을 하였다.57 특히 나가사키 창구는 그 외 3개의 창구를 통괄하는 역할로 막부 외교정책 실현의 중심지였으며, 나머지 3개의 창구는 서유럽 관계의 외교창구는 아니었지만, 막부를 중심으로 나가사키 창구와 더불어 긴밀한 네트워크를 유지하면서 그리스도교 금제와 무역통제를 중점으로 한 외교설정의 보조적인 역할을 수행하고 있었다. 그렇다면 '4개의 창구'를 중심으로 한 근세 일본의 국제관계 변화는 어떻게 이루어지고 있었을까 다음에서 창구별로 간단히 살펴보겠다.

첫째, 나가사키 창구에서 네덜란드 및 중국과의 변화를 살펴보겠다. 우선, 네덜란드는 영국과 포르투갈 등 경쟁 상대국을 뒤로 제치고 '쇄국령'을 전후한 시기부터 일본무역에서의 독점권을 장악했다. 하지만 막부는 그리스도교 금제와 철저한 무역관리를 실현하기 위해 네덜란드 상관을 1641년에 데지마(出島)로 이주시켜 통제를 강화해 나갔다. 또한, 네덜란드에 무역 독점권을 부여한 대신에 해외정보의 확보를 위해 네덜란드 선박이 나가사키에 입항할 때마다 그 정보를 정리한 「阿蘭陀風說書」를 제출케 하였다.58 이러한 「풍설서」는 중국 선박에도 제출케 하였는데(「唐船風說書」), 이것은 당시 서유럽 세계뿐만이 아니라, 인도와 중국, 그리고 조선을 포함한

57　荒野泰典, 『近世日本と東アジア』(東京大學校出版會, 1988), 序文·161쪽. 원어는 '四つの口'이나 본서에서는 '4개의 창구'로 번역하여 사용하며, 이하의 논문도 참조한다. 鶴田啓, 「近世日本の四つの'口'」(紙屋敦之/木村直也 編, 『海禁と鎖國』, 東京堂出版, 2002), 138-150쪽 ; 松方冬子, 「'四つの口'の彼方-日本近世對外關係史研究の視野」(『UP』36-11, 東京大學出版會, 2007) ; 岩下哲典/眞榮平房昭 編, 『近世日本の海外情報』(岩田書院, 1997), 43-109쪽.

58　田村吉永, 「オランダ風說書について-研究予錄」(『日本歷史』50, 日本歷史學會, 1952) ; 松方冬子, 「風說書確立以前のオランダ人による情報提供について」(『東京大學史料編纂所研究紀要』9, 東京大學史料編纂所, 1999), 참조.

동아시아 정세의 거의 모든 정보를 포함하고 있어 막부의 대외정책 입안에 상당히 중요한 역할을 하고 있었다. 「풍설서」의 존재는 근세 일본의 '쇄국'과 '해금'이 서유럽 관계를 포함한 외국과의 관계 단절을 의미하는 것이 아니라, 해외와의 관계를 능동적으로 설정해나가기 위한 정책이었다는 것을 반증해 주는 것이다. 나가사키에서의 중국 관계는 에도막부 성립 후에도 계속 이루어지고 있었는데, 1644년 베이징 함락으로 명청교체가 이루어지자 청의 사무역 선박들이 급증해 무역 액수는 매년 증가하는 반면, 국가 대 국가의 공식적인 외교는 이루어지지 않았다. 물론, 중국의 조공책봉체제로 편입하려고 하는 노력이 있었다고는 하지만,59 일시적인 현상으로 그다지 일본의 국제관계에 영향을 끼치지는 못했다. 특이한 것은 베이징이 함락된 후 남쪽으로 패퇴한 남명(南明) 정부가 베이징을 탈환해 명을 재건하려는 목적하에 막부에 원군을 요청하고 있었다는 사실이다.60 이른바 '걸사(乞師)'라는 것으로 4만의 원군파병 요청에 막부는 이를 거절했지만, 한족 국가가 일본에 원군을 요청했다가 거절 받았다는 사실 그 자체가 한족 중심의[중국 중심의] 동아시아 국제질서가 붕괴했다는 것을 의미하며, 명청교체로 인해 동아시아의 탈중화가 심화하고 있다는 것을 보여주는 것이었다. 한편, 막부는 중국에서의 1684년 천계령의 실시로 중국산 물품의 수입량이 늘어날 것을 예상하여 당해년도부터 수입액을 제한하였고, 1689년에는 중국선의 내항을 연간 70척으로 감소시켰으며,61 같은 해에는 밀무역 단속에

59　川勝守, 『日本近世と東アジア世界』(吉川弘文館, 2000), 164-170쪽.
60　申東珪, 「明清交替期 明의 원군 요청에 대한 德川幕府의 외교정책」(『제46회 전국역사학대회』초록, 역사학회, 2003), 191-196쪽.
61　大庭脩, 『德川吉宗と康熙帝-鎖國下での日中交流』(大修館書店, 1999), 55-56쪽.

따른 중국인의 거주 제한, 그리고 일본인과의 접촉을 방지하기 위해 약 2천 명을 수용할 수 있는 '도진야시키(唐人屋敷)'를 건립해[62] 중국과의 관계를 무역에 한정시켜 설정했다.

둘째, 쓰시마 창구에서의 조선 관계를 보겠다. 히데요시의 조선침략 이후에 중단되었던 조선 관계는 쓰시마번의 소(宗) 씨로 하여금 교섭을 추진케 하여 1607년에 통신사가 오게 되었고, 이후 새로운 쇼군의 습직이 있을 때마다 축하를 명목으로 통신사를 초빙하였다. 1609년에는 기유약조(己酉約條)가 맺어져 소 씨의 세견선이 20척으로 축소되는 형태로 무역이 재개되었고, 1635년에는 쓰시마의 가신 야나가와(柳川) 씨가 주군 소 씨를 막부에 고소하는 '야나가와일건(柳川一件)'이 발생했는데, 이는 이전부터 조선에 보내는 외교문서를 위조하는 사건이 빈번했기 때문이다. 이에 쇼군 도쿠가와 이에미쓰(德川家光)는 번주인 소 씨에게는 무죄를, 야나가와 씨에게는 유배를 결정하였고, 이후 교토 고산(五山)의 선승을 쓰시마에 파견해 조선과의 외교를 감시케 하였다.[63] 따라서 소 씨에게 대 조선관계가 그대로 일임되었고, 이후 일본 측의 대 조선 외교는 막부→쓰시마번→부산 왜관→동래부→한양의 루트로 한정되어 조일관계의 기본적인 틀이 완성되었다.

한편, 1639년 포르투갈과의 단교 후에 일본 국내에서는 조선 경유로 일본에 선교사들이 잠입한다는 풍문이 돌았고, 그에 따라 일본은 1644년 4월에는 출처가 불분명한 이국선이나 그리스도교로 의심이 가는 선박이 조

---

62 山本紀綱, 『長崎唐人屋敷』(謙光社, 1983), 197-206쪽.
63 荒野泰典, 『近世日本と東アジア』(東京大學出版會, 1988), 200-216쪽.

선에 표착할 경우는 붙잡아서 일본 측에 인도해 달라는 그리스도교 금교정책에 대한 협조 요청을 행했다. 조선은 이에 공조를 표명했고, 같은 해 8월에 진도에 표착한 광동선(廣東船)을 일본에 인도하게 되는데 우연히도 이 선박에서 5명의 그리스도교 신자가 적발되었다.64 그리스도교 금제를 위해 이국선을 인도한 것은 이 사례뿐이지만, 일본과 조선 사이에 서유럽 세력에 대한 위기 인식과 함께 그리스도교에 대한 사교관(邪敎觀)을 공유하게 된 사례라고 평가할 수 있다. 이후에도 일본은 조선에 대해 수차례에 걸쳐 그리스도교 금제에 대한 요청을 행하고 있다.

세 번째로 사쓰마 창구에서의 류큐 관계를 살펴보겠다. 류큐는 15세기에 명의 책봉국으로서 중계무역으로 번성한 독립 국가였다. 그러나 1609년에 사쓰마번의 시마즈(島津) 씨가 명과의 교역 이익을 목적으로 류큐 침공을 단행하여 복속하였고,65 이후 1871년 '폐번치현(廢藩置縣)'에 의해 왕국이 소멸될 때까지 사쓰마번의 영향 아래에 놓이게 되었다. 사쓰마번의 류큐 복속은 막부에서도 인지하고 있었는데, 1610년 사쓰마번의 주선으로 류큐 국왕 쇼레이(尙寧)의 빙례가 이루어져 시마즈 이에히사(島津家久)가 사절단을 이끌고 당시 쇼군이었던 도쿠가와 히데타다를 만났을 때, 히데타다는 쇼레이에게 "류큐는 대대로 주잔왕(中山王, 1429년 류큐를 통일한 쇼하시[尙巴志])의 국가이기 때문에 다른 성의 사람을 세워 국왕으로 삼아

64　申東珪, 「近世 日本의 그리스도교 禁制政策과 珍島 표착 異國船의 처리」(『일본문화연구』24, 동아시아일본학회, 2007), 참조.

65　豊見山和行, 「近世琉球史への視点-薩摩藩による琉球支配の再檢討」(『歷史地理教育』714, 歷史教育者協議會, 2007) ; 曾煥棋, 「明淸時代中國に朝貢する琉球國に對する薩摩藩の姿勢と態度」(『南島史學』69, 南島史學會, 2007), 참조.

서는 안 된다. 빨리 귀국하여 조상의 제사를 계속하라."66고 하여 쇼(尙) 씨에 의한 류큐 통치를 인정하였다. 이렇게 막부가 류큐의 왕권 존속과 사쓰마의 복속을 인정하고 있던 것은 류큐를 중개로 하여 그간 단절된 중국 관계의 회복을 모색했기 때문이다. 다만, 시마즈 씨가 복속하기는 했지만, 류큐가 명의 책봉국으로서 중국과의 관계를 무시할 수 없었고, 이 때문에 막부도 명과 사쓰마번에 의한 양속 관계를 인정할 수밖에 없었다. 이후 명청 교체가 이루어진 후에도 류큐는 청의 책봉을 받아 양속 관계가 유지되면서 중국 상품의 중계무역지로 자리를 잡아갔다. 즉, 중국→류큐→사쓰마번→나가사키라는 무역 및 외교 루트가 설정된 것이다. 한편, 조선과 마찬가지로 류큐 또한 선교사가 일본으로 잠입하기 위한 경유지였다. 때문에 막부는 류큐를 경유한 선교사의 일본 잠입을 저지하기 위해 네덜란드선과 남만선을 구별하여 강력한 통제정책을 실시하였다. 또 쇼 씨 지배하에 있는 각 섬들의 모든 선착장에 반슈(番衆, 일종의 감시인)의 파견을 정하는 등 대책을 세워 류큐 지배를 강화하였다.67 사쓰마번의 지배하에 있는 류큐의 경우, 사쓰마번에 의해 일련의 그리스도교 금교정책이 시행되고 있었지만, 전술한 바와 같이 막부도 선교사의 일본 잠입을 사전에 막기 위해 마닐라 출병계획을 세울 정도로 직접적인 관여를 하고 있었다.

넷째, 에조치(蝦夷地[北海道])의 마쓰마에(松前) 창구에 대해서 보면,

---

66 紙屋敦之,『德川家康と琉球王の對面に關する一史料』(『日本史攷究』22, 日本史攷究會, 1996). "琉球ハ代々中山王ガ國ナレバ, 他姓ノ人ヲ立テ國王トスベカラズ. 早ク歸帆シテ祖考ノ祀ヲ継ベキ"

67 上原兼善,「明清交替期における幕藩制國家の琉球支配」(箭內健次 編,『鎖國日本と國際交流(上)』, 吉川弘文館, 1988), 246-247쪽.

마쓰마에의 서유럽 관계는 에도막부가 체제 안정기로 들어갈 때까지 17세기 네덜란드의 북방탐사와 관련된 몇몇 사례가 보일 뿐, 1713년 지시마(千島) 열도에 러시아가 출현[68]하기 이전까지 서유럽과의 관계는 그다지 보이지 않는다. 하지만 일본과의 관계는 에도막부 초기부터 일본인의 진출 및 정착과 관련해 밀접한 관계를 보이고 있는데, 여기서는 '4개의 창구' 중의 하나로서 그 의의만 간단히 언급하겠다. 원래 에조치에는 수렵과 어로 중심의 아이누가 하천 유역에서 집단적 생활하면서 주변 섬이나 흑룡강 주변부의 소수민족과 가죽·해산물의 교역에 종사하고 있었다. 물론, 17세기 초엽부터 이에야스가 에조치에 대한 마쓰마에번의 교역 독점권을 인정하고는 있었지만, 에조치 전체를 지배한 것은 아니었고, 대다수의 아이누들은 독립적인 정치지배권을 보유하고 있었다. 그러나 마쓰마에번의 수탈이 극심해지자 1669년에 아이누 봉기가 발생했고('샤크샤인의 난'), 이를 무력으로 진압하면서 전면적으로 마쓰마에번에 편입되었다. 이후 아이누는 마쓰마에번의 일본인 거주 지역에 대한 통행이 금지되었고, 자발적인 교역 활동이 불가능하게 되어 일본인을 위한 노동자로 전락하였으며, 일본은 마쓰마에번을 통하여 에조치의 산물을 입수할 수 있었을 뿐만 아니라, 이후 에조치라는 방대한 영토를 획득하게 되는 토대를 마련하였다.[69]

이상, '4개의 창구'를 간략히 살펴봤는데, 각기의 창구가 별도의 대외관계 영역과 역할을 유지함과 동시에 '4개의 창구'가 에도막부를 중심으로 유기적인 네트워크 관계를 맺고 국제관계를 영위해 나가는 하나의 외교적

---

[68] 高倉新一郎, 『蝦夷地』(日本歷史新書, 至文堂, 1966), 104-106쪽.
[69] 박석순 외, 앞의 책, 189-192쪽.

기본 틀을 형성·변화시켜 나가고 있었다는 것을 확인할 수 있다. 또 한 가지 덧붙이자면, 15세기 대항해시대로 시작된 서유럽 각국의 동아시아 진출 이후 시작된 일본과의 국제관계는 단순한 일본 관계뿐만 아니라 동아시아 세계의 외교관계에까지 그 영향을 파급시키며 변화시켜 나갔다는 점도 의미 부여의 하나로서 언급해두겠다.

6. 맺음말

본 장에서는 근세 서유럽 세계의 동아시아 진출로 본 일본의 국제관계와 대외정책의 변화에 초점을 맞추어 고찰해 보았는데, 그 내용을 크게 세 가지 점에서 정리해보면 다음과 같다.

첫째, 포르투갈과 스페인의 동아시아 진출에서 그들은 과연 무엇을 의도했는가의 문제이다. 단적으로 말하면, 그것은 바로 무역과 그리스도교의 포교이다. 대항해시대 초기 동남아시아 및 아메리카에 진출했을 당시에도 무역과 포교는 동일선상에서 늘 기본적인 노선으로 유지되고 있었고, 이 두 목적하에 약탈과 침략 및 식민지 쟁탈전을 벌였다. 양국은 모두 기존의 아시아 교역 네트워크에 폭력적으로 참가하였고, 아시아에 다수의 교역 거점을 구축하는데 성공했지만, 이후 스페인은 포르투갈에 의해 재편된 아시아 교역 네트워크를 잠식하지 못하고 마닐라를 유일한 교역거점으로 삼은 것에 머물렀다.

둘째, 스페인과 포르투갈의 동아시아 해역 진출은 17세기 초엽을 기점으로 영국과 네덜란드로 교체되기 시작했으며, 여기에는 일본의 그리스도교 금제라는 통제정책에 따른 무역구조의 변화가 잠재되어 있어 근세 일본의 국제관계를 변화시켜 나갔다는 점이다. 당시 일본의 막대한 은(銀) 산출량은 서유럽 세계의 무역 의지를 고조시켰고, 일본 국내의 막대한 생사 소비량은 스페인·포르투갈을 비롯해 영국과 네덜란드에게 중계무역을 통한 막대한 무역이익을 상정시켰기 때문이다. 다만, 스페인과 포르투갈은 위에서 언급한 바와 같이 무역과 종교를 동시에 획득하려 했기 때문에 17세기 초엽을 전후해 그리스도교를 막부의 권위에 대한 도전으로 인식한 일본에 의해 배제되기 시작한 것이며, 이들을 대신해 영국과 네덜란드가 결국은 일본무역을 장악해나간 것이다. 물론, 영국은 네덜란드와 무역 경쟁에서 막대한 손실을 입어 1623년 일본상관을 폐쇄하였고, 네덜란드에 의한 일본무역 독점이 발생하지만, 이 역시 네덜란드가 포교를 금기시하고 무역에만 중점을 둔 결과이기도 하다. 결국 이러한 배경에는 1614년 그리스도교 금교령이 있었으며, 이러한 결과로 1620년경부터는 스페인과의 단교가 이루어졌고, 1639년에는 마찬가지로 포르투갈과의 단교가 이루어진 것이다.

셋째, 서유럽 세계의 일본 진출이 일본의 국제관계 변화에 가장 큰 영향을 끼쳤는데, 일본의 변화를 이끌어 낸 가장 중요한 요소는 역시 그리스도교 금교정책이었다. 금교정책이 바로 16·17세기 일본의 국제관계를 역동적으로 변화시켜 후에 근세 일본을 이른바 '쇄국체제', 또는 '해금체제'로 정착하게 되는 가장 큰 요인이 되었고, 그와 함께 일본의 외교 네트워크 설정 또한 능동적인 동시에 통제적인 입장으로 변화시켜 나갔다. 본 장에서 살펴본 금교령을 비롯해 조선에 대한 그리스도교 금제에 대한 협조 요청, 선교사의 밀입국과 그리스도교 국가의 입국을 금지하기 위한 연안경비체제의 강화, 포르투갈과의 단교, 네덜란드의 데지마(出島) 이전 등도 모두 막부의 능동적·통제적인 외교 대응책이었다. 이러한 변화의 실현이 '4개의 창구'라는 외교 장소의 설정이었고, 이곳을 통해서만 동아시아 제국, 나아가 서유럽 세계와의 관계를 통제·유지하였던 것이다.

제2장

근세 '일본형 화이질서'로 본 국제관계 재고(再考)

1. 머리말

여기서는 전근대 동아시아 국제질서 속에서 근세 일본이 어떠한 국제질서를 유지하고 있었으며, 어떻게 '화(華)'와 '이(夷)'를 준별하고 있었는가, 또 동아시아사 속에서 이것을 어떻게 파악해야 하는가를 살펴보겠다. 전근대 동아시아 국가들은 대체로 중국을 중심으로 한 국제질서, 다시 말하면 중화사상에 근거해 중국 중심의 조공책봉체제를 주축으로 한 국제질서를 유지하고 있었으며, 대부분은 이 질서 속에서 외교관계를 유지해왔다. 그러나 16세기 중반부터 17세기 중반에 걸쳐 동아시아 세계는 커다란 변동 속에서 구체제였던 명 중심의 조공책봉체제가 붕괴함과 동시에 그 가운데에서 새로운 국제질서가 재구축되었다. 그 변동의 원인으로서 16세기 서유럽 세력의 동아시아 진출, '후기 왜구'의 출현, 도요토미 히데요시(豊臣秀吉)의 조선침략과 이후 청의 중국 정복에 의한 명청교체가 가장 큰 영향으로서 학자들 간에 논의되고 있다. 특히, 명청교체는 '화이변태(華夷變態)'[01]로 대변될 만큼 탈중화와 더불어 일본인에게 '화'와 '이'의 개념 변화를 불

러왔다.[01]

　이러한 '화'와 '이'의 개념 변화는 하마시타 다케시(濱下武志)의 언설에 잘 나타나 있다. 즉, 그는 동아시아의 국제질서(국제체제)는 중국 중심의 일원적 조공 원리만으로 이해할 수 없으며, 상호관계의 원리를 상정하지 않으면 안 된다[02]는 점을 제기하고 있다. 나아가 '화'와 '이'라는 것은 중심으로서 자기인 '화'와 그것에 대치되는 타자로서 '이'라는 관계가 아니며, "화이질서는 역사적으로 중국을 중심으로 한 중국의 대외질서관으로서 파악되어 왔지만, 화이인식(華夷認識) 그 자체는 자기를 중심으로서 그것을 세계로 간주한 광역질서 이념이기 때문에 중국이 '이'로서 간주한 국가와 지역은 반드시 자신을 '화'로 파악하고 있지 않았으며, 스스로가 '화'로서 그 위치를 부여하는 것을 가능케 한 이념이었다."[03]고 주장하고 있다. 이러한 관점에서 생각해 본다면, 조공책봉체제만으로 동아시아의 '화이의식'이나 '화이질서(華夷秩序)'를 규명하기는 어려울 것이다. 조선의 경우도 마찬가지이겠지만, 본 장에서 중점적으로 다루려고 하는 근세 일본 또한 마찬가지이다.

01　'화이변태(華夷變態)'라는 용어는 에도시대 초기에 일본에 내항한 중국인들로부터 명청교체의 정보를 입수한 하야시 슌사이(林春齋)가 그 내용을 『華夷變態』라는 책으로 편찬하면서 사용되었다.

02　濱下武志, 「東アジア國際體系」(有賀貞, 『講座國際政治(1)』, 東京大學出版會, 1989), 51-52쪽.

03　濱下武志, 「東アジア史に見る華夷秩序」(濱下武志 編, 『東アジア世界の地域ネットワーク』, 山川出版社, 1999), 28-29쪽. 하마시타는 여기에서 '화이의식'에서의 '이'라는 것은 스스로 영향 하에 있는 것, 스스로 은혜를 받아야 할 대상으로서의 '이'이기 때문에 타자(他者) 그 자체를 '이'로서 간주하고 있지 않다는 견해도 피력하고 있다.

일본 경우, 16세기 중반 무렵에 중국과의 조공무역인 '감합무역'이 단절된 이후부터 중국의 조공책봉체제에서 완전히 벗어나 독자적인 국제관계를 유지해나갔다고 일반적으로 말해지고 있다. 물론, 17세기 이후 에도막부가 중국 중심의 동아시아 국제질서로 편입하려는 노력도 보이고는 있지만,04 이후 일본에 중국의 영향력이 파급되어 정치적 변화를 보였다는 흔적은 거의 없다. 그렇다고 해서 중국과의 관계가 완전히 단절된 것은 아니었다. 명청교체가 이루어진 이후에 청과의 공식적인 관계는 없었지만, 청의 책봉체제 속에 편입된 류큐(琉球)를 통해 간접적인 무역을 행하고 있었으며, 막번체제 안정기에 들어와서는 해외와의 관계를 유지하고 있었던 '4개의 창구' 중의 하나인 나가사키(長崎)를 통해서도 중국과의 무역 관계가 유지되고 있었다. 이렇게 '4개의 창구'를 통한 네트워크의 설정을 '쇄국', 또는 '해금'이라고 하는데, 아라노는 이러한 체제를 통해 국가권력으로서 막부가 외교와 무역권을 장악하고, 자신(自)을 '화', 그 이외(他)를 '이'로서 구별해 '일본형 화이질서(日本型華夷秩序)', 다시 말하면 일본 중심으로 주변 국가를 통제하는 국제질서를 유지했다고 한다.05 현재 일본에서는 위와 같은 아라노의 주장이 거의 일반화되어 에도막부(江戶幕府)의 국제질서를 대변하는 역사적 개념으로서 '해금'과 '일본형 화이질서'라는 용어가 정착되고 있다.

04 민덕기,「에도 幕府의 동아시아 국제사회로의 진입 노력-무로마치 幕府와 비교하여」(『日本思想』6, 한국일본사상사학회, 2004).
05 荒野泰典,「日本型華夷秩序の形成」(朝尾直弘 等 編,『日本の社會史(1)』, 岩波書店, 1987); 동,「國際認識と他民族觀-『海禁』『華夷秩序』論覺書-」(歷史科學協議會 編,『現代を生る歷史科學(2)』, 大月 書店, 1987); 동,「東アジア華夷秩序と通商關係」(歷史學硏究會 編,『講座世界史(1)』, 東京大學出版會, 1995).

그러나 위와 같은 견해, 즉 16세기 중국 중심의 조공책봉체제로부터의 이탈로 시작되어 그 이후 임진왜란과 명청교체기를 거치면서 탈중화에 의한 일본 중심의 에스노센트리즘이 강화되어나갔다는 측면에서 일본 중심의 '화이의식' 설정은 충분히 이해가 되지만, 다음과 같은 논점 또한 염두에 두어야만 한다. 첫째, 일본 중심의 '화이의식'이든 '화이질서'이든 당시 일본인의 동아시아 국제질서관을 해명하기 위해서는 당시 일본의 세계관 변화를 규명하지 않으면 안 된다. 둘째, 과연 실질적인 측면에서의 상하관계를 주축으로 한 '화이질서'라고 말할 수 있는 외교 형태가 존재하고 있었는가. 셋째, 동아시아 국제질서가 상호 간의 외교적 네트워크와 결부되어 상호 간의 인지와 승인이 전제되고 있다는 것을 염두에 두면, 과연 '일본형 화이질서'를 역사적 사실이 담보된 것으로 그 의미를 평가할 수 있는지, 또 이 질서가 동아시아 제 국가들 사이에서 어떠한 위치에 있는가의 문제도 고려하지 않으면 안 된다.

따라서 여기서는 이와 같은 문제 의식에 기초하여 첫째, 전근대 일본의 전통적 세계관은 무엇이었고, 어떠한 배경과 원인이 '화이의식' 변화의 토대를 이루었는가, 둘째는 근세에 발현한 '일본형 화이질서'의 구체성으로 말해지는 '4개의 창구'에 대한 존재를 어떻게 파악해야 하는가, 셋째는 '일본형 화이질서'의 본질과 그 문제점들이 동아시아 국제질서 속에서 어떤 의미를 가졌는지 고찰해보고자 한다.

2. 전근대 일본의 세계관과 화이의식 변화

1) 중세적 세계관의 구조와 발현 – '삼국세계관(三國世界觀)'

　　근세 일본의 국제질서 형성을 검토하기 위해서는 우선 사상적인 검토, 즉 전근대 일본의 세계관 변화를 염두에 두지 않으면 안 된다. 따라서 본 절에서는 일본의 중세적 세계관으로서 '삼국세계관'의 구조를 검토해보고, 그것이 중세와 근세의 경계 시기(이른바, 전국시대[戰國時代]와 쇼쿠호시대[織豊時代])[06]에 어떻게 일본인들에게 발현되고 있었는가를 일본인의 국제관계 인식의 측면에서 살펴보고자 한다. 그간 역사학계에서 일본인의 전통적 세계관을 언급할 때, 고대에는 『고사기』와 『일본서기』의 전설적 내용에 근거한 '신화적 세계관'이 거의 정설화 되어왔는데, 특히 『일본서기』 서두의 「신대(神代)」 부분에서 언급되고 있는 천지개벽의 전설, 즉 고대 일본인의 하늘과 땅의 성립에 대한 생각은 '신화적 세계관'을 잘 표현해주고 있다.[07] 하지만, 이렇게 신화에 근거한 세계관은 고대국가 정치체제의 확립과 동반된 불교의 유입으로 인해 현실적인 입장으로 변화되었다. 그것이 바로 '불교적 세계관'이며 일본의 고대 이래 중세에 걸친 '전통적 세계관'으로

06　쇼쿠호시대(織豊時代)는 오다 노부나가(織田信長)와 도요토미 히데요시(豊臣秀吉)가 집권한 시기를 말하며, 아즈치모모야마시대(安土桃山時代)라고도 한다. 노부나가의 교토 입경인 1568년부터 도요토미가 사망한 1598년까지의 약 30여 년간을 말하는데, 이 시기는 근세의 시작으로서 병농분리(兵農分離)와 근세적 세금제도인 석고제(石高制)가 확립되고 있었으며, 중세 일본에서 근세 일본으로의 전환점이기도 하다.

07　川村博充, 『近世日本の世界像』(ペリカン社, 2003), 10-11쪽. 朴正義, 「日本神話による世界觀の變遷」(『日本文化學報』15, 한국일본문화학회, 2002), 참조.

볼 수 있다.

다시 말하면, 일본인이 세계를 생각하는 공간의식은 고대 율령제 국가의 탄생과 더불어 불교의 수용기에 해당되는 아스카시대(飛鳥時代)를 경계로 급격히 변화되고 있었는데, 이시다 이치로(石田一良)는 아스카시대 이전을 '신도적(神道的) 공간'의 시대, 이후를 '불교적 공간'의 시대라고 평가하면서 아스카시대에는 '신도적 공간'과 '불교적 공간'의 이중구조를 가진 시대였다고 규정짓고 있다.[08] 또, '신도적 공간'이라는 것은 '닫힌 공간'이었고, '불교적 공간'이라는 것은 '열린 공간'으로서 변화, 즉 '닫힌 공간'인 동시에 '신도적 공간'에 할거하고 있던 씨족들이 자신들의 공간에 사원으로 건립하면서 '불교적 공간'으로 변화되었다고 설명한다. 즉, 일본의 아스카시대는 '신화적 세계관'과 '불교적 세계관'이 공존하는 세계였으나, 사회제도가 분화되고 불교가 발전되면서 점차 일본은 '불교적 세계관'의 공간으로 변화되어 갔던 것이다.

'불교적 세계관'의 기원은 말할 것도 없이 불교의 탄생지인 천축(天竺, 인도)에 있다. 고대 일본의 불교 수용이 심화되고, 또 견당사에 수반되었던 유학승의 파견과 중국과의 문화교섭 측면에서의 성숙은 관념 세계로서 천축의 존재감을 더욱 강화시켰다.[09] 결과적으로 일본인의 공간적 인식은

---

08 石田一良, 「日本古代國家の形成と空間意識の展開」(『東北大學文學部日本文化研究所報告』2, 東北大學文學部, 1966).

09 應地利明, 『續地圖の世界像』(岩波新書480, 岩波書店, 1996), 126쪽. 슈미센(須彌山)이라는 것은 산스크리트어 'Sumeru'의 음역이며, 한역으로는 '묘고산(妙高山)·묘광산(妙光山)'이라고 한다. 불교적 우주관으로서 세계의 중앙에 있다고 하는 산이다. 금·은·유리·파리(玻璃)의 4보로 구성되어 있다고 하며, 정상의 궁전에는 제석천(帝釋天), 중부에는 사천왕(四天王)이 살고 있다. 슈미센 주위에는

천축까지 확대되었고, 중국 이외에도 중국과 비견될 만한 또 다른 문명 대국으로서 천축이 존재한다는 사실을 느끼게 되었다. 이러한 인식의 구조는 세계가 천축(天竺, 인도)·진단(震旦, 중국)·본조(本朝, 일본)로 구성되어 있다는 이른바 '삼국세계관'을 탄생·형성시킨 것이다. 여기에 천축의 존재, 즉 불교의 탄생지로서 인도가 인식되고 있었기 때문에 학계에서는 일반적으로 '삼국세계관'을 '불교적 세계관'이라고도 부르고 있다.

하지만, 일본의 '삼국세계관'의 범주에 가장 가까운 조선이 제외되었다는 사실을 어떻게 이해해야 하는가의 문제가 남는다. 이에 대해 일본 연구자들은 '삼국세계관' 속에 가장 가까운 한반도가 포함되어 있지 않은 것은 불가사의한 일이라고만 하며,[10] 조선이 누락된 경위 설명 등에 대해 명확히 논증하고 있지 않다. 다만, 『일본서기』에 기록된 국가별 기록 건수를 검토하여 한반도가 1,206건, 중국이 137건으로 한반도가 월등히 많지만, 이것은 이미 『일본서기』에서 한반도의 제국을 속국으로 간주하는 자세가 있었기 때문이라고 하는 이노우에 히데오(井上秀雄)의 해석이 보인다.[11] 그러나 한반도 관련 기록이 중국의 약 9배 이상으로 많은데, 이른바 '삼국세계관'에 중국이 포함되고 한반도가 누락된 현상에 대한 설명이 단순한 속국 인식이라고는 하는 것은 상당히 모순적이고 단순하다고 볼 수밖에 없다.

또한, 아라노 야스노리는 일본의 세계관에서 조선이 누락된 것은 이

동심원상으로 7겹의 산이 있고, 또한 가장 바깥쪽 바다의 사방에 섬(四洲)이 있는데, 그 중 남쪽에 있는 섬, 즉 남염부제(南閻浮提, '瞻部州'라고도 함)에 인간이 살고 있다고 한다.

10 應地利明, 앞의 책, 122-123쪽.
11 井上秀雄, 『古代日本の外國觀』(學生社, 1991) ; 應地利明, 앞의 책, 122쪽 참조.

른바 '일본형 화이질서'라는 에스노센트리즘적인 사상의 형성과 신국의식에 의한 것이라고 설명하고 있다.¹² 물론, 신국의식에 의한 일본 세계관의 변화는 중요한 지적이며, 자국 중심의 세계관 설정이라는 측면에서 전근대 동아시아 국가들에 전반적으로 보이는 '화이의식'과의 연관에서는 타당성이 있다고 생각된다. 하지만 국제관계에서 국가 상호 간에 인정하지 않은 질서 체계로서의 '일본형 화이질서'를 일반화시키기에는 조선·중국·네덜란드·류큐 등과의 사이에서 행해진 외교 의례 등 다수의 문제점이 남는다. 특히 중세에 들어와 당시 일본인들이 조선에 대한 대국관을 가지고 있었다는 의견¹³들을 일본의 '삼국세계관'의 관련 속에서 어떻게 적용시킬 것인가는 '삼국세계관'의 본질 규명이라는 측면에서 커다란 과제이다.

아무튼 조선 관계 부분의 문제점은 존재하지만, 당시 '삼국세계관'이 널리 유포되어 있었다는 점에서는 반론이 없다. 원래 '삼국(三國)'이라는 표현은 819년에 사이쵸(最澄)가 저술한 『內證佛法相承血脈譜』의 서문에 보이고 있는데, 9세기 무렵에는 성립된 것으로 판단되며, 오지(應地)가 지적하듯이 12세기 초기에 성립된 『今昔物語集』에는 설화를 천축부(天竺部)·진단부(震旦部)·본조부(本朝部)의 3부로 나누어 수록하고 있었기 때문에¹⁴ 이 무

---

12 荒野泰典 編, 『江戶幕府と東アジア』(吉川弘文館, 2003), 172-177쪽; 荒野泰典, 「近世の對外觀」(『岩波講座 日本通史(13)-근세3』, 岩波書店, 1994), 214쪽.

13 高橋公明, 「外交儀禮よりみた室町幕府の日朝關係」(『史學雜誌』91-8, 史學會, 1982); 동, 「村井報告批判」(『歷史學硏究』510, 歷史學硏究會, 1982); 동, 「朝鮮遣使ブームと世祖の王權」(田中健夫 編, 『日本前近代國家と對外關係』, 吉川弘文館, 1987); 동, 「朝鮮外交秩序と東アジア海域の交流」(『歷史學硏究』573, 歷史學硏究會, 1987), 참조.

14 應地利明, 앞의 책, 122-123쪽.

렵엔 '삼국세계관'이 넓게 유포되어 있었다는 것을 유추할 수 있다. 또한 중국을 의미하는 '진단(震旦)'이라는 용어가 고대 인도어에서 유래하고 있다는 것을 염두에 두면 '삼국세계관'이라는 것도 원래는 불교영향 아래에서 성립되고 있음도 확인할 수 있으며, 헤이안시대(平安時代) 이후 일본이 무가사회로 전환되면서도 불교는 무가사회의 보호 아래 발전하고 있었기 때문에 이러한 '삼국세계관'이 중세 일본인의 세계관으로 정착하고 있었다는 것은 충분히 이해할 수 있는 사실이다.

여기서 중국의 존재는 일본의 세계관 변화에 중요한 요소로 작용하고 있었다. 일본의 '삼국세계관'에 보이는 중국은 고대 이래 중국 문화의 유입과 함께 거대한 제국으로서 각인되어 있었고, 여기에 견수사와 견당사를 파견했다는 것은 중국을 세계 정치와 문화의 중심지로 여기고 있었다는 것을 보여준다. 하지만, 중요한 것은 일본이 완전한 불교 중심의 세계관은 아니었다는 점이다. 즉, '삼국세계관'이 불교적 세계관에 근거하고 있지만, 헤이안시대를 거치면서 고대 이래의 신도적 성격과의 융합으로 '신불습합(神佛習合)'이 이루어져 불교적 세계관과 신도적 세계관이 병립되어 유지되는 독특한 양상을 띠면서 일본인들의 의식 속에 침투되어 서유럽의 진출이 이루어지는 16세기 중반까지 유지되어 왔던 것이다.

이러한 중세 일본인의 '삼국세계관'에 대해서는 다음에 보이는 『信長公記』를 통해 명확히 알 수 있다.

[사료 1]
오다 노부나가(織田信長)가 그 부헨(無邊, 廻國의 객승)에 대한 이야기를 연이어

듣고 나서, "그 사람의 풍채를 보고 싶다."고 하였다. 그래서 사자이보(榮螺坊)가 부헨을 이끌고 아즈치 성(安土城)에 들어갔다. 즉, [노부나가가] 마루에 나와서는 일일이 살펴보고 무엇인가 생각하는 모습이었다. [이윽고] "어느 나라 사람인가"라고 묻자, "너무 먼 곳이다."라고 답하였다. 또, ⓐ"중국인(唐人)인가, 그렇지 않으면 천축인(天竺人)인가."라고 묻자, "단지 수행하는 사람이다."라고 답하였다. ⓑ"인간이 태어나는 곳으로 세 나라 이외에는 의심스럽다. 그러면 귀신인가. 그렇다면 불에 태워 버릴 테니 불을 준비하라."고 명령하자, [부헨은] 노부나가의 한 마디에 다급해져서 "데와(出羽)의 하구로(羽黑) 사람입니다."라고 말하였다.···15

위의 [사료 1]은 데와(出羽) 하구로(羽黑)라는 지역에 이상한 풍채의 사람이 입국하여 오다 노부나가에게 보내졌을 때, 오다 노부나가가 그에게 질문한 내용인데, 밑줄 ⓐ를 보면 그의 출신을 물으면서 중국 사람인지, 천축 사람인지를 묻고 있다. 이것은 일본인과 같은 모습이 아니기 때문에 묻고 있는 것으로 천축(인도)·진단(중국[唐])·본조(일본)이라는 '삼국세계관'

15 『信長公記』권13, 「無邊の事」(奧野高廣 校注, 『信長公記』, 角川文庫, 1996). "信長公, 無邊の事, 連々聞こしめし及ばれ, 其の仁體御覽なされたきの旨, 仰せ出だされ, 榮螺坊, 無邊を召し列れ, 安土御山へ參り候. 則ち, 御厩へ出御なされ, 一一御覽じ, 御思案の樣體なり. 客僧の生國は何くぞと, 御尋ねあり. 無邊と答ふ. 亦, 唐人か天竺人かと, 御意侯. 唯, 修行の者と申す. 人間の生所三國の外には不審なり. さては, 術物にてあるか, 然らば炙候はん間, 火の拵へ仕り候へと, 御諚のところ, 御一言に迫り, 出羽の出黒の者と申し上げ候." 『信長公記』는 전국통일의 토대를 이룬 오다 노부나가(織田信長)의 일대기이다. 필자는 노부나가의 가신이었던 오타 규이치(太田牛一)이며, 에도시대 초기에 완성되었다.

에 근거한 질문이었다. 더욱이 밑줄 ⓑ에서는 세 나라 이외의 출신이라면 의심스럽다고 한 것은 인도·중국·일본 이외의 출신을 말하는 것으로, '삼국세계관'이 바로 오다의 세계관이었음을 말해주는 것임을 알 수 있다. 즉, 이 세 곳의 출신이 아니라면 불에 태워 죽이겠다는 것을 표명한 것으로 쇼쿠호시대(織豊時代) 위정자들이 '삼국세계관'을 가지고 있었음을 명확히 보여준다.

한편, 당시 일본에 입국하여 선교 활동을 펼치고 있던 포르투갈인 조안 로드리게스도 그의 저서 『일본교회사』에서 일본의 세계관에 대해 다음과 같은 기록을 남기고 있다.

[사료 2]

ⓐ일본인도 중국인도 옛날에는 세 나라에 대한 지식밖에 가지고 있지 못했다. 그리고 그 속에 지구의 전 지역을 포함시키고 남은 지역은 모두 사방에서 이 지역을 둘러싸고 있는 바다라고 생각하고 있었다. ⓑ일본인은 이들 세 나라를 일반적으로 '삼국(三國)'이라 부르고 있다. 즉, 이들 3개의 나라를 의미하며, 그것이 마치 사람들이 살고 있는 전 세계인 것처럼 말하고 있다. 이 삼국은 일본, 중국 및 갠지스강 내외의 인도로 일본인은 이들 나라를 '일본·대당(大唐)·천축(天竺)'이라 부른다. 즉, ⓒ일본, 중국(이 중국에는 여기에 종속하는 코레이[Coray, 조선을 의미함]와 타르타르아[여진]를 포함한다), 갠지스 강 내외의 인도이다.····16

16 ジョンアン·ロドリーゲス 著, 『日本教會史(下)』(大航海時代叢書Ⅹ, 岩波書店, 1970), 185쪽. 조안 로드리게스(Joo Rodriguez, 1561-1634)는 포르투갈 예수회

[사료 2]의 밑줄 ⓐ는 당시 일본인들의 세계관은 속에는 세 나라밖에 없었다는 것을 언급하고 있으며, 밑줄 ⓑ에서는 그 세 나라를 바로 '삼국=산코쿠(三國)'라고 하는데, 일본·중국·인도이며, 일본인들은 3개의 나라가 마치 전 세계인 것처럼 알고 있다는 것을 보여주고 있다. 한마디로 중세 말기 이후 서양 관계가 깊어지기 이전까지의 쇼쿠호시대에는 '삼국세계관'이 일본의 세계관이었음을 여실히 보여주고 있다. 여기서 한 가지 흥미로운 것은 밑줄 ⓒ의 내용으로 '삼국세계관'을 설명하면서 중국 안에 코레이(Coray), 즉 조선과 여진을 포함하고 있다는 부연 설명 부분인데, 당시 일본에 왔던 선교사들이 조선을 중국의 속국 내지는 조공국으로 인식하고 있었기 때문에 이러한 현상이 표출된 것으로 생각된다. 물론, 이러한 '삼국세계관'은 권력자의 전유물이 아니었다. 전국시대(戰國時代)와 쇼쿠호시대의 일련종(日蓮宗)의 불교승이었던 아사야마 니치죠(朝山日乘)는 당시의 무장 와다 고레마사(和田惟政)에게 보낸 답서에서 다음과 같이 말하고 있었다.

[사료 3]
바테렌(半天連)에 관한 건의 말씀은 잘 들었습니다. 그 인물에 대해 [이전의] 윤지(綸旨)에 따라 교토에서 추방되었다는 것은 이미 잘 알고 있습니다. 그것을 확실하게 하기 위해 당신께서는 그 사람[바테렌]을 소환시켜주시기 바랍니다. 더욱이

의 선교사로 1577년 무렵에 내일(來日)하여 1613년까지 체재하면서 통역 등으로 활약하기도 했기에 '통사 로드리게스'라고도 불렀다. 『日本教會史』는 로드리게스의 당시 기록을 번역한 것이다. 로드리게스에 대해서는 マイケル·クーパー 著/松本たま 譯, 『通辞ロドリゲス』(原書房, 1991)를 참조.

> 당신께서는 참으로 제멋대로 스스로가 끝없는 권세를 말하고 있지만, 생각건대 [그러한 행동은] 칙명으로 단지 돌아가야 할 뿐만 아니라, 당신이 이 나라를 지배하려고 한다면, 거기에 보이는 행동들이 세상의 삼국, 즉 당토(唐土[중국])·일본·천축(天竺[인도])에 가서도 있을 수 없는 중죄가 된다는 것에 의심할 여지가 없습니다.[17]

[사료 3]의 내용은 당시 그리스도교 탄압에 적극적이었던 니치죠(日乘)가 1569년 5월 그리스도교 선교를 우호적으로 받아들인 와다 고레마사에게 보낸 서장이다. 밑줄 부분을 보면, 고레마사가 일본을 지배하려고 하여 보인 행동들이 중죄가 된다는 것을 설파하고 있는데, 여기에서도 역시 니치죠의 세계관은 당토(唐土, 중국)·일본·천축(天竺, 인도)로 구성된 '삼국세계관'이었다. 이 사례 이외에도 니치죠는 와다에게 수차례에 걸쳐 서한을 보내고 있는데, "개벽에서 지금에 이르기까지 세계의 삼국(日本·唐土·天竺)에서는 모두 제국의 통치를 속인이 하지 않고 승려의 권한에 속하는 것

---

[17] 松田毅一/川崎桃太 譯, 『フロイス 日本史(4)』(中央公論社, 1978), 202쪽(和田惟政에게 보낸 日乘의 返書). 원문이 그대로 실려 있으므로 하기에 표기한다. "伴天連に關し御申越しの件, 拜承仕り候. 彼の人物, (先に)綸旨により都より追放されしことすでに御承知のことに相違なかるべく候. そのことに確かなるに, 貴殿, 同人を召還せしめ給えり. さらに貴殿, げにもほしいままに己が限りなき權勢を語られしが, けだしそは, ただに勅命にもとるのみならず, 貴殿, 當國を伺る者なれば, そこに見らるる御振舞い, 世の三國, 唐土·日本·天竺にも越えてあるまじき重罪たること疑いなかるべく候."

이었기에 당신은 본 서장을 오다 노부나가에게 잘 보여주어야만 합니다."[18] 라는 내용에서 확인되는 바와 같이 변함없는 '삼국세계관'을 가지고 있었으며, 이것이 당시 일본인들이 가지고 있던 세계관의 전형이었음을 확인할 수 있다.

다만, 여기서 염두에 두지 않으면 안 될 사항은 서양이 일본에 진출하기 시작했고, 오다 노부나가의 경우 불교를 탄압하면서 그리스도교를 적극적으로 용인·장려하고 있었기 때문에 중세적 세계관으로서 인도·중국·일본이라는 '삼국세계관'의 기본구조에 서서히 변화가 일어날 수밖에 없었다는 점이다. 즉, 불교적 세계관으로서 중세적 세계관의 정점이었던 천축이 서양과의 관계에서 미약해지고 오히려 서양이 천축의 자리를 채워나가는 세계관의 변화가 일어났다. 이것이 근세적 삼국세계관으로의 전환이며, 16세기 중엽 이후 유럽 세력과 접촉하는 과정에서 일본인의 지리 인식이 변화하고, 국제정세에 대한 정보량이 이전 보다 비약적으로 증대하여 일본인의 대외인식이 보다 현실성을 띠게 된 결과였던 것이다.[19] 오다 노부나가의 시기에 '삼국세계관'이 폐기되었는가에 대한 명확한 사료는 아직 찾을 수 없지만, 시기적으로 볼 때, 노부나가와 히데요시가 집권한 쇼쿠호시대에 서양이 각인되기 시작했으며, 서서히 중세적 세계관에서 근세적 세계관으로

---

18 松田毅一/川崎桃太 譯, 위의 책, 234쪽(和田惟政에게 보낸 日乘의 返書). "開闢このかた今に至るまで世界三國[日本·唐土·天竺]においては, すべて, 諸國統治のこと俗人にはあらずして僧侶の權限に屬"すること仕来りに御座候えば, 貴殿, 宜しく本狀を信長に御示しなさるべく候."

19 윤유숙, 「전국시대 일본적 세계관과 신국사상」(김현구 외, 『동아시아 세계의 일본사상-'일본 중심적 세계관' 생성의 시대별 고찰』, 동북아역사재단, 2009), 120-121쪽.

의 전환이 미약하게나마 이루어지고 있었다고 판단할 수 있는데, 이에 대해서는 다음에서 살펴보겠다.

2) 근세적 세계관으로의 변화-'이국세계관(二國世界觀)'의 형성

1453년 포르투갈인의 일본 다네가시마(種子島) 표착은 일본인에게 충격적인 시대 변화를 초래했다. 포르투갈의 뒤를 이어 스페인도 일본 진출을 시도하게 되었는데, 16세기 중반 이후 일본에 도래한 서유럽 세계 사람들을 일본인들은 '남만인(南蠻人)'[20]이라고 부르면서 서유럽 세계의 문화를 수용하고 있었다. 물론, 점차적으로 그리스도교 금제 등에 의한 통제적 문화 수용으로 변화되지만, 남만인의 일본 내항은 세계의 지리정보 유입과 더불어 서유럽 문화권의 존재를 확인시켜 주었고, 전통적으로 유지하고 있던 일본의 '삼국세계관'을 서서히 붕괴시켜 갔다.

다만, 오지 도시아키(應地利明)가 말한 바와 같이 "천축에 대한 동경"으로서 천축에 대한 인식은 근대 이전까지 고지도의 형태로서 미약하나마 잔존하고 있었다.[21] 대표적인 것이 근세 이후에 제작된 부채꼴 모양의 「南瞻部洲之圖」(1698), 「南瞻部洲萬國掌菓之圖」(1710), 「天竺之圖」(1749) 등의 천축 관련 지도이다([그림 1], [그림 2] 참조).[22] 근세 이후 천축 관련 지도,

---

20 원래 '남만(南蠻)'이라는 명칭은 중국에서 중국 남방지역의 사람들에 대한 명칭으로서 중화사상에 근거한 명칭이었다. 즉, 중국을 중앙에 위치시키고 그 외의 지역을 동이(東夷)·서융(西戎)·남만(南蠻)·북적(北狄)의 '사이(四夷)'로 이민족의 위치를 부여했던 중국 중심의 화이관에 의해 탄생된 것으로 주로 샴·루손·자바 등의 지역을 가리킨다.
21 應地利明, 『「世界地圖」の誕生』(日本經濟新聞出版社, 2007), 62-63쪽.
22 본고에서 사용한 불교계통(南瞻部洲)의 고지도는 교토대학 부속도서관 소장의

[그림 1] 「南瞻部洲之圖」(1698)

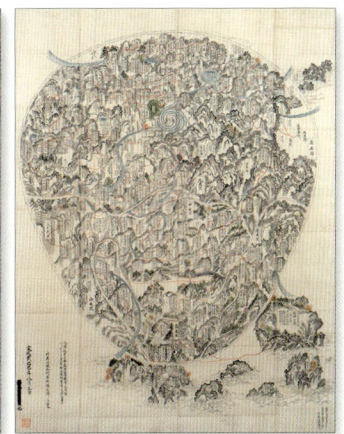
[그림 2] 「天竺之圖」(1749)

즉 학계에서 말하는 불교 계통의 '남섬부주(南瞻部洲)' 지도는 일반적으로 지도의 한가운데에 천축을 두고 그 주위 사방에는 동·서·남·북의 천축국(天竺國)을 위치시킨 오천축(五天竺)의 구조를 가지고 있으며, 그 오른쪽 끝에 일본을 그리고 있다.[23] 그렇다고 해서 근세에 들어와 불교적 세계관, 즉 아라노 야스노리(荒野泰典)가 말하는 동양계의 세계관과 가치체계가 소멸

「室賀콜렉션」(「佛敎系世界圖の展開」, https://rmda.kulib.kyoto-u.ac.jp/item/rb00020075, 2023.08.13. 검색)을 참조하였고, 「天竺之圖」(1749)는 『古地圖セレクション』(神戶市立博物館, 1994), 14쪽 참조.

23 참고로 권정의 연구에 의하면, 「天竺之圖」와 같은 형태의 「天竺國圖」라는 고지도에는 특이하게 동북 방향의 일본 위치에 조선을 표기하고 있는데, 이러한 차이가 상징하는 것에 대해서 "세계를 삼국으로 파악하고, 일본을 동북이라는 위치에 정해 신성시하기 위한 것에 방해가 되는 한반도와 '삼국세계관'이라는 자체가 불교에 근거하고 있기 때문에 그 불교를 일본에 전래한 대 한반도 인식의 갈등이다."라고 평가하고 있다(權靜, 앞의 논문(「韓日古地圖に現れる世界觀」), 101쪽). 한편, 「南瞻部洲之圖」 계통의 지도에 대한 개념도와 구성 등에 대한 상세한 내용

된 것은 아니며, 불교와 유학은 신앙이나 논리의 세계 속에서 생존해 나갔다.24 다만, 불교적 세계관은 어디까지나 현실적인 세계관이 아닌 종교적 세계관의 흐름 속에서 잔존한 것으로 이미 근세에는 세계에 대한 지리 인식의 확대와 더불어 과학적인 서양 지도들이 폭넓게 일본에 유포되고 있어 천축 관련 지도에 대한 세계관의 실증적 가치는 거의 상실되고 있었다.

기존의 연구에서는 서유럽 사람인 남만인들을 천축인으로 파악하고 있었던 경우도 있었지만,25 그 접촉의 빈도수가 증가함에 따라 '남만인'이라는 호칭으로, 또 '남만인'의 문화를 '남만문화'라고 칭하면서 유례없는 이문화 수용의 시대를 맞이하였다. 특히, 세계지도의 유입과 그에 따른 세계 지리정보의 유입은 그간 일본인들이 생각지도 못해왔던 이국의 위치와 정보를 상세히 알려주어 세계관의 확대에 영향을 끼치고 있었다.26 15세기 이래의 대항해시대의 성과로서 서유럽의 세계 지리에 대한 지식의 확대는 비약적으로 발전하였고, 이러한 성과를 일본은 포르투갈을 비롯한 남만인들을 통해 획득할 수 있었던 것이다. 당초에 남만인들의 일본 내항의 목적은 무역 확대와 예수회의 선교사들을 중심으로 한 그리스도교 포교의 목적이 있었다. 그렇기 때문에 남만인들은 자신들이 가지고 있었던 세계의 지리정보를 포교의 수단으로도 활용하기도 했는데, 이와 관련해 가와무라 히데타다(川村博充)는 그의 연구에서 선교사들은 최신의 세계지도와 지구의를 가

은 다음을 참조. 川村博充, 앞의 책, 16-17쪽 ; 應地利明, 앞의 책, 130-137쪽.
24 荒野泰典, 「天竺の行方-三國世界觀の解體と天竺-」(『中世史講座(11)-中世における地域·民族の交流』, 學生社, 1996), 69-70쪽.
25 상동, 46-52쪽.
26 織田武雄, 『地圖の歷史』(講談社, 1974), 224-225쪽.

져와 일본인들에게 제시하였고, 당시 일본인들이 가지고 있던 지도와 지구의에 그려진 세계 지리에 대한 관심은 보통의 수준을 넘어서고 있었다고 한다.[27]

일본의 세계 지리 인식의 확대와 서양에 대한 인식의 확대는 15세기 이래 서유럽 세계의 대항해시대 개막에 수반된 동아시아 진출에 의한 것이지만, 이를 계기로 일본 또한 내재적인 발전으로서의 변화를 추구하기 시작하였다. 그것은 바로 주인선 무역이었다. 포르투갈의 대외무역 정책 등과 맞물려 일본 역시 동남아시아 지역으로의 무역을 확대해 나갔던 것이다. 이점에 대해서는 이와오 세이치(岩生成一)의 연구[28]에 의해서 주인선 무역에 따른 일본인의 이민 활동과 이른바 '일본인 마을(日本人町)'를 중심으로 한 일본 해외무역의 전모가 밝혀지고 있지만, 동남아시아 각지에 일본인 마을을 형성하게 되었다는 것은 그만큼 일본의 세계관 확대를 초래했다는 것을 의미한다. 즉, 당시 일본의 국제환경 변화는 중세시기에 세계가 천축(인도)·진단(중국)·본조(일본)로 구성되어 있던 '삼국세계관'에서 천축을 누락시키는 계기가 되었고, 천축 대신에 포르투갈과 스페인 등의 서양으로 교체되면서 서양·진단(중국)·본조(일본)라는 근세적 세계관으로 변화하기 시작한 것이다.

그러나 오다 노부나가 집권기 때와 마찬가지로 도요토미 히데요시의 집권기에 들어와서도 중세적 세계관이었던 '삼국세계관'이 완전히 소멸된 것은 아니다. 천축을 포함한 중세적 성격의 '삼국세계관'의 틀은 인식론

---

27   川村博充, 앞의 책, 20쪽.
28   岩生成一, 『南洋日本町の研究』(岩波書店, 1966), 9-19쪽 ; 岩生成一, 『續南洋日本町の研究』(岩波書店, 1987), 참조.

적인 측면에서 유지되고 있었는데, 그 대표적인 사례가 1592년 히데요시가 자신의 조카 도요토미 히데쓰구(豊臣秀次)에게 보낸 다음의 서한에 보인다.

[사료 4]
一. ⓐ조선의 수도(漢城)는 지난 2일에 점령하였다. 그렇기 때문에 드디어 [내가(히데요시가)] 꼭 조선에 건너가야 한다. 이번에 대명국(大明國[중국])까지도 남김없이 따르게 할 것이고, 대당(大唐, 중국)에서의 간파쿠(關白) 직을 [히데쓰구(秀次)에게] 넘길 것이다.
一. [히데쓰구는] 3만의 병력을 이끌어라. 효고(兵庫)에서부터 배로 건너가거라. 말(馬)만은 육지로 이동시키는 것이 좋다.
一. ⓑ삼국[인도·중국·일본] 가운데에서 적대할만한 자가 없다고는 말하지만, 체면과 내실의 측면에서 무구(武具)의 준비[몸가짐]는 다른 무엇보다 중요하다. 신분이 낮은 병사들에 이르기까지 [히데쓰구는] 그대로 [위의 지시대로] 명령을 내려야 한다.29

[사료 4]의 밑줄 ⓐ는 히데요시가 조선을 침략하여 한성을 점령한 후 중국 침략의 의도가 있음을 히데쓰구에게 표명한 것인데, 중국을 정벌한

29　歷史學研究會 編, 『日本史史料(3)-近世』(岩波書店, 2006), 52-53쪽(「天正二十年五月十八日豊臣秀吉覺書」). "一, 高麗都者去二日落去候. 然間彌急度被成御渡海, 此度大明國迄茂不殘被仰付, 大唐之關白職可被成御渡候事. 一, 人數三万可召連候. 兵庫より船にて可被相越候. 馬計陸地可被差越事. 一, 三國中御敵對可申者雖無之, 外聞實儀候間, 武具之嗜專一候. 下々迄も其通可被申聞事."

후에는 중국통치를 위해 히데쓰구를 간파쿠(關白)에 임명하겠다는 의도를 명확히 하고 있다. 또, 밑줄 ⓑ부분에서는 히데요시가 자신의 에스노센트리즘적인 권력을 강조하면서 '삼국'이라는 표현을 사용하고 있다. 여기서 '삼국'은 본 장에서 말하는 인도·중국·일본이라는 '삼국세계관'을 말하는 것으로 히데요시의 세계관이 바로 '삼국세계관'에 입각해 있었다는 것을 보여주는 것이다. 즉, 히데요시는 그가 인식하고 있던 세계관의 범주 속에서 자신에게 대적할 만한 상대가 이미 없다는 것을 설파하고 있었다. 그런데, [사료 4]의 밑줄 ⓐ와 ⓑ에서 히데요시의 '삼국세계관' 인식도 중요하지만, 본고에서 중요한 논점으로 삼고 싶은 것은 '삼국세계관'의 구성 요소인 중국을 정복하고자 하는 의욕을 표명하여 무력을 토대로 일본을 중국보다도 우월적 위치에 설정하고 있다는 점이다. 이것은 바로 '삼국세계관'에서 일본의 우월성 표출로 인한 '삼국세계관'의 붕괴를 의미하는 것이기도 하다.

더욱이 기타지마 만지(北島万次)의 연구에 의하면, 히데요시는 일본 국내통일과 이른바 '이역통일(異域統一)'이라고 하는 조선침략 전쟁을 '천명(天命)'이라는 자기합리화의 논리로서 동아시아 제외국에 보낸 외교문서로 표명하고 있었다는 것이 밝혀지고 있다.[30] 또한, 호리 신(堀新)은 이들 제외국의 문서를 분석해 히데요시 정권의 외교문서 11통 중에 '천명'을 표명한 것이 반수를 넘으며, 이외의 외교문서에서도 '천명' 이외의 논리로서

---

30 北島万次, 『豊臣正權の對外認識と朝鮮侵略』(校倉書房, 1990), 98-121쪽. 이 외교문서들은 1590년 2월 28일자 류큐국왕(琉球國王), 11월 조선국왕, 1593년 11월 5일자 高山國(타이완), 1591년 9월 15일자와 1592년 7월 21자 및 1593년, 1597년 7월 27일자 필리핀제도 장관, 1593년 6월 28일자 '大明日本和平條件' 등을 말한다.

히데요시가 태양에서 태어났다고 하는 이른바 '일륜신화(日輪神話)'가 동시에 사용되고 있었다고 주장한다.31 이 '일륜신화'에 대해서는 이미 기타지마 만지가 상세히 논증하고 있지만,32 이를 이어 받은 호리 신은 "대륙침공에 의해 중국에 신왕조를 수립한다는 의사표시였다."33고 까지 주장하고 있다. 이 '일륜신화'의 실질적 영향에 대한 객관적 논증의 필요성과 함께 역사적 해석에 대한 비판의 여지도 있지만, 이러한 문제점은 여기서 접어 두고라도 당시 히데요시가 중국에 대한 인식이 이미 중세적 세계관으로서의 '삼국세계관' 때와는 다른 이질적 세계관을 가지고 있었음을 유추할 수 있다.

한편, 히데요시가 조선침략을 시도한 이후인 1593년 5월 18일에 그의 서기역(祐筆)이었던 야마나카 기쓰나이(山中橘內)가 히데요시 가문의 여성에게 보낸 서장을 보면, 중국만이 아닌 천축, 즉 인도 정복에 대한 의지도 표명하고 있었는데, 다음에서 검토해보겠다.

[사료 5]

ⓐ우에사마(上樣, 豊臣秀吉)는 베이징(北京)의 수도에 거소를 두거나, 그렇지 않으면 누군가의 거소를 두고 일본의 선박이 도착하는 닝보(寧波部)에 거소를 옮길

---

31 堀新,「동아시아 국제관계로 본 임진왜란」,(『壬辰倭亂과 東아시아 世界의 變動』, 韓日文化交流基金·東北亞歷史財團주최 한일국제학술회의 초록, 2009년 9월 19), 80-84쪽.
32 北島万次, 앞의 책, 122-131쪽.
33 堀新, 앞의 논문, 83쪽.

것입니다. … ⓑ우에사마는 말은 하지 않으셨지만, 가능하다면 천축을 정복할 의도를 가지고 있습니다.³⁴

위의 [사료 5]의 밑줄 ⓐ는 히데요시가 조선침략 후에 중국의 수도 베이징에 거소를 두거나, 또는 당시 재위하고 있던 고요제이(後陽成) 천황의 거소를 옮긴다는 것이며, 밑줄 ⓑ부분에서는 히데요시가 언급은 하지 않았지만 가능한 한 천축, 다시 말하면 인도를 정복할 의도가 있다는 것을 전하고 있다. 당시 일본의 군사력으로 볼 때, 중국과 전면전을 치른다는 것은 말할 것도 없지만, 중국을 정복한 후에 인도까지 정복하겠다는 것은 실현 불가능한 히데요시 개인의 망상이었다. 하지만, 일개인의 망상이라고 할지라도 일본을 통일하고, 중국에 이어 인도를 정복하겠다는 의지 표명을 염두에 두고 볼 때, 이미 히데요시에게 '삼국세계관' 속에서 천축(인도)은 일본이 정복해야 할 침략의 대상지로 인식되고 있었으며, 그에게 '삼국세계관'은 그리 중요한 대외인식이 아니었다고 평가할 수 있다.

---

34 「天正20年 5月 18日, 御ひかしさも·御きゃくしんさま宛 山中橘内書狀」(牧野信之助選輯, 『越前若狹古文書選』, 福井縣名著刊行會, 1971). "うえさま(上樣)はほんきん(北京)のみやこに御さ所をなされ, 又, それをもたれ(誰)そ御すへなされ, にほんのふなつき(船着)にほう口(ニカ)きょ所を御きわめなさるへき, … うえさま御ことは(言葉)をくわへられすとも, なる(成)へきほと, 天ちくきりとり(切取)申候やうにとのきょい(御意)候." 한편, 이 원문 사료의 괄호 부분은 기타지마 만지의 주석을 따랐다(北島万次, 『豊臣秀吉の朝鮮侵略』, 吉川弘文館, 1995, 51쪽).

또한, 히데요시의 집권기에는 히데요시의 신격화('日輪神話')와 더불어 일본에 대한 신국화도 진행되고 있었다. 대표적인 사례가 1587년 6월 19일 「선교사추방령 5개조」라고도 불리는 문서로서 여기서 히데요시는 "일본은 신국의 땅으로 그리스도교 국가로부터 사법(邪法, 그리스도교)을 받아들인 것은 상당히 좋지 않은 일이다."[35]라고 하고 있다. 더욱이 포르투갈령 인도 부왕(副王)에게 보낸 서한에서는 '삼국세계관'과 관련하여 일본 신국관이 더욱 강조되고 있다.

[사료 6]
ⓐ우리 조정(일본)은 신국이다. 신은 마음이다. 삼라만상은 참마음이 나올 수 없고, 신이 아니라면 영생할 수 없으며, 신이 아니라면 그 도(道)를 이룰 수 없다. 증겁(增劫, [열 살로부터 백 년마다 한 살씩 늘어 8만 살에 이르는 동안])의 때에도 이 신은 늘어나지 않고, 감겁(減劫, [100년마다 나이 한 살씩을 줄여서 8만 살로부터 열 살로 줄 때까지의 동안])의 때에도 이 신은 절멸하지 않아 음양을 측정할 수 없는 것을 신이라고 한다. ⓑ때문에 신을 만물의 근원으로 삼는다. ⓒ이 신이 축토(竺土[인도])에서는 말하기를 불법(佛法)이라고 하며, 진단(震旦[중국])에서는 이것을 유도(儒道[유교])라고 한다. 일역(日域[일본])에서는 이것들을 신도(神道)라고 말한다. 신도를 알면, 즉 불법[불교]을 아는 것이고, 또 유도[유교]를 아는 것이다.[36]

---

35 歷史學研究會 編, 『日本史史料(3)-近世』(岩波書店, 2006), 43쪽. "日本ハ神國たる処, キリシタン國より邪法を授候儀, 太以不可然候事."
36 상동, 49쪽. "それ吾が朝は神國なり. 神は心なり. 森羅萬象は一心を出ず. 神に

[사료 6]의 밑줄 ⓐ와 ⓑ에서는 히데요시는 일본이 신국이라고 하며, 신만이 영생과 도를 이룰 수 있다고 한다. 또 밑줄 ⓒ에서는 이 신이 인도에서는 불교이고, 중국에서는 유교이며, 일본에서는 신도라고 하여 인도·중국·일본이 결국은 신도에 의한 사상적 체계로 이루어져 있음을 설파한 것이며, 따라서 신도를 알면 불교와 유교 또한 알 수 있다는 것이다. 즉, 일본의 신국관을 인도·중국보다도 우월적 위치에 올려 놓음으로써 '삼국세계관'을 초월하려는 일본 우위 의식을 엿볼 수 있다. 물론, 일본의 신국관은 고대 이래[특히, 『고사기』와 『일본서기』 편찬 이후] 일본인들에게 전통적으로 내재되어 있었다고 말해지지만, 히데요시 때에는 주변 국가들과의 외교관계에서까지 신국관을 표명하고 있는 것으로 볼 때, 신국관의 강화와 더불어 '삼국세계관'의 붕괴가 이루어지고 있었다고 평가할 수 있다.

히데요시 집권기의 일본 신국관에 대해서는 다수의 선행연구가 축적되어 있는데,[37] 히데요시의 신격화가 당시 일본인에게 어느 정도의 파장을

あらざれば, その靈生ぜず, 神にあらざればその道成らず. 增劫の時この神增えず, 滅劫の時にこの神減らず, 陰陽不測の謂が神なり. 故に神を以て萬物の根源と爲すなり. この神竺土に在りては, これを喚びて佛法と爲し, 震旦に在りては, これを以て儒道と爲す. 日域に在りては, 諸を神道と謂う. 神道を知らば, 則ち佛法を知り, また儒道を知る."

[37] 奈倉哲三, 「秀吉の朝鮮侵略と「神國」-幕藩制支配イデオロギー形成の一前提として」(『歷史評論』314, 歷史科學協議會, 1976); 海老澤有道, 「豊臣秀吉の日本神國觀-キリシタン禁制をめぐって」(『社會科學ジャーナル』17, 國際基督敎大學社會科學硏究所, 1979); 北島万次, 「秀吉の朝鮮侵略における神國意識」(『歷史評論』438, 歷史科學協議會, 1986); 高木昭作, 「秀吉·家康の神國觀とその系譜-慶長18年「伴天連追放之文」を手がかりとして」(『史學雜誌』101-10, 史學會, 1992); 河內將芳, 「豊國社の成立過程について-秀吉神格化をめぐって」(『ヒストリア』164, 大阪歷史學會, 1999); 윤유숙, 앞의 논문, 2009.

초래했는지, 어떤 인식의 변화를 가져왔는지 현재 명확히 규명하기는 어렵지만, 히데요시 이전에 중국이 동아시아의 종주국임과 동시에 문화적으로 비교 우위에 있다는 것을 인지하고 있던 일본인들의 세계관이 이 시기를 전후해서 변화되고 있었다는 것은 틀림없다. 더욱이, 히데요시의 조선침략전쟁이 조선을 목표로 한 것이 아니라, 허황되기는 하지만 중국과 인도를 목표로 하고 있었다는 점에서 우월적 인식을 부여했을 가능성이 크며, 나아가 중국에 대한 멸시감으로 작용했을 가능성도 있다.

그렇다면, 이러한 '삼국세계관'이 히데요시 집권기 이후 도쿠가와 이에야스(德川家康) 이래로 에도시대에는 어떻게 변화되었을까. 전술한 바이지만, 인도·중국·일본이라는 '삼국세계관'은 불교적 세계관의 약화와 더불어 천축이 약화되었고, 16세기 중반 이후 일본에 진출한 포르투갈을 비롯해 서유럽 국가, 즉 서양이 천축을 대신해 '삼국세계관'의 자리를 대체하기 시작했다. 또 히데요시 때에 중국에 대한 인식이 약화되어 오히려 중국을 침략의 대상으로까지 인식했다는 것은 중국관의 약화를 가져왔다. 물론, 중국을 완전히 세계관에서 제외시킨 것은 아니었다. 에도막부에서도 히데요시의 조선침략 이후 중국과의 관계를 회복하기 위해, 또 막부 정권의 국제적 승인을 얻기 위해 명과의 강화교섭을 시도했지만 모두 좌절되었고,[38] 이후 중국 중심의 동아시아 질서 체제 속에서 벗어나 일정의 독자노선을 걷게 된다. 이른바, '탈중화'가 이루어진 것이다.[39] 에도시대에 들어와 중국 상

---

[38] 荒野泰典 編, 앞의 책(『江戶幕府と東アジア』), 40-48쪽 ; 藤井讓治, 「一七世紀の日本-武家の國家の形成」(『岩波講座 日本通史(12)-近世2』, 岩波書店, 1994), 38-41쪽 ; 민덕기, 「에도 幕府의 동아시아 국제사회로의 진입 노력-무로마치 幕府와 비교하여」(『日本思想』6, 한국일본사상사학회, 2004).

인을 통한 생사 수입, 그리고 포르투갈이나 네덜란드를 통한 중국산 생사의 수입, 1609년 이후 시마즈(島津) 씨의 류큐 침공 이후 류큐를 통한 간접적 중국 관계를 제외하면 이미 중국은 일본의 중세적 '삼국세계관'에서 그 위치가 약화되었던 것이다.

더욱이, 근세 동아시아 국제질서에 커다란 변화가 발생했는데, 바로 명청교체이다. 1644년 중국 한족 왕조에 의한 화이질서 속에서 이민족으로 여겨져 왔던 여진족의 청(淸)에 의해 명이 무너지고 한족의 명은 남쪽으로 패배하여 황족 일부가 남명(南明) 정부를 세우는 수모를 당하고 있었다. 한족의 '화'와 여진족의 '이'가 뒤바뀐 일본에서 말하는 이른바 '화이변태'가 이루어졌던 것이다. 게다가 쫓겨난 남명 정부는 반청활동을 통한 베이징 수복을 위해 1645년부터 수차례에 걸쳐 에도막부에 군사력 원조를 내용으로 하는 이른바 '걸사(乞師)'를 요청하고 있었는데, 이를 거부하고 있다는 것은 일본의 중국에 대한 인식 변화로서 중요한 의미를 지닌다.[40] 당시 남명 정부는 '걸사'를 요구하는 서한 속에서 "대명은 지금 순치의 난을 겪고 있는데, 일본 대국을 생각하니 사람들이 모두 의롭고 또한 용감하며 또 궁도와 선술에 뛰어나니, 정병 3천과 견갑 2백령(領)을 빌려 대명을 부흥시키려 한다."[41]고 하며 원군을 요청했으나, 막부는 일본의 무기 수출 금지를 이

---

39 물론, '탈중화'라는 입장에서 일본이 16세기 중반 이후 명과의 감합무역(勘合貿易) 단절로 인해 중국 중심의 동아시아 국제질서에 벗어나 있었다는 점은 필자도 인지하고 있다.

40 石原道博, 『明末淸初日本乞師の硏究』(冨山房, 1945) ; 申東珪, 「明淸交替期 明의 원군 요청에 대한 德川幕府의 외교정책」(『제46회 전국역사학대회』, 역사학회, 2003).

41 상동. 인용한 '걸사' 사료는 이하 참조. 林春勝/林信篤 編, 『華夷變態(上)』(東洋

유로 원군 파병을 거절했다. 이러한 남명 정부의 '걸사' 요청은 1645년 이래, 1674년까지 약 10여 회에 걸쳐 이루어지고 있는데 막부는 모두 거절하고 있다.

한편, 에도막부는 근세 일본 최대의 반란이라고도 할 수 있는 '시마바라(島原)·아마쿠사(天草)의 난'을 1638년에 진압하면서 포르투갈과의 단교를 거쳐 종교적인 통제정책으로 막부의 권위를 강화시켰고, 이후 에도막부는 이른바 외교와 무역을 '4개의 창구'(四つの口)로 한정시켜 국제관계를 안정시킴과 동시에 각종 통제정책을 통해 막부의 국내 통치를 확고히 하고 있었다.42 또한, 구몬 슌페이(公文俊平)43의 연구에서 밝혀지고 있듯이 18세기 중후반에 들어와서는 일본 각지에서 특산물 생산구조의 발전, 농업 생산력의 증대와 상품 농업화가 진전됨에 따라 일본 국내의 공동체 인식이 형성되면서 식산흥업을 중심으로 한 각지의 번정개혁(藩政改革)은 국내에 일체감(아이덴티티)의 확립과 함께 내셔널리즘의 맹아를 키워나갔다.

이와 함께 근세 중기부터는 고학(古學)과 국학(國學)의 발전을 통한 에스노센트리즘이 강화되면서 '일본=신국'관이 강화되었고, 막말을 전후한 시기의 미토학(水戶學), 신도에서 유교와 불교적인 요소를 누락시키며 존왕양이 사상에 큰 영향을 미친 복고신도(復古神道) 등이 발전되면서 근세적 내셔널리즘이 정착되었다. 이러한 사상들의 변화 전체가 전술한 18세기 중후반부터의 사회적 일체감이라는 공동체적 의식과 결부되어 근세적 내

文庫, 1958), 10-11쪽.
42　본서 제1장 참조.
43　公文俊平,「試論:近世日本の長波と日本史の超長波」(『GLOCOM review』41, 國際大學グローバル·コミュニケーション·センター, 1999), 16-17쪽.

셔널리즘을 만들어 냈다.⁴⁴ 다시 말하자면, 근세라는 에도시대에는 불교적 세계관으로서 중세적 세계관, 즉 '삼국세계관'으로부터의 탈피가 이루어져 근세적 세계관으로의 변화가 이루어졌던 것이다.

따라서 이상과 같은 변화를 염두에 둘 때, 본고의 논점인 '삼국세계관'을 본다면, 인도·중국·일본이라는 '삼국세계관'은 쇼쿠호시대(織豊時代)를 전후해 천축(인도)이 서양으로 교체되었고, 또 히데요시의 조선침략 이후 일본의 세계관에서 중국의 누락이 시작되었으며, 18세기 이후 난학을 비롯한 서양 학문의 도입과 기술문명의 도입 등으로 '서양·일본'이라는 '이국세계관(二國世界觀)'이 정착되어 갔다고 볼 수 있다. 여기에 추가하여 이를 '잠재적 이국세계관'으로서 이것이 근세적 세계관의 본질이었다는 것을 밝혀두고 싶다. 왜냐하면 17세기 근세 이후에도 공식적 외교는 아니지만, 나가사키(長崎) 도진마치(唐人町)에서 중국 상인과의 무역 관계가 이루어지고 있었으며, 이들 상인들로 하여금 중국과 동아시아 국제정세에 대한 정보를「唐船風說書」로서 제출케 하여 습득하고 있었기 때문이다.⁴⁵ 즉, 중국과의 관계를 어느 정도는 유지하면서 완전히 단절하지 않았다는 측면에서 '잠재적 이국세계관'이라고 평가할수 있다.

결국, 사적인 무역 관계만 인정했던 중국에 대한 미약한 세계관마저도 1840년「阿蘭陀別段風說書」와「唐船風說書」에 의해 아편전쟁에서 중

---

44   申東珪,「근세 일본 '島原·天草의'에 보이는 天草四郎의 신격화와 그 영향」(『日本思想』13, 한국일본사상사학회, 2007), 153-155쪽, 본서 제3장 참조.
45   松浦章,『海外情報からみる東アジア:唐船風說書の世界』(淸文堂出版, 2009) ; 華立,「唐船風說書」に見る長崎貿易と海上交易ネットワーク」(『東アジア硏究』46, 大阪經濟法科大學アジア硏究所, 2006), 참조. 물론, 당시 네덜란드에 대해서도 이른바「和蘭風說書」를 통해 정보를 입수하고 있었다.

국이 참패했다는 정보가 일본에 입수되자[46] 그 존재감은 사라져 버렸다. 이후, 부국강병의 기치로 메이지유신을 성공시킨 일본은 1895년에 청일전쟁에서 승리를 거두면서 자신들 스스로의 세계관에서 최종적으로 중국을 완전히 배제하였고, 동시에 오히려 멸시의 대상국으로 중국을 인식하게 되면서 '서양, 신국=일본'이라는 '완전한 이국세계관'을 형성하였던 것이다. 한마디로 말자면, 여기서 말하는 근세의 '잠재적 이국세계관'은 고대 이래 일본의 전통적 세계관으로서 '일본 신국관'을 내포하면서 언제든지 일본이 신국임을 극단적으로 표출할 수 있는 준비된 세계관이었으며, 그러한 상황이 폭발적으로 연출된 것이 '일본=신국'이라는 근대 일본의 단일적 세계관으로서의 내셔널리즘이었다고 평가할 수 있다.

3. '일본형 화이질서'론의 구조와 특징

위에서 일본의 세계관 변화를 살펴보았는데, 이 변화는 종래 동아시아 종주국으로서의 위치에 있는 중국 중심의 국제질서와 정치적 영향력으로부터 일본이 탈피하는 과정을 보여주고 있는 것이기도 하며, 일본 중심으로 새로운 동아시아 국제관계를 인식하는 사상적인 토대를 축적해나가는 과정이기도 했다. 그런데, 이러한 세계관의 변화 과정은 일본에서 새로운 국제관계의 변화와 맞물려 일본을 비롯한 주변의 국제 네트워크를 변화시켜나갔으며, 역사학에서는 이러한 16-18세기의 변화를 새롭게 평가하

46　岩下哲典, 『江戸情報論』(北樹出版, 2000), 62-64쪽.

려는 움직임이 대두되었다. 그것이 바로 전근대 동아시아의 국제관계사에서 자주 등장하는 '일본형 화이의식', 내지는 '일본형 화이질서', '일본형 중화사상'이라는 개념의 탄생이다. 그중에서 '일본형 화이질서'론[47]은 아라노 야스노리(荒野泰典)가 주장한 견해로 최근 역사학계뿐만이 아니라, 관련 학술분야에서조차 정설로 받아들여져 근세 동아시아의 대외관계사 내지는 국제관계사에서는 빠지지 않고 언급되는 개념이다. 왜, 일본인에게 아라노의 '일본형 화이질서'론이 그처럼 역사학의 개념으로서 중요시되고 있을까. 과연, '일본형 화이질서'론이라는 것이 어떠한 구조와 특징을 가지고 있으며, 그 구성 논리는 무엇인지 아라노의 그간의 연구를 중심으로 이하 검토해보도록 하겠다.

전술한 일본 중심의 국제질서관은 '일본형 화이의식'이라는 용어에서부터 시작되었다. 이 용어는 일본 국내에서 근세 대외관계 논의의 핵심이었던 '쇄국'론의 전개 과정 중에서 나오게 되었는데, 아사오 나오히로(朝尾直弘)가 16세기 후반에서 17세기 초반에 걸쳐 변동하는 동아시아 세계 속에서 국외의 그 어떤 권위를 빌리지 않고 일본이 통일정권을 이루었던 것이 일종의 자주독립의식에 근거한 '일본형 화의의식'을 생성한 기반이 되었다[48]고 평가하면서부터이다. 이후, 아사오는 "근세 '일본형 화이의식'을 중핵으로 삼아 '일본은 신국'이라는 의식이 있었다."[49]는 주장도 하고 있는데, 이러한 아사오의 견해에 대해 후에 이케우치 사토시(池內敏)는 아사

---

47 荒野泰典, 앞의 논문(「日本型華夷秩序の形成」); 荒野泰典, 앞의 책(『近世日本と東アジア』), 序文 참조.
48 朝尾直弘, 「鎖國制の成立」, 『講座 日本史(4)』, 東京大學出版會, 1970), 80-81쪽.
49 朝尾直弘, 『鎖國-日本の歷史(17)』(小學館, 1975), 99쪽.

오의 '일본형 화이의식'은 "무위(武威)의 나라를 중핵으로 삼는 존대(尊大)한 국제질서관"이며, "'일본형'이라고 한 의미는 한민족에 의한 진짜의 '화이의식'이 문화의 우열에 근거하고 있는 것에 비해 (일본은) '무위'의 우열을 기본축으로 한 의식이라는 점에서 차이점을 찾아냈기 때문이다."50라고 평가하고 있듯이 일본의 '무위'에 의미를 부여한 동아시아 국제관계의 인식론이었다.

이러한 국제관계 인식론은 다나카 다케오(田中健夫)에 의해서 더욱 분화 발전되는데, 다나카는 동아시아 국가들의 국제인식의 유형을 중국형, 중국 주변형, 도서고립형(島嶼孤立型)의 3종류로 분류하고, 중국 주변형으로서 조선·류큐 및 흉노·몽골·여진·베트남, 도원고립형으로서는 일본을 상정하고 있는데, 일본의 경우는 외국이 전부 해외에 있으며, 해외가 전부 외국이었기 때문에 지정학적 위치가 독특한 국제인식을 만든 커다란 요인이 되었고, 독선적이고 자의적인 면이 적지 않다고 주장하고 있다.51 특히, 다나카는 동아시아 속에서의 일본을 설명하면서 "일본인의 대외인식은 때로는 비굴했고, 때로는 존대하여 그 진동의 폭이 상당히 컸다는 점, 중화사상에 대한 소중화 의식을 가지고 있었다는 점 등의 제 현상도 도원고립형 국제인식에 기인하는 것"52이라고 평가하고 있는데, 일본을 포함해 중국 중심의 국제질서에서 벗어난 주변 동아시아 국가들의 국제인식 내지는 국제질서의 본질을 고찰하는데, 유용한 논점을 제공해주고 있다.

50 池內敏, 『大君外交と武威-近世日本の國際秩序と朝鮮觀』(名古屋大學出版會, 2006), 4-5쪽.
51 田中健夫, 『對外關係と文化交流』(思文閣出版, 1982), 182-183쪽.
52 田中健夫, 앞의 책, 185쪽.

아무튼 이러한 일본 중심의 국제인식 내지는 '국제질서관'은 아라노에 의해 '일본형 화이질서'론으로 발전되는데, 말 그대로 이해하자면, 일본이 '화'가 되고 주변제국이 '이'가 되는 국제질서이다. 종래의 '화이질서'라는 것은 중국 중심의 유형적인 국제질서체제[예를 들면, 조공책봉체제와 같은 것]를 말하는 것인데, 이것이 일본 중심의 국제질서체제로서 인식되고 있는 것이다. 아라노에 의하면, '일본형 화이질서'는 국내외적인 요인에 의해서 형성되고 있다. 우선 국내적 요인으로서 일본이 '무위'에 의해 통일정권을 이룸과 동시에 통일정권의 '무위'는 신화 속의 '삼한정벌(三韓征伐)' 등에 보이는 천황가의 '무위'와 연결되어 정당화 되었고, 이로써 무력 그 자체와 천황의 존재를 스스로가 '화'의 근거로 삼았던 것을 들고 있으며, 국외적 요인으로서는 '왜구적(倭寇的) 상황'이라는 동아시아 국제환경의 변화가 있었기에 형성되었다는 것이다.[53] 이 '왜구적 상황'이라는 것은 아라노가 제창한 독특한 국제질서상으로서 16세기 중반부터 17세기에 걸친 유럽세력의 동아시아 진출, 후기 왜구의 출현, 히데요시의 조선침략과 청의 중국 정복에 의한 명청교체 등을 말하며, 1630년대까지 동아시아의 혼란 속에서 일본에서 발생한 '제민족 잡거(諸民族雜居)'의 상황까지를 포함하고 있는 용어이다.[54] 이 '왜구적 상황'은 동아시아 세계의 국가 간 네트워크,

---

53 荒野泰典, 앞의 논문(「日本型華夷秩序の形成」), 213-221쪽 ; 荒野泰典, 「一八世紀の 東アジアと日本」『講座 日本歷史(6)』(東京大學出版會, 1985), 1-4쪽 참조.

54 荒野泰典, 앞의 논문(日本型華夷秩序の形成), 184-195쪽. '제민족 잡거'는 16세기부터 17세기에 걸쳐 동아시아 지역에 제민족이 잡거하는 상황을 의미하며, 특히 서유럽 세계의 동아시아 진출과 그에 따른 유럽인의 일본 거주, 중국 상인의 무역 네트워크에 의한 도진마치(唐人町)의 존재, 일본인의 주인선 무역에 의한 일본인 마을(日本人町)의 존재, 조선인의 일본 거주 등 1630년대까지 일본에 다종다양한 외

즉 명 중심의 조공무역을 축으로 하는 국제질서가 16세기 중반 이후 쇠퇴하였기 때문에 원래부터의 기반이었던 '화인(華人) 네트워크'[중국·일본·조선을 비롯해 16세기 이후 진출한 서유럽 국가와의 관계를 포함한 동아시아의 포괄적 네트워크]가 국가 간의 네트워크[조공책봉체제]를 대체하는 것으로 표출되었으며, 이러한 '화인 네트워크'를 대표하는 것이 바로 왜구였기 때문에 붙였다고 한다.

그렇다면, '일본형 화이질서'의 구조와 그 특징은 무엇인가. 이에 대해서 아라노는 근세 조일관계를 설명하는 가운데에서 다음의 세 가지로 정리하고 있다.[55]

첫째, 스스로 '화'라고 하는 근거를 '무위'와 천황의 존재에 두고 있다는 점이다. '무위'에 대해서는 위에서 아사오의 주장과 함께 전술한 바이나, 천황의 존재에 대해서는 '야나가와일건(柳川一件)'[56] 이후 조일관계의 위상이 변화되는 과정 중에 도쿠가와 쇼군의 칭호를 '국왕'에서 '대군(大君)'으로 바꾼 것, 또 외교문서에 명으로부터의 자립과 천황의 존재 의식을 표명하기 위해 일본 연호를 사용한 점 등을 대표적 사례로 언급하고 있다.

둘째, 일본은 신국이라는 의식을 가지고 있었다는 점이다. 신국이라

국인이 일본에 정착해 있던 상황을 포함한다.

55　荒野泰典,「近世の日朝關係」(歷史學硏究會 編,『日朝關係史を考える』, 青木書店, 1989), 104-108쪽.

56　'야나가와일건(柳川一件)'은 에도시대 초기 조선에 보낸 국서를 위조한 사건을 둘러싸고 쓰시마 번주 소 요시나리(宗義成)와 가신 야나가와 시게오키(柳川調興)가 대립했던 사건을 말하며, 막부는 결국 소(宗) 씨에게는 무죄, 야나가와(柳川) 씨에게는 유죄(流罪)를 내려 쓰시마 번주가 대 조선 외교권을 인정하는 것으로 종결되었다.

는 말은 중세 이래 일본에서 자주 사용되어온 용어로서 히데요시의 선교사 추방령, 도쿠가와 이에야스(德川家康)가 스페인에 보낸 서한 등에 보이고 있으며, 이러한 신국의식은 지배계급뿐만 아니라 일반 서민들에게까지도 인지되고 있었는데, 신국의식에 위배된 자는 냉엄하게 배척하였다는 것이다. 아라노는 16세기 서유럽의 일본 진출 이후 그리스도교의 탄압을 그 대표적인 사례로 들고 있다.

셋째, 이러한 '화이질서'가 도쿠가와 쇼군과 주변의 국가 및 제민족과의 예적관계(禮的關係)를 기축으로 하고 있으며, 그 구체적인 표현으로서 어떠한 형태로든 복종 의례를 만들고 있다는 점이다. 다만, 여기에 복속하지 않는 자들에 대해서는 '정벌'이나 '단교'와 같은 조치를 취하고 있다는 것이 전제가 된다. 그 대표적인 사례가 히데요시의 조선침략, 시마즈(島津) 씨의 류큐 침공, 1669년 아이누의 봉기였던 '샤크샤인의 난'에 대한 진압, 그리스도교의 근거지로 여겨진 마닐라에 대한 공격 계획 등을 들고 있다. 여기서 특이한 점은 조선의 여진 정벌과 쓰시마 정벌도 마찬가지로 '화이질서'의 발현으로 평가하고 있다는 점이다. 이러한 견해는 앞에서 인용한 1987년 아라노의「日本型華夷秩序の形成」이라는 논문에서도 언급[57]한 것으로 당시 동아시아의 국가들은 각기 나름의 '화이의식'과 그것에 의해 설정된 주변 민족과의 복속 의례를 가지고 있었는데,[58] 그 질서를 위

---

[57] 荒野泰典, 앞의 논문(「日本型華夷秩序の形成」), 213-214쪽.
[58] 아라노의 이러한 인식은 동아시아 국가들이 제각기 나름의 '화이질서'를 가지고 있었다는 것으로 정리되고 있는데, 그의 연구를 집약한 저서『近世日本と東アジア』에서 다음과 같이 언급하고 있다. "전근대 동아시아 세계의 국가들은 국가권력이 외교와 무역권을 장악하고, 국가영역을 설정하여 그 영역의 통치 권리를 장악함과 동시에 국제적 승인을 확보하여 상호간의 매개성을 긴밀히 유지하기 위

반하는 경우 '정벌'한다고 하는 행동양식을 가지고 있었다는 것이다.

이러한 '일본형 화이질서'는 '쇄국·해금' 체제가 정비되는 1630년대에 거의 완성되었다고 보고 있는데,[59] 근세 동아시아 세계에서 각국의 화이질서를 인정함과 동시에 근세 일본의 위치를 규정하기 위한 역사학의 방법론이라는 측면에서는 유용한 논리라고도 생각된다. 또한, '일본형 화이질서'의 특징적인 측면에서도 '무위'의 존재와 앞의 제2절에서 살펴본 바와 같이 일본 신국관의 강화에 대해서는 필자도 충분히 동의하는 바이다. 다만, 몇 가지 사례에 대한 비교와 그에 따른 문제점 역시 같이 거론할 필요가 있다. '일본형 화이질서'가 주변 제국에 대해 어떠한 형태로든 복속 의례를 만들어가고 있다는 견해를 비롯해 몇몇 논의에 대해서는 향후 검토해야 할 다소간의 여지가 있어 이에 대해서는 다음 장에서 살펴보겠다.

한편, 일본의 '화이질서'론에서 중요시 삼고 있는 것은 '화이질서'라는 것이 동아시아에 일반적인 현상으로서 특히 중국·조선·일본의 대외관계는 국가의 독점하에 국민 상호의 자유로운 교류를 규제하는 방법에서 유사한 정책을 취하고 있었다는 점이며, 그 정책이 바로 '해금' 정책이라고 평가하고 있다. 즉, '해금' 정책은 동아시아 국가에 일반적으로 보이는 대외정책의 토대로서 각국의 '화이질서'를 보완하는 정책이었다는 견해이다. 이와 관련해 아라노는 다음과 같이 설명하고 있다.

> 해 노력하고 있었다. 또, 이러한 조건을 충족한 국가는 자신 스스로를 '화'로 하고 그 이외를 '이'로 준별하여 '이'와의 대외관계를 자신을 주축으로 하여 위계적으로 편성하고 있는데, 이것을 기초로 성립되는 것이 '화이질서'라고 하며 그러한 국가로서 중국(明·淸)과 조선, 그리고 일본의 막번제 국가(江戶幕府)를 들 수 있다."(荒野泰典, 앞의 책, 30-31쪽)

59 荒野泰典, 앞의 책(『近世日本と東アジア』), 12·33쪽.

'해금'은 국가영역 내 주민('국민')의 사적인 해외도항과 해상무역의 금지를 중심으로 한 정책 체계이다. ⓐ명에서는 당초 왜구 및 국내 불온분자와 국외 세력의 연결 등을 방지하기 위한 정책이었으나, 이윽고 명 황제를 정점으로서 형성되었던 '화이질서(책봉체제)'와 그것을 일상적으로 확인하는 조공무역제도를 보장하는 정책이 되었다. 조공무역제도에 감합과 공·사무역 외국선 기항지의 지정 등이 부수되고 있다는 것은 잘 알려져 있다. '해금'은 조공무역체제와 혼합되어 명 황제와 주변 제국·제민족과의 사이에 설정되었던 '화이질서'를 항상적으로 지지하고 있다. 따라서 ⓑ'해금'은 "국가를 닫는다."는 정책이 아니라 그 국가가 원하는 대외관계를 실현하기 위한 정책이었으며, 그것을 지탱하였던 것은 "인민에게 외교는 없다."라는 동아시아 제국가가 전통적으로 유지하였던 이념이었다. 또한, 그 국가에게 바람직한 관계, 다시 말하면 자기의 '화이질서'에 준하는 관계라면, 그 질서의 '덕(德)'에 대한 표현으로서 기본적으로 장려되어 배제되지 않았다. 이렇게 해서 ⓒ근세 일본에서도 '국민'의 해외도항 금지와 무역통제, 엄중한 연안경비체제와 함께 조선통신사와 류큐국왕사(琉球國王使)의 내일(來日) 등 계속적으로 활발한 무역이 병존하게 되었던 것이다. 결국, '해금'을 현대풍으로 말하면, 출입국관리를 위한 정책의 체계로서 '쇄국', 즉 "국가를 닫는다."는 것과는 완전히 그 목적을 달리하고 있는 것이었다.[60]

위의 주장은 근세 일본의 '쇄국'론에 대한 비판이기도 하지만, 보다 중요한 것은 밑줄 ⓐ에 보이듯이 중국(明)의 '화이질서'를 지지하고 있는 것은 '해금' 정책이라는 점이다. 더욱이 이러한 '해금' 정책은 각국이 원하고

---

60 荒野泰典, 앞의 책, 序文(iv-v쪽).

있던 대외관계의 실현이 목적이며, 자기중심의 '화이질서'에 준하는 관계라면 장려되었다는 것이다(밑줄 ⓑ). 또한 이러한 현상은 '국민'의 해외도항금지, 무역통제, 연안경비체제, 조선통신사와 류큐국왕사의 내일로 이어졌다고 하는데(밑줄 ⓒ), 이것이 바로 근세 일본의 '해금'의 내용이다.

즉, 당시의 국제질서 내지는 국제관계의 가장 중요한 요소로서 '화이질서'와 '해금' 개념의 적용을 주장한 것이며, 히데요시의 조선침략부터 명·일 국교회복의 좌절을 거쳐 스페인·포르투갈의 그리스도교국에 대한 배제에 이르기까지 대외정책의 전반에 걸쳐 통일정권 스스로가 '화이의식'에 적합한 대외관계를 설정하고 있었다는 것을 강조한 시각이다. 그 결과 일본인의 사적인 해외도항 금지, 통신사와 아이누에 이르기까지 도쿠가와 쇼군과의 직접·간접의 '예적관계(禮的關係, '일본형 화이질서')가 형성되었으며, 17세기 무렵에는 안정되지 못하였지만 명청교체를 거치면서 중국이 안정되어 '해금'이 실시되는 18세기 초기에 정착하였다는 것인데,[61] 현재 일본에서는 유력한 동아시아 국제질서관의 논리로서 확산·정착되고 있다.

한편, '화이질서'와 '해금'의 상호보완 논리에서 한발 더 나아가 동아시아 국제질서 속에서 '일본형 화이질서'는 '4개의 창구'('四の口') 설정으로 구체화되고 있다. '4개의 창구'라는 것은 근세 일본의 외교 창구를 말하는 것으로 나가사키(長崎)·쓰시마(對馬)·사쓰마(薩摩)·마쓰마에(松前) 4곳

---

61 荒野泰典, 앞의 책, 序文(x-xi쪽). 다만, 여기서 주의할 것은 '일본형 화이질서'만을 주장하는 것이 아니라, 동아시아 각국의 '화이질서'를 인정하고 있다는 점이다. 즉, 18세기 동아시아에는 일본·중국·조선이 각자의 '화이질서'를 설정해 타협을 맺는 동시에 각자의 '해금'을 실시해 국제분쟁을 최소화함으로써 안정된 국제관계가 창출되었다고 한다.

을 의미하는데, 역사학적인 용어로 쓰인 지는 그리 오래되지 않았다. 쓰루타 케이(鶴田啓)에 의하면, '4개의 창구'는 1970년대에 들어와 일본 막번제 국가의 '쇄국' 정책과 대외관계에 대한 의의를 둘러싼 관심이 높아지면서 아라노가「幕藩制國家と外交」라는 논문에서 쓰시마(對馬)·사쓰마(薩摩)·마쓰마에(松前) 3곳을 '구치(口)'라는 표현으로 처음 발표하였고, 이후「大君外交體制の確立」에서 나가사키(長崎)를 포함하여 보다 확실하게 '4개의 창구'를 개념화시켰다고 한다.[62] 그렇다면 '4개의 창구'는 과연 어떠한 내용이고 어떤 측면에서 '화이질서'론과 결부되어 있는 것일까. 아라노의 '4개의 창구'론을 다음에서 살펴보겠다.

> '쇄국' 체제 하에서 ⓐ도쿠가와 막부는 대외관계의 취급 창구를 중국·네덜란드를 중심으로 하는 나가사키(長崎), 조선에 대한 쓰시마(對馬), 류큐(琉球)에 대한 사쓰마(薩摩), 아이누에 대한 마쓰마에(松前)로 한정하고 있었다. 막부는 이들 '4개의 창구' 중에서 나가사키를 직할령으로 삼아 대외관계 전반에 대한 관리 통제의 중심으로 삼고, 동시에 이외의 3개 '창구(口)'에서의 대외관계는 각기 쓰시마번(對馬藩)·사쓰마번(薩摩藩)·마쓰마에번(松前藩)에 담당시켰다. … 이렇게 하여 ⓑ쇼군권력은 조선·류큐·아이누와의 대외관계를 각기 번(藩)의 군역으로서 담당시켜 자

---

[62] 鶴田啓,「近世日本の四つの'口'」(荒野泰典·石井正敏·村井章介 編,『アジアの中のいい日本史(2)-外交と戰爭』(東京大學出版會, 1992). 본 논문은 紙屋敦之·木村直也 編,『展望日本歷史(14)-海禁と鎖國』(東京堂出版, 2002)에도 수록. 여기에서 쓰루타 케이(鶴田啓)가 인용한 아라노의 논문은 다음과 같다. 荒野泰典,「幕藩制國家と外交」(『世界史認識における民族と國家-1978年度歷史學硏究會大會報告』, 歷史學硏究別冊特集, 靑木書店, 1978) ;「大君外交體制の確立」(『講座日本近世史(2)』, 有斐閣, 1981).

기의 통제하에 두고, 동시에 나가사키를 대외관계 취급의 중심으로 설정하여 직접 자기의 통제하에 둠으로써 근세 대외관계 전반을 통괄하고 있었다.63

즉, 밑줄 ⓐ를 보면, 나가사키 창구에서는 중국·네덜란드, 쓰시마 창구에서는 조선, 사쓰마 창구에서는 류큐, 마쓰마에 창구에서는 아이누와의 관계를 담당시킴과 동시에 나가사키 창구가 3개의 외교 창구를 통제하였고, 밑줄 ⓑ에서는 쇼군 권력이 이 나가사키 창구를 통제함으로써 근세 일본 대외관계를 장악하였다는 것이다. 또한, '4개의 창구'에서의 국제관계를 일본의 입장에서 본다면, 조선·류큐에 대해서는 '통신(通信)', 중국과 네덜란드는 '통상(通商)', 아이누의 생존 영역인 에조치(蝦夷地, 현 홋카이도)는 '무육(撫育)'이라는 관계 속에서 구성되어 있다64는 점에 특징이 있다. 이러한 논리는 아라노의 주장 이전에는 거의 볼 수 없었던 것으로 근세 동아시아 변동, 즉 서유럽 세계의 일본 진출과 명청교체라는 변혁기에 일본의 대외관계를 일목요연하게 표현해주고 있다. 실제로 근세 일본에서 이국(異國)·이역(異域)과의 관계는 이 4곳 이외에서는 용납되지 않았으며, 외교 문제의 해결은 나가사키를 중심으로 한 막부 고유의 권한이었다. 더욱이 공식적인 외교관계가 아닌 이국의 표류민 문제조차도 1640년에는 "카레우타

---

63 荒野泰典, 앞의 책, 161-162쪽. 이글은 앞에서 언급한「幕藩制國家と外交」와 「大君外交體制の確立」이라는 논문에 보이는 '4개의 창구'론을 총체적으로 개념화시킨 것으로 후에 荒野泰典,『「鎖國」を見直す』(わかさき市民アカデミー講座 ブックレット[No 13], 川崎市生涯學習振興事業團, 2003, 36-39쪽)에서는 '해금'과 '화이질서', 그리고 '4개의 창구'에 대한 상호 관련성을 논증하고 있다.
64 荒野泰典,「日本の鎖國と對外意識」(『歷史學硏究別冊特集-東アジア世界の再編民衆意識』, 1983年度歷史學硏究會大會報告); 荒野泰典, 앞의 책, 3-28쪽.

선[포르투갈선]65 이외의 당선(唐船[중국선]) 및 이국선(異國船)이 표착했을 때에 이전에 지시한 바와 같이 빨리 선내의 인수를 파악하여 육지에 상륙시키고 나가사키로 호송해야만 할 것"66이라고 하여 나가사키가 외교 관련 업무의 중심 창구였음을 확인할 수 있다.

'4개의 창구'론은 아라노에 의해 개념화된 이후 근세 일본의 대외관계 편성 원리와 체제를 설명하는 논의로서 충분한 설득력을 가지고 있다고 평가되면서67 일본 역사학계의 정설과 같은 위치를 차지하고 있다. 이와시타 데쓰노리(岩下哲典)와 마에히라 후사아키(眞榮平房昭)가 편찬한 『近世日本の海外情報』에서는 '4개의 창구'에서 정보 수집의 중요성을 언급한 논문을 실으면서 4곳에서 입수된 외교 정보의 역사적 의의를 논하였고,68 마쓰가타 후유코(松方冬子)는 '4개의 창구'론을 인정한 위에 이 외교 창구들

---

65 '카레우타(galeota)'라는 것은 포르투갈어로 군선으로도 상선으로도 이용할 수 있는 선박을 말하는데, 에도시대에는 포르투갈선을 의미하고 있다.

66 『通航一覽』附錄卷14, 海方異國船扱方部十四(『通航一覽』, 國書刊行會, 1913, 443쪽). "寬永十七 庚辰年六月三日, 南蠻かれいた船渡來のとき, 速に斬罪に行ふへき旨御書付害付の內, 唐船幷異國船着岸之時は, 此以前御仕置之如, 早く船中之人數を改め, 陸地へ上せ, 長崎へ可送遣之事" 여기에서 이전에 지시한 바라고 되어 있는데, 『崎陽軍談』에는 "당선(唐船), 처음에 지쿠젠(筑前)의 하카타(博多), 사쓰마의 아쿠네(阿久禰)에 표착했는데, 간에이(寬永) 12년(1635)부터 나가사키 항구로 인도할 것이라는 취지가 나왔다. 그것은 지금에까지 이어져오고 있다."(唐船, はじめ筑前博多, 薩摩阿久禰等へ着岸し處, 寬永十二年より長崎湊江かかり渡り來り可申旨仰出, 夫今以渡り來り事.[大岡淸相 編/中田易直·中村質 校訂, 『崎陽軍談』, 近藤出版社, 1974])라고 기술되어 있는 것으로 볼 때, 1635년 즉 '쇄국(해금)' 체제를 정비하는 과정 중에 정착된 것으로 보인다.

67 鶴田啓, 앞의 논문, 298-299쪽.

68 岩下哲典/眞榮平房昭 編, 『近世日本の海外情報』(岩田書院, 1997).

의 설정에는 중국이 강하게 의식되어 있다는 것을 밝히고 있으며,[69] 로날드 토비는 『鎖國という外交-新視點近世史』에서 사람과 물건의 출입을 제한하고 관리하는 동시에 막부의 중요한 정보수집 루트로서 '4개의 창구'를 중요하게 평가하고 있다.[70] 또한, 최근에 오이시 마나부(大石學)는 『江戶の外交戰略』에서 '4개의 창구'를 중심으로 검토하여 각 창구에서의 전략적인 외교관계는 당시의 글로벌리제이션에 대응한 것이며, 이러한 '4개의 창구'에서의 외교관계는 근대적 국가 외교의 형성과정이었다고 평가하고 있다.[71]

이외에도 일본의 중·고등학교 일본사 교과서뿐만 아니라, 공공기관의 수험문제로서도 제출될 만큼 일본인에게 '4개의 창구'는 객관적인 역사사실로서 수용되고 있다. 그렇다면, 지금까지 살펴본 일본의 '화이질서'론과 '해금'론, 그리고 이 두 개념의 연결선상에 위치해 있는 '4개의 창구'론에 대한 재고의 논점은 전혀 없는 것인지 다음에서 검토해보겠다.

4. 일본의 '화이질서'론에 대한 평가와 재고

이른바 '일본형 화이질서'라는 개념이 근세 일본의 대외체제였던 '해금', 그리고 '해금'의 실현에 의한 '4개의 창구'와 상호 밀접한 연관성을 가

69　松方冬子,「'四つの口'の彼方-日本近世對外關係史研究の視野」『UP』36-11, 東京大學出版會, 2007).

70　ロナルド・トビ, 『鎖國という外交-新視點近世史』(小學館, 2008), 128-131쪽.

71　大石學, 『江戶の外交戰略』(角川學藝出版, 2009).

지고 근세 일본의 '국제질서'를 규명하기 위한 중요한 개념으로 정착되고 있었다는 점을 앞에서 살펴보았는데, 이 논점은 근세 동아시아 국제관계사 속에서 일본사를 능동적으로 이해하려고 했다는 점에서 의의가 있다고 평가할 수 있다. 또한, 중국 중심의 동아시아 국제질서만으로 동아시아 세계의 국제관계를 규명할 수 없다는 점, 동아시아 각국에 공통으로 보이는 '해금체제', '화이의식' 등을 외교·무역 네트워크와 연결해 국제질서를 해명하기 위한 개념으로 도입하고 있다는 점은 역사학의 방법론적인 발전이라는 입장에서 그 의의가 충분하다.

다만, '화이질서'라는 용어를 사용할 때 '질서'라는 본연의 의미에 한정한다면, '질서'에 적용되는 외교·무역 네트워크권 내의 국가들이 이 질서를 상호 간에 인지하고 수용··유지해야만 한다는 전제조건이 필요하다. 즉, '화이질서'가 실증적이고 객관화되기 위해서는 동아시아 국제 네트워크 속에서의 각국에 의해 상호 인지된 질서이지 않으면 안 된다. 다시 말하자면 어느 특정 국가의 일방적인 '질서'의 정립과 주창을 그 주변 국가들, 나아가 세계가 거의 인정하지 않는다는 기본적인 측면의 조건이 해결되지 않은 것이다. 이러한 점을 염두에 둔다면 '일본형 화이질서'라고 하는 '질서' 속에 포함되거나 연관되어 있는 국가와 지역들도 이 '일본형 화이질서'를 인지하고 있어야 하며, 이 '질서' 자체를 상호 간에 승인하고 유지하려는 노력의 실체가 있어야만 한다. 하지만, '일본형 화이질서'가 이렇게 동아시아 국가들 간의 동의를 얻은 '질서'일까라는 점에서는 여전히 학자들 간에 의문시하는 경향이 남아있으며,[72] 이러한 논의의 역사적 의의는 평가하면서

---

72   박수철, 앞의 논문, 330쪽. 박수철은 아라노의 '질서'에 대해 "'질서'라는 용어야말로 아라노의 '일본형 화이질서'론이 갖는 최대의 약점이라고 생각한다. '화이

도 '일본형 화이질서'가 "근본적으로 '타자(他者)' 인식이 결여되어 있고, 대외관계 형성과정에 대한 동태적·종합적 이해가 부족하다."73는 견해도 제기되고 있다.

따라서 여기서는 '일본형 화이질서'와 '해금'론 및 '4개의 창구'론에 대한 개념적 문제에 대해 문제 제기와 아울러 근세 동아시아 국제관계사적인 측면에서의 평가와 재검토를 시도해 보겠다.

첫째, '일본형 화이질서'의 근거로서 '무위'와 천황의 존재를 강조하고 있으나, 이러한 요소들에 대해서 과연 동아시아 제국이 인지 내지는 인정하고 있었는가의 문제이다. 즉, '일본형 화이질서'를 역사학적 개념으로서 인정하더라도 과연 당시 동아시아의 구성원인 중국과 조선, 베트남 등의 제 국가에서 일본의 '무위'에 대해 확실하게 인지하고 있었는가의 문제는 필연적으로 규명해야 할 논점이고, 또한 천황의 '무위'에 대해서 상대방이 그다지 인식하고 있지 않았다는 것을 어떻게 설명해야 하는가의 모순도 규명하지 않으면 안 된다. 다시 말하면, '일본형 화이질서'의 특징으로서 조선을 사례로 거론된 이른바 '삼한정벌'에 의한 천황의 '무위'라는 것도 결국은 일본의 에스노센트리즘이 강화된 '화이의식'이지 국제질서로서 통용된 실질적 질서관은 아니었다.

둘째, '해금'이 동아시아 각 국가의 '화이질서'를 보완하는 정책이었

관념'이란 단순한 의식 내지 허상의 관념이 아니라, 그것을 '질서'라고 부를만한, 현실적으로 정치·경제적으로 기능하는 일본을 중심으로 한 동아시아 질서체제가 과연 존재하였는가 하는 점에는 회의적이다."라고 비판하고 있다.
73 이계황, 「에도(江戶)막부의 대외관계 형성과정」(『한국학연구』20, 인하대학교한국학연구소, 2009), 234쪽.

다는 점에서 공통하고 있었다고 하지만,74 과연 이 '해금' 용어를 이용하여 전근대 동아시아 각국의 국제관계를 공통적으로 평가할 수 있는가의 문제이다. 이에 대해서는 이미 야마모토 하쿠분(山本博文)이 '해금'에 대해서 "표면적인 일치를 열거하는 것만으로 동일한 개념이라고 묶을 수는 없으며, '해금'이라는 용어가 새롭기는 하지만, 그것이 가리키는 내용은 종래의 '쇄국'이라고 불렸던 체제와 별로 다르지 않다."75고 비판하고 있었다. '해금'이냐, '쇄국'이냐의 논의에 대해서는 '쇄국' 용어가 당시 동아시아 국가에서 사용된 용어가 아니라는 측면에서 필자는 '해금'이 보다 적절한 용어라고 판단하지만,76 이에 대한 문제는 접어두고라도 동아시아에서의 동일 개념으로 적용할 수 없다는 점에서는 수긍하고 있다.

약간 다른 측면에서 검토해보면 일본의 경우, 4면이 해양이기에 '해금'으로서 대외관계의 통제가 가능하지만, 중국과 조선의 경우, '해금' 정책은 실시되었어도 이 '해금'이 양국의 대외관계 전체를 통괄하고 있지 않았다. 물론, 전근대라는 해양의 시대에서 사람과 물건의 이동으로서 '해금' 정

74　荒野泰典, 앞의 책, 序文(iv-vi쪽).
75　山本博文, 『寬永時代』(吉川弘文館, 1989), 122-123쪽.
76　'쇄국'이라는 용어는 1801년 나가사키의 통사 시즈키 다다오(志筑忠雄)가 겐로쿠시대(元綠時代)에 2년간 일본에 체재했던 독일의사 캠펠의 저서『日本誌』의 한 장을 번역하면서 붙여진 용어라는 것(板澤武雄, 「鎖國および'鎖國論'について」,『日蘭文化交涉史』, 吉川弘文館, 1959)이 정설(小堀桂一郎, 『鎖國の思想-ケンペルの世界史的使命』, 中央公論社, 1974, 128-143쪽)로 정착되어 있고, 너무나도 유명한 사실이기에 여기서 상세한 언급은 생략하겠다. 다만, 필자는 '쇄국'이라는 용어가 19세기 초 일본에서 탄생한 것이며, 당시 동아시아의 국제질서를 객관적으로 평가한 용어가 아니라는 입장에서 '해금'이라는 용어가 더 적절하다고 판단하고 있다.

책의 중요성은 말할 것도 없지만, 중국과 조선의 경우 대륙형의 통제책이 있었다는 점을 상기할 필요가 있다. 즉, 중국은 해양뿐만 아니라, 동북방·서북방·서남방과의 대륙적 통제책이 존재하고 있었으며, 조선은 북방을 통한 외국과의 통제책이 존재하고 있었다. 그 사례로서 중국인들의 해외진출을 금하고 대외무역을 엄격히 제한한 '폐관정책(閉關政策)'이 여기에 포함되며, 적어도 '해금'의 개념보다는 폭넓게 쓰이고 있었다. 또한, '폐관(閉關)'과 아울러 '관금(關禁)', '해금'이라는 용어도 혼재되어 사용되었고, 역사적인 개념으로서 '쇄국'이라는 용어도 현재는 일상적으로 사용되고 있기 때문에 이들 용어와 개념에 대한 공통성과 차이점을 우선 정의하지 않으면 안 된다.

셋째, 동아시아 각국의 '해금'과 일본의 '해금' 정책에는 그 내용의 측면에서 상당한 차이점이 있다는 것이다. 물론, 중국과 조선의 경우 '해금'을 실시한 목적이 '국민'의 사사로운 해외교류 금지와 대외무역의 장악이라는 측면에서 일본과 공통하지만, 가장 큰 목적은 왜구의 금압과 통제였고, 일본의 가장 큰 목적은 말할 것도 없이 그리스도교 금제였기 때문에 그 양상을 달리하고 있다. 다만, 근세에 들어와 왜구가 소멸되고, 명청교체가 안정기로 들어서는 17세기 후반부터 18세기에 이르러서는 중국과 조선에서 그리스도교 문제가 대외통제책으로 거론되기 시작하였다는 점에서 '해금'의 목표가 그리스도교 금제에 있었다는 것은 일면에서 보면 공통된 부분이었다고도 볼 수 있겠다.

넷째, 근세 동아시아 국제질서 속에서 '일본형 화이질서'를 상정했을 때, 과연 일본인들이 실제로 자기들 스스로를 '화'로 인지하고 있었는가, 아닌가의 문제점이 대두된다. 이점에 대해서는 일찍이 일본에서도 비판이 있었는데, 오타 가쓰야(太田勝也)는 '화이질서'가 성립되기 위해서는 ①자국이 국제환경에서 '화'의 위치에 있다는 명확한 인식과 타국을 '이'로 보는 인식이 있어야 할 것, ②단순히 무력적인 배경이 아니라, 문화적 우월성이 뒷받침되어야 할 것, ③조공형식·책봉·해금이 명확하게 실행되어야 할 것 등의 조건을 만족시키지 않으면 안 된다는 것을 전제로 '일본형 화이질서'에는 문제가 있다는 견해를 피력하였다.77 즉, 일본 스스로가 '화'라고 생각하고 있지 않았었다는 것이다.

그 대표적인 사례로서 1639년 일본이 포르투갈과의 단교를 실시한 후, 이것을 중국인에게 알린 막부의 1640년 서장에 중국인을 칭하면서 '대명인(大明人)'이라고 표현한 것을 들고 있는데, 이것은 스스로 '화'라고 칭했던 일본인의 중국인에 대한 호칭이 아니며, 오히려 명국(明國)이야말로 동아시아 국제환경에서의 맹주라는 자세를 보여주는 것이라고 한다.78 실제로 '대명'이라고 중국을 높여 부른 사례는 조선에 대해서도 행해지고 있었다. 그것은 1644년 일본의 그리스도교 금제에 대한 공조 요청으로서 "그리스도교도가 '대명국'과의 국경지대에 체재하고 있으며 금년에 배를 이용해 쓰시마로 간다는 풍문이 있습니다만, 만약 그렇다면 즉시 모두 붙잡아 왜관에 보내주어야만 합니다."79라는 내용의 서계를 보내고 있는 것으로부

---

77 太田勝也,「德川鎖國の本質」(第21回中央史學會大會-シンポジウム東アジアの中近世日本, 日本中央大學3號館, 1996년 6월 22일).

78 상동.

79 「寬永正保之度耶蘇宗門御嚴禁ニ付朝鮮國御往復御書翰寫」(東京大學史料編纂所 소장, 청구번호:宗家史料-4-5). 원문 내용은 다음과 같다. "얼마 전 다시 동무(東武, 에도[江戶])의 집정(執政, 막부의 로주[老中]) 연락해서 알려왔는데, 그리스도교도가 진실로 대명국(大明國)과 귀국의 국경지대에 이르러 금년에 배로 쓰시마

터도 확인할 수 있다. 이렇게 '대명'이라는 용어가 외교의 장에서 쓰인 용례는 상당히 많이 보이고 있으며, 당시 중국에 대한 일본의 호칭으로서도 많이 쓰였던 것으로 판단된다.

다섯째, 근세 일본의 '화이질서'를 상정했을 때, 실제 동아시아 주변국이 일본을 '화'로 인식하고 있었는가, 아닌가의 문제점이다. 이점은 '일본형 화이질서'론의 가장 모순되는 점이기도 하다. 우선, 조선의 경우를 살펴보겠다. '일본형 화이질서'가 도쿠가와 쇼군과 주변의 국가·제민족과의 '예적관계'를 기축으로 하여 그 구체적인 표현으로서 어떠한 형태로든 복종의례를 만들고 있었다고 하며, 그 사례로서 히데요시의 조선침략을 거론하고 있다는 것은 전술한 바이나, 여기에는 통신사도 '입공(入貢)' 사절로 규정함과 동시에 도쿠가와 쇼군과의 '예적관계'에 편입시키고 있다. 즉, '일본형 화이질서'에 보이는 '예적관계'의 구체적 표현으로서 "조선·류큐로부터는 각기의 국왕사절로서 나가사키에서는 네덜란드 상관장이 에도까지 올라와 도쿠가와 쇼군에게 알현하여 의례를 행하고 있으며, 중국인은 나가사키에서 팔삭례(八朔禮)를, 아이누는 마쓰마에(松前) 씨와 막부의 순검사(巡檢使)에 대한 '우이마무'와 '오무샤'를 행하여 그 질서에 복종하는 형태가

> 에 넘어간다는 풍문이 있습니다. 만약 그렇다면, 즉시 모두 붙잡아야만 합니다. 귀국 또한 바다 멀리 떨어져 있는 곳과 포구에 명령을 내려 약조선(約條船) 이외의 의심스러운 자가 있다면 붙잡아 왜관의 관수에게 전달해주셔야만 합니다. 그것이 이와 같다고 한다면, 안으로는 정성을 다하는 것이고, 또한 밖으로는 모양새를 좋게 하는 것입니다. 지난번 관수(館守) 교대의 날에 여러 가지 건에 대한 사정은 말씀드렸습니다만, 치명(治命)에 따라 또 여기에 계속 거듭하여 번거롭게 아룁니다. 바라옵건대 화를 풀어주시길 바랍니다."(申東珪, 「근세 일본의 그리스도교 禁制政策과 珍島 표착 異國船의 처리」,『日本文化硏究』24, 동아시아일본학회, 2007, 154쪽 참조).

연출되었다."⁸⁰고 말하고 있다.

그러나 이른바 '일본형 화이질서' 속에 편입되어 있다고 하는 조선은 일본을 '화'라고 인식하지도 않았으며, 오히려 '기미(羈縻)'와 '회유'의 대상으로 인식하고 있었다. 더욱이 조선은 통신사를 파견하면서 스스로가 '입공(入貢)'한다는 의식, 다시 말하면 일본에 대한 조공의식을 전혀 가지고 있지 않았다. 단지, 통신사를 파견한 것은 일본 측의 국교재개를 위한 부단한 요청에 의한 것으로 일본 국내의 정탐과 쇼군의 습직을 축하하기 위한 명목적인 사절단이었다. 이렇게 통신사를 조공사절로 보는 견해에 대해 이원식도 다음과 같은 점에서 비판하고 있다.

① 히데요시의 침략 후, 강화조건으로서 이에야스의 서계와 전란 중에 왕릉을 훼손한 범릉적의 인도 요구가 받아들여져 통신사의 방일(訪日)이 실현되었다는 점을 놓쳐서는 안 된다.

② 만약에 조공사라면 초청을 받아가는 일은 없는데, 통신사의 방일은 모두 막부의 요청에 의해서 이루어지고 있다.

80　荒野泰典, 앞의 책(『鎖國を見直す』), 78-79쪽 ; 荒野泰典, 앞의 책(『近世日本と東アジア』), 9-13쪽. 참고로 본문에서 사용한 '팔삭례(八朔禮)·우이마무·오무샤'라는 용어의 설명은 다음과 같다. '팔삭례'는 도쿠가와 이에야스가 에도에 입성한 것이 8월 1일이기 때문에 제 다이묘와 하타모토(旗本)가 입성하여 축사를 말하는 행위이며, '우이마무(ウイマム)'는 아이누인들이 주변의 우두머리 계층과 교역할 때의 형태를 말하며, 일종의 조공형식을 갖추고 있다고 한다. '오무샤(オムシャ)'는 에도시대에 홋카이도의 무역장(各商場)마다 행해졌던 아이누에 대한 '무육책(撫育策)'의 일종으로 아이누와의 교역 때에 수반되는 인사 의례로서 발생하였다고 하는데, 후에 역이인(役夷人)의 임면, 역료(役料)의 지급, 선행자에 대한 포상 등이 이루어졌고, 무역지에서 아이누를 통치·지배하기 위한 중요한 연중행사였다.

③ 양국은 대등의례를 원칙으로 국서와 별폭을 교환하고 있었다.

④ 일본 지식인들은 조선사절과의 면접과 교류를 평생의 영광으로 자랑하고 있었다.

⑤ 조선사절(통신사)은 에도(江戸)에까지 등성했지만, 일본의 사절은 왜관에서 상경을 허락하지 않았는데, 이것은 조선이 일본보다 한 단계 높은 위치에 있다는 것을 의미한다.[81]

다시 말하면, '일본형 화이질서' 속의 조선의 위치가 잘못 이해되고 있으며, '일본형 화이질서'라는 것은 허구적이라는 반론이다. 마찬가지로 네덜란드 또한 일본을 '화'로 인식한 것이 아니었다. 1630년 네덜란드 동인도연합회사(VOC)의 바타비아 상관장 작크 스펙스(Jacques Specx)가 1628년 일본과 네덜란드 사이에서 일어난 '타이완 사건'[82]의 해결을 위해 윌렘 얀센(Willem Jansen)을 일본에 파견하면서 보낸 1630년 7월 26일자의 훈령서에는 네덜란드의 일본에 대한 인식이 다음과 같이 잘 나타나 있다.

---

[81] 李元植, 『朝鮮通信使の研究』(思文閣出版, 1997), 676-678쪽.

[82] '타이완 사건'은 타이완의 지배권을 주장하는 네덜란드와 이전부터 타이완 근해 지역에서 무역을 추진하고 있던 일본의 주인선(朱印船) 무역상 간의 대립에 그 원인이 있다. 그 직접적인 발단은 나가사키 다이칸(代官) 스에쓰구 헤이조(末次平藏)의 주인선 선장 하마다 야효에(濱田彌兵衛)와 당시 네덜란드 타이완 상관장 피텔 누이츠(Pieter Nuijts) 사이의 분쟁이었다. 즉, 일본의 타이완 무역을 누이츠가 방해했고, 그에 대한 보복으로서 일본이 히라도(平戸) 상관을 폐쇄시킨 사건으로 이 분쟁으로 인해 네덜란드는 5년간에 걸친 무역정지, 상관원들에 대한 구금 및 네덜란드 선박의 억류라는 제제조치를 받게 되었다(加藤榮一, 『幕藩制國家の成立と對外關係』, 思文閣出版, 1998, 139-142쪽).

[사료 7]

ⓐ귀하[윌렘 양센]는 만약에 네덜란드에 대해서 "일본무역에서 그 어떠한 보증이나 작정한 이윤을 계속 유지할 수 없고, 매년 곤란에 빠져 고통받으며, 일본이 거만하게 뽐내는 것에 압박받아 경멸받을 것이다."라는 소리를 듣는 다면, 즉시 회사의 모든 재산과 인원 및 선박에 대해서 크고 작음을 가리지 않고 정리하도록 할 것. … ⓑ이 건의 좋은 결과에 대한 희망과 일본에서 가지고 있는 회사의 다대한 자본, 다수의 인원, 선박의 중요성에 의해 우리들은 동인도 평의회의 조언을 얻었고, 이렇게 곤란한 때에 회사로서는 매우 심각한 부담이기는 하지만, 이번의 사절 파견과 커다란 선물 및 그 외의 다대한 지출을 의결했다. 즉. 일본과의 자유무역은 회사에 가장 중요하기 때문이다. 마찬가지로 모든 점의 상황을 신중하게 다루어 일본인이 이러한 궁극의 목표를 외견만으로는 알아채지 못하게 하여 우리들이 제대로 일이 진행되지 못하면 일본을 떠날 것이라고 생각하도록 할 것. … ⓒ 우리들이 귀하가 당면하리라고 생각하는 모든 미묘하고 무례한 질문에 대해서 귀하는 신중하게 더 이상 곤란을 일으키지 않도록 할 것. 귀하는 이것에 의해 손해를 복구하고 무역 회복을 추진하는 것이기 때문에 "일본인은 진실로 위대하여 긍지 높으며, 네덜란드인은 비소(卑小)하다."라고 해둘 것.[83]

[사료 7]의 밑줄 ⓐ에서는 일본과의 무역 이윤이 계속 보장되지 않

---

[83] 永積洋子 譯, 『平戸オランダ商館の日記(1)』(岩波書店, 1969), 456-461쪽(「야하트선 켄환호에서 타이완 및 일본으로 향하는 윌렘 양센에게로 보낸 훈령」) ; 본서 제Ⅲ장 참조.

고, 일본인들에게 경멸받을 시에는 히라도의 모든 재산을 환수해 일본으로부터 철수할 것도 만약을 대비해 지시하고 있다. 이것은 동인도연합회사가 '타이완 사건'의 해결에 '배수의 진'을 치고 대응하고 있었다는 것을 의미하는 것이며, 또 당시 상황의 전개 여하에 따라 일본무역의 실리에 대한 최종적인 결정을 내리려는 단계였다는 것도 짐작할 수 있다. 그렇기는 하지만, 밑줄 ⓑ에서는 "일본과의 자유무역은 회사에 가장 중요하기 때문이다."라는 말에서 알 수 있듯이 일본무역에 대한 희망을 버리지는 않았다. 또, 밑줄 ⓒ에서는 "일본인은 진실로 위대하여 긍지 높으며, 네덜란드인은 비소(卑小)하다."라고 일본인을 칭찬함과 동시에 자신을 낮추어 어떻게 해서든 일본과의 무역 재개를 성사시키기 위한 행동강령도 지시하고 있었다. 자신들 스스로가 '비소'하다는 굴욕적인 표현을 이용해 자신들을 낮추고, 반대로 일본을 높이 받들면서까지 일본무역을 성사시키려 한 VOC의 상업중심주의적이고 실리적인 정책의 한 단면을 엿볼 수 있다. 이것으로 볼 때, 네덜란드의 관심은 오로지 무역에 있었던 것이지 일본에 대해서 '화'와 '이'의 위계질서를 인지하여 일본에 복속한 것은 아니었다. 게다가 일본을 '화'의 국가로서 또는 종주국으로서 인정한 것은 더더욱 아니었다. 마찬가지로 '타이완 사건'의 해결 이후 나가사키 네덜란드 상관장의 이른바 에도참부(江戶參府)라는 것도 일본무역의 다대한 이익을 전제로 한 무역정책의 일환이었지 일본에 복속된 의례 행위라고만 평가할 수는 없는 것이다.

여섯째, '화이질서'가 명청교체 이후 동아시아 제국에 보이는 공통된 현상이라면, 조공책봉체제와 같이 상호 간의 국가에 명확하고 실질적인 질서의 구분이 있어야 하는데, '일본형 화이질서'에는 이러한 실질성이 보이지 않는다. 앞에서 살펴본 통신사와 네덜란드 상관장의 에도참부 또한 조공사절로 인식하기에는 상대국의 일본에 대한 조공 인식의 부재를 어떻게 설명해야 하는가의 문제를 규명하지 않으면 안 된다.

이상, '일본형 화이질서'론을 중심으로 그 의미에 대한 평가와 아울러 필자의 견해를 피력해 보았는데, 물론 명청교체라는 대변혁을 기점으로 동아시아 국가들 사이에서 탈중화 의식이 존재했고, 이에 따라 자기중심적인 '화이의식'이 재생산되고 있었다는 점에서는 충분히 필자도 이해하고 있다. 또한 일본의 경우 통일국가로 변화되는 과정에서 자기 스스로의 세계관에 획기적인 변화가 수반되었고, 탈중화에 의한 '화이의식'의 존재 또한 인정된다. 하지만, 이러한 의식적인 것이 과연 '질서'로서, 더군다나 외교의 명확한 틀로서 국제관계 속에서 발현되어 정착되었다고 하는 견해에 대해서는 재고의 필요성이 전제된다는 점을 언급해둔다. 다만, 현 단계에서는 '일본형 화이의식'과 같은 동종의 의식이 동아시아 각국에 나름대로 존재했고, 이것 역시 충분히 그 역사적 의미와 사실성이 있다는 점도 확인해두겠다.

5. 맺음말

지금까지 본 장에서는 전근대 일본의 세계관 변화를 토대로 삼아 근세 동아시아 국제관계 속에서 일본 중심의 국제질서관, 즉 '일본형 화이질서'론을 중심으로 그 내용과 의의 및 파생되는 문제점을 비롯해 '해금'과 '4개의 창구'론과의 관련성에 대해서도 고찰해보았는데, 몇 가지 논점을 정리해보면 다음과 같다.

첫째, 국제질서 변화의 토대적 문제로서 일본의 전통적 세계관의 변화와 아울러 일본의 신국화 경향이 강화되기 시작했다는 점을 언급할 수 있다. 고대 이래 일본은 신화적 세계관이었으나, 불교가 유입되면서 천축(인도)·진단(중국)·본조(일본)라는 '삼국세계관'으로 변화되었고, 이것은 무가사회의 전통적 세계관으로 정착되고 있었다. 이러한 것이 16세기 중반부터 서유럽의 일본 진출과 함께 불교적 영향력이 쇠퇴하면서 서양·중국·일본으로 변화되었고, 히데요시의 조선침략을 전후해 일본의 신국관이 강화되었으며, 명청교체를 거치면서 탈중화에 의해 '본조=일본=신국'이라는 인식의 강화가 이루어졌다. 그리고 18세기 이후에는 국학의 영향을 받아 서양·신국(일본)이라는 '이국세계관'이 탄생한 것이다. 이러한 세계관의 변화는 본고에서 살펴본 '일본형 화이의식'을 탄생과도 밀접한 관계에 있었다고 볼 수 있다.

둘째, '일본형 화이의식'에서 발전한 개념으로서 '일본형 화이질서'론은 전근대 동아시아 세계에 공통으로 보이는 '해금' 개념과 연결되어 명청교체 이후에 일본 중심의 국제질서를 대표하는 용어로 일본 학계에 정착되었지만, 근세 동아시아 국제관계를 총체적으로 수용하기에는 아직 해결해야 할 문제점이 존재한다는 점이다. '일본형 화이질서'론에서는 '4개의 창구'를 통해 맺어진 일련의 외교 행위, 그 근거가 되었던 네덜란드 상관장의 에도참부, 조선의 통신사 방문, 류큐사절, 아이누의 의례 관계 등이 막부에 대한 복속 의례였고, 이것이 바로 '일본형 화이질서'의 대표적 사례라고 한다. 하지만, 본 장에서 살펴본 바와 같이 모순된 논점들이 존재하고 있다. 이러한 논점들은 관련 상대국과의 관계를 총체적으로 검토하지 않고 일본 중심의 자의식을 강조한 결과였다. '일본형 화이질서'론을 제창한 아라노 역시 이점에 대해서 '화이질서'는 확실히 각기 국가의 굳건한 자립성을 나타내고 있었지만, 편협성도 가지고 있었다는 점[84]에 대해서 인정하고 있었다.

셋째, '일본형 화이질서'론에서는 "18세기 동아시아에서 일본·중국·조선이 각자의 '화이질서'를 설정해 타협하는 동시에 각자의 '해금'을 실시해 국제분쟁을 최소한으로 저지하면서 안정된 국제관계를 영위하는 상태가 출현했다."[85]고 하여 주변 제국의 '화이질서'를 인정하고 있으나, 또 다른 측면에서는 '4개의 창구'를 통한 조선·류큐·아이누·네덜란드·중국 관계를 모두 '일본형 화이질서'에 포함하고 있다는 상반된 모순을 가지고 있다. 이것은 일본에 한정한다면, '일본형 화이질서'의 특징으로 평가할 수도 있고, 동아시아 전체로 본다면, 중국 중심의 국제질서에서 벗어나 주변국의 정치적 자주성을 부각한 전근대 국제관계론이라는 측면에서 그 성과와 의의를 평가할 수 있다. 그러나 한편으로는 동아시아 국제관계의 구성 국가들 사이에서 상호 인정되고 있지 않았던, 혹은 그 주변 국가 중의 어느 한 국가가 생각조차도 못했던 일본 중심의 국제질서[다른 주변국들도 마찬가지이지만]를 과연 '일본형 화이질서'라고 평가할 수 있는가의 문제는 글로벌리즘과 트랜스내셔널의 역사학 측면에서 재고할 필요가 있다고 생각한다.

끝으로 본고가 '일본형 화이질서'에 대해 지금까지의 학술적 견해들을 정리하여 재고의 논거를 제시한 것에 지나지 않고, 어디까지나 서설적인 입장에서 본격적인 논증을 행한 것은 아니라는 점을 부언해두겠다. 그러한 면에서 근세 동아시아 각국의 외교 네트워크에 의해 상호 간에 인식

---

84 荒野泰典, 앞의 책(『近世日本と東アジア』), 서문(xii쪽).
85 상동, 서문(xi쪽).

되고 있던 유형·무형의 국제질서, 동아시아 각국에 보이는 '해금'의 역사성, 동아시아 각국의 외교 창구에 대한 비교·검토 및 그 역할에 대한 구체적인 검토는 금후의 과제로 삼겠다.

제3장

'시마바라(島原)·아마쿠사(天草)의 난'으로 본 아마쿠사 시로(天草四郎)의 신격화와 근세적 내셔널리즘

1. 머리말

　　에도막부(江戶幕府) 초기에 발생한 '시마바라(島原)·아마쿠사(天草)의 난'[01](이후 '난'으로 약칭)은 일본 역사상 최대의 봉기인 동시에 반란이기도 했으며, 에도막부 최대의 내전이기도 했다. 이 '난'은 이타쿠라 가쓰이에(松倉勝家) 영지인 시마바라(島原)와 데라사와 가타다카(寺澤堅高) 영지인 아마쿠사(天草)의 주민들이 연합하여 소년이었던 아마쿠사 시로(天草四郎,[02] 이후 '시로'로 약칭함)를 대장으로 삼아 봉기한 것으로 시마바라의 하라

---

[01] '시마바라(島原)·아마쿠사(天草)의 난'은 한때 '시마바라(島原)의 난', '시마바라·아마쿠사의 봉기(一揆)'라고도 했으나, 최근에 들어와 아마쿠사 지역의 영민(領民)들도 다수 참가하고 있어 이 지역을 포함한 명칭으로 통용되고 있으며, 아마쿠사 지역에서는 '아마쿠사(天草)·시마바라(島原)의 난'이라고 통칭되고 있다. 한편, 명칭과 관련해 특정 지역명보다 '서해(西海)의 난'이라고 하자는 견해도 대두되고 있다(鶴田倉造, 「'西海の亂'の名稱論と視點論」, 『西海の亂』14, 西海の亂史研究會·西海文化研究所, 1997, 10쪽).

성(原城)에서 전쟁을 치르다가 막부군과 제 번병(藩兵)들에 의해 진압되어 약 37,000여 명03이 전원 몰살된 사건이다. 1637년 10월 25일(양:12.11)에 발발하여 1638년 2월 28일(양:4.12)에 종결된 이 '난'에 대해서 학계에서는 그리스도교의 반란이라는 종교적 측면의 견해04와 마쓰쿠라(松倉) 씨 등 봉건 영주의 학정과 과중한 연공 부담에 대한 농민봉기라는 일부 견해가 대립하고 있으나, 대체로 종교적 사상에 기반을 두고 둔 농민봉기05라는 견해가 정착되고 있다.

한편, 이 '난'을 계기로 일본 국내에서는 그리스도교 금제의 강화와 더불어 제 다이묘(大名)들에 대한 통제도 강화되어 막번체제(幕藩體制)가

02 본명은 마스다 도키사다(益田時貞)이며, 마스다 시로(益田四郎), 또는 아마쿠사 시로 도키사다(天草四郎時貞)라고도 한다. 이리모토 마스오(煎本增夫)의 『島原の亂(歷史新書101)』(教育社, 1980, 81-82쪽)에 의하면, '아마쿠사 시로(天草四郎)'라고 한 것은 '난' 이후 '시로(四郎)'라는 이름에 그의 출신인 아마쿠사(天草)의 명칭을 붙여 일반화된 것이라고 한다.

03 하라성(原城)에 참가한 그리스도교 '난군(亂軍)'의 총수는 사료에 따라 다르나, 여기서는 '난'에 직접 참가한 경험을 진술한 「山田右衛門佐口書寫」의 "城中に籠り候, 人數男女共に都合三萬七千人御座候"(林銑吉 編, 『島原半島史(中卷)』, 長崎縣南高來郡市敎育會, 1954, 191쪽)에 준한다. 「有馬之役」 제2권에서도 "蜷川右京森宗意軒城中を監し總男女三萬七千人"(『島原半島史』, 앞의 책, 332쪽)이라고 보인다.

04 中村質, 「島原の亂と鎖國」(『岩波講座日本歷史-近世1』, 岩波書店, 1979) ; 煎本增夫, 앞의 책 ; 煎本增夫, 「島原·天草の亂の發端について」(『日本歷史』659, 日本歷史硏究會, 2003), 38-40쪽 ; 神田千里, 「宗敎一揆としての島原の亂」(『東洋大學文學部紀要-史學科編』30, 東洋大學文學部史學科硏究室, 2004).

05 深谷克己, 「'島原の乱'の歷史的意義」(『歷史評論』201, 歷史科學協議會, 1967) ; 深谷克己, 「歷史の中の'天草島原の乱'」(『熊本史學』66·67, 熊本史學會, 1990) ; 神田千里, 「土一揆としての島原の亂」(『東洋大學文學部紀要-史學科編』29, 東洋大學文學部史學科硏究室, 2003).

확립되었다고는 하지만,06 결코 일본 국내 문제로만 그친 것은 아니다. '난' 이 종결된 후 막부는 더욱 강화된 그리스도교 금제정책을 실시하여 1639년 에는 선교사를 파견하고 있던 포르투갈과의 외교를 단절하여 이른바 '쇄국 정책·해금정책'을 완성해 나갔다. 나아가 조선에까지도 그리스도교 금제 정책에 대한 협조를 요청하고 있었고,07 이러한 정보는 청에까지 통보되고 있었다.08 때문에 이 '난'을 일본 근세사 속에서 연해 방비를 목적으로 한 그리스도교 금제정책이라는 국내 문제에 그치지 않고, 동아시아 국제관계 속에서 파악하여야만 한다는 주장도 대두되고 있다.09 즉, 이 '난'은 그리스 도교 금교라는 일본 외교관계 근간을 최종적으로 확인시킨 외교의 분기점 으로 평가할 수 있으며, 이후 그리스도교는 막부 정권의 가장 위험한 적으 로 간주되어 그나마 생존한 그리스도교 신자도 '가쿠레기리시탄(隱れキリシ タン)'10이 되어 종교적 변질과 함께 숨죽인 종교 활동밖에 할 수 없게 되었

---

06 鶴田倉造, 『天草島原の亂とその前後』(熊本縣上天草市, 2005), 225쪽.

07 申東珪, 「耶蘇宗門禁制를 둘러싼 朝日外交關係」(『江原史學』通號13·14, 1998) ; 申東珪, 「近世 日本의 그리스도교 禁制政策과 珍島 표착 異國船의 처리」(『日本文化研究』24, 동아시아일본학회, 2007).

08 松浦章, 「淸에 通報된「島原の亂」の動靜」(『東西學術研究所紀要』19, 關西大學東西學術研究所, 1986).

09 山本博文, 「日本の沿海防備體制と朝鮮」(『歷史評論』516, 歷史科學協議會, 1993).

10 '가쿠레기리시탄(隱れキリシタン)'은 에도시대에 막부에 의한 금령 이후 강제 개종에 의해 불교를 신앙하고 있는 것처럼 위장하면서 그리스도교를 버리지 않은 신자를 가리키며, '센푸쿠기리시탄(潛伏キリシタン)'이라고도 한다. 1873년 금교령이 해제되었음에도 에도시대의 비교(秘敎) 형태를 지키며 가톨릭으로 복교하지 않은 신앙자들이다(大阪人權歷史資料館 編, 『キリシタン禁教と宗教統制-隱れキリシタンの背景をさぐる』, 大阪人權歷史資料館, 1990). 이들의 종교

다. 한마디로 '난'의 진압을 계기로 막부가 종교와 사상 통제를 강화함으로써 정치 안정화를 구축하게 된 것이다.

막부가 이 '난'에 참가한 세력을 몰살시키면서까지 철저하게 진압을 했던 것은 말할 나위도 없이 농민 봉기이든 종교적 반란이든 막부의 권위에 대한 도전이었고, 막부의 지배논리에 위반되었기 때문이지만, 본 장에서는 이 '난'을 종교·사상적인 관점에 입각해 무력 항쟁으로서 일종의 종교 전쟁이었다는 점에 주목하고, '난'의 최고 지도자 격이었던 시로의 역할을 그의 신격화와 결부지어, '난' 발발과 진압 및 사후의 영향에 대해서 고찰해 보고자 한다. 그간 시로에 대해서는 단순한 '난'의 주모자로서의 역할 내지는 그를 통한 당시 전황과 민중의 종교 및 신앙 고찰,[11] 난의 주모 세력을 고찰하기 위한 가계적 고찰,[12] 종교적 옛날이야기나 전설 또는 소설의 소재로만 부각되어[13] 그의 역할에 대한 상세한 검토가 이루어지지 않았다.

때문에 본 장에서는 첫째, '난'이 일어나기 전까지만 해도 거의 알려지지 않았던 시로가 '난' 직전에 '기적의 소년', '하늘의 사자(天之使)'로서

형태와 남겨진 유물·유적지에 대해서는 『島原半島の切支丹文化-かくれ切支丹の遺物と遺跡』(島原半島かくれ切支丹硏究會, 1996)을 참조.

11   田村榮太郎, 「肥後の天草四郎·桐生の四郎兵衛」(『歷史評論』47, 歷史科學協議會, 1953) ; 加來耕三, 『天の子 天草四郎』(叢文社, 1988) ; 松永伍一, 「天草四郎陣中旗餘談」(『學鐙』97-9, 學鐙編集擔當編, 2000) ; 神田千里, 『島原の亂』(中央公論新社, 2005).

12   鶴田倉造, 앞의 책, 88-93쪽 ; 鶴田文史, 『西海の乱と天草四郎』(葦書房, 1990).

13   田邊貞夫, 「天草四郎, 原田甲斐(歷史と文學のあいだ-特集)」(『國文學』14-16, 學燈社, 1969) ; 松永伍一, 『まぼろしの天使-天草四郎』(偕成社, 1986) ; 新宮正春, 「天草四郎の大問題-天草四郎は實在か, 非實在か?」(『歷史讀本』709, 新人物往來社, 1999) ; 立松和平, 『奇蹟·風聞·天草四郎』(東京書籍, 2005).

칭송되면서 이루어진 신격화의 실체, 그리고 신격화의 과정에서 어떠한 기적이 창출되어 가는지 검토해보고 싶다. 둘째, '난' 속에 보이는 시로의 역할을 사료 속에서 도출해 '난'과 시로의 상관 관계를 규명하고, 나아가 '난'이 진압된 후 일본 근세 사회에 어떠한 영향과 파급효과를 가져왔는가를 고찰하고자 한다. 셋째, 이와 같은 목적하에 도출된 결론들을 토대로 에도 시대 그리스도교 금제와 근세적 내셔널리즘이라고 할 수 있는 사상의 상관 관계를 시론적으로 검토함과 동시에 근세적 내셔널리즘(또는 에스노센트리즘)의 배경을 도출해보고 싶다.

2. '난' 이전 시로(四郎)의 행적과 그리스도교 입문

'난' 발발 이전 시로의 활동에 관계되는 사료는 거의 남아있지 않다. 때문에 '난' 이전에 그의 종교적 활동을 명확히 규명한다는 것은 불가능하다. 더욱이 시로는 '난'의 발발 이전까지 이름조차 알려지지 않은 집안의 일개 소년이었으나 '난'을 전후한 시기부터 그의 이름이 알려지기 시작해 '난'이 발발하자 그의 명성은 시마바라와 아마쿠사 지역 전역에 널리 퍼졌다. 그 당시에 작성된 기록에 그의 관련 내용이 남아있는데, 우선 대표적인 것에는 시로의 가족과 관련된 것으로 구마모토번(熊本藩) 호소카와(細川) 씨 가문의 역사인 『綿考輯錄』, 그리고 '난'관계 사료를 모아 수록한 『島原半島史』가 있다. 먼저 두 자료의 내용을 살펴보면 다음과 같다.

[사료 1]

고니시(小西) 가문의 낭인 마스다 진베 코지(益田甚兵衛好次)라고 하는 자는 아마쿠사(天草)의 오야노(大矢野) 출생으로 근년에 우토(宇土)에 숨어서 농업에 종사하였는데, 고향인 오야노(大矢野)에도 왕래하고 있었다.14

[사료 2]

히고노쿠니(肥後國) 우토군(宇土郡)에 있는 에베(江部)라는 곳에 오야노 진베 코지(大矢野甚兵衛好次)라는 자가 있었다. ⓐ그는 원래 고니시(小西) 셋쓰노카미(攝津守) 유키나가(行長)의 가신이었다. 그 유키나가는 이시다 미쓰나리(石田三成)를 편들다 참수됨으로써 [그는] 낭인의 신분이 되어 그곳에 살게 되었다. …ⓑ 세월이 흘러 그의 자식을 시로(四郞)라 이름 붙여 지금 16살의 아이가 되었고, 어렸을 때 나이에 비해서 잔재주를 가졌는데, 진베(甚兵衛)가 아비 마음의 어리석음에 세상을 감사히 생각하여 글자를 가르쳐 책을 읽히니 사람들보다 상당히 뛰어났다.15

14 『綿考輯錄(第5卷)』(汲古書院, 1990), 61쪽. "小西家の浪人益田甚兵衛好次と云者, 天草之內大矢野の産なりしに近年ハ宇土に隱れ農業に勤, 舊里大矢野にも往來いたし候."

15 「高來郡一揆之記」(『島原半島史』, 앞의 책, 413쪽). "肥後國宇土郡の內江部といふ處に大矢野甚兵衛好次といふ者あり. 彼は元來小西攝津守行長が家臣なり. 彼行長石田三成に與して首を刎られしより浪人の身と成り彼處に住居け

[사료 3]

이번 기리시탄(그리스도교)을 전파시킨 자의 일. 히고(肥後)에 있는 우토(宇土)의 에베(江部)라고 하는 곳에 나가사키(長崎)에서 넘어온 진베(甚兵衛)라고 하는 사람의 자식 시로(四郎)라는 자…16

위의 [사료 1]의 밑줄에 보이는 마스다 진베 코지라는 인물은 시로의 부친으로 고니시 가문의 낭인임을 알 수 있고, [사료 2]의 밑줄 ⓐ에서는 진베라는 인물이 고니시 유키나가(小西行長)의 가신으로 고니시가 '세키가하라(關が原) 전투'에서 이시다 측의 서군(西軍)에 참전해 패배함으로써 낭인이 되었다는 사실, 밑줄 ⓑ에서는 진베의 아들 시로(天草四郎)가 16살로 상당히 글재주가 있었음을 밝히고 있다. 또, [사료 3]의 밑줄에서는 [사료 1]과 [사료 2]에 보이는 진베라는 인물이 바로 시로의 부친이라는 사실을 재확인할 수 있다. 즉, 시로는 고니시의 가신으로 있다가 고니시의 몰락과 함께 나가사키에서 고향인 우토군으로 돌아와 농업에 종사하고 있던 낭인 마스다 진베 코지(益田甚兵衛好次)의 자식이었으며, [사료 2]의 밑줄 ⓐ ⓑ로부터 우토군에 살다가 시로를 낳았다는 것을 확인할 수 있다.17

    る. …年月送る處に彼が子に四郎と名付て, 今茲十六歳の童あり, 幼少の時に年の程よりはこざかしかりしかば, 甚兵衛親心の愚き世に有難き事に思ひ字を敎へ書を讀ませるに, 中々人に勝けり."

16 『綿考輯錄(第5卷)』, 앞의 책, 74쪽. "今度きりしたんひろめ申者之事, 肥後之內うとのゑへと申所ニ, 長崎より罷越候ろう人甚兵衛と申者之子四郎と申もの…"

한편, 시로의 유년 시절을 알려주는 사료가 있는데, 이것은 '난' 발발 후 진압과정에서 시로의 모친이 와타나베 고자에몬(渡邊小左衛門)과 함께 붙잡혔을 때, 모친을 심문한 노미 이치로베(乃美市郎兵衛) 등이 마쓰다이라 이즈노카미(松平伊豆守) 노부쓰나(信綱)에게 제출한 다음과 같은 각서(覺書) 이다.

[사료 4]

히고노쿠니(肥後國) 우토(宇土)에서 붙잡은 오야노 고자에몬(大矢野小左衛門), 고자에몬 딸의 조카인 고베(小兵衛), 하인 4명, 시로의 모친 약 50세, 시로의 누이 24·25세, 여동생 7세, 조카 7세를 모두 붙잡아 보고하는 서장. ⓐ시로의 모친이 말하는 것은 "시로 도키사다(四郎時貞)는 16세인데, 9세 때부터 연수 생활을 3년 행하였고, 학문을 5-6년 정도 수행하였다. 시로는 나가사키에 가끔 가서 학문을 수행하였지만, 교토(京)와 오사카(大坂)에는 가지 않았다. ⓑ시로는 9월 30일에 오야노(大矢野)에 가서 고자에몬(小左衛門)의 동생이 있는 곳에 있었다. 고자에몬의 동생은 시로 누이의 남편이다. 시로의 부친은 10월 9일 히고(肥後)의 우토로부터 오야노에 시로를 마중하러 갔지만, 시로가 작은 종기가 나서 괴로워하고 있었기 때문에 돌아올 수 없어 부친도 같은 곳에 있으면서 돌아올 수 없었다고 한다. 시로의 조부도 오야노에 있다.[18]

17 다만, 쓰루다 분시(鶴田文史)는 부친 마스다 진베(益田甚兵衛)는 고니시 유키나가가 세키가하라 전투에서 사망한 뒤 낭인으로서 나가사키에 있었는데, 그곳에서 시로가 태어났으며, 그 이후 우토에 거주했다고 보고 있다(鶴田文史, 『西海の乱と天草四郎』, 앞의 책, 24쪽).

위의 사료로부터 시로의 가족 상황과 유년 시절이 명확하게 부각되는데, 부친 마스다 진베(益田甚兵衛)와 모친 사이에서 1남 2녀의 장남으로 태어난 것이 확인되고 있다. 또한, 밑줄 ⓐ로부터 시로는 9세 때부터 다년간 학문을 수행하고 있었다는 사실과 특히 나가사키를 드나들며 학식을 넓히고 있었음을 알 수 있다. 다만, 여기서 말하는 '학문'이라는 것이 유교적 학문인지 그리스도교와 관련된 종교적 학문인지는 명확하지 않지만, 그의 부친이 기리시탄 다이묘(キリシタン大名)로서 유명한 고니시 유키나가(小西行長)의 가신이었고, 당시 낭인으로서 부친이 막부의 그리스도교 탄압에 반감이 있었다는 점, 또 나가사키에 드나들었다는 것은 나가사키 특유의 학문적 지식, 즉 그리스도교 사상과 관련된 학문적 지식의 습득의 목적이 있었지 않았을까 유추되는 부분이다.

이러한 학문적 지식의 습득과 함께 시로가 봉공인(奉公人)[19]이었다는 다음의 기록도 보이고 있다.

---

18 「渡邊小左衛門口書」, 寬永15년 1월 25일자(鶴田倉造 編, 『原史料で綴る天草島原の亂(史料集)』, 本渡市, 1994, 794-795쪽). "肥後國宇土ニテ搦捕ル大矢野小左衛門, 同人娘甥小兵衛, 下人四人, 四郎太夫母五十計, 四郎姉廿四五, 同娘七ツ, 甥七ツ何レモ被召取ニ付申上ル覺, 四郎母申候事, 四郎時貞ハ十六歲, 九ツノ時より手習三年仕候, 學問五六年程仕候, 四郎長崎へ節々參學問仕候, 京大坂へハ不參候, 四郎九月晦日ニ大矢野へ參候テ小左衛門弟ノ所ニ罷有候, 小左衛門弟ハ四郎姉聟ニテ御座候, 四郎親ハ十月九日肥後宇土より迎ニ參候得共小瘡相煩候由に不參候, 親も一所ニ罷在歸リ不申候, 四郎父祖も大矢野ニ在之候."

19 어느 집에 더부살이를 하는 고용인 또는 일꾼을 말함.

[사료 5]

ⓐ어떤 글에는 시로가 히고(肥後)의 가신 스사미 한노죠(須佐美半之允)라고 하는 분의 봉공(奉公)을 하고 있었는데, 학문에 뜻을 두고 있어 휴가를 청하여 부친과 같은 곳에 있다고도 하며, 또 ⓑ어떤 글에서는 시로는 15·16세까지 어가중(御家中)20인 스사미 곤노죠(須佐美權之允)의 집에서 잡초를 뽑는 일을 하고 있었다고 한다.21

[사료 5]의 밑줄 ⓐ에서는 봉공을 하고는 있었지만, 학문에 뜻이 있어 부친과 같은 곳에 있다고 하는 것은 [사료 4]에서 시로의 모친이 진술한 학문적 습득과도 일치하고 있으나, 밑줄 ⓑ에서 언급한 내용은 스사미 곤노죠의 집에서 잡초를 뽑는 봉공을 했다는 것으로 학문의 길을 걸었다는 것과는 전혀 다른 의미를 지닌다. 다시 말하자면, '난'이 발발한 것은 시로가 대략 15·16세 때의 일22로 '난' 발발 직전까지 봉공을 했다는 것인데, 이

20　'어가(御家)'는 귀인이나 남의 집, 또는 다이묘·무사 등의 집을 말함.
21　『綿考輯錄(第5卷)』, 앞의 책, 61-62쪽. "一書, 四郎ハ肥後の土須佐美半之允と云者の方に兒性奉公仕候得共, 學文を志し, 暇を乞, 父と一所に有之と云々, また一書, 四郎十五六歳迄は御家中の須佐美權之允所に小草履取にて居たり."
22　'난'이 발발 했을 당시 시로의 나이가 15·16세였다는 기록에는 다음과 같은 것들이 있다. ①"爰に天草に益田四郎時貞と云者あり年十五にして"(「有馬之役」, 『島原半島史』, 앞의 책, 316쪽), ②"天草之四郎十五歳にて學達天地心得神通"(「有馬記錄」, 『島原半島史』, 앞의 책, 273쪽), ③"天草甚兵衛が子大矢野四郎僅十六歳にて若年なりといへども, 諸人に勝たる器量有て, 種々術をつくし候事仙術の如し."(「嶋原一段松倉記」, 『島原半島史』, 앞의 책, 130쪽), ④其時分大矢野

는 '난'에 직접 참가하고 있었던 시로의 행적과 대조해 볼 때 문제의 여지가 있으며, 특히 다음의 사료와 모순된다.

> **[사료 6]**
> 시로(四郞)에게 ⓐ봉공할 수 있겠는가라고 진베(甚兵衛)와 우리들이 말했지만, 시로는 15·16세 중에는 자신의 몸을 자유롭게 행할 수 없기 때문에 적당한 시기를 보아 봉공할 것이라고 말하였는데, ⓑ이것은 어느 누구도 납득할 수 없는 것이었다.23

즉, 위 사료의 밑줄 ⓐ를 보면, 부친 진베를 비롯한 주위 사람들이 권유했지만, 15·16세 때에는 자신 스스로가 자유롭지 못하다고 하여 봉공을 거부하였고, 적당한 시기를 보아 봉공하겠다고 한 것을 볼 때, 봉공은 행하지 않았다는 것을 의미한다. 이로써 시로가 '난' 이전에 그리스도교와 관련된 학문이라고는 단정할 수 없지만, 학문 수행의 노정에 있었다는 [사료 4]의 모친의 진술이 보다 사실성이 있어 보인다.

다만, [사료 6]이 기록된 시점이 1638년 1월 25일이라는 것을 염두에 두면, 당시는 하라성(原城)에서 농성이 계속되고 있었던 시기이다. 밑

村に益田四郎と申者年十六歲にて名譽を致し候由近國風聞仕候(「別當杢左衛門覺書」, 『島原半島史』, 앞의 책, 83쪽).

23 「渡邊小左衛門口書」, 寬永15年 1月 25日附(鶴田倉造 編, 『原史料で綴る天草島原の亂(史料集)』, 앞의 책, 793쪽). "四郎奉公致候得と甚兵衛私共も申候得共, 十五六の內ハ我身自由に仕候事, 不罷成候間, 時分を以奉公可仕候由申候. 是ハ何共合点不參候事."

줄 ⓐ에서 15·16세 중에는 자신 스스로가 자유롭지 못하다고 한 것은 '난'의 발발 시기와 중복되어 '난' 발발로 인한 것으로 생각되며, 밑줄 ⓑ에서 누구도 이것을 납득하지 못했다고 하는 말로부터 당시에 '난' 세력에게 시로는 이미 범상치 않은 인물로 인식되고 있었음도 짐작해볼 수 있다.

그렇다면 시로는 '난'의 바로 직전에는 무엇을 하고 있었을까. 전술한 [사료 4]의 기록으로부터 10월 9일의 시점에 시로는 부친과 함께 오야노에 있었다는 것을 확인했는데, 이보다 상세한 행적을 확인할 수 있는 것이 당시 시마바라 영주 마쓰쿠라(松倉) 씨의 가신으로 '난'에 참전했던 사노 야시치자에몬(佐野彌七左衛門)이 기록한 각서로부터 확인된다.

[사료 7]
ⓐ동월(10월) 23일, 시마바라(島原)령의 아리마(有馬) 마을 남쪽의 장원인 기타오카(北岡)의 백성 산키치(三吉)·가쿠나이(覺內)라고 하는 두 사람이 아마쿠사(天草)령 오야노(大矢野) 마을에 와서 마스다 시로(增田四郎)에게 도움을 받아 바테렌(伴天連)이 되어, ⓑ그리스도교의 그림을 가져와 자신의 집에 걸어두고 그리스도교를 믿게 되었는데, 밤중 내내 여러 사람들이 초롱불과 횃불을 들고 끊임없이 위의 두 사람이 있는 곳으로 모여들어 그날 밤에 그리스도교로 다시 돌아선 자가 남녀 700여 명이었다고 한다.24

24 「佐野彌七左衛門覺書」(『島原半島史』, 앞의 책, 63-64쪽). "同二十三日, 島原領有馬村南の庄北岡の百姓三吉覺內と申兩人の者天草領大矢野村へ參增田四郎に援けられ伴天連に罷成, 吉利支丹の繪を持来り己か家に餝置宗門に勤め入候處, 終夜方々より提灯松明をともし引も不切右兩人の処へ来集り, 其夜吉利支丹

[사료 7]의 밑줄 ⓐ에서 산키치(三吉)와 가쿠나이(覺內, 다른 사료에서는 '角內')와 두 사람이 시로에게 도움을 받아 바테렌(半天連),25 즉 사제로서 선교의 임무를 맡게 되었다는 것을 확인할 수 있는데, 여기서 두 사람이 바테렌이 되었다는 것은 시로에게 세례를 받았다는 의미로서 당시 시로가 상당히 비중 있는 포교 활동을 행하고 있었음을 알 수 있다. 더욱이 밑줄 ⓑ로부터 바테렌이 된 두 사람이 그리스도교의 그림을 가져와 주위의 700여 명이나 되는 사람들이 다시 그리스도교 신자가 되고 있었다.

이 두 사람은 상기의 선교 활동으로 인해 체포되었는데, "가쿠조(角藏:角內)·산키치(三吉)의 가족 11인을 붙잡아 시마바라(島原)에 보내어 곧바로 감옥에 보냈다. 그 뒤에 다시 마을 사람들이 모여들어 기타아리마(北有馬) 마을의 우라가와우치(浦河內)라는 곳에 그 외도(外道, 그리스도교) 본존의 그림상(繪像)을 걸고 깊이 공경하고 있다는 것을 다이칸(代官)이 듣고 재빨리 붙잡아 그 그림상을 심하게 부셨는데, 외도(그리스도교)의 무리가 크게 화를 내어 다이칸을 갑자기 살해하였다."26는 당시 아리마(有村) 마을 농부의 각서가 남아있다. 여기에서 알 수 있듯이 시로에게 세례를 받은 두 사람이 '난'의 발발 원인을 제공하고 있다는 점에서도 시로의 포교 활동

に又立帰る者男女七百餘人有之由."

25 바테렌(半天連)의 어원은 포르투갈어 'padre'(師父의 뜻)이다. 일본에 그리스도교가 전래될 무렵에 선교사 또는 사제를 의미하는 용어로서 그리스도교를 속칭하는 의미로도 쓰인다.

26 「肥前國有馬古老物語」(『島原半島史』, 앞의 책, 95쪽). "角蔵(內)三吉家內十一人搦浦島原へ遣し候得者, 則籠舎被仰付候, 其跡に又郷民集り北有馬村浦河內といふ所に, かの外道本尊の繪像を懸深恭敬して居申候よし代官聞之, 早速蒐付ケ, 其繪像を奪取散々に引破ければ, 外道共大に腹を立, 代官を忽に殺害す."

과 '난'은 밀접한 상관관계에 있다. 어찌 되었든 시로는 '난' 이전에 아마쿠사를 중심으로 한 지역에서 그리스도교 포교 활동으로 상당히 신망을 얻고 있었고, 그리스도교 포교 및 선교 활동의 중심 인물이었다는 점은 명확한 사실이다. 그렇다면, 이러한 '난' 발발 이전 시로의 종교적 활동은 그리스도교 신자에게 어떻게 묘사되었는지 그에 대한 신격화 과정과 기적에 관한 일련의 사료를 통해 검토해보도록 하겠다.

3. 시로의 신격화와 기적

시로가 당시 아마쿠사(天草)를 중심으로 한 지역에서 포교 활동의 중심 인물이었다는 것은 전술한 바이나, 어떠한 과정으로 사람들의 관심을 끌게 되었는지에 대해서 「山田右衛門佐口書寫」의 첫머리에 다음과 같은 흥미를 끄는 내용이 수록되어 있다.

[사료 8]
一, 이번 시마바라 기리시탄(切支丹, 그리스도교)이 봉기한 내막은 ⓐ마쓰에몬(松右衛門)·젠자에몬(善左衛門)·겐에몬(源右衛門)·소이(宗意)·산젠자에몬(山善左衛門)이라고 하는 자들이 함께 26년 이전부터 아마쿠사 오야노의 지즈카시마(千束島)라고 하는 곳에 와서 수년 간 산에 은거하며 있었는데, 지난 해(1637) 6월 중순부터 그들 5인이 말하고 다닌 것은 "아마쿠사의 가우쓰라(코우쓰우라:上津浦)라

고 하는 곳에 살고 있는 바테렌(半天連)이 26년 이전 공의(公儀, 幕府)로부터 이국(異國)으로 추방되었을 때, 바테렌의 서물을 남겨두었다. 거기에는 ⓑ'이번 해로부터 26년째에 즈음하여 반드시 선인(善人) 한 사람이 태어나는데, 그 어린 아이는 배우지 않았음에도 모든 글자를 깨달으며, 하늘에서 그 전조가 나타나 나무에서 만두(まんぢう)가 열리고, 야산에 하얀 깃발을 세워 사람들의 머리에 십자가(くろす)를 세울 것이다. 사방의 구름이 반드시 탈것이며, 사람들의 주거는 모두 불타버릴 것이다. 들과 산도 나무도 모두 타버릴 것이다.'라고 하는 것이 쓰여 있었다."고 한다.

一. ⓒ"아마쿠사의 오야노에 시로(大矢野四郎)라고 하는 자를 위의 서물과 대조해 생각해보면, 그는(시로는) 서물에 쓰인 것과 다름이 없으므로 그가 '하늘의 사자(天之使)'라는 것은 의심할 수 없다."라고 사람들에게 위의 5인이 말하고 다녔다. 시로의 나이는 16세였다.27

---

27 「山田右衛門佐口書寫」(『島原半島史』, 앞의 책, 189쪽). "一, 今度島原切支丹發申候次第の儀は, 松右衛門善左衛門源右衛門宗意山善左衛門と申者共, 二十六年以前より天草の內大矢野千束島と申所に數年山居仕罷有候處に, 去年丑六月中旬より彼五人の者共申廻し候は, 天草の內かうつらと申所住居仕候伴天連二十六年以前御公儀より御佛異國へ被遣候刻伴天連書物を以申置候は, 當年より二十六年目に當て必善人一人生れ出へし, 其幼き子不習に諸字を究め天に印し顯れ木にまんぢうなり, 野山に白旗立て諸人の頭にくるす立可申候, 東西に雲のやけ必有るへし, 諸人の住所皆やけはつへし, 野も山も草も木も皆燒可申由書之置候由申侯. 一, 天草に大矢野四郎と申者有之右の書物に引合考へ候へは, 彼書物に不違候間是は, 天之使にて候久敷事疑ひなしと諸人に右の五人の者申廻し貴ませ候, 四郎生年十六歲に罷成候."

[사료 8]을 작성한 야마다 에몬노사(山田右衛門佐)는 야마다 에모사쿠(山田右衛門作)라는 명칭이 정확한 것인데, 이 기록은 하라성(原城)이 함락되고 나서 마쓰다이라 노부쓰나(松平信綱) 앞에 불려 나가 진술한 내용이다. 에모사쿠는 하라성에서 막부군과 대치 중에 야부미(矢文, 편지를 매단 화살)를 통해 막부 측과 내통한 대가로 목숨을 살려 받은 유일한 생존자로 그의 진술을 통해 당시 난군 진영에서의 시로에 대한 신격화의 양상을 엿볼 수 있다. 밑줄 ⓐ와 ⓑ는 아마쿠사 오야노의 지즈카시마라는 곳에서 수년간 은거하고 있던 5명의 그리스도교 신자가 26년 이전에 막부에 의해 추방된 선교사가 남겨둔 서물을 근거로 이야기한 내용이다. 그것은 '이번 해'[기준 해가 언제인지 명확치 않음]부터 26년 뒤에 선인 한 사람이 태어날 것이며, 그는 배우지 않았음에도 모든 글자를 깨우치고, 나무에 만두가 열리게 하는 등의 신통력을 가지고 있다는 일종의 종교적 예언이었다. 더욱이 십자가(크로스, くろす)를 사람들의 머리 위에 세운다는 것은 사람들에게 그리스도교를 전파한다는 것이며, 반드시 사방의 구름과 산과 들, 그리고 마을사람들이 거주하는 곳조차 불타버릴 것이라고 예언하고 있다.[28] 실제 26년 후인 1637년에 아마쿠사 지역에서 시로는 그리스도교의 포교자로서 추앙받고 있었으며, 또 그리스도교의 봉기의 최절정을 이룬 하라성(原城)에서 전투를 지휘함으로써 예견의 정확성을 입증하고 있는 듯이 보인다. 즉, [사료

---

28 한편, 이리모토 마스오(煎本增夫)는 밑줄 ⓑ부분을 인용하여 이러한 내용은 당시 그리스도교 신자 사이에 퍼졌던 '세계종말사상'의 유언(流言)이라고 판단하고 있으며, 여기서 나아가 "'시마바라의 난'은 처음부터 이러한 '세계종말사상'을 토대로 모여든 '기리시탄 봉기'였다."고 규정하고 있다(煎本增夫, 앞의 책, 61-63쪽). 본 장은 당시 일본의 종말사상을 '난'과 관련지어 검토하는 것은 아니지만, 종교적 봉기로 규정한 그의 견해는 시사하는 바가 크다.

8]의 밑줄 ⓑ에 보이는 26년 뒤에 나타날 선인이라는 것은 바로 시로였던 것이다.

하지만, 이러한 예언을 토대로 '난'을 주모한 집단이 시로를 이용하고 있었다는 측면도 있다. [사료 8]의 내용은 '난'을 막부군 측이었던 사가(佐賀) 나베시마(鍋島) 씨를 중심으로 기록한 「有馬記錄」이라는 사료에도 비슷한 내용이 수록되어 있는데, 이 「有馬記錄」에 의하면 [사료 8]의 밑줄 ⓐ에 나오는 마쓰에몬(松右衛門)·젠자에몬(善左衛門)·겐에몬(源右衛門)·소이(宗意)·산젠자에몬(山善左衛門)의 5인은 고니시 유키나가(小西行長)의 가신들이다.29 시로의 부친인 마스다 진베(增田甚兵衛)도 마찬가지로 1600년 '세키가하라 전투'에서 도쿠가와 이에야스에게 참패해 참수된 고니시 유키나가의 가신이었다는 것을 상기해 볼 때 시로의 부친도 주모자 그룹이었음을 추측해 볼 수 있다.30

이러한 측면에서 '난'의 주모자 그룹은 당시 몰락한 낭인 출신들이 중심이었다고 평가할 수 있는데, 이들은 난군에 그리스도교 신자들을 가담시키기 위해 당시 그리스도교 학문을 깊이 수행하고 있었던 마스다 진베(增田甚兵衛)의 아들 시로를 이용하고 있었을 가능성이 농후하다. 다시 말하면, 난군의 목적을 달성하기 위해 시로를 전술한 [사료 8]의 밑줄 ⓑ에 보이는 예견을 실현시키기 위한 필연적 인물, 즉 선인로서 부각시킬 필요

---

29 「有馬記錄」(『島原半島史』, 앞의 책, 273쪽). "天草大矢野千束島に罷在候大矢野杢右衛門·千束善衛門·大江源右衛門·森宗意·軒山善左衛門五人本は小西攝津守家來にて御座候."

30 이리모토 마스오(煎本增夫)는 「耶蘇天誅記」의 내용을 토대로 시로의 부친 마스다 진베(增田甚兵衛)와 본문에서 언급한 5인을 명확히 '난'의 주모자 그룹으로서 논증하고 있다(煎本增夫, 앞의 책, 88-91쪽).

성이 있었던 것이며, 그러한 의미에서 동 사료의 밑줄 ⓒ에 보이듯이 시로가 '하늘의 사자'라는 것은 의심할 여지가 없다고 신격화의 의미를 부여했던 것이다. 이러한 신격화의 현상은 당시 시마바라 반도의 가즈사(加津佐) 지역에 유포되었던 10월 25일자 회장(回狀)의 내용, 즉 "…'하늘의 시로님'이라고 말하는 것은 천인(天人)이기 때문이다. 우리를 불러낸 분이다. 그리스도교 신자가 되지 않겠다고 하는 사람은 일본국 안의 사람이라도 데우스님(하나님)[31]이 왼쪽 발로 밟아 지옥으로 밀어버리기 때문에 그것을 알고 있어야만 한다."[32]는 문구에서 알 수 있듯이 인간이 아닌 '하늘의 사람'으로 형상화되었다.

한편, 위의 예언과 비슷한 내용을 기술하고 있는 사료들도 보인다. 우선 막부군의 총대장이었던 마쓰다이라 노부쓰나(松平信綱)의 아들 데루쓰나(松平輝綱)가 작성한 『嶋原天草日記』는 막부 측의 기록으로서 '난'을 고찰하는데 매우 귀중한 사료인데, 그 내용에 다음의 내용이 기술되고 있다. "26년 뒤에 '선남자(善男子)' 1인이 태어나며, 그는 배우지 않았는데도 모든 글을 깨우치고 마땅히 하늘에 그 징조가 나타나 나무에 만두가 열리고, 사방의 구름과 가옥 및 산의 초목을 모두 불태워버릴 것이며, 이 '선남자'는 '하늘의 사자(天使)'임에 틀림없다고 하여 [주모자인] 5인은 많은 사

---

31 데우스(デウス, Deus)는 라틴어로 '신'을 의미하는 말로 일본에서는 전국시대 말기 그리스도교 유입되면서 불교나 신도의 신앙대상과 구별하기 위한 '神'의 의미로 사용되었다(『日本史廣辭典』, 山川出版社, 1997).

32 鶴田倉造 編, 『原史料で綴る天草島原の亂(史料集)』, 앞의 책, 11쪽. "…天ノ四郎樣と申すは天人にて御座候. 我ら儀召し出され候者にて候. キリシタンになり申さざるものは, 日本國中の者共デウス樣より左御足にてインヘルノへ御踏み込みなされ候間, 其の心得有るべく候."

[그림 1] '난' 관계 지명 분포도
* 「Yahoo-Japan」의 지도를 참조해 작성.

람들에게 이를 알리고 시로를 종존(宗尊)으로 세웠다."³³는 것이다. 전술한

33 상동, 957쪽. "吉利支丹之徒, 杢右衛門, 善左衛, 宗意, 山善左衛門, 廿年以來遁居天草內大矢野千束嶋, 自去年六月中旬, 五人相共語衆人云, 天草內上津浦住居之伴天連, 十六年以前自公儀被追佛, 卽遣告書曰, 自今年當十六年, 善男子一人必可出生, 不學而悟諸文, 應驗現天, 饅頭實干木, 靡白旗於野山, 立栗栖於諸人之頭, 且有雲之燒東西國, 嘗此時, 諸人之家屋及野山草木, 盡可燒失云々, 天草大矢野四郎遣告書, 所謂善男子也, 正爲天使更無疑, 五人之徒以斯告諸人, 令宗

[사료 8]에서 언급된 주모자의 명칭에 약간의 차이를 보이고 있기는 하지만 같은 내용이다.

당시 이러한 시로의 출현으로 인한 예언의 실현은 난군의 주모자들에 의해 크게 선전되어 그리스도교 신자들 사이에 공유되면서 유포되었고, 여기서 더 나아가 급기야는 시로가 기적을 창조하는 신비주의적 인물, 즉 시로에 대한 신격화와 함께 기적의 발현으로서 완성해 나간다. 벳토(別當)34를 지냈던 것으로 판단되는 모쿠사에몬(杢左衛門)이 '난'의 경험을 기록한 「別當杢左衛門覺書」에는 다음과 같은 흥미로운 기술도 보인다.

[사료 9]
ⓐ하늘에서 비둘기를 불러들여 손 위에서 알을 낳게 하고, 그것을 깨서 기리시탄(吉利支丹[그리스도교])의 경문[성경]을 빼내 보인다고 하는 자이다. 혹은 참새가 앉아있는 대나무 가지를 꺾는 등의 행동을 하는데 모두 이상한 일뿐이다. ⓑ마음 먹은 대로 아마쿠사와 아리마(有馬) 사이에 있는 유시마(湯島)라고 하는 섬의 해상을 걸어서 건너는 것을 보여주었다고 한다.35

尊四郎."

34 벳토(別當)이라는 것은 쿠로우도도코로(藏人所, 잡무를 처리하는 직원의 관청) 등의 장관을 말하는 것으로 근세에는 고을에 있는 쇼야(庄屋 : 마을의 사무를 담당한 사람)를 가리킨다.

35 「別當杢左衛門覺書」(『島原半島史』, 앞의 책, 83쪽). "天より鳩を招寄手の上にて卵を生せ, 夫を割て吉利支丹の經文を取出して見せ申侯者. 或は竹に雀のとまり居たるを枝折なとにいたし萬不思議なる事のみ. 任天草と有馬との間に有之湯島と申島, 海上を歩み渡り見せ申侯よし."

위 사료의 밑줄 ⓐ를 보면 사람으로서는 불가능한 비둘기를 불러 알을 낳게 하고, 그 알에서 성경을 빼낸다든지, 또 이해할 수 없는 행동을 묘사해 시로에 대한 신비감을 더해주고 있다. 더욱이 밑줄 ⓑ에서는 현재 아마쿠사와 시마바라 반도 중간에 위치한 유시마(湯島, 또는 湯嶋)를 걸어서 건너다녔다는 기적을 일으킨 인물로 묘사하고 있다('난' 관계 지명에 대해서는 [그림 1]을 참조). 이 유시마는 현재에도 단고지마(談合島)라고도 불리는 곳으로 '난'이 발발했을 당시에는 시로가 중심이 되어 아마쿠사와 시마바라 두 지역의 그리스도교인으로 구성된 난군이 모여 전략의 비책을 담합한 지역이기도 하다.36 다시 말하면, 유시마라는 지역의 거점을 이용해 기적의 발상지로 삼아 시로의 신격화를 강화하면서 난군 세력의 결속력 또한 강화시켜 나간 것이었다.

시로에 대한 이러한 신격화의 양상은 '난'이 종결된 직후 기록된 것으로 보이는「肥前國有馬古老物語」에도 "고쓰우라(上津浦) 마을에서 광기의 여인 1인을 데려왔는데, 그녀를 위해 신에게 온갖 기원을 해보았지만 병이 낫지 않는데, 완치에 대한 부탁의 말을 듣고서 시로가 갑자기 '병이 완쾌되라.'고 말을 하자 병이 완쾌되었기 때문에 모든 사람들이 놀랐다. 이것은 지베(次兵衛)가 말한 것으로 조금도 틀림이 없어 대단한 신심(信心)을 일으켰다."37는 내용이 기재되어 있다. 이 기록은 동 사료 속에서 1637년

---

36 鶴田倉造,「湯島談合の檢証」(『西海の亂-天草四郎の亂』創刊號, 西海の亂史研究會・島原・天草の亂獻灯の會編, 1989), 14쪽.

37 「肥前國有馬古老物語」(『島原半島史』, 앞의 책, 95쪽). "上津浦村より狂氣の女一人連越候, 是を色々祈念仕候へ共, 不得快氣候間, 可然様に賴申候由申候へ者, 四郎聞て頓て本服可仕と被申し言葉の下より致本服候故, 諸人驚き, 此次兵衛被申候事者少も無相違とて, 彌信心を發しける." 다만, 밑줄의 본복(本服)는

10월 무렵의 기록으로 기술되고 있기 때문에 시로가 병든 사람을 고쳤다는 기적은 '난' 발발 이전에 이미 아마쿠사와 시마바라의 그리스도교 신자들에게 유포되고 있었음을 알 수 있다. 즉, 이러한 기적이 바로 시로의 신격화를 보다 진전시켜 나갔고, 이러한 것들이 그리스도교 신자가 확산되는 하나의 토대를 만들었던 것이다.

한편, '난'이 완전히 종결된 후, 당시의 기록을 모아 편찬한 것으로 보이는 「高來郡一揆之記上」에도 전술한 [사료 9]의 밑줄 ⓐ와 동일한 내용의 뒤를 이어, "나(四郞)는 얼마 전 하루 밤낮 사이에 에도(江戶)의 성에 다다랐다.'고 사람들에게 말했다. 설마 그럴 리가 있을까 라고 생각해 사정을 잘 알고 있는 자에게 에도성(江戶城)의 형태를 물으니, 하나도 틀리는 곳이 없어 정말로 이상한 일이라고 하여 오래된 풍습을 잊어버린 녀석들을 시작으로 그 외의 향민(鄕民), 많은 남녀노소가 마음을 기울였다."38는 기록이 있어 점점 더 과장된 형태의 기적과 신격화를 보인다.

이상과 같이 기묘한 술법을 보이고, 사람의 병을 말 한마디로 고치면서 인간으로서는 불가능한 바다 위를 걷는다든지, '난'이 발생한 지역에서 에도(江戶)까지 하루에 갈 수 있었다는 등의 시로에 대한 신격화와 기적의 창출은 그것의 사실 여부를 떠나 사람들의 관심을 이끌만한 것이었다. 또한, 에도막부의 탄압에 의해 신앙을 잃었던 시마바라·아마쿠사 지

본복(本復, 병이 완쾌되는 것)의 오기라고 판단된다.

38 「高來郡一揆之記上」(『島原半島史』, 앞의 책, 414쪽). "我此間一日一夜の間に江戶の御城に到ぬとて人に語る。よもさはあらじとおもひ能案內を知りたるものに江戶の有さま御城の體を問するに、一つも違ふ所なく誠に希代のことなりとて、宿習忘ぬ奴原を先として、その外の鄕民男女老少多くは心を傾けり。"

역의 사람들에게 이러한 기적과 술법은 신앙심의 회복을 가져왔다. 즉, 위에서 본「肥前國有馬古老物語」와「高來郡一揆之記上」의 기술에 보이듯이 시로와 관련된 신격화와 기적은 그리스도교 신자의 증가를 초래했고, 그들을 난군에 가담케 함으로써 결국은 37,000여 명의 그리스도교 신자들을 중심으로 막부에 대한 종교적 반감을 전쟁으로 표현해 나갔던 것이다.

4. '난'에 보이는 시로의 역할

'난'은 주지한 바와 같이 1637년 10월 25일 발발하게 되는데, 그 이후 시로의 행동을 기술한 사료는 극히 소수에 불과하여 상세한 움직임을 파악할 수는 없지만, 검토 가능한 사료들을 통해 과연 시로가 '난'에 어떠한 태도를 취하고 있었으며, 또 그의 역할은 무엇이었는가를 고찰해 보도록 하겠다. 시로는 전술한 [사료 4](「渡邊小左衛門口書」)의 밑줄 ⓑ의 내용에서 알 수 있듯이 10월 9일의 단계에서는 작은 종기로 인해 아마쿠사의 오야노(大矢野)에 있었고, [사료 7](「佐野彌七左衛門覺書」)의 밑줄 ⓐ에 의하면, 10월 23일에는 아마쿠사에서 '난'의 계기가 되었던 산키치(三吉)·가쿠나이(覺內)에게 세례를 주고 있었음을 볼 때, '난' 발발 직전까지 아마쿠사 오야노에 있었음을 알 수 있다.

또한, 24일에는 '난'의 주모자들이 모인 가운데 시로가 총대장으로서 임명되고 있었는데, 다음의 기록으로부터 확인할 수 있다.

[사료 10]

一, ⓐ1637년(寬永14) 10월 갑자기 기리시탄[그리스도교] 종문(宗門)이 난을 일으켰다. 아마쿠사·시마바라 두 군(郡)이 담합을 결정해 히고노쿠니(肥後國)의 우토(宇土)에 있다고 하는 시로라는 자를 대장으로 정하고, 기리시탄 종문이 난을 일으켰다고 말함.

一, ⓑ동월(10월) 24일에 모든 아마쿠사 기리시탄의 우두머리들은 유시마(湯嶋)에 모여 담합을 정하였고, 25일부터 종문을 드러내 신(神)들[당시의 신불과 신각 등]을 불태워버리고, 마을의 한 곳에서 농성하며 담합을 강화시켰다고 한다.[39]

상기 [사료 10]의 밑줄 ⓐ에서는 10월 아마쿠사·시마바라 두 지역의 그리스도교인들이 담합하여 난을 일으켰는데, 바로 시로가 그 '난'의 대장이었다는 것을 밝히고 있으며, 밑줄 ⓑ에서는 두 지역의 담합은 10월 24일 두 지역 사이의 해상에 있는 유시마에서 이루어지고 있음을 알 수 있다. 이로 볼 때, 시로는 10월 24일 유시마 담합 과정 중에 난군의 지휘자로서 추대되고 있었음을 알 수 있다.

유시마 담합에서 난군의 대장으로 임명된 시로는 '난'이 발생하자 어

---

[39] 『綿考輯錄(第5卷)』, 앞의 책, 79쪽. "一, 寬永拾四年十月俄ニきりしたん宗門を發, 天草嶋原兩郡談合を究, 肥後國之宇土ニ居申候四郎と申者を大將に究, きりしたん宗門發申候事. 一, 同月廿四日ニ惣天草きりしたんの頭の分, 湯嶋へあつまり談合を究, 廿五日より宗門をあらわし, 神々を燒拂, 村ニ一所ニ籠, 談合をかため申候."

떠한 움직임을 보이고 있었을까. 이에 대해서는 전술한 「山田右衛門佐口書寫」가 비교적 상세히 알려주고 있는데, 그 내용의 일부는 다음과 같다.

[사료 11]

一, … ⓐ시로는 오야노(大矢野)의 미야즈(宮津)라고 하는 곳에서 인수 700명 정도를 규합하여 종문(宗門)을 일으키고 있다고 합니다. 그 후에 시마바라의 여러 고을의 인수를 하나하나 적어 시로에게 보냈는데, 4·50인 정도를 데리고 시로는 시마바라에 있는 오에(大江)라고 하는 곳으로 넘어갔다. 다음 날의 담합은 ⓑ"우선 나가사키에 인수 12,000인 정도를 두 갈래로 나누어 히미(日見) 고개, 모기(茂木) 고개에 인수를 놔두고 나가사키에 사자를 보내 종문이 되겠는가, 되지 않겠는가를 말하게 하여 종문이 되지 않겠다고 하면, 즉시 나가사키로 밀어닥쳐 불을 붙여 죽이고, 그 후에 시마바라성(島原城)을 공격해야 한다."고, 시로가 평의하여 결정하였다. 아마쿠사(天草)의 고쓰우라(上津浦)로부터 하라노시마(原の島, 시마바라)의 오에(大江)에 와서는 위의 상황을 데라사와(寺澤) 효고노카미(兵庫頭)가 머무는 곳에 있는 자에게 전하였다. ⓒ아마쿠사의 도미오카성주(富岡城主) 미야케 토베(三宅藤兵衛)를 [공격의] 시작으로서 인수를 갖추어 고쓰우라 가까운 곳의 시마코(島子)·시카키(志柿)까지 인수를 밀어붙였는데, 시로가 있는 곳에서 서둘러 원군을 보내달라고 말해왔기 때문에 나가사키에 가는 것은 접어두고 시로는 2,500인 정도를 데리고 아마쿠사로 와서 고쓰우라의 인수까지도 가세시켜 혼도(本戶[本渡])에서 토베(藤兵衛)를 죽였다. 그 후 이틀 동안에 걸쳐 도미오카성(富岡城)을 공격했는데, 니노마루(二之丸)[40]까지 쳐들어갔지만, 성을 탈취하지 못하

고 후퇴하였다고 한다. ⓓ곧바로 시로는 시마바라(島原)의 구치노쓰(口之津) 마을로 갔다.41

즉, 시로는 '난'이 발발하자 밑줄 ⓐ에 보이는 바와 같이 오야노의 미야즈(宮津)라는 곳에서 약 700명의 사람을 끌어들인 후 그리스도교를 설파하고 시마바라의 오에(大江)로 이동하고 있었다. 당시 원래 그가 계획하고 있던 '난'은 밑줄 ⓑ에서 언급하고 있듯이 나가사키까지 진출한 후에 시마바라를 공격하는 것이었다. 특히, 나가사키에서는 그리스도교 신자가 되기를 거부한 자를 죽이는 대단히 폭력적인 포교도 계획하고 있었는데 이것으로 볼 때, 이미 그 당시에 시로가 신격화된 존재로서 상당한 영향력을 발휘하고 있었다는 것도 유추해 볼 수 있다. 그러나 이러한 나가사키 공략은

40 '니노마루(二の丸)'는 일본 성(城)의 2번째 유곽(요새)을 말한다.
41 「山田右衛門佐口書寫」(『島原半島史』, 앞의 책, 190쪽). "一, …四郎は大矢野の宮津と申所に人數七百程かたらひ宗門を取立罷在候, 其後島原の村々の人數書立四郎方へ遣候へは則人數四五十人程にて四郎島原の內大江と申所へ罷越候. 明る日の談合は, 先す長崎へ人數一万二千程二手に分け, 日見峠茂木峠に人數指置, 長崎へ使を立宗門に可成哉, 又成る間敷哉と申遣し宗門に不成候ハヽ, 則長崎へ押寄火をかけ討ころし, 夫より島原の城へ取掛り可然由, 四郎評定相定打立候処. 天草の內上津浦より原の島內大江に由來候は, 右の樣子寺澤兵庫頭留主居の者方へ相聞へ. 天草富岡の城主三宅藤兵衛を先として, 人數揃上津浦の近所へ島子志柿迄人數押寄候間, 早々加勢給候への由四郎所へ申來候に付て, 長崎に來候儀は指置, 二千五百人程にて四郎天草に來り, 上津浦の人數迄立本戶にて藤兵衛を打亡し申候. 夫より二日の間置富岡の城へ取掛申候て, 二之丸迄押込候へ共乘取儀不相成引退申候, 則島原の內口之津町へ四郎は參候."

밑줄 ⓒ에서 확인이 되듯이 또 다른 난군이 아마쿠사의 시마코(島子)·시카키(志柿)를 공격하다가 원군을 요청하였기에 포기할 수밖에 없었다. 그 후 2,500인 정도의 난군에 고쓰우라의 난군을 가세시켜 도미오카성(富岡城)을 이틀에 걸쳐 공격하였으나 실패하고 말았다.

'난' 발발 후 이러한 시로의 행적을 볼 때, 시로는 그리스도교라는 종교적 지도자로서 난군을 규합시킨다는 상징적인 의미와는 반대로 난군을 지휘하는 실질적 대장으로서 전투에 참가하고 있었다는 점에서 그의 역할을 생각해볼 수 있으나, 당시 15·16세였던 시로가 과연 어느 정도의 수준에서 전쟁에 임하고 있었는지는 상세한 기록이 없어 의문으로 남는다.

그 후, 도미오카성(富岡城)의 공격이 실패로 끝나자 시마바라의 난군은 시마바라의 구치노쓰(口之津)로 이동하였고, 아마쿠사의 난군은 자신들의 본거지인 아마쿠사로 돌아갔는데, 당시 시로는 [사료 11]의 밑줄 ⓓ에 보이는 바와 같이 시마바라의 난군과 함께 구치노쓰로 이동한 것으로 보인다. 그러나 유시마를 사이에 두고 있는 이 두 지역의 난군은 결국 유시마에서 다시 담합한 결과 시마바라에 있는 하라성에서의 농성전을 결정하게 되는데 그 관련 기록은 다음과 같다.

[사료 12]

一, ⓐ나가토노카미(長門守)[42]가 에도에서 시마바라성(島原城)에 도착했다고 하

---

[42] 마쓰쿠라 시게마사(松倉重政)의 아들인 마쓰쿠라 가쓰이에(松倉勝家)를 말하며, 당시 시마바라 지역의 다이묘(大名)로서 과다한 세금수취와 학정(虐政)을 행하고

> 며, 더군다나 나베시마(鍋島) 선봉의 인수가 가라코(唐比)라고 하는 곳까지 왔다는 것을 듣고 놀라서, 그렇다고 한다면 하라(原)의 고성(古城, 原城)43에서 농성해야만 한다는 담합을 결정해 12월 말일부터 각 마을의 쌀을 남김없이 고성(原城)에 옮겨 놓고, 그 후에 구치노쓰(口之津)에 있는 나가토노카미의 비축미 5천석 정도를 걷어 들였다고 합니다.
> 一, ⓑ시로는 동(12월) 3일에 고성(古城)에 들어갔다고 하며, 모든 인수도 4·5일 양일에 걸쳐 남녀 모두 남김없이 농성에 들어갔다고 한다. 성(城)의 공사는 7일·8일에 에워쌓다고 하며 작은 깃발을 세웠다고 한다.
> 一, ⓒ동(12월) 9일에 아마쿠사로부터 2,700정도의 남녀들이 와서 농성에 들어갔고, 아마쿠사에서 타고 온 배와 오에(大江) 해변의 배는 모두 부셔서 성벽 안쪽을 에워쌓는데 사용하였고, 30정(挺) 크기의 관선(關船) 1척은 남겨두었다고 한다.44

있었다. 이러한 학정으로부터 '난'이 발발했다는 것이 이 '난'에 대한 '농민잇키(農民一揆)'설이다.

43 하라성(原城)은 시마바라 반도의 남부에 위치하며, 1496년 지역의 실세였던 아리마(有馬)씨에 의해서 축성되었는데, 당시 중심이었던 히노에성(日野江城)의 지성(支城)이었다. 아리마 씨가 다른 지역으로 전봉(轉封)된 후, 1616년에 이타쿠라 시게마사(松倉重政)가 히노에성에 입성하지만, 막부의 '일국일성령(一國一城令)'으로 인해 히노에성을 폐기하고 시마바라성(島原城)을 축성하자 동시에 하라성도 폐성이 되었다. 때문에 '난' 당시에 고성(古城)이라고 했던 것은 아리마 씨의 고성이라는 의미이다.

44 「山田右衛門佐口書寫」(『島原半島史』, 앞의 책, 190쪽). "一, 長門守江戸より島原の城へ来着の由申, 其上鍋島先手の人数からこと申処迄来候由承り驚き, 左様候ハヽ原の古城へ籠可申由談合究, 丑十二月朔日より村々の飯米不残古城へ運入れ, 其上口之津へ有之長門守蔵米五千石程取入申候. 一, 四郎儀同三日に古城

위의[사료 12]에 보이는 고성(古城)은 시마바라에 있는 하라성(原城)으로 난군 최후의 격전지가 된 곳이다. 난군은 '난'이 별다른 진전의 기미를 보이지 않았고, 더군다나 밑줄 ⓐ에 보이듯이 당시 시마바라의 다이묘였던 마쓰쿠라 가쓰이에(松倉勝家)가 에도에서 시마바라로 돌아왔으며, '난'을 진압하기 위한 막부 측의 군대[나베시마의 선봉대]도 시마바라 반도의 육지 연결부에 해당되는 가라코(唐比)에 왔다는 소식을 접하자 급히 하라성에서의 결전을 결정하게 된 것이다. 밑줄 ⓑ로부터 시로는 12월 3일에 하라성에 입성하였고, 대부분의 난군도 5일까지는 입성하고 있다는 것을 알 수 있는데, 이는 시마바라 쪽의 그리스도교인들로 아마쿠사의 교인들은 밑줄 ⓒ에서 알 수 있듯이 12월 9일에 약 2,700여 명이 입성함으로써 비로소 시마바라·아마쿠사 두 지역의 난군이 하라성에 모이게 된 것이다.

그런데, 여기서 흥미로운 것은 난군이 농성에 임한 자세이다. 즉, 위의 밑줄 ⓒ에서 아마쿠사에서 타고 온 선박들 중에서 1척만 제외하고 모조리 부숴 성벽 보수공사의 자재로 쓰고 있다는 점인데, 이는 배수의 진을 치고 사생결단의 마지막 항쟁을 이미 준비하고 있었다는 것을 의미한다. 하라성의 입지 조건도 이와 무관하지 않다. 하라성의 바다 쪽은 [그림 1·2][45]에 보이는 바와 같이 절벽으로 되어 있어 이미 시로를 비롯한 난군은 순교

へはいり申候, 惣人数も四日五日両日に男女共不残籠り申候. 城の普請は七日八日に仕廻申候小旗立候. 一, 同九日に天草より人数二千七百程男女共に来籠申候, 天草より乗候て来候舶並に大江の浜の舶, 何れも打こほち城の塀裏の圍に仕候, 三十挺建の關船一艘残し置申候."

[45] [그림 1]은 「島原鐵道株式會社」(https://www.shimatetsu.co.jp/bus/hara-castle, 2022.7.17. 검색), [그림 2]는 「KAGAWA GALLERY-歷史館」의 「原城」 항목(https://rekishi.kagawa5.jp, 2022.7.17. 검색)에서 참조.

[그림 1] 하라성(原城)의 해안 쪽 절벽의 복원 이전의 모습(현재는 복원사업으로 성곽과 천수각 등이 정비되어 있음).

[그림 2] '난' 당시 하라성(原城)의 상상 조감도.

를 결심한 최후의 결전을 준비하고 있었던 것이다. 이러한 종교적 결의가 있었기에 막부군의 총대장이었던 이타쿠라 시게마사(板倉重昌)가 1638년 1월 1일을 기해 총공격을 감행했음에도 오히려 시게마사를 전사[46]시키는 등의 전과를 거두기도 하였다.

그렇다면 하라성에서 막부군과 난군이 대치하며 전투를 벌였을 때, 과연 시로는 어떠한 역할을 하고 있었을까. 이점에 대해「山田右衛門佐口書寫」를 토대로 검토해 보겠다.

[사료 13]

一, 시로가 혼마루(本丸[本陣])에서 바둑을 두고 있다가 나베시마(鍋島)군의 망루(井樓)[47]로부터 철포(원문: 石火矢)가 날아와 시로의 왼쪽 소매를 관통했다. 성안에 사람들이 생각하기를 "[시로는] 신기한 능력을 가지고 있을 것이라고 하여 믿고 있었는데, 그렇게 시로조차도 철포에 맞았고, 더군다나 옆에 있던 많은 사람들이 죽었다는 것은 불길한 것으로 힘을 잃었다."고 하여 모두들 말함으로써 마음이 약해졌다. 위의 망루에서 쏜 철포는 대부분 빗나가지 않아 많은 부상자와 사상자가 있었는데 고통스러웠다.[48]

---

46   이타쿠라 시게마사(板倉重昌)의 총공격에 대해서는 助野健太郎,『島原の亂』(東出版株式會社, 1966), 333-347쪽 참조.

47   '정루(井樓)'는 적진을 정탐하기 위해 목재로 만들어 세운 망루를 말한다.

48   「山田右衛門佐口書寫」(『島原半島史』, 앞의 책, 190쪽). "一, 四郎本丸にて碁を打罷在候處に, 鍋島せいろうより石火矢來り四郎の左の袖を打透し申候. 城中の者存候は, 名譽可有と賴敷存罷在候處に, ケ樣に四郎さへ鐵砲に當り, 其上側に罷在候者共多く亡ひ申候事不吉の仕合力を落候由皆々申心よはく存候. 右の

위의 기록은 1638년 1월 22일경 하라성에서 농성하고 있을 당시의 모습을 전하고 있다. 시로가 바둑을 두고 있다가 하라성 앞에 설치한 나베시마(鍋島)군의 망루에서 발사된 이시비야(石火矢)라는 철포(조총)에 관통되었는데, 이것은 밑줄에 보이는 바와 같이 하라성 안의 난군에게는 또 다른 불안감을 심어주었다. 즉, 그간 시로는 기적을 일으키는 인물로 신격화되어 왔는데 그러한 시로조차도 철포를 피하지 못했고, 더군다나 옆에 있던 사람들이 죽었다는 것은 난군에게 시로에 대한 믿음의 약화, 나아가 난군 내부의 신앙심 약화를 초래했다. 인간으로서는 불가능한 기묘한 술법을 행하고, 이른바 '하늘의 사자(天之使)'로서 난군의 총대장이기도 한 시로가 총탄에 맞아 사망하지는 않았지만, 그 역시 총탄을 막아낼 수 없다는 것을 알게 된 성안의 신자들은 더더욱 불안에 빠져들 수밖에 없었던 것이다.

[사료 13]의 '철포 사건'이 발생하기 직전에는 에도로부터 마쓰다이라 노부쓰나(松平信綱)가 막부군의 새로운 총대장으로 부임해 약 12만의 군대를 정비해 하라성 앞에 진을 쳤고, 이것은 하라성에서 전부 내려다 볼 수 있는 상황이었다. 이러한 상황은 난군에게 위압감을 주었고, 실제로 하라성을 탈출해 도망치는 자들이 발생하자 막부군은 이들의 목숨을 살려주고 금은까지 지급하는 등49 탈출을 장려하고 있었다. 또한 막부군은 야부미(矢文)를 성안에 쏘아 난군에 대한 투항을 권고하였으며,50 이와 함께 난군 세

勢樓より打申鐵砲は多分はつれ不申手負死人數多御座候て迷惑申候."

49 「肥前國有馬高來郡一揆籠城之刻々日記」(『島原半島史』, 앞의 책, 377쪽). "去年今年之內に城より之落もの合三四人御座候處に, 命を御助被成, 其上金銀を被下, 剩其在所之內に而當年は作取に任, 其外色々忝被仰付樣に而出候者不成大形忝かり候由承候事."

50 助野健太郎, 앞의 책, 373-392쪽. 야부미(矢文)는 화살에 매달아 쏘아 올린 서장

력에서는 오히려 야부미를 사용해 난군의 정보를 누설해 막부군과 내통한 야마다 에모사쿠(山田右衛門作)와 같은 밀고자까지 발생하고 있어[51] 난군의 군세는 약화 일로에 있었다.

한편, 하라성의 총대장으로서 신격화된 시로의 이미지는 점점 퇴색해가고 있었는데, 이점을 다음의 사료에서도 엿볼 수 있다.

[사료 14]

一, 성(城[하라성]) 안의 대장 시로라고 하는 자의 소식에 대해서 숨김없이 말하겠다. 오랜 기간 들은 바에 의하면, 15·16세에 여러 사람들을 권진(勸進[그리스도교 신자가 되도록 권유])하였다고 하는 것을 내세워 말하고 있지만, 그렇지 않다고 생각한다. [물론] 시로의 이름을 빌려 내세우는 자들은 당연히 그렇다고 생각할 것이다. 그러하다면, 대장 시로 쪽에 있었다고 하더라도 [성 밖으로] 나오는 자들에 대해서는 사면을 베풀어야 한다.[52]

(書狀)을 말한다.

51 位田繪美, 「長崎民衆が想う'島原の亂-「長崎舊旧記類」の山田右衛門作記事をめぐって」(『文學硏究』95, 日本文學硏究會, 2007) ; 林田秀晴, 「南蠻繪師山田右衛門作の謎」(『歷史硏究』428, 歷硏, 1997) ; 助野健太郎, 앞의 책, 401-420쪽.

52 「肥前國有馬高來郡一揆籠城之刻々日記」(『島原半島史』, 앞의 책, 378쪽). "一, 城中大將四郎と申儀其聞へかくれなく候へ共, 年來を聞召候へば, 十五六にて諸人を勸めか樣之儀をも取たて申儀にては無之候と思召候條四郎が名をかり取立申もの共可有之と思召候. 左樣の事に候はゞ大將四郎にて御座候共, 罷出たるもの於有之は御赦免可被成候由に御座候事."

[사료 14]는 「肥前國有馬高來郡一揆籠城之刻々日記」라는 기록에 수록된 것이다. '난'을 진압한 막부군의 총사령관 마쓰다이라 노부쓰나의 가신인 하세가와 겐에몬(長谷川源右衛門)이 당시의 사건을 직접 경험하고 기록한 것으로 신빙성이 높은 자료이다. 1638년 2월 1일의 기록으로 밑줄 부분을 보면 시로가 여러 사람들을 그리스도교 신자로 권진하였다는 것을 내세워 말하지만 그렇지 않다는 것이며, 다만 시로의 이름을 내세운 자들 몇몇은 당연히 그렇게 생각할 것이나 시로 쪽의 난군에 있었다고 할지라도 성 밖으로 나오는 자들이 있다면[또는 성을 버리고 도망친 자들이 있다면] 사면을 베풀어야 한다는 것이다.

이것으로 볼 때, 난군에 가담한 자들이 모두 그리스도교 신자들이 아니라 어쩔 수 없이 참가하게 된 사람들도 있을 것으로 추측되며, 시로의 종교적 권위가 '난'의 발발을 전후한 시기보다 추락하고 있음을 확인할 수 있다. 또한, 흥미를 끄는 부분이 있는데, 그것은 "시로의 이름을 빌려 내세우는 자들은 당연히 그렇다고 생각할 것이다."는 부분이다. 즉, 시로가 난군의 대장이기는 하지만, 2월을 전후한 단계에서 볼 때 시로의 이름을 빌린 몇몇 주모자들만이 시로를 믿고 있다는 것이며, 당시 시로에 대한 믿음과 신앙심, 그리고 신격화는 더욱 약화되고 있음을 알 수 있다. 그렇다면 몇몇 주모자들은 누구일까.

실제로 「山田右衛門佐口書寫」를 보면 "성(城) 안에서 농성하고 있는 낭인 40인이 있다. 나이는 50·60세 정도의 자들로 대책을 생각하여 적의 여러 군세에 대한 계략을 세우고 지시하였다. 그 뇌인(牢人)은 어느 쪽에서 와서 농성하고 있는지, 출신지에 대해서도 알 수 없다."[53]라는 내용이 보인다. 여기에 보이는 '뇌인(牢人)'은 낭인과 같은 의미인데,[54] 이들이 바로 시로를 내세웠던 난군의 주모자 집단이었던 것이다. 이 주모자들은 「有馬之役」 제2권에 그 이름과 임무, 그리고 수하의 병력 등이 명확히 밝혀져 있는데,55 전술한 [사료 8]에서 시로 탄생의 예언을 선전하고 다닌 5인의 인물들이 포함되어 있다. 이것은 그들이 '난' 이전부터 시로를 이용했었다는 것을 보여주는 것이다.

즉, '난'이전에 시로를 선전하고 다닌 5인, 여기에 시로의 아버지 마스다 진베(益田甚兵衛), 그리고 일부 낭인 집단이 그리스도교 신자로서 '난'을 주도해 나간 것이다. 물론, 주모자 집단에 시로도 포함되어 있었지만, 시로는 난군의 단결을 모색한 종교적 지주로서의 역할이 강했다고 판단된다.

이와 관련해 최근에 쓰루타 구라조(鶴田倉造)의 연구『天草島原の亂とその前後』에 의하면, 시로는 1638년 2월 1일 「四郎法度書」라는 일종의

---

53 「山田右衛門佐口書寫」(『島原半島史』, 앞의 책, 191쪽). "城中に籠申候浪人四十人御座候. 年頃は五六十計の者共にて御座候, 手立て敵勢見計指引仕候. 彼牢人は何方より籠申候も在所の儀ハ不存候."

54 '뇌인(牢人, ろうにん)'이라는 것은 주가(主家)가 없어져 봉록을 받지 못하는 무사라는 의미인데, 에도시대 중기 이후에는 대부분 낭인(浪人, 로닌)이라는 용어로 사용하게 되었다(國史大辭典編集委員會 編,『國史大辭典(14)』, 吉川弘文館, 1993).

55 『島原半島史』, 앞의 책, 331-332쪽. "城中には四郎時貞を大將として山田右衛門作·大浦四郎兵衛其兵二千人本丸を守り, 千束善右衛門·上總助右衛門·同三平戸島總右衛門其兵五千二百二丸を守り, 田崎刑部其兵五百二丸の取出を守り, 大江源右衛門·布津村吉藏·堂崎對馬·北有馬久右衛門其兵三千五百三丸を守り, 有馬掃部其兵五百出丸を守り大矢野三左衛門其兵一千四百大江口を守り, 簑村右兵衛·木場作左衛門其兵六百池尻口を守り, 深江甚右衛門其兵五百田尻口を守り, 大矢野杢右衛門·山善右衛門其兵二千餘人遊軍たり, … 蜷川右京森宗意軒城中を監し總男女三萬七千人." 밑줄이 있는 5인이 바로 '난' 이전에 시로의 탄생을 예언하고 다닌 인물이다.

종교적 규칙을 작성해 하라성의 난군에서 숙지하도록 하고 있었다는 것이 알려지고 있다. 이 「四郎法度書」는 시로의 사상과 신앙을 알 수 있고, '난'의 종교적 관계를 규명할 수 있는 중요한 사료이나 필자도 아직 열람의 기회가 없었다. 다만, 쓰루타가 그의 연구서에 전문(전부 8개 항목)을 게재하고 있어 그 첫 항목을 참조해보면 다음과 같다.

[사료 15]
一, 이번 ⓐ성안에서 농성하고 있는 모든 이들은 죄가 많은 사람들로 저 세상에서의 구원도 의심스러운 사람들뿐입니다. 신(神)의 특별한 배려로 성안의 일원으로 참가할 수 있게 된 것이 얼마나 감사한지 모르겠습니다. ⓑ방심하지 말고 봉공합시다.56

쓰루타는 [사료 15]의 밑줄 ⓑ에 있는 "봉공합시다."라는 의미를 "시로가 학대받는 자들을 구제함으로써 인간해방을 위한 성전(聖戰)으로 생각하고 있었다."고 평가하며, 위의 「四郎法度書」에 대해서는 "시로(四郎)의 이념은 상당히 고상한 것이었다는 것을 느낄 수 있다. … 젊은 나이임에도 불구하고 시로는 훌륭한 인물임에 틀림없었다."는 견해를 피력하고 있다.57 필자는 다른 각도에서 위의 「四郎法度書」를 검토해보고 싶다.

56 鶴田倉造, 『天草島原の亂とその前後』(熊本縣上天草市, 2005), 206-207쪽. 재인용.
57 上同.

밑줄 ⓐ에서 시로는 성안에서 농성하고 있는 난군은 모두 죄 많은 자들이고 사후에도 구원받지 못할지도 모른다고 하며, 신의 배려로서 난군에 참가하게 된 것은 정말 감사한 일이라고 언급하고 있다. 그러나 이것은 달리 생각하면, 난군에 참가해야만 구원을 받을 수 있는데 난군으로 참가하였기에 감사히 생각해야 한다는 것이며, 결과적으로 그리스도교의 "인간은 원래 죄를 지고 태어났다."는 원죄론의 설파를 이용해 난군의 결속력 강화를 모색하고 있는 것이다. 「四郎法度書」가 작성된 것이 2월 1일이고 이미 난군은 열세를 면치 못하고 있었기 때문에 그리스도교라는 종교적 힘에 의한 결속력의 강화가 필요했다. 왜냐하면, [사료 13]에서 살펴본 1월 22일의 철포사건 등으로 인해 난군에 동요가 일기 시작했기 때문인데, 그러한 이유로 밑줄 ⓑ에서 "방심하지 말고 봉공합시다."라고 난군의 전투를 독려했던 것이다.

이러한 의미에서 시로의 역할을 생각해 본다면, '난' 이전 단계에서는 신통력과 기적을 가진 신격화된 인물로서 난군의 세력을 확장시키기 위한 역할을 수행했고, '난' 초기 단계에서는 난군을 지휘하기도 했지만, 하라성에서의 농성 단계에 들어가서는 실제적 군세를 지휘하는 역할보다는 약화된 결속력을 종교적 힘에 의지해 강화시키기 위한 역할이 있었다고 평가할 수 있다. 즉, 시로는 '난'의 중심적 인물이기는 하지만, 대장이라는 역할은 '난'의 전투를 총괄하는 대장이 아니라, 난군에게 정신적인 면에서의 단결을 위한 상징적·종교적인 존재로서의 대장이었다.

5. '난'의 영향과 근세적 내셔널리즘

'난'은 1638년 2월 28일 하라성이 함락되면서 종결되는데, 당시의 막부군의 규모는 12만에 이르고 있었다.58 특히 가장 많은 군세를 파견한 것은 사가번(佐賀藩)의 나베시마 가쓰시게(鍋島勝茂)가 35,000인, 다음으로 구마모토번(熊本藩)의 호소카와 다다토시(細川忠利)가 23,500인의 군사를 파견하고 있었는데, 시로는 바로 호소카와(細川) 군에 의해 죽임을 당한다. 시로의 최후에 관한 기록이 『綿考輯錄』이라고 불리는 『細川家記』에 수록되어 있는 것도 바로 이 때문이다. 시로 최후의 상황에 대해서 다음과 같이 상세히 기술되어 있다.

[사료 16]

ⓐ시로가 있는 집이 불타 없어질 때, 연기 아래를 뚫고 나가 그 주거지 안으로 들어갔고, 사도(佐渡)의 경졸(輕卒, [가벼운 복장의 병졸])인 미야케 한에몬(三宅半右衛門)도 따라서 들어갔는데, 창에 찔린 사람인가 하고 보니 명주 천을 뒤집어쓰고 엎드려 있는 자 옆에 여인 1인이 붙어서 울고 있었다. 사자에몬(佐左衛門)이 쑥 들어가자 발소리에 놀라 뒤집어쓰고 있던 명주 천을 벗어내었기에 기회를 놓치지 않고 단칼에 베어 머리를 들고 달려 나왔다. 여인이 놀라 말리려고 하는 것을 미

---

58 막부군의 인수에 대해서는 각기 사료마다 약간의 차이를 보이고 있기는 하지만, 이리모토 마스오(煎本增夫)는 『德川實紀』의 내용을 토대로 약 12만으로 추정하고 있다(煎本增夫, 앞의 책, 232쪽).

> 야케가 베어버리고 달려 나오자, 갑자기 용마루가 불타서 무너졌다. 데라모토 규타로(寺本久太郞)는 날이 밝자, 재빨리 다다토시(忠利) 님의 의향을 받들어 ⓑ오늘 공격해 죽인 머리는 물론, 니노마루(二の丸)·혼마루(本丸) 사이에 베어버린 머리를 줍게 하여 본진(本陣) 앞의 두덩에 모아두었는데 상당히 많았다. ⓒ사자에몬(佐左衛門)도 그곳에 가야한다고 생각하여 위에서 말한 머리를 들고 다다토시 님이 볼 수 있는 가까운 곳으로 급히 가니 분명히 [다다토시가] 보고나서, "그 머리는 보아하니, 대장 시로가 틀림없다. 주의를 기울여 다루어라. 거참, 운이 좋은 자로구나."라고 했는데, 과연 시로의 머리였다.59

[사료 16]은 시로의 최후의 모습을 사실적으로 묘사하고 있는데, 우선 밑줄 ⓐ로부터 시로의 목을 벤 것은 간노 사자에몬(神野佐左衛門)이라는 것을 확인할 수 있다. 위 사료의 뒤를 이은 부분에서는 시로의 목을 벤 것에 대해 "그 사이에 날이 밝아왔는데, 시로의 집만이 남아있어 불화살로

---

59 『綿考輯錄』第6卷(汲古書院, 1990), 110-111쪽. "四郎か居宅の燒落る頃, 煙下をくゝり其屋の內にかけ入, 佐渡か輕卒三宅半右衛門もつついて入に, 創を被たる者かと見へ絹引かつき臥居ける側に女壱人付添泣居たり. 佐左衛門つと入足音ニ驚き, かつきたる絹を押除る所を不透一刀ニ斬て首提け走出る, 女驚き引留んとするを三宅是を切捨にして走出ると忽棟を燒落し候. 寺本久太郎ハ先時夜明ると早速忠利君の御意を蒙り, 今日討取所の首は勿論, 二の丸本丸の間にて討捨の首をも拾せ, 本陳前の掘に集め候に夥しく有之候. 佐左衛門も其所に至るへきと思ひ, 右の首を提, 忠利君の御目通り近くを急き行を屹と御覽被成, 其首見所有大将四郎なるへし, 念を入候へ, 扨々冥加の者哉と御意候か, 果して四郎首也."

태웠다. 시로가 나오는 것을 우리들 편인 간노 사자에몬이라는 자가 [시로의] 목을 베었다. 시로라는 것을 알고 나서 생포했어야 했다고 많이 안타까워했다."60는 내용이 있다. 즉, 당시는 시로라는 것을 모르고 베었기 때문에 시로라는 것을 알고 나서 목을 벤 것에 대해 사자에몬은 아쉬움을 토로하고 있었다. 당시 목을 베는 것은 자신의 전공을 세우는 것이기도 했지만, 난군의 대장인 시로를 생포하는 것이 죽이는 것보다 더 큰 공을 세울 수 있는 기회가 될 수 있었기 때문일 것이다. 그런데, 여기서 흥미로운 것은 죽기 전 시로의 모습이다. 기적을 일으키는 신적인 존재로서, 또 정신적 지주로서 37,000인의 난군을 지휘해왔던 그의 모습은 온데간데없고, 이와는 전혀 판이한 명주 천을 뒤집어쓰고 무서움에 떨고 있는 가냘픈 소년의 모습이었다. 이것을 볼 때도 시로가 난군의 군사적 역할로서의 대장은 분명히 아니었다는 점을 확인해 볼 수 있다.

후에 시로의 목은 밑줄 ⓒ에 의하면, 당시 호소카와(細川) 군의 지휘자였던 호소카와 다다토시(細川忠利)가 보고 시로가 틀림없다고 주의하여 확인할 것을 지시하였는데, 결국 시로의 머리라는 것이 여기서 밝혀지고 있었다. 『綿考輯錄』의 계속된 기술에 의하면, 그날 벤 머리는 3,632수이며, 시로의 머리는 특히 깨끗이 씻어 신분을 확인하는 작업(首實檢)61을 벌이고 있었다. 그 확인은 시로의 모친과 누이가 행했는데, 각기 부대에서 시로라

---

60 상동, 135쪽. "其內ニ夜明かゝり申候処ニ, 四郎家はかり殘候問火矢ニ而やかせ, 四郎出申所を我等者神野佐左衛門と申者首を取申候, 四郎と存候ハヽ生捕可申物と殘多存候."

61 전장에서 벤 적의 머리를 지휘자 앞에서 면식자에게 보여 잘린 머리의 신분을 확인하는 의식이다.

고 생각되는 자들의 머리를 시로의 모친에게 보였으나, 조금도 주눅이 들지 않고 "시로님은 나의 자식이면서도 실은 '하늘의 사자(天使)'이기 때문에 생각지도 못하게 모습을 감추어 남만 루손(呂宋)에 이르렀을 것에 틀림없다."고 이쪽저쪽을 보고 놀라는 기색도 없었다고 한다. 그러나 사자에몬(佐左衛門)이 들고 온 머리가 야위어 있는 것을 보고 얼굴색이 변해 "고통스러웠겠구나."라고 말하며 소리 높여 울었다는 기록을 볼 때,62 시로의 확인 작업이 완료되었음을 알 수 있다. 이후 시로의 모친과 누이도 죽임을 당하였고, 특히 시로의 머리는 나가사키로 옮겨져 거리에 효시되어63 죽어서도 잔혹한 대우를 받았다.

한편, 위의 밑줄 ⓑ에서는 당일 공격해 죽인 자들의 머리와 니노마루(二の丸)·혼마루(本丸) 사이의 머리를 줍게 하여 본진 앞의 두덩에 모아두었다고 말하고 있는데, 실제로 최근의 하라성의 발굴 결과, 상당한 유골과 두개골이 발견되고 있으며, 난군이 사용했던 십자가와 목걸이 등 그리스도교를 상징하는 소품들도 다량 발견되고 있다.64

이상과 같이 '난'은 2월 28일 막부군의 총공격으로 시로의 죽음과 함께 종결되었는데, 내통자 야마다 에모사쿠를 제외한 37,000명 전원을 몰살시킴으로써 그리스도교에 대한 막부의 엄격한 금교정책과 단죄를 보여주었다. 여기에 주지한 바와 같이 선교사를 파견하고 있던 포르투갈과는

---

62 『綿考輯錄』第6卷, 앞의 책, 111쪽.
63 「ドアルテ·コレア島原一揆報告書」(『長崎縣史(史料編第3)』, 吉川弘文館, 1963), 230쪽.
64 服部英雄, 「原城發掘」(荒野泰典 編, 『江戸幕府と東アジア』, 吉川弘文館, 2003), 294-302쪽 ; 石井進/服部英雄 編, 『原城発掘-西海の王土から殉教の舞台へ』(新人物往来社, 2000), 참조.

1639년에 단교함으로써 이른바 '쇄국정책(해금정책)'을 완수해 나갔다. 특히, '난' 종결 후인 9월에는 더욱 철저한 그리스도교 금제를 위해 "1인의 바테렌을 고발하는 자는 은자(銀子) 200매, 1인의 이루만(修道士)을 고발하는 자는 은자 100매, 1인의 기리시탄을 고발하는 자는 은자 50매, 또는 30매를 고발자에게 주어야 한다."65는 포상금까지 걸고 금교정책을 추진했다. 더불어 막부는 사청제도(寺請制度),66 후미에(踏み繪),67 '고로비 증문(轉び証文)',68 또는 5인 상호간의 감시와 연대책임을 지운 '오인조제(五人組制)' 등을 실시하여 표면적으로 그리스도교는 완전히 단절되었고, 일부 적발되지 않은 그리스도교 신자는 숨어서 비교(秘敎) 형태의 종교 활동을 할 수밖에 없는 '가쿠레기리시탄(隱れキリシタン)'이 되었다.

더욱이 이러한 그리스도교에 대한 철저한 탄압은 일본 국내에 그리스도교에 대한 사교관(邪敎觀)을 더욱 강화시키게 되는데, 1658년 슈몬부교(宗門奉行) 이노우에 지쿠고노카미(井上筑後守)가 바테렌은 의심스럽다며 멸망시키라고 한 논의 중에 보이는 그리스도교에 대한 사교관은 흥미를 끈다.

65 『通航一覽(第5)』(國書刊行會, 1913), 166쪽. "一ばてれんの訴人銀子二百枚, 一いるまんの訴人同百枚, 一きりしたんの訴人同五十枚, 又は三十枚訴人によるへし."
66 에도막부가 그리스도교의 금압과 적발을 위해 시행했는데, 각기 이에(家)와 사람들의 신앙을 조사하고, 불교 신자임을 자신이 소속된 절에서 증명하게 한 제도로서 그 결과는 각기 마을마다 「宗門人別帳」으로 매년 작성되었다. '단가제도(檀家制度)', '종문개(宗門改)'라고도 한다.
67 에도시대에 그리스도교인인지 아닌지를 확인하기 위해 그리스도 또는 마리아상을 새긴 나무판이나 금속판을 밟고 지나가게 한 제도로서 나가사키에서는 1857년에 폐지되었으나, 막말까지 행해진 곳도 있다.
68 후미에(踏會)나 고문 등으로 그리스도교를 포기한 신자들이 다시 신자가 되지 못하도록 서약한 증문을 말하며, '남만서사(南蠻誓詞)'와 '일본서사(日本誓詞)'의 두 종류가 있다.

[사료 17]

ⓐ데우스는 천지를 만든 사람이 아님에도 만든 사람이라고 거짓말을 퍼트리는데, 사람을 미혹하는 것은 사법(邪法)임에 틀림없다. 세계에는 매우 나라가 많다. … 또 아프리카 안의 어떤 곳에서는 검은 소의 똥을 온몸에 바르고, 구멍을 파서 살며 인육을 먹고 짐승과 같이 사랑을 나누어 생활이 짐승 같고, 금(金) 하나만 있다. … ⓑ데우스가 천지를 만들었다고 하는데, 이와 같은 나라를 만든 것은 무엇을 위한 것인가? 군신(群臣)·친자(親子)·부부(夫婦)·붕우(朋友)의 도리가 없는 나라는 축생국(畜生國)으로서 후대의 도리를 알 수 있을 것이다. 그러한 인간을 만든 후에는 틀림없이 큰 악인으로 자비가 없는 족속이 될 것이다. 이와 같은 것을 생각해 볼 때, 데우스가 천지를 만든 사람, 만물을 만든 사람이라고 말하는 것은 거짓말로서 큰 허위라는 것이 명백하다. … ⓒ그러한 나라를 만든 데우스는 대악인(大惡人)의 근원이며, 세계 인간에게 악(惡)이 되는 주(主)이다.69

---

69 『通航一覽』第5, 앞의 책, 100쪽. "デウス天地の作者たるへき子細もなく候處に, 作者といひて立て僞りを申し廣め, 人を迷はし候は邪法疑いなく候事. 世界にははだかなる國多し, … 又アフリカの內何とかいふ所にては, くろんばう牛の糞を總身にぬり, 穴を掘栖し, 人の肉を食ひ, 畜生の如くさいあいし, 生つき畜生の如く, きん一ツあるよし, 每年ヲランダ船を着, たばこのやうなるもの商賣任よし, ヲランダ申候, デウス天地の作者たるは, 如此の國を作り候事何の爲ならんや, 君臣, 親子, 夫婦, 朋友の道なき國は畜生國にて, 後生の道をも知まし, 加樣の人間を作り後は, 大惡人無慈悲の族なるへし, 如此の儀にて考る時は, デウスを天地の作者と申, 萬物のあるしと申事虛說にて, 大なる僞 なること明白なるへし. …加樣の國を作るデウスは大惡人の源, 世界の人間の惡なる主なり."

[사료 17]의 밑줄 ⓐ에서 이노우에는 그리스도교는 그들의 신(데우스)이 천지를 만들었다는 거짓말로 사람을 미혹하고 있는 사악한 법도라고 규정하였고, 밑줄 ⓑ에서는 아프리카에 있는 짐승 같은 생활을 하는 나라는 무엇 때문에 만들었는가, 군신·친자·부부·붕우의 도리도 없는 축생국을 만들었다는 것을 볼 때 그리스도교의 신이 천지와 만물을 만들었다고 하는 것은 거짓이라고 그리스도교를 비판하고 있다. 또 ⓒ에서는 결국 데우스는 대악인(大惡人)의 근원이며, '악(惡)의 주(主)'라고 당시의 사교관을 설명하고 있다.

이러한 사교관은 당시 막부에만 존재했던 것이 아니라, 그리스도교인에 대한 혹독한 고문과 참살, 그리고 단속에 의해 민간에 이식되어 갔고, 이후 에도시대 그리스도교는 사교(邪敎)로서 단절되어 1873년의 메이지시대에 이르러 금교령이 해제될 때까지[그리스도교 금제의 '고찰[高札] 폐지'] 불교와 신도, 주자학 이외에는 인정하지 않는 사상의 에스노센트리즘적(자기중심적·자국중심적)인 국가로 변화되었다. 물론, 그리스도교 관련이 아니라면 18세기 이후 난학(蘭學)에 보이듯이 서양의 선진적 과학기술과 문명은 수용하고 있었다는 점도 염두에 둘 필요가 있다. 또한 이점은 이른바 근세 '쇄국'론에 대한 긍정론과 부정론의 문제와도 연결되지만, 그 문제는 접어두고라도 실제로 '난' 이후 불교와 신도, 그리고 주자학 이외에 그리스도교와 관련된 사상의 발전은 거의 보이지 않는다. 즉, 그리스도교 사상과 서유럽 사상을 통제라는 측면에서 볼 때, 이점은 일본 중심적인 고학(古學)과 국학(國學) 등의 근세적 내셔널리즘이라고 할 수 있는 사상의 창출을 이끌어 내는 토대가 되었다고 볼 수 있다.

특히 가쓰라지마 노부히로(桂島宣弘)가 국학의 거두 모토오리 노리나가(本居宣長)를 '내셔널리즘의 예언자'로 평가함과 동시에 그의 국학을 내셔널리즘과 불가분의 관계에 있다[70]고 평가한 것 잘 나타나고 있듯이 일반적으로 국학이 근대 내셔널리즘의 사상적 기반이 되고 있다는 것은 널리 인정되고 있다. 이와 더불어 초기 산업화 단계인 18세기 중후반부터는 특산물의 생산이 각지에서 시작되고, 농업 생산력의 증대와 상품 농업화가 진전됨에 따라 일본 국내의 공동체 인식이 형성되고 있었다. 물론 당시의 경제 위기와 더불어 농민 봉기(一揆)도 다발했지만, 구몬 슌페이(公文俊平)가 당시의 공동체적 인식을 내셔널리즘과 연결하여 피력한 다음의 견해는 근세적 내셔널리즘과 관련해 시사해주는 바가 많다.

> 요네자와(米澤)의 번주 우에스키 요잔(上杉鷹山)과 그의 가로(家老) 노조키도 다이카(莅戸太華), 마쓰시로(松代)의 번주 사나다 유키히로(眞田幸弘)와 그의 가로 온다 모쿠(恩田杢), 마쓰에(松江)의 번주 마쓰다이라 후마이(松平不昧) 등의 명군(明君)과 현상(賢相)이 각지에서 배출되어 식산흥업을 중심으로 하는 농촌과 번 재정의 재건을 도모하지만, 그것은 동시에 점차 힘을 길러 온 농민이나 상인의 협력 없이는 불가능한 것으로 이를 위해서는 무사 이외의 서민도, 또 번이라고 하는 공동체의 일원이라고 하는 생각을 인정하지 않을 수 없게 되었다. 적어도 새롭게 대두한 호농과 호상의 적지 않은 부류가 자신 스스로도 또한 번공동체(藩共同體) 일원이라고 하는 일체감(아이덴티티)을 확립하게 되었을 때, '번국가(藩國家)' 의식이 점차 양성되어 왔다고 해도 좋을 것이다. 그것이야말로 일본 내셔널리즘의 맹

---

70 桂島宣弘, 「宣長の「外部」-18世紀の自他認識」(『思想』932, 岩波書店, 2001), 7-9쪽.

아라고 해도 좋으며, 이 일체감이 다음 시대의 서남 웅번(雄藩)의 개혁과 내셔널리즘의 발로, 또 '번국가'를 초월한 '천하(天下)', 즉 전국적인 내셔널리즘의 대두로 결합되어 갔다고 생각된다.[71]

즉, 식산흥업을 중심으로 한 각기의 번정개혁은 국내에 일체감[아이덴티티]의 확립과 함께 내셔널리즘의 맹아를 키웠고, 이것이 근대의 내셔널리즘에 연결되어 갔다는 것이다. 여기에 사상적인 측면을 조금 결부시켜 언급해 보자면, 결국 근세 일본의 고학과 국학의 발전은 유교와 불교적인 요소를 점차적으로 약화시킴과 동시에 미토학(水戶學)과 존왕양이사상 및 복고신도(復古神道) 등으로의 변화를 강화하면서 일본 중심의 사상적 토대를 구축했고, 이러한 변화는 전술한 공동체 의식과 결부되어 '근세적 내셔널리즘'이라고도 말할 수 있는 사회적 일체감을 형성해 나간 것이다. 나아가 이와 같은 '근세적 내셔널리즘'이라는 것이 종국에는 근대 이후 부국강병의 기치를 내건 메이지정부의 보호 아래 신사신도(神社神道)와 황실신도(皇室神道)가 결합된 형태로의 국가신도(國家神道), 천황제 이데올로기, 군국주의 등과 결부되면서 근대 내셔널리즘으로 재연출되어 갔던 것이다.

---

[71] 公文俊平, 「試論 : 近世日本の長波と日本史の超長波」(『GLOCOM review』41, 1999), 16-17쪽. 여기에 보이는 서남 웅번(西南雄藩)은 사쓰마번(薩摩藩)·죠슈번(長州藩)·도사번(土佐藩)·히젠번(肥前藩) 등 번의 재정개혁을 단행해 경제력을 확충하고, 이를 통해 군비확장과 인재등용으로 일본 국내의 국정에 관한 발언권을 강화해 나간 번(藩)들을 말한다.

6. 맺음말

이상, 본 장에서는 1637년 10월에 발발한 '시마바라·아마쿠사의 난'을 중심으로 '난'의 대장이었던 아마쿠사 시로의 신격화와 그 기적, '난' 속에 보이는 시로의 역할과 그 영향에 대해서 검토해 보았는데, 몇 가지 논점을 간단히 정리해 보면 다음과 같다.

첫째, '난' 발발 이전에 그리스도교적 교양을 쌓고 있던 시로는 '난'이 발발하자 주모자 그룹(낭인 집단)에 의해 '하늘의 사자', '천인(天人)' 등으로 신격화되면서 난군의 세력을 규합하는데 이용되었다는 점이다. 난의 주모자 그룹은 말할 것도 없이 그의 부친인 진베(甚兵衛)를 비롯한 고니시 유키나가(小西行長)의 가신들이었으며, 이들은 예언에 의한 시로의 탄생을 유포시킴과 동시에 시마바라와 아마쿠사 지역에서 인간 세계가 아닌 천상의 세계에서 내려온 인물로 형상화시켰다. 거의 같은 시기에 이를 입증하는 듯한 인간으로서는 불가능한 시로의 기적이 시마바라와 아마쿠사 지역에 유포된 것은 난군의 세를 키우기 위한 하나의 전략으로 볼 수 있으며, 그렇기 때문에 15·16세의 소년을 대장으로 삼아 37,000여 명의 난군을 규합해 막부에 대한 종교적 저항을 시도한 것이다.

둘째, 지금까지 연구에서 시로는 '난'의 대장으로서의 역할이 강조되었으나, 사실 시로는 군사적 차원의 대장보다는 수세에 몰린 그리스도교 신자들이 중심이 된 난군의 정신적 지도자 역할이 주된 것으로 보인다는 점이다. 물론, 이것 조차도 하라성의 농성 기간 중에 발생한 '철포 사건'에 보이듯이 그에 대한 믿음은 약화되었고, 점차적으로 시로의 신격화가 퇴색되어가고 있었다. 하지만, 이것은 막부의 군사적 우위와 야부미(矢文)를 통한 투항 권고 및 내통 공작 등으로 약화될 수밖에 없었던 당시의 현실이었다. 이러한 의미에서 시로의 역할을 생각해 본다면, '난' 이전 단계에서는 신통력과 기적을 가진 신격화된 인물로서 난군의 세력을 확장시키기 위한 역할을 수행했고, '난' 초기 단계에서는 난군을 지휘하기도 했지만, 하라성에서의 농성 단계에 들어가서는 실제적 군세를 지휘하기 보다는 약화된 결속력을 종교적 힘에 의지해 강화시키기 위한 '하늘의 사자(天之使)'로서의 역할이었다고 평가할 수 있다.

셋째, 37,000명이라는 전원 몰살과 함께 '난'은 종결되었고, 시로 또한 비참한 죽음을 맞이하지만, 이 '난'은 당시 일본에 그리스도교에 대한 사교관을 강화시켰고, 그리스도교와 관련된 서양 사상의 단절을 가져와 고학·국학·미토학 등으로 대표되는 근세 에스노센트리즘적인 사상, 다시 말하면 '근세적 내셔널리즘'을 싹 틔우는 토대가 되었다고 평가할 수 있다는 점이다. 물론, '화혼양재(和魂洋材)'라는 용어가 말해주듯이 일본인의 정신은 견지하고 서양의 기술적인 지식은 받아들인다는 '난학'으로 대표되는 현실적인 학문·사상의 발전도 가져왔지만, 결국 이러한 현실적 학문·사상조차도 막말과 메이지시대를 거치면서 근대의 내셔널리즘으로 변화되어 갔다. 민족과 국가라는 용어 자체의 재음미와 개념의 창출이 근대에 기준을 두고 있고, 일반적으로 내셔널리즘이라는 용어 자체도 근대 이후의 시대에 한정되는 의미로서 쓰이고는 있지만, 전근대인 근세에도 민족과 국가의식은 어떠한 형태로든 존재하고 있었으며, 민족과 국가 간의 갈등 또한 항상 존재해 왔다. 물론, 민족과 국가의식 간의 경계가 불확실한 측면이 존재하고 있었다는 점은 인정하지만, 근대 이전인 전근대 시대에도 내셔널리즘은 존재했다. 근세 일본의 경우, 이른바 쇄국 내지는 해금체제의 근간으로서 시행된 그리스도교 금제는 바로 근세적 내셔널리즘 형성의 배경이 되었던 것이다.

이러한 의미에서 본서 제2장에서 살펴본 일본의 삼국세계관[인도·중국·일본]과의 관련 속에서 생각해 본다면, 근세에 들어와 인도와 중국이 탈락되기 시작하면서 신국 일본이 더더욱 강조되었고, 여기에 탄력을 받은 '일본=신국'관은 대표적으로 모토오리 노리나가의 국학 등에 보이는 내셔널리즘을 형성하였다고도 볼 수 있다. 이러한 것들이 결국은 천황제 이데올로기, 국가신도, 군국주의 등과 결부되면서 이른바 근대 내셔널리즘으로 발현하여 형성하여 서양 제국주의를 근간으로 한 또 다른 내셔널리즘과의 상호 갈등 및 전쟁으로 점철된 일본 근대사를 만들어 간 것이다.

제4장

'시마바라(島原)·아마쿠사(天草)의 난'으로 본 에도막부와 네덜란드의 공조(共助) 관계

1. 머리말

　　막번체제(幕藩體制) 성립 초기에 발생한 '시마바라(島原)·아마쿠사(天草)의 난'(이후 '난'으로 약칭)에 대해서는 본서의 제3장에서도 아마쿠사 시로(天草四郎)의 신격화와 근세적 내셔널리즘에서 살펴보았는데, 이미 언급한 사항이지만 본 장의 서술을 위해 간단히 언급해 두면, 이 '난'은 일본 최대의 농민 봉기인 동시에 반란이기도 했으며, 일본사상 최대의 종교 전쟁이다. 마쓰쿠라 가쓰이에(松倉勝家)의 영지인 시마바라, 그리고 데라사와 가타다카(寺澤堅高)의 영지인 아마쿠사의 백성들이 당시 소년이었던 시로(四郎)를 맹주로 삼아 봉기한 것으로 1637년 12월 11일에 발발하여 시마바라의 하라성(原城)에서 진을 치고 전쟁을 치르다가 1638년 4월 12일에 막부군의 총공격으로 약 37,000여 명 전원이 몰살되면서 종결되었다. 이 '난'에 대해서는 그리스도교 신자들의 반란이라는 종교적 측면과 마쓰쿠라(松倉) 씨 등 봉건영주의 학정과 과중한 연공 부담에 대한 농민 봉기라는 평가가 있지만, 대체적으로 양자의 견해를 수용한 그리스도교 사상에 기반을

둔 농민 봉기라는 견해가 객관성을 얻고 있다.01

한편, 이 '난'을 계기로 일본 국내에서는 그리스도교 금제의 강화와 더불어 다이묘(大名)들에 대한 통제도 강화되어 막번체제가 확립되었다고는 하지만,02 결코 일본 국내 문제에만 그친 것은 아니다. 여기에는 에도막부의 대외통제책으로서 '쇄국정책'의 문제가 결부되어 있다. 더더욱 흥미로운 것은 '난'의 진압에 임한 막부군을 도와 네덜란드(동인도연합회사, VOC)03가 화약과 대포를 제공함과 동시에 자신들의 군함을 동원해 하라성에서 진을 치고 있던 봉기 세력[이후 '난군(亂軍)'으로 약칭]에 포격을 가하는 등의 직접적인 참전이 있었다. 따라서 에도막부 초기 일본과 네덜란드의 관계, 나아가서 막부의 서유럽 관계를 보다 상세히 이해하기 위해서는 이 '난'에 참전했던 네덜란드의 활동과 그 영향을 파악하지 않으면 안 된다.

01 鶴田八洲成, 「天草·島原之亂の史的硏究」(『熊本史學』31, 熊本大學, 1966); 鶴田八洲成, 「島原における一揆發端の事件の分析」(『熊本史學』32, 熊本大學, 1967); 深谷克己, 「'島原の亂'の歷史的意義」(『歷史評論』201, 역사과학협의회, 1967); 深谷克己, 「島原·天草一揆の思想史的位置」(『百姓一揆の歷史的構造』, 校倉書房, 1979); 深谷克己, 「歷史の中の'天草島原の亂'」(『熊本史學』66·67, 熊本大學, 1990); 神田千里, 「土一揆としての島原の亂」(『東洋大學文學部紀要-史學科編』29, 東洋大學, 2003; 神田千里, 「宗敎一揆としての島原の亂」,(『東洋大學文學部紀要-史學科編』30, 東洋大學, 2004).

02 鶴田倉造, 앞의 책, 225쪽.

03 네덜란드는 명확히 말하자면 '네덜란드 동인도연합회사'(VOC, Vereenighde Oost-Indische Compagnie)를 말하는데, 이 회사는 정부로부터 대외무역의 독점권을 부여받고 있었으며, 외국과의 조약체결 및 군대 편성, 관리의 임명 등에 대한 권한도 가지고 있어 이른바 정치·경제·군사권을 가진 권력 집단이 되었다. 한마디로 네덜란드가 VOC이며, VOC가 네덜란드인 일종의 회사 국가였던 것이다(申東珪,『근세 동아시아 속의 日·朝·蘭 국제관계사』, 경인문화사, 2007, 373-374쪽).

네덜란드와 일본과의 관계는 1600년 네덜란드 선박 리흐데호(De Liefde)가 분고노쿠니(豊後國)에 표착하면서 시작하여, 1609년 히라도(平戶)에 네덜란드 상관이 설치된 이후 무역 관계가 성립되고 있었다. 하지만, 당시 포르투갈의 일본에 대한 무역량과는 비교도 안 되는 수준에 머물러 있었다. 그러던 것이 '난'의 발생과 '난'의 진압에 네덜란드가 참전한 이후, 일본무역에서의 포르투갈과 네덜란드의 입장은 반전되어 오히려 포르투갈은 일본에게 외교적 단절을 선고받게 된다. 과연 이 '난'이 포르투갈과 일본, 일본과 네덜란드, 또는 포르투갈과 네덜란드의 관계에 어떠한 변화를 초래했으며, 일본 근세사에 어떠한 위치에 있는 것일까.

이와 관련하여 스케노 겐타로(助野健太郎)는 『島原の亂』에서 네덜란드가 '난'에 참전한 것은 "'네덜란드인의 충절'로서 오랫동안 막부의 인상 속에 남겨져 네덜란드가 막말까지 '쇄국' 아래에서 단독 무역을 허가받은 하나의 원인이 되었다."[04]고 평가했으며, 이리모토 마스오(煎本增夫)도 네덜란드가 막부군을 도와 '난'의 진압에 참전한 것은 독점적인 무역 유지를 위한 노력의 일환[05]이라는 선구적 평가를 행하고 있다. 다만, 두 연구는 '난'에 대한 일본 국내에서의 역사적 평가가 주된 목적으로 본 장에서와 같이 네덜란드의 참전을 테마로 삼은 것은 아니며, 그 참전의 전모 및 과정, 이후의 영향에 대해서는 명확히 규명하고 있지 않다. 또한 여기서 명확히 논증하겠지만, 과연 네덜란드의 충절, 또는 '난' 진압을 위한 참전의 대가로서 이후 네덜란드의 일본에 대한 단독무역[또는 독점무역]이 허가되었는가

04 助野健太郎, 『島原の亂』(東出版株式會社, 1966), 372쪽.
05 煎本增夫, 『島原の亂-歷史新書101』(教育社, 1980), 236쪽.

라는 점에서는 동의할 수 없다.

때문에 본 장에서는 이러한 문제점을 해결하기 위해 다음의 목적으로 접근하고자 한다. 첫째, '난'에 대한 네덜란드의 인식과 참전하기까지의 구체적인 상황을 검토해 네덜란드가 참전한 배경과 이유가 무엇인지를 규명하는 것이다. 둘째, '난'에 대한 네덜란드의 참전은 어떻게 이루어졌고, 일본과 어떠한 공조(共助) 속에서 어떤 영향을 초래했으며, 난군에 어떠한 피해와 영향을 주었는가, 셋째 '난' 진압 후 일본과 네덜란드, 그리고 포르투갈의 관계가 어떠한 양상으로 변화되었는가를 총체적으로 고찰해 보고자 한다. 또한, 단순히 에도막부 초기에 서유럽 국가로서 네덜란드가 일본의 내전에 참전하고 있었다는 의외의 흥미로운 사실만이 아니라, '난'에 보이는 네덜란드 참전의 상세한 내막과 막부의 대응, 그리고 일란(日蘭) 공조관계의 실체를 통해 근세 일란관계(日蘭關係)가 체계적으로 안정되어 가는 본질적 이유를 검토해보는 것도 중요한 목적 중의 하나이다.

2. 근세 초기의 일란관계(日蘭關係)와 '난(亂)'

1) '난' 발발 이전 일란관계의 여명기

1609년 히라도에 무역상관을 설치한 후 본격적으로 일본과의 무역관계를 유지해 온 네덜란드는 포르투갈, 영국 등과 일본을 포함한 동아시아 해역의 해상무역 장악이라는 패권 전쟁도 수행하지 않으면 안 되었다. 일본 역시, 주인선(朱印船) 무역을 통해 해외무역을 추진함과 동시에 포르투갈과 네덜란드 및 영국 등에도 평등한 무역권을 부여해 주인선 무역의 안전을 모색하고 있었다. 이에 따라 영국 동인도회사도 1613년 히라도에 상관을 설치할 수 있었던 것이다.

다만, 영국은 이후 일본무역에서 이익을 창출하지 못하였고, 네덜란드와의 무역 경쟁에서 밀리면서 일본무역을 네덜란드에 양보하였다. 결국 영국은 1623년에는 히라도 상관을 철수해 중국무역으로 눈을 돌리기 시작하였고,06 포르투갈은 네덜란드가 무역의 목적만을 추구한 것과는 반대로 무역과 선교라는 두 가지 목적을 동시에 수행하고 있었기에 막부에 의해 포르투갈은 배제되었다.

그 결정적 계기가 바로 그리스도교의 막부에 대한 반란, 즉 '시마바라·아마쿠사 난'이다. 하지만, 막부에 의한 그리스도교의 금제정책은 '난' 이전부터 존재하고 있었다. 이러한 점은 무역에 대한 용인과 선교에 대한 금지가 이미 도쿠가와 이에야스의 명의로 1602년 9월 마닐라의 장관 돈 페트로 아크냐(Don Pedro de Acunha)에게 보낸 주인장(朱印狀)에 "외국인은 일반적으로 국내 어디서라도 좋은 곳에 거주하는 것을 허가한다. 그렇지만 너희 나라의 종교를 포교하는 것은 엄중히 금지하겠다."07라고 명기되어 있었다는 점으로부터도 알 수 있다. 한마디로 에도막부의 서유럽 국가

---

06 당시 히라도 영국 상관장이었던 리차드 콕스(Richard Cocks)는 "만약, 우리들이 중국무역을 확보하지 않는다면, 우리들의 일본무역은 전혀 무익한 것이라고 저는 평가합니다."(『イギリス商館長日記-日本關係海外史付錄譯文編上』, 東京大學史料編纂所, 1979, 1619년 3월 10일)라고 본국에 보고한 바와 같이, 일본무역보다는 중국에 더 많은 관심이 있었다. 물론, 그 배경에는 일본의 독점무역을 행하고 있던 부상(富商)들과의 갈등도 하나의 원인으로 존재하고 있었지만(동상, 1920년 12월 13일), 네덜란드와의 무역 경쟁에서 패한 것에 대한 일종의 변명이기도 했다.

07 村上直次郎 譯註, 『異國往復書翰集·增訂異國日記抄』(駿南社, 1965), 257-259쪽.

에 대한 무역의 용인은 선교 금지를 전제로 한 것이었다. 그런데도 포르투갈은 선교와 무역을 병행하면서 일본과의 관계를 연속적으로 이어나가려 하고 있었다.

한편, 네덜란드 동인도연합회사의 대일무역은 1623년 영국의 히라도 상관 철수 이후 커다란 난관에 봉착하게 된다. 1623년 상관장 칸푸스(Reonardt Camps)의 돌연사와 상관장 부재로 인한 혼란, 그 후임자인 나이에론드(Cornelis van Neijenroode)의 부실 운영 등으로 상당한 영향이 초래되었고,[08] 더욱 중요한 것은 1628년 일본과의 갈등으로 인한 '타이완 사건'의 발생이 가장 큰 난관을 불러왔다. 이 사건은 타이완의 지배권을 주장하는 네덜란드와 이전부터 타이완 근해 지역에서 무역을 추진하고 있던 일본의 주인선 무역상 간의 대립에 그 원인이 있는데, 그 직접적인 발단은 나가사키(長崎) 다이칸(代官) 스에쓰구 헤이조(末次平藏)의 주인선 선장 하마다 야효에(濱田彌兵衛)와 당시 네덜란드 타이완 상관장 피텔 누이츠(Pieter Nuijts) 사이의 분쟁이었다. 즉, 일본의 타이완무역을 누이츠가 방해했고, 그에 대한 보복으로서 일본이 히라도 상관을 폐쇄한 사건인데, 이 분쟁으로 인해 네덜란드는 5년간에 걸친 무역 정지, 상관원들에 대한 구금 및 네덜란드 선박의 억류라는 제제를 받게 된다.[09] 하지만, 네덜란드는 이 분쟁을 오히려 일본무역의 확고한 토대 기반을 만들기 위한 전략으로 이용하려 했다. 그것은 당시 바타비아 상관장으로 새로 부임한 작크 스펙스(Jacques Specx)가 이 사태의 해결을 위해 윌렘 얀센(Willem Jansen)을 일본에 파견하면서 보낸

---

08   加藤榮一,『幕藩制國家の形成と外國貿易』(校倉書房, 1993), 99-100쪽.
09   加藤榮一,『幕藩制國家の成立と對外關係』(思文閣出版, 1998), 139-142쪽.

1630년 7월 26일자의 『平戶 네덜란드 상관일기』[이후 『상관일기』로 약칭]¹⁰ 수록의 훈령서에 잘 나타나 있다.

[사료 1]

ⓐ회사는 일본에서 허망한 영광과 명예만을 구하는 것이 아니라, "자유롭고 거리낌 없는[일역 원문: 自由無碍]" 무역에 의해 일본으로부터 이전과 마찬가지의 이윤을 획득하고, 우리들 측에서도 일본인에게 이윤을 줄 수 있는 것을 귀하와 히라도의 친구들은 특히 유의하도록 고려해야 한다. ⓑ귀하가 만약에 우리들에 대해서 "일본무역에서 그 어떠한 보증이나 작정한 이윤을 계속 유지할 수 없고, 매년 곤란에 빠져 고통 받으며, 일본이 거만하게 뽐내는 것에 압박받아 경멸받을 것이다."라는 소리를 듣는다면, 즉시 회사의 모든 재산과 인원 및 선박에 대해서 크고 작음을 가리지 말고 정리하도록 할 것. … ⓒ이 건의 좋은 결과에 대한 희망과 일본에서 가지고 있는 회사의 다대한 자본, 다수의 인원, 선박의 중요성에 의해 우리들은 동인도 평의회의 조언을 얻었고, 이렇게 곤란한 때에 회사로서는 매우 심각한 부담이기는 하지만, 이번의 사절 파견과 커다란 선물 및 그 외의 다대한 지출을 결의했다. 즉, 일본과의 자유무역은 회사에 가장 중요하기 때문이다. 마찬가지로 모든 점에서 상황을 신중하게 다루어 일본인이 이러한 궁극의 목표를 외견만으로는 알아채지 못 하게 하여 우리들이 제대로 일이 진행되지 못하면 일본을

10 永積洋子 譯, 『平戶オランダ商館の日記(全4卷)』(岩波書店, 1969-1970). 한편, 도쿄대학사료편찬소(東京大學史料編纂所)가 편찬한 『オランダ商館長日記(原文編10卷/譯文編9卷)』(東京大學, 1974-2003)도 있는데, 여기서는 전자를 저본으로 삼았다.

> 떠날 것으로 생각하도록 할 것. … ⓓ우리들이 귀하가 당면하리라고 생각하는 모든 미묘하고 무례한 질문에 대해서 귀하는 신중하게 답하고, 더 이상 곤란을 일으키지 않도록 할 것. 귀하는 이것에 의해 손해를 복구하고 무역의 회복을 추진하는 것이기 때문에 "일본인은 진실로 위대하여 긍지 높으며, 네덜란드인은 비소(卑小)하다."라고 해둘 것.11

밑줄 ⓐ에서 회사(VOC, 네덜란드)는 1609년 히라도 상관 설치 이래로 '자유무애(自由無碍)', 즉 자유롭고 거리낌 없는 무역에 의한 이윤을 획득해야 한다는 것을 사절인 양센과 히라도 상관의 상관원들에게 요구하고 있다. 다만, 밑줄 ⓑ에서는 이러한 이윤이 계속 보장되지 않고, 일본인들에게 경멸받을 때에는 히라도의 모든 재산을 환수해 일본으로부터 철수할 것도 만약을 대비해 지시하고 있는데, 이것은 동인도연합회사가 '타이완 사건'의 해결에 '배수의 진'을 치고 대응하고 있었다는 것을 의미하는 것이며, 또 당시 상황의 전개 여하에 따라 일본무역의 실리에 대한 최종적인 결정을 내리려 하고 있었다는 것도 짐작하게 해준다. 그렇기는 하지만, 밑줄 ⓒ에서는 이번의 사절 파견이 심각한 부담이 되기도 할 뿐만이 아니라, VOC는 많은 자본과 인원 및 비용 지출에 대해서도 감수하고 있으며, "일본과의 자유무역은 회사에 가장 중요하기 때문이다."라는 말에서 알 수 있듯이 일

---

11 永積洋子 譯, 앞의 책(『平戶オランダ商館の日記(1)』), 456-461쪽.「야하트선 켄환호에서 타이완 및 일본으로 향하는 윌렘 양센에게의 훈령」.

본무역에 대한 희망을 버리지는 않았다. 또, 밑줄 ⓓ에서는 실질적으로 교섭할 시에는 모든 질문에 신중하게 답할 것이며, "일본인은 진실로 위대하여 긍지 높으며, 네덜란드인은 비소(卑小)하다[낮고 보잘것없다]."라고 일본인을 칭찬함과 동시에 자신을 낮추어 어떻게 해서든 일본과의 무역 재개를 성사시키기 위한 행동 강령도 지시하고 있었다. 자신들 스스로가 '비소'하다는 굴욕적인 표현을 이용해 자신들을 낮추고, 반대로 일본을 높이 받들면서까지 일본무역을 성사시키려 한 VOC의 상업중심주의적이고 실리적인 정책의 한 단면을 엿볼 수 있다.

결국, 일본과 네덜란드 사이의 '타이완 사건'은 위와 같이 일본에 대한 겸허한 자세로 인해 무역 상대국으로서의 지위를 확보하여 1633년부터 히라도에서 무역을 재개하였지만, 그들이 바라고 있던 "자유롭고 거리낌 없는(自由無碍)" 무역을 이룰 수는 없었다. 그렇다고 해서 네덜란드가 일본과의 무역에 손실을 보았는가 하면 절대 그렇지 않다. VOC의 일본무역은 이후 수출입액의 증가와 함께 무역 규모가 확장되었고, 특히 생사(生絲)의 수출량 확대와 일본산 은(銀)의 수입 증가로 인해 VOC 선박의 일본 내항 횟수도 증가하였을 뿐만 아니라, 생사 이외의 수출품도 다양화의 경향에 있었다.[12]

한편, 1633년 9월에는 VOC 타이완 상관의 상관장이었던 니콜라스 쿠케박케르(Nicolaas Koeckebakker)가 히라도 상관장으로 부임하게 되었는데, 이는 일란관계의 개선과 일본에서 네덜란드인의 외교적 지위 확보, 그리고 1633년에 재개된 일본무역 확대를 위한 노력의 일환으로 파견된 것이

12　加藤榮一, 앞의 책(『幕藩制國家の形成と外國貿易』), 219-223쪽.

다. 그는 1638년 2월까지 5년 5개월간 재임했는데, 이 시기는 막부가 이른바 '쇄국정책' 내지는 '해금정책'으로서 막번체제의 안정과 막부에 의한 외교관계의 일원화를 추구했던 시기로 막부 권력의 절대화가 이루어졌던 단계였다. 또한, 위에서 스펙스가 언급했듯이 "일본인은 진실로 위대하여 긍지가 높으며, 네덜란드인은 비소하다."는 것을 네덜란드인 스스로가 열정적으로 실천하던 시기이기도 하다. 그런데, 바로 이러한 시기, 즉 1637년 10월에 '난'이 발생하였다. 과연 이 '난'을 네덜란드는 어떻게 보고 있었으며 여기에 어떻게 대응하고 있었고, 또 막부는 네덜란드에 어떠한 요구를 행하고 있었는지 다음 절에서 『상관일기』를 중심으로 살펴보겠다.

2) '난' 발발과 일본 측의 원조 요청

네덜란드의 기록에서 '난'에 관련한 내용이 처음으로 등장하는 것은 바로 당시 상관장이었던 쿠케박케르 일기의 1637년 12월 17일의 기록인데, 이것을 먼저 검토해보겠다.

[사료 2]

오늘, 현지에서 보고가 왔다. 아리마령(有馬領)에 살고 있는 사람, 또는 농민 대부분이 반란을 일으켜 그들의 우두머리와 싸우고, 무기를 입수해 귀족과 시민의 집에 불을 붙여 귀족 수명을 살해했으며, 나머지는 성안으로 쳐들어갔다. 때문에 주변 제국의 영주는 전쟁을 준비하였고, 히라도에서도 이를 따라 준비하고 있었다.[13]

13   永積洋子 譯, 『平戶オランダ商館の日記(4)』(岩波書店, 1970), 39쪽.

위의 [사료 2]는 '난'이 발생하고 나서 6일이 지난 뒤 네덜란드 상관에 보고된 내용인데, 밑줄에 의하면, 아리마(有馬)의 농민들이 반란을 일으켜 그 지역의 성(城)까지 공격하고 있다는 것이다. 여기서 말하는 공격이라는 것은 12월 12일(음10/26)에 시작된 시마바라성(島原城)의 전투를 의미하며, 이후 시마바라·아마쿠사 지역으로 전황이 확대되는 계기가 된 전투였다. [사료 2]의 뒤를 이어 '난'의 발생 원인에 대한 언급이 나오는데 그것을 요약해 보면, "아리마의 영주가 각종의 세를 부과하고, 불가능할 정도로 다량의 쌀을 거두어들였다. 이것을 채우지 못한 자나 명령을 어긴 자는 마른 풀을 머리부터 뒤집어씌워 묶은 뒤에 불을 붙여서 죽이는 '미노오도리(簑踊り)'라는 형벌을 가했으며, 그들의 가족과 처도 옷을 벗겨 굴욕적인 행위를 가했다. 이로 인해 농민은 풀로 연명할 수밖에 없었고, 가혹한 형벌 때문에 반란을 일으켰다."는 것이다.14 즉, 네덜란드인의 시각에서 본다면 그리스도교의 난이라는 인식보다는 영주의 극심한 세금 착취와 학정이 바로 '난'의 원인이었다.

이러한 상관장 쿠케박케르의 '난'에 대한 인식은 1638년 1월 10일에 당시의 바타비아 총독인 안토니오 봔 디멘(Antonio van Diemen)에게 보낸 [사료 3]의 서한에서도 잘 나타나 있다.

이 시점에서는 일본[에도막부]의 입장도 아니고, 농민의 입장도 아닌 객관적인 입장에서 '난'의 동기에 대한 원인을 분석하고 있는데, 밑줄 ⓐ에서는 농민에 대한 착취와 가혹한 형벌을 원인으로 들고 있으며, 또 밑줄 ⓑ에서는 이러한 현상이 아마쿠사 지역에서도 있었기에 아마쿠사 지역의 농

---

14 『平戶オランダ商館の日記(4)』, 앞의 책, 39-40쪽(1637년 12월 17일).

[사료 3]

ⓐ정해진 조세를 지불할 수 없는 사람들은 영주의 명에 의해 잎이 길고 넓은 풀로 만든 허술한 외투를 입혔다. 일본인은 이것을 '미노'라고 부른다. … 이 외투를 목과 몸통에 묶고, 양손은 뒤로 단단히 결박한다. 이어서 마른 외투에 불을 붙인다. 사람들은 화상을 입을 뿐만 아니라, 타죽는 사람도 있고, 몸을 격하게 땅에 부딪치거나 물에 몸을 던져 익사를 선택하는 자도 있는데, 이 비극을 '미노오도리(ミノ踊り)'라고 부른다. … ⓑ[아마쿠사의 농민도] 이 반란을 듣자 관리에게 반항하여 봉기하였다.[15]

민도 '난'에 참가하고 있음을 밝히고 있다. 다만, 위의 내용에 뒤를 이은 부분에서 상관장 박케르는 "이 충돌이 발생하고 나서 수일 후에 아리마의 그리스도교도가 농민들 측에 참가하였다. 농민들은 사이좋게 그들을 맞았다."[16]라고 표현하고 있는데, 이것은 그가 '난'의 근본적 원인을 농민 봉기, 혹은 그리스도교의 봉기라고 하는 일면이 아닌 다각적인 측면에서 보고 있었다는 것을 말해주고 있는 것이다. 더욱이 이 서한의 마지막 부분에는 "아리마의 가도(街道)에는 지금 병사들이 배치되어 있다. 궁정[막부]으로부터의 훈령을 기다리고 있는 것이다. 드디어 적대행동을 취해 이들과의 전쟁이 결정되면 무서운 유혈사태가 일어날 것이다. 사태가 어떻게 발전될지

15 『長崎縣史』史料編第3(長崎縣史編纂委員會, 吉川弘文館, 1966), 232-235쪽. 「1638년 1월 10일부, 바타비아의 인도총독 안토니오 판 디멘에게 보낸 서한」.
16 상동.

여러 가지 풍설이 나돌고 있다."¹⁷라고 언급하고 있다. 이로 볼 때, 네덜란드 측은 1월 10일까지만 해도 이 '난'을 제삼자의 입장에서 관망하고 있었음을 알 수 있다.

네덜란드의 참전에 관한 상세한 내용은 다음 장에서 후술하겠지만, 1638년 1월 27일『상관일기』에 의하면, 당시 네덜란드 무역에 깊이 관여하고 있던 스에쓰구 헤이조(末次平藏)¹⁸로부터 "아리마의 군대가 화약을 매우 필요로 하고 있기 때문에 5-6 피콜을 빌려주기 바란다. 그리고 매우 빨리 나에게 보내주었으면 한다."라는 서한을 받고 있었다. 즉, 일본 측으로부터의 '난' 진압에 필요한 무기 공급의 요청이었는데, 이에 대한 답변으로 동 기록에는 "커다란 선박은 이미 출항하여 화약이 조금뿐이 남아있지 않기 때문에 유감스럽지만 조금뿐이 보낼 수 없다."고 약술되어 있으나, 그 본래 서한의 내용은 다음과 같다.

[사료 4]
ⓐ귀하의 11일자의 편지를 나는 1월 13일에 받았다. 그 속에서 귀하는 우리들에게 화약의 공급을 요청하고 있는데, 지금 화약 6통(樽) 보내려고 한다. … ⓑ우리들이 안타깝게 생각하는 것은 귀하의 요청이 조금 늦었다는 것이다. 이미 대형 선박

17 상동.
18 여기서 말하는 스에쓰구 헤이조(末次平藏)는 앞에서 언급한 '타이완 사건'의 스에쓰구가 아니라, 3대 다이칸(代官) 스에쓰구 헤이조 시게후사(平藏茂房)를 말한다. 스에쓰구 헤이조라는 이름은 초대인 마사나오(政直)부터 4대 시게토모(茂朝)까지 연이어 불리고 있다.

> 은 모두 출항해버렸기 때문이다. 지금 이곳에 남아있는 것은 제일 작은 선박으로 이 선박에는 귀하가 요청한 공급 분량 이외에 여분의 분량을 준비할 수 없기 때문이다. 만약, 요청이 있다면, 아무쪼록 알려주기 바란다. 우리들은 기꺼이 충실하게 힘을 다하려고 생각한다.
>
> 히라도 상관, 제12월 제13일, 네덜란드 역(曆), 1638년 1월 27일[19]

[사료 4]의 밑줄 ⓐ로부터 이미 1월 13일에 스에쓰구 헤이조로부터 화약의 공급을 요청받았고, 답변과 함께 화약 6통을 보내려 한다는 것을 확인할 수 있다. 또, 밑줄 ⓑ에서는 이미 대형 선박이 모두 출항해 더 이상의 화약을 준비할 수 없다는 사실과 이후에도 그와 같은 요청이 있다면 기꺼이 도와줄 의향이 있음을 분명히 밝히고 있다. 그러나 여기서 흥미로운 사실은 화약을 충분히 조달하지 못하는 것에 대한 네덜란드 측의 아쉬움으로써 이미 네덜란드 측의 입장에서 화약 공급에 대한 요청은 이 '난'이 일본만의 일이 아닌 자신들의 일로서 인지되기 시작하고 있다는 점이다.

더욱이 『상관일기』의 1월 14일자 기록에 의하면, 히라도의 부교(奉行)로부터 "보트 3척에 철포(鐵砲, 조총)와 그 외의 필요한 것을 준비해 두고, 전쟁에 참가할 수 있도록 해둘 것"[20]이라는 요청을 받고 있었기 때문에 네덜란드는 '난'을 관망하던 제삼자의 입장에서 직접적으로 관여할 수밖에

---

19 『長崎縣史』, 앞의 책, 239쪽. 「1638년 1월 27일부, 平戶發 長崎 代官 末次平藏에게 보낸 서한」.
20 『平戶オランダ商館の日記(4)』, 앞의 책, 44쪽(1638년 1월 14일).

없는 상태로 전환되었다. 이때 상관장 쿠케박케르도 "이것은 그들의 수군과 함께 때가 되거나, 아니면 필요할 경우에 우리들에게 봉사(奉仕)를 지시하기 위한 것이다."21라고 하여 '난' 참전에 대한 막부의 지시가 있을 것이라는 것을 네덜란드 측도 인식하고 있었는데, 다시 말하자면 '난'의 여파가 직접적으로 네덜란드에 영향을 끼치기 시작한 것이다.

이러한 사실로 볼 때, 1월 13일과 14일을 전후해 네덜란드의 '난'에 대한 인식이 변화되었고, 또 이 '난'이 자신들의 문제로서 참전할 수밖에 없는 상황이 이미 전개되고 있었다. 바로 일본과의 무역 거래금 환수 문제로서 '난'의 발발로 인해 원활한 무역 거래가 진행되지 못했기 때문에 네덜란드 상관의 가장 중요한 임무였던 무역액의 확보에 문제가 생긴 것이다. 이것은 1638년 1월 24일에 바타비아 총독 안토니오 봔 디멘에게 보낸 서한에도 잘 나타나 있다.

[사료 5]
아리마의 영주는 이미 수일 전 영지로 돌아왔다. 그리고 그의 성에 들어가 쇼군의 명에 따라 일본력(日本曆) 12월 7일에 반도(叛徒)들에 대해서 최초의 공격을 개시했다. 그 날은 1월 21일이다. ⓐ가라쓰(唐津)의 영주도 같은 명령을 받았다. 그에 대해서는 사람들이 별로 경의를 표하여 말하지 않는다. 그가 느긋하게 있는 이유에 대해서 명확히 알 수는 없지만, 만약에 그 어떠한 이유가 있다고 하더라도 우리들은 이 영주들이 반도(叛徒)들을 정복하고, 이전과 같이 그들의 영국(領國)과

21　상동.

수입을 영유하는 것을 바라고 있다. 그렇지 않을 경우에는 '동인도연합회사'는 확실하게 1883.79 굴덴(gulden, guilder)22을 손실하게 될 것이다. ⓑ이 금액은 영주의 매판(買辦)23이 사들인 여러 가지 상품의 가격으로 그 금액을 받지 못했다. 4-5일 전에 우리들은 관원 1명을 가라쓰에 보내 먼저 매각한 상품의 지불을 요구했다. 그러나 아마도 전쟁 준비와 그 밖의 지출 때문에 그의 금고는 텅 비어 있었을 것이다. 그리고 우리의 관원은 돈을 받지 못하고 허무하게 돌아왔다.24

위의 [사료 5]의 밑줄 ⓐ에서 알 수 있듯이 어떠한 일이 있더라도 네덜란드 측은 아리마와 가라쓰의 영주가 '난'을 진압하여 그들과 함께 무역 이익을 영유하기를 간절히 바라고 있었다는 사실이 확인된다. 더욱이 반도(叛徒)들, 즉 난군의 진압에 실패한다면, 이미 영주들에게 넘겨진 무역품에 대한 지불금 1883.79 굴덴을 손실할 수밖에 없다는 것이다. 그 이유는 밑줄 ⓑ로 보아 '난'으로 인한 전쟁 준비 때문이며, 그다지 큰 액수라고 할 수 없지만 결국 대금을 받지 못하고 돌아왔다는 것을 확인할수 있다. '난'이 조기에 진압되지 않으면 이러한 현상은 다른 지역으로 확산할 가능성도 있었

22 1883.79 굴덴의 가치는 당시 네덜란드 상관의 상무원의 월급이 40-50 굴덴이었다는 것으로 유추해볼 수 있다(『長崎縣史』, 앞의 책, 238쪽).
23 '매판(買辦)'은 외국 무역에 종사하는 중국인 중개업자, 또는 자국의 이익을 돌보지 않고 외국 자본에 봉사하여 사리를 꾀하는 사람을 말하는데, 여기서는 후자를 의미한다.
24 『長崎縣史』, 앞의 책, 236-238쪽. 「1638년 1월 24일(음:1937.12.10)부 바타비아의 인도총독 안토니오 봔 디멘에게 보낸 서한」.

고, 결국은 네덜란드에게는 불리한 상황이었다. 이를 볼 때, 네덜란드 측의 '난'에 대한 인식은 '난'의 원인적인 측면보다는 최종적으로 자신들의 무역액 확보와 실리에 더 큰 관심이 있었던 것이다.

또한, 네덜란드의 입장에 보더라도 이 '난'이 그리스도교 중심의 반란이었고, 비록 '난'의 주체가 포르투갈 중심의 예수회 계파라고는 하지만, 네덜란드 역시 그리스도 국가였기 때문에 막부 측의 서양에 대한 인식, 특히 네덜란드를 그리스도와 결부 지으려고 하는 막부의 배타적 인식을 사전에 차단하기 위해서도 참전은 불가피한 상황이었다. 그렇다고는 하지만 이 의도 역시 대일무역이라는 측면에서의 실리가 전제되어 있다.

달리 본다면 이 '난'이 어떠한 형식으로 해결되는가, 또 네덜란드가 어떠한 형식으로 관여하는가에 따라서, 이후 일란무역에 커다란 변화를 가져올 만한 대사건이었다. 그렇기 때문에 네덜란드 입장에서는 이 '난'의 해결, 즉 '반도[난군]'를 진압하는데 어떠한 형식으로든 막부 측에 공조하려 했으며, [사료 4]에서 보이듯이 대형 선박들이 이미 출항한 상태라 화약이 부족했음에도 잔여분의 화약을 공급한 것이다. 이어서 "요청이 있다면, 아무쪼록 알려주기 바란다. 우리들은 기꺼이 충실하게 힘을 다하려고 생각한다."라는 의사 표명은 바로 공조에 대한 재확인이었던 것이다. 실제로 화약을 제공한 이후, 대포 등의 무기 제공과 네덜란드 선박에서의 포격 활동 등으로 직접적인 참전의 형태로 공조가 이루어지는데, 이에 대해서는 다음 장에서 살펴보겠다.

3. 네덜란드의 참전과 일란 공조의 실체

1) 막부군에 대한 무기 원조와 포격 활동

전술한 바와 같이 '난'이 발발하고 나서 약 1개월이 지난 시점인 1월 13과 14일에 화약의 제공을 요청받은 네덜란드는 즉시 화약을 제공하기로 하였고, 그 답장을 27일 스에쓰구(末次)에게 보냈다. 그러나 나가사키에 있던 스에쓰구는 오히려 기분이 언짢아 있었다. 그 이유는 나가사키 부교(長崎奉行)가 '난'의 발생지인 아리마로 출발하기 전에 네덜란드 측의 답장과 사절이 와서 부교에게 직접 '난'의 진압에 원조할 의향이 있다고 말해주기를 바랐으나 너무나 그 답장이 늦었고, 이 기회에 일본에 봉사할 마음이 있다는 것을 부교에게 명확히 전달할 기회를 잃었다는 점 때문이었다.[25] 이에 대해서 당시 파견된 네덜란드의 상급상무원 카론은 일본에 대한 봉사는 이미 화약을 보냈을 때에 공식적으로 피력했으며, 만약에 필요하다면 진압군에 참가해 아리마에 가는 것으로서 성의를 명확히 표시하라는 상관장의 지시가 있었다고 답변하고 있다.[26] 즉, 상관장 쿠케박케르에 의한 참전 지시가 있었다는 것을 확인할 수 있다.

여기서 스에쓰구가 이렇게까지 '난' 진압과 관련한 네덜란드 측의 성의 표시를 요구하는 것은 네덜란드인들이 일본에 있는 동안 보낸 모든 헌상물보다도 지금 시점에서 일본에 대한 '봉사(奉仕)', 즉 '난'을 진압하는데 공조하겠다는 빠른 의사 표시가 더 중요하고 여러 면에서 유리한 것이라고

25 『平戸オランダ商館の日記(4)』, 앞의 책, 50-51쪽(1638년 2월 9일).
26 상동.

하는 입장의 발로였지만, 네덜란드와의 관계를 통해 어떠한 형태로든 이익을 기대한 것은 아닌가 라는 의구심이 든다. 그것은 가토 에이치(加藤榮一)가 말했듯이 "이 시기 네덜란드 측으로부터의 요구는 원칙으로서 히라도의 영주를 유일한 중개인으로서 그의 인맥을 통해 막각(幕閣)에 전달되는 구조"27였기 때문에 나가사키 다이칸이었던 그의 직책으로서 네덜란드 상관과 나가사키와의 연결을 도모할 필요성이 충분히 내재해있었을 것으로도 판단된다.

한편, 스에쓰구는 위와 같은 불편한 심정을 토로한 후, 급히 부교에게 편지를 보낼 것을 요구하였고, 상급상무원 카론은 즉시 2월 5일자(음:12.22)로 서한을 작성하게 되는데 그 내용을 요약해보면, "부교를 위해 우리는 대포와 화약을 준비했다. 귀하가 우리에게 명령한다면, 이것을 '난'이 발생한 곳으로 보낼 것이다. 네덜란드인이 할 수 있는 것으로 귀하에게 도움이 된다면, 그 어떤 예외 없이 우리에게 명령해주길 바란다."28는 것이었다. 이에 대한 당시 나가사키 부교 바바 도시시게(馬場利重)의 답서가 2월 7일자(음:12.24)로 보내지는데, 이를 요약하면, "귀하가 여기까지 올 필요는 전혀 없으며, 또 귀하가 우리들을 위해 대포와 화약을 준비한 것은 앞일을 내다보며 계획을 세운 일로서 우리들에 대한 배려를 기쁘게 생각한다."29고 하여 당시 네덜란드 측에 대한 감사의 말을 전하고 있었다.

27　加藤榮一,「鎖國と幕藩制國家」(『鎖國-講座日本近世史2』, 有斐閣, 1981), 92-93쪽.

28　『平戶オランダ商館の日記(4)』, 앞의 책, 52쪽. 상급상무원 카론의 편지와 나가사키 부교 바바 도시시게의 답서는 『상관일기』의 1638년 2월 9일자 기록에 삽입되어 있다.

29　『平戶オランダ商館の日記(4)』, 앞의 책, 51-52쪽(1638년 2월 9일).

이렇게 일본 측은 네덜란드의 '난' 진압에 대한 원조를 긍정적으로 평가하는 분위기였는데, 2월 10일에는 히라도 번주로부터 또 다른 요청을 받게 되는데, 그 요청의 내용은 다음과 같다.

[사료 6]
ⓐ히라도 제후(侯)로부터 가장 큰 대포 5문과 그것에 맞는 화약, 그 밖의 부속품을 즉시 보내도록 명령받았다. 각로(閣老) 나이젠(內膳) 님, 나가사키 부교가 이것들을 아리마에 보내도록 요구했기 때문이다. 때문에 ⓑ그날 저녁 프라이트선 레이프호로부터 대포를 들어내 작은 배에 실었다.30

위 사료의 밑줄 ⓐ로부터 히라도 제후, 즉 당시의 히라도 번주였던 마쓰라 시게노부(松浦鎭信)로부터 큰 대포 5문과 화약 및 부속품의 공급을 요청받았는데, 이것은 막부의 관료 나이젠(內膳[板倉重昌])과 나가사키 부교 바바 도시시게(馬場利重)의 지시에 의한 것이라는 것을 알 수 있다. 이는 막부의 명령이 있었다는 것이며, 때문에 밑줄 ⓑ에 보이듯이 당일 저녁에 레이프호에 장착되어 있던 대포를 분리해서 작은 배에 선적시켰다. 이 단계, 다시 말하면 2월 10일까지만 해도 네덜란드는 직접적인 참전의 형태가 아닌 군비 원조의 형태를 유지하고 있었던 것이다.

이러한 상황에 2월 19일 히라도에 있는 모든 네덜란드 선박에 대포

30 『平戸オランダ商館の日記(4)』, 앞의 책, 55쪽(1638년 2월 10일).

를 준비해 아리마의 진중으로 오라는 막부군 총대장 마쓰다이라 노부쓰나(松平信綱)³¹의 명령을 스에쓰구가 네덜란드 상관에 전달하였고, 이에 상관장 쿠케박케르는 자신이 직접 군선을 타고 아리마에 갈 것을 결정하고 있는데, 이러한 결정이 히라도 번주와 나가사키 부교의 마음을 흡족하게 했다고 『상관일기』는 기록하고 있다.³² 결국 21일에 상관장은 레이프호에 승선해 23일에는 아마쿠사에 도착했으며, 24일에 난군이 주둔하고 있는 아리마 지역의 하라성(原城) 근처에 도착하였다.³³ 당시 네덜란드 선박의 모습은 「原城攻圍陣營竝城中圖」에도 잘 묘사되고 있는데([그림 1] 참조), 이때 난군은 시마바라 지역 농민과 아마쿠사 지역의 농민들이 합세해 연합한 형태로 이미 한 달 전인 1월 23일(음:1637.12.9) 무렵부터 하라성에 입성하여 막부군과 상당한 전투를 벌이고 있었을 때였다.³⁴

네덜란드 측은 '난'의 중심지인 하라성에 도착한 24일 이후에도 난군을 진압하기 위해 도착해 있던 막부 측의 관료들에게 수차례에 걸쳐 "쇼군과 막각(幕閣)을 위해 모든 봉사를 하고 싶다."고 피력하고 있었는데, 이에 대해서 막부 측은 대단히 흡족해 있었다. 여기에서 상관장 쿠케박케르는 막부군의 여러 고위층과 만나게 되는데, 특히 오가키(大垣) 번주 도다 우지카네(戶田氏鐵)로부터 히라도에서 가져온 대포 5문을 설치할 적당

---

31   마쓰다이라 노부쓰나(松平信綱. 1596-1662)는 에도시대 초기 가와코시(川越) 번주로 이즈노카미(伊豆守)라고도 불린다. 쇼군 이에미쓰(家光)와 이에쓰나(家綱)를 섬겼으며, 특히 '시마바라·아마쿠사의 난' 당시에 총대장을 맡았던 인물로서 '메이레키(明曆)의 대화재'를 처리하는 등 막번체제 성립에 공을 세운 인물이다.
32   『平戶オランダ商館の日記(4)』, 앞의 책, 58쪽(1638년 2월 19일).
33   『平戶オランダ商館の日記(4)』, 앞의 책, 58-59쪽(1638년 2월 21·23·24일).
34   본서 제3장의 [사료 12·13]을 참조.

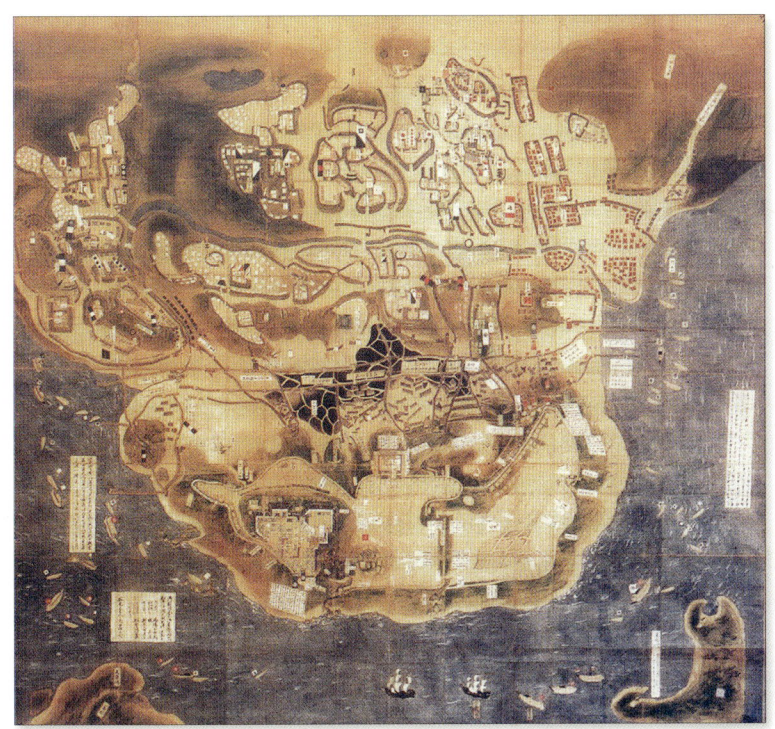

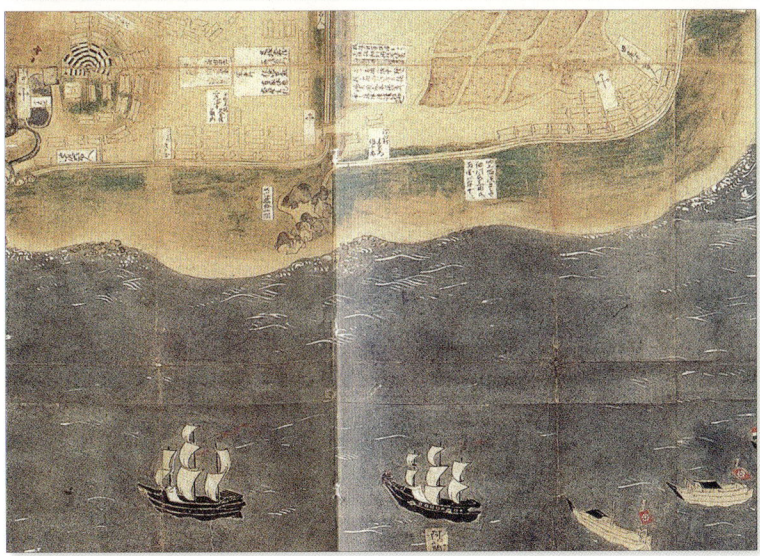

[그림 1] 하라성(原城)과 성을 포위한 네덜란드 선박의 그림(「原城攻圍陣營竝城中圖」)
상단 그림은 「原城攻圍陣營竝城中圖」의 전체도로 중앙 부분이 하라성이며, 하단 그림은 네덜란드 선박의 확대 부분이다. 2척의 선박은 페텐호와 레이프호로 페텐호는 포격 전에 출항하였고, 레이프호만이 남아 참전했다. 그림의 원본은 「松浦史料博物館」에 소장되어 있는데, 본고에서는 『伊能九州圖と平戶街道-平戶藩舊藏繪圖收錄』(圖書出版のぶ工房, 2004)과 『平戶オランダ商館展』(平戶市日蘭交流400周年記念事業實行委員會, 2000)의 수록 사진을 참조함.

한 장소의 물색과 함께 하라성의 난군이 진을 치고 있는 건물들을 불태워 버릴 수 있도록 준비하라는 명령을 받게 된다.35 이로써 네덜란드는 '난'을 진압하기 위한 전투에 직접 참여하는 전환점을 맞게 된 것이다.

2월 26일에 최초로 배에서 대포를 발사하게 되는데 전부 14발을 발사하였고, 하라성의 난군도 머스킷 총을 발사하였으나 네덜란드의 피해는 없었다.36 『상관일기』에 의하면, 네덜란드의 포격은 함포사격 이외에 육지에서의 포격도 이루어졌는데, 최초 26일 함포사격 이후부터 대포의 사격이 종료된 3월 12일까지의 상황을 분석한 것이 [표 1]이다.

[표 1] 네덜란드군의 포격 활동 상황표

날짜 (양력)	육상 발포	해상 발포	합계	기타 상황	발포 명령
2월 26일	0	14발	14발	• 막부군이 하라성(原城)의 지도를 제공하였고, 서로 포격 지점을 상의. • 포격이 있자 난군이 머스킷 총으로 반격.	
2월 27일	0	27발	27발	• 난군은 포격이 개시되자 방호벽 보수(히라도 부교·귀족 등 참관)	히라도 부교
2월 28일	26발	9발	35발	• 네덜란드군 포수가 상륙하여 포격. • 상당한 성과가 있었다고 기록(이즈노카미[伊豆殿]·사몬도노[左門殿]·나가사키 부교[長崎奉行] 등 참관)	기록 없음
3월 01일	0	11발	11발	• 난군이 야부미(矢文)를 통해 네덜란드 참전에 대해 비난.	히라도 부교
3월 02일	16발	16발	32발	• 난군은 하라성의 해변 쪽의 방호벽을 강화(각로와 나가사키 부교 참관)	막부 측(?)
3월 03일	0	8발	8발	• 히라도 부교(平戶奉行)와 나가사키 부교 등이 군선(軍船)에 도착(나가사키 부교 및 가족 등이 참관)	나가사키 부교
3월 04일	18발	0	18발	• 상관장이 통사(通詞)·포수·사격수 등과 함께 상륙하여 포격.	기록 없음

35　『平戶オランダ商館の日記(4)』, 앞의 책, 60-62쪽(1638년 2월 25일).
36　『平戶オランダ商館の日記(4)』, 앞의 책, 63쪽(1638년 2월 26일).

날짜 (양력)	육상 발포	해상 발포	합계	기타 상황	발포 명령
3월 05일	0	23발	23발	• 막부군이 화약 72근 제공(히라도 부교·이즈노카미·나가사키 부교 등이 참관).	히라도 부교
3월 06일	23발	0	23발	• 상관장이 육지로 불려 나가 포격 실시. • 각로 이즈노카미와 사몬도노가 금일의 대포 발사에 만족했다는 연락이 도래(히라도 부교와 다수의 다이칸[大官]이 참관).	막부 측(?)
3월 07일	32발	0	32발	• 히라도 부교의 지시로 육지에서 사격. • 일몰 후, 이즈노카미·사몬도노의 포격 명령이 있었으나, 어두워 중지.	히라도 부교
3월 08일	18발	0	18발	• 히라도 부교와 함께 포대(砲臺)로 가서 사격. • 이즈노카미·사몬도노가 네덜란드의 포격에 매우 만족.	히라도 부교(?)
3월 09일	60발	13발	73발	• 정박해 있던 군선을 약간 이동.	기록 없음
3월 10일	42발	0	42발	• 상관장과 포수 등이 상륙한 후 포격. • 난군의 사정거리 밖으로 군선을 이동.	기록 없음
3월 11일	40발	?발	40발↑	• 조식 후, 포격 중 포신이 파열하여 포수 1명이 사망. • 육지에서 40발, 선상에서 대포 4문으로 발포했으나, 정확한 발포 수는 기록 없음. • 난군 1명이 성에서 탈출한 후, 네덜란드 군선의 포격으로 상당한 피해가 난군에 발생하였다고 진술.	기록 없음
3월 12일	23발	3발	26발	• 이즈노카미·사몬도노가 네덜란드군의 철수를 명령. 다만, 대포는 전부 남겨둘 것을 요구..	기록 없음
발포 계	298발	124+?발	422발↑		

* 도표는 『상관일기』를 토대로 작성하였으며, 막부군의 발포 명령이 있었을 것으로 추정되는 것은 '?'를 표시.
* 대포의 발포수에서 '↑'표시는 해당 발포 수 이상으로 발포되었음을 의미.

[표 1]에서 알 수 있는 바와 같이 2월 26일부터 3월 12일까지 15일간에 걸쳐 육상에서 298발과 해상, 즉 함포사격으로 124발 이상, 총 422발 이상의 포격을 하라성의 난군에 가하였고, 육지에서의 포격이 함포사격보다 2배 이상이나 되고 있음을 확인할 수 있다. 하지만, 포격은 확인할 수 없는 일부를 제외하고는 대부분이 막부군의 명령에 의한 것이었으며, 군선의 이동조차 막부의 명령에 따르고 있었다.[37] 또 막부군 최고의 관료인 이즈도노

(伊豆殿)·사몬도노(左門殿), 즉 총대장 격인 상사(上使) 마쓰다이라 노부쓰나(松平信綱)와 부대장 격인 부사(副使) 오가키번(大垣藩)의 번주 도다 우지카네(戶田氏鐵), 그리고 나가사키 부교와 히라도 부교를 비롯해 막부군 고위층 관료의 지시에 의해 발사되고 있었다. 다시 말하면, 네덜란드의 '난' 진압을 위한 참전은 자의적인 동시에 막부의 요청에 의한 공조의 성격을 가지고는 있지만, 실제의 참전은 어디까지나 막부군의 지시를 받은 범위 안에서 일련의 수동적 참전이었다.

또한, 대부분 네덜란드의 포격이 있을 때에는 막부군의 고위층 관료와 부교, 다이칸 등이 참관하고 있었으며, 심지어 3월 3일의 경우에는 나가사키 부교였던 사카키바라 모토나오(榊原職直)의 아들까지 참관해 대포의 발사 명령38까지 내리고 있을 정도였는데 이러한 사실을 볼 때, 네덜란드의 난군에 대한 포격 활동은 '난'을 진압하기 위한 참전의 성격 이외에 서양 이국인의 포격 전술을 일본인에게 선보이는 일종의 퍼포먼스적인 성격도 있었다. 이것은 서양 이국인이 막부의 명령에 의해 막부군을 원조하고 있다는 것을 보여주어 막부의 권위를 높이는 일이기도 했기 때문이다. 그렇기 때문에 많은 사람들이 참관할 수 있도록 육지에서의 포격이 많이 이루어져 결국은 함포사격보다 육지에서의 포격이 2배 이상이나 많았던 것으로 판단된다. 또 하나의 이유는 [표 1]에 보이는 바와 같이 2월 28일부터 육상포격이 시작됨과 동시에 그 발포 횟수가 증가하고 있는데, 이것은 해상에서 발사된 탄환이 난군의 하라성을 넘어 날아가 그 반대 쪽 육지에 대

37　『平戶オランダ商館の日記(4)』, 앞의 책, 67-68쪽(1638년 3월 9·10일).
38　『平戶オランダ商館の日記(4)』, 앞의 책, 65쪽(1638년 3월 3일).

치하고 있던 아군(幕府軍)에게도 피해를 주었기 때문이었다.[39]

아무튼 이러한 포격 활동이 전세에 어떠한 영향을 주었는지 판단하기 쉽지는 않지만, 하라성에서 탈출한 농민이 "네덜란드의 포격으로 죽거나 부상을 입었다."[40] "매일 5인, 10인, 15인이 사망하였고 여러 명이 부상을 당했다."[41]는 언급으로 보아 네덜란드의 참전은 상당히 유용한 전략이었다. 막부군의 총대장 마쓰다이라를 비롯한 막부군 내부에서도 네덜란드의 참전에 대해 상당히 만족하고 있었다. 특히, 3월 6일의 포격에서 마쓰다이라는 사자를 파견해 "오늘 회사 직원[네덜란드인]의 대포 발사에 만족했다."[42]는 인사까지 전하고 있었고, 3월 8일에도 마쓰다이라와 도다가 네덜란드인의 행동에 만족하고 있었다는 전언[43]을 접했으며, 네덜란드인의 포격전이 끝난 직후 히라도 번주가 "대포가 잘 이용되어 황제[쇼군]에 대한 반란을 일으킨 자들에게 피해를 준 것에 매우 만족한다."[44]는 내용으로부터도 참전의 효과가 있었음은 확인할 수 있다. 하지만 이것은 어디까지나 네덜란드 측의 기록이고, 일본 측의 기록에 의하면 후술하겠지만 네덜란드의 포격 활동이 그다지 효과가 없었다는 것도 기록되어 있다.

39 「有馬之役」(林銑吉 編, 『島原半島史』中卷, 長崎縣南高來郡市敎育會, 1954, 344쪽). "両上使阿蘭陀船二艘を召して, 石炮を海上より放ち城中を撃たしむ(阿蘭陀船爲商賣向きに平戶の津に淹留す上使招之). 然ども賊の城地高くして矢石不的当去て, 恐くは矢石の城を越過して諸將の士卒を傷らんことを是を以て, 上使阿蘭陀の石炮を留て我軍先鋒の勢樓より, 石炮を放たしむ."
40 『平戶オランダ商館の日記(4)』, 앞의 책, 68쪽(1638년 3월 11일).
41 『平戶オランダ商館の日記(4)』, 앞의 책, 70쪽(1638년 3월 13일).
42 『平戶オランダ商館の日記(4)』, 앞의 책, 66쪽(1638년 3월 6일).
43 『平戶オランダ商館の日記(4)』, 앞의 책, 67쪽(1638년 3월 8일).
44 『平戶オランダ商館の日記(4)』, 앞의 책, 72쪽(1638년 3월 17일).

한편, 네덜란드의 피해도 있었다. 그것은 3월 11일에 대포를 발사하다가 포신의 폭발로 히레스라는 포수가 복부에 부상을 입고 즉사한 사건이다.[45] 이것 이외에 『상관일기』에서 피해는 찾아볼 수는 없지만, 당시 시마바라 영주 마쓰쿠라(松倉) 씨의 가신으로 '난'에 참전했던 사노 야시치자에몬(佐野彌七左衛門)이 기록한 각서에 의하면, "정월 중순(양력으로 2월 28일 전후)에 중국선(唐船) 2척과 네덜란드선 2척을 불러들여 하라성에 접근시켜 네덜란드인에게 이시비야(石火矢, 대포)를 쏘게 하였으나, 그 어떤 실리를 취하지 못했고, 결국 하라성에서 쏜 철포에 의해 네덜란드인 1명이 사망하여 이에 따라 나가사키로 돌려보냈다."[46]는 기록으로부터 이미 3월 11일 이전인 2월 말에도 사망자가 있었음을 알 수 있다. 특이한 것은 여기에 '당선(唐船)'이라는 중국 선박의 존재가 보이고 있으나, 이에 대해서는 다음 기회에 고찰토록 하겠다.

2) '난'에서의 철수와 일란 양국의 의도

그런데, 3월 11일의 사망 사건이 있던 다음 날인 12일에 총대장 마쓰다이라는 히라도 부교를 통해 [사료 7]에 보이듯이 네덜란드 원군의 철수를 명령을 내리고 있다.

45 『平戶オランダ商館の日記(4)』, 앞의 책, 68쪽(1638년 3월 11일).
46 「別當杢左衛門覺書」(『島原半島史』中卷, 앞의 책, 90쪽). "一, 正月中旬に唐船二艘, 阿蘭陀船二艘被召寄城近く寄らせ, 阿蘭陀に石火矢を御打せ被成候へ共少の利をも得不申, 結句城より鐵砲にて阿蘭陀人壹人打殺申候, 依之長崎へ御返し被成候事." 또한, 같은 내용이 「高來郡一揆之記」(동, 454쪽)에도 있음.

[사료 7]

우리들 쪽에서 [대포] 여러 발을 발사하던 중, 두 명의 부교(奉行)가 사몬도노(左門殿)의 건물로 불려갔다. 이후, 그들이 다시 포대로 돌아오자 상관장은 뒤를 따라 히라도 부교의 천막으로 오라는 명령을 받았다. ⓐ거기서 각로(閣老) 이즈도노(伊豆殿)와 사몬도노의 이름으로 그들이 받은 명령이 상관장에게 전해졌다. 근일 중으로 출발해 히라도로 돌아가도 좋다는 것이다. ⓑ그러나 대포는 전부 남겨두고 가라는 것이었다. 그래서 상관장은 그들에게 "선박은 먼 거리를 항해하지 않으면 안되고, 중국 해적을 만난다든지, 중국 연안의 정박지에 도착했을 때 방비로 사용하기 위해 3-4문은 남겨둘 것을 고려해주길 바란다."라고 했다. 그들은 이것이 당연한 것이며, 이렇게 고가의 선박을 대포 없이 항해시키는 것은 적당하지 않다고 생각했다.

즉, [사료 7]의 밑줄 ⓐ에서 총대장 마쓰다이라와 부대장 도다는 네덜란드인이 가까운 시일 안에 히라도로 돌아가도 좋다는 철수 명령을 내리고 있음을 확인할 수 있다. 다만, 밑줄 ⓑ에서 알 수 있듯이 네덜란드 원군이 가져온 대포는 전부 남겨두고 가라는 것이었다. 그러나 네덜란드 원군이 타고 온 선박, 즉 레이프호는 머지않아 바타비아로 출발해야 했으며, 중국 연안을 통과해야 하므로 해적들에 대비한 대포가 필요하다는 주장을 피력해 그 승인을 얻어내고 있다. 여기서 문제가 되는 것은 '난'이 완전히 진압되지도 않았는데, 왜 막부는 3월 12일의 시점에서 네덜란드의 철수를 지시했느냐는 점이다.

이와 관련해 네덜란드의 학자 오스카 나흐드(Oskar Nachod)는 진압에 임한 대규모 막부군의 면목으로 보아 외국의 원조는 막부의 체면 손상의 문제였으므로 소수 고위 관리의 의견에 따라 철수된 것일 것이라는 추측을 피력하고 있다.[47] 또한, 이리모토 마스오(煎本增夫)도 네덜란드의 공격이 막부에 굴욕적이었고, 막부 내부의 비판이 있었다고 하여 중지시켰다[48]고 주장하고 있으나, 이것만이 철수의 주요 원인이라고는 생각되지 않는다. 막부가 철수를 지시하게 된 원인에는 다음과 같이 다양한 이유가 복합적으로 연결되어 있었다.

첫째, 네덜란드의 포격에 의해 일단 성곽이 부서져 소기의 목적을 달성했고, 네덜란드에 대한 시험, 즉 네덜란드가 프로테스탄트 계통이기는 하지만 그리스도교 국가로서 이번 그리스도교 반란을 진압할 것인가, 아닌가에 대한 시험을 포격 활동으로서 입증했기 때문에 더는 참전할 필요가 없었기 때문이다. 이것은 후술하는 [사료 12]에서 상술하겠지만, '난'이 최종적으로 진압된 이후 마쓰다이라가 "포격은 시험을 위해 행한 것이다. 그리고 포르투갈인도 네덜란드인도 모두 그리스도교도이기 때문에 같은 가르침을 믿는 반란군에게 네덜란드인이 잘 대적할 것인지 아닌지를 보기 위해 행해진 것이다."[49]라고 언급한 것으로부터 확인된다. 즉, 네덜란드의 참전은 장차 일본과 네덜란드 관계의 유지 여부를 위한 시험이었으며, 그 시험이 바로 그리스도교인 중심의 난군에 대한 포격이었던 것이다. 바꿔 말한다면,

---

47 オスカー・ナホット 著/富永牧太 譯, 『十七世紀日蘭交涉史』(天理大學出版部, 1956), 177-178쪽.
48 煎本增夫, 앞의 책, 236쪽.
49 『平戶オランダ商館の日記(4)』, 앞의 책, 109쪽(1638년 6월 15일).

네덜란드의 참전은 막부가 네덜란드의 화력을 필요로 해서 참전시킨 것이 아니라, 그들의 그리스도교에 대한 인식을 시험해 본 것이었으며, 15일간의 포격 활동으로 그리스도교와의 관련을 불식시켜 막부의 검증에 통과했기 때문에 철수시킨 것이라고 볼 수 있다.

둘째, 네덜란드의 포격 활동이 '난'을 진압하는 초기 단계에서는 난군의 성벽을 부수는 등의 성과가 있었지만, 이후에는 네덜란드의 포격 활동이 그다지 효과를 내지 못했기 때문이다. 이것은 전술한 사노 야시치자에몬(佐野彌七左衛門)과 함께 마쓰쿠라의 가신으로서 '난'에 참전한 안도 한스케(安藤半助)가 그의 수기에서 "네덜란드선 2척으로 하여금 대포를 쏘게 하였음에도 별다름이 없었으므로 하라성이 함락되기 이전에 네덜란드 선박은 히라도로 돌려보냈다."[50]고 기록하고 있는 것으로부터 확인할 수 있다. 이러한 기록은 「別當杢左衛門覺書」[51]·「島原一揆松倉記」[52]·「高來郡一揆之記」[53] 등의 사료에도 보이고 있는데, 대체로 포격이 별다른 도움이 되지 못해 철수시켰다는 내용이다.

50 「有馬原之城兵亂之記」(『島原半島史』中卷, 앞의 책, 113-114쪽). "…御上使御思案遊はされ, 扨は一揆の奴原石火矢に難儀致すと思召, 平戶より蘭船二艘御呼寄, 石火矢を打せ給ふといへとも別儀無之. 依之原之城落城の前に右蘭船は平戶へ戾し給ふ."

51 「別當杢左衛門覺書」(『島原半島史』中卷, 앞의 책, 90쪽). 원문은 각주 46)번 참조.

52 「島原一揆松倉記」(『島原半島史』中卷, 앞의 책, 143쪽). "…上使物は石火矢に迷惑すると見へたりとて, 平戶より阿蘭陀船二艘三艘漕寄, 石火矢を打せたまへども無別儀. 依之落城より前に此船平戶へ戾し給ふ."

53 「高來郡一揆之記」(『島原半島史』中卷, 앞의 책, 454쪽). "又長崎より唐船二艘阿蘭陀船二艘を招寄, 阿蘭陀人に石火矢を打せけれども, 城中曾て事もせず. かへつて阿蘭陀人一人帆柱へ上るを城中より鐵炮にて打落す."

셋째, 전술한 바와 같이 2월 말과 3월 11일에 네덜란드 측에 사망자가 발생해 더 이상의 피해를 입히지 않기 위함이었다. 이것은 막부군의 총대장이었던 마쓰다이라가 "그들[네덜란드]의 활동으로 반란군의 요새와 성벽이 부서졌기 때문에 총격전에 의해 네덜란드인이 부상할 위험이 있다. 때문에 출발을 허락한 것이니, 빨리 히라도로 돌아갈 것을 희망한다."[54]는 지시로부터 확인된다. 즉, 막부 측에서 본다면 일본을 위해 참전한 네덜란드의 피해는 그야말로 막부의 '무위(武威)'와 관련된 위신의 문제였다.

넷째, 네덜란드의 참전에 대한 난군 측으로부터의 비난이 있었기 때문이다. 네덜란드의 포격 개시 4일째인 3월 1일, 난군이 농성하고 있던 하라성에 대한 포격 직후에 난군은 막부군에 "일본에는 명예로운 병사가 많이 있음에도 왜 네덜란드인에게 원조를 요청하는 것인가."[55]라는 야부미(矢文)[56]를 보내고 있다. 즉, 막부군은 10만 이상의 강력한 군사력을 가지고 있음에도 왜 국내 문제에 외국까지 끌어들이고 있느냐는 비난으로서 이같이 막부를 비난하고 있다는 것은 위에서 오스카 나흐드가 언급한 막부의 체면과도 관련이 있는 문제였다. 그러나 이러한 야부미를 통한 비난이 있었음에도 이후 3월 12일까지 네덜란드의 포격이 계속되고 있었다는 것은 난군의 비난이 그다지 네덜란드의 철수에 영향을 주지는 못했다는 것의 반증이 될 수도 있다.

이렇듯 복합적인 이유가 서로 얽혀 네덜란드에 대한 철수 명령이 내려졌는데, 이 상황은 오히려 네덜란드 측의 입장에서도 유익한 것이었다.

54 『平戶オランダ商館の日記(4)』, 앞의 책, 70쪽(1638년 3월 13일).
55 『平戶オランダ商館の日記(4)』, 앞의 책, 64쪽(1638년 3월 1일).
56 야부미(矢文)는 화살에 매달아 쏘아 올린 서장(書狀)을 말한다.

그것은 다음의 두 가지 점에서 살펴볼 수 있다.

첫째, '난' 진압의 참전으로 인해 네덜란드 상관장의 에도참부(江戶參府)가 늦어지고 있었기 때문에 빨리 상황을 정리할 필요가 있었다. 상관장의 에도참부는 1633년 정례화되어 1790년에 4년에 1번씩으로 바뀐 이래 1850년까지 166차례에 걸쳐 행해졌는데,[57] 매년 정월을 전후해 참부(參府)가 이루어지고 있었다. 그런데 1638년의 정월을 사이에 두고 '난'이 발생하였고, 이 '난'의 참전으로 인해 참부가 늦어졌던 것이다. 이것은 『상관일기』에서도 명확히 드러나는데, 네덜란드인의 철수에 대한 지시가 있고 얼마 지나지 않은 3월 17일의 기록으로 확인할 수 있다.

> [사료 8]
> 에도(江戶)에서 편지가 왔는데, "네덜란드인의 참부(參府) 및 일본 황제[쇼군]에게의 인사가 이 정도로 늦어지고 있는데, 그곳에 머물고 있는가."라는 것이다. 그래서 히라도 번주는 편지로 "아리마 농민의 전쟁 때문에 네덜란드인이 에도로 출발하는 것이 늦어지고 있다. 즉시 아리마에 배로 오도록 불려갔기 때문이다."라고 하였고, 때문에 상관장은 용무가 끝나는 즉시 에도에 가도록 명령받았다.[58]

[사료 8]은 참부가 늦어진 이유에 대해 막부가 문의한 내용과 히라도

---

57 片桐一男, 『京のオランダ人-阿蘭陀宿』海老屋の實態』(吉川弘文館, 1998), 11-12쪽.
58 『平戶オランダ商館の日記(4)』, 앞의 책, 72-73쪽(1638년 3월 17일).

번주의 답변인데, 히라도 번주는 '난'으로 인해 참부가 늦어지고 있다는 답변을 한 후에 즉시 네덜란드 측에 에도로 참부할 것을 지시하고 있었다. 이것으로 보아 '난'이 종결되지 않은 채 네덜란드인에게 철수 명령이 내려진 것은 바로 에도참부의 시기가 늦어지고 있었기 때문인데, 막부에게도 네덜란드에게도 네덜란드의 철수는 양자에게 유익한 사태의 진전이었다고 생각된다. 결국, 네덜란드가 철수해 히라도에 돌아간 뒤 다시 에도참부의 여정에 오른 것은 3월 29일이었다.[59]

둘째, 네덜란드 측이 참전을 위해 승선하고 온 선박, 즉 레이프호가 무역 거래를 위해 이른 시일에 타이완으로 출항하지 않으면 안 되었기 때문에 철수는 예기된 사항이었다는 점이다. 당시 히라도에 있던 네덜란드 선박은 페텐호와 레이프호 2척으로 바타비아로의 항해를 예정하고 있었으며, 늦어도 1638년 2월 21-22일(음:1638.1.7-8)에는 출항하지 않으면 안 되었다.[60] 그러나 2월 18일 다이칸 헤이조(平藏)의 출항 금지요청[페텐호는 이미 출항하였으나, 히라성으로 회항], 2월 19일 마쓰다이라의 명령에 의해 모든 대포와 선박이 '난'에 참전하게 되면서 출항이 연기되었던 것이다. 이것은 네덜란드 측이 아리마 지역을 철수하면서 나가사키에 들려 상관장이 헤이조의 집을 방문했을 때, 헤이조가 다음과 같이 말한 사실로 확인된다.

즉, 밑줄에 있는 히라도의 다이칸 헤이조의 말에 의하면, '난'으로 인해 장기간 체재하게 되면, '소마은(ソーマ銀)'[60]이라는 일본 은을 빌려 무역

---

59 『平戸オランダ商館の日記(4)』, 앞의 책, 73쪽(1638년 3월 29일).
60 이와미(石見) 은산(銀山)이 있던 곳이 '사마무라(佐摩村)'라고 하였기에 이와미의 은(銀)은 '소마은(ソーマ銀)'이라고도 불렸다. 16세기부터 일본의 은은 세계로 수출되어 전성기 때는 세계 은의 1/3을 점하고 있었는데, 그중에서 이와미 은

[사료 9]

그는(平藏) 상관장에게 진중의 각로(閣老)가 네덜란드인의 행동과 포격에 만족한 것에 대해 축하의 말을 했다. 또 이렇게 빨리 출발이 허가되어 선박이 보다 좋은 시기에 출항하게 된 것을 기뻐했다. 그는 또한, "내가 아리마에 체재 중에 선박이 도착했다고 들었을 때, 이즈도노(伊豆殿, 마쓰다이라)와 나가사키 부교에게 '선박이 여기에 장기간 머무르게 되면, 일본에서 해를 넘길 수밖에 없고, 일본인으로부터 이자를 붙이는 조건으로 소마은(ソーマ銀)을 상당히 빌리고 있기 때문에 회사로서는 커다란 손실이 될 것이다.'라고 말하였다."[61]

을 하고 있기 때문에 그만큼의 이자를 내게 되어 네덜란드 입장에서는 손해를 볼 수밖에 없다는 것이다. 이러한 헤이조의 언급은 철수 명령이 이미 내려졌기 때문에 표면적인 인사치레라고도 할 수 있겠지만, 네덜란드 상관이 있는 히라도 지역의 다이칸으로서 히라도번(平戶藩)의 이익을 생각한 행동이라고도 평가할 수 있겠다.

아무튼 이러한 이유로 인해 철수 명령이 12일에 내려졌는데, 13일에는 부대장 격인 도다로부터 "나는 다른 각로와 마찬가지로 귀하들이 충근(忠勤)을 표시한 것에 대해 완전히 만족하고 있다. 각로 마쓰다이라 노부쓰나는 귀하들에게 여가를 부여하는 것이 좋다고 생각하고 있으며, 더군다나

산의 은이 대부분이었다고 한다.

[61] 『平戶オランダ商館の日記(4)』, 앞의 책, 71쪽(1638년 3월 14일).

적진에 매우 가깝게 근접해 있기 때문에 더는 대포를 사용할 일은 없다."[62] 라고 하여 철수 명령에 대한 재확인이 이루어지고 있다. 결국 이날 철수를 개시하였고, 14일에 나가사키를 거쳐 16일에 히라도에 도착함으로써 네덜란드의 '난' 참전은 종결된다.

4. 에도막부의 네덜란드 참전 평가와 그 영향

1) 포르투갈 단교의 내막

주지한 바와 같이 네덜란드는 3월 12일의 철수 명령을 받아 철수를 하게 되는데, 이 '난'은 한 달 뒤인 4월 12일(음:2.28) 막부군의 대대적인 총공격에 의해 '난'의 총대장 격인 아마쿠사 시로(天草四朗)와 주모자들을 비롯한 37,000명의 난군이 몰살되고 하라성이 함락되면서 최종적으로 진압되었다. 네덜란드가 철수 한 이후 네덜란드가 다시 이 '난'에 관여한 흔적은 보이지 않지만, 다만 그들이 남기고 간 대포는 하라성이 함락될 때까지 유효적절하게 이용되고 있었다.[63] 그렇다면, 과연 네덜란드는 이 '난'의 참전으로 어떠한 실리를 취했고, 또 어떠한 의미를 가지고 있을까. 또 이후의 일란관계에 어떠한 영향을 초래했는지 등에 대해서 이하 살펴보겠다.

우선, 네덜란드의 '난' 참전 이후 일본과 네덜란드 무역 관계의 변화, 그리고 일본과 포르투갈과의 무역 관계 쇠퇴라는 측면에서 살펴보면, 당시

---

62 『平戸オランダ商館の日記(4)』, 앞의 책, 69-70쪽(1638년 3월 13일). 「히라도 네덜란드 상관장 니콜라스 쿠케 박케르 서한」(『長崎縣史』史料編第3, 長崎縣史編纂委員會, 吉川弘文館, 1966, 252-253쪽)에도 같은 취지의 내용이 보이고 있음.

네덜란드는 포르투갈과 일본무역을 사이에 두고 경쟁적인 상태였는데, 이 '난'을 계기로 네덜란드가 포르투갈을 제압해 일본무역을 독점할 수 있게 되었다.『상관일기』의 여러 곳에서 이와 관련된 기사를 찾을 수 있는데, 여기서는 '난' 발발 이전부터의 변화에 따라 검토해보겠다.

막부 측의 총대장인 마쓰다이라가 네덜란드의 대포와 선박에 대한 참전을 지시한 후인 2월 24일, 즉 이 날은 네덜란드가 아리마 지역에 도착한 날로 이때『상관일기』에는 이 사실을 막부군에 보고한 통사(通詞)의 말을 빌려 다음과 같이 기록하고 있다.

[사료 10]에서 말하는 사몬도노(左門殿)는 '난'을 진압한 막부군의 부대장 격인 도다인데, 그는 네덜란드의 참전을 긍정적으로 평가한 후, 밑줄 ⓐ에 보이듯이 에도로 돌아가면 네덜란드에 이익이 되도록 노력하겠다는 것을 피력하고 있다. 또한, 네덜란드가 마닐라를 전멸시키기 위해 선박을 쇼군에게 제공하겠다고 한 것은 네덜란드에 상당한 이익이 될것이라고 하며, 또한 네덜란드가 마닐라를 점령할 수 있지 않은가 라고 묻고 있다. 여기서 당시 마닐라는 포르투갈의 무역 및 선교의 근거지이기도 했는데, 일본 측은 이곳을 공격하여 점령하려는 의도를 가지고 있었던 것이다.[64] 이러한 의도는『상관일기』에만 수없이 등장하고 있는데, 1543년

---

63 각주 47)번 참조.
64 야마모토 하쿠분(山本博文)에 의하면, 일반적으로 쓰지 젠노스케(辻善之助) 이래로 1637년에 도쿠가와 이에미쓰(德川家光)가 계획하고 있었다는 설이 답습하고 있으나, 이 원정 계획은 실제로 나가사키 부교 및 일부 각료만이 열심이었고, 당시 쇼군이었던 도쿠가와 이에미쓰(德川家光)가 허가한 것인지 아닌지는 알 수 없다고 한다(山本博文,『幕藩制の成立と近世の國制』, 校倉書房, 1990, 154-155쪽).

[사료 10]

사몬도노(左門殿)는 "상관장 스스로 동행해 온 것은 황제[쇼군]에게 봉사하겠다는 마음을 표시하는 것이다. 이렇게 빨리 온 것은 잘 한 것이다." … 사몬도노는 말했다. "ⓐ에도성(江戶城)에 돌아가면 이것에 대해서 최고의 각로(閣老)에게 이야기해 가능한 한 네덜란드인에게 이익이 되도록 노력하겠다. 또 [네덜란드인의 무역에 관한] 요구와 함께 '마닐라를 전멸시키기 위해 수척의 선박을 황제에게 제공하겠다.'고 진언한 것은 매우 좋은 일이다. 만약, 당분간 이것이 행해지지 않더라도 귀하에게는 상당한 이익이 될 것이다." 그는 또 말했다. "마닐라는 네덜란드인의 병력으로 충분히 점령할 수 있지 않은가." 이에 통사(通詞)는 "이것을 실행하고, 점령을 확실하게 하기 위해서는 상당히 많은 일본의 수륙 병력을 필요로 한다."고 말했다. 사몬도노가 묻기를, "ⓑ일본이 필요로 하는 정도의 상품을 회사[네덜란드 동인도연합회사]가 가져오고, 또 일본에 봉사하는 것이 가능한가, 어떠한가."라고 하여, 통사는 "포르투갈인이 오지 않게 된다면, 완전히 행할 예정이다. 일본이 필요로 하는 만큼의 중국 상품을 가지고 오겠다는 것을 보증한다. 그리고 중국과의 관계가 쉽게 변할 수 있기 때문에 네덜란드인은 중국인과 일을 만들 생각은 없다."고 하였다.[65]

포르투갈인의 다네가시마(種子島) 표착 이래 포르투갈과의 해외무역을 유지하고 있었던 일본이 무역 이외에 그리스도교를 전파하려는 포르투갈을

---

[65] 『平戶オランダ商館の日記(4)』, 앞의 책, 60쪽(1638년 2월 24일).

공격하면서까지 단교를 생각하고 있었다는 점은 향후 일본의 대외관계 변화를 예측하게 한다.

마닐라 공격의 이유는 막부가 '간에이(寬永)의 금령(禁令)'[쇄국·해금], 즉 1633년부터 시작해 1634·1635·1636년에 일본인의 해외 도항 금지 및 그리스도교 금제를 실시했음에도 불구하고, 포르투갈 등이 지속해서 선교사 밀입국을 시도하고 있었고,[67] 1637년에는 주지한 바와 같이 포르투갈 예수회의 신자들이 중심이 된 '시마바라·아마쿠사의 난'의 발발, 나아가 '난'의 발생에 포르투갈의 영향이 있었다고 막부가 판단하였기 때문이다. 물론 1639년에 결국 포르투갈의 내항 금지가 결정되었지만, 1638년 '난'이 종결된 후의 시점에서 마닐라까지 공격하려 했다는 것은 막부가 이미 '난'이 종결된 직후 포르투갈과의 단절을 염두에 두고 있었다는 것을 의미한다.

그렇기 때문에 [사료 10]의 밑줄 ⓑ에서 포르투갈을 대신해서 일본이 필요로 하는 상품을 네덜란드가 제공할 수 있는가를 물었던 것이다. 당시 일본의 중국산 생사 수입의 절대량을 포르투갈이 제공하고 있었는데, 야마와키 데이지로(山脇悌二郞)에 의하면, 포르투갈은 1635년 생사 51,000근, 견직물 273,000반(反)[67]을 매각하여 은 15,000관(貫)을 거래하였고, 1636년에는 선박 4척이 내항하여 은 23,172관의 거래액을 올리고 있었다고 한다. 이에 비해 네덜란드는 1636년에 선박 7척이 은 3,600관, 동(銅) 269,173근, 동전 1,350만 개 등 거래총액 2,994,372굴덴으로 이것을 환산하면 포르투갈선의 거래액은 네덜란드선의 약 6배이고, 포르투갈선의 은거래

---

66   五野井隆史,『德川初期キリシタン史硏究』(吉川弘文館, 1983), 195쪽.
67   일본에서 피륙의 길이를 재는 단위로 1반(反, たん)은 경척(鯨尺)으로 길이 28척 (약 10.6m), 폭 9치(약 34cm)이며, 보통 일본 옷 한 벌 감이 된다.

가격은 네덜란드선 수출 총액의 2.2배에 이르고 있었다.[68] 즉, 포르투갈이 네덜란드보다 월등하게 많은 무역 거래량을 가지고 있었는데, 이러한 무역 권리를 네덜란드에 넘겨주겠다는 것이다.

이러한 움직임은 '난'에서 철수한 후인 3월 28일, 마쓰다이라가 "네덜란드인이 원군(援軍)으로서 배로 아리마에 왔다."고 쇼군에게 편지를 썼다는 사실을 네덜란드 측이 알고 나서 "이에 대해 궁정에서는 매우 기뻐할 것이며, 가까운 시일 내에 무언가 좋은 일이 있을 것이다."[70]라고 자축하고 있었다는 것으로부터 네덜란드 측도 일본무역 독점권에 대한 자신감을 느끼고 있었음을 알 수 있다.

한편, '난'이 종결되지 않은 상태에서 네덜란드 상관장은 1638년 3월 29일 에도참부의 길에 오르는데, 4월 13일 오사카(大阪)에서 마치부교(町奉行)인 히사카이 마사토시(久貝正俊)와 소가 마타자에몽(曾我又左衛門)을 만났을 때, 그로부터 "네덜란드인이 배로 아리마에 간 것은 여러 기회에 걸쳐 일본의 쇼군에게 힘을 다해 충근(忠勤)하겠다는 것을 잘 보여준 것이다. 네덜란드인의 마음은 포르투갈인 보다 좋다."[70]는 평을 듣고 있었다. '난'에 참전한 네덜란드에 대한 후의를 표명한 것이다.

상관장 일행은 5월 1일 에도에 도착하였고, 히라도번의 에도저택(江戶藩邸)의 부교 나가무라 구라노스케(長村內藏助)는 "이 반란으로 네덜란드인은 행운을 얻을 것이다. 포르투갈인의 경우는 악화되고 있으며, 카피탄

---

68 山脇悌二郎, 「近世の對外關係」(『大系日本史叢書5-對外關係史』, 山川出版社, 1978), 124-129쪽.
69 『平戶オランダ商館の日記(4)』, 앞의 책, 74-75쪽(1638년 3월 28일).
70 『平戶オランダ商館の日記(4)』, 앞의 책, 77-78쪽(1638년 4월 13일).

물은 쇼군을 만나기 위해 올해 여기에 왔는데 석방되지 않았고, 카레우타선이 금후 일본에 건너오는 것도 위험해질 정도이다."72라고 하여 '난'이 포르투갈에 악영향을 끼치고 있으며, 이는 네덜란드에 행운의 기회임을 암시해주고 있다. 또한 '난' 발발 이후에 일본에 들어온 포르투갈인에 대한 억류에 대해서도 언급하고 있어 네덜란드의 처지에서 본다면, 향후 일본에서의 무역 확대에 대한 희망을 확인할 수 있었다. 그러나 에도에서 네덜란드인은 직접 쇼군을 만나 실질적인 요구를 할 수 없었는데, 그것은 쇼군 이에미쓰(家光)가 병석에 있었기 때문이며 따라서 헌상품만을 바치고 나가사키로 돌아올 수밖에 없었다.

　　5월 19일에는 마키노 노부시게(牧野信成)의 저택에서 마키노와 몇몇 막각의 관료들과 면담을 행했는데, 마키노는 "막부 최고의 각료는 나와 마찬가지로 포르투갈인을 향후 일본에 오지 못 하게 하고, 그들의 통교 무역을 완전히 금지하려고 생각하고 있다. 그러나 이 건에 관해서 쇼군에 의한 최종적인 발표와 결정은 이루어지지 않았으며, 명령도 내려지지 않았다. … [포르투갈은] 매년 일본에 선교사를 데려와 그리스도교 포교를 그치지 않고 있기 때문이다. 또, 이 원인의 하나로 들지 않으면 안 되는 것이 아리마·아마쿠사의 반란과 매년 셀 수 없을 정도의 많은 사람들이 선교사를 위해 죽고 있다는 점이다.…"72라고 하여 아직 최종적인 결정은 내려지지 않았으나, 이미 막부 내부에서 포르투갈 단교에 대한 논의가 어느 정도 이루어지고 있음을 알 수 있다.

71　『平戶オランダ商館の日記(4)』, 앞의 책, 81쪽(1638년 5월 2일).
72　『平戶オランダ商館の日記(4)』, 앞의 책, 88-89쪽(1638년 5월 19일).

또한 그는 포르투갈과의 단교 및 일본의 무역 정책에 대해서 다음과 같이 언급하고 있는데, 이것은 향후 일본의 외교정책에 그대로 반영되고 있다는 점에서 중요한 의미를 갖는다.

[사료 11]

포르투갈인을 일본에서 추방하는 것에 대해서 또 다시 말하기를, ⓐ"쇼군이 포르투갈인의 일본 통교무역을 단절하고 이 나라로부터 추방한다면, 네덜란드인은 직물과 그 외의 일본이 필요로 하는 물건을 지금까지와 같은 정도로 공급할 수 있는가."라고 물었다. 또, ⓑ"일본은 금은(金銀)에 부족은 없다. 이곳에는 금은의 매장(埋藏)이 있다. 다만, 생사(生絲)·직물(織物) 등에 대해서는 수요가 있으며, 필요한 물건을 네덜란드인이 일본에 보내지 않으면 모든 상품은 고가(高價)가 되어 매우 비싸게 팔릴 것이다. 그러나 이것을 얻을 수 있는 한 이것은 그 정도로 중요한 것은 아니다. 이미 말한 바와 같이 금은은 충분히 풍부하게 있다. 하지만 반대로 이들 상품이 공급되지 않는다면, 일본은 곤란하게 될 것이다." 이것에 대해서 우리들은 답변했다. ⓒ"쇼군이 우리 선박의 항해를 허가하고, 이 나라에서 자유롭게 거래하는 것을 다시 허락한 이상, 상품의 공급, 특히 중국 상품이 매년 증가하고 있는 것을 귀하들은 충분히 알고 있을 것이다. 우리들은 이 다음 계절에도 작년과 비교도 되지 않을 정도의 양을 시장에 가져올 것을 보증한다. 쇼군이 포르투갈인의 통교와 이 나라로의 입국에 대한 금지를 결정한다면, 포르투갈인이 마카오에서 시장으로 가져오는 것과 같은 물품을 어떤 것은 전부, 어떤 물건은 바로 일부 보급한다는 것에 대해 보증할 것을 단언한다. …" 그들이 답하기를, ⓓ"그 이

야기는 당연한 것이고, 네덜란드인은 포르투갈인을 대신할 것임에 틀림없다."라고 하였다.73

위의 밑줄 ⓐ에서 마키노는 포르투갈과의 단교를 상정하고, 그들을 추방하면, 네덜란드인이 포르투갈인 대신에 일본으로의 무역품을 공급할 수 있는가를 묻고 있다. 이것은 전술한 바와 마찬가지로 이미 막부 내부에서 일련의 논의가 있었음을 의미하는 것이며, 그만큼 막부 내부에서도 마키노의 입지는 영향력이 강했었다는 것을 의미한다. 즉, 에도막부 초기부터 후다이(譜代) 다이묘로서 1614·15년에는 '오사카(大阪) 전투'에서 큰 공을 세웠고, 후에는 시모사노쿠니(下総國) 세키야도번(關宿藩)의 초대 번주로서 당시 상당한 영향력을 발휘하는 위치에 있었다. 한편, 밑줄 ⓑ에서는 네덜란드에 의한 생사·직물 등의 상품이 공급되지 않는다면 일본은 혼란이 가중될 것이라고 하여 네덜란드에 의지하는 모습도 보인다. 이에 대해 상관장은 밑줄 ⓒ에서 만약 쇼군이 포르투갈인과의 단교를 결정하면, 포르투갈인이 공급해온 그 어떤 물건도 보급할 수 있다고 단언하고 있었으며, 이러한 답변에 대해서도 몇몇 관료들은 네덜란드인이 포르투갈인을 대신할 것임에 틀림없다고 확언하고 있다. 또한, 이날 상관장과 일본 측 관료들의 대화에서 향후 포르투갈의 내일(來日) 여부에 대한 문의 및 당시 포르투갈의 근거지인 마닐라에 대한 네덜란드의 공격 의사 타진도 이루어지고 있

---

73   『平戶オランダ商館の日記(4)』, 앞의 책, 88-89쪽(1638년 5월 19일).

었는데, 상관장은 찬동의 의사 표명만 한 채 이에 대한 확실한 결정은 이루어지지 않고 있었다.[74]

2) 네덜란드의 일본무역 독점의 의미

아무튼 네덜란드인의 에도참부는 1638년 5월 22일에 돌아가도 좋다는 명령이 내려졌고,[75] 출발에 앞서 5월 27일에는 마키노에게 다시 "지금까지와 마찬가지로 회사에 계속된 호의를 가져주길 바란다."는 요청도 재확인을 받은 후 28일에 에도를 출발했다.[76] 드디어 6월 15일에 히라도에 도착함으로써 상관장의 에도참부는 마무리 되었는데, 도착하고 난 후 히라도의 통사로부터 나가사키의 관리(頭人)들이 마쓰다이라에게 요구서를 제출하여 아리마의 그리스도교 반란에 의해 포르투갈 선박의 일본 내항이 금지되었고, 쇼군의 명령에 의해 추방될지도 모르기 때문에 네덜란드인을 나가사키로 이주시켜 그곳에서 거래를 하도록 요망했지만, 결국 마쓰다이라는 이를 거절했다는 보고를 받았다. 그 이유는 네덜란드인은 애당초부터 히라도에만 거주하게 되어 있기 때문이었다. 하지만, 이날 보고에서 언급된 마쓰다이라의 언급으로부터 네덜란드의 '난' 참전에 대한 막부의 의도를 엿볼 수 있는 부분이 있는데, 그 상세한 내용은 다음과 같다.

---

74 『平戶オランダ商館の日記(4)』, 앞의 책, 90쪽(1638년 5월 19일).
75 『平戶オランダ商館の日記(4)』, 앞의 책, 101쪽(1638년 5월 22일).
76 『平戶オランダ商館の日記(4)』, 앞의 책, 103-105쪽(1638년 5월 27·28일).

[사료 12]

각로 이즈도노(伊豆殿, 松平信綱)는 나가사키에 있는 사이에 몇몇 유력 상인들에게 말했다. 즉, "ⓐ선박에 대포를 탑재시켜 네덜란드인을 아리마에 가도록 명령한 것은 전 세계로부터 기이하게 여겨질 것이다. 그리고 마치 일본이 강력하고 안정된 국가가 아닌 것처럼 생각되어질 것이다. 농민을 무기로 쓰러뜨리고 진압하려는 계획은 이처럼 생각할 것이 아니라, 다음과 같이 이해해야만 한다. ⓑ포격은 시험을 위해 행한 것이다. 그리고 포르투갈인도 네덜란드인도 모두 그리스도교도이기 때문에 같은 가르침을 믿는 반란군에게 네덜란드인이 잘 대적할 것인지 아닌지를 보기 위해 행해진 것이다. ⓒ그러나 그들이 다른 결과를 보여주었기 때문에 이전과 마찬가지로 네덜란드인의 요구에 특별한 의견과 감정을 가지고 있다."라고 하였다.77

[사료 12]의 밑줄 ⓐ와 ⓑ로부터 마쓰다이라의 의도를 확인할 수 있는데, 그것은 네덜란드를 '난' 진압에 참전시킴으로서 일본에 대해 무력하고, 불안정한 국가 이미지를 부여할 수도 있기 때문에 이에 대해서는 포격 실험과 함께 그리스도 국가인 네덜란드가 포르투갈에 대해서도 대적할 의향이 있는지 없는지를 확인하기 위한 것으로 인식시켜야만 한다는 것이다. 다시 말하면, 네덜란드의 참전이 일본에는 대외적으로 오히려 부끄러운 일이 될지도 모른다는 전제하에 그 대응책을 언급하였던 것이다. 그러나 밑

77 『平戶オランダ商館の日記(4)』, 앞의 책, 109쪽(1638년 6월 15일).

줄 ⓒ에서 알 수 있듯이 같은 그리스도교 국가임에도 네덜란드는 포르투갈에 포격을 가하고 있어 막부에서는 네덜란드에 특별한 감정을 가지고 있음을 확인할 수 있다.

결국, 이러한 과정 속에서 '난' 진압 이후 포르투갈은 적대국의 입장으로 멀어질 수밖에 없었고, 더욱이 전술한 마닐라 공격에 대한 막부의 논의가 깊어짐과 동시에 그리스도교 금제의 강화와 포르투갈인 선교사들에 대한 투옥 및 고문이 강제되었다. 동년 10월 20일에는 막부가 그리스도교 금제의 강화를 위해 바테렌(伴天連, padre[신부·사제])을 고발하는 사람에게 은 200매, 이루만(伊留満, irmao['padre'를 보좌하거나 또는 수도사])은 은 100매, 그리스도교 신자는 은 50매, 또는 30매를 내린다는 명령을 전국 다이묘들에게 내렸고,[78] 다음 해인 1639년부터는 포르투갈과의 단교까지 거론하게 되었다.

그것은 1639년 5월 20일 『상관일기』에 잘 나타나 있는데, 각로인 이노우에 마사시게(井上政重, 筑後殿)가 상관장을 초대한 자리에서 아리마·아마쿠사의 반란과 전쟁에 대해 포르투갈인을 엄하게 비판하며, "나는 나가사키에 있는 포르투갈 카피탄 2명과 올해 들어오는 포르투갈인 모두를 십자가에 걸어두고 싶다. 그렇게 하면 수년 간 그들로 인해 죄도 없이 죽은 많은 사람들의 수만큼 모이게 하여 가르칠 수 있을 것이다. 그들이 카레우타 선박으로 퇴거하지 않을 때에는(그들은 물론 퇴거하지 않겠지만) 올해에는

---

[78] 『德川實紀』, 寬永 15년 9월 20일. "今より後は各國いよいよ其禁令を嚴にし. もしその徒を訴出ば, 其身の罪をゆるされ褒賜せらるべし. その制限はばてれんの訴人銀二百枚, いるまんは百枚, 切支丹は五十枚, 又は三十枚下るべしとの旨を, 諸大名在府在封の輩になべて仰下さる."

어떠한 방법을 써서 오더라도 그들을 발견해 낼 것이다."79라고 포르투갈 단교에 대한 의지를 표명하고 있었다.

더욱이 이 자리에서 이노우에는 상관장에게 "만약에 일본 당국이 이 나라로부터 포르투갈인을 추방한다면, 지금까지 포르투갈인이 해온 것처럼 당신들은 일본에 약(藥)과 견직물을 가져올 방법을 내놓을 수 있는가 라고 물었는데,80 이것은 포르투갈을 추방했을 경우, 일본의 수입품[약·견직물·생사 등] 부족으로 인한 문제에 대한 대비로부터 나온 것이다. 물론 네덜란드는 포르투갈을 대신해 필요한 만큼의 물품을 공급할 수 있다고 답변하고 있었다. 그다음 날에도 이노우에 등은 상관장을 불러 포르투갈이 일본에서 추방되면 네덜란드가 포르투갈과 스페인이 일본에 내항하지 못하도록 방해할 수 있는가에 대한 질문을 하고 있어81 막부가 포르투갈의 단교 후의 상황에 대해서 상당히 긴장감을 가지고 우려하고 있었다는 것을 확인할 수 있다.

막부의 네덜란드에 대한 우호적 감정과 포르투갈에 대한 적대적 감정 및 외국 선박에 대한 처우 논의는 1639년 5월 22일 막부 관료들이 모인 가운데 논의되었고, 최종적으로 로주(老中) 사카이 다다카쓰(酒井忠勝)가 결론을 내리게 된다. 그것은 "우리들이 다른 사람들의 봉사(奉仕)를 받는 것이 가능하다면, 일본 스스로가 선박을 국외로 도항시킬 필요는 없다.

---

79 『平戶オランダ商館の日記(4)』, 앞의 책, 209쪽(1639년 5월 20일). 이 기록은 『상관일기』 1939년 7월 12·13일 기록 이후에 삽입되어 있는데, 바로 1639년의 에도참부 때의 상관장의 기록이다.
80 『平戶オランダ商館の日記(4)』, 앞의 책, 210쪽(1639년 5월 20일).
81 『平戶オランダ商館の日記(4)』, 앞의 책, 211쪽(1639년 5월 21일).

나는 좋은 시기를 잘 생각하여 이 건에 대해 황제[쇼군]에게 제안할 것이다."82에서 알 수 있는 바와 같이, 포르투갈선의 내항을 금지하더라도 '다른 사람들의 봉사', 즉 네덜란드가 대신하여 해외의 상품을 가져온다면, 다시 일본의 주인선(朱印船)을 해외에 보낼 필요는 없다는 것이다.

결국, 위와 같은 포르투갈에 대한 반감은 1639년 8월 4일(음:7.5)에 강력한 그리스도 금교령의 확인과 함께, "지금 이후부터 카레우타선[포르투갈선]이 도해하는 것을 정지시킨다. 상기의 금령이 있음에도 만약 건너온다면, 그 배는 부숴버리고 타고 온 자는 모두 참죄(斬罪)에 처할 것이다."83라고 하여 포르투갈 선박의 내항 금지에 의한 단교를 선언하게 된다.

가토 에이치(加藤榮一)는 이러한 포르투갈의 내항 금지 조치에 의해 '쇄국제'의 골격을 이룬 '해금정책'은 거의 완성하였다고 평가하고 있는데,84 실은 1641년 네덜란드도 막부에 의해 히라도에서 나가사키의 인공섬인 데지마(出島)로 강제 이전을 당하여 이전보다 더욱더 통제된 제한 무역을 허가 받게 된다. 이것은 '난'의 발생을 계기로 그리스도교 금제를 보다 엄격하게 시행하기 위한 외국인에 대한 통제정책으로서의 이른바 '쇄국의 완성', 또는 '해금의 완성'이라고 할 수 있다. 즉, '쇄국의 완성'이라는 것은 1639년 포르투갈의 내항 금지에 의한 것이 아니라, 일본 내항 외국인의 거주 이전을 통제한 1641년, 즉 네덜란드의 데지마 이전에 의해 완성되었던

---

82 『平戶オランダ商館の日記(4)』, 앞의 책, 216쪽(1639년 5월 22일).
83 歷史學硏究會 編, 『日本史史料3-近世-』(岩波書店, 2006), 134쪽. 「寬永十六年七月五日江戶幕府大老老中連署下知狀寫他」 "…自今以後, かれか(う)た渡海之儀被停止之畢, 此上若差渡にをひてハ, 破却其船, 幷乘來者盡可處斬罪之旨, 被仰出, 仍執達如件."
84 加藤榮一, 『幕藩制國家の成立と對外關係』(思文閣出版, 1998), 158쪽.

것이다.

아무튼 포르투갈의 내항 금지정책은 이후 더더욱 강화되어 1640년 8월 5일에는 무역 재개를 목적으로 내항한 포르투갈인에 대해 전술한 1639년의 내항 금지령을 엄수하지 못했다는 것을 이유로 총 74명 중에서 13명의 흑인과 동남아시아 원주민을 제외한 61명 전원을 참수해 그 목을 목책에 걸어두는 강경책을 펼쳤다.[85] 이후 포르투갈은 일본에서 완전히 패퇴함으로써 네덜란드는 포르투갈을 대신해 일본의 해외무역 담당자로서 그 위치를 확고히 굳혀 일종의 일본무역에 대한 독점적인 지위[86]를 획득하게 된다. 더욱이 그에 따른 다대한 무역의 이익을 보장받게 되었을 뿐만 아니라, 네덜란드 동인도연합회사(VOC) 내부에서도 일본을 무역 거점지로 삼은 동아시아 무역권에 대한 새로운 구상을 펼칠 수 있게 되었다. VOC는 일본무역의 본격적인 개시로 인해 1650년대부터 1670년대 초반까지 그야말로 '회사의 육지 무역 및 인도[동아시아] 이윤의 가장 큰 희망'[87]이라고 할 정도로 일본무역은 왕성한 발전을 거듭하였고, 네덜란드 입장에서 일본은 가장 중요한 통상국이 되었던 것이다. 이러한 변화의 계기가 바로 '시마바라·아마쿠사의 난'이었으며, 이 '난'의 진압에 대한 네덜란드의 참전은 이후 양국의 역사, 나아가 동아시아 국제관계에 새로운 변화를 가져왔다고 평가할 수 있겠다.

다만, 이러한 네덜란드의 일본무역에 대한 이점의 형성, 즉 포르투갈

---

85 『平戶オランダ商館の日記(4)』, 앞의 책, 383쪽(1640년 8월 5일).
86 다만, 본고에서 말하는 '독점적 지위'라는 것은 서유럽 세계에 대한 지위이며, 여기에 唐船이나 대 조선무역은 제외한다.
87 富永牧太 譯, 앞의 책, 292쪽.

과 영국 등의 서유럽 세계를 따돌린 독점적 무역권의 획득은 일반적으로 말해지는 '네덜란드의 충절', 또는 '난' 진압을 위한 참전의 대가로서 부여받은 것이 아니다. 일본 국내에서의 선교 활동과 종교 전파 등으로 인해 거부된 포르투갈을 대신하여 전술한 [사료 11]에 보이듯이 해외상품의 수입이라는 무역 활동의 역할을 네덜란드가 충분히 수행할 능력이 있었고, 또한 네덜란드는 선교 활동을 하지 않았기 때문에 가능한 것이었다. 이로부터 막부의 그리스도 금제정책이 막번체제 성립기에 외교관계 정립의 최우선적 요건이었음을 확인할 수 있다. 그렇기에 [사료 12]에서 검토한 바와 같이, 마쓰다이라가 네덜란드를 '난'의 진압에 참전시킨 것은 그들이 그리스도교인들을 공격하는지 어떤지 시험해보기 위한 것이었다고 말한 것이며, 이는 네덜란드의 일본무역권 획득이 '난'에 대한 참전의 대가로서 부여된 것이 아니라, 막부의 외교정책에 입각한 필요에 의한 수단으로서 보장되고 있다는 것을 입증해준다. 특히, 네덜란드는 무역에만 전념할 뿐, 종교의 전파에는 전혀 관심도 없었고, [사료 1]의 밑줄 ⓓ에 보이듯이 네덜란드 스스로가 자신을 낮춰 막부의 하위 단계에 그 위치를 부여함으로써 막부의 권위를 높여주는 역할도 수행했기 때문에 막부의 입장에서 네덜란드는 가장 최적의 무역 상대였던 것이다.

5. 맺음말

지금까지 일본 역사 속에서 최대의 종교 반란이라고도 할 수 있는 근세 시기의 '시마바라·아마쿠사의 난'에 보이는 막부와 네덜란드의 공조 관계를 중심으로 이 '난'에 참전한 네덜란드의 역할과 막부의 평가 및 향후 일란관계의 영향이라는 측면에서 고찰해보았는데, 그 내용을 몇 가지로 정리해 보면 다음과 같다.

첫째는 1637년 '난'이 발발하자 네덜란드가 막부군에 공조하여 난군 진압에 참전하게 된 배경과 이유에 관한 문제이다. '난' 발발 초기에는 관망하는 상태였으나, 일본 측의 '난' 진압을 위한 화약 제공에 대한 요청을 받은 후, 선박과 무기의 제공, 그리고 직접적인 참전에 이르기까지 이 사건은 네덜란드의 문제로 전환되었다. 물론, 일본 측 관료들의 협조 요청에 의한 것이지만, 네덜란드의 입장에서는 '난'의 발발로 무역 거래금을 환수하지 못하고 있었으며, 더욱 중요한 점은 당시 일란관계는 '타이완 사건' 이후 단절되었던 무역 관계에서 무역 재개로의 시작 단계였기 때문에 이러한 상황에 또 다른 지장을 초래하지 않기 위해 일본 측에 공조할 수밖에 없었다. 더욱이 이러한 네덜란드의 참전은 작크 스펙스가 말한 바와 같이 일본과의 무역 회복을 추진하기 위해 "일본인은 진실로 위대하여 긍지가 높으며, 네덜란드인은 비소(卑小)하다."라고 하는 것의 실천이기도 했다. 일본의 입장에서 네덜란드를 끌어 들인 가장 중요한 이유는 네덜란드의 화력이 아니라, 그들의 그리스도교에 대한 성향을 파악하기 위한 전략이었다. 이것은 본 장에서 막부군 총대장 마쓰다이라 노부쓰나의 언급([사료 12])을 통해 명확히 하였지만, 같은 그리스도교를 믿는 국가인 네덜란드로 하여금 그리스도교인들의 반란을 공격하게 하여 향후 네덜란드와의 관계 유지 여부를 시험한 것이다.

둘째, 일본과 어떠한 협조 속에서 난군에 대한 진압이 이루어졌고, 난군에 어떠한 피해와 영향을 주었는가 라는 공조의 실체에 관한 문제이다. 네덜란드는 2월 19일 마쓰다이라의 명령에 의해 직접적 참전으로 이어졌고, 2월 26일부터 3월 12일까지 15일간 육상과 해상에서 약 422발의 포격 활동으로 '난' 진압에 공조하고 있다. 『상관일기』에 의하면 포격 활동으로 인해 어느 정도 '난군'에 피해를 주고는 있지만, 대부분의 일본 측의 기록에 의하면, 전세를 뒤바꿀 정도의 효과는 없었던 것으로 판명된다. 더욱이 본 장에서 논증한 바와 같이 네덜란드의 포격 활동은 퍼포먼스적인 성격이 있었고, 일본무역의 보존과 이익 확대를 염두에 두고 자발적 성향을 보이기는 했지만, 그 실체를 보면 포격 활동이라는 참전은 어디까지나 막부군의 지시를 받은 범위 안에서의 수동적 참전이었으며, 철수마저도 막부의 지시를 받지 않으면 안 되었다.

셋째, 네덜란드의 '난' 참전에 대한 평가와 '난' 진압 후 일본과 네덜란드, 그리고 포르투갈의 관계가 어떠한 양상으로 변화되었는가에 대한 문제이다. 그간 선행연구에서는 네덜란드가 '난'에 참전한 것은 '네덜란드인의 충절'에 의한 것으로 평가하며, 또 참전의 대가로서 향후 네덜란드가 일본에서의 독점적인 무역권을 얻을 수 있었다고 거론되고 있지만, 단순히 막부에 대한 '충절'과 '난'에 참전했다는 대가로서 일본무역권을 인정받은 것은 아니다. 그것은 어디까지 막부의 의도된 계산의 결과이다. 즉 그리스도교 금제정책에 따라 포르투갈과의 무역은 금지하지만, 그간 네덜란드는 선교 활동을 하고 있지 않았고, 또한 일본에 필수적인 대외무역의 능력도 충분하기 때문에 포르투갈의 역할을 대신하게 했던 것이다. 그러기 위해서는 마쓰다이라의 언설에 보이는 바와 같이 네덜란드의 그리스도교와의 관련 여부에 대한 검증이 필요했던 것이며, 1639년에 포르투갈과 단교를 결정하면서 이러한 검증에 통과한 네덜란드에게 막부는 '난' 종결 이후 독점적 일본무역권을 인정해주었던 것이다. 그만큼 에도막부의 체제성립 초기 단계에서 그리스도교 금제정책은 다른 무엇보다도 우선되는 외교의 근간이었다고 말할 수 있겠다.

끝으로 본 장에서 고찰하지 못한 '난'에 참전한 중국선(唐船)의 문제를 포함해, '시마바라·아마쿠사의 난'이 근세 일본의 외교관계, 나아가 동아시아 국제관계 변화[동아시아 제국의 서유럽 관계 변화]에 어떠한 파급효과를 미쳤는가에 대해서는 금후의 과제로 삼겠다.

제5장

근세 일본의 해난구조정책과 '4개의 창구'

1. 머리말

15세기 대항해시대 이래 세계의 국제관계 네트워크는 해양을 매개로 형성되었고, 자연히 선박들의 왕래에 의해 자연적·우연적·필연적으로 해난사고도 발생하였다. '해난(海難)'이라는 용어에 대해서 가네자시 쇼죠(金指正三)는 『近世海難救助制度の研究』에서 "선박이 항해 중 또는 정박 중에 선박과 선적물 및 승무원·승객, 즉 승선자(在船者)의 전부 또는 일부가 해상에서 피해를 당한 위험"[01]으로 규정하고 있으며, 에도시대(江戶時代)의 구체적인 사례로서 "자연 풍파에 의한 파선(破船)·난선(難船)·교선(膠船)[02]·수선(水船)[03]·침선(沈船)·당봉(當逢)[04]·타양(打揚)[05]·행방불명 등"[06]을 해상에서의 재난으로 보고 있다. 이 글 역시 가네자시의 설을 따르

---

[01] 金指正三, 『近世海難救助制度の研究』(吉川弘文館, 1968), 3쪽. 물론, '해난'에 대해서 광의와 협의 개념으로 세분화시키고 있는데, 광의의 개념은 근대 이후 해상보험의 측면에서 보는 것이며, 협의의 개념은 '해상의 재난'으로 보고 있다.

[02] 아교를 칠한 선박(膠船)의 아교가 녹아서 침수되는 선박.

지만, 이러한 사례들은 모두 표류(漂流)·표착(漂着)이라는 근래에 사용되는 개념을 포함하고 있기 때문에 이 글에서는 에도시대 외국 선박을 대상으로 이들 외국 선박이 원래의 원하는 목적지에 다다르지 못한 경우를 포함하여 '해난'이라고 규정하겠다.

한편, 이러한 해난사고에 대한 연구는 일본에서 주로 일본 국내 선박에 한정된 해난구조의 법제사적인 연구로 시작되었는데, 스미타 쇼이치(住田正一)·이쿠시마 히로지로(生島廣治郎)·리코 미쓰오(利光三津夫)·이노우에 가즈오(井上和夫) 등이 1621년 8월의 '사다메(定)'를 막부 최초의 법령으로 상정하고 있으며, 이는 일본 해난구조법의 효시로 알려져 있다.[07] 당시 이 법령은 1600년 이래 에도막부의 정치 중심지로서 에도가 번성하여 교토 및 각 지역으로부터의 물자수송으로 인해 해난사고가 다발하자 이를 보호하기 위해 만들어 진 것이었다. 하지만, 이러한 연구는 가네자시가 말한 바와 같이 에도막부의 법령에 대한 사례로 보여주었을 뿐, 법제의 실시 상태를 포함해 그 전모를 밝힌 연구는 아니다.[08]

이 문제점을 극복한 것이 가네자시의 『江戶時代における海難の研

---

[03] 파도나 선체의 손상으로 선박이 침수되어 침몰할듯한 상태의 선박.
[04] 선박이 충돌되는 사고.
[05] 선박이 파도 등에 밀려 육지에 올라서는 사고.
[06] 金指正三, 앞의 책, 4쪽. 해난사고 규정에 대해서는 같은 책, 31쪽의 각주 2) 참조.
[07] 金指正三, 앞의 책, 42-43쪽.
[08] 해난구조의 법제사적인 연구에는 다음과 같은 것들이 있다. 中田薰,「德川時代ノ海法」(『法學協會雜誌』32-3·4, 1914); 竹越與三郎, 『日本經濟史(8)』(日本經濟史編纂會, 1920); 住田正一, 『日本海事法』(巖松堂書店, 1927); 生島廣治郎, 「德川時代に於ける海難救助の研究」(『經濟學商業學國民經濟雜誌』34-5·35-2, 神戶大學, 1923); 金指正三, 『日本海難救助法制史』(はしがき, 1955).

究』09와 전술한 『近世海難救助制度の研究』인데 에도시대 일본을 중심으로 한 해역에서 발생한 해난을 체계적으로 정리·분석하고 있으며, 해난구조 법령의 내용과 해난구조에 대한 보수·감독 및 화물처리 등에 대해서도 상세히 규명하고 있어 일본의 해난구조 관련 연구 중에서는 가장 선구적인 업적으로 평가할 수 있다.10 또한 해난사고를 표류민의 발생과 연결 지어 1980년대 이후에는 일본에서 아라노 야스노리(荒野泰典)·하루나 아키라(春名徹)·이케우치 사토시(池內敏), 한국에서는 이훈 등에 의한 동아시아 속에서 근세 '표류민 송환체제'의 확립이라는 측면에서의 연구도 활발히 이루어짐과 동시에 '송환체제'를 포함한 표류민의 송환양식, 그리고 표류민을 매개한 관련 국가들의 상호인식과 교류의 측면에서 선학들의 많은 연구가 진행되어 왔다. 또한 정성일은 일본에 표류한 조선인 중에 상당수를 차지하는 전라도 주민에 대한 표류의 특징 등을 규정하여 데이터베이스화를 모색한 연구11가 발표하는 등 상당한 연구성과가 축적되어 왔다. 그 이외에 해난 및 표류에 관련된 한국과 일본의 연구들에 대해서는 이전의 논고12에

09 金指正三, 『江戶時代における海難の硏究』(はしがき, 1956).

10 荒野泰典, 「近世日本の漂流民送還體制と東アジア」(『歷史評論』400, 歷史科學協議會, 1984[후에 『近世日本と東アジア』(東京大學出版會, 1988)에 수록]) ; 春名徹, 「漂流民送還制度の形成について」(『海事史研究』52, 1995) ; 春名徹, 「近世日本船海難にかんする中國全記錄の再檢討-東アジアにおける近世漂流民送還制度と日本」(『海事史研究』62, 2005) ; 池內敏, 『近世日本と朝鮮漂流民』(臨川書店, 1998) ; 李薰, 『朝鮮後期 漂流民과 韓日關係』(국학자료원, 2000) ; 한일관계사학회 편, 『조선시대 한일 표류민연구』(국학자료원 2001) ; 李薰·池內敏, 『朝鮮後期漂流民と日朝關係(韓國の學術と文化)』(法政大學出版局, 2008).

11 鄭成一, 「全羅道 住民의 日本列島 漂流記錄 分析과 데이터베이스化(1592-1909)」(『史學研究』72, 韓國史學會, 2003).

12 申東珪, 「前近代 일본의 西洋異國船 표착처리」(『韓日關係史研究』25, 한일관계

서 상세히 언급한 바가 있었기에 여기서는 생략하기로 한다.

다만, 전술한 가네자시의 연구는 주로 일본의 국내 선박에 대한 해난구조를 취급한 것으로 외국 선박에 대한 해난구조정책의 변화를 통시적으로 고찰한 것은 아니며, 전술한 '표류민 송환체제'를 중심으로 한 연구들도 해난사고를 살핀 것이기는 하지만, 표류민의 송환과 관련된 시각에 관점을 두고 있어 근세 일본이 어떠한 국제관계의 틀 속에서 선박들의 해난사고에 대처하고 있었는가에 대한 규명이 명확하게 이루어지지 않았다. 그 중의 하나가 그리스도교 금제정책과의 관련성을 비롯해 막번체제의 확립기에 외교 창구로서 '4개의 창구(四つの口)'[13]와의 관련성에 대한 부분이다.

따라서 이 글에서는 중국·조선·류큐·네덜란드 선박에 대한 해난구조와 표류를 소재로 삼아 첫째는 어떠한 과정을 통해 해난구조의 나가사키 체제화가 이루어지고 있었는가, 둘째는 이들 외국 선박에 대한 해난구조의 처리 규정에는 어떠한 것들이 있으며, 막각(幕閣)에서는 어떠한 지시를 내렸는지 제 사례를 통해 검토해 보고자 한다. 셋째는 이러한 해난구조와 '4개의 창

사학회, 2006).

13 荒野泰典, 『近世日本と東アジア』(東京大學出版會, 1988), 序文·161쪽. 원래는 '四つの口'이나 본서에서는 '4개의 창구'로 번역하여 사용함. '4개의 창구'는 1970년대에 들어와 일본 막번제 국가의 '쇄국' 정책과 대외관계에 대한 의의를 둘러싼 관심이 높아지면서 아라노 야스노리(荒野泰典)가 「幕藩制國家と外交」(『世界史認識における民族と國家-1978年度歷史學研究會大會報告』, 歷史學研究別冊特集, 靑木書店, 1978)라는 논문에서 쓰시마·사쓰마·마쓰마에 3곳을 '구치(口)'라는 표현으로 처음 발표하였고, 이후 「大君外交體制の確立」(『講座日本近世史(2)』, 有斐閣, 1981)에서 나가사키를 포함하여 보다 확실하게 '4개의 창구'를 개념화시켰다. 이와 관련해서는 다음의 문헌을 참고해 주기 바람. 鶴田啓, 「近世日本の四つの'口'」(荒野泰典·石井正敏·村井章介 編, 『アジアの中の日本史Ⅱ-外交と戰爭』, 東京大學出版會, 1992).

구'가 어떠한 상관관계 속에서 기능하고 있었는가를 고찰해 보고자 한다. 다만, 이 글에서는 시기적으로 17세기부터 18세기 후반(덴메이기[天明期] 전후)까지를 대상으로 하고 있는데, 그 이유는 18세기 후반부터는 러시아의 남하와 더불어 이른바 '흑선(黑船) 내항', 그리고 이에 대한 막부의 정책의 변화가 존재하기 때문에 시기를 한정해 두겠다.

2. 해난구조의 나가사키(長崎) 체제화

에도시대 이전인 중세의 해난구조는 통일된 국가 정권으로 강력한 기본적 방침을 세운 정책이라고 할 수 없었고, 어디까지나 '임의적 대응책'이었으나,14 근세에 들어와서는 강력한 통일 정권이 성립되면서 외국 선박에 대한 일정의 해난구조정책이 시행되었다. 물론, 당시의 해난구조라는 것은 이른바 '쇄국·해금' 정책과 밀접한 관련이 있어 대외적인 통제정책의 일환으로 시행되고 있었고, 이 때문에 '쇄국령(鎖國令, 寛永의 禁令)'15과 관련지어 파악할 필요가 있지만, 우선 여기서는 해난사고에 대한 처리가 언제부터 왜 나가사키 중심으로 이루어졌는가에 대해 먼저 살펴보겠다.

에도시대에 최초로 외국 선박의 해난구조에 관한 법령이라고 할 수 있는 것이 시행된 것은 『通航一覽』의 「漂着幷漂流扱方」에 보이는 기록으로부터 확인할 수 있다.

14　申東珪, 앞의 논문, 278쪽.
15　山本博文, 「'鎖國令'의 背景」(『歷史評論』493, 歷史科學協議會, 2006) ; 海老澤有道, 「寛永鎖國令」(『歷史敎育』5-11, 歷史敎育研究會, 1957), 참조.

[사료 1]

1635년(寬永12) 을해년부터 중국선(唐船)이 다른 영지(他國)에 표착하더라도 조속히 나가사키로 인도할 것을 지시하였다. 부교(奉行) 사카키바라 모토나오(榊原職直, [원문: 柳原飛驒守]), 바바 도시시게(馬場利重, 원문: 馬場三郞左衛門)가 지배하고 있었다.16

즉, [사료 1]의 밑줄에 보이는 바와 같이 1635년 중국 선박이 일본 내의 다른 영지에 표착하더라도 기본적으로 나가사키에 인도하여 처리할 것을 정한 것이다. 1635년에 이 같은 지시에 대해서는 에도막부의 명에 의해 저술된 『通航一覽』의 편자 하야시 후쿠사이(林復齋)도 "이 해에 중국선의 통상은 나가사키에서만 취급할 것을 정한 것에 따른 것이다."17라고 부연 설명을 하고 있는데, [사료 1]의 밑줄 부분에서 조속히 나가사키로 인도해야 한다는 지시에서 알 수 있는 바와 같이 나가사키를 무역시장으로 한정함과 동시에 표착 처리의 중심지로 정한 것이었다.

이와 관련된 내용은 『崎陽群談』에도 "중국선(唐船)이 처음에 지쿠젠(筑前)의 하카타(博多), 사쓰마의 아쿠네(阿久禰)에 표착했는데, 1635년(寬永

16　林復齋, 『通航一覽』5(國書刊行會, 1912), 251쪽, "寬永十二乙亥年より, 唐船他國江漂着有之とも, 早速長崎江可引渡由被仰付候. 御奉行柳原飛驒守, 馬場三郞左衛門支配." 이하, 『通航一覽』에 대해서는 저자, 연도, 출판사를 생략하고 표기함.

17　『通航一覽』5, 251쪽, "此年唐船の通商, 長崎一方と定められしによりてなり."

12)부터 나가사키 항구에 인도할 것이라는 취지가 내려져 그것이 지금까지 이어져 오고 있다."¹⁸라는 기록이 있어 외국 선박의 표착선 처리 내지는 해난구조가 1635년부터 나가사키 중심 체제로 이루어지고 있음을 확인할 수 있다. 물론, 이것이 대외관계 통제책으로서 중국과 네덜란드와의 외교 창구 일원화를 위해 나가사키로 한정한 것에 따른 이유이기도 했지만, 그 어떤 해난사고로 인해 목표로 했던 지점에 도착하지 못한 표류·표착 등의 사고에 대한 기본 방침이기도 했다. 이렇게 나가사키 중심의 해난구조에 대한 지시는 2년 뒤인 1637년에 류큐에 표착한 남만선(南蠻船)을 처리할 때도 행해지고 있었다.

[사료 2]

ⓐ1637년(寬永14)년 8월에 일본에 건너오려던 남만선 1척이 류큐에 표착하였다. 사쓰마번의 감시역(薩摩番)이 그것을 붙잡아 사쓰마에 연행해 온 것을 즉시 나가사키에 보냈다. ⓑ 바테렌(伴天連, [그리스도교 선교사 또는 사제]) 6명과 일본인 3명이었다. 부교였던 바바 도시시게(馬場利重, 馬塲三郞左衛門), 사카키바라 모토나오(榊原職直, 榊原飛驒守)가 조사를 행한 바, 일본에 사종(邪宗)을 전파하기 위해 몰래 숨어들어왔다는 것을 자백하였다. 이 때문에 나가사키에 있는 감옥에 보냈는데, 어떻게 되었는지 불분명하다. 이때 규슈(九州)에 내려진 봉서(奉書)가

---

18   大岡淸相 編/中田易直·中村質 校訂, 『崎陽群談』(近藤出版社, 1974), 56쪽. "唐船, はしめ筑前博多, 薩摩阿久禰等へ着岸し處, 寬永十二年より長崎湊江かかり渡り來り可申旨被仰出, 夫今以渡り來り事."

이를 약술하고 있다.[19]

즉, 밑줄 ⓐ에서 1637년에 남만선 1척이 류큐에 표착했으나, 류큐에 재주하고 있던 사쓰마의 감시역이 붙잡아 사쓰마 경유로 나가사키에 보내고 있음을 알 수 있다. 더욱이 밑줄 ⓑ로 볼 때, 나가사키로 송환된 자들은 부교 2명의 조사로 그리스도교 선교사 또는 신자임이 발각되어 감옥에 투옥되고 있다. 표착한 남만선은 단순한 표류 선박이 아니라, 일본에 잠입하려던 선교사 일행으로서 결국은 처벌되고 있었던 것이다. 이 사례는 일본의 그리스도교 금제정책, 다시 말하면 이른바 '쇄국' 정책의 일환으로서 처리된 것이기는 하지만, 나가사키에서의 외국 선박 처리가 일본 전국만이 아닌 류큐까지를 포함하여 실시되고 있었다는 것을 말해 준다.

물론, 류큐에서의 외국 선박에 대한 처리 문제는 이때가 처음이 아니다. 이미 1616년에 영국 선박이 류큐에서 포르투갈 선박과 교전 중에 표착하여 사쓰마번을 거쳐 나가사키로 그 선원들이 이송되고 있었던 사례[20]를

---

19 『通航一覽』1, 289-290쪽. "寬永十四年八月に, 日本へ罷越し申候南蠻船一艘琉球へ漂着す, 薩摩番のもの捕之, さつまへ連越し候を, 早速長崎へ送られける, 伴天連六人日本人三人也, 奉行馬場三郎左衛門榊原飛驒守詮義有之候處, 日本に邪宗を弘むへきために, しのひて來るよし白狀す, 依之長崎の牢に入おかれ, 落着不分明なり, 此時九州中に出され候御奉書略之." 이 외에 『通航一覽』에는 다음과 같은 기록도 실려 있다. "寬永十四丁丑年, 琉球に南蠻船一艘漂着到, 則薩摩に來たし, それより長崎に送り獄に置る", "寬永十四年丁丑年, 琉球に黑船一艘漂着す, 薩摩へ送り來, 薩摩より長崎へ送來, 則入籠被仰付候." 荒川秀俊, 『日本漂流漂着史料』(地人書館, 1962), 81-82쪽 참조.

본다면, 사쓰마번에 한해서는 1635년 이전부터 나가사키 중심의 이국선 대책 내지는 해난구조 시스템이 운용되고 있었다고 평가해도 좋을 듯하다. 이는 1609년에 류큐가 사쓰마번의 시마즈(島津) 씨에 의해 공격을 받아 속번과 같은 입장에 있었기 때문이지만, 그만큼 그리스도교 금교라는 통제정책이 국내만이 아닌 외국에까지도 적용되었을 정도로 일본 대외정책의 근간이 되고 있었다는 것을 의미한다.

다시 말하자면, 외국 선박에 대한 해난구조 조치는 전술한 당시의 '쇄국·해금' 정책 및 그리스도교 금제정책과 밀접한 관련 속에 시행되었기 때문에 서양 선박에 대한 통제책의 근간으로 적용되어 갔고, 그만큼 막부에게 외국 선박에 대한 인도주의적인 해난구조보다는 그리스도교 금제가 더 중대한 외교 현안이었다는 것을 말해 준다.

한편, 그리스도교에 대한 막부의 부정적 인식을 극대화시킨 것은 본서 제3·4장에서도 살펴본 1637년에 발발한 '시마바라(島原)·아마쿠사(天草)의 난'이었다. 막부는 이 봉기를 진압하고, 봉기의 배경에 존재한 포르투갈에 대해서 1639년 외교를 단절하면서 그리스도교 금제를 더욱 강화시켜 나갔다. 따라서 외국 선박의 처리에 대한 막부의 관심은 종교적 통제라는 측면이 강했고, 이것의 발현이 바로 제 다이묘(大名)에게 내린 다음과 같은 봉서였다.

---

20   荒川秀俊, 앞의 책, 75-76쪽(『리차드콕스 일기』의 1616년 5월 24·25·29일조).

[사료 3]

一, ⓐ그리스도교 종문(宗門)을 비록 금제해 왔다고 하더라도 지금 그 나라에서 몰래 바테렌(伴天連)을 보내고 있기에 앞으로 그들의 선박이 착안(着岸)하는 것을 정지시킨다.

一, ⓑ영내(領內)의 각 포구에 항상 확실한 자를 두어 의심스러운 선박에 대해서는 주의를 기울여 조사하고, ⓒ이국선(異國船)이 착안했을 때는 수년 전부터 정해왔던 것과 같이 빨리 선내의 인원수를 조사하여 육지로 못 올라오게 하고, 속히 나가사키에 보낼 것.

一, 당연히 의심스러운 자들이 배를 타고 왔거나 또는 몰래 그 배에 탄 자들을 상륙시키는 무리가 있다면 신고하고, 신고한 자의 신분 지위에 따라 반드시 포상을 내려 주어야만 한다.21

[사료 3]의 밑줄 ⓐ와 ⓑ부분에서 알 수 있듯이 이 법령이 내려진 것은 바테렌, 즉 선교사 등의 밀입국 방지를 위해 포르투갈 선박에 대한 내항을 금지하고, 각 포구에는 감시자를 두어 의심스러운 선박에 대해 조사를

---

21 高柳眞三·石井良助 編, 『御触書寬保集成』(岩波書店, 1989), 629쪽(1228번, 寬永十六卯年七月). "一. きりしたんの宗門雖爲御制禁, 今以從彼國密々伴天連を差渡ニ付て, 今度かれかた船着岸之儀御停止事. 一. 領內浦々ニ常々慥成者を付置, 不審有之船來にをひてハ, 入念可相改之, 自然異國船着岸之時は, 從先年如御定, 早船中之人數を改め, 陸地え不上して, 早速長崎え可送遣之事. 一. 自然不審なる者船にのセ來, 又ハ密々其船中之者を陸へ上之輩あらハ, 可申出之, 隨訴人之高下, 急度御褒美可被下之…."

지시해 그리스도교 금교정책을 강화한 것이었다. 그런데, 밑줄 ⓒ에서는 선내의 인원수를 조사하여 수년 전부터 정해왔다고 하는 나가사키로의 호송을 명령하고 있다. 여기서 수년 전부터 시행해 왔다고 하는 것은 바로 전술한 [사료 1]과 『崎陽群談』에 보이는 1635년의 외국 선박 처리 규정을 말하는 것인데, 중요한 것은 의심스러운 외국 선박의 승무원에 대한 상륙을 금지하고, 무조건 나가사키로 보내야 한다는 점이다. 더욱이 밑줄 ⓒ의 뒷부분에는 상륙을 도와준 자들에 대한 처벌과 신고자에 대한 포상까지 규정하고 있다.

주지한 바와 같이 1635년의 시점에서 중국 선박은 나가사키로 보내라는 지시였고, [사료 2]의 1637년의 시점에서 바테렌의 밀입국이 발각되는 사건과 함께 그해 말에는 그리스도교의 봉기인 '시마바라·아마쿠사의 난'이 발발하였기에 [사료 3]에서는 그리스도교 관련의 선박에 대해서 상륙조차 금지하고 있다. 즉, 이러한 정책들은 나가사키를 정점으로 이루어지고 있었음을 알 수 있는데, 1640년 6월 3일에는 서장을 보내면서 중국 선박과 포르투갈 선박에 대해 차별적으로 대응하도록 다음과 같이 지시하고 있었다.

[사료 4]
ⓐ1640년(寬永 17) 경진 6월 3일에 남만(南蠻[포르투갈]) 카레우타선이 도래했을 때에는 조속히 참죄(斬罪)에 처해야만 한다는 취지의 서장 안에 ⓑ카레우타 외에 당선(唐船[중국선]) 및 이국선이 착안했을 때에는 이전에 지시한 바와 같이 빨리 선내의 인수를 파악하여 육지에 상륙시키고, 나가사키로 호송해야만 할 것.22

즉, [사료 4]의 밑줄 ⓐ에 의하면, 남만선이 내항해 왔을 때에는 참죄할 것을 지시하면서도 밑줄 ⓑ에서는 중국선 및 출처를 알 수 없는 이국선이 왔을 때에는 조속히 인수를 파악해 상륙시켜서 나가사키로 호송할 것을 지시하고 있다. 이는 명확히 그리스도교 관련 선박과 이외의 외국 선박의 처리에 대한 차별성을 명시한 것으로 당시 일본 해난구조의 기본원칙이라고도 할 수 있는 것이다. 그런데, 1641년에는 다음과 같은 취지의 지시를 내리고 있었다.

[사료 5]
ⓐ1641년(寬永18) 신사년, 중국선과 네덜란드 선박 및 조선 선박 모두 어느 지역에 표착하더라도 그곳에서 배를 이끌어 정박시킨 뒤에 나가사키 부교에게 보내도록 해야 한다는 지시를 내렸다. ⓑ그 외의 여러 나라의 선박이나 사람이 어디에라도 표착할 때에는 이를 보고해야 한다.[23]

전술한 [사료 4]에서는 그리스도교로 의심되는 참죄의 대상인 외국 선박[특히, 포르투갈선인 남만선]에 대해서는 그 승무원들을 상륙시키지도 못

22 『通航一覽』8, 443쪽. "寬永十七 庚辰年六月三日, 南蠻かれうた船渡來のとき, 速に斬罪に行ふへき旨御書付の內, かれうた外, 唐船竝異國船着岸之時は, 此以前御仕置之如, 早く船中之人數を改め, 陸地へ上せ, 長崎へ可送遣之事."

23 『通航一覽』8, 443쪽. "寬永十八辛巳年, 唐船, 阿蘭陀船竝朝鮮船共に何國へ令漂着とも, 其處より挽船を相添, 長崎御奉行へ可送届旨被仰出之, 其他諸外國之船竝人とも, 何方へ漂着之節も可准之."

하게 하였으나, [사료 5]의 밑줄 ⓐ에서는 중국 선박과 네덜란드 선박 및 조선 선박에 대해서는 나가사키로 호송시킬 것을 지시하고 있다. 이것은 이미 중국과 네덜란드가 '통상국(通商國)', 조선은 '통신국(通信國)'으로서 자리매김을 하고 있었다는 것이며, 그렇기 때문에 이들 국가에 대해서는 해난구조와 본국 송환이 보장되었던 것이다. 즉, [사료 4]의 시점인 1639년 포르투갈과의 단교 이래 외국 선박에 대한 처리는 그리스도교 국가[특히, 포르투갈]와 그 이외의 국가들로 양분되며, 이른바 해난구조라는 것은 바로 그리스도교로 인해 일본에 폐해를 끼치지 않는 국가들에 한정된 것으로 변화되었다. 즉, 해난구조의 대상은 중국·조선·네덜란드와 기타 그리스도교와 관계없는 국가들이었던 것이다. 또한 밑줄 ⓑ에서는 중국·조선·네덜란드 이외의 이국선에 대해서 일본 국내에 어디에 표착하더라도 보고할 것을 규정하고 있는데, 이러한 시스템 역시 나가사키 체제 속에서 행해지고 있었다는 점이 중요하다.

그 후 1646년 10월 24일에는 전국의 다이묘들에게 이국선이 내항해 왔을 때의 처리 방침을 각서(覺書)로서 로주(老中)였던 이즈(伊豆)의 마쓰다이라 노부쓰나(松平信綱), 쓰시마의 아베 시게쓰구(阿部重次)로 하여금 전달케 하였다.24 여기서 말하는 각서가 정확히 무엇이었는가에 대한 명확한 내용은 파악할 수 없지만, 그것은 외국 선박이 표착했을 때 나가사키에 보고하거나, 나가사키로 호송시키는 것임은 틀림없는 사실이다. 왜냐하면, 이 당시에 조선이나 중국인, 그 이외 국가의 표류민이 발생했을 경우, 반드시

---

24 『通航一覽』8, 443쪽. "異國船來朝之時御仕置之覺書, 右之家來殿中江召寄, 伊豆, 對馬被渡之."

나가사키로 호송시켜 조사를 받게 하고 있었기 때문이다. 한편, 이러한 외국 선박에 대한 조치는 1671년 7월에도 다음과 같이 유지되고 있었다.

> [사료 6]
> 각(覺). 당선(唐船[중국선])으로 보이는 선박이 에도에서 나가사키까지의 각 포구에서 우연히 풍파에 만났을 때는 그 해당 포구에서 선박을 내어 그 당선[중국선]이 파손되지 않도록 정성을 들이고 향후에 어떠한 때라도 그 취지를 지키는데 주의를 기울여야 한다.25

위의 [사료 6]의 밑줄 부분은 일본에 무역을 위해 도항해 온 중국선에 대한 규정이지만, 각 포구에서는 중국선이 풍파로 표착했을 경우 파손되지 않도록 구조해야 하며, 향후에도 마찬가지로 시행할 것을 규정하고 있다. 이와 관련된 당시의 한 가지 흥미로운 사례가 남아 있다. 1680년 5월에는 효가노쿠니(日向國)에 파탄(パタン, 波丹) 사람 18명이 표착해 왔는데, 우선은 그들이 그리스도교 신자인지 아닌지를 확인하기 위해 후미에(踏繪)26를 던지자 모두 웃었기 때문에[그리스도에 대한 신앙심을 보이지 않았기 때문에] 구조하여 나가사키에 보냈으나, 나가사키에서 18명 중에 알 수 없는

25　高柳眞三/石井良助 編, 앞의 책, 1142쪽(2402번, 寬文十一亥年七月). "覺. 唐船作之御船, 江戶より長崎まての浦々にて, 自然風波之節ハ, 其浦より船を出し, 御船不破損樣ニ精を入へし, 向後何時によらす, 此趣を相守可入念者也."
26　'후미에(踏繪)'는 '에부미(繪踏)'라고도 하는데, 1612년 도쿠가와 이에야스(德川

이유로 12명이 사망하고 생존자 6명은 그해 9월 에도로부터의 지시에 따라 네덜란드 선박에 의탁시켜 바타비아로 보내서 귀국시키고 있었다.27 이 경우에도 표류민에 대한 본국 송환이라는 해난구조 조치는 그 대상자가 그리스도교와 관련이 없기 때문에 이루어진 것이었고, 그러한 조치 역시 나가사키 중심이었다.

또, 이러한 외국 선박에 대한 처리 방침은 1686년에 "영내(領內)의 바다나 강에 바람으로 인해 들어온 이국선이 보일 때에는 신속히 번선(番船, [감시선])을 붙여 나가사키 부교에게 빨리 알릴 것이며, 상담을 해야만 할 것"28이라고 하여 당시 이미 그리스도교의 금제정책이 철저하게 운영·정착되고 있던 시점에서도 더욱 강화되는 일로에 있었다. 또한, 당시에도 『通航一覽』 등의 사료에 의하면, 나가사키 중심의 외국 선박에 대한 표착 처리나 해난구조의 사례도 다수 보인다. 다만, 1749년 8월에 일본 국내의 선장과 선원들에 대한 고시문(觸書)을 보면, "타국의 선박과 만났을 때, 이상한 점이 있다면 허실을 가리지 말고 보고할 것. … 알 수 없는 선박을 발견했다면, 밤낮을 가리지 말고 가능한 한 도와주도록 해야 할 것"29이라는 지시를

家康)에 의한 그리스도교 통제정책의 일환으로 실시되었으며, 그리스도교 신자가 아니라는 것을 증명하기 위해 그리스도 또는 마리아상을 새긴 나무판이나 금속판을 밟고 다니게 한 것을 말한다. 한편, 그림을 밟을 때 이용되는 '성화상(聖畵像)'도 '후미에'라고 한다.

27　田邊茂啓,『長崎實錄大成(正編)』(長崎文獻社, 1973), 289-290쪽.
28　『通航一覽』8, 443-444쪽, "覺, 領內之海江, 異國船風にはなたれ見え來り候は、早々番船を附ならへ、長崎奉行江早速注進仕、可致相談事. 右之通, 急度事かましく在所へ申遣はすに不及事也."
29　住田正一 編,『海事史料叢書(1)』(成山堂書店, 1969), 166쪽, "他國船ニ出合ノ節珍敷取沙汰承候ハヽ、不糺虛實可致注進事. … 難澁ノ船ト見掛候ハ、不限畫

전국적으로 내리고 있다. 이것으로 볼 때, 18세기 중엽에 들어와서 막부의 대외정책도 안정이 되었고, 대외관계의 창구로서 '4개의 창구'도 체계적으로 정비되어 안정적으로 운용되고 있었기에 외국 선박에 대한 해난구조는 인도주의적인 성격도 강했음을 확인할 수 있다. 아무튼 막부 해난구조의 나가사키 체제화라는 기본 방침은 18세기 후반인 덴메이(天明) 연간부터 시작되는 러시아의 남하, 그리고 이와 동반된 '흑선 내항' 이전까지는 계속되었다. 막부의 태도가 변화되는 것은 1791년 외국 선박이 표착한 지역의 영주에게 적대적인 전조가 보일 때는 격침해도 좋다는 임의적 자위권을 부여해 줌으로써 변화되는데, 1825년에는 이른바 '이국선타불령(異國船打拂令)'을 내려 외국 선박에 대한 완전한 추방과 배제를 시행했기 때문에 결국, 1853년에 '페리 내항'이라는 강제 개항의 서막을 열게 되는 것이다.[30]

3. 동아시아 선박의 해난구조

1) 중국 선박의 해난구조

1592년 도요토미 히데요시(豊臣秀吉)의 조선침략 전쟁 이후 일본과 중국과의 관계를 일본의 입장에서 본다면, 동아시아 국제관계의 회복과 명일강화(明日講和)에 있었다고 볼 수 있다. 하지만, 명일강화가 실패로 끝나 중국 선박의 일본 내항을 금지했어야 했지만, 중국과의 무역, 특히 중국산

夜, 隨分助來候樣可致事."
30 申東珪, 앞의 논문, 276-277쪽 참조.

생사의 수입은 일본 국내의 상황으로 볼 때 필수적인 문제였다. 따라서 막부가 국가주권자로서의 체면을 유지하면서 중국 선박의 내항을 용인한다는 고육지책(苦肉之策),[31] 다시 말하면 중국과의 직접적인 관계는 배제하지만, 중국 상인들의 내항은 용인할 수밖에 없는 약간은 모순된 국제관계를 잉태한다. 이러한 상황을 아라노 야스노리(荒野泰典)는 "일명(日明)의 강화 교섭기에 표류민의 송환은 외교관계를 전제한 형태를 취했다고 추정되는데 반하여 1630년대 이후는 '통상' 관계를 전제로 한 형태로 변하고 있었다."[32]는 견해를 피력하고 있다. 그만큼 에도막부 초기의 대외무역 유지는 일본 국내의 경제 상황과도 밀접한 관계에 있었으며, 특히 중국산 물품과 생사의 유입은 국내 경제의 안정성 유지를 위해서도 중요한 문제였다.

아무튼 중국 선박의 내항 승인은 무역과 관련된 국내 문제의 대외적 해결이라는 어쩔 수 없는 방법이었지만, 당시 중국 선박을 이용한 선교사들의 밀입국도 그리스도교 금제정책과 결부되어 외교적 현안이 될 수밖에 없었다. 그렇기에 앞의 [사료 1]에서 살펴보았듯이 1635년부터 당선(唐船), 즉 중국선이 다른 영지에 표착하더라도 조속히 나가사키로 인도할 것을 지시했던 것이다. 그렇다면, 중국선에 대한 해난구조는 어떠한 형태로 이루어졌을까. 『通航一覽』 부록 권15의 「唐船」 항목의 기사에는 중국 선박의 내항에 대한 처리 과정이 상세히 기록되어 있는데, 서두에는 다음과 같이 기술하고 있다.

31   荒野泰典, 앞의 논문(1984), 90-91쪽.
32   상동, 92쪽.

[사료 7]

ⓐ1611년(慶長16) 11월 28일에 명(明)의 상인이 원해서 당선(唐船중국선)이 어떤 포구에 도착하더라도 나가사키에 가서 무역을 할 수 있다는 취지의 주인장(朱印狀)을 내려주었다. ⓑ1616년(元和2) 병진 6월에 시마즈(島津)의 쇼쇼(少將) 이에히사(家久)가 명의 상인에게 서장을 보내 지금의 히라도(平戶)에 있는 하나의 상관을 나가사키에 두고 이국(異國) 통상의 장소로 삼고 있기 때문에, 그 상선이 바람에 따라 사쓰마(薩摩)에 왔다고 하더라도 조금이라도 머무르서는 안 된다는 것을 일러 주었다.33

위의 밑줄 ⓐ에서는 1611년 11월 28일부터 명의 상인이 원하는 어떤 포구에 도착하더라도 나가사키에서의 상업 활동을 보장하고 있었으나, 밑줄 ⓑ에서 확인되듯이 1616년 6월부터는 나가사키만이 통상의 장소임을 알려 이 외의 지역에[그곳이 사쓰마 지역이라도] 잠시라도 머무르는 것조차 금지하고 있다. 그러다가 1616년 8월에 중국 선박에 대해서 일시적으로 중국 선박이 어디에 도착하더라도 선주(船主)에 따라서는 그 장소에서 매매를 할 수 있다는 취지의 봉서(奉書)를 내리기도 했지만,34 결국 전술한 1635

---

33 『通航一覽』 8, 459쪽, "慶長 十六辛亥年十一月廿八日, 明商の願ひによて, 唐船いづれの浦に着岸すとも, 長崎に往て商賣すへき旨之御朱印を賜ふ. 元和二丙辰年六月, 島津少將家久, 明商に書を與へ, 方今官より平戶一官を長崎に置て, 異國通商の所とせらるゝにより, 其商船風順によて薩摩に來るとも, しはらくも泊すへからさる旨を諭す."

34 『通航一覽』8, 459쪽, "唐船之儀は何方江着岸共, 船主次第其所に於而, 可賣買旨

년에 들어와 최종적으로 내항할 수 있는 항구를 나가사키 항구로만 한정하고 다른 지역에 표착하더라도 그 지역에서부터 호송시켜야만 할 것을 지시하고 있다.35

이러한 중국 선박에 대한 규정이 보다 상세한 해난구조책으로 정해지는 것은 1668년의 일이었다. 이 시기는 동아시아의 명청교체라는 혼란도 청의 남명(南明) 정부 흡수로 인해 통일국가의 시대로 접어들고 있었고, 일본과 중국의 무역체계도 안정적인 상태로 이행하는 시기였기 때문인데 그 규정의 내용을 보면 다음과 같다.

[사료 8]의 밑줄 ⓐ에 의하면, 중국 선박이 나가사키가 아닌 다른 항구에 표착했을 경우 경호원을 파견함과 동시에 요리키(與力)·보행자(步行者)·도신(同心) 등과 함께 통사를 파견해 이송토록 하고, 반드시 중국 선박과 선원을 조사할 때는 일본인이 참여하여 조사할 것을 지시하고 있다. 즉, 1635년 무역이 나가사키만으로 한정된 이후 다른 지역에 표착한 중국 선박이 늘고 있었다는 것을 의미하며, 또한 향후 해난구조 처리를 이전보다는 더 구체적으로 규정한 것으로 볼 수 있다. 밑줄 ⓑ부분에서는 평상시대로 표착 선박에 대한 화물과 중국 선원들에 대한 조사를 나가사키 부교소(奉行所)에서 하도록 지시하고 있는데, 흥미로운 것은 경호원과 표착 선박의 승무원들이 머물렀던 숙박지의 주인에게 증문(手形)을 발행하고있었다는 점, 또 밑줄 ⓒ에서는 표착 선박에 대한 예인 비용을 표착 선박에 부과하고 있다는 사실이다. 증문을 발행하고 있었다는 것은 불의의 해난 사고자에 대한

被仰出候."
35 『通航一覽』8, 459쪽, "寬永十二乙亥年より, 入津を長崎一方に定め, 他國に漂着すとも, 彼地に護送すへき旨令せらる."

[사료 8]

一, ⓐ중국 선박이 다른 항구에 표착하여 닻을 내렸을 때는 그곳의 영주가 경호를 붙여 파견해야 한다. 이에 따라 요리키(與力) 2인, 보행자(步行者) 1인, 도신(同心) 1인, 마을(町)의 하급 관리 1인, 통사(通事)를 붙여 파견하고 송선(送船)에 표착한 중국인을 태우거나 또는 중국 선박에도 일본인을 태워 이동할 때에는 일본인과 함께 조사하고, 표착한 중국인을 태운 선박도 선내의 모든 곳을 조사해야 한다. 그 이후에 ⓑ경호한 자 또는 숙박지의 주인 등에게 증문(手形)을 발행한다. 그 후에 특별한 일이 없다면, 평상과 마찬가지로 선내의 화물 등을 조사한다. 모든 일이 끝난 이후에는 중국인들을 남김없이 부교소(奉行所)에 불러들여 통사를 통해 표착의 상황을 심문해야 한다.

一, ⓒ표착 선박에 대해서 예인선을 붙일 때에는 중국인 쪽에서 예인선의 대금을 지불하게 한다.[36]

구조행위에 들었던 비용에 대한 보상을 정당화시키는 하나의 관례가 정착되고 있었다는 것을 의미하는 것이며, 초기 단계에서 해난구조의 비용은

---

36 『通航一覽』5, 251쪽. "一. 唐船他之湊江致漂着, 碇を入候時は, 共所の領主より警固差添可被送越候. 依之, 與力二人, 步行者一人, 同心一人, 町使の者一人, 通事相添爲改遣之, 送船に質唐人を乘せ, 又唐船にも日本人乘移參候時分, 日本人共改之, 質唐人乘候船も, 船中幷人共不殘改之, 其以後警固之者又は宿主等一紙手形仕候. 其上にて別條無之候得は, 常之通船中荷物等改之候, 諸事改仕舞候て以後, 唐人不殘奉行所へ召寄, 通事を以漂着之樣子相尋候事. 一. 漂着般に引船相添參候節は, 唐人かたより引船之賃銀遣之事."

대부분 구조자 측이 일단은 지불하고 있었음을 알 수 있다. 다만, 예외적으로 예인 비용에 대해서는 어느 정도 표착 선박에게 부담시키고 있었다는 것을 볼 때, 당시에도 사고 처리에 대한 일종의 '사고 당사자 부담'의 관례가 존재하고 있었다는 점 또한 확인할 수 있다.

기본적으로 해난구조의 비용 문제는 구조자 측의 부담이었다. 일례로 1668년 [사료 8]의 표착 중국선의 처리 규정이 내려진 직후인 1671년 2월 9일에 타이완 선박이 고토에 표착했던 사례를 보면, 3월 2일에 나가사키로 이송했던 경호원들에게 "선박 내에서 중국인으로부터 어떠한 것도 받아서는 안 되며, 조금이라도 매입해서는 안 된다. 또한, 우리 쪽에서 중국인에게 쌀·물·땔감·소금 등을 포함해 조금이라도 팔아서는 안 된다"37는 지시사항이 내려져 있었다. 이것으로 볼 때, 중국선이 구조 비용을 지불했는지에 대한 확인은 안 되지만, 해난구조 시에 중국인으로부터 그 어떠한 이익의 편취를 금지함과 동시에 모든 거래를 금지함으로써 인도적인 차원에서의 구조를 규정화시키고 있었다는 것을 확인할 수 있다.

이후, 나가사키에 내항하는 중국 선박의 누케니(拔荷, 밀무역)가 흥행하자 1714년 나가사키부교 주변의 다이묘에게 중국 선박에 대한 악행의 단속과 해방(海防) 등을 명하였고, 이듬해인 1715년에는 매년 도항하는 중국 선박의 수를 제한한 통제정책을 실시했다.38 아라노 야스노리는 이 시기부

37 『通航一覽』5, 439쪽, "一. 東寧出船一艘二月九日に, 五島之內荒川と申所江參り, 碇をおろし申候に付, 我等警固被申付候. 船中にて唐人方より何にてももらひ不申候, 一紙半錢之物にでも買取不申候. 又我等方より唐人飯米水薪塩之外, 一紙半錢之物も賣不申候. 若相違之儀於有之は, 我等儀は不及申, 宿森永長左衛門共に如何樣之曲事にも可被仰付候, 爲後日如此御座候. 以上."
38 『通航一覽』8, 460쪽, "正德四年甲午年五月廿一日, 近年唐船定路を替, 密賣狼籍

터 일본과 청의 관계는 양국의 국가권력을 배경으로 하고 있지만, 민간 레벨의 무역, 즉 '통상' 관계가 정착했다고 평가하고 있다.[39]

한편, 이때까지의 규정들에 구조 비용에 대한 언급이 있었기는 하지만, 그다지 명확하다고는 볼 수 없었는데, 1766년에는 비용 부담의 명확한 원칙들을 새롭게 규정하여 시행하고 있다. 즉, 해난구조가 보다 현실적으로 시행되기 시작했다고 평가할 수 있는데, 그 전문을 보면 다음과 같다.

[사료 9]

이전부터 중국선이 표착했을 때에는 그곳의 어료(御料[막부 직할지])나 사령(私領[다이묘 등의 영지])에서 나가사키 관청에 보내고, ⓐ위의 표착한 중국선을 나가사키에 보내는 사이에 소요되었던 중국인의 양식·소금·된장·땔감 등 그 외의 비용, 그리고 예인선의 대금은 나가사키에 도착한 이후 지불해 왔다. 하지만, ⓑ파선(破船)이나 난선(難船)으로 화물을 바다에서 소실하거나 또는 익사자들이 있을 때에는 심각한 재난이기 때문에 나가사키 관청에서 조치를 취하는 것 이외에도 상매 등을 언급하고 있기에 파손된 화물이 있는 난선이나 파선 등에 대해서는 화물을 인양하는데 드는 필요한 비용을 나가사키 부교(奉行)가 이를 받아내고, 그 나머지의 제 비용은 해당 포구의 관청에서 지불한다. 물론, ⓒ위의 비용을 적게

に及ふにより, 長崎奉行及ひ長崎近傍の諸領主に, 惡船斬獲かっ海防等の事を令せられ, 同月松平(島津), 中將吉貴等, 西國·四國·中國の諸大名にも其事を命せらる. 同五乙未年五月, 渡來の船其數を定め, 割符を與へられしかとも, 猶嚴に沙汰すへき旨仰出さる."

39　荒野泰典, 앞의 논문, 91쪽.

받더라도 허술한 취급이 없도록 지시해야 한다. 그렇기는 하지만, 보통의 표착선에 대해서는 지금까지와 마찬가지로 제 비용을 나가사키 부교소에서 조사한 후에 [중국선이] 해당 금액을 지불해야 한다. ⓐ위의 취지는 규슈(九州) 각 지역에 있는 직할지의 다이칸(代官)과 사령(私領)의 영주·지토(地頭)에게 지시해야 한다.40

[사료 9]를 보면, 이전과 동일하게 표착 중국 선박의 해난구조는 나가사키를 중심으로 이루어지고 있는데, 변화된 것은 구조에 드는 비용에 대한 부분이 보다 구체적으로 규정되고 있다는 점이다. 밑줄 ⓐ에서는 표착선을 나가사키로 이송하는 사이에 들었던 비용, 즉 중국인에게 제공되는 양식·소금·된장·땔감·예인선의 비용은 나가사키에 도착한 후 중국인이 지불해 왔다는 것을 명시하고 있어 구조비용에 대한 '사고 당사자 부담'의 원칙이 적용되고 있음을 알 수 있다. 다만, 밑줄 ⓑ에서는 파선(破船)이나 난선(難船)으로 화물의 소실과 익사자가 발생한 심각한 재난이었을 경우에

40　高柳眞三·石井良助 編, 앞의 책, 848쪽(2926번, 明和三戌年二月), "從前々唐船漂着有之節は, 其所之御料私領より長崎表え引送, 右漂着唐船長崎え引送候迄之間, 唐人粮米鹽味噌薪其外諸入用引船賃等, 長崎より相渡來候由に候得共, 破船難船にて荷物海失或溺死等有之節は, 重き災難事に付, 於長崎表も爲手當定之外商賣等も申付候事に付, 破損荷物海失有之程之難船破船等は, 取揚荷物に懸り候入用之分計, 長崎奉行所より請取之, 其餘之諸入用は其浦々所役に可致候, 勿論右入用請取方相減候迚, 麁略之取扱無之樣可被申付候. 尤一通り之漂着船は是迄之通, 諸入用長崎奉行所にて吟味之上, 相當に相渡にて可有之候. 右之趣, 九州筋國々御料は御代官, 私領は領主, 地頭より可申渡候."

나가사키 부교가 비용을 받아내기는 하지만, 그 외의 비용은 해당 구조 지역에서 전부 부담토록 하고 있다. 물론, 기본적으로 해난구조 비용은 부교소의 조사를 거쳐 지불하는 것이 원칙이었지만(밑줄 ⓒ), 실제로 중국 표착선에 대한 모든 지역에서의 구조 비용은 증가하여 큰 부담으로 작용하였다.[41] 한편, 이렇게 상세한 비용 부담에 대한 규정은 밑줄 ⓓ에서 알 수 있듯이 규슈의 각 지역에 하달되고 있었던 것으로 보아 이후 중국 선박 해난구조의 기본 법칙으로 적용되었다고 판단된다.

2) 조선 선박의 해난구조

조선 선박에 대한 해난구조는 중세 때부터도 조선 정부로부터의 수직(受職)과 세견선 증액의 수단으로서도 이용되어 왔으며, 이러한 경우, 조선 관계에 대한 외교창구 역할을 하고 있던 쓰시마를 경유해 송환되고 있었다. 당시 조선 정부는 쓰시마 측이 표류민을 인솔해 올 때 조선 국왕에 대한 복속 의례보다는 그들의 무역 측면에서의 요구를 들어줌으로써 접대 비용을 절감하는 한편, 표류민 송환에 대한 사의를 표했다.[42] 근세에 들어와서도 쓰시마번 중심으로 표류민의 송환이 이루어지고 있었는데, 가장 빠른 사례는 1606년으로 보인다.[43] 이후, 1607·1623·1625년에도 조선 표류민을 송환하고 있는데, 1623년의 경우는 14명, 1625년의 경우는 3명이라는 인원수만 밝혀지고 있을 뿐, 모두 출신지와 표착지가 불명확하여[44]

---

41 金指正三, 앞의 책(1956), 271-283쪽 ; 荒野泰典, 앞의 논문, 94쪽 참조.
42 李薰, 앞의 책(2000), 51-54쪽.
43 荒野泰典, 앞의 논문, 81쪽; 池內敏, 앞의 책, 부록「近世朝鮮人の日本漂着年表」참조.

히데요시의 조선침략 직후인 17세기 초엽 단계에서 에도막부와 조선 정부 사이에 체계적인 '표류민 송환체제'나 '해난구조정책'이 구체적으로 실현되고 있었다고는 보기 어렵다.

실질적인 구체성을 가지고 조선 선박에 대한 구조와 송환이 이루어지는 것은 1627년의 일로 전라도 홍양현의 표류민 20여 명이 쓰시마번을 통해 송환되었는데, 이때부터 사송선(使送船)을 별도로 만들어 표인영래차왜(漂人領來差倭)로 하여금 송환케 하는 방식이 시작되었다.[45] 이것이 최초의 공식적인 사례로서 아라노 야스노리에 의하면, 조선에 표착된 일본 선박의 경우 소(宗) 씨의 문인(文引)이 없으면 왜적으로 간주하고 있었으나, 1627년 7월에 표착한 일본 선박부터는 부산 왜관의 소 씨에게 인도하여 보호·송환하고 있었기 때문에 1627년을 전후하여 조일 간에 정식의 '표류민 송환체제'가 형성되었다고 한다.[46]

그렇다면 1627년 이후 일본에 표착한 조선 선박의 해난구조는 어떠한 과정으로 처리되고 있었을까. 우선, 『通航一覽』 부록 권15의 「朝鮮船」 항목의 기사에는 1636년에 시행된 조선 선박에 대한 상세한 처리 규정이 다음과 같이 보인다.

---

44   池內敏, 앞의 책, 부록 「近世朝鮮人の日本漂着年表」 참조.
45   荒野泰典, 앞의 논문, 81쪽 ; 李薰, 2000, 앞의 책, 129쪽.
46   荒野泰典, 앞의 논문, 81쪽.

[사료 10]

1636년(寬永13) 병자년 4월. 올해 가을에 통신사가 내빙해 옴에 따라 그 선박이 만약에 풍파의 어려움에 조우해 표착한다면, 어느 지역에서라도 구호해야 한다는 취지가 다이로(大老)와 로주(老中)로부터 사이고쿠(西國)와 주고쿠(中國 [일본 혼슈 서부 지역]) 제 다이묘(大名)에게 봉서(奉書)로서 내려졌다.[47]

위의 사료 밑줄 부분을 보면, 1636년에 통신사(通信使)라는 정식 명칭으로서 일본에 파견된 조선의 사절단에 대한 해난사고를 대비해 만약에 일본 국내의 어느 지역에 표착하더라도 구호할 것을 막부가 여러 다이묘들에게 봉서를 내려 지시하고 있음을 알 수 있다. 일반 선박이 아닌 사절단의 선박이기에 더욱 신중하려는 막부의 지시 사항이기는 하지만, 해난구조를 목적으로 하는 것이며, 이 역시 이전부터 통상적인 전례, 즉 조선 선박에 대해서는 "오래전부터 규칙으로 정하고 있던 조선 선박의 표착 때에는 나가사키에 보내 그곳에서 쓰시마로 보내 귀국시킨다."[48]는 규정에 따른 것이었다. 한편, 이 봉서의 구체적인 내용은 다음과 같다.

---

[47] 『通航一覽』 8, 465쪽. "寬永十三丙子年四月, ことし秋信使來聘により, かの船もし風波の難に遭ひ漂着あらは, 何地にても救護あるへき旨, 西國, 中國の諸大名に, 大老, 老中より奉書をもてこれを達す."

[48] 『通航一覽』 8, 465쪽. "往年より御定にて, 朝鮮船漂着の時は長崎に送り, 同所より對馬に渡して歸國せしむ."

[사료 11]

ⓐ1636년(寬永13) 11월 10일. 오늘 조선인이 내조하였다. 소 쓰시마노카미 요시나리(宗對馬守義成[宗義成])가 그들을 동반하였다. 이것은 바야흐로 4월에 시작된 일로 사이고쿠(西國)와 주고쿠(中國)의 여러 다이묘들에게 봉서를 내렸는데, 그 대략의 취지는 다음과 같다. "올해 8월에 조선국으로부터 신사(信使)가 내조한다. 그에 대해 영내에서 대접하는 것은 이전과 같이 행하도록 하고, 내조의 인수를 헤아려 오늘 소 쓰시마노카미(宗對馬守)가 먼저 앞서서 출발하였다. 차려내는 음식의 식단은 별지에 기록하여 보냈다. ⓑ자연히 그들의 선박은 풍파의 어려움을 만나 정해진 이외의 곳에 착안하더라도 닻줄과 물·땔감 등이 지체되지 않도록 지시해야 한다. 황공하여 삼가 아룀."49

위의 밑줄 ⓐ부분으로부터 [사료 10]에서 말한 통신사의 내일을 대비해 사이고쿠(西國)와 주고쿠(中國) 지역의 다이묘들에게 내린 봉서라는 것을 확인할 수 있고, 밑줄 ⓑ로부터는 통신사들이 내조할 때 자연히 그들의 선박이 풍파 등의 어려움에 조우한다든지, 목표로 했던 곳에 도착하지 못하더라도 닻줄과 물·땔감 등의 필요한 물건에 대한 구호가 지체되지 않

---

49 『通航一覽』1, 447-448쪽, "寬永十三年十一月十日, 今日朝鮮人來朝す. 宗對馬守義成相件之, 此儀當四月始より有御沙汰, 西國中國之諸大名江奉書出, 大略其趣者, … 當年八月從朝鮮國信使來朝候, 就夫於領內萬馳走之義, 可爲如去未歲候. 來朝之人數書立, 今日宗對馬守先達而可差越候. 膳部之獻立別紙に記之遣之候. 自然彼船遭風波之難相定泊之外, 何れ之地江令着岸候共, 其所之船出之, 綱碇水薪等無滯樣に, 前廉可申付候. 恐々謹言."

도록 하라는 지시가 그 내용임을 알 수 있다. 즉, 통신사가 일본 국내의 어느 지역에서 해난사고를 당하더라도 우선은 조속히 구조에 임할 것을 지시한 것이다. 비록 이것이 통신사라는 공식적인 외교 의례에 준한 것이기는 하지만, '통신국(通信國)'으로서 기본적인 해난구조의 대상이 되고 있음을 명확히 하고 있다.

이후 일반 표류민이나 조선 선박들에 대해서는 이전부터 실시해 왔던 해난구조 방법, 즉 나가사키로 보내 쓰시마를 경유해 조선으로 귀국시키는 방법이 이용되었다. 가네자시 쇼죠와 아라노 야스노리의 연구에 의하면, 조선 선박의 경우 두 가지의 송환방식이 존재하고 있었는데,50 첫째로 쓰시마번에 표착했을 때는 막부에 보고함과 동시에 표류민을 나가사키로 송환하지 않고 적절한 대응을 한 뒤 귀국시키는 방법, 둘째로 일본 본토와 에조치(蝦夷地)에 표착했을 때에는 나가사키로 이송해 조사한 뒤에 쓰시마번 경유로 귀국시키는 방법이다. 그러나 이러한 관례가 거의 지켜졌다고는 하지만, 1770년의 경우와 같이 나가사키가 아닌 오사카(大坂)에서 직접 쓰시마 경유로 송환시키는 사례도 있었다.51 구체적인 표류민 송환절차와 송환방식 등에 대해서는 아라노 야스노리를 비롯한 선학들의 연구52가 있기에 여기서는 생략하지만, 조선 선박의 해난구조라는 측면에서 규정을 고찰해 본다면, 1784년에 시행한 다음의 규정을 제외시킬 수 없기에 검토해 보겠다.

---

50 金指正三, 앞의 책(1956), 258쪽 ; 荒野泰典, 앞의 논문, 82-84쪽.
51 『通航一覽』4, 18-19쪽, 「明和七庚寅年五月, 駿州 沖 津驛朝鮮人漂着一件」.
52 본 장의 각주 10)번 참조.

[사료 12]

1784년(天明4) 갑진년 9월 21일

ⓐ조선인이 각 포구에 표착했다면, 지금까지는 그곳의 영주(領主)가 나가사키 부교에게 보고하여 답서를 기다렸다가 나가사키로 보냈는데, 이후부터는 표착이 있을 때 조속히 나가사키 부교에게 보고한 후 답장을 기다리지 않고, 곧바로 [조선인을] 나가사키에 보내야한다. 그때 쓰키반 로주(月番老中)에게도 보고해야 한다. ⓑ위의 나가사키 부교소(奉行所)에 보낼 때에 여행 중이기에 혹시 불법한 일도 일어날 수 있으므로 어떻게 처리할지 모를 때는 가마에 묶어 보내되 고통스럽지 않게 한다. ⓒ위의 취지를 영지 내의 각 포구에 알리고 1만 석 이상의 다이묘(大名)들에게 두루 이해하도록 지시를 내려야 한다.

9월 21일[53]

위 [사료 12]의 밑줄 ⓐ에 의하면, 1784년 9월부터 조선인이 표착했을 때는 이전과는 달리 나가사키에 보고한 후 답장이 없어도 즉시 나가사키로 이송시키고, 이를 막부의 쓰키반 로주(月番老中, [1달마다 교대하는 당번 로주])에게도 보고할 것으로 규정을 개정하고 있다. 즉, 불의의 사고를 당한

---

53 『通航一覽』8, 465쪽, "天明四年甲辰年九月廿二日. 朝鮮人浦々江漂着致し候得は, 是迄は其所之領主より, 長崎奉行江申遣返答相待, 長崎江送り遣し候處, 以來は漂着いたし候ハ, 早速長崎奉行江申遣返答不相待, 引續長崎表江送遣候. 其節月番之老中江も可相屆候. 右長崎表江送設遣し候節, 旅中等にて萬一不法成儀も有之, 手に餘り候ハ、駕籠江締り等附, 送遣し候而不苦候. 右之趣, 領分之內浦々有之候萬石以上之面々,兼而相心得居候樣可被達置候. 九月廿二日."

242　근세 일본의 국제관계와 대외인식

조선 선박의 조선인 구조와 송환을 위해 절차를 단순화시키고 있는 것이다. 밑줄 ⓑ에서는 나가사키 부교에게 보낼 때는 여행 중이기에 혹시라도 불법적인 일이 생길수 있으므로 그 처리가 애매할 때에는 우선 고통스럽지 않게 가마에 묶어서 나가사키에 보낼 것이며, 밑줄 ⓒ에서는 이와 같은 규정을 1만 석 이상의 다이묘들에게 전달할 것을 지시하고 있다.

이러한 사항을 볼 때, 일본의 조선 선박이나 표류민에 대한 해난구조와 송환은 거의 국가권력의 전제하에 보호·송환·귀국이 이루어지고 있음을 확인할 수 있다. 이 점에 대해서는 이전에도 동아시아 제 국가들의 이른바 '표류민 송환체제'라는 것은 국가권력과 국제관계라는 상호 간의 외교 네트워크가 존재하지 않으면 이루어질 수 없다는 논증[54]의 재확인이기도 하지만, 그만큼 막부에 의해 '통신국'으로 위치를 부여받고 있는 조선 선박의 해난구조는 권력 강화와 정당성의 발현, 그리고 국가권력의 상징으로서도 필수적인 것이었다.

3) 류큐(琉球) 선박의 해난구조

류큐 선박의 해난사고에 대한 구조 및 표착 사건 처리는 "옛날부터 류큐 선박이 표착했을 때는 어느 지역에 표착했다고 하더라도 시마즈(島津) 씨에게 인도하여 사쓰마에서 귀국시키는 제도가 있었다."[55]라는 『通航一覽』의 기술에서 알 수 있듯이 사쓰마번을 경유한 송환이 일반적이었다.

54　申東珪, 「근세 漂流民의 송환유형과 '國際關係'-조선과 일본의 제3국 경유 송환 유형을 중심으로」, 『江原史學』17·18 합집호, 강원사학회, 2002).
55　『通航一覽』1, 282쪽, "昔年より琉球船漂着の時は, 何國にても島津氏に引渡し, 薩摩より歸國せしむる御制度なり."

이와 관련해 『通航一覽』 부록 권15의 「琉球船」 항목에는 다음과 같은 내용도 보인다.

> [사료 13]
> 본방(일본)의 선박이 류큐국(琉球國)에 표착하면, 사쓰마노쿠니(薩摩國)로 보내 그곳에서 귀국하도록 하고, 그 나라[류큐]의 선박이 본방에 표착해 왔을 때에는 나가사키에 보내 나가사키에서 사쓰마노쿠니로 넘기는 규정이었다.[56]

즉, [사료 13]의 밑줄로부터 류큐 선박이 일본에 표착했을 경우나 일본 선박이 류큐에 표착했을 때에는 사쓰마를 중개지로 하여 상호 송환이 이루어지고 있었음을 확인할 수 있다. 이것은 1609년 사쓰마번의 시마즈 씨가 류큐를 침공하여 일종의 속번(屬藩)으로 삼기 이전부터 지리적 관계에 따른 관례적 행위였던 것으로 판단된다. 물론, 에도막부 성립 후 막부는 류큐를 '이국(異國)'의 '통신국(通信國)'으로 인식해 독립국으로서의 지위를 인정하고 있었기는 하지만, 시마즈 씨에 의한 류큐 지배와 명에 의한 류큐 책봉이라는 상반된 양속 관계를 용인한다는 특수한 위치를 부여하고 있었

---

[56] 『通航一覽』8, 465쪽, "本邦の船, 琉球國に漂流すれば, 薩摩國に送りて, それより歸朝し, 彼國の船, 本邦に漂着の時には, 長崎に送り, 同所より薩摩國に渡せる御規定なり." 이외에 상기의 기록 바로 뒤에는 다른 사료를 인용해 "將軍家よりの御掟にて, 日本の船琉球へ漂着すれば, 薩摩へ送る事也(『大島筆記』). 琉球國の船, 日本の地に漂流の時には, 其所より長崎へ送届て, 長崎より薩摩へ渡して歸國す."라고 하는 기록이 수록되어 있다.

기 때문에 일본에 의한 류큐 선박이나 표류민에 대한 취급은 이러한 류큐의 지위를 반영한 것이었다.57

어쨌든 류큐의 경우, 자국의 선박뿐만이 아니라, 류큐에 표착한 외국 선박의 처리도 류큐가 시마즈 씨의 속번적(屬藩的) 위치에 있었기 때문에 일본의 대외통제책 또는 연안경비 및 그리스도교 금제정책과 밀접한 관련이 있을 수밖에 없었다. 다만, 본장에서는 류큐도 외국이라는 입장에서 파악해 류큐에 표착한 외국인의 경우는 논거의 대상에서 제외하고, 류큐 선박의 일본 국내 표착에 관련된 사항만을 살펴보겠다.

류큐 선박의 일본 표착이 언제부터 시작되었는지, 또 명확한 횟수는 어느 정도인지 정확하게 파악할 수 없지만, 근세 이전부터 규슈 지역과 밀접한 관계에 있던 류큐 선박의 표착이 있었다는 것은 전술한 "옛날부터 류큐 선박이 표착했을 때는…"이라는 기록에서도 알 수 있다.『通航一覽』권24의「琉球國部」24,「漂着」항목에는 1705년(寶永2)부터 기록이 보이고 있는데,58 17세기에 들어와 해난구조 내지는 표착 사례가 안 보이는 것은 아마도 1611년부터 시마즈 씨의 증문을 소지하지 않은 일본 상인들의 류큐 도항, 그리고 류큐에서 사쓰마번 이외의 지역으로 상선을 파견하는 것을 금지59함으로써 도항 횟수 자체가 감소했기 때문이라고 여겨진다. 이와 함께 막번체제가 확립·안정되는 시기인 1630년대부터 1680년대에 걸쳐 류큐 선박에 대한 표류·표착에 대한 대책은 그리스도교 금제정책을 주된 목

---

57   荒野泰典, 앞의 논문, 85-86쪽.
58   『通航一覽』1, 282쪽. "寶永二乙酉年秋, 琉球人駿河國淸水浦に漂着す."
59   那覇市企劃部市史編集室 編,『那覇市史(資料篇第1卷2)』(那覇市企劃部市史編集室, 1966), 456쪽.

적으로 한 연안방비체제 속에서 이루어지고 있었기 때문에[60] 해난구조라는 측면에서의 사례는 그다지 많지 않다.

우선, 전술한 『通航一覽』의 기록을 토대로 해난구조 사실이나 송환 루트를 확인할 수 있는 1756년과 1762년의 사례를 살펴보면 다음과 같다.

[사료 14]

ⓐ1756년(寶曆6) 병자년 6월 26일에 히젠노쿠니(肥前國) 고토(五島)에 표착했다. 따라서 나가사키에 보냈는데, 부교가 동 지역에 있던 시마즈(島津) 씨 기키야쿠(聞役)에게 인도했다. ⓑ1662년(寶曆12) 임오년 4월 22일에 사쓰마노쿠니(薩摩國)에 속한 오시마(大島)에 표착했다. 그곳에서 사쓰마(薩摩)에 이르러 부조(扶助)를 해주고 귀국시켰다.[61]

위의 [사료 14]의 밑줄 ⓐ로부터 1756년에 고토(五島)에 표착한 류큐 선박을 나가사키로 이송하여 나가사키에 있던 사쓰마번 기키야쿠[聞役][62]

60　渡邊美季, 「漂流·漂着から見る近世琉球-中國と日本の狹間で」(社會制度の持續性チーム硏究會報告, 元興寺文化財硏究所, 2004), 3쪽 ; 渡邊美季, 「近世琉球における對「異國船漂着」體制-中國人·朝鮮人·出所不明の異國人の漂着に備えて」(琉球王國評定所文書編集委員會 編, 『琉球王國評定所文書補遺別卷』, 浦添市敎育委員會, 2002), 참조.

61　『通航一覽』1, 282쪽, "寶歷六丙子年六月二十六日, 肥前國五島に漂着す. よて長崎に挽送り, 奉行より同所詰島津氏聞役に引渡す. 同十二壬午年四月二十二日, 薩摩國附大島に漂着, それより薩摩にいたり, 扶助ありて歸國せしむ."

62　에도시대에 외적의 내습 등의 급한 연락을 알리기 위해 나가사키에 설치한 직역 또

[사료 15]

1745년(延享2) 을축년 여름에 류큐인(琉球人)이 난풍을 만나 오슈(奧州)로 흘러 들어왔다. 이에 따라 육지로 에도에 왔는데, 사쓰마번의 저택(薩摩屋敷)에 넘겨졌다고 한다.[63]

에게 인도하고 있었고, 밑줄 ⓑ로부터는 1662년 사쓰마번의 오시마(大島)에 표착한 선박을 나가사키 등의 다른 지역을 거치지 않고 사쓰마번에서 직접 귀국시키고 있었다는 사실을 확인할 수 있다. 또한, [사료 15]의 밑줄 부분으로부터 1745년에 오슈(奧州), 즉 현재 혼슈(本州) 도호쿠 지방(東北地方)의 중부 지역으로 이와테현(岩手縣)의 내륙 남부에 위치하는 오슈시(奧州市)에 표착한 선박에 대해서는 에도로 보내 에도의 사쓰마 번저(薩摩藩邸)경유로 처리하고 있었음을 확인할 수 있다. 이로 볼 때, 해난을 당한 류큐 선박이 일본의 제 지역에 표착했을 경우에 나가사키로 호송되어 사쓰마번을 경유하는 것이 기본이지만, 나가사키에서 먼 도호쿠 지역에 표착했을 경우에는 에도로 호송해 에도의 사쓰마 번저를 통해 송환되고 있음을 알 수 있다. 표착 지역에 따라 관할지역이 나가사키와 에도로 나누어지기는 했지만, 역시 사쓰마번을 경유하고 있다는 것은 공통하고 있다. 다만, 해난사고 구조 시에 운임 등의 비용 부담에 대한 문제가 남아있는데 아라노

는 감시역(目付)으로서 규슈·주고쿠(中國)의 각 번(藩)에서 2명씩 파견되었다.

63 『通航一覽』1, 282쪽, "延享二乙丑年夏, 琉球人逢難風奧州へ吹付られ候. 依之, 陸を江戶へ來り, 薩摩屋敷へ被渡候由."

에 의하면, 사쓰마번 측은 류큐 측에 화물 등의 운임 비용을 청구하여 받고 있었으나, 류큐 측은 일본 국내에서의 표류민 송환은 '국역(國役)'이기 때문에 위법이라고 반환 소송을 제기하고 있었다고 하며, 그 사례를 근거로 "이 소송의 결과는 불분명하지만, 이러한 경위 속에 호혜 관계, 즉 '독자적인 왕국'으로서의 실질을 유지하려고 한 류큐의 의도와 그것을 침식하려고 하는 사쓰마번과 사쓰마 영민(領民)의 당시 동향을 살펴볼 수가 있다."[64]라고 평가하고 있다. 이러한 점은 같은 '통신국'이었던 조선과는 약간 차이점을 보이는 것으로 이에 대해서는 맺음말에서 정리해보겠다.

아무튼 이러한 류큐 선박의 일본 표착 사례와 그에 대한 구조를 볼 때 가장 중심이 되고 있었던 것은 사쓰마번이었으며, 이것은 전술한 바와 같이 류큐가 1609년 이래 사쓰마번의 침공으로 '반독립국·반식민지'의 위치에 있었기 때문인데, 이는 역시 일본의 대외관계 창구를 '4개의 창구'로 구분하여 통제해 왔던 막부의 대외관계 장악과도 일맥상통하고 있었다.

4. 네덜란드 선박의 해난구조

네덜란드와 일본과의 관계는 1600년에 리흐데호가 분고(豊後)에 표착하면서 시작되었는데, 이 사건은 일란관계의 출발점일 뿐만 아니라 일본의 국제관계 및 외교통제정책과 국내 무역정책에도 매우 중대한 영향을 끼친 사건으로 평가되고 있다. 그러한 의미에서 일본의 네덜란드 관계의 출

---

64 荒野泰典, 앞의 논문, 88-89쪽.

발은 일본의 국제관계를 16세기와 17세기를 구분 짓는 분기점으로 평가하기도 한다.65 이후 네덜란드는 1602년에 세계 최초의 주식회사라고 할 수 있는 동인도연합회사(Vereenighde Oost-Indische Compagnie, VOC)를 창립하였고,66 1609년부터는 히라도(平戶)에 무역상관을 설치하면서 본격적인 일본무역을 개시하는데, 이러한 과정에서 네덜란드 선박의 해난사건도 필연적으로 수반되어 사고의 수습과 해결을 위해 에도막부는 네덜란드 선박에 대한 해난구조정책을 수립하게 된다.

『通航一覽』 권251 「阿蘭陀國部-13」의 「漂着幷難船破船扱方」에 의하면 네덜란드에 대한 해난구조의 본격적인 대책이 시작된 것은 1611년 7월 25일의 다음과 같은 기록에 보인다.

[사료 16]의 밑줄 ⓐ에 의하면, 1611년 7월 5일에 네덜란드 선박에 대한 일종의 무역 허가장인 주인장(朱印狀)을 발급하면서 일본 내의 어느 지역에 표착하더라도 지장을 받는 일 없이 보호할 것을 지시하고 있었다.

[사료 16]

ⓐ1611년(慶長16) 신해 7월 5일에 네덜란드선(阿蘭陀船)이 본방(本邦[일본])에 도래해 왔을 때, 어느 곳에 표착하더라도 지장이 없도록 하라는 취지의 주인장(朱印狀)을 내려 주었다. ⓑ1617년(元和3) 정사 8월 16일에 다이토구인도노(臺德院殿 [德川秀忠])로부터도 또한 어주인(御朱印)이 내려졌다.67

65　岡田章雄, 『三浦按針』(思文閣出版, 1984), 5-20쪽.
66　永積昭, 『オランダ東インド會社』(近藤出版社, 1971), 29-52쪽.
67　『通航一覽』 6, 324쪽. "慶長十六辛亥年七月五日, 阿蘭陀船本邦に渡來の時, 何地

또, 밑줄 ⓑ로부터 1617년에는 도쿠가와 이에야스(德川家康)의 뒤를 이어 습직한 2대 쇼군 도쿠가와 히데타다(德川秀忠)의 명으로 마찬가지의 주인장이 내려지고 있었음을 확인할 수 있다. 즉, 1609년 히라도 상관 설치 이후부터 네덜란드인에 대한 무역 허가를 용인하며 해난사고에 대비한 지시가 내려지고 있었던 것으로 다른 서양 국가에 비하면 상당히 우호적인 대책이 이미 수립되고 있었다고 볼 수 있다. 1621년에는 외국과의 원활한 대외교류를 위해 이국선 대책을 내놓고 있었는데, 그것은 사이고쿠(西國), 규슈 지역의 다이묘들에게 내린 지시로 선박의 표착이 있을 때에는 함부로 곡물을 탈취하거나 흩어져 사라지는 일(消散)이 없도록 할 것이며, 또한 상선이 태풍을 만났을 경우에 그 지역의 봉공인은 상하를 막론하고 반드시 그 선박을 구조하여 도와줄 것68을 지시하고 있다.

한편, 네덜란드에 무역은 허가했지만, 1633년 이른바 제1차 '쇄국령(寬永의 禁令)'을 시작으로 그리스도교 금제정책의 일환으로 행해진 대외 통제정책에서 네덜란드도 예외는 아니었다. 그러나, 본서의 제4장에서도 살펴보았듯이 1637년 일본 최대의 종교 반란으로 그리스도교 신자들을 중심으로 한 '시마바라·아마쿠사의 난'이 발생했을 때에 네덜란드가 막부

に漂着すとも, 相違あらさる旨の御朱印を賜ふ. 元和三丁巳年八月十六日, 臺德院殿よりもまた, 御朱印を賜はる."

68 荒川秀俊, 앞의 책, 79쪽, "一, 西國諸大名上下之舟損風波砌, 諸色不及沙汰, 穀物共不可捕散, 若猥少々成共於散者, 雖以來聞出, 曲事可申付事. 一, 賣買之廻船難風之砌者, 出助船可令介抱, 其上不相叶儀者, 不及了簡事. 一, 廻船破損之節, 其場江於奉公人者, 不因上下一切不可出會, 併浦々立合, 廻船之作法仁可指引事, 右條々被定置訖, 若於違背之輩者, 忽可被處嚴科之旨, 依仰下知如件. 元和七年八月日."

군을 도와 난의 진압에 원조하면서 일란관계는 더욱 밀접한 관계로 이어지고,[69] 1639년에는 포르투갈 선박에 대한 도항 금지[포르투갈과의 단교]를 실행하면서 막부는 그리스도교 금제정책을 강화해 나갔다. 하지만, 어디까지나 그리스도교 금제정책이라는 외교 노선에 준한 일란관계였기 때문에 1641년에는 네덜란드 상관을 히라도에서 나가사키의 데지마(出島)로 이전시켜 나가사키에 한정된 무역 관계를 유지하기 시작하였다. 당시 포르투갈과 스페인을 대신하여 중국산 생사의 일본 수입을 네덜란드에 일임시키기 위해서라도 무역 관계를 유지할 필요가 있었지만, 그것보다 더 중요한 것은 구교국과 달리 네덜란드가 일본과의 무역을 유지하기 위해 그리스도교 포교 활동의 포기를 이미 막부에 상신하고 있었고, 막부의 그리스도교 금제정책에 전적으로 찬동하고 있었다[70]는 점이다.

이러한 와중에 1643년에 네덜란드 선박에 대한 해난구조정책의 일대 변화를 가져오는 사건이 발생했다. 이른바 네덜란드 선박 브레스켄스호가 난부번(南部藩) 무쓰노쿠니(陸奧國) 야마다(山田) 포구에 표착한 '브레스켄스호 표착사건'이다.[71] 이 사건은 네덜란드의 일본 북방지역에 대한 탐험과 금은섬 탐험을 목적으로 바타비아를 출발한 브레스켄스호가 1643년 6

---

69   본서 제4장 참조.
70   신동규, 앞의 논문(2006), 269쪽.
71   브레스켄스호 관련의 연구는 이하의 연구들을 참조 바람. 板澤武雄,「蘭船ブレスケンス號の南部入港」(『日蘭文化交涉史硏究』, 吉川弘文館, 1959) ; 永積洋子 譯,『南部漂着記-南部山田浦のオランダ船長コルネリス・スハブの日記』(キリシタン文化研究會, 1974) ; レイニア・H・ヘスリンク/鈴木邦子 譯,『オランダ人捕縛から探る近世史』(山田町教育委員會, 1998) ; 신동규, 앞의 논문(2006), 270-272쪽.

월 16일에 식품과 음료수를 보급하기 위해 야마다 포구에 하선했을 때 선장 스하프를 비롯한 10명이 난부번의 역인(役人)들에게 포박되어 같은 해 12월이 되고 나서야 네덜란드 상관의 상급 상무원 에르세라크에게 인도된 사건을 말한다.

막부는 이후 브레스켄스호와 같은 사건의 방지와 표착한 네덜란드 선박에 대한 적합한 조치 및 해난사고에 대한 처리 방침으로서 로주(老中)의 명으로 오메쓰케(大目付)와 나가사키 부교에게 "네덜란드선이 일본의 어느 항구에 표착하더라도 그 안전을 보장할 것, 단지 그때에 네덜란드인의 사정을 솔직하게 갖추어 알릴 것이며, 토지의 영주·집정관의 임검을 받은 후에 자유롭게 출선시킬 것"72이라는 봉서를 보내 지시를 하달하고 있다. 즉, 이 표착 사건 이후 네덜란드 선박이 일본의 어느 곳에서 표착하더라도 안전을 보장함과 동시에 자유로운 임의 출발을 용인한 것이다. 그렇다고 무조건적인 방임형은 아니었다. 표착 선박에 대한 감시와 상황에 대한 정확한 진상 조사를 전제로 했던 구조 조치였으며 더불어 함부로 공격해서 내치지 말 것을 쇼군의 명으로 지시하고 있었다.73 즉, 1643년 브레스켄스호 사건의 해결로 인해 네덜란드와 일본 사이에 해난구조에 대한 실

72　永積洋子 譯, 앞의 책, 사료화보(「寬永二十年十一月七日 老中より大目付·長崎奉行宛の達書」). "重て阿蘭陀船若風破之難ニあひ, 日本內何れの所へ吹よすると云とも, 氣遣い口陸地へあがり, 其趣ヲ申斷船中之人數ヲモ[其所]守權人より改させ出船仕へし以來は縱おらんだ舟なりといふとも此度のことく[不屆]之儀於有之ハ急度曲事ニ不被仰付從事." 내용 중에 '[ ]'는 나가즈미 요코[永積洋子]의 독해문을 따름. 加藤榮一,「ブレスケンス号の南部漂着と日本側の對應」(『幕藩制國家の成立と對外關係』, 思文閣出版, 1998), 256-257쪽 참조.

73　신동규, 앞의 논문(2006), 272-273쪽.

질적인 규정이 새롭게 성립된 것이다. 이후의 거의 모든 표착은 제 지역 다이묘들에 의한 안전보장과 해난구조에 의해 나가사키로 호송되고 있었으며,[74] 네덜란드의 경우도 역시 '4개의 창구' 중에서 네덜란드와의 관계를 담당하고 있던 나가사키가 중심적인 역할을 하게 된다.

한편, 네덜란드의 경우 특이한 것은 국내에 한정된 해난구조의 성격을 넘어서 국외에 표착한 네덜란드 선박에 대해서도 구조 조치가 이루어지고 있었다. 대표적인 사례가 1653년 조선의 제주도에 표착한 헨드릭 하멜 외 35명에 대한 처리였다. 이 사건은 하멜의 조선 체재 경험을 기록한 『하멜보고서』로도 유명하지만, 1666년에 하멜을 포함한 8명이 일본으로 탈출하면서 막부도 알게 되어 이후 당시 조선에 남아 있던 잔류 네덜란드인 8명에 대한 송환을 요청하면서 조일 간의 외교문제로 비화되었는데, 일본의 송환 요청에 따라 조선 정부도 그들을 송환시키고 있다.[75] 외국에 표착한 사례는 1706년에도 있는데, 류큐에 표착하였다 하더라도 사쓰마를 거쳐 나가사키로 네덜란드 선원들을 호송시켜 보호하고 있었다.[76] 이러한 사례로 볼 때, 네덜란드 선박에 대한 막부의 해난구조 조치는 다른 관련 국가보다도 각별했었다고도 평가할 수 있다.

또한, 국내의 해난구조로는 1665년의 5월 24일의 사례가 대표적인데, 나가사키항에 정박 중인 네덜란드선에 화재가 일어나 소실되자 모든

---

74 『通航一覽』6, 324-338쪽.
75 신동규, 『근세 동아시아 속의 日·朝·蘭 국제관계사』(경인문화사, 2007), 269-345쪽.
76 『通航一覽』6, 329쪽, "寶永三丙戌年八月二日, 薩摩より琉球に漂着の阿蘭陀人, 諳厄利亞人六人を送り來る. 同年九月歸帆の蘭人に渡され, 歸國せしむへき旨命せらる."

마치(町)에 품삯을 내게 하고, 또 오토나(乙名)⁷⁷들에게는 대은(代銀) 5관목(貫目, [18.75㎏])을 내게 하여 구조하고 있었다.⁷⁸ 이 외에도 1661년 6월 타이완에서 정성공의 공격을 피해 일본으로 피신한 네덜란드 선박의 표착, 1717년 태풍으로 인한 표착 등의 기록이 『通航一覽』에 보이고 있다. 1772년에는 고토에서 나가사키로 입항하려던 네덜란드 선박 1척의 사고가 발생했는데, 이 선박의 승무원들이 다른 선박으로 옮겨 타고 파손된 선박은 버려두었기 때문에 나가사키에서는 역인과 수부(水夫) 등을 보내 나가사키로 끌어오게 하였고, 당시 파손된 선박은 1773년에 매각하였으며 침수당한 화물은 다음 해의 무역품으로서 증가시키고 있었다.⁷⁹ 그리고 1798년의 사례이기는 하지만, 나가사키 항구의 입구 부근에 있는 다카호코지마(高鉾島) 부근에서 선박이 난파하여 침수되는 사건이 있었으나, 막부는 이 네덜란드 선박에 대한 구조책으로서 선장 기우에몬(喜右衛門)으로 하여금 선체를 부상시키게 하여 다음 해 4월에 출항시킨 일도 있었다.⁸⁰ 다만, 이러한

77 오토나(乙名)는 에도시대 나가사키 역인(町役人)의 직명으로 나가사키 부교에 속해 있었으며, 행정사무를 취급하고 있었다. 중세 시기에는 마을의 장로나 지도자급을 의미하기도 했다.

78 『通航一覽』6, 331쪽, "寬文五乙巳年五月廿四日, 阿蘭陀一番船艙之內より出火及燒失. 尤稻佐辨財天之前迄帆駈走り, 般之上廻り悉く燒落, 町中騷動す. 此節辨柄濡絲五萬五千斤餘, 總町に賴遣す. 依之一町に四分宛之賃銀を出す. 且又乙名中へ者肴樽代銀五貫目出之."

79 『通航一覽』6, 331-334쪽, "安永元壬辰年, 入津之船一艘五島沖 にて破船致し, 乘組人數類船に乘移り, 右船は乘捨置し故, 長崎より役人幷水夫等を被遣當湊へ挽送り, 九月十五日入津致すに付, 稻佐飽之浦淺之沼之上に挽寄せ, 追追荷揚有之, 空船は翌年入札拂に被仰付之. 但此船漏物, 翌巳年之商賣に加るなり."

80 片桐一南, 「蘭船の出帆手續きと村井喜右衛門の沈船引揚げ事件」, 『海事史硏究』43, 日本海史史學會, 1986 ; 片桐一南, 「村井喜右衛門の沈船引揚げ繪畫資料」

난파의 경우, 비용 문제가 어떻게 해결되고 있었는지는 파악하기 어려운데 위와 같은 해난사고의 구조사례를 볼 때, 네덜란드가 '통상국'으로서 위치를 부여받고 있었기 때문에 중국 선박과 같은 처우가 시행되지 않았을까 추측된다.

5. 맺음말-해난구조와 '4개의 창구' 관계에 대해서

지금까지 에도시대의 해난구조정책과 그 변화에 대해서 중국·조선·류큐 등의 동아시아 선박과 네덜란드 선박을 중심으로 살펴보았는데, 여기에서는 이 글의 결론으로서 본문에서 다루었던 논점과 함께 이러한 해난구조가 에도시대 외교관계의 창구였던 나가사키·쓰시마·사쓰마·마쓰마에 창구로 체계화된 '4개의 창구'와 어떠한 상관관계에 있었는지에 대해 간단히 정리해보고 마무리하겠다.

첫째, 에도시대의 외국 선박들에 대한 해난사고의 대처 및 처리에 대한 규정은 막부가 대외통제책으로서 이른바 '쇄국·해금' 정책을 강화해 나갔던 시기인 1635년부터 나가사키 중심의 해난구조 체제화가 정착되기 시작했다는 점이다. 물론, 이 글에서 살펴본 1616년의 영국 선박의 사례와 같이 나가사키로 선원들이 이송되고는 있었지만, 관례의 형태는 아니었고, [사료 1]에서 보았듯이 1635년 막부의 지시에 의해 기본적인 규정으로 정착된 것이었다.

(『海事史研究』47, 日本海史史學會, 1990).

둘째, 막부의 외국 선박에 대한 해난구조라는 측면에서 나가사키 체제화는 막부의 그리스도교 금교정책과 밀접한 관련 속에서 이루어지고 있었다는 점이다. 이는 1637년 '시마바라·아마쿠사의 난'이라는 그리스도교 신자들을 중심으로 한 봉기 이후, 이 글에서 살펴본 1639년에 여러 다이묘들에게 내린 봉서([사료 3])에 보이듯이 의심스러운 선박에 대해서는 철저히 조사할 것, 그리고 이들 선박에 승선한 승무원들의 상륙 금지와 나가사키 호송 등을 지시한 것으로부터도 확인할 수 있다. 이러한 면에서 당시 네덜란드 이외의 서양 선박에 대한 해난구조는 그리스도교 금제정책의 일환이었고, 인도주의적 입장에서 본국으로 송환이 가능한 해난구조의 대상은 막부가 인정한 국가들 뿐이었다고 평가할 수 있다.

셋째, 이 글에서 살펴본 해난구조의 조치와 사례들을 종합해 볼 때, 외국 선박들에 대한 해난구조의 기본방침은 17-18세기 막부의 국제관계 형성에 중요한 토대를 부여해 주고 있었던 이른바 '4개의 창구'에 의한 대외관계 규정에 따라 설정되어 있었다는 것을 상정할 수 있다. 즉, '4개의 창구'로서 우선 중국 선박과 네덜란드 선박은 나가사키 창구, 조선 선박은 쓰시마 창구, 류큐 선박은 사쓰마 창구를 거점으로 삼아 표류민 등의 송환을 실시하고 있었기 때문이다. 이러한 점은 에도시대 대외관계 구조적 시스템이었던 '4개의 창구'가 해난구조의 기본적인 시스템으로도 기능하고 있었다는 것을 입증해 주는 것이다.

한편, '4개의 창구' 중 마쓰마에 창구에서의 아이누는 국가 형태로서 중앙권력의 존재가 보이지도 않았고, 그 때문에 해난구조의 사례가 현시점에서 확인되지 않지만, 1756년에 조선인 이지항이 에조치(蝦夷地, [홋카이도])에 표착하여 마쓰마에번의 해난구조에 의해 귀국하고 있는 것을 염두에 두면 에조치에서 마쓰마에번에 의한 해난구조 시스템이 작동하고 있었던 것만큼은 명확한 것으로 보인다. 이 경우에도 역시 쓰시마 창구를 경유하여 조선으로 송환되고 있었다.

한편, '4개의 창구'가 17-18세기의 해난구조정책과 밀접한 관련이 있다는 것은 모든 해난구조의 귀결점이 나가사키로 체제화되고 있었고, 이는 '4개의 창구' 중에서 나가사키 창구를 중심으로 나머지 3개의 창구가 유기적으로 기능하고 있었다는 사실로부터도 확인할 수 있다. 즉, 근세 일본의 해난구조정책이라는 것은 결국 '4개의 창구' 설정에 따른 대외통제책의 일환으로서 기능하고 있었던 것이다.

넷째, 에도시대 해난구조의 시스템이 '통신국(通信國)'과 '통상국(通商國)'에 준한 처리가 이루어지고 있다는 점이다. 이들 국가는 안전과 송환이 보장되고 있었으나, 그 이 외의 국가에 대해서는 안정이 보장되지 않았고, 오히려 그리스도교 금교정책의 대상이 되고 있었다. 특히, '통신국'이었던 조선과 류큐에 대해서는 '신의를 통하는 국가'로서 구조비용에 대한 부담이 그다지 중요한 문제가 되지는 않았던 것으로 보인다. 다만, 류큐의 경우는 사쓰마번이 류큐 측에 화물 등의 운임 비용을 청구해 받아 낸 사례도 있지만, 당시 류큐 측은 해난사고에 대한 구조가 '국역(國役)'이라고 하며 사쓰마번 측에 반환 소승을 벌이고 있었던 것으로 볼 때, '통신국'으로서의 위치가 해난구조[표류민 송환을 포함해서] 비용문제에서도 잠재적으로 영향력을 발휘했었다고 볼 수 있다. 이에 반해 '통상국'이었던 중국 선박과 네덜란드 선박에 대해서는 구조에 들었던 예인선 등의 비용을 부담시키고 있었다. 한편, '통신국'과 '통상국'에 준한 해난구조 역시 '통신국[조선·류큐]'은 쓰시마 창구와 사쓰마 창구에서, '통상국[네덜란드·중국]'은 나가사키 창구에서 이루어지고 있기 때문에 해난구조의 기본적인 시스템으로 '4개의 창구'가 기능하고 있었다고 하는 것을 입증해 주는 또 다른 근거이기도 하다.

끝으로 이 글에서 대상으로 삼은 시기는 17-18세기의 중국·조선·류큐·네덜란드 선박으로 18세기 말 '흑선 내항' 이후 서유럽 각국의 선박들에 대한 해난사고에 대해서는 검토하지 못했다는 것을 언급해 두겠다. 18세기 말 이후부터는 러시아의 남하와 외국 선박의 잦은 내항 등으로 막부의 대외정책도 되었고, 또 이에 대한 막부의 해난구조정책도 근대성을 띠면서 변화되고 있기에 이들에 대한 상세한 검토, 그리고 '4개의 창구'로서 마쓰마에 지역 중심의 해난구조에 대해서는 금후의 과제로 삼도록 하겠다.

제2부

대외인식과 영토관의 변화

제6장

중근세 일본의 사찬지도(私撰地圖)로 본 '삼도영토관(三島領土觀)'

1. 머리말

본 장에서는 일본의 민간에서 제작한 사찬지도(私撰地圖)[01]를 소재

[01] 본고에서 참조한 고지도는 다음과 같다. 海野一隆/織田武雄/室賀信夫/中村拓, 『日本古地圖大成』(講談社, 1972. 이후 『日本古地圖大成』으로 약칭) ; 山下和正, 『江戶時代古地圖をめぐる』(NTT出版, 1996) ; 神奈川県立博物館 編, 『世界のかたち日本のかたち-渡邊紳一郎古地圖コレクションを中心に-』(神奈川県立博物館, 1997) ; 神戶市立博物館 編, 『古地圖セレクション-神戶市立博物館』(神戶市スポーツ教育公社, 1994) ; 伊能忠敬研究會 編, 『忠敬と伊能圖』([株]アワ・ブラニング, 1998) ; 東京國立博物館 編, 『江戶開幕400年記念特別展-伊能忠敬と日本圖』(東京國立博物館, 2003). 또한, 다음의 디지털 고지도 자료도 참조하였기에 고지도의 소장처 URL을 밝혀둔다(2022년 7월 25일 확인).
- 文化廳文化遺産オンライン, http://bunka.nii.ac.jp/Index.do
- 國立公文書館 디지털아카이브(繪圖), http://www.digital.archives.go.jp
- 九州大學 디지털아카이브, https://www.lib.kyushu-u.ac.jp/ja/collections/q_digitalarchive
- 京都大學圖書館古地圖 컬렉션, http://edb.kulib.kyoto-u.ac.jp/exhibit/maps/index.html
- 國際日本文化研究센터所藏地圖DB, https://www.nichibun.ac.jp/ja/db/

로 삼아 중세부터 근세에 이르기까지 일본의 영토관으로서 규슈(九州)·시코쿠(四國)·혼슈(本州)와 주변의 부속 도서를 토대로 한 '삼도영토관(三島領土觀)'02이 정착되어 있었다는 것을 고찰해보고자 한다. 물론, 사찬지도와는 별도로 관찬지도(官撰地圖)가 존재하지만, 관찬지도는 어디까지나 국가권력의 영토관이지, 일반 민중들의 영토관을 대변하고 있다고는 볼 수 없기 때문에 여기서는 사찬지도를 대상으로 고찰하고, 관찬지도에 대해서는 제7장에서 검토하도록 하겠다.

한편, 고지도라는 것이 전근대 국가들 사이의 경계를 지금과 같이 명확하게 표기하지 않았을 뿐만 아니라, 영토관이라는 것이 관념적 경계와 공간적 경계로 구분되어 항상 일치하는 것도 아니기 때문에 고지도를 이용해 특정 국가의 영토관을 규정하는 것에 대해서는 필자도 다소의 문제점이 있다는 것을 인지하고 있다. 그러나 당대의 영토관을 고찰하기 위해서 다른 무엇보다도 중요한 제1차 자료가 고지도라는 것에는 반론의 여지가 없

- 東京國立博物館情報 아카이브, https://webarchives.tnm.jp/database
- 北海道大學附屬圖書館北方資料高精細畵像電子展, http://www.lib.hokudai.ac.jp/hoppodb/
- 鳥取縣立圖書館所藏繪圖, https://www.library.pref.tottori.jp/information/cat17/post-9.html
- 明治大學圖書館蘆田文庫古地圖 콜렉션, http://www.lib.meiji.ac.jp/ashida/index.html

02 본서에서 '영토관'이라는 것은 영토에 대한 자국의 인식이라는 측면에서 '영토인식'과 동일한 의미로 사용하고자 한다. 또한 '삼도영토관(三島領土觀)'은 '사도영토관(四島領土觀)'이라는 개념과 함께 지금까지 학계에서 언급되지 않은 생소한 개념으로 필자가 사용하기에 약간의 주저함은 있지만, 일본의 중·근세 영토관을 총체적으로 파악하는데 다른 무엇보다도 유효적절한 개념이라고 생각되어 졸속의 부끄러움을 무릅쓰고 시도해본다.

을 것이다. 더욱이 아라키 노리오(荒木敎夫)가「領土·國境紛爭における地圖の機能」03에서 "불명료할 때에는 여러 가지 증거를 이용하여 경계선을 추정할 필요가 있다. 그러한 때에 지도가 간접적인 동시에 보조적이라고는 하지만, 분쟁 해결에 중요한 기능을 다할 가능성이 있다."고 말한 바와 같이 고지도를 통해 일본의 전근대 영토관을 추정하고 검증하는 것은 당시 일본의 영토를 규정하는 중요한 방법이기도 하다.

우선, 선행된 관련 연구를 살펴보면, 고지도를 이용한 연구는 일본에서 활발히 이루어져 왔는데, 로날드 토비는「近世期の'日本圖'と'日本'の境界」04에서 국가[막부·제번(諸藩)]가 생각하고 있던 '일본'과 일반 민중이 생각하고 있던 '일본'이 일치하는가를 고찰해 일본의 경계인식은 지도상으로 볼 때 매우 애매하며, 일반 민중과도 상당한 차이가 있음을 주장하고 있다. 전술한 바와 같이 고지도에는 국가권력이 간행한 관찬지도와 민간에서 간행한 사찬지도가 존재하기 때문에 국가권력과 일반 민중의 영토인식에 차이가 있다는 것은 너무나도 당연한 사실이다. 다만, 토비가 말한 "막부의 국회도(國繪圖)와 일본도(日本圖)에 대한 관심은 '국토인식'을 표현한 것이 아니라, 검지(檢地)·향장(鄕帳) 등과 함께 다이묘(大名) 통제의 수단이었다."고 평가한 것에 대해서는 찬성할 수 없다. 막부가 검지를 통해 세금을 확보하거나 다이묘를 통제하는 것은 바로 주권의 영역인 영토를 의미하는 것이기 때문이다. 당시 에도시대에 그려진 사찬지도가 현재와 같이 정확하고 세부적인 지도가 아니라고 하더라도 당대 일본인들이 자신들의 영

03　荒木敎夫,「領土·國境紛爭における地圖の機能」,『早稻田法學』74-3, 1999), 24쪽
04　ロナルド·トビ,「近世期の'日本圖'と'日本'の境界」(黑田日出男/メアリ·エリザベス/杉本史子 編,『地圖と繪圖と政治文化史』(東京大學出版會, 2001), 97-98쪽.

토로 인식하고 있는 영역을 그린 것이고, 또 에도막부(江戶幕府)의 관찬지도라 할 수 있는 국회도 작성사업은 지방통치와 세금을 거두어들이기 위한 제 영지의 파악이라는 목적도 있었다.05 다시 말하면, 이들 고지도들이 근세 일본의 국가권력이 미치는 범위를 규정하고 있었다는 점에서 영토관의 가치성을 내포하고 있다는 것을 염두에 둔다면, 고지도에 보이는 국가의 경계성을 무시할 수는 없다.

또한, 세키 슈이치(關周一)는「アジアから見た日本の境界」06에서 전근대 국가 간의 경계는 근대의 국경과 같이 명확한 국경선(border)이 있는 것이 아니라, 경계영역(frontier)이며, 그것은 하나로 고정되지 않은 불안정성을 가지고 있다고 주장한다. 그 대표적인 사례로서 쓰시마(對馬)의 소(宗)씨가 아시카가(足利) 쇼군의 가신이라는 입장과 조선의 '번리(藩籬)', '동번(東藩)'이라는 두 가지 입장을 동시에 취하면서 경계의 영주로 존재할 수 있었다는 것을 들고 있는데, 조일 양국의 변경에 위치한 쓰시마번(對馬藩)의 외교적 위치를 가늠케 해주는 것으로서 필자도 시사 받은 점이 많다. 그리고 이와사키 나오코(岩崎奈緒子)는「十八世紀後期における北方認識の展開」07에서「세계도(世界圖)」와「에조도(蝦夷圖)」를 중심으로 가라후토(樺太[사할린]) 및 캄차카반도에 대한 일본의 인식을 비롯해 이들 지역을 일본

05　川村博忠,『國繪圖』(吉川弘文館, 1990), 5-9・14-22쪽. 이외에 이하를 참조. 川村博忠,『江戶幕府撰國繪圖の硏究』(古今書院, 1983) ; 黑田日出男,「寬永江戶幕府國繪圖小考」(『史觀』107, 早稻田大學史學會, 1982).

06　關周一,「アジアから見た日本の境界」(竹田和夫,『古代中世の境界意識と文化交流』, 勉誠出版, 2011).

07　岩崎奈緒子,「十八世紀後期における北方認識の展開」(藤井讓治/杉山正明/金田章裕 編,『大地の肖像』, 京都大學學術出版會, 2007).

과 러시아의 경계로서 추정하는 연구를 발표하고 있다. 다만, 이와사키의 연구는 당시 에도막부가 에조치(蝦夷地[현 홋카이도])를 일본의 영토로 생각하고 있지 않았음에도 에조치 밖의 지역을 경계로 인식하고 있었다는 모순을 내포하고 있다.

이러한 연구를 포함해 일본 측의 고지도를 이용한 영토인식의 연구는 북방지역과 관련해서 현재 러시아와 분쟁이 벌어지고 있는 4개의 섬 지역에 대한 일본 측의 선점권을 우회적으로 대변하거나,08 대부분은 중국과 한국 사이에서의 영토문제를 대상으로 전근대의 애매한 경계성을 확대하여 해석하고 있으며, 나아가 근대 이후 제국주의 침략에 의한 일본의 영토인식의 팽창을 국제법상의 문제로 합리화시키는 경향이 있다. 이러한 자국중심의 영토인식에 대한 언설들이 현재의 영토문제에 대한 빌미를 제공하고 있는 것은 말할 것도 없다. 물론, 전근대 시대에는 현대와 같이 영해[12해리, 1982년 유엔해양법회의]라는 명확한 국경선의 규정이 존재하지 않았고, 당시 고지도의 불명확성이라는 한계가 있었기 때문이기도 할 것이다.

그리고 전술한 연구 이외에도 여기서 소재로 삼고 있는「行基圖」또는「行基式日本圖」라고 불리는 고지도와 관련된 연구들이 있는데,09 이들

---

08 平野友彦,「古地圖からみた北方史の一齣-「東西蝦夷地圖」の境界線」(『地方史硏究』43-5, 地方史硏究協議會, 1993) ; 鈴木純子,「北方四島の地圖(特集:北海道の地圖)」(『地圖情報』23-1, 2003) ; 兒島正彌,「古地圖にみるエゾ地-近世初期の北方地理認識(含討論)」(『日本史硏究』485, 2003).

09 織田武雄,「行基圖の成立とその影響」(『日本古地圖大成-解說』, 講談社, 1972) ; 青山宏夫,「特集:繪圖·地圖のなかの交通-行基圖と中世繪圖を中心に」(『古代交通硏究』9, 1999) ; 福本健太郎,「行基圖系日本圖の變遷について」(『國學院雜誌』100-6, 1999) ; 米山孝子,「日本圖と行基傳承」(『大正大學大學院硏究論集』27, 2003). 한편,「行基圖」와 '교키식 일본도'는 백제계 도래인 교키(行基)가 작성했

연구는 이러한 고지도류의 작성과 변천 및 그 특징을 대상으로 검토한 것들이다. 다만, 본 장과 관련해 특기할 만한 연구가 있다. 바로 레윈의 「中世日本における龍の表象と國土觀-「行基圖」をめぐって」[10]와 구로다 히데오(黒田日出男)의 『龍の棲む日本』[11]이라는 연구로 용이 감싸고 있는 「行基式日本圖」를 소재로 지도 속에 있는 지명들을 분석하고 있다. 하지만 레윈과 구로다의 연구는 단일 형식의 지도를 대상으로 한 것으로서 「行基圖」와 「行基式日本圖」, 그리고 에도시대의 사찬지도를 포함해 당대 일본의 영토인식으로서 '삼도영토관'을 총체적으로 규명한 것은 아니다.

때문에 본 장에서는 첫째로 「行基圖」와 「行基式日本圖」를 소재로 삼아 이들 고지도에 보이는 영토관의 범위 속에서 '삼도영토관'이라는 개념이 어떻게 적용되고 있었는가를 규명해보고자 한다. 둘째는 에도막부가 성립된 이후의 근세 전기에 작성된 「行基式日本圖」와 이시카와 도모노부(石川流宣)의 「流宣圖」 등을 비롯한 사찬지도를 통해 '삼도영토관'의 어떻게 계승되고 정착되었는가를 밝히는 것이며, 셋째는 근세 후기 나가쿠보 세키스이(長久保赤水)에 의해 작성되기 시작한 이른바 「赤水圖」와 민간의 사찬지도를 통해 '삼도영토관'이 어떠한 변화를 거치고, 어떠한 형태로 잔

다고 알려진 [그림 2]의 「日本圖」와 같은 형식의 고지도를 말한다(秋岡武次郎, 『日本地圖史』[河出書房, 1955], 3-53쪽 ; 織田武雄, 앞의 논문 [1972], 8-12쪽). 다만, [그림 2]와 같이 지도의 명칭에 교키가 작성했다는 의미에서 '行基'가 포함된 것은 본서에서는 「行基圖」라고 표기하고, 나머지 명칭은 다르지만, 「行基圖」와 비슷한 형식의 고지도는 편의상 「行基式日本圖」라고 표기한다.

10   Le' Le' Wynn, 「中世日本における龍の表象と國土觀-「行基圖」をめぐって」 (『Zeami』2, 森話社, 2003).
11   黒田日出男, 『龍の棲む日本』(岩波新書831, 岩波書店, 2003).

존 되었는가를 규명하여 이를 통해 중근세 일본의 영토관을 총체적으로 조망해보고 싶다.

2. 중세 「行基圖」와 '삼도영토관'의 출현

일본에서 전체 지역을 대상으로 한 일본전도(日本全圖)가 언제부터 그려졌는지에 대해서는 명확하게 알려지지 않았다. 다만, 일본전도는 아니지만, 지도의 제작은 문헌에 따르면 646년 8월 반전수수(班田收授)의 실행을 국사(國司)에게 명한 조(詔)에서 전도(田圖)의 작성을 지시한 것이 최초라고 하며, 현존하는 일본 최고의 지도는 751년 오우미노쿠니(近江國) 미누마무라(水沼村)의 간전도(墾田圖)를 시작으로 하는 「東大寺墾田地圖」([그림 1])[12]라고 한다. 당시는 반전(班田)의 토지에 대한 계측이 필요했고, 그에 따라 구획된 전지(田地)의 위치를 표시해두어야만 했기 때문에 전적(田籍)과 전도(田圖)가 만들어졌던 것이다. 또한, 다이카개신(大化改新) 이후 국군도(國郡圖)도 만들어졌는데, 이것은 어디까지나 전도와 마찬가지로 율령국가 세금 수입의 기본 자료인 동시에 지방통치에 대한 필요성이 있었기 때문이지 국가권력의 영토 내지는 경계나 그 인식을 나타내는 용도는 아니었다.

국군도는 『續日本紀』의 738년 8월 기사에 의하면, "천하의 제국(諸

---

12 織田武雄, 『地圖の歷史』(講談社, 1973), 212-213쪽. 참고로 [그림 1]은 「東大寺墾田圖」의 일부인 「攝津國東大寺領島上郡水無瀨莊圖」(正倉院 소장)로서 『日本古地圖大成』(3番圖, 12-13쪽)에 수록되어 있는 2개의 지도 사진을 1개로 편집한 것임.

[그림 1] 「東大寺墾田地圖」(攝津國東大寺領島上郡水無瀨莊圖).

國)으로 하여금 국군도를 만들어 바치게 하라."[13]는 내용이 있고, 『日本後紀』의 796년 8월 기사에 보면, "칙(勅)을 내렸는데, 여러 구니(國)의 지도에 사적(事跡)이 소략하고, 게다가 만든 지가 이미 오래되어 문자가 빠지고 없어진 것이 있어 그것을 새로 작성하도록 하였다."[14]는 내용이 보이고 있기 때문에 부분적으로 국가권력이 미치고 있던 지역에 대해서는 일정 부분 파악된 것으로 생각된다. 하지만, 국군도가 작성되었다고 해서 일본 전역을 그린 일본전도가 작성되었다는 의미는 아니다. 니시오카 도라노스케(西岡虎之助)의 연구에 의하면, 국군도와 전도(田圖) 등의 고지도를 포함해 1580년 이전까지 현존하는 고지도는 약 200점 정도가 확인되고 있는데,[15] 일본

---

13 『續日本紀』卷第13, 聖武天皇10년(738) 8월 辛卯. "令天下諸國造國郡圖進."
14 『日本後紀』卷第5, 延曆15년(796) 8월 己卯. "勅. 諸國地圖. 事迹疎略. 加以年序已久. 文字闕逸. 宜更令作之."
15 メアリ・エリザベス・ベリ,「統一權力と地圖作成」(黒田日出男/メアリ・エリザベ

전도의 형태로 당시 일본 전체의 경계·영토인식을 파악할 수 있는 것은 유일하게「行基式日本圖」뿐이기 때문에 이에 대한 검토가 필수적이다.

나라시대(奈良時代)부터 국군도와 함께 일본 전체를 그린 지도가 나타나기 시작했는데, 이 일본전도는 전술한 바와 같이 백제계 도래인 교키(行基)가 그렸다고 하여「行基圖」라고 하며,16 일본 전체의 지형과 각 지역의 구분을 물고기 비늘 모양의 곡선으로 그린 지도를 말한다. 오다 다케오에 의하면, 선진적인 지도 제작법이 유행하면서부터는 에도시대 초기까지 형태를 달리하거나 장식용으로 이용되면서 존속되고 있었다고 한다.17 중세 시기까지 일본전도는 현재 몇 점이 남아 있기는 하지만, 고대 시기의 것은 현존하지 않으며, 닌나지(仁和寺)에 소장된「日本圖」([그림 2])18라는 명칭의 고지도가 일본전도 중에서는 가장 오래된 것이다.

이 지도는 가마쿠라시대(鎌倉時代) 후기인 1305년에 사본이 만들어졌고 '행기보살어작(行基菩薩御作)'이라는 글씨와 함께 "일본 8도(道), 5기

스·베리/杉本史子 編,『地圖と繪圖と政治文化史』, 東京大學出版會, 2001), 145쪽 ; 西岡虎之助,『日本莊園繪圖集成(上·下)』(東京堂, 1976·77) 참조.

16 그러나 오다 다케오(織田武雄)는「行基圖」를 교키(行基)가 그렸다는 증거는 아무것도 없다고 하며, 일종의 '교키(行基) 전설'로 치부하고 있다(織田武雄, 앞의 책[1973], 218쪽).

17 織田武雄, 앞의 책(1973), 215-219쪽.

18 「日本圖」(仁和寺 소장),『日本-古地圖大成』, 7쪽, 1番圖 ; 神戶市立博物館 編, 앞의 책, 28쪽. 좌측의 설명은 이하와 같다. "日本八道, 五畿, 五ヶ國, 東海道十五ヶ國, 東山道八ヶ國, 北陸道七ヶ國, 山陰道八ヶ國, 山陽道八ヶ國, 南海道六ヶ國, 西海道九ヶ國, 以上六十八ヶ國, 行基菩薩御作, 東西二千八百七十里, 南北五百卅七里, 郡數五百七十八, 鄕數三千七百七十里, 人數六十九億一万九千六百五十二人, 嘉元三年大呂謝寒風寫之, 不可及外見." 이 지도는 일반적인 일본전도와 달리 상하좌우가 반대로 되어 있어 여기서는 편의상 180도 회전시킴.

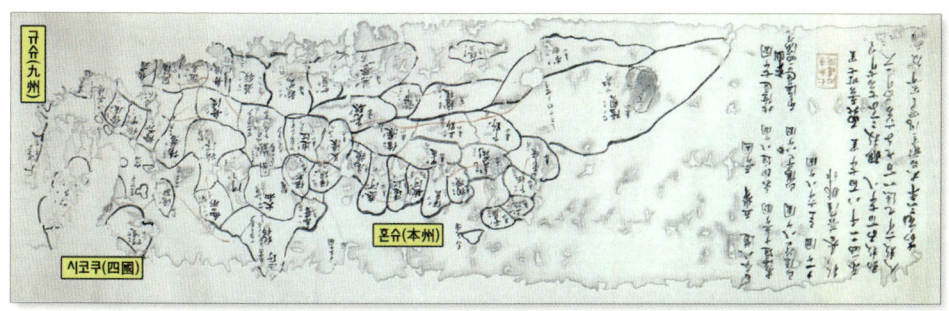

[그림 2] 「日本圖」.

(畿) 5개국"이라는 내용이 쓰여 있다. 고대의 행정제도로서 '도(道)'는 관도(官道)의 명칭으로 7도가 있었고, 천황의 직할령으로써 5국(國)이 존재하고 있었는데, [그림 2]에서는 기나이(畿內)의 5국을 합쳐 "일본 8도"라고 하고 있다. 이로 볼 때 고대 이래의 지리정보가 그대로 답습되고 있음을 알 수 있는데, 여기서 주목하고 싶은 것은 지도의 범위가 바로 규슈·시코쿠·혼슈뿐이라는 점이다. 물론, 규슈 대부분과 시코쿠 일부가 훼손되어 있기는 하지만, 고대 나라시대 때부터 만들어진 「行基式日本圖」가 중세 가마쿠라 말기에 이르기까지 일본의 영역이 바로 규슈·시코쿠·혼슈라는 삼도(三島)로 한정되어 있다는 점이 중요하다. 즉, 이것이 바로 본서에서 말하는 '삼도영토관'이며, 이후 본서에서는 이 '삼도영토관'을 일본의 전통적인 영토관으로서 규정하여 사용하는데, 여기에는 류큐와 에조치를 비롯한 현재 일본의 일부 부속 도서는 포함되어 있지 않다.

한편, 14세기 전기에 제작된 것으로 알려진 가나자와문고(金澤文庫) 소장의 「日本圖」([그림 3])[19]는 일부분이 잘려 나간 불완전한 지도로 일본 전체의 형상을 확인할 수는 없지만, 당시로서는 상당히 진전된 정보들을 수록하고 있다. 지도상으로 용의 몸체가 일본의 영토를 감싸는 형태를 취하고 있는데, 용의 몸체 안에는「行基式日本圖」로서 규슈와 시코쿠, 혼슈의 일부가 그려져 있고, 이국(異國)·이역(異域)이라고 생각되는 몸체의 바깥쪽에는 안도(雁道)·고려(高麗)·몽고(蒙古)·당토(唐土)·나찰국(羅刹國) 등이 둘레에 자리 잡고 있다. 이것은 명확히 '삼도영토관'을 보여주는 것으로 더욱 흥미로운 사실은 감싸여 있는 부분을 당시의 일본이라고 상정할 때 쓰시마(對馬)가 감싸여 있는 부분의 바깥에 자리하고 있다는 점이다. 쓰시마는 고려와 당토 및 일본 사이의 섬으로 표기되어 있어 용의 몸체 바깥쪽에 있다는 것을 보면 일본의 영토인식의 경계부, 또는 당시의 영토인식에서 제외되었다고도 볼 수 있다.

또, [그림 3]의 왼쪽 하단부를 보면, "안도(雁道), 비록 성(城)은 있다 하더라도 사람이 없다(雁道雖有城非人)."라는 기술과 함께 "신라국 566개국(新羅國五百六十六ヶ國)"이라는 내용이 보인다. 근래 이 내용을 토대로 김문길은 "(가나자와문고에 소장된)「日本圖」에는 현재의 울릉도와 독도를 기러기들이 쉬었다가 가는 곳이라는 의미로 안도(雁道)로 표기했고, 안도는 사람이 살지 않는 곳으로 신라 땅이라는 해설도 기록돼 있다."[20]는 요지로 고지도를 발견했다고 발표했다. 물론, 신라와 안도가 같은 지역 안에 표기되어 있어 그렇게 생각할 수도 있겠지만, 일본의 고지도에서 안도는 일반적

19 「日本圖」(神奈川縣立金澤文庫 소장), 三好唯義/小野田一幸,『日本古地圖コレクション』(河出書房新社, 2004), 9쪽. 지도에 보이는 사각형 안의 지명과 내용에 대한 설명은 필자가 삽입하여 편집한 것임. 이하 동일.

20 「'독도는 신라땅' 표기 日고지도 발견」,「연합뉴스」, 2007년 7월 5일. 여기서 김문길은 "독도 영유권을 주장하는 일본에 반론을 할 수 있는 귀중한 자료를 확보했다는 점에서 의미가 있다."고 이 지도를 평가하고 있다.

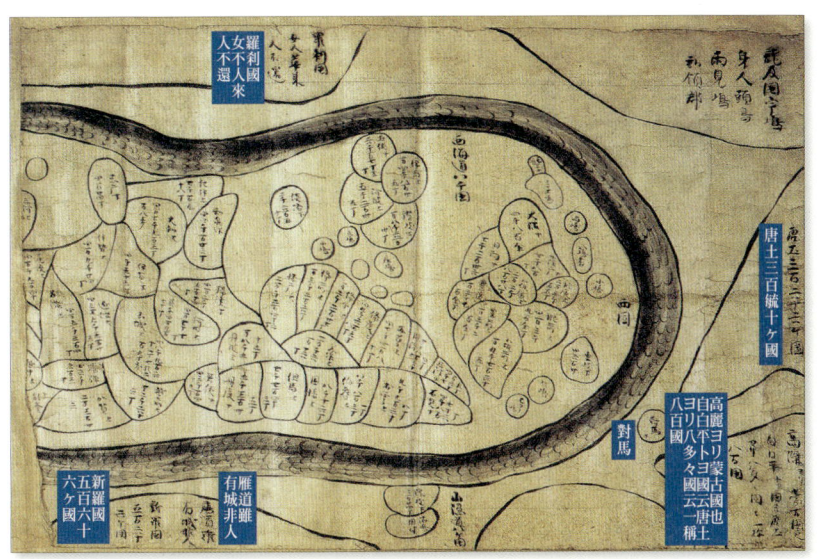

[그림 3] 「日本圖」.

으로 근세 이전의 일본인들이 북방에 있다고 믿고 있던 상상의 토지에 대한 명칭으로 기러기가 지나는 길의 국가라는 설, 에도시대 「行基式日本圖」의 같은 위치에는 한당(韓唐)이 있기 때문에 중국이나 한국과 관련이 있다는 설 등 명확한 위치를 판정할 수 없다.[21]

더욱이 지도에 보이는 바와 같이 "안도(雁道), 비록 성(城)은 있다 하더라도 사람이 없다."라는 글귀와 "신라국 566개국"이라는 글귀는 따로 독

21 안도(雁道)에 대해서는 이하를 참조. 秋岡武次郎, 앞의 책, 27-30쪽 ; 青山宏夫, 「雁道考-その日本圖における意義を中心にして」(『人文地理』44-5, 人文地理學會, 1992) ; 佐伯正, 「雁道について」(『明治大學人文科學研究所紀要』47, 2000). 다만, 이 지도에 기술된 지명들은 당시의 영토인식에 상당히 중요한 의미를 가지고 있어 금후의 과제로 삼도록 하겠다.

립된 문장인데, 이것을 합쳐서 안도가 신라의 땅이라고 보는 것은 문제가 있으며, [그림 3]의 어디에도 안도를 울릉도와 독도로 관련지을 만한 근거는 없다. 또, 오른쪽 아래에 고려와 몽고[몽골]가 표기되어 있어 고려와 왼쪽 아래의 신라에 대해서 어떻게 위치 관계를 파악할 것인가의 문제점이 남아 있다. 안도라고 표기된 곳에 신라가 같이 병기되어 있어 '안도=신라'라고 판단한 점과 '안도=울릉도·독도'라고 하는 판단이 문제를 초래한 것이다. 보다 면밀한 고지도의 검토 위에 독도를 비정하지 않으면, 오히려 이러한 주장들이 일본 측의 논리를 강화하게 하거나, 한국 측의 비논리성으로 인해 비판의 대상이 될 수 있다.

한편, 지도의 오른쪽 구석을 보면, "고려에서 몽고국으로(高麗ヨリ蒙古國え)"라는 기술이 있어 당시 고려로부터 몽골이 통해져 있다는 인식을 가지고 있었는데, 이 글귀가 새겨진 곳을 한반도라고 볼 때, 안도가 있는 곳과의 사이에 커다란 원형 모양의 육지가 또 하나 그려져 있기 때문에 이곳이 어디인가도 중요한 문제점이 될 수 있다. 이 문제에 대해서는 다음에 다시 검토할 기회를 갖도록 하겠다.

14세기 무렵에 만들어진 것으로 알려진 『拾芥抄』라는 백과사전 성격의 서적에 수록된 [그림 4]의 「行基圖」22에서도 역시 일본의 범위는 삼도(三島)를 벗어나지 않았다. 즉, 규슈·시코쿠·혼슈라는 삼도를 중심으로

22 「行基圖」(『拾芥抄』, 早稻田大學圖書館 소장, 請求記号:イ0301827). 이 지도의 좌우 면은 『拾芥抄』에서 분리되어 있으나, 필자가 편의상 1개의 지도로 붙여서 수정함. 한편, 쓰쿠바대학 부속도서관(筑波大學附屬圖書館)에도 소장되어 있는데, 이하를 참조. 「行基圖」, 平成19年度(2007)企劃展「古地圖の世界-世界圖とその版木」(http://www.tulips.tsukuba.ac.jp/exhibition/kochizu/denshi.html, 2011.7.7. 검색).

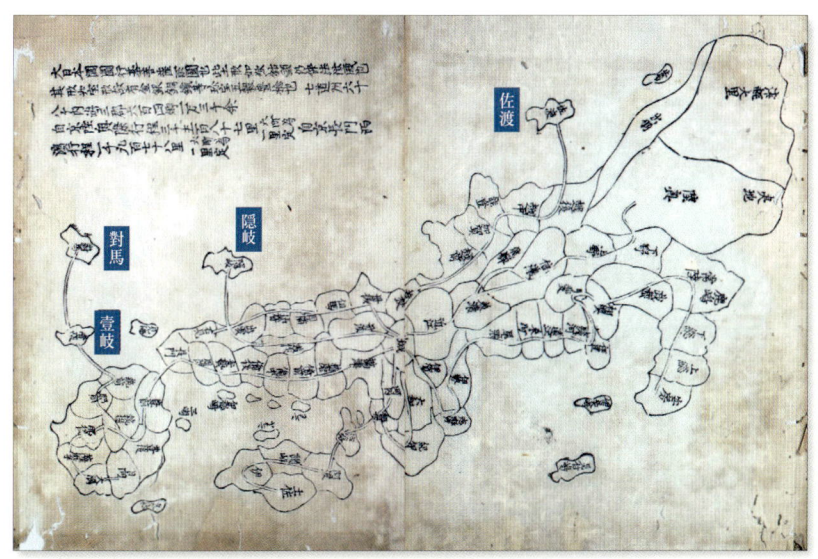

[그림 4] 「行基圖」(「大日本國圖」).

한 부속 도서 이외의 영역에 대해서는 전혀 인식되고 있지 않음을 확인할 수 있는데, 다만 [그림 2]의 「日本圖」(行基圖)에는 훼손이 되어서 명확히 보이지 않았던 규슈·시코쿠·쓰시마·이키(壹岐)·오키(隱岐) 섬 등이 경유로와 함께 명확하게 표시되고 있다. 이외에 무로마치시대(室町時代) 후기에 그려진 것으로 알려진 「南瞻部州大日本國正統圖」([그림 5])[23]에는 왼쪽 아래에 대당(大唐)이 보이고 있으며,『海東諸國紀』에도 기록되어 있는 여인국(女人國)으로서 나찰국(羅刹國)[24]이 오른쪽 아래에 있지만, 이것은 「行基式日本圖」의 특징으로 역시 '삼도영토관'의 범위를 벗어나지 않았다는 점

23 「南瞻部州大日本國正統圖」(唐招提寺 소장),『日本古地圖大成』, 18쪽, 8番圖.
24 秋岡武次郎, 앞의 책, 27-29쪽.

제2부 대외인식과 영토관의 변화 275

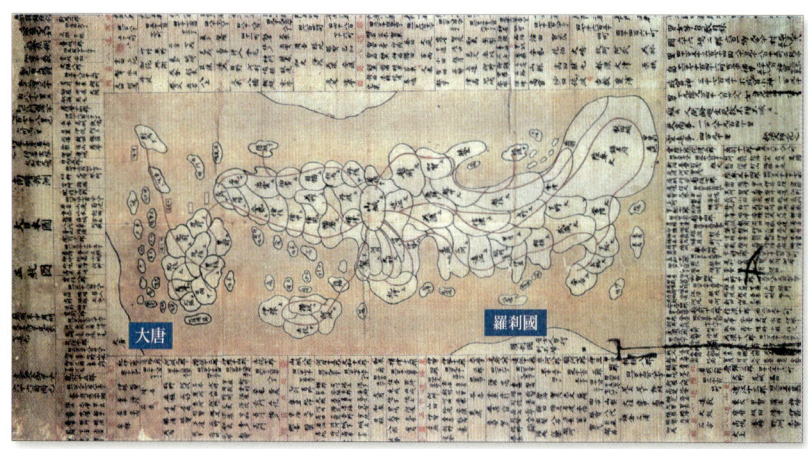

[그림 5] 「南瞻部州大日本國正統圖」.

이 확인된다.

한편, 아즈치모모야마시대(安土桃山時代)에 들어오면 「行基式日本圖」는 각 지역의 도로·하천·해안선·반도 등이 보다 구체적으로 표시되고, 특히 규슈 지역의 모습이 상세히 묘사되고 있는데 대표적인 것이 바로 「日本地圖屛風」([그림 6])[25]이다. 고대 이래 안도·나찰국 등의 형태가 미약하게 보이고 있으며, 오른쪽 북방에 에조치로 여겨지는 일부가 그려져 있다. 여기에는 이전과 달리 각 지역의 국명(國名) 옆에 쌀의 생산량인 석고(石高) 등도 표기되어 있는데, 이것은 오다 노부나가(織田信長)와 도요토미 히데요시(豊臣秀吉) 때에 토지면적당 생산량에 비례해 세금을 거두는 석고제(石高制)의 원형이 시작되었기 때문에 이러한 정치·사회적인 변화를 지도에 표기한 것으로 여겨진다. 이를 볼 때, 이전의 「行基式日本圖」보다는 진화된

25　神戶市立博物館 編, 앞의 책, 29쪽.

[그림 6] 「日本地圖屛風」.

지도라고 평가할 수 있다. 그러나 여기에도 쓰시마·이키·오키·사도 섬은 표기되어 있지만, 다른 지역으로의 팽창이나 확대는 보이지 않아 역시 '삼도영토관'에 머물러 있음을 알 수 있다.

이와 동시기에 도요토미 히데요시가 가지고 있었다고 하는 부채, 즉 「秀吉所持扇面日本圖」([그림 7])[26]에도 「行基式日本圖」가 그려져 있어 당시 일본에 '삼도영토관'이 뿌리 깊게 정착되어 있었음을 확인할 수 있다. 다만, 이 지도는 한반도에 이어진 동북쪽 지역에 '에조(エゾ)'를 표기하고 있는 점으로 보아 북방지역에 대한 지리 정보가 빈약했던 당시 일본인들의 상황을 엿볼 수 있는데, 이것으로 볼 때, 당시 일본인에게 에조치(蝦夷地), 즉 현재 홋카이도(北海道)가 당시에는 자신들의 영토라는 인식이 전혀 없

---

26 「秀吉所持扇面日本圖」(大阪城天守閣 소장), 三好唯義·小野田一幸, 『日本古地圖コレクション』(河出書房新社, 2004), 12-13쪽.

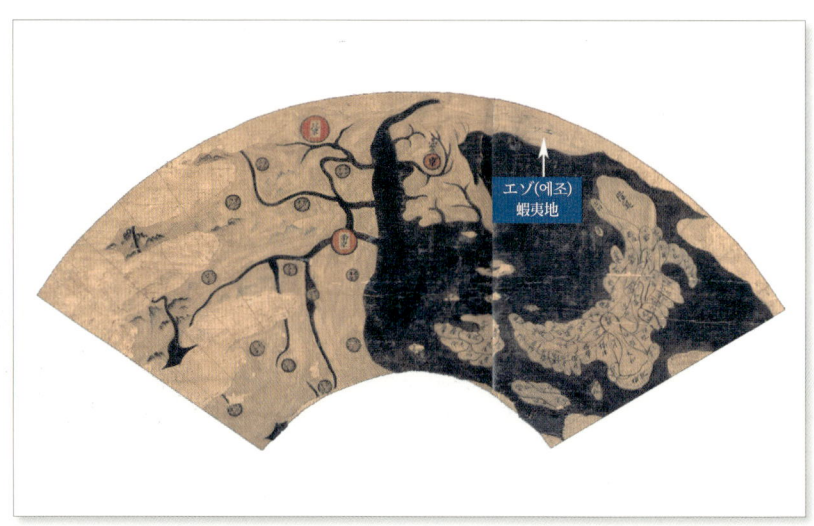

[그림 7] 「秀吉所持扇面日本圖」(大阪城天守閣 소장).

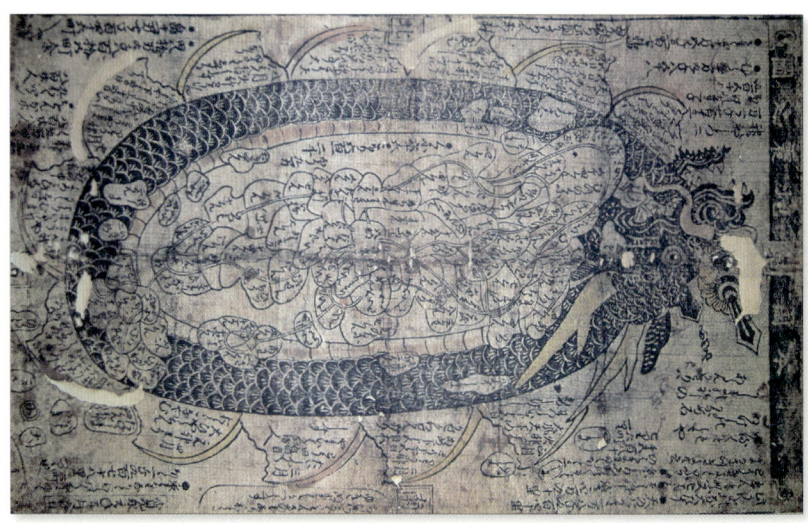

[그림 8] 「大日本國地震之圖」.

었다는 것을 의미하는 것이기도 하다.

3. 근세 전기 「行基式日本圖」와 '삼도영토관'의 계승과 정착

에도시대에 들어와서도 「行基式日本圖」는 지도 제작과 영토인식의 계승이라는 측면에서 기본적인 토대를 이루며 이어지고 있었지만, 약간 변화된 모습을 보인다. 1624년에 제작된 사찬지도 「大日本國地震之圖」([그림 8])[27]는 용이 일본을 감싸고 있는 형태의 지도로서 「行基式日本圖」가 그려져 있는데, 용의 비늘에는 12개월간의 지진을 점친 내용이 기술되어 있다. 이것은 용이 움직이면 지진이 일어난다고 하는 중국의 불서(佛書)에 기인하는 것으로 앞에서 살펴본 가마쿠라 후기 가나자와문고 소장의 불완전한 「日本圖」인 [그림 3]과 마찬가지의 유형으로 아마도 이러한 종류의 지도를 답습하고 있었던 것으로 판단되고 있다.[28]

또한, 1651년에 제작된 「行基式日本圖」로 「日本國之圖」([그림 9])[29]와 1656년에 사본으로 제작된 「日本國之圖」([그림 10])[30]도 있다. 중세의

---

27 「大日本國地震之圖」(原田正彰 소장), 『日本古地圖大成』, 9番圖, 19쪽.

28 海野一隆/織田武雄/室賀信夫 編, 『日本古地圖大成-解說』(講談社, 1972), 49-50쪽. 한편, 여기서 무로가 노부오(室賀信夫)는 이 지도의 용 속에 보이는 일본지도는 조선의 『海東諸國紀』(1471)에 수록된 「日本圖」와 유사성을 가지고 있으며, 이러한 점에서 잃어버린 중세 일본도의 면영(面影)을 전해주는 귀중한 자료라고 평가하고 있다.

29 「日本國地圖」(京都大學附屬圖書館 소장), 『日本古地圖大成』, 13番圖, 24쪽.

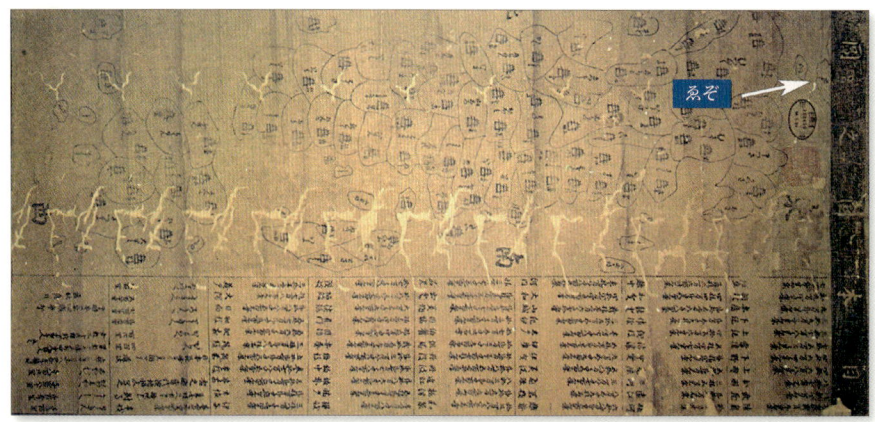

[그림 9] 「日本國之圖」.

「行基式日本圖」에는 각 지역의 국명(國名)과 군수(郡守)를 비롯해 마을 수(町數)가 기재되어 있는 것이 일반적인데, [그림 6]의 「日本地圖屛風」에서 본 바와 같이 아즈치모모야마시대 이후부터는 마을 수가 석고수(石高數)로 변하고 있으며, [그림 9]와 [그림 10]에서도 마찬가지로 변화된 모습을 보여주고 있다. 이 두 지도의 또 하나의 특징은 이전에 보이지 않았던 에조치가 보인다는 점이다. [그림 9]에서는 에조치가 위치한 부분에 '에조(ゑぞ)'라고 표기하고 있으며, [그림 10]에서는 '마쓰마에(松前)'가 표기되어 있음과 동시에 지도의 오른쪽 끝 중간 부분에는 공간의 영역 경계가 불완전하기는 하지만 '에조의 지시마(ゑぞの千嶋)'라고 표기하고 있어 이전의 지도보다는 확장된 지리 인식의 한 단면을 엿볼 수 있다.

30 「日本國之圖」(明治大學圖書館 소장), http://www.lib.meiji.ac.jp/ashida/index.html, 2011.07.02. 검색.

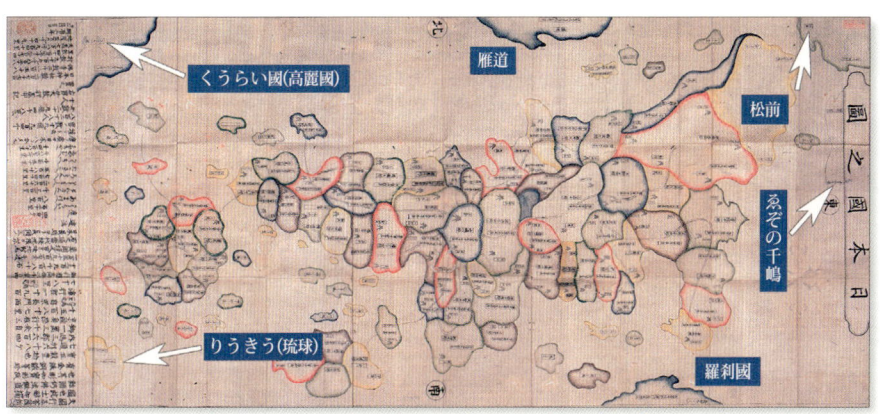

[그림 10] 「日本國之圖」.

    [그림 10]의 오른쪽 위에 보이는 에조치의 최남단에 위치한 마쓰마에라는 지역은 마쓰마에(松前) 씨가 장악하고 있던 지역이다. 마쓰마에 씨는 원래 가키자키(蠣崎) 씨였으나, 히데요시 사후에 도쿠가와 씨의 가신으로 들어가 1599년 마쓰마에 씨로 개명했는데, 에도시대 초기에는 에조치에서 쌀이 생산되지 않았기 때문에 도주(島主) 정도의 취급에 지나지 않았다. 하지만, 에도시대에는 이미 마쓰마에 지역에 진출해 화인지(和人地[일본인 거주지역])를 형성하고 있어 이를 [그림 10]에서는 마쓰마에(松前)라고 표기한 것이다. 또한 왼쪽 아래에 노란색으로 그려진 섬에 '리우키우(りうきう)'라고 명기되어 있어 어느 정도 지리 인식의 확장이 이루어졌다고 평가할 수도 있지만, 지도를 상세히 보면 왼쪽의 설명문에 "일본 나가사키에서 이국까지의 거리(日本長崎ヨリ異國マデ)"를 표기하면서 "류큐까지 260리(りうきうへ二百六十里)"라고 명기하고 있어 류큐가 이국임을 밝히고 있다.

    오른쪽 아래 끝 모서리에는 '마쓰마에'와 이역(異域)으로서의 '에조'

를 표기하고 있는데, 전근대 전통적인 지도제작에서 모서리나 끝단에 표기하고 있는 것은 영토인식에 포함되지 않은 지역을 의미하고 있기 때문에 에조치는 일본의 영토인식에 포함되어 있지 않았다는 것을 의미한다. 더욱이 상상의 나라인 안도와 나찰국이 그려져 있어 중세적「行基式日本圖」의 수준을 벗어나지 못했고, 전체적으로 전통적인 '삼도영토관'이 그대로 유지되고 있다. 이렇게 제작된 사찬지도들은 17세기 초엽에 이르러 막부의 관찬지도가 만들어졌음에도 불구하고, 관찬지도가 민간에 유포되지 않았기 때문에 에도시대 일본의 고지도에 일정 부분의 영향을 끼치며 뿌리를 내리고 있었다.

대표적으로는「新撰大日本圖鑑」(1678, [그림 11]),[31]「寬文日本圖」(1661-73, [그림 12]),[32] 유명한 이시카와 도모노부(石川流宣)의「本朝圖鑑綱目」(1687, [그림 13]),[33]「大日本國大繪圖」(1712, [그림 14]),[34]『日本鹿子(권제2)』수록의「日本圖」(1716, [그림 15]),[35] 마부치 지코안(馬淵自藁庵)의「大日本總圖」(18세기 전기, [그림 16])[36] 등을 예로 들 수 있다. 특히, [그림 12]의「寬文日本

---

31 「日本國繪圖」(渡邊紳一郎コレクション), 神奈川県立博物館 編, 앞의 책, 36쪽.
32 「寬文日本圖」(神戸市立博物館 소장), 神戸市立博物館 編, 앞의 책, 31쪽.
33 「本朝圖鑑綱目」(國立國會圖書館 소장), http://dl.ndl.go.jp, 2011.10.20. 검색 ; 『日本古地圖大成』, 58-59쪽 참조. 이와 같은 종류의 지도는 神戸市立博物館(神戸市立博物館 編, 앞의 책, 32쪽)과 九州大學總合研究博物館(九州大學 디지털 아카이브)에도 소장되어 있다.
34 「大日本國大繪圖」(神戸市立博物館소장), 伊能忠敬研究會 編, 앞의 책, 81쪽.
35 「日本圖(石川流宣 繪)」(磯貝舟也,『日本鹿子(巻第2)』, 早稻田大學圖書館 소장), http://www.wul.waseda.ac.jp/kotenseki 2011.09.02. 검색.
36 「大日本總圖」(明治大學圖書館 소장), http://www.lib.meiji.ac.jp/ashida/, 2011.07.24. 검색.

[그림 11] 「日本國繪圖」.

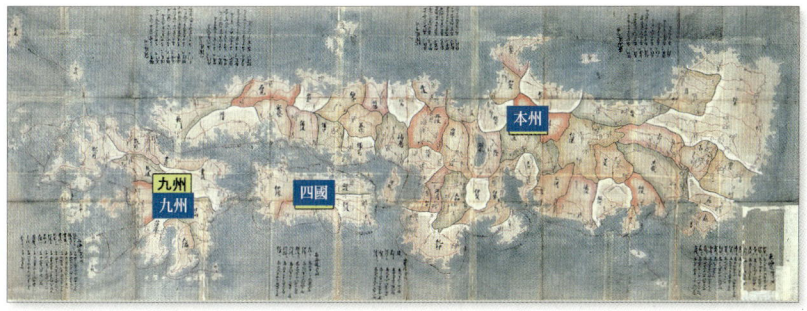

[그림 12] 「寬文日本圖」.

圖」는 에도막부의 3대 쇼군 도쿠가와 이에미쓰(德川家光)의 「枕屛風日本圖」를 모사한 것으로 알려지고 있는데,[37] 류큐와 에조치는 제외된 '삼도영토관'

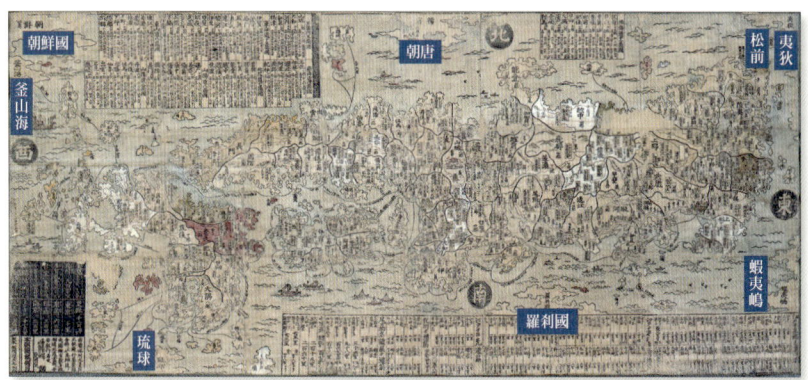

[그림 13] 「本朝圖鑑綱目」.

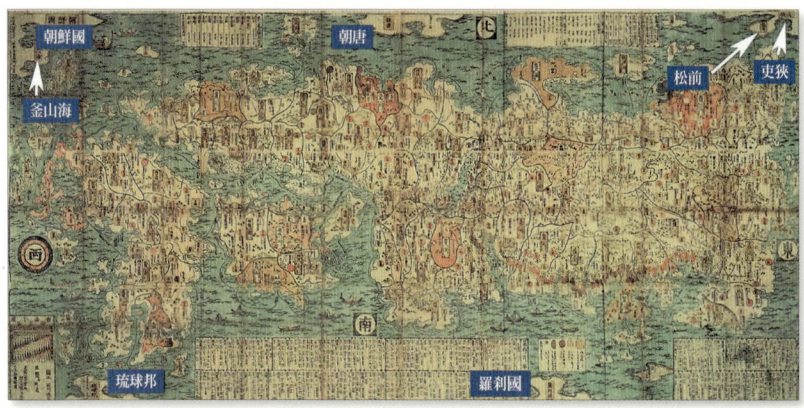

[그림 14] 「大日本國大繪圖」.

본연의 모습을 잘 보여주고 있다. 이것은 당시 막부에서도 류큐와 에조치가 막번권력의 지배하에 없었다는 것을 의미하는 것이다.

한편, 이시카와 도모노부와 마부치 지코안은 에도시대 사찬지도

37   神戶市立博物館 編, 앞의 책, 31쪽.

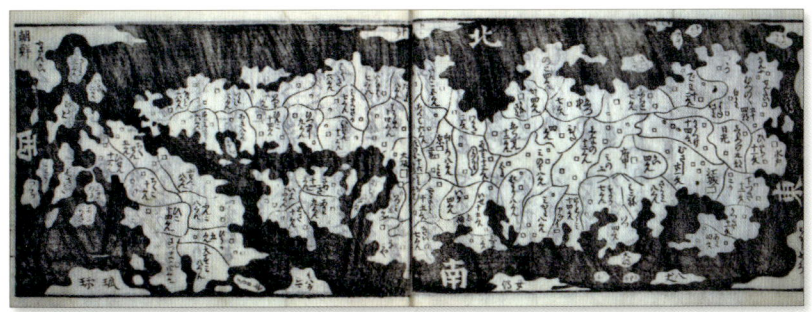

[그림 15] 『日本鹿子(卷第2)』 수록 「日本圖」.

[그림 16] 「大日本總圖」.

를 대표하는 양대 제작자이며, 그중에서도 이시카와가 남긴 고지도는 현재 일본에 상당수가 남아 있다. 이시카와의 고지도와 유사한 것을 통칭 「流宣圖」라고 하는데, 「本朝圖鑑綱目」([그림 13])에서 알 수 있듯이 왼쪽 위에 조선국, 왼쪽 아래에 류큐, 오른쪽 위에 이적(夷狄)을 두고 있으며, 특이하게 이적의 앞쪽에 섬으로 마쓰마에를 그리고 있다. 또한 지도 하단의 남쪽에 에조시마(蝦夷嶋)를 두고 있는데, 사방의 모퉁이에 이러한 지역을 표기하고 있다는 것은 엄연히 일본의 영토인식에서 벗어나 있다는 것을 의미하는 것이며, 「行基式日本圖」의 특징인 중앙 남단의 나찰국과 상단의 한당(韓唐)도 그대로 표기되고 있음을 확인할 수 있다. 이점은 에조시마를 제외하면 [그림 14]의 「大日本國大繪圖」도 마찬가지이다.

마부치 지코안의 「大日本總圖」([그림 16])는 기본적으로 「流宣圖」인 [그림 13]·[그림 14]와 거의 같은 형태를 띠고 있지만, 「行基式日本圖」에 보이는 한당(韓唐), 나찰국(羅刹國) 등이 사라지고 북쪽의 상단에는 마찬가지로 마쓰마에(松前)와 이협(夷狹, 에조치)을 표기하고 있으며, 오른쪽 남단의 에조시마라는 표기는 보이지 않는다. 이것은 겐로쿠시대(元祿時代)인 17세기 말에서 18세기 초를 분기점으로 지리 인식의 확장, 관찬지도의 제작 등으로 「行基式日本圖」의 영향이 지도 제작에서 사라지고 있다는 것을 보여주는 하나의 증거이지만, 그때까지도 전통적인 '삼도영토관'이 변함없이 존재하고 있었다는 반증이기도 하다.

4. 근세 후기 「赤水圖」와 '삼도영토관'의 잔영(殘影)

18세기 후반에 들어와 일본에서 최초로 경위도선이 들어간 지도가 제작되었는데, 바로 나가쿠보 세키스이(長久保赤水)에 의해 1779년에 간행된 『改正日本輿地路程全圖』(통칭 「赤水圖」)이며, 1775년의 서(序)가 붙어 있다([그림 17][38]·[그림 18]).[39] 이러한 「赤水圖」와 같은 종류의 지도에는 경위선이 있는 것과 없는 것이 존재한다는 것이 아키오카 다케지로(秋岡武次郞)에 의해서 알려지고 있는데,[40] 비실측지도이지만 1촌(寸)을 20리(里)로 한다는 일정의 축척을 밝히고 있어 이전 시대의 고지도보다는 발전된 형태라고 할 수 있다.

한편, 이 지도는 사찬지도로서 유행했던 이시카와 도모노부의「流宣圖」를 대신해 민간에서 폭넓게 사용되고 있었다는 점[41]에서 당시 민간의 영토인식을 살펴보는데, 중요한 소재가 될 수 있다. 그리고 아키오카에 의하면, 세키스이가 제작한 지도 중에서 경위선이 없는 지도가 5점, 경위선이 있는 것이 14점, 세키스이에 의한 기타 일본도가 4점, 동종의 지도로서 세키스이 이외의 사람이 제작한 덴메이(天明)에서 고카(弘化) 시대(1781-1847)의 지도가 22점, 동판의 일본도가 26점 정도가 확인[42]될 정도로 많이 제작되었다. 이를 염두에 두면, 이「赤水圖」는 당시 일본인들의 영토인식을

---

38   『改正日本興地路程全圖』(大英圖書館 소장), 九州大學 디지털아카이브. 이 지도에는 1775년(安永4)의 서(序)가 있지만, 아키오카 다케지로(秋岡武次郞)는 서(序)보다도 발행이 늦어진 것은 드문 일이 아니라고 하며, 이와 동종의 지도는 1779년에 간행되었을 것으로도 추측하고 있다(秋岡武次郞, 앞의 책, 146쪽).

39   『改正日本興地路程全圖』(神戶大學附屬圖書館住田文庫 소장), http://www.lib.kobe-u.ac.jp/sumida/, 2011.10.21. 검색.

40   秋岡武次郞, 앞의 책, 145-148쪽.

41   伊能忠敬硏究會 編, 『忠敬と伊能圖』, 80쪽 지도 해설.

42   秋岡武次郞, 앞의 책, 145-152쪽. 한편, 바바 아키라(馬場章)가 조사한『改正日本興地路程全圖』의 간행 상황을 보면, 1779·1791·1811·1883·1840년 등 5판이 간행되었고, 각기 지도들은 약간의 차이를 보이고 있으며, 3판 이후부터는 나가쿠보 세키스이(長久保赤水) 사후에 제작된 것이기에 주의하지 않으면 안 된다고 한다(馬場章, 「地圖の書誌學-長久保赤水『改正日本興地路程全圖』の場合」, 黑田日出男/메아리·에리자베스·베리/杉本史子 編, 앞의 책, 145쪽).

[그림 17] 「改正日本輿地路程全圖」.

파악할 수 있는 사료적 가치가 높은 고지도 중의 하나라고 평가할 수 있다.

다만, [그림 17]의 『改正日本輿地路程全圖』에 보이는 바와 같이 류큐는 없고, 에조치도 이전과 마찬가지로 마쓰마에 주변의 일부 지역만을 표기하고 있어 '삼도영토관'의 범주를 벗어나지 못했다는 것을 알 수 있다. 이 점은 동종의 지도인 [그림 19]·[그림 20](1779)[43]·[그림 21](1779)[44]에

43　『改正日本輿地路程全圖』(國立歷史民俗博物館 소장), 伊能忠敬硏究會 編, 앞의 책, 80쪽 ; 『日本古地圖大成』, 70-71쪽, 33番圖 참조.

44　『新刻日本輿地路程全圖』(University of California berkeley 소장), East Asian Library-UC Berkeley Collections Japanese Historical Maps, http://luna.davidrumsey.com:8380/luna/servlet, 2011.10.07. 검색.

서도 마찬가지이며, 에조치 지역이 같은 색으로 그려져 있거나 다른 색으로 표기되는 경우가 있지만, 혼슈 북쪽 끝단과 인접한 마쓰마에 주변의 극히 일부만을 그리고 있다는 점에서는 모두 같다.

그러나 한 가지 주목할 사항은 이들 지도가 전통적인 「行基式日本圖」의 제작 형태를 탈피했을 뿐만 아니라, 17세기 중엽에 그려

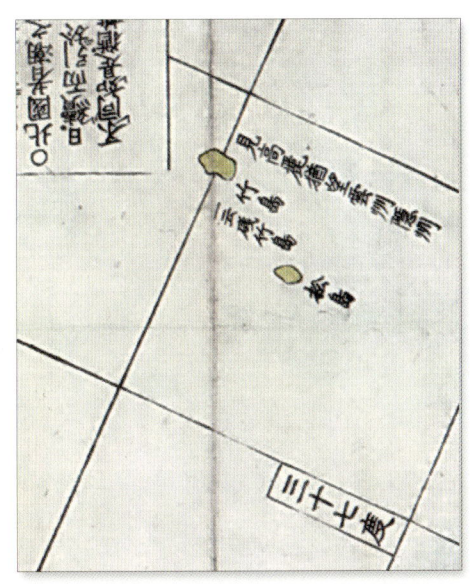

[그림 18] 「改正日本輿地路程全圖」의 확대 부분으로 독도 주변부.

졌던 관찬지도로서 「正保日本圖」([그림 22])[45]의 오른쪽 윗부분에서 보이는 바와 같이 터무니없이 축소된 에조치의 형태가 보이지 않고 있다는 점이다. 이는 관찬지도가 민간에 거의 유통되지 않았기 때문이라고 생각하지만, 아무튼 「赤水圖」에서 에조치가 일본의 영토라고 볼 수 있는 인식은 어디에서도 찾아볼 수 없다.

한편, 「赤水圖」 계열의 최대 특징은 일본전도로서는 최초로 독도를 그리고 있다는 점이다.[46] 즉, [그림 18]은 [그림 17]의 독도 부근의 확대도

---

45 「正保日本圖」(國立歷史民俗博物館 소장), 『日本古地圖大成』, 19番圖, 38-41쪽 ; 伊能忠敬硏究會 編, 앞의 책, 78쪽 지도 참조.
46 물론, 일본전도에 독도가 포함된 형식이 아니라, 독도가 단독으로 표기된 것으

[그림 19] 「改正日本輿地路程全圖」.

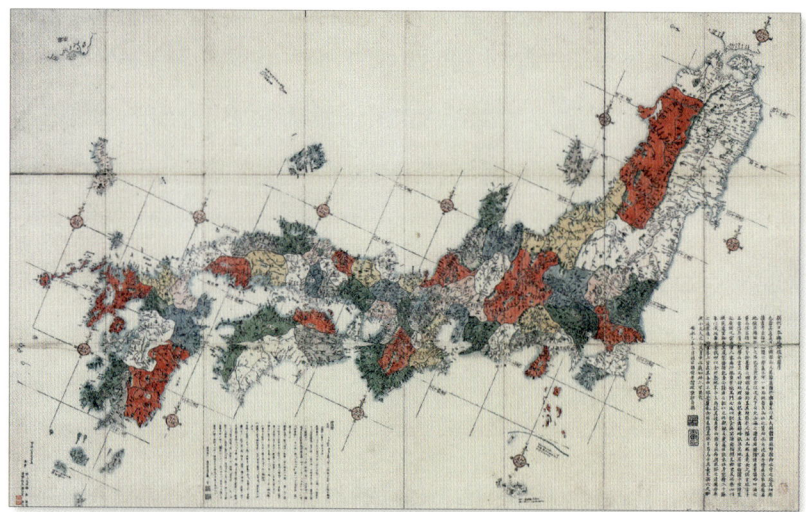

[그림 20] 「改正日本輿地路程全圖」.

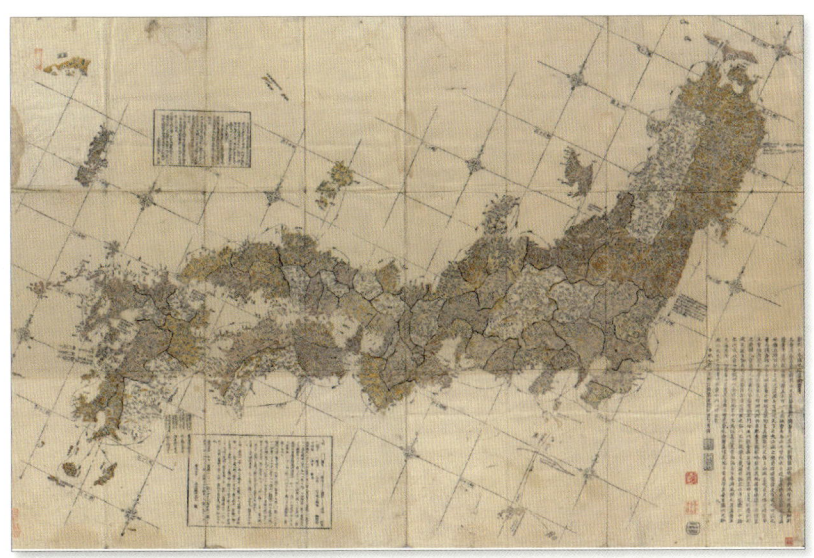

[그림 21] 「新刻日本輿地路程全圖」.

로서 이것을 보면, "고려를 보는 것은 운슈(雲州)에서 인슈[隱州]를 보는 것과 마찬가지이다(見高麗猶雲州望隱州)"라는 표기와 함께 두 섬에 각기 "죽도(竹島)는 일명 기죽도(磯竹島)라고도 부른다(竹島一云磯竹島)."는 설명이 기재되어 있으며, 독도 부근에는 "송도(松島)"라는 표시가 보이고 있지만, 일본의 영토라는 인식은 내포되어 있지 않다. 동종의 지도에 따라서 조선과

> 로 17세기 중엽의 「松嶋繪圖」라는 고지도가 널리 알려져 있지만(竹島問題硏究會 編, 『竹島問題に關する調査硏究』最終報告書』, 竹島問題硏究會 2007, 138쪽. 이 보고서는 'http://www.pref.shimane.lg.jp/soumu/web-takeshima/takeshima04/takeshima04_01/, 2011.06.17. 검색)'에서도 열람 가능한데, 이 자료의 학술적 가치와 작성 시기 및 유래를 명확히 하기 위해서는 고지도 등 관련 자료와 비교·검토해야 할 필요성이 있다.

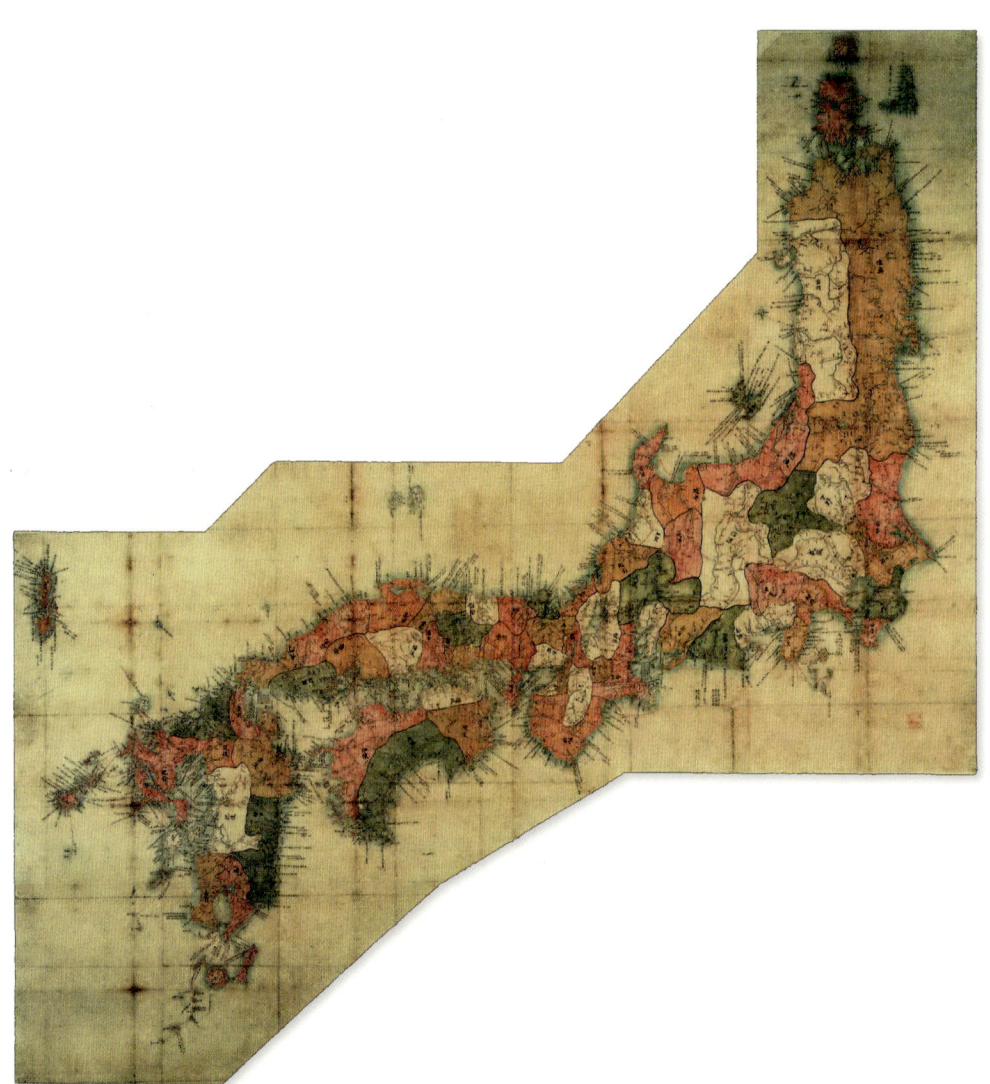

[그림 22] 「正保日本圖」.

[그림 23] 「日本輿地圖藁」.

같은 채색이 되어 있거나 채색이 없는 지도, 두 섬의 위치가 틀린 지도들도 상당수 존재한다. 따라서 독도와 관련된 영토문제는 두 섬을 울릉도와 독도로 비정하는 문제, 독도의 동도와 서도로 보는 문제, 또 지도에 보이는 '죽도'와 '송도' 간의 거리를 비롯해 이곳을 정점으로 한 오키시마(隱岐島)와 조선과의 거리 문제 등을 명확히 논증하지 않으면 안 된다. 독도 문제와 관련한 고지도, 특히 「赤水圖」에 대한 검토는 한일 양국의 견해 대립과도 밀접한 관계가 있어 이 문제에 대해서는 별고에서 다루도록 하겠다.

한편, 「改正日本輿地路程全圖」와 거의 비슷한 계열로 막부에 의한 관찬지도는 아니지만, 막부의 요청으로 제작되었다는 고지도가 있다. 바로 다카하시 가게야스(高橋景保)가 기존의 지도와 함께 이노 다다타카(伊能忠敬)의 관찬지도라고 할 수 있는 이른바 「伊能圖」의 미완성 지도를 이용

제2부 대외인식과 영토관의 변화 293

해 1809년에 잠정적으로 편찬한 「日本輿地圖藁」([그림 23])⁴⁷이다.

이 지도는 1/864,000 축척의 지도이며, 몇 점이 제작되었는지는 확인할 수 없지만, 이노의 실측 측량의 영향을 받았고, 형태상으로는 「赤水圖」의 영향도 받았을 것으로 판단되며, 현재 일본에도 이 지도는 1점만이 남아 있다. 지도의 왼쪽 윗부분에는 '조선', 오른쪽 위에

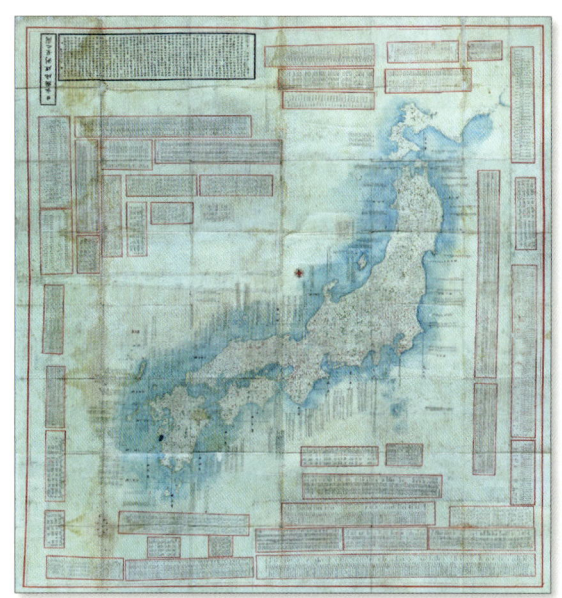

[그림 24] 「日本國地理測量之圖」.

는 '에조(蝦夷)'가 표기되어 있고, 류큐는 그려지지 않은 채 전체가 규슈·시코쿠·혼슈의 '삼도영토관'을 중심으로 구성되어 있다. 여기서 에조치는 혼슈와 인접해 있던 마쓰마에를 중심으로 일부분만이 그려지고 있다. '조선'을 사각의 붉은 색 선 안에 기입하고 있는데, '에조'도 역시 같은 형식으로 명기하고 있어 에조가 일본의 영토가 아니라는 것을 명확히 하고 있다. 이

---

47 「日本輿地圖藁」(神戶市立博物館 소장), 伊能忠敬硏究會 編, 앞의 책, 43쪽 ; 神戶市立博物館 編, 앞의 책, 40쪽. 이 지도에 관해서는 三好唯義, 「「日本輿地圖藁」について-伊能忠敬, 文化6年(1809), 神戶市立博物館蔵(120.5×204.0cm)」 (『地圖』34-2, 日本國際地圖學會, 1996)을 참조. 실측된 지도를 이용했다고 해서 일본 최초의 실측 지도는 아니다. 왜냐하면, 이노 다다타카에 의해 1800년부터 실측 지도가 제작되고 있었기 때문이다.

「日本輿地圖藁」는 1824년 무렵에 개정되어 「日本國地理測量之圖」([그림 24])[48]라는 명칭으로 간행되었는데, 「日本輿地圖藁」보다 상세한 설명과 명칭이 부기되어 있고, 에조치의 범위가 약간 확대되어 그려지고 있다. 다만, 에조치가 완전히 실측된 「伊能圖」의 영향을 받았다고는 하지만, 이곳을 누락시키고 있었다는 것은 그만큼 에조치에 대한 영토인식이 없었다는 것을 반증하는 것이라고도 생각해 볼 수 있다.

한편, 에도막부의 관찬지도와 이노 다다타카의 「大日本沿海輿地全圖」(1800-1821)에 대해서는 본 장의 머리말에서 별고로 다룰 예정이라고 언급했지만, 여기서 에도시대의 관찬지도에 대해서 한마디 언급해두면, 이 지도에서는 '삼도영토관'의 모습은 완전히 사라지고, 에조치, 즉 홋카이도가 포함된 '사도영토관(四島領土觀)'의 모습을 보여주고 있다. 더욱이 북쪽에는 가라후토(樺太, [사할린])의 일부와 구나시리토(國後島)도 그려져 있다. 그러나 관찬지도는 막부에 의해 제작되었을 당시부터 막부의 유출 금지로 인해 일반에 공개되지 않았기 때문에 당시 일반인들의 보편적인 인식이었다고는 볼 수 없다. 이점은 막부가 관찬지도의 유출을 금지하고 있었다는 것, 또 「伊能圖」의 유출사건이 계기가 되었던 그 유명한 '시볼트 사건'[49]으

---

48   「日本國地理測量之圖」(國立公文書館 소장), http://www.digital.archives.go.jp, 2012.04.07. 검색.
49   1828년 시볼트가 일본에서 본국으로 귀국할 때 막부에서 엄금하고 있던 일본지도(「伊能圖」)를 몰래 지참하고 출국하려다가 발각된 사건으로 시볼트는 다음해에 국외 추방되었다. 이 사건으로 지도를 전해 준 다카하시 가게야스(高橋景保) 외에 다수의 문인들이 처벌되었으며, 그는 1829년 2월에 참수되었다. 이 사건에 대해서는 하기를 참조. 中西啓, 「シーボルト事件を巡って」(『洋學』5, 洋學史學會, 1996) ; 梶輝行, 「通説をくつがえす検証シーボルト事件」(『歷史讀本』857, 新人物往來社, 2010).

로도 명확하게 이해할 수 있다.

하지만, 이미 18세기 후반에 막부에 의한 에조치 진출 계획이 실행되고 있었다는 점,[50] 18세기 후반과 19세기 전반에 걸쳐 막말의 수많은 경세론가(經世論家)들이 에조치에 대한 침탈적 인식을 드러내고 있었다는 점[51]을 고려한다면, 일본의 지식인층에게서 전통적인 '삼도영토관'은 붕괴되고 근대적 영토의 팽창이 시작했다고 생각하는 것도 무리는 아닐 것이다. 그러나 그것은 일부 한정된 지식인층에 의한 것이고 민간에 유통된 지도들은 역시 '삼도영토관'에 근거한 당시 일본인의 영토인식을 보여주고 있다. 그것을 잘 보여주는 것이 19세기 초중반 무렵에 작성된 사찬지도들이다.

대표적인 몇 점을 살펴보면, 우선 「大日本輿地全圖」([그림 25])[52]라는 지도이다. 이 지도 상단 부분에는 "1847년 봄, 세키스이 슈센옹이 짓다(弘化四未春 赤水周泉翁述)."라는 문구가 있어 「赤水圖」의 영향을 받아 작성된 것으로 보이는데, 19세기 중반임에도 불구하고 에조치 일부만 그려져 있을 뿐, 전통적인 '삼도영토관'을 그대로 보여주고 있다. 1849년에 간행된 햄미 도요지로(逸見豊次郎)의 「增訂日本輿地全圖」([그림 26])[53]도 마찬가지이다.

또한, 스즈테이 야가(鈴亭谷峨)가 당시 민간의 일본인들을 위해 일

---

50 신동규, 「『赤蝦夷風說考』와 에도막부[江戶幕府]의 북방인식」(『東北亞歷史論叢』 30, 동북아역사재단, 2010), 186-194쪽.; 본서 제9장 참조.

51 신동규, 「에도시대(江戶時代) 후기 일본 經世論家의 에조치(蝦夷地)에 대한 침탈적 인식 고찰」(『韓日關係史硏究』39, 한일관계사학회, 2011).; 본서 제10장 참조.

52 「大日本輿地全圖」(東京國立博物館 소장), http://webarchives.tnm.jp/archives/, 2011.08.29. 검색.

53 「增訂日本輿地全圖」(日本國立公文書館 소장, 內閣文庫, 청구번호: 177-0840).

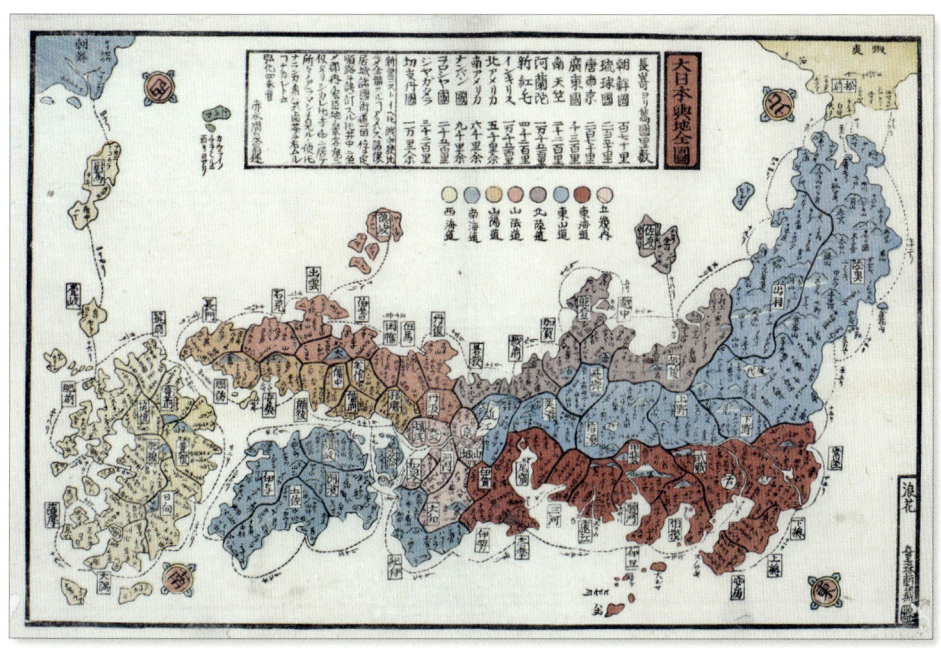

[그림 25] 「大日本輿地全圖」.

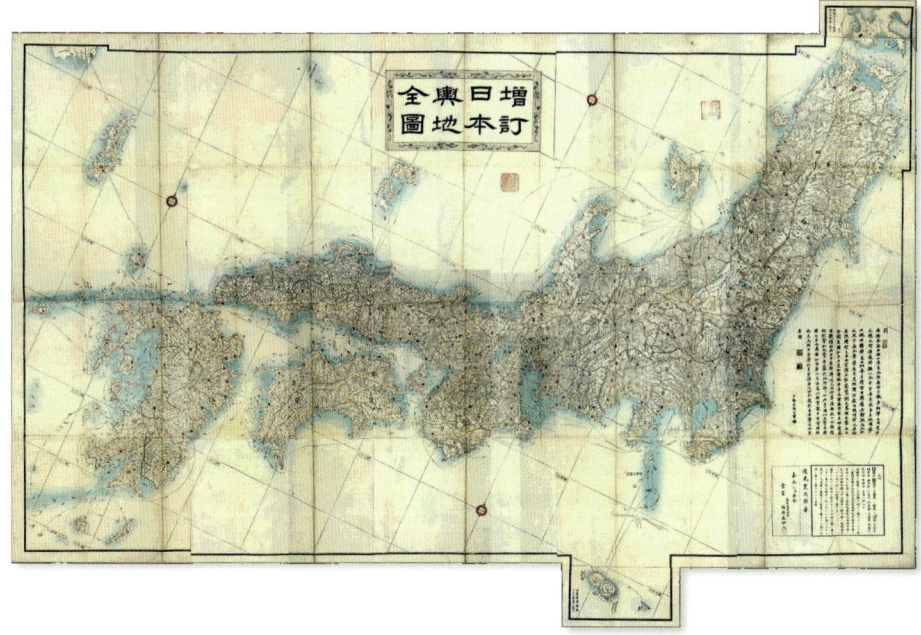

[그림 26] 「增訂日本輿地全圖」.

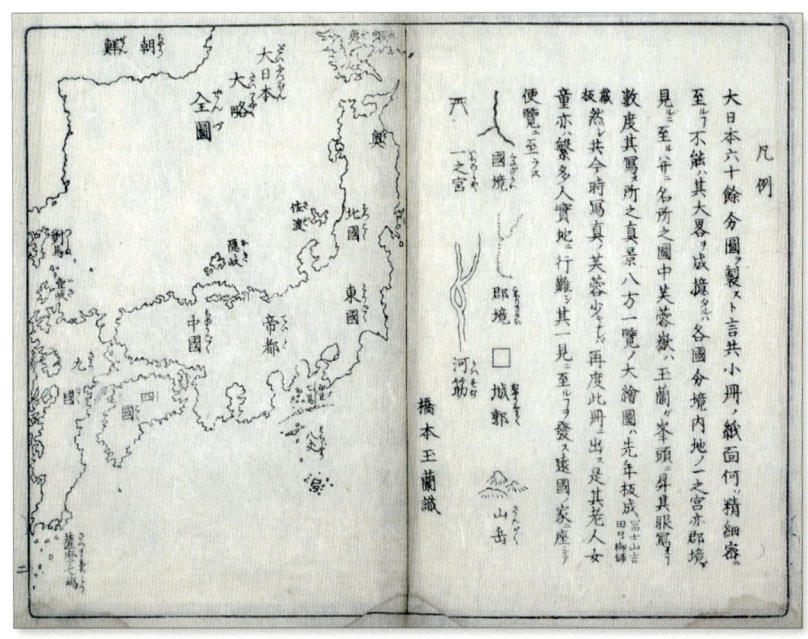

[그림 27]「大日本大略全圖」.

본 각 지역의 국군경(國郡境)·성곽·산악·하천 등을 간략히 명기하여 편찬한『大日本分境圖成』(1855)이라는 일종의 지도첩을 보면, 상권의 서두에「大日本大略全圖」([그림 27])[54]가 그려져 있는데, 지도의 상단 가운데 부분에 에조치의 마쓰마에 일부분만이 그려져 있고, 내용 중에는 에조치에 대한 관련 지도가 전혀 수록되지 않았다. 다만,『大日本分境圖成』하권의「薩摩海上諸島」부분에는 류큐제도가 양면에 걸쳐 삽입되어 있어 영토인식의

54 「大日本大略全圖」(『大日本分境圖成(上·下)』, 東京國立博物館 소장), http://webarchives.tnm.jp/archives/, 2011.08.29. 검색.

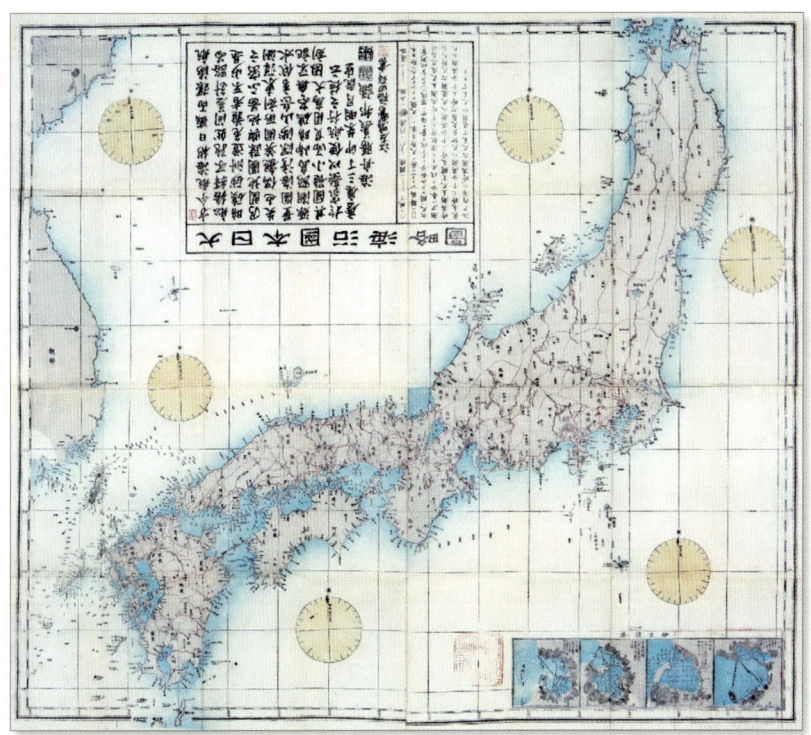

[그림 28] 「大日本國沿海略圖」.

확장이 보이지만, 북방에 대해서는 여전히 '삼도영토관'에 근거한 인식을 보여주고 있다.

특히, 막말 해방론가로서 유명한 가쓰 가이슈(勝海舟)가 1867년에 간행한 「大日本國沿海略圖」([그림 28])[55]는 막말에 유행했던 지도로 알려있고, 에조치, 즉 홋카이도가 그려진 「伊能圖」(小圖)를 토대로 만든 영국지도

55　保柳睦美, 「伊能忠敬の測量と地圖」(『日本古地圖大成-解說』, 講談社, 1972), 34쪽.

[그림 29]「伊萬里燒日本圖皿」.   [그림 30]「日本圖文樣金象嵌鍔」.

『日本と朝鮮近傍の沿海圖』(1863)를 다시 참고하여 만들었음에도 불구하고,[56] 에조치와 류큐 지역을 제외시킨 '삼도영토관'이 표출되고 있다.

한편,「行基式日本圖」의 '삼도영토관'은 민간의 생활용품에도 보이고 있었다. 예를 들면, 종이 지도는 아니지만, 덴포ㄴ기(天保期, 1830-1843)에 제작된「이마리 도자기 일본지도 접시(伊萬里燒日本圖皿)」([그림 29])[57]에 그려진 일본전도를 보면, 19세기 중반 무렵임에도 불구하고 전통적인「行基式日本圖」의 형태가 장식되어 있었는데, 이렇게 접시 속에 일본도가 그려진 것은 에도시대 중기부터 시작되어 덴포기에는 상당히 유행하고 있었다.

물론, 에도시대 전기에도 생활용품들 중에서「行基式日本圖」가 장식용으로

---

56 保柳睦美,「伊能忠敬の測量と地圖」(『日本古地圖大成-解說』, 講談社, 1972), 34쪽.
57 「伊萬里燒日本圖皿」(神戶市立博物館 소장), 神奈川縣立博物館 編, 앞의 책, 53쪽 ; 神戶市立博物館 編, 앞의 책, 65쪽.

[그림 31] 「日本地圖印籠」.

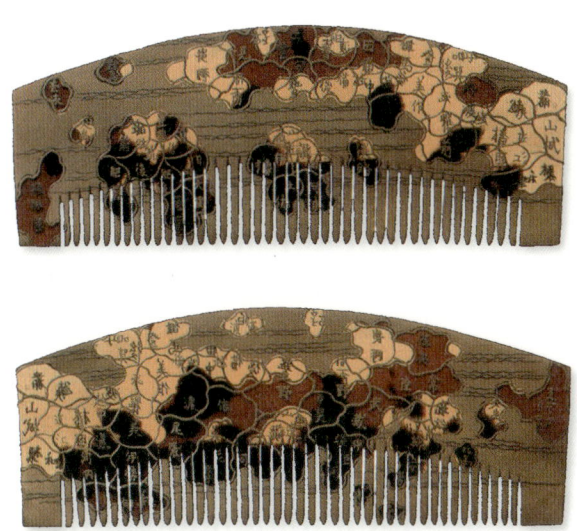

[그림 32] 「日本圖文樣鼈甲蒔繪櫛」.

제2부 대외인식과 영토관의 변화

[그림 33] 「日本圖入湯飲茶碗」.   [그림 34] 「行基式日本圖壺」.

이용되고 있었다. 대표적인 것 몇 가지만을 소개하면, 우선 [그림 30][58]은 「일본도 문양 금상감악(日本圖文樣金象嵌鍔)」이라는 칼날과 손잡이 부분에서 손을 보호하는 '칼코등이'가 있다. 뿐만 아니라 에도시대 말기까지 사용되었던 도장함([그림 31]),[59] 머리빗([그림 32]),[60] 그릇, 찻잔, 술잔, 거울 등

58 「日本圖文樣金象嵌鍔」(南蠻文化館 소장), 三好唯義/小野田一幸, 앞의 책, 61쪽.
59 「日本地圖印籠」(에도시대 후기, 神戶市立博物館 소장), 神戶市立博物館 編, 앞의 책, 67쪽. 한편, 에도시대 중후기 이후의 생활용품에 나타난 行基式日本圖는 다음을 참조. 神戶市立博物館 編, 앞의 책, 63-67쪽 ; 神奈川県立博物館 編, 앞의 책, 71-72쪽 ; 三好唯義/小野田一幸, 앞의 책, 60-72쪽.

의 장식과 생활용품에도 묘사되고 있는 것으로 볼 때, 당시 일반인들의 통념적인 영토인식으로 '삼도영토관'은 일반화되어 있었음을 확인할 수 있다. 그러나 '삼도영토관'은 메이지시대 초기를 전후한 시기부터 세계 정보의 확산과 영토인식의 팽창에 의해 소멸하기 시작했고, [그림 33][61]과 [그림 34][62]에서 알 수 있듯이 메이지·쇼와(昭和)시대에도 장식품과 생활용품으로서 그 잔영(殘影)만을 남기게 되었다.

이를 통해서 볼 때, 전술한 바와 같이 관찬지도의 영토인식과는 상당한 차이를 보이고 있지만, 관찬지도가 민간으로의 공개가 금지되었던 에도시대에 민간에서 제작된 사찬지도는 일본인 다수의 영토인식과 지리인식을 대변해주는 나침반이었으며, 그 근저에는 '삼도영토관'이라는 영토인식이 근저를 이루고 있었음을 확인할 수 있다.

5. 맺음말

지금까지 일본의 사찬지도에 대한 검토를 통해 전근대 시기의 '삼도영토관', 즉 일본의 영토가 크게 규슈·시코쿠·혼슈와 그 부속 도서로 이루어져 있다고 하는 영토인식에 대해서 고찰해보았는데, 이를 몇 가지 점에

---

60 「日本圖文樣鼈甲蒔繪櫛」(에도시대 후기-메이지시대, 澤乃井櫛かんざし美術館 소장), 三好唯義/小野田一幸, 앞의 책, 62쪽.

61 「日本圖入湯飮茶碗」(메이지시대 중기, 渡邊紳一郎コレクション), 神奈川県立博物館 編, 앞의 책, 51쪽.

62 「行基式日本圖壺」(1940년대 중반, 渡邊紳一郎コレクション), 神奈川県立博物館 編, 앞의 책, 54쪽.

서 정리해 보면 다음과 같다.

첫째, 전근대 시기 일본의 영토인식으로서 '삼도영토관'의 개념 규정과 적용의 문제이다. 고중세 시기에 일본 전체를 그린 지도가 「行基圖」와 「行基式日本圖」 뿐이 없다는 것은 이미 본문에서 언급한 바이지만, 거의 모든 지도에서 현재와는 달리 규슈·시코쿠·혼슈의 삼도를 중심으로 쓰시마·이키·오키·사도섬 등의 일부 부속 도서만이 당시의 영토로서 인식되고 있었다. 이를 통해 본 장에서는 전근대 일본의 새로운 영토개념으로서 새롭게 '삼도영토관'이라는 개념을 사용하여 당시의 영토인식에 대한 정의를 내렸고, 이 '삼도영토관'은 고중세 시기는 물론, 서양과의 관계가 본격적으로 시작된 아즈치 모모야마시대에도 기본적인 영토인식으로 자리 잡고 있었음을 밝혔다.

둘째, 에도막부 성립 후 「行基式日本圖」의 형식을 취한 사찬지도들이 유행하고 있음을 살펴보았는데, 이는 근세에 들어와서도 '삼도영토관'이 그대로 계승되어 정착되고 있음을 의미한다. 대표적으로는 17세기 전반의 「大日本國地震之圖」, 중반의 「日本國之圖」, 17세기 후반부터의 「流宣圖」라고 하는 지도의 유행에서도 확인할 수 있다. 더욱이 이 시기까지 상상과 전설의 지역으로 안도와 나찰국 등이 사찬지도에서 계속 묘사되고 있었다는 것은 당시 근세 일본인들의 자국에 대한 영토인식이 중세 이래의 '삼도영토관'에 근거하고 있다는 것을 보여주는 것이다. 다만, 본 장에서 살펴본 18세기 전기 마부치 지코안의 「大日本總圖」를 보면, 전설 속의 안도와 나찰국 등이 사라지고 있어 겐로쿠시대인 17세기 말에서 18세기 초를 분기점으로 「行基式日本圖」의 영향에서 벗어나기 시작했다고 판단할 수 있지만, 영토인식이라는 측면에서는 전근대의 '삼도영토관'의 범주를 벗어나지 못했다.

셋째, 근세 후기에 들어와 경위선이 그려지는 등의 지도 제작법의 발달이 이루어졌고, 또 1800년대부터는 '삼도영토관'에 에조치[홋카이도]를 포함한 '사도영토관(四島領土觀)'이 명확하게 드러난 이노 다다타카의 「伊能圖」라는 관찬지도가 만들어지고 있었음에도 불구하고, 민간의 사찬지도에서는 '삼도영토관'의 고착이 강화되고 있었다는 점이다. 대표적으로는 1775년 이후 크게 유행했던 「赤水圖」를 비롯해 「日本輿地圖藁」(1809), 「日本國地理測量之圖」(1824), 「大日本輿地全圖」(1845), 「增訂日本輿地全圖」(1849), 「大日本國沿海略圖」(1867) 등 모두 일본의 영토를 그리고 있는 지도이지만, 류큐는 누락되어 있으며, 에조치의 마쓰마에라는 극히 일부 지역만을 표기했다는 것으로도 확인 할 수 있다.

한편, 이러한 '삼도영토관'은 메이지시기를 전후해 '사도영토관'이 일본에서 시작되고 있었음에도 불구하고 「行基式日本圖」가 생활용품이나 장식품에 그려지는 등 그 잔영을 남겼다. 그러나 영토인식으로서의 존재 가치는 소멸되어 버렸고, 그 자리를 '사도영토관'이 대신하였다. 즉, 근대 이후 류큐와 에조치의 복속을 비롯해 일본 제국주의와 식민지 정책에 의한 침략적 영토팽창이 시작되면서 '삼도영토관'은 일본 역사 속의 과거가 되어버린 것이다. 다만, 본 장에서는 근세 후기에 '사도영토관'의 맹아가 보이는 에도막부의 관찬지도와 그 자체의 변화에 대해서는 검토하지 않았는데, 이점에 대해서는 다음 장에서 살펴보도록 하겠다.

제7장

근세·근대 일본의 관찬지도(官撰地圖)로 본 영토인식 변화

1. 머리말

본 장에서는 근세 에도시대(江戶時代)부터 근대 메이지시대(明治時代)에 이르기까지 일본의 관찬지도(官撰地圖)[01]를 소재로 삼아 일본의 영토인식[본서에서는 '영토관'과 같은 의미로 사용]이 어떻게 변화되었는가를 고찰해보고자 한다. 전근대 시기에 일본의 사찬지도(私撰地圖)를 보면 중세 이래 고착되어 온 규슈(九州)·혼슈(本州)·시코쿠(四國)라는 전통적 영토인식, 즉 '삼도영토관(三島領土觀)'이 정착되어 있었다.[02] 특히, 이러한 사찬지도의 '삼도영토관'은 메이지시대에 들어와서도 민간에 그대로 존속되고 있기도 했지만, 관찬지도의 경우는 19세기 초를 전후한 시기부터 지리 인식의

---

01 본고에서 관찬지도는 국가권력, 즉 근세에는 에도막부(江戶幕府), 근대에 들어와서는 메이지정부를 말하며, 이들 국가권력에 의해 작성되거나 권력기관의 명령에 의해 작성된 지도를 의미한다.

02 申東珪, 「일본의 私撰地圖로 본 전근대 '三島領土觀'에 대한 고찰」,『전근대 일본의 영토인식』, 동북아역사재단, 2012) ; 본서 제6장을 참조.

확대와 함께 에조치(蝦夷地)가 일본 국가권력의 경계인식 속에 포함되는 등의 영토인식의 변화를 거듭한다. 여기서 말하는 국가의 경계라는 것에 대해서는 이미 6장에서 언급했는데, 브루스 버튼은 '정치적 경계'와 '사회적 경계'로 구분되며, 국경이라는 '정치적 경계'가 민족적·문화적인 경계와 반드시 일치하지 않아 구분할 필요성이 있다[03]고 하지만, 본 장에서는 관찬지도를 소재로 한정하여 '정치적 경계'에 가까운 공간적 경계에 따른 인식의 변화를 대상으로 고찰하려고 한다.

　　일본의 관찬지도는 가와무라 히로타다(川村博忠)의 연구에 의하면, 738년 쇼무(聖武) 천황 때에 "천하의 제국(諸國)으로 하여금 국군(國郡)의 지도를 만들어 바치게 하였다."라는 『日本書紀』의 기록으로부터 그 시작을 확인할 수 있다.[04] 니시오카 도라노스케(西岡虎之助)는 이러한 지도를 포함해 고대 이래 작성된 국군도(國郡圖)와 전도(田圖) 등을 포함해 1580년 이전까지 현존하는 고지도가 약 200점 정도라고 하는데,[05] 이때까지의 고지도 중에 관찬지도가 어느 정도 포함되어 있는지 현재로서는 명확하게 판단할 수는 없지만, 관찬지도의 제작이 국가권력의 세금 수입을 위한 기본 자료인 동시에 지방통치에 대한 필요성에서 제작되었다는 것만큼은 분명하다. 다만, 고대의 중앙집권적인 정치 형태에서 중세의 봉건제 국가로 이행하면서 행정 단위로서의 구분은 유명무실해졌고, 정치적 상황이라는 측

03　ブルース・バートン, 『日本の「境界」-前近代の國家・民族・文化』(靑木書店, 2000), 3-9쪽.

04　川村博忠, 『國繪圖』(吉川弘文館, 1990), 5-6쪽.

05　メアリ・エリザベス・ベリ,「統一權力と地圖作成」(黒田日出男/メアリ・エリザベス・ベリ/杉本史子 編, 『地圖と繪圖と政治文化史』(東京大學出版會, 2001), 145쪽 ; 西岡虎之助, 『日本莊園繪圖集成(上·下)』(東京堂, 1976·77), 참조.

면에서도 국가의식이 약화되어 국군도 등을 비롯한 관찬지도의 제작은 바람직한 것이 아니었기 때문에 오히려 중세 이후부터는 장원(莊園) 영내의 촌락과 경지 등을 묘사한 장원회도(莊園繪圖)나 장원의 경계 다툼에 관련된 계상론도(堺相論圖) 계열이 많이 만들어지고 있었다.06

한편, 근세 에도시대에 들어와서 통일국가로의 이행, 나아가 검지(檢地) 시행에 따라 토지 면적당 생산량에 비례해 세금을 거두어들이는 석고제(石高制)를 시행함으로써 국가권력에 의한 관찬지도 편찬의 필요성이 대두되었다. 이에 에도막부(江戶幕府)는 여러 다이묘(大名)들에게 자신의 영지에 대한 지도 제작을 명하여 막부에 제출하도록 했는데, 그것이 바로 국회도(國繪圖)이다. 국회도는 에도시대에 5차례에 걸쳐 편찬되었는데, 이 지도는 일본 전체의 모습을 한 눈에 파악할 수 있는 전도(全圖)의 형태가 아니며, 전도의 형태로 작성된 것은 각 번(藩)에서 제출한 국회도를 종합하여 작성한 이른바「日本圖」(일종의 일본전도로서「日本總圖」라고도 함)이다. 국회도에 대해서는 후술하겠지만 이러한 국회도를 포함한 관찬지도를 가지고 일본 영토인식의 변화에 대한 연구는 당대 국가권력의 영토인식을 살펴본다는 측면에서 다른 무엇보다 중요하다고 하겠다.

따라서 본 장에서는 근세부터 근대 초기까지 당시 국가권력의 영토인식과 그 변화를 파악하기 위해 관찬지도로 편찬된 다수의「日本圖」와 메이지 이후 작성된「日本全圖」등의 고지도07를 소재로 삼아 다음의 논점을

---

06 川村博忠, 앞의 논문(1990), 5-6쪽.
07 본고에서 참조한 관찬지도가 수록된 주요 지도집은 다음과 같다. 海野一隆/織田武雄/室賀信夫/中村拓,『日本古地圖大成』(講談社, 1972. 이후『日本古地圖大成』으로 약칭) ; 神奈川県立博物館 編,『世界のかたち日本のかたち-渡邊紳

가지고 고찰해보겠다.

첫째는 근세 17세기부터 18세기까지 에도막부에 의해 제작된 「日本圖」에는 어떠한 것들이 있고, 또 사찬지도에 보였던 '삼도영토관'과 어떠한 차이를 보이며 규슈·시코쿠·혼슈·에조치라는 '사도영토관'으로의 동요를 초래했는가 고찰해보고자 한다. 둘째는 에도막부의 명령을 받아 1800년부터 작성되기 시작한 일본 최초의 실측 지도로서 이노 다다타카(伊能忠敬)의 「伊能圖」와 이 지도의 영향을 받은 고지도들을 토대로 전통적인 '삼도영토관'의 붕괴 및 '사도영토관'의 대두를 살펴보는 것이고, 셋째는 메이지시대 이후 발간된 관찬지도를 통해서 '사도영토관'이 어떠한 형태로 정착 내지는 고착되어 갔는지를 규명하는 것이다.

2. 17-18세기 관찬지도와 '삼도영토관(三島領土觀)'

에도시대로 들어와 막부는 다이묘들에게 '구니(國·藩)' 단위의 지도인 국회도(國繪圖)와 성곽을 묘사한 성회도(城繪圖) 편찬사업을 지시하였는데, 국회도를 수납하는 것에 그친 것이 아니라, 당시 막부의 영토인식을 명확히 살펴볼 수 있는 일본도까지도 집성하였다. 원래 국회도 편찬은 도쿠

一郞古地圖コレクションを中心に-』(神奈川縣立博物館, 1997) ; 神戶市立博物館 編, 『古地圖セレクション-神戶市立博物館』(神戶市スポーツ敎育公社, 1994) ; 伊能忠敬硏究會 編, 『忠敬と伊能圖』([株]アワ·ブラニング, 1998) ; 東京國立博物館 編, 『江戶開幕400年記念特別展-伊能忠敬と日本圖』(東京國立博物館, 2003). 또한, 디지털 고지도 자료도 참조하였는데, 본고에서 이용한 고지도의 소장처는 본서 제6장 각주 1)번을 참조.

가와 이에야스(德川家康)가 1605년 전국의 다이묘들에게 영지(領地)·사사령(寺社領)에 대한 분포 및 석고(石高) 조사를 위해 시작되었는데, 게이쵸기(慶長期, 1596-1615), 쇼호기(正保期, 1645-1648), 겐로쿠기(元祿期, 1688-1703年), 덴포기(天保期, 1830-1843) 등 총 4회에 걸쳐 국회도 편찬사업이 실시되었고, 여기에 1633년(寬永10) 순견사(巡見使)의 국내 순행 당시 상사(上使)에 의해 만들어진 국회도를 포함하면 총 5회에 이른다.[08]

이 5회의 국회도 편찬사업 중에서 쇼호(正保)·겐로쿠기(元祿期)를 포함해 간에이기(寬永期, 1624-1645), 교호기(享保期, 1716-1735) 때에 일본도가 제작되었으며(막부 말기에도 「伊能圖」를 비롯한 관찬지도가 있으나, 이에 대해서는 후술), 이 중에서 교호기, 즉 1719년의 일본도는 8대 쇼군 도쿠가와 요시무네(德川吉宗)의 지시에 의해 편찬된 것으로 국회도는 제작되지 않았다. 즉, 18세기까지 시대순으로 간에이기(寬永期)·쇼호기(正保期)·겐로쿠기(元祿期)·교호기(享保期)의 4차례에 걸친 일본도가 제작되었는데, 막부에 진상된 것은 존재하지 않으며 그 사본이 이른바「寬永日本圖」(1633·1638), 「正保日本圖」(17세기 중엽), 「元祿日本圖」(1702), 「享保日本圖」(1719)라는 명칭으로 4종이 남아 있다.

그러면, 우선 에도시대 초기에 작성된「寬永日本圖」에 대해서 검토해보도록 하겠다. 대표적인 것으로 우선 1633년에 순견사(巡見使)가 작성한「寬永日本圖」로 현재 사가현립도서관(佐賀縣立圖書館)에 소장되어 있는 3매 구성의 지도이며, 또 다른 하나는 일본의 국립국회도서관에 소장된 통칭「慶長日本總圖」라는 고지도로서 명칭으로만 보면 게이쵸기(慶長期)에

---

08   川村博忠, 앞의 책(1990), 204쪽.

만들어진 것으로 보이지만, 실은 1637년에 발생한 '시마바라(島原)·아마쿠사(天草)의 난'이 종결된 후, 군사적 위급 시에 대비할 목적으로 1638년 이후에 제작된 「寬永日本圖」로 판단된다. 이 두 지도는 거의 비슷한 형태이지만, 1633년에 만들어진 「寬永日本圖」가 순견사의 국내 순행의 결과를 토대로 작성되었기 때문에 1638년 이후에 만들어진 「寬永日本圖」[「慶長日本總圖」]보다는 더욱 상세한 것으로 알려져 있다.09 다만, 1633년의 사가 현립도서관에 소장된 「寬永日本圖」는 3매 중에서 규슈 지역의 1매만 가와무라(川村)의 저서 『江戶幕府の日本地圖』(50쪽)에 수록된 지도로 보았을 뿐 전체의 고지도를 확인하지 못하여 여기서는 일본 국립국회도서관 소장본인 「寬永日本圖」, 즉 「慶長日本總圖」([그림 1])10를 참조하도록 하겠다.

　[그림 1]의 「寬永日本圖」의 축척은 국립국회도서관의 해제에 의하면, '5분1리(五分一里, 1/259,200)'로 작성되었는데, 성하정(城下町)의 명칭 옆에는 성주와 그 지역의 석고(石高)가 작은 종이로 붙어 있어 당시 석고제에 의한 세금 수납이 국가권력에 얼마나 중요한 것이었던가를 추측해볼 수 있다. 또한, 「寬永日本圖」는 현재의 실측 지도와 비슷한 형태를 띠고 있음을 엿볼 수 있는데, 특히 각 지역 및 쿠니(國)의 경계와 하천·도로·항로의 표시가 구체적으로 묘사하고 있다.

　다만, 본 장에서 논제와 관련해 주목하고 싶은 점은 당시 막부의 영

09　川村博忠, 「江戶初期日本總圖再考」(『人文地理』50, 人文地理學會, 1998), 2-12쪽 ; 同, 『江戶幕府の日本地圖』(吉川弘文館, 2010), 48-58쪽 ; 川村博忠, 앞의 책(1990), 207-212쪽.

10　「慶長日本總圖」(日本國立國會圖書館 소장), 國立國會圖書館デジタル化ア資料, http://dl.ndl.go.jp, 2012.04.25. 검색. 이하, 고지도 안의 지명 삽입 등은 필자가 임의로 편집한 것으로 이하의 고지도들도 마찬가지임.

[그림 1] 「寬永日本圖」. 日本國立國會圖書館에 소장되어 있는데, 이 지도를 「慶長日本總圖」로 표기하고 있음.

토인식이라는 측면에서 고중세 이래 일본도로서 「行基式日本圖」[11]의 흔적이 강하게 남아있다는 점이다. 이 「行基式日本圖」에 대해서는 본서 제6장

---

11 行基圖와 行基式日本圖에 관해서는 다음의 연구를 참조. 秋岡武次郎, 『日本地圖史』(河出書房, 1972), 3-53쪽 ; 織田武雄, 「行基圖の成立とその影響」(『日本古地圖大成-解說』, 講談社, 1972), 8-12쪽 ; 福本健太郞, 「行基圖系日本圖の變遷について」(『國學院雜誌』100-6, 國學院大學, 1999) ; 黑田日出男, 『龍の棲む日本』(岩波新書831, 岩波書店, 2003) ; 신동규, 앞의 논문(2012).

에서도 언급했지만, 나라시대(奈良時代)부터 국군도(國郡圖)와 함께 나타나기 시작했고, 백제계 도래인의 자손이라고도 알려진 교키(行基)가 그렸다고 해서 붙여진 명칭이며, 각 지역의 구분을 곡선으로 그리고 있어 이러한 유형의 지도를 「行基式日本圖」

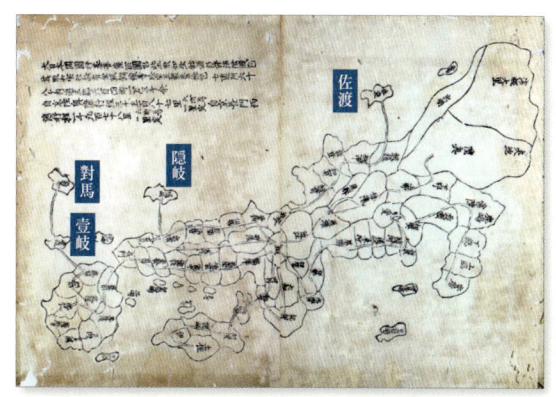

[그림 2] 『拾芥抄』의 「行基式日本圖」.

라고도 부른다. 그 사례를 보면, [그림 2][12]의 「行基式日本圖」는 본서 제6장에서도 제시한 자료로서 본 장의 이해를 위해 다시 소개하는데, 「大日本國圖」라는 지도로서 14세기 무렵에 편찬된 백과사전 성격의 『拾芥抄』라는 서적에 수록된 지도이며, [그림 3][13]은 정식 명칭이 「行基菩薩說大日本國圖」로서 1630·40년대에 작성된 「行基式日本圖」이다.

그런데, 중요한 점은 [그림 1]의 「寬永日本圖」와 [그림 2]의 「行基圖」를 비교해볼 때, 「寬永日本圖」는 하천·지역명·도로·해안선 등이 보다

---

12 「大日本國圖」(『拾芥抄』, 早稻田大學圖書館 소장), 請求記号: イ0301827. 이 지도의 좌우 면은 『拾芥抄』에서 분리되어 있으나, 필자가 편의상 1개의 지도로 붙여서 수정함. 한편, 쓰쿠바대학 부속도서관(筑波大學附屬圖書館)에도 소장되어 있다(「行基圖」, 平成19年度(2007)企劃展 「古地圖の世界-世界圖とその版木」, http://www.tulips.tsukuba.ac.jp/exhibition/kochizu/denshi.html, 2011.07.07. 검색).

13 「行基菩薩說大日本國圖」(國立歷史民俗博物館 소장), 伊能忠敬研究會 編, 앞의 책(1998), 77쪽.

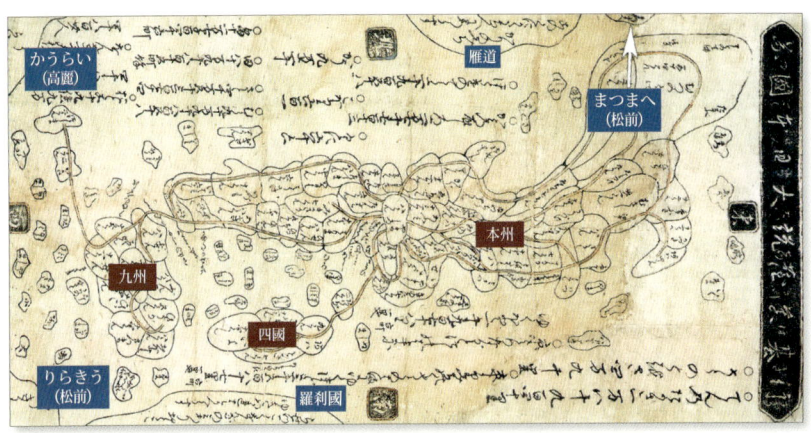

[그림 3] 「行基菩薩說大日本國圖」.

구체적으로 그려져 있을 뿐, 전통적인 「行基式日本圖」의 '삼도영토관'에서 벗어나지 못했다는 것이다. 물론, [그림 3]에 보이는 바와 같이 고중세의 전통적 「行基圖」나 「行基式日本圖」에 보이고 있던 전설의 안도(雁道)를 비롯해 태평양 쪽에 표기된 상상의 나찰국(羅刹國)은 사라져 에도시대 초기 무렵보다 현실적인 지리 인식의 확대가 일정 부분 이루어지고 있다.[14] 그러나 [그림 1]과 [그림 2·3]을 비교해서 알 수 있듯이, [그림 1]은 규슈 지역의 일부 섬과 해안선이 보다 명확해졌다는 것 이외에 혼슈의 중앙 상단에 현재 오키제도(隱岐諸島)인 도젠(島前) 도고(島後)의 섬, 동북쪽에는 사도가시

---

14 [그림 3]을 보면 혼슈의 북쪽에 "かりのみち、このくににかたち人にあらす(안도 [雁道]. 이 나라의 형세를 보면 사람이 없다)."라고 하여 안도가 묘사되어 있고, 혼슈 남쪽에는 "らせつこく、をんなのミあり、おとこゆきぬれはかへらす(나찰국 [羅刹國]. 여자만이 있고, 남자는 갈 수 없을 뿐만 아니라, 돌아오지도 못한다.)"라고 하여 전설의 나찰국을 묘사하고 있다.

마(佐渡島), 남쪽에 이키노시마(壹岐島)와 쓰시마(對馬)만이 그려지고 있어 영토인식이라는 측면에서는 「行基式日本圖」와 마찬가지로 고중세의 '삼도영토관'이 그대로 적용되고 있었다.

한편, 17세기에는 막부에 의해 또 하나의 관찬지도가 작성되었다. 바로 「正保日本圖」([그림 4])[15]인데, 이 지도는 1644년 에도막부가 다이묘들에게 국회도의 제출을 명한 후,

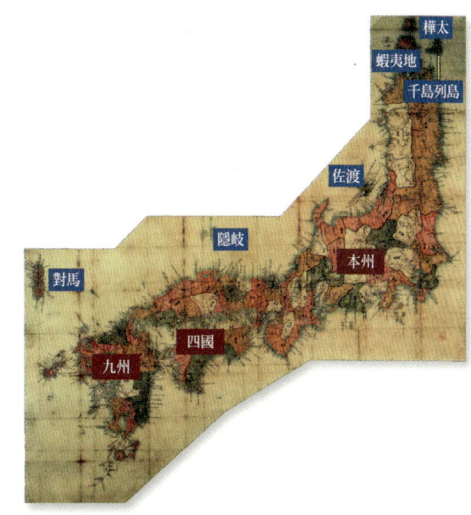

[그림 4] 「正保日本圖」.

수집된 각 번(藩)의 국회도를 근거로 병학자 호조 우지나가(北條氏長)가 작성한 것이며, '3분 1리(三分一里, 1/432,000)'의 축척이다.[16] 이 지도의 특색은 전술한 [그림 1]의 「寬永日本圖」에는 명확히 표기되고 있지 않았던 항로와 해상 거리 등의 해상교통로를 비롯해 해안의 지명에 이르기까지 보다 상세히 표기되어 있고, 특히 「寬永日本圖」에서는 전혀 보이지 않았던 에조치와 가라후토(樺太, 사할린), 쿠릴열도의 일부를 관찬지도로서는 최초로 묘사하고 있다([그림 5]).

15　「正保日本圖」(國立歷史民俗博物館 소장), 『日本古地圖大成』 19番圖, 38-41쪽 ; 伊能忠敬硏究會 編, 앞의 책, 78쪽. 原圖는 전하지 않으며, 현재 3점이 전해지고 있으나, 일반적으로 17세기 중엽에 그려진 것으로 판단되고 있다(深井甚三, 「幕府撰日本圖에 見る近世越中の地域像」, 『人間發達科學部紀要』 1-1, 2006, 226쪽 ; 川村博忠, 앞의 책[1990], 212-220쪽).

16　三好唯義/小野田一幸, 「日本古地圖コレクション」(河出書房新社, 2004), 18-19쪽.

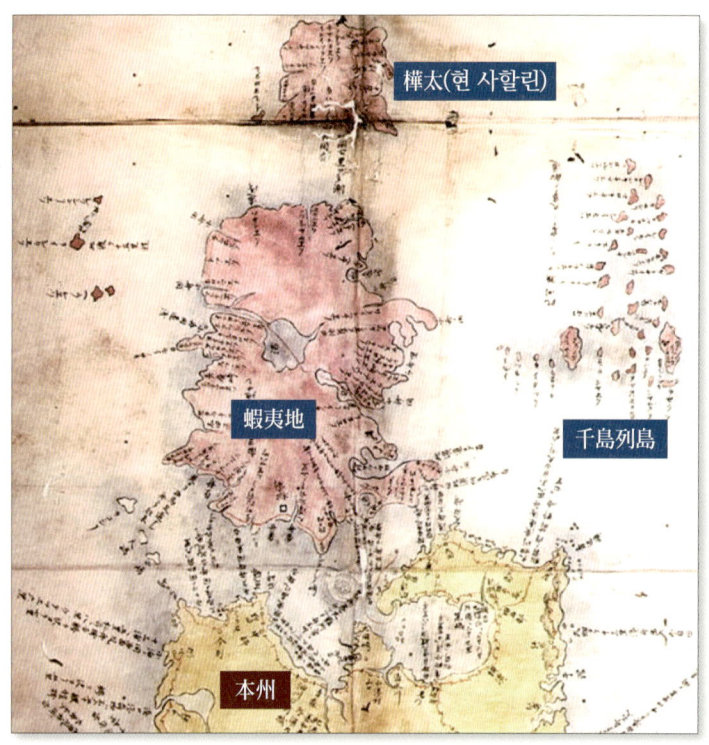

[그림 5] 「正保日本圖」([그림 4])의 에조치 확대도.

다만, 당시 정권의 영토인식이라는 측면에서 본다면 「正保日本圖」는 「寬永日本圖」와 마찬가지로 '삼도영토관'의 인식이 잠재되어 있다고 평가할 수 있다. 그것은 [그림 4]에 보이는 바와 같이 에조치를 비롯한 북방의 일부가 묘사되고는 있지만, 에조치, 즉 현재의 홋카이도가 쓰시마와 비슷한 크기로 묘사될 정도로 터무니없이 축소되고 있는데, 이것은 에조치가 혼슈 동북 지역의 한 부속 도서로서 인식되고 있었기 때문이다. 또한, 당시 에도 막부는 에조치에 대해서 거의 관심이 없었을 뿐만 아니라, 이곳을 일본의 부속 영토로서 생각하고 있었던 것은 더더욱 아니며, 에조치의 남단에 위치한[혼슈와 인접 지역] 마쓰마에(松前) 일부 주변 지역의 일본인 지역(和人地)만이 마쓰마에 씨에 의해 지배되고 있었을 뿐이다. 그렇다고 해서「正保日本圖」에 내재된 고지도 측면에서의 가치, 즉 18세기까지 제작된 막부의 관찬지도 중에서 제일 정밀하고, 또 지도 제작법상「行基式日本圖」에서 어느 정도 탈피하고 있다는 의의가 퇴색한 것이라고는 생각하지 않는다.

다음으로 18세기에 들어와서도 2회에 걸쳐 관찬지도가 제작되었는데, 바로「元綠日本圖」(1702, [그림 6·7])[17]와「享保日本圖」(1717-28, [그림 8])[18]이다.「元綠日本圖」는 1697년 5대 쇼군 도쿠가와 쓰나요시(德川綱吉)가 국회도 제작을 명하여 각 지역의 국회도를 수집하여 그것을 토대로 작성된 것으로 축척은 '4분 1리(四分一里, 1/324,000)'이다.「享保日本圖」는 국회도를 토대로 작성된 것이 아니라 8대 쇼군 도쿠가와 요시무네(德川吉宗)의 명으로「元綠日本圖」를 토대로 삼아 작성한 것이다.[19]

그런데,「元綠日本圖」와「享保日本圖」는 쇼호기(正保期, 1645-1648) 이후의 정치적 변동에 따른 구니의 경계는 표기되고 있으나, 지형은 오히려「正保日本圖」([그림 4])보다도 정확하지 않은 형태를 보인다. 우선,「元綠日本圖」는 [그림 6·7]에 보이듯이 최초로 관찬지도에 남방의 류큐열도(琉球列島)를 포함하고 있다는 점에서 그 특징을 찾을 수 있고, 이전의「寬

17 「元祿日本圖」(異稱「元祿日本總圖」, 明治大學圖書館 소장), http://dl.ndl.go.jp/, 2011.08.28. 검색 ;『日本古地圖大成』, 42-43쪽. 20番圖 참조.

18 「享保日本圖」(異稱「享保年度幕府撰建部賢弘日本圖」, 國立歷史民俗博物館 소장), 伊能忠敬研究會 編, 앞의 책, 79쪽.

19 川村博忠, 앞의 책(1990), 221-240쪽.

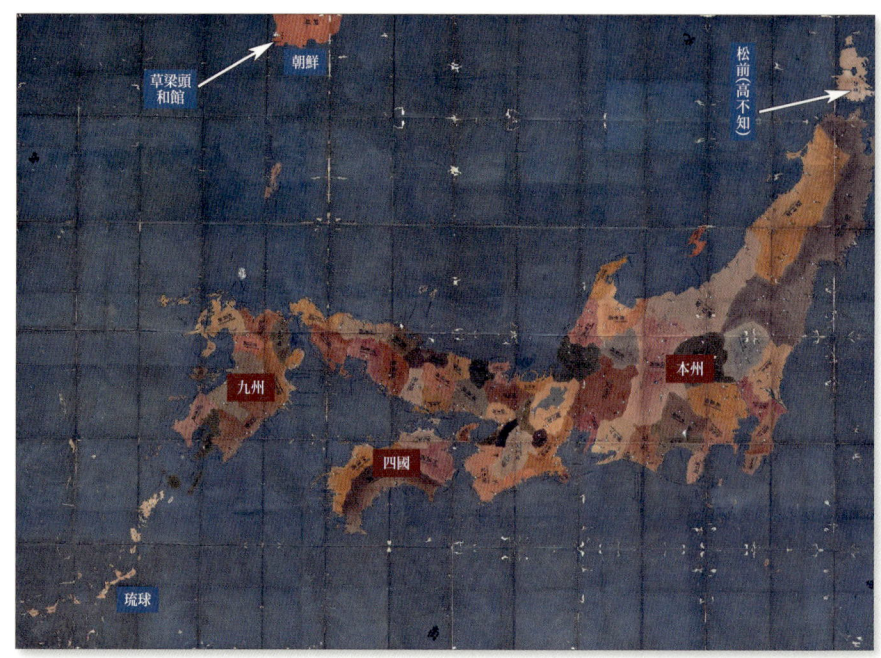

[그림 6] 「元祿日本圖」.

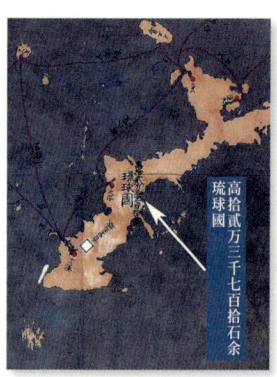 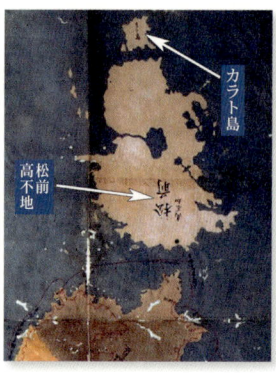 

[그림 7] 류큐([그림 6]의 확대도).   [그림 8] 에조치([그림 6]의 확대도).   [그림 9] 조선([그림 6]의 확대도).

永日本圖」와 「正保日本圖」에는 없던 조선이 묘사되고 있다([그림 6·9]). 하지만, 류큐열도와의 거리 축적은 상당히 왜곡되었고,20 조선의 경우, '초량두(草梁頭)'와 '화관(和館)'이라고 하여 부산의 초량 왜관만 묘사되어 있다. 북방에는 지시마열도(千島列島)가 누락되었고, 에조치와 '가라토지마(カラト島)'로 표기된 가라후토는 「正保日本圖」와 마찬가지로 터무니없이 크기가 왜곡되어 있어 ([그림 6·8]) 당시 지리 인식의 부정확성을 추측해볼 수 있다. 뿐만 아니라, 류큐열도와 에조치 주변부는 같은 색으로 묘사하고, 일본 내부의 규슈·시코쿠·혼슈의 '삼도(三島)'와는 확연히 표기를 달리하고 있어 당시 일본의 영토인식에 포함되어 있다고는 볼 수 없다.

다만, 한 가지 특기할 부분은 [그림 7]과 [그림 8]에 보이는 바와 같이 류큐에는 "산출량 123,710석 정도(高拾貳万三千百拾石余)"라고 석고(石高)를 기재하였고, 에조치의 마쓰마에(松前)에는 "산출량을 알 수 없다(高不知)"라고 기입하고 있다는 점이다. 이것은 당시 류큐는 1609년 이래 시마즈 씨를 통해서, 에조치는 에도시대 초기 이래로 마쓰마에 씨를 통해서 부분적으로 간접 지배의 형식을 띠고 있었던 것의 표현으로 보인다. 특히, 에조치는 쌀이 생산되지 않아 마쓰마에 씨는 '무고(無高)의 다이묘(大名)'였기에 "산출량을 알 수 없다."고 명기한 것으로 추측된다.21

---

20 류큐열도가 「元綠日本圖」에 표기되어 있다고 해서 에도막부의 영토인식에 포함된다고 평가할 수는 없다. 1609년 시마즈 씨에 의해 류큐 침공이 이루어져 류큐가 청과 일본과의 사이에서 양속 관계에 있었다고는 하지만, 당시는 엄연히 국왕이 존재한 독립국이었다.

21 마쓰마에 씨의 경우는 에도시대 초기에는 에조치의 도주(島主)로서 객신(客臣)의 취급을 받고 있었으나, 5대 쇼군 쓰나요시 무렵에 하타모토(旗本)의 대우를 받았다. 또한, 쌀이 생산되지 않는 '무고(無高)의' 이긴 했지만, 에조치에서 아이

[그림 10] 「享保日本圖」(國立歷史民俗博物館 소장).

[그림 10]의 「享保日本圖」의 경우, 에조치와 가라후토는 「正保日本圖」·「元祿日本圖」와 같은 형태를 이루고 있는데, 지시마열도와 류큐열도 및 조선은 그리고 있지 않다. 지금까지 4개의 관찬지도 중에서 가장 완성도가 낮은 것으로 이점은 전술한 바와 같이 당시 국회도의 제작 없이 일본도만이 제작되었기 때문이며, 항로, 도로 및 하천 등이 상세하지 않고, 또 각 지역의 석고(石高) 등도 기재되고 있지 않다. 이러한 사실을 볼 때, 관찬지도 중에서 북방지역의 에조치를 그리고 있는 것은 「正保日本圖」·「元祿日本圖」·「享保日本圖」, 류큐를 그린 것은 「元祿日本圖」가 있는데, 형태상이

누와의 교역 독점권을 인정받고 있었기 때문에 1719년부터는 1만석 격의 도자마 다이묘(外樣大名)가 되었다.

나 내용상으로 볼 때, 대부분 「正保日本圖」를 모방한 것으로 판단된다. 이러한 표기 사항의 특징을 정리한 것이 [표 1]이다.

[표 1] 관찬지도에 보이는 남방과 북방의 표기

지도명 \ 표시항목	남방(琉球)	북방(蝦夷地)	북방(樺太)	북방(千島列島)
「寬永日本圖」(1633·38, [그림 1])	×	×	×	×
「正保日本圖」(17세기 중엽, [그림 4])	×	○(왜곡)	○(왜곡)	○(왜곡)
「元祿日本圖」(1702, [그림 6])	○(왜곡)	○(왜곡)	○(왜곡)	×
「享保日本圖」(1717, [그림 10])	×	○(왜곡)	○(왜곡)	×

여기서 강조하고 싶은 점은 「正保日本圖」 이후의 관찬지도가 모두 혼슈 이북의 북방지역을 그리고 있지만, 에조치 남단에 위치한 마쓰마에의 화인지(和人地)를 제외하고는 당시 막부의 영토인식에 이 지역을 포함시킬 수 없다는 점이다. 「正保日本圖」 이후의 지도가 북방지역을 터무니없을 정도로 축소하고 있으며, 류큐는 「元祿日本圖」에만 명기되어 있기 때문이다. 이를 염두에 두면, 17·18세기의 관찬지도에서 고중세의 「行基式日本圖」에 보이는 전설의 지역이 사라지기는 했지만, 영토인식이라는 측면에서 본다면 중세 이래 '삼도영토관'이 기본적으로 18세기의 관찬지도에도 그대로 계승되고 있음을 확인할 수 있다. 다만, 17세기 중엽의 「正保日本圖」를 전후로 해서 북방지역과 류큐가 경우에 따라 그려지기도 하고, 제외되기도 하는 현상이 보이는데, 이를 볼 때 18세기를 전후한 시기는 현실적 영토인식으로서 '사도영토관(四島領土觀)'과 전통적 영토인식으로 '삼도영토관(三島領土觀)'이 중첩된 과도기적 시대였다고도 평가해 볼 수 있겠다.

3. 19세기 「伊能圖」와 '삼도영토관'의 붕괴

한편, 일본에서 최초로 정확한 실측 지도가 만들어지는데, 바로 에도 시대의 상인이며 측량가이기도 했던 이노 다다타카(伊能忠敬, 1745-1818)의 「大日本沿海輿地全圖」이다. 이른바 「伊能圖」라고도 하는 관찬지도인데, 이노는 에도막부의 덴몬카타(天文方)[22]였던 다카하시 요시토키(高橋至時, 1764-1804)의 추천을 받아 막부의 승인하에 1800년 에조치 및 도호쿠(東北)·기타칸토(北關東) 지역의 측량을 시작으로 제10차에 걸친 측량을 실시하였으나(9차는 불참), 1818년 완성을 보지 못하고 사망하여 스승 다카하시 요시토키의 아들 다카하시 가게야스(高橋景保)가 1821년 8월 7일 완성하여 막부에 제출함으로써 완성되었다.[23]

「伊能圖」는 이용의 편리를 위해 대도(大圖, 1/36,000 축척, 214매), 중도(中圖, 1/216,000 축척, 8매), 소도(小圖, 1/432,000 축척, 3매)의 3종류가 만들어졌으며, 축척에 관계없는 「特別小圖」, 1/864,000 축척), 명승지를 그린 「特別地域圖」, 이즈(伊豆) 제도의 「特別大圖」, 「江戶內圖」 등을 포함하면 알려진 것만 440종에 달한다.[24] 그러나 막부에 상납된 원본은 1873년 황

---

22   에도막부의 직명으로 와카토시요리(若年寄)에 속해 있으며, 천문·역술·측량이나, 지지(地誌)와 서양서 번역 등에 관한 일을 담당했다.

23   「伊能圖」에 관해서는 특별한 언급이 없는 한 아래의 연구들을 참조. 羽田野正隆, 「伊能圖の評價に關する諸問題」(『地學雜誌』78-6, 東京地學協會, 1969); 保柳睦美, 「伊能忠敬の測量と地圖」(『日本古地圖大成-解說』, 講談社, 1972); 渡邊一郞, 「最近における伊能日本圖の所在と槪況について」(『地圖』34-2, 日本國際地圖學會, 1996); 鈴木純子, 「伊能圖の成り立ち」(『地理』49-11, 古今書院, 2004); 伊能忠敬硏究會 編, 앞의 책, 97-104쪽.; 川村博忠, 앞의 책(1990), 166-183쪽.

거의 화재로 소실되었고, 이노(伊能) 가문에 있던 「控圖(副本)」도 보관되어 있던 도쿄제국대학(東京帝國大學) 부속도서관의 대진재로 1923년에 소실되어 사본들만 남아 있다. 본 장에서는 소도와 중도를 이용해 일본 전체의 모습을 살펴보겠다. [그림 11][25]은 영국 해군수로부에 소장된 소도의 사본 3매를 1매로 편집한 것이고, [그림 12][26]는 도쿄국립박물관(東京國立博物館)에 소장된 중도의 사본 8매를 1매로 편집한 것이다.

[그림 11·12]의 「伊能圖」를 보면, 이전 '삼도영토관'의 모습은 완전히 사라지고, 에조치의 모습이 확실히 드러나고 있다. 더욱이 제일 북쪽에는 에조치 북단과 인접한 가라후토의 일부 모습과 함께 구나시리토(國後島)도 북동쪽에 그려지면서 일본의 영토는 크게 규슈·시코쿠·혼슈·에조치라는 4개의 섬과 그 부속 도서로 구성되고 있다. 류큐는 완전히 배제되어 아무런 표기도 없다는 점이 특징이기는 하지만, 일본 최초로 '사도영토관'의 출현이 시작되었다고도 할 수 있는 일본전도(日本全圖)이다.

이러한 「伊能圖」는 전술한 바와 같이 제작되었을 당시부터 막부의 유출 금지에 의해 일반에 공개되고 있지 않았기 때문에 당시 일반인들의 보편적 지리인식을 대변한다고는 볼 수 없다. 「伊能圖」 유출 금지의 단적인 사례가 유명한 '시볼트 사건'[27]이지만, 이미 18세기 후반 무렵에 막부에

24 伊能忠敬研究會 編, 앞의 책, p.16.
25 「伊能圖」(小圖 3매, 영국 海軍水路部 소장), 伊能忠敬研究會 編, 앞의 책, pp.35-37. 본 지도는 「北海道·本州東部·西南部」 3매의 지도를 필자 임의로 축소하여 1매로 편집한 것으로 원래 이 지도는 막말인 1861년에 일본 근해를 측량했던 영국함대가 입수한 1821년판(文政4년) 「伊能圖」이다. 한편, 「伊能圖」 小圖는 東京國立博物館에도 소장되어 있다(東京國立博物館 編, 앞의 책, 18쪽).
26 東京國立博物館 編, 앞의 책, 23쪽.

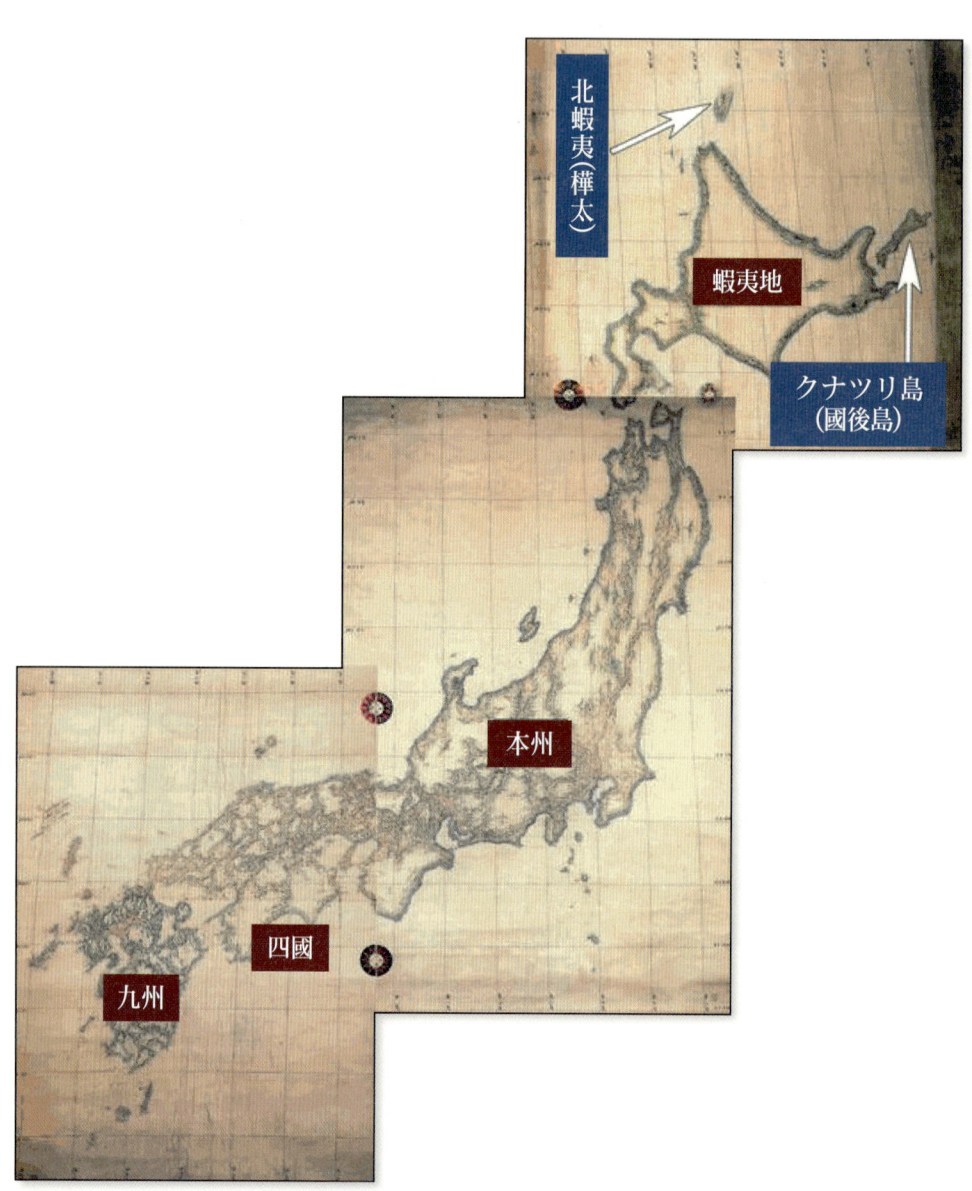

[그림 11] 「伊能圖」 소도(小圖) 3매의 편집도.

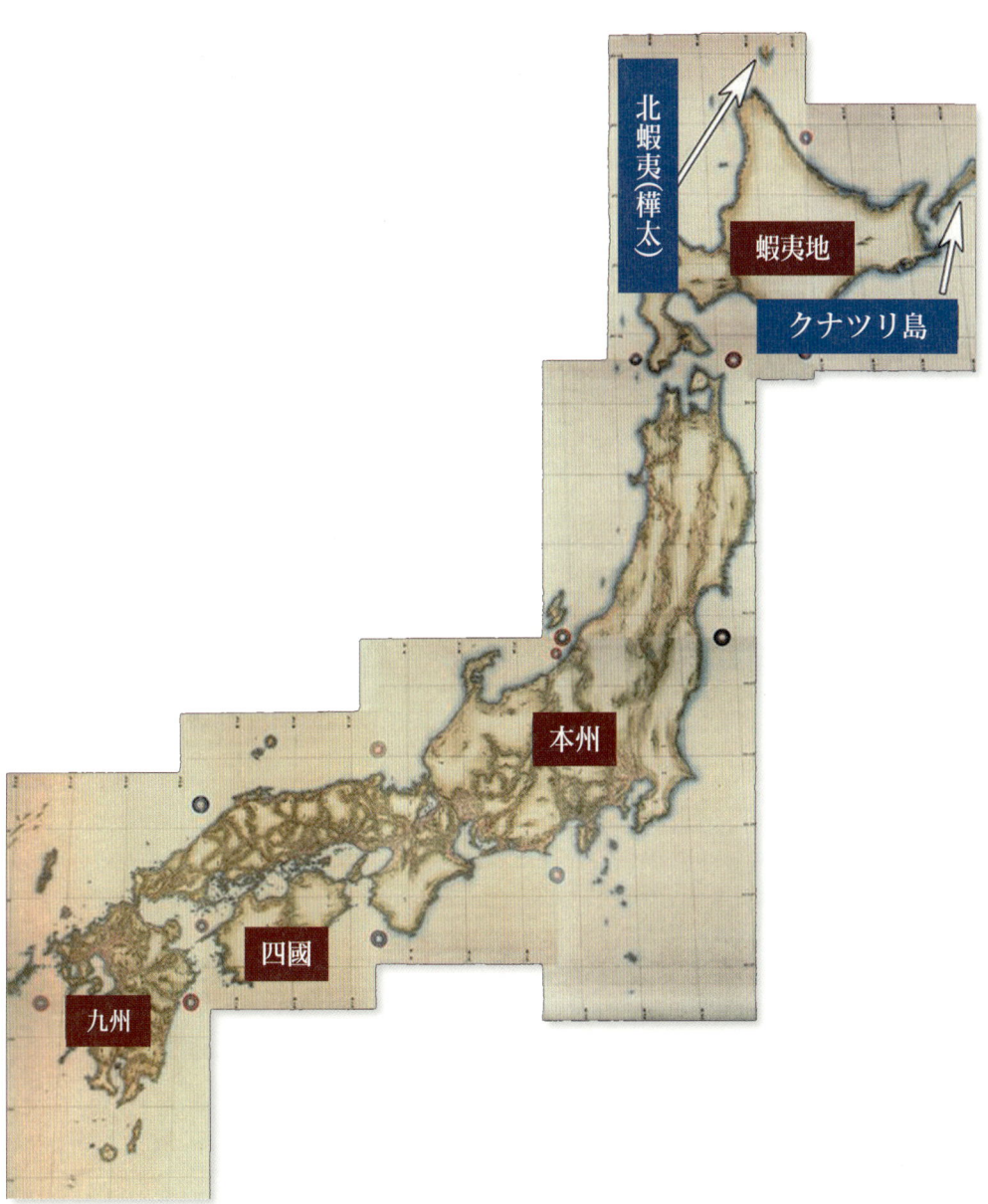

[그림 12] 「伊能圖」 중도(中圖) 8매의 편집도.

의한 에조치 진출계획이 실행되고 있었다는 점,[28] 18세기 후반과 19세기 전반에 걸쳐 막말의 수많은 경세론가(經世論家)들이 에조치에 대한 침탈적 인식을 드러내고 있었다는 점[29]을 고려한다면, 일본의 지식인층에게서 전통적인 '삼도영토관'은 붕괴되기 시작했고, 근대적 영토 팽창의 맹아가 싹텄다고 생각하는 것도 무리는 아니다. 물론 민간에서 작성된 사찬지도에 보이는 영토인식은 근세까지도 '삼도영토관'에 토대를 두고 한정되어 있어 막부의 영토인식과 전혀 상이한 형태로서 괴리감을 보이고 있지만,[30] 19세기 초에 작성된 막부의 관찬지도는 러시아의 남하에 대한 위기감과 북방지역의 관심에 대한 표출로서 '사도영토관'을 명확하게 보이고 있어 '삼도영토관'이 붕괴되고 있음을 확인할 수 있다.

한편, 일본전도 형식은 아니지만, 양반구식 세계지도로서 1807년에 제작된 「新訂萬國全圖」([그림 13])[31]에서도 일본 영토인식의 변화를 엿

---

27   1828년 시볼트가 일본에서 본국으로 귀국할 때 막부에서 엄금하고 있던 일본지도(「伊能圖」)를 몰래 지참하고 출국하려다가 발각된 사건으로 시볼트는 다음해에 국외 추방되었다. 이 사건으로 지도를 전해 준 다카하시 가게야스(高橋景保) 외에 다수의 문인들이 처벌되었으며, 그는 1829년 2월에 참수당했다. 이 사건에 대해서는 하기를 참조. 中西啓, 「シーボルト事件を巡って」, 『洋學』5, 洋學史學會, 1996) ; 梶輝行, 「通説をくつがえす検証シーボルト事件」, 『歴史讀本』857, 新人物往來社, 2010).

28   신동규, 「『赤蝦夷風説考』와 에도막부[江戶幕府]의 북방인식」, 『東北亞歷史論叢』 30, 동북아역사재단, 2010), 186-194쪽 ; 본서 제9장 참조.

29   신동규, 「에도시대(江戶時代) 후기 일본 經世論家의 에조치(蝦夷地)에 대한 침탈적 인식 고찰」, 『韓日關係史研究』39, 한일관계사학회, 2011) ; 본서 제10장 참조.

30   신동규, 앞의 논문(2012), 참조 ; 본서 제6장 참조.

31   「新訂萬國全圖」(國立公文書館 소장), 日本國立公文書館 디지털아카이브, http://www.digital.archives.go.jp, 2012.02.20. 검색. 이외에 早稲田大學圖書館,

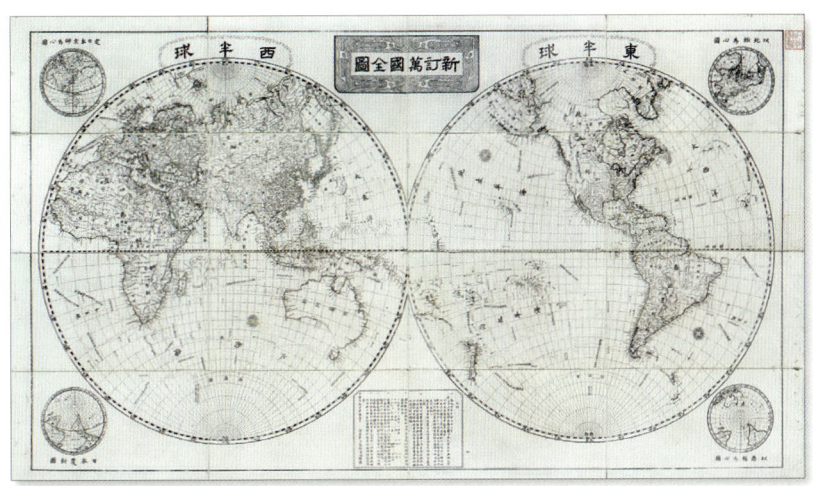

[그림 13] 「新訂萬國全圖」.

볼 수 있다. 이 지도는 막부 명령에 의해 다카하시 가게야스(高橋景保)가 하자마 시게토미(間重富, 1756 - 1816), 바바 사주로(馬場佐十郎, 1787-1822) 등과 함께 1780년에 간행된 영국지도 및 마미야 린조(間宮林藏)의 가라후토 조사 정보를 가미하여 작성한 세계지도로서 1810년에는 동판화로 인쇄되기도 한 관찬지도이다.32 그런데, 이 지도의 확대도인 [그림 14]를 보면, 북방으로는 에조치를 포함해 가라후토(원문:北蝦夷), 지시마열도의 에토로후토(원문:エトロフ△, 澤捉島), 시무시루토(원문:シムシリ△, 新知島)까지, 남방으로는 류큐를 포함해 야에야마제도(八重山諸島)의 이리오모테지마(원문:入表島, 西表島)까지를 같은 색으로 그리며 일본을 표시하고 있어 전체적으로

　　　　　德島大學部屬圖書館 등의 디지털 아카이브에서 온라인 검색이 가능함.
32　　상동, 國立公文書館 디지털아카이브(繪圖)의 「新訂萬國全圖」 해제.

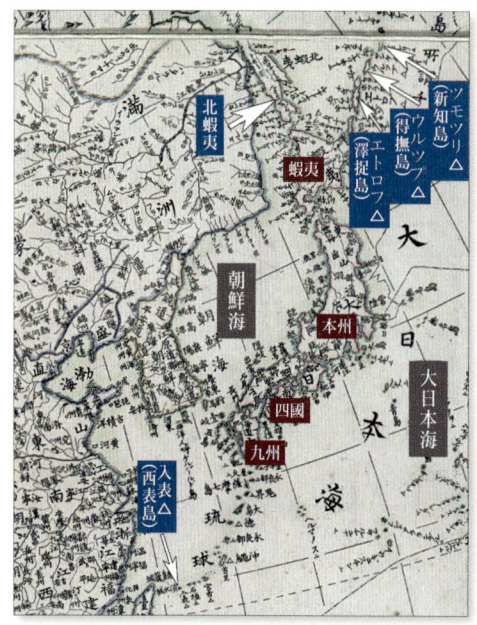

[그림 14] 「新訂萬國全圖」의 확대도.

규슈·시코쿠·혼슈·에조치를 비롯한 그 주변 도서, 즉 '사도영토관'으로의 영토인식이 표출되고 있다.

그 후, 1855년에 또 다시 막부의 명령으로 야마지 유키타카(山路諧孝, 1777-1861)가 「新訂萬國全圖」를 개량하여 「重訂萬國全圖」([그림 15])[33]를 간행하고 있다. 이 지도의 특징은 「新訂萬國全圖」에 일본과 북미 및 호주 등의 지역에 대한 지명이 추가되어 있고, 남방은 차이가 없으나, 북방은 에토로후토까지가 일본의 영토로 되어있을 뿐, 여기서도 마찬가지로 '사도영토관'의 인식을 보여주고 있다. 이점은 메이지대학 소장의 다른 판본의 확대도([그림 17])[34]에서도 마찬가지이다. 다만, 한 가지 특기할 만한 것은 [그림 14]에 보이는 바와 같이 1807년의 「新訂萬國全圖」에는 한반도 동해지역에 '조선해(朝鮮海)'라는 명칭이 붙어 있고, 태평양 쪽에는 '대일본해(大日本海)'라고 붙어 있었으나, 1855년의 「重訂萬國全圖」에는 [그림 16]에 보이듯이 '조선해'가 '일본해(日本海)', 태평양 방

---

33 「重訂萬國全圖」(國立公文書館 소장), 國立公文書館 디지털아카이브, http://www.digital.archives.go.jp, 2012.02.20. 검색.

34 「重訂萬國全圖」(明治大學圖書館 소장), 蘆田文庫古地圖コレクション, http://www.lib.meiji.ac.jp/ashida/index.html, 2012.04.17. 검색.

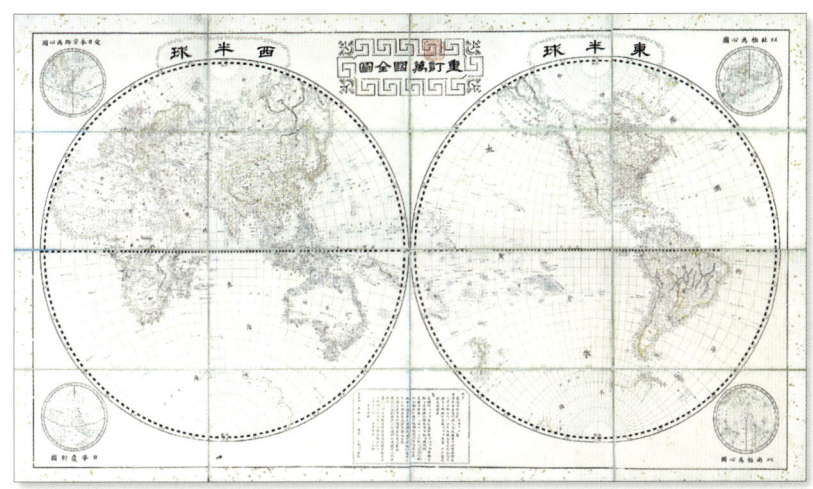

[그림 15] 「重訂萬國全圖」.

면의 '대일본해'는 '대일본령(大日本領)'으로 변경되어 있다. 막말에서 근대로 갈수록 자국중심주의적인 성격이 지도에서도 강하게 드러나고 있음을 확인할 수 있다.

또한, 1867년의 에도막부 붕괴 직전에 이르면, 일본에서 실측 지도의 시초라고 할 수 있는 「伊能圖」의 영향을 강하게 받은 지도가 제작되는데, 바로 「官板實測日本地圖」([그림 18])[35]이다. 이 지도는 막부의 양학(洋學) 교육연구기관인 가이세이조(開成所)에서 출판되어 민간에 유포되기 시

---

35 「官板實測日本地圖」(筑波大學附屬圖書館 소장), http://www.tulips.tsukuba.ac.jp/pub/tree/kochizu.html, 2011.09.14. 검색. 본 지도는 원래 4매로 구성되어 있으나, 필자가 임의로 축소 편집하여 1매로 작성함. 또한 伊能忠敬研究會 編, 앞의 책, 82-83쪽에도 에도도쿄박물관(江戶東京博物館) 소장의 '가이세이조판(開成所版)' 일부가 수록되어 있다.

 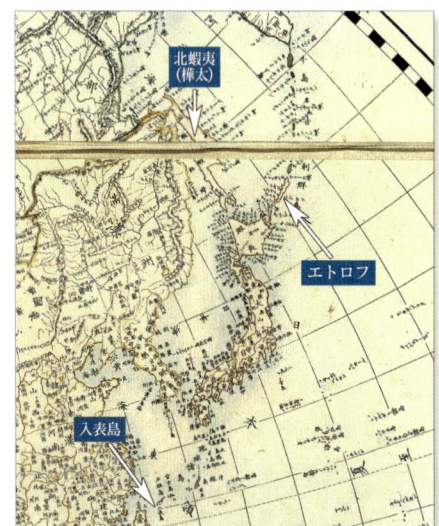

[그림 16] 國立公文書館 소장 「重訂萬國全圖」 확대도.　　[그림 17] 明治大學 소장 「重訂萬國全圖」 확대도.

작했는데, 관찬지도로서 규슈·시코쿠·혼슈에 해당되는 부분은 모두 「伊能圖」의 소도(小圖)를 그대로 목판에 새긴 것이며,36 「伊能圖」의 3매에 가라후토 지도 1매를 추가해 전부 4매로 구성되어 있다. 이 지도를 보면 규슈와 혼슈, 시코쿠 부분은 거의 「伊能圖」를 그대로 모방하고 있지만, 에조치 부근에는 기타에조(北蝦夷)라고 불리는 가라후토가 추가되어 있고, 에토로후토(擇捉島)와 하보마이군도(齒舞群島) 및 시코탄토(色丹島) 등도 추가로 보이고 있는데, 규슈 지역의 하단부에는 「琉球諸島總圖」를 삽입해 류큐열도를 그리고 있어 팽창된 영토인식의 모습을 엿볼 수 있다. 한국과 관련해 독도의 표기는 없으나, 북방지역의 구나시리토·에토로후토·하보마이군도·

36　清水靖夫, 「伊能圖はいつまで使われたのか」(伊能忠敬研究會 編, 앞의 책), 35-37쪽.

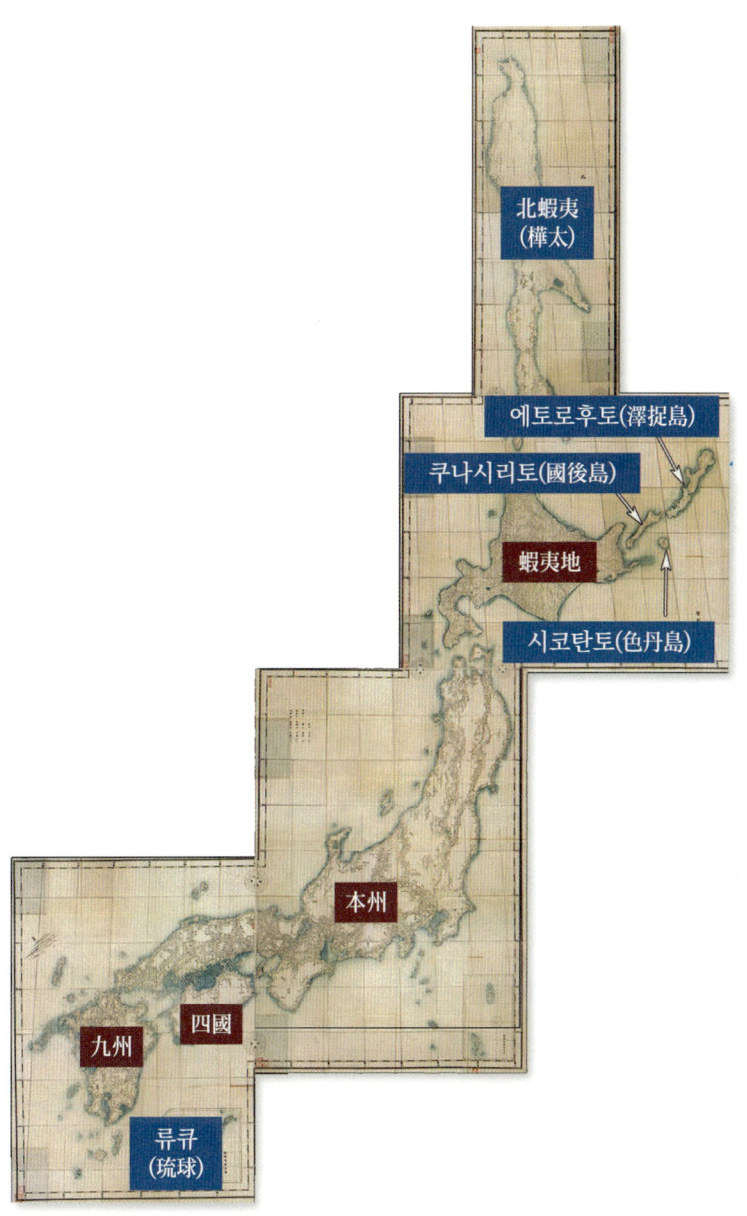

[그림 18] 「官板實測日本地圖」.

시코탄토는 현재 러일관계에서도 영토분쟁 지역으로서 「伊能圖」와 「官板實測日本地圖」의 관계를 염두에 둘 때, 이 두 지도는 전근대 '삼도영토관' 붕괴의 표상이라고 할 수 있다. 특히 「官板實測日本地圖」는 전근대 시기 막부가 제작한 마지막 고지도로서 근대 이후 일본의 '사도영토관'의 정립, 나아가 영토팽창과 분쟁의 서곡과도 같은 지도였다고 평가할 수 있겠다.

4. 메이지(明治)시대 '사도영토관(四島領土觀)'의 정착

에도막부가 붕괴하고 메이지정부(明治政府)가 들어서자 행정 단위의 재편성과 지방 행정의 파악을 위해 신정부는 1868년 12월 24일에 전국의 부현(府縣)·제후(諸侯)에 대해서 태정관(太政官) 포고로써 이른바 「明治國繪圖」라는 지도의 작성을 명하고 있었는데, 1874년 황거의 대화재로 수집된 대부분의 지도들은 소실되고, 현재 내각문고에 이 당시의 지도로 생각되는 일부가 남아 있다.[37] 다만, 그 지도는 일본전도의 형태가 아니었고, 어느 지역까지 작성되었는지를 확인할 수가 없는데, 이외에도 메이지정부의 국가기관에서 편찬되거나 제작된 지도는 상당수가 현재 남아 있다.

이들 지도의 대부분은 일본 최초의 실측 지도인 「伊能圖」의 상당한 영향을 받으면서 일정한 규칙을 가지고 제작되었다. 대표적인 것으로 대학남교(大學南校)[38]와 문부성(文部省), 그리고 1872년에는 육군병학료(陸軍兵

---

37 川村博忠, 앞의 책(2010), 216-217쪽.
38 '대학남교(大學南校)'는 '대학동교(大學東校)'와 함께 도쿄대학(東京大學)의 원류가 되었던 관립 양학교(洋學校)이다. 1869년 메이지정부는 이전 막부 직할학

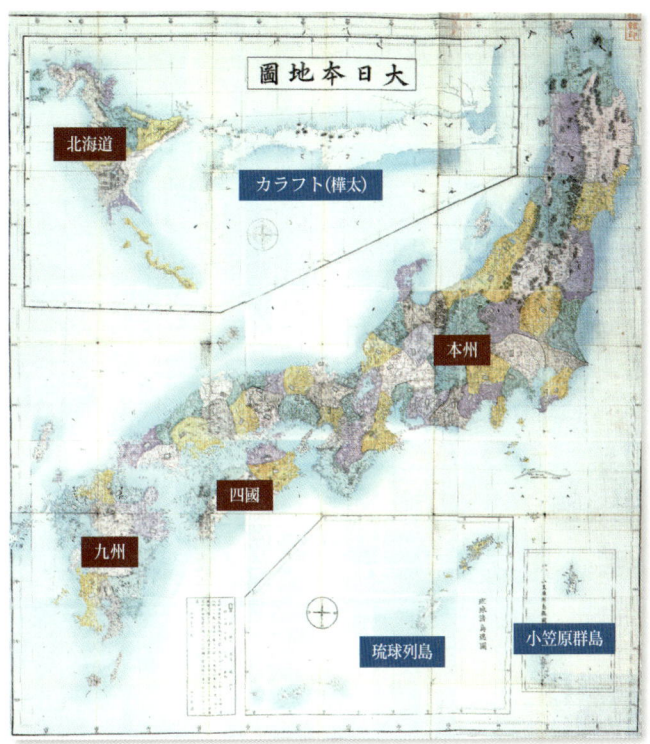

[그림 19] 「大日本地圖」(國立國會圖書館 소장)

學寮)에 근무하기도 했던 가와카미 히로시(川上寬)가 제작한 1871년의 「大日本地圖」([그림 19])[39]가 있다. 이 지도는 「伊能圖」를 토대로 하단부에는

교였던 쇼헤이학교(昌平學校, 舊昌平黌)를 대학교(大學校)로 개정함과 동시에 가이세이학교(開成學校), 의학교(醫學校)를 다시 세웠고, 이들을 각기 대학교의 분국으로 삼았다. 같은 해 '대학교'가 '대학'으로 개칭되었을 때, 대학의 남쪽에 위치한 가이세이학교는 '대학남교', 동쪽에 위치한 의학교는 '대학동교'라고 개칭하였다. 1870년에 대학의 본교가 당분간 폐쇄되기에 이르자, 양학계의 '대학남교'와 '대학동교'가 근대 대학의 기초를 이루게 되었다.

제2부 대외인식과 영토관의 변화

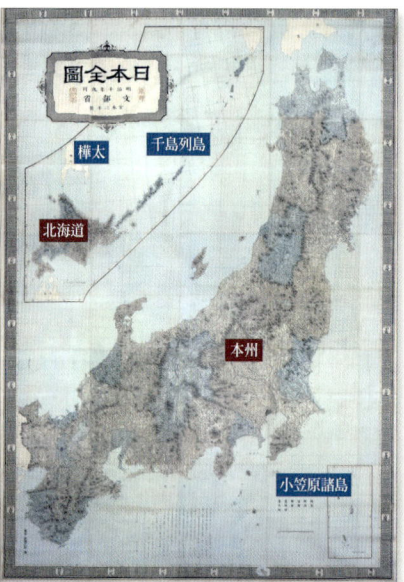

[그림 20] 「日本全圖(東部·西部)」

류큐, 상단부에는 홋카이도(北海道, [에조치는 1869년에 메이지정부에 의해 개칭])와 가라후토(樺太)를 위치시키고 있는데,[40] 이후 이러한 형태는 「伊能圖」를 토대로 제작하는 방식과 함께 일본전도의 기본적인 틀로 정착하게 된다. 이것은 메이지정부의 행정기관에서 간행한 관찬지도에서도 마찬가지였다. 당시 「伊能圖」는 막부가 보관하고 있었는데, 그 원본은 에도막부의 붕괴와 함께 신정부로 이양되어 1870년에는 가이세이쇼(開成所)에서 이름

39 「大日本地圖」(國立國會圖書館 소장), 伊能忠敬研究會 編(1998), 앞의 책, p.84.
40 가라후토를 그리고는 있지만, 그 어떤 색도 칠하지 않았고, 또 이곳에 대해서는 이후의 지도에서도 대부분 그리지 않고 있는데, 이곳에 대한 영토인식의 유무에 대해서는 금후의 과제로 삼겠다.

[그림 21]「日本暗射地圖」.

을 바꾼 대학남교(大學南校)에서「官板實測日本地圖」가 재판되었고,[41]「伊能圖」의 원본은 전술한 바와 같이 1873년에 대화재로 소실되었지만, 1877년에는 그때까지 남아있던 보관용 지도[통칭 '공도(控圖)'라고 하며 일종의 예비용 지도]를 토대로 문부성에서「日本全圖」([그림 20])[42]나「日本暗射地圖」

41 『國史大辭典』(吉川弘文館, 1979), 763-764쪽.
42 「日本全圖(東部·西部)」2매(京都大學圖書館 소장), 近代敎育掛圖, http://edb.kulib.kyoto-u.ac.jp, 2011.06.30. 검색. 단, 현재의 주소는 변경되었음(https://rmda.kulib.kyoto-u.ac.jp, 2022.07.31. 검색).

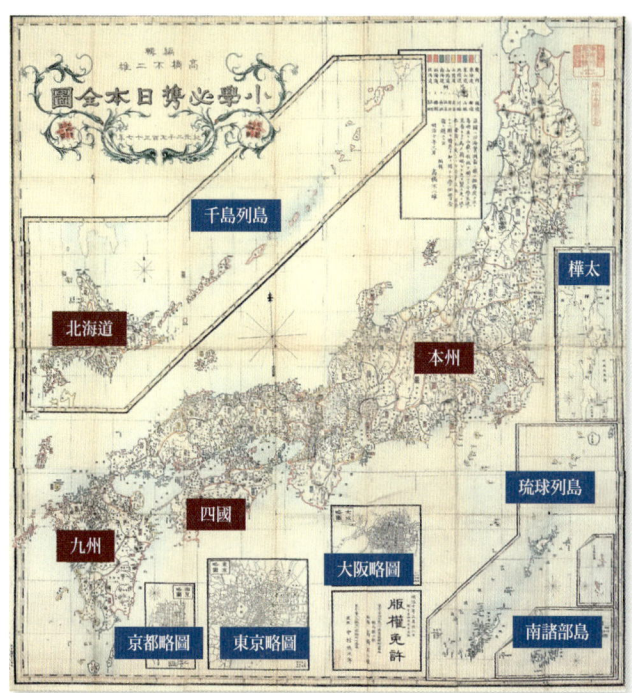

[그림 22] 「小學必携日本全圖」.

([그림 21])[43] 등과 같은 지도를 제작해 교육용으로 사용하기 시작한 것으로부터 확인할 수 있다.

　　[그림 20] 「日本全圖」의 동부(東部)를 보면, 홋카이도는 육지와 같은 채색이 이루어져 있고, 가라후토(사할린)는 엷은 색으로 그려지고 있는데, 이것은 가라후토가 영토인식에서 제외되었다는 것을 의미하며, 캄차카반도를 제외한 지시마열도까지도 육지와 같은 색으로 채색되어 있어 홋카이

43　「日本暗射地圖」, 상동.

도의 부속 도서라는 영토인식의 한 단상을 엿볼 수 있다. 또한 서부(西部)의 남단에는 류큐열도를 삽입하고 있는데, 야에야마제도의 요나구니지마(與那國島)까지를 영토로 포함하고 있어 동부와 서부를 합쳐서 보면, '사도영토관', 즉 규슈·시코쿠·혼슈·홋카이도 및 이들 섬의 부속 도서로서 일본의 영토를 규정하고 있음을 확인할 수 있다.

이와 같은 새로운 형식의 지도제작은 메이지정부에 들어와 각계각층에서 이루어져 일련의 '지도제작 붐'이 일어났다. 내무성 지리국원이었던 다카하시 후지오(高橋不二雄)가 소학생의 교육용 지도로서 「伊能圖」를 기본으로 해 1877년에 간행한 「小學必携日本全圖」([그림 22]),[44] 같은 해 육군참모국에서 제작한 「大日本全圖」([그림 23]),[45] 1883년 내무성 지리국에서 제작한 「大日本國全圖」([그림 24])[46] 등은 모두 지도의 상단에 홋카이도와 쿠릴열도, 하단에 류큐열도 내지는 오가사와라제도(小笠原諸島)를 위치시키고 있으며, 중요 도시, 즉 도쿄·교토·오사카 등을 지도의 여백에 삽입하고 있다. 물론, 이러한 지도 제작의 형태가 이후 일본전도의 전형으로서 고착되었다는 것은 말할 것도 없지만, 여기에 '사도영토관'이 완전히 고착되어 있음을 주지할 필요가 있다.

더욱이 내무성 지리국에서는 1880년에 이노가 제작한 「伊能圖」의 중·소도를 토대로 1/864,000의 「大日本全圖」를 간행하였고, 육군참모본

---

44 「小學必携日本全圖」(國立國會圖書館 소장), 伊能忠敬研究會 編, 앞의 책, 85쪽.

45 「大日本全圖」(國立公文書館 소장), 內閣文庫, 請求番號:177-0285, 陸軍參謀局 木村信卿 作.

46 「大日本國全圖」(京都大學圖書館 소장), 近代敎育掛圖, http://edb.kulib.kyoto-u.ac.jp/exhibit/kakezu/, 2011.06.30. 검색. 단, 현재의 주소는 변경되었음(https://rmda.kulib.kyoto-u.ac.jp, 2022.07.31. 검색).

[그림 23] 「大日本全圖」.

부 측량국(일본 국토지리원의 전신)에서는 1884년에 「伊能圖」의 대·중도를 이용해 「輯製20萬分1圖」를 제작하면서[47] 근대로 이행하고 있다. 이후 육군참모본부의 육지측량부가 중심이 되어 1945년 패전에 이르기까지 지도를 제작하게 되는데, 제국주의와 침략주의에 입각한 영토 팽창을 거듭하면서 육군참모본부가 지도 제작에 중추적인 역할을 하고 있다는 점에서 당시의 지도제작은 군사적 측면이 강했다는 것도 추측해 볼 수 있다.

47   각주 39)번 참조.

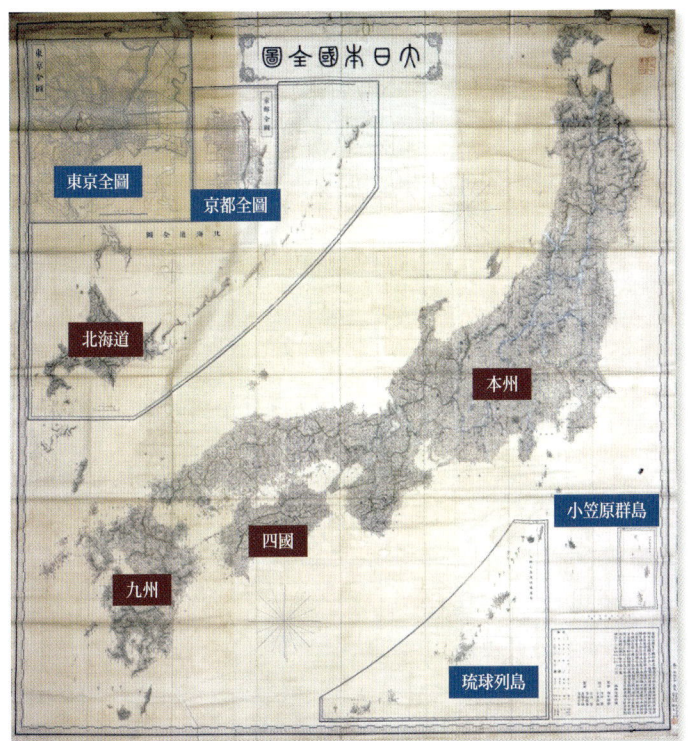

[그림 24] 「大日本國全圖」.

 끝으로 본고의 논제에 입각해 본 장을 정리해본다면, 「伊能圖」 이후 일본에서는 '사도(四島)', 즉 지도의 중앙에는 규슈·시코쿠·혼슈를 위치시키고, 상단에는 홋카이도와 쿠릴열도, 하단에는 류큐열도를 위치시키는 '사도영토관'이 기본적인 영토인식으로 메이지 초기부터 정착되고 있음을 알 수 있다. 다만, '사도영토관'은 이미 앞에서도 언급한 바와 같이 사찬지도와 관찬지도의 영토인식의 차이, 또 막부에 의한 「伊能圖」의 유출금지 등으로 인해 차이를 보이고 있지만, 국가권력에 의한 영토인식이라는 측면에서 한

정해 본다면, '사도영토관'은 「伊能圖」가 만들어진 19세기 초부터 일본에 출현하기 시작했다고 평가할 수 있다.

5. 맺음말

본 장에서는 에도시대부터 메이지시대에 이르기까지 일본의 관찬지도를 토대로 삼아 일본의 영토인식의 변화를 전근대 '삼도영토관'의 붕괴와 '사도영토관'의 정착이라는 점에서 규명한 것으로 그 내용을 간단히 정리해 보면 다음과 같다.

첫 번째의 논점은 에도막부의 관찬지도로서 일본전도는 18세기까지 「寬永日本圖」, 「正保日本圖」, 「元祿日本圖」, 「享保日本圖」의 4종류가 순차적으로 작성되었는데, 이들 지도에 보이는 영토인식은 기본적으로 규슈·시코쿠·혼슈와 그 부속 도서라는 '삼도영토관'에 근거했지만, '사도영토관'으로 변화되는 과도기적인 위치를 점하고 있다는 점이다. 즉, 1633년에 제일 먼저 작성된 「寬永日本圖」는 완전한 '삼도영토관'에 머물러 있었지만, 17세기 중엽의 「正保日本圖」에는 미약하나마 북방지역의 에조치 등이 그려지고 있었으며, 18세기에 들어와서의 「元祿日本圖」와 「享保日本圖」는 「正保日本圖」를 모방하고 있어 '삼도영토관'에서 '사도영토관'으로의 동요를 보이고 있었다. 그렇지만, 「正保日本圖」를 비롯해 그 이후의 관찬지도에 그려진 에조치를 포함한 북방지역은 터무니없이 왜곡되어 있었고, 류큐는 「元祿日本圖」만이 왜곡된 상태로 그렸을 뿐, 당시 이들 지역에 대한 완전한 영토인식이 막부에 내재하고 있었다고는 볼 수 없다. 바꿔 말하자면, 17·18세기는 '삼도영토관'에서 '사도영토관'으로 이행하는 과도기였다고 평가할 수 있다.

둘째, 일본 최초의 실측 지도인 이노 다다타카의 「伊能圖」 제작과 '삼도영토관'의 붕괴에 관련된 문제이다. 「伊能圖」는 1800년-1821년에 제작된 막부의 관찬지도로서 지도의 상단에 에조치 전체, 그리고 가라후토의 일부분 및 구나시리토를 표기하고 있고, 지도 그 자체만으로 보면 완전한 '삼도영토관'의 붕괴를 보이고 있으며, 일본 최초로 '사도영토관'이 출현된 지도이다. 하지만, 「伊能圖」는 어디까지나 일반에 공개가 금지된 막부 전용의 지도였고, 실제로 민간에는 '삼도영토관'에 입각한 사찬지도들과 장식용 지도들이 에도시대 말기까지 유행하고 있었다. 즉, 민간의 영토인식과 국가권력의 영토인식에는 상당한 괴리가 있었으며, 이것을 잘 보여주는 것이 바로 에도시대의 사찬지도와 관찬지도들임을 알 수 있다.

셋째, 에도막부 마지막 지도인 1867년에 간행된 「官板實測日本地圖」가 갖는 역사적 의미에 대한 문제이다. 이 지도는 「伊能圖」를 토대로 작성되었는데, 가라후토 전부가 추가되어 있고, 「伊能圖」에 보이고 있던 구나시리토를 포함해 현재 러시아와의 영토분쟁 지역인 에토로후토(澤捉島)·하보마이군도(齒舞群島)·시코탄토(色丹島) 등도 추가로 보이고 있으며, 실측된 일본전도로서는 최초로 류큐를 삽입하고 있다. 「官板實測日本地圖」는 「伊能圖」와 함께 일본의 '삼도영토관' 붕괴에 종지부를 찍은 지도였으며, 특히 막부가 제작한 마지막 고지도로서 이후 일본의 영토팽창과 분쟁의 서곡과도 같은 지도였다고 평가할 수 있다.

넷째, 에도막부 붕괴와 함께 전근대 영토인식으로서 '삼도영토관'은 메이지정부의 성립과 함께 '사도영토관'으로 변화되었고, 이와 함께 전근대

지도와는 완전히 다른 새로운 형식의 지도가 제작되기 시작했다는 점이다. 즉, 근대 이후의 지도에는 중앙에 규슈·시코쿠·혼슈를 위치시키고, 상단에는 홋카이도와 지시마열도, 하단에는 류큐열도를 위치시키는 '사도영토관'이 형성되었는데, 이것은 현대 일본인의 영토 관념이 근대의 시작과 함께 잉태되고 있음을 의미하는 것이다. 이러한 측면에서 생각해 볼 때, 현대에 들어와 일본의 영토분쟁의 근원은 자신들의 영토가 규슈·시코쿠·혼슈·홋카이도를 중심으로 한 부속 도서(쿠릴열도와 류큐열도를 포함)라고 하는 '사도영토관'으로의 변화에 있었다는 것을 상정할 수 있다.

끝으로 일본의 관찬지도와 사찬지도에 보이는 현재의 영토문제 또는 분쟁 지역, 즉 현재 러시아와의 북방 4개 지역(구나시리토·에토로후토·하보마이군도·시코탄토), 한국과의 독도, 중국·타이완과의 댜오위다오(釣魚島)제도, 이외에 오키노토리시마(沖ノ鳥島)나 미나미토리시마(南鳥島)에 대한 영토인식에 대해서는 본 장에서 다루지 않았는데, 이에 대해서는 금후의 과제로 삼도록 하겠다.

제8장

전근대 '조어도제도(釣魚島諸島)'에 대한 중·일의 영토인식

1. 머리말

본 장에서는 중국과 일본 및 타이완과의 사이에서 현재진행형의 심각한 영토분쟁을 일으키고 있는 '조어도제도(釣魚島諸島)'[01]를 중심으로 전근대 시기에 중국과 일본이 어떠한 영토인식을 가지고 있었는가를 고찰해 보고자 한다. '조어도제도'는 동중국해 남서부, 즉 동경 123도 30분-124도 34분, 북위 25도 44분에서 56분에 위치한 8개의 소군도를 말한다. 한국에서는 '조어도(釣魚島)'나 '센카쿠도(尖閣島)'라고도 불리고 있으며, 중국에서는 '댜오위다오(釣魚島)', 타이완에서는 '댜오위타이(釣魚臺)'라고 불리고 있다. 하지만, 1개의 섬이 아니기 때문에 중국에서는 '조어도와 그 부속 도서(釣魚島及其附屬島嶼)'라고도 하며, 타이완에서는 '조어도열서(釣魚臺列嶼)', 일본에서는 '센카쿠제도(尖閣諸島)'[02]라고 불리는데, 여기서는 한국에서

[01] 본고에서는 제일 빠른 시기에 사용된 명칭으로서 편의상 '조어도제도'(釣魚島諸島)'로 통칭하는데, 특정 국가의 영토를 인정하는 의미는 아님을 밝혀둔다.

[02] '센카쿠'라는 명칭은 메이지(明治)정부로부터 이 지역을 무상증여 받았던 고가

어느 쪽에 치우치지 않는 '조어도제도'(이후 따옴표 생략)라는 명칭을 사용한다.

이곳이 영토 분쟁지역으로서 문제가 된 것은 1968년 한국·일본·타이완의 과학자들을 중심으로 한 'ECAFE(유엔아시아극동경제위원회)'가 동중국해 일대를 조사한 결과 타이완의 북동쪽의 해저 약 20만km² 일대에 풍부한 석유 자원이 매장되어 있을 가능성이 제기되어 주변국의 관심을 끌게 되었고, 1970년 후반이 되어 중국 측에 의한 영유권 주장이 제기되면서부터라는 것이 알려지고 있다.03

중국과 일본 사이에 조어도제도를 둘러싼 분쟁의 횟수는 너무나 많아 대표적인 분쟁 사건만 보면, 1996년 9월에 홍콩 주민이 조어도(센카쿠도) 근해에서 시위 중에 익사한 사고,04 2010년 9월 7일에는 중국어선이 조어도제도 부근에서 조업하다가 일본해상보안청의 순시선에 발견되어 정선을 권고하였으나, 무시하고 도주하다가 순시선 2척을 파손한 중국인 선장을 공무집행방해죄로 체포한 사건05이 발생하기도 하였다. 더욱이 2012년 4월 16일 도쿄도지사 이시하라 신타로(石原愼太郎)는 방문 중인 미국 워싱턴에서의 강연에서 센카쿠제도를 도쿄도(東京都)의 예산으로 매입하는 계획이 추진 중이라는 사실을 언급하며, 이미 원래의 토지 소유자인 민간인

  다쓰지로(古賀辰四郎)의 요청을 받아 1900년 5월에 해당 지역을 조사한 구로이와 히사시(黑岩恒)가 명명한 것으로『영국해군수로지』에 있는 'The Pinnacle Islands'라는 용어를 의역한 것이다(高橋庄五郎,『尖閣列島ノート』, 靑年出版社, 1979, 49-50쪽).
03 芹田健太郎,『日本の領土』(中央公論新社, 2010), 121-122쪽.
04 박종귀,『아시아의 분쟁』(새로운 사람들, 2000), 287쪽.
05 「産經新聞」(2010년 9월 8일).

과도 계약이 성사되었다고 주장06하여 중·일 간의 외교관계에 불씨를 던지고 있다.

일본 극우주의자이기도 한 이시하라의 발언은 이전부터 조어도제도에 대한 영유권 주장의 연장선상에서 살펴보아야 하겠지만, 분쟁 지역을 매입한다는 이 발언은 "도쿄도가 일본을 지킨다."고 하여 일본 정부의 대중국 외교를 비판한 것이기도 하다. 뿐만 아니라, 4월 29일에는 '일본외국특파원협회'에서 "티베트를 정치적으로 말살한 뒤에 패권주의로 이번에는 센카쿠(尖閣)을 노리고 있다."고 중국을 자극함과 동시에 "센카쿠 문제로 중국에 벌벌 떨고 있다면, 그 사이에 '오성홍기(五星紅旗, 중국의 국기)'의 여섯 번째 별은 작은 '히노마루(日の丸, 일본의 국기)'가 될지도 모른다."07고 하면서 일본 정부에 대한 비판의 강도를 높이며, 일본의 조어도제도에 대한 영유권을 극렬하게 주장하고 있다. 이러한 현상은 비단 이시하라의 문제만은 아니다. 최근 23만여 명을 대상으로 한 여론조사에서도 93%의 회답자가 이시하라의 조어도제도 매입 계획에 찬성하고 있으며,08 일본 정부를 포함해 수많은 일본인들은 조어도제도가 일본 고유의 영토임을 정당하게 여기고 있다.

그러나 전근대 일본의 영토는 고대 이래 규슈(九州)·시코쿠(四國)·혼슈(本州)라고 하는 '삼도영토관(三島領土觀)'이 정착되어 있었고, 이러

---

06 「東京都が尖閣諸島買い取り:所有者と合意, 年內に契約」(「時事通信」, 2012년 4월 16일, 2012.06.01. 검색).
07 「産經新聞」(2012년 5월 30일).
08 「尖閣諸島購入に突き進む石原都知事」(「JAPAN REALTIME」, 2012년 4월 25일. 2012년 4월 25일자, 2012.06.04 검색).

한 영토관이 에도막부(江戶幕府) 말기까지 지속되고 있었다는 것09을 염두에 두면 과연 일본의 영토 주장이 얼마만큼의 역사적 사실을 배경으로 하고 있을까 의문이 든다. 더욱이 조어도제도 문제를 이른 시기에 역사적으로 고찰한 이노우에 기요시(井上清)는 『尖閣列島-釣魚諸島の史的解明』10에서 일본이 1895년 이래 '무주지(無主地)'를 '선점'하여 실효적 지배를 주장하고 있는 것에 대해 『琉球國中山世鑑』과 『籌海圖編』·『順風相送』을 비롯해 『使琉球雜錄』·『琉球國志略』 등의 『琉球册封使錄』을 이용해 조어도제도가 단 한 번도 일본이나 류큐(琉球)에 부속된 적이 없는 중국의 영토임을 주장하고 있다. 전근대의 사료를 이용하고 있다는 점에서도 필자가 시사 받은 점이 많은 것은 말할 것도 없지만, 이 저서의 서문과 본문에 걸쳐 일본의 센카쿠도 영유권 주장이 제국주의와 군국주의의 재발이 아닌가 라는 위기감을 환기시키고 있어11 영토문제의 소용돌이 속으로 사방의 주변국을 끌어들이는 지금의 일본을 생각하면 의미 있는 연구라고 판단된다.

다만, 이노우에의 주장은 일본에서 거의 유일한 것이지만, 이후 그의 연구는 그야말로 상상을 초월할 정도로 일본에서 파장을 초래하며 비판을 받았다. 특히, 그중에서도 오쿠하라 도시오(奧原敏雄)는 「明代および清代における尖閣列島の法的地位」, 「尖閣列島問題と井上清論文」과 「動かぬ尖閣列島の日本領有權-井上清論文の「歷史的虛構」をあばく」, 「尖閣列島領

---

09 申東珪, 「일본의 私撰地圖로 본 전근대 '三島領土觀'에 대한 고찰」, 『전근대 일본의 영토인식』, 동북아역사재단, 2012) ; 본서 제6장 참조.
10 井上清, 『尖閣列島-釣魚諸島の史的解明』(第三書館, 1996), 序. 원래 이 저서는 『「尖閣」列島-釣魚諸島の史的解明』, 現代評論社, 1972의 제1부 「釣魚諸島の歷史と領有權」만을 발췌하여 1996년에 상기의 제목으로 출판한 것이다.
11 상동.

有權の根據」,「尖閣列島-中國及び臺灣の領有論據批判」 등 다수의 연구를 발표하고 있는데,12 거의 같은 내용으로 이노우에가 주장한 중국의 조어도제도 선점에 대해 법리적 무효론과 사료 해석에 대해 집중적으로 비판하고 있다. 또한, 문부교관을 지내기도 했던 하라다 노부오(原田禹雄)는 『尖閣諸島-冊封琉球使錄を讀む』13의 서문에서 "내용이 궁색한 책이라고 생각된다. … 이노우에 기요시의 그 책은 제대로 된 역사학적 서술, 다시 말하면 '사적 해명(史的解明)'이라고는 결코 생각하지 않는다."라고 이노우에의 연구를 격하게 비판함과 동시에 이노우에가 이용한 사료들에 대해 전면적인 재해석과 비판을 가하여 조어도제도에 대한 일본 영유권을 주장하고 있다. 이러한 동일선상에 서서 국제법학자인 세리타 겐타로(芹田健太郎)도 『日本の領土』14에서 조어도제도가 푸젠성(福建省)과 타이완의 부속 도서가 아니었다는 논증을 펼쳐 이노우에의 주장을 전면적으로 부정하고 있다. 그런데 흥미로운 것은 정작 세리타의 연구에서는 전근대 조어도제도의 일본 영유권을 주장할 만한 사료적 근거와 논증에 대해 단 한마디의 언급도 없다는 점이다. 그만큼 주장의 토대가 될 만한 일본 측의 사료 부재로 인한 것으로

12 奧原敏雄,「尖閣列島の領有權問題」(『沖繩』58, 1971) ; 同,「明代および淸代における尖閣列島の法的地位」(『季刊 沖繩』63, 1972) ; 同,「尖閣列島問題と井上淸論文」(『朝日アジアレビュー』4-1, 1973) ; 同,「動かぬ尖閣列島の日本領有權 -井上淸論文の「歷史的虛構」をあばく」(『日本及日本人』1515, 1973) ; 同,「尖閣列島領有權の根據」(『中央公論』93-7, 1978) ; 同,「尖閣列島-中國及び臺灣の領有權論據批判」(『AFAシリーズ』78, アジア親善交流協會, 1979). 한편, 이노우에 기요시(井上淸)와 오쿠하라 토시오(奧原敏雄)의 논쟁에 대해서는 다카하시 쇼고로(高橋庄五郎)의 『尖閣列島ノート』(靑年出版社, 1979, 191-207쪽)을 참조.
13 原田禹雄, 『尖閣諸島-冊封琉球使錄を讀む』(榕樹書林, 2006), 서문.
14 芹田健太郎, 앞의 책, 135-151쪽.

추측되지만, 이노우에의 연구에 대한 일본 내의 비판은 외교적·학술적·교양적 차원을 불문하고 기본적인 비판의 대상이 되고 있다는 것만큼은 확실하다.

　　이외에 전근대를 연구범위로 삼고 있지는 않지만, 1895년 이후 조어도제도의 일본 영유권에 대해서 언급한 연구들이 상당수 있다. 대표적으로 호사카 마사야스(保阪正康)는 『歷史でたどる領土問題の眞實』[15]의 제5장에서 1895년 일본의 '센카쿠제도 편입'에 의한 일본 영유권을 언급하고 있는데, 대부분 전후(戰後)의 중·일 간 영토분쟁을 대상으로 삼고 있으며, 이를 통해 중국의 왜곡된 내셔널리즘에 대한 비판과 일본 정부의 적절한 대응을 피력하고 있다. 이러한 호사카의 논조는 2012년에 도고 가즈히코(東鄕和彦)와 공동 출판한 『日本の領土問題-北方四島, 竹島, 尖閣諸島』[16]에서도 전후처리와 '무주(無主)의 땅'에 대한 선점의 법리를 주장하며 계속되고 있다.

　　이와 같은 논리는 히라마쓰 시게오(平松茂雄)도 마찬가지로 그는 『中國はいかに國境を書き換えてきたのか』[16]에서 조어도제도는 메이지(明治) 초두 이래 일본의 영토였으며, 특히 1895년 이후 일본의 영토가 확정되었다고 한다. 또한, 일본 방위대학 교수를 역임한 마고사키 우케루(孫崎享)는 『日本の國境問題』[17]에서 "1870년대 이전에 센카쿠제도가 일본의 영토였

15　保阪正康, 『歷史でたどる領土問題の眞實』(朝日新書309, 朝日新聞出版, 2011), 199-226쪽.

16　平松茂雄, 『中國はいかに國境を書き換えてきたのか』(草思社, 2011), 223-228쪽.

17　孫崎享, 『日本の國境問題』(ちくま親書905, 筑摩書房, 2011), 61쪽. 다만, "1870년대 이전에 센카쿠제도가 일본의 영토였던 적은 없었다."고 하면서도 1870년대 이전에 과연 어디의 영토에 포함되고 있었는가에 대한 구체적 논증이나 근거가 되는 사료는 없다.

던 적은 없었다."는 점을 지적하고 있는데, 역시 1895년 이후 일본의 조어도제도 선점에 의한 영유권 확보 과정을 강조하고 있다. 다만, 이 연구의 결론 부분에는 일본의 영토분쟁의 해결이라는 측면에서 불필요한 마찰의 회피, 국제사법재판소에의 제소(제3자의 개입), 중·일 간의 군사력 사용의 금지, 다각적 상호의존관계의 구축 등 다양한 방책을 제시하고 있어 향후 일본의 행보를 가늠해본다는 측면에서 무시할 수 없는 연구라고 판단된다.

한편, 한국에서도 이어도 문제, 독도 문제가 중국이나 일본과의 사이에서 발생하고 있는데, 김명기의 「獨島 問題와 釣魚島 問題의 比較考察」,19 남종호의 「중·일 양국의 조어도열도 영유권분쟁과 이어도문제」20에 보이는 바와 같이 그 연장선상에서 중·일간의 조어도제도에 관한 연구가 최근에 들어와 일정의 성과를 보이고는 있지만, 대부분은 전근대 시기를 대상으로 한 것이 아니라, 근대 이후나 1970년대 이후의 분쟁을 대상으로 국제법적인 양국 주장과 입장에 대한 비교가 주된 내용이었다.20

18 金明基, 「獨島 問題와 釣魚島 問題의 比較考察」, 『강원법학』10, 1998).
19 남종호, 「중·일 양국의 조어도열도 영유권분쟁과 이어도문제」, 『한중사회과학연구』23, 2012).
20 최장근, 『일본의 영토분쟁 - 일본 제국주의 흔적과 내셔널리즘 - 』(백산자료원, 2005), 305-332쪽 ; 박정현, 「근대 중국의 해양인식과 영유권 분쟁」, 『아세아연구』48-4, 2005) ; 김선화, 「중·일간 조어도의 영유권 분쟁에 대한 고찰」, 『海事法研究』19-2, 2007) ; 이은자, 「한중간 영토 분쟁에 대한 비판적 검토」, 『아시아문화연구』14, 2008), 183-188쪽 ; 이문기, 「중국의 해양도서 분쟁 대응전략: 조어도와 남사군도 사례를 중심으로」, 『아시아연구』10-3, 2008), 33-39쪽 ; 李昌偉, 「중국의 도서와 해양경계 문제」, 『국제법학회논총』54-1, 2009), 137-140쪽 ; 이정태, 「조어도 분쟁에서 '무주지 선점론'과 '역사주권론'」, 『국제정치연구』14-1, 2011) ; 권태환, 「일·중 영유권 갈등과 전망 - 尖閣열도를 중심으로 - 」(『한일군사문화연구』11, 2011) ; 진필수, 「센카쿠(댜오위타이)제도 영유권 분쟁에 있어

이상과 같은 선행연구를 볼 때, 일본의 조어도제도 영유권의 주장 근거는 일본 정부가 조어도제도의 오키나와현(沖繩縣) 편입을 비공개로 결정하여 일본 영토로 규정한 1895년 1월 14일의 이른바 '센카쿠제도 편입'이라는 것을 알 수 있다. 그렇다면, 과연 중국과 일본의 조어도제도를 둘러싼 논쟁의 요점은 무엇일까. 이에 대해 1971년 「조어도열서(釣魚臺列嶼)의 주권에 관한 타이완 당국 외교부 성명」,[21] 1971년 「조어도 등의 주권에 관한 중화인민공화국 외교부 성명」[22]과 1972년 「센카쿠제도의 영유권문제에 대한 일본 외무성 기본 견해」[23]를 비롯해 중·일 양국의 주장을 정리한 연구[24]를 토대로 조어도제도를 둘러싼 논쟁점을 살펴보면, ①역사적으로 어느 쪽이 선점하고 있었는가, ②역사적으로 어느 쪽이 먼저 영유를 주장했는가, ③1895년 '센카쿠제도의 일본 편입'을 어떻게 보는가(일본 편입의 적법성 문제), ④제2차 세계대전 이후 조어도제도가 오키나와의 일부로 처리되었는가, 타이완의 일부로 처리되었는가(제2차 세계대전의 전후처리 문제)라는 네

이시가키시 의회의 과잉애국심과 지역활성화의 논리」(『비교민속학』47, 2012).

[21] 浦野起央, 『尖閣諸島·琉球·中國-日中國際關係史』(增補版, 三和書籍, 2010), 237-239쪽, [자료12] 「釣魚臺列嶼の主權に關する臺灣當局外交部聲明」 참조.

[22] 상동, 239-240쪽, [자료13] 「釣魚島などの主權に關する中華人民共和國外交部聲明」 참조.

[23] 상동, 241-242쪽, [자료15] 「尖閣諸島の領有權問題についての日本外務省基本見解」 참조.

[24] 奧原敏雄, 「尖閣列島領有權の法理-日·中·臺の主張の根據と對立点」(『日本及日本人』1507, 1972); 上地龍典, 『尖閣列島と竹島:中國·韓國との領土問題』(教育史, 1978), 83-102쪽; 濱川今日子, 「尖閣諸島の領有をめぐる論点-日中兩國の見解を中心に」(『調査と情報』565, 2007); 浦野起央, 앞의 책, 13-32쪽; 芹田健太郎, 앞의 책, 123-166쪽; 孫崎享, 앞의 책, 58-72쪽.

가지 점으로 정리할 수 있다. 하지만, 본고는 전근대의 조어도제도만을 소재로 삼고 있기 때문에 ③과 ④의 논쟁점에 대해서는 금후의 과제로 삼고 ①과 ②에 한정하여 고찰해보도록 하겠다.

따라서 본고에서는 전술한 ①과 ②의 논쟁점을 염두에 두고, 다음과 같은 목적을 가지고 조어도제도에 대한 영토인식을 고찰해 보고자 한다. 첫째는 선행연구에서 언급된 전근대, 즉 중세와 근세시기의 문헌에 대한 재검토와 본고에서 새롭게 소개하는 사료들을 중심으로 조어도제도가 어떻게 인식되고 있었는가를 국경의 인식이라는 측면에서 검증하고, 둘째는 중·일 간 조어도제도를 둘러싼 논쟁의 중심에 위치한 전근대 시기의 조어도제도가 과연 '무주(無主)의 땅'인지, 아니면 어느 한쪽에 선점권이 있었는지를 규명해보고자 한다. 물론, 그간 선행연구에서 누락되어 왔던 문헌과 논점에 대해서도 새롭게 검토할 것이다. 다만 본고의 목적이 어느 특정 국가의 조어도제도 영유권을 강화하거나 찬성하는 논리로서의 연구가 아니라는 것도 여기서 먼저 밝혀둔다.

2. 명대(明代)의 조어도제도 인식

조어도제도는 주지한 바와 같이 동중국해 남서부에 위치한 8개의 소군도로서 현재 일본이 1895년 이후 '실효 지배'를 하는 곳이다. 그러나 '실효 지배'라고 하더라도 이곳에 관한 전근대(중세·근세) 시기의 문헌은 없다고 해도 과언이 아니다. 전술한 이노우에의 연구[25]에 의하면, 메이지 이전 일본의 문헌으로서 그나마 하야시 시헤이(林子平)가 저술한 『三國通覽

圖說』의 부도(附圖)인 「琉球三省幷三十六圖之圖」 단 1건뿐이며, 당시 류큐(琉球)의 문헌으로도 『琉球國中山世鑑』(1650, 권5), 류큐의 지리학자 데이준소쿠(程順則)가 저술한 『指南廣義』의 「針路條記」와 이것의 부도(附圖) 뿐이 없다. 또한, 류큐인에게 조어도제도는 명(明)의 푸저우(福州)에서 나하(那覇)까지 오는 항로에 해당하는 것 이외에 아무런 관계도 없었고, 류큐에서 조어도제도까지는 역풍과 역류가 있었기 때문에 당시의 항해술로는 다 가설 수 없는 곳으로 류큐인은 중국인을 통해서만 이곳의 정보를 얻을 수 밖에 없었다고 한다.

하지만, 중국에서는 조어도제도와 관련된 상당수의 문헌들이 전근대에 작성되고 있었다. 바로 중국에서 류큐로 파견된 책봉사절의 왕래가 있었기 때문인데, 전근대 시기(明·淸)에 파견된 책봉사는 1372년부터 시작되어 1866년까지 확인된 것만 24회로 이 기간에 이른바 유구책봉사(琉球册封使)의 기록이 다수 남아 있다([표 1] 「琉球册封使 일람」 참조).[26]

[표 1] 琉球册封使 일람

횟수	연도(책봉사도착)	왕조	정사명	수봉국왕	저자와 사록 명칭
1	1372(洪武5)	明朝	楊載	察度	

[25] 井上淸, 앞의 책, 24-25쪽. 더욱이 이노우에에 의하면, 『琉球國中山世鑑』도 중국의 책봉사 진간(陳侃)의 『使琉球錄』을 토대로 중국의 푸저우(福州)에서부터 나하(那覇)에 이르는 항로 관련 기사를 초록하면서 '조어서(釣魚嶼)'라는 명칭이 나와 있을 뿐이라고 한다.

[26] [표 1]의 「琉球册封使 일람」은 우라노 타쓰오(浦野起央)의 연구(앞의 책, 62-63쪽)와 하라다 노부오(原田禹雄)의 연구(앞의 책, 8-9쪽), 夫馬進 編, 『使琉球錄解題及び研究:研究成果報告書』(京都大學文學部東洋史硏究室, 1998)을 참조하여 작성함.

횟수	연도(책봉사도착)	왕조	정사명	수봉국왕	저자와 사록 명칭
2	1404(永樂2)	〃	時中	武寧	
3	1416(永樂14)	〃	陳季若	他魯每	
4	1425(洪熙元年)	〃	柴山	尙巴志	
5	1443(正統8)	〃	餘忭	尙忠	
6	1447(正統12)	〃	陳傳	尙思達	
7	1452(景泰3)	〃	陳模	尙金福	
8	1456(景泰7)	〃	李秉彛	尙泰久	
9	1463(天順7)	〃	潘榮	尙德	
10	1472(成化8)	〃	官榮	尙圓	
11	1479(成化15)	〃	薰旻	尙眞	
12	1534(嘉靖13)	〃	陳侃	尙淸	陳侃(『使琉球錄』)
13	1562(嘉靖40)	〃	郭汝霖	尙元	郭汝霖(『重編使琉球錄』)
14	1579(萬曆7)	〃	蕭崇業	尙永	蕭崇業/謝杰(『使琉球錄』)
15	1606(萬曆34)	〃	夏子陽	尙寧	夏子陽(『使琉球錄』)
16	1633(崇禎6)	〃	杜三策	尙豊	
17	1663(康熙2)	淸朝	張學禮	尙質	張學禮(『使琉球紀』『中山紀略』)
18	1683(康熙22)	〃	汪楫	尙貞	汪楫(『使琉球雜錄』『中山沿革志』『冊封疏鈔』)
19	1719(康熙58)	〃	海寶	尙敬	徐葆光(『中山傳信錄』)
20	1756(乾隆21)	〃	全魁	尙穆	周煌(『琉球國志略』)
21	1800(嘉慶5)	〃	趙文楷	尙溫	李鼎元(『使琉球記』)
22	1808(嘉慶13)	〃	齊鯤		齊鯤/費錫章(『續琉球國志畧』)
23	1838(道光18)	〃	林鴻年	尙育	
24	1866(同治5)	〃	趙新	尙泰	趙新(『續琉球國志略』)

이들 사료에 대해서는 전술한 이노우에의 연구에서도 일부 언급이 되고 있지만,[27] 이 중에서 조어도제도와 관련된 가장 빠른 기록은 1534년에 류큐에 도착한 책봉사로 정사 진간(陳侃)이 기록한 『使琉球錄』인데, 여

---

27 井上淸, 앞의 책, 24-41쪽.

기에 조어도제도와 관련된 다음의 기록이 보인다.

[사료 1]

(1534년 5월) ⓐ9일, 어슴푸레 작은 산이 보였는데, 곧 소류큐(小琉球)이다. 10일, 남풍이 심히 빠르게 불어와 배가 날아가는 것과 같다. 그래도 바다의 흐름에 따라 갔는데, 그런데도 심하게 흔들리지 않았다. ⓑ평가산(平嘉山)을 지나, 조어서(釣魚嶼)를 지나, 황모서(黃毛嶼)를 지나, 적서(赤嶼)를 지났는데, 눈감을 틈이 없었다. 하루 밤낮 사이에 3일의 거리를 나아갔다. 오랑캐의 배는 돛이 작아 능히 미치지 못하여 서로 잃어버려 뒤처졌다. ⓒ11일 저녁, 고미산(古米山[久米島])를 보았다. 즉 류큐(琉球)에 속하는 것이다. 이인(夷人, 琉球人)은 배에서 북을 치고 춤을 추며, 집에 도착한 것을 기뻐하였다. 밤이 지나 동틀 무렵 바람이 동쪽으로 변하여 한 치를 나아갔다 한 자를 물러섰다 하다가 그 본래 갈 곳을 잃었다. ⓓ또 하루가 지나 비로소 그 산에 이르렀는데, 이인(夷人, 琉球人)이 작은 나룻배를 타고 와서 내문하여 이통사(夷通事)에게 말을 전하고 그대로 떠났다. 13일, 곧이어 그 나라에 도착하였다.28

28 陳侃, 『使琉球錄』(『沖繩の歷史史情報』第8卷, 重点領域研究「沖繩の歷史情報研究」CD-ROM版研究成果報告書, URL:www.tulips.tsukuba.ac.jp/limedio/dlam/B1241191/1/vol08/8-5.htm). 이하 이 자료는 「沖繩の歷史情報研究CD-ROM版(第8卷)」으로 약칭하여 사용함. "九日, 隱隱見一小山, 乃小琉球也. 十日, 南風甚迅, 舟行如飛. 然順流而下, 亦不甚動. 過平嘉山, 過釣魚嶼, 過黃毛嶼, 過赤嶼, 目不暇接. 一晝夜兼三日之程, 夷舟帆小, 不能及, 相失在後. 十一日夕, 見古米山, 乃屬琉球者, 夷人鼓舞於舟, 喜達於家. 夜行徹曉, 風轉而東, 進寸退尺, 失其故處. 又竟一日, 始至其山, 有夷人駕小舸來問, 夷通事與之語而去. 十三日, 風少助順, 即抵其國."

[사료 1]의 밑줄 ⓐ를 보면, 5월 9일 소류큐(小琉球)에 도착하였다고 했는데, 이는 타이완을 말하는 것이다.30 밑줄 ⓑ에서는 평가산(平嘉山)·조어서(釣魚嶼)·황모서(黃毛嶼)·적서(赤嶼)를 순차적으로 지났다는 기록이 보이고 있는데, 여기서 평가산(平嘉山)은 팽가서(彭佳嶼), 조어서(釣魚嶼)는 조어도(釣魚島)이다. 황모서(黃毛嶼)는 황미서(黃尾嶼, 중국명)로 현재 일본명으로 구바지마(久場島)를 가리키고, 적서(赤嶼)는 적미서(赤尾嶼, 중국명)로 현재 일본명으로는 다이쇼지마(大正島)를 가리키며, 당시 책봉사들이 조어도제도를 항로로 이용하고 있었음을 알 수 있다. 보통은 3일 걸리는데, 빠른 바람을 타고 하루 만에 이곳까지 도착했다고 한다. 또한, 밑줄 ⓒ에서는 11일 저녁에 고미산(古米山), 즉 현재의 구메지마(久米島)를 보았는데, 이곳은 류큐에 속한다고 당시 책봉사의 정사였던 진간(陳侃)은 기록하고 있으며, 밑줄 ⓓ를 보면, 책봉사들이 결국 12일에 류큐 본도의 근해에 이르러서 13일에 도착하고 있음을 확인할 수 있다[본고에서 언급하고 있는 지명들의 위치에 대해서는 [그림 1]「조어도제도의 위치와 지명 및 책봉사 항로」를 참조].

다만, 여기서 중요한 부분은 밑줄 ⓒ의 부분에 기술된 부분으로 고미산(古米山), 즉 구메지마(久米島)를 보았는데, 류큐(琉球)에 속하는 것이라고 단정하고 있다는 부분이다. 이것은 구메지마가 류큐의 영토라는 의미이며, 그 이전은 어느 나라와의 경계라는 언급은 없었지만, 당연히 중국과의 경

29　井上淸, 앞의 책, 24-41쪽.
30　소류큐(小琉球)라는 지역은 원래 타이완의 평등현(屛東縣) 류추향(琉球鄉)을 말하며, 타이완 사람은 이곳을 소류큐라고도 부른다. 다만, 경우에 따라서는 타이완 전체를 의미하는 경우와 류큐(琉球)의 일부를 의미하는 경우도 있는데, [사료 1]의 『使琉球錄』에 보이는 소류큐의 경우는 타이완을 가리키는 것으로 생각된다. 한편, 대류큐(大琉球)는 일반적으로 오키나와(沖繩) 본도 지역을 말한다.

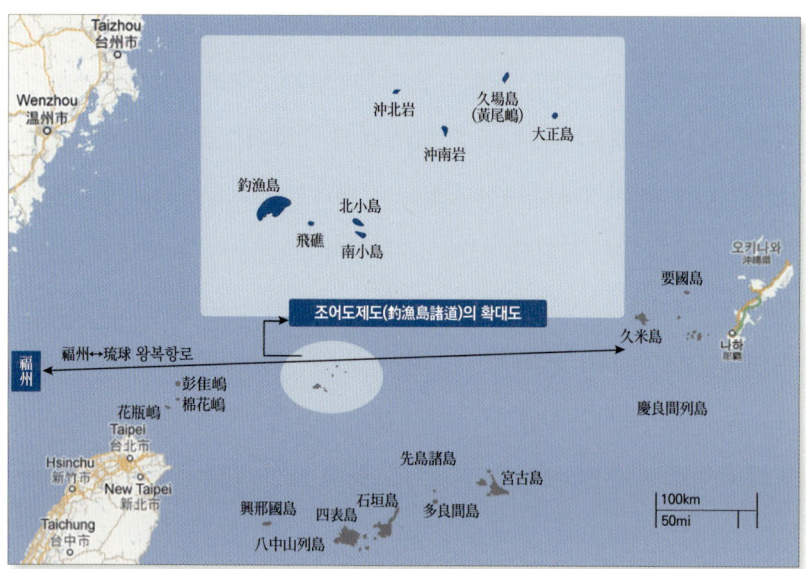

[그림 1] 조어도제도의 위치와 지명 및 책봉사 항로
* 본 지도는 구글맵스(http://maps.google.co.kr, 현재는 https://www.google.co.kr/maps, 2022.08.01. 검색)를 참조하여 필자가 일본 지명과 중국 지명을 넣어 재편집한 것이며,「조어도제도의 확대도」부분은 필자가 위치를 파악한 후 그려 넣은 것이다.

계라는 것을 의미한다. 왜냐하면, 푸저우(福州)를 출발하여 타이완을 거쳐 팽가산(平嘉山, 彭佳嶼) → 조어서(釣魚嶼, 釣魚島) → 황미서(黃毛嶼, 黃尾嶼·久場島) → 적서(赤嶼, 赤尾嶼·大正島)의 항로를 거치면서 단 한 번도 소속 영유권을 언급하지 않다가 구메지마(久米島)를 보고 류큐에 속하는 곳이라고 한 것은 그 이전까지의 도서(島嶼)들은 중국의 영토였기 때문에 굳이 언급할 필요가 없었던 것이다. 이점은 1562년 책봉사인 곽여림(郭汝霖)의『重編使琉球錄』에서 더 명확해진다.

[사료 2]

윤(閏) 5월 1일, 조서(釣嶼[釣魚島])를 통과했고, 3일에 적서(赤嶼[赤尾嶼·大正島])에 이르렀다. 적서(赤嶼)는 류큐(琉球) 지방의 경계가 되는 산이다. 다시 하루의 바람으로 가면, 곧바로 고미산(姑米山[久米島])을 바라볼 수 있을 것이다. 그런데, 어찌하랴, 병예(屛翳[바람의 신])가 멋대로 하여 작은 티끌조차 움직이지 않는구나. 조수는 평탄하고 파도는 잠잠하였으며, 해양의 웅장하고 장대한 경관은 실로 기이하였다.[31]

위의 [사료 2] 밑줄 부분에서도 조어도를 통과한 후 적서(赤嶼), 즉 중국명으로 적미서(赤尾嶼), 일본명으로 다이쇼지마(大正島)에 이르렀는데, 이 적서가 류큐 지방의 경계가 되는 산이라고 보고 있다. 다시 말하면, [사료 1]의 ⓒ에서 "고미산(古米山[久米島])를 보았다. 즉 류큐(琉球)에 속하는 것이다."라는 기술과 종합하여 생각해보면, 현재의 다이쇼지마(大正島)와 구메지마(久米島) 두 섬을 기점으로 명과 류큐의 경계가 되고 있어 다이쇼지마 이전까지가 명의 경계[또는 국경]임을 확실하게 증명해주고 있다.

이에 대해서 세리타 겐타로는 조어도제도가 원래 아무도 선점하지 않았던 '무주의 땅'이었기 때문에 1895년부터 실효적 지배를 했던 일

31　郭汝霖, 『重編使琉球錄』 二卷(『四庫全書存目叢書史部』, 雜史類49, 齊魯書社, 1996). "閏五月初一日過釣嶼, 初三日至赤嶼焉. 赤嶼者界琉球地方山也. 再一日之風, 即可望姑米山矣. 奈何屛翳馳纖塵不動. 潮平浪靜, 海洋大觀貞奇絶也."

본 영토라고 주장하고 있으며,32 오쿠하라 도시오는 「尖閣列島の領有權問題」에서 '책봉사록(册封使錄)의 증거 가치'를 논하면서 이들 사료는 단지 구메지마(久米島)가 류큐의 영토라는 것을 명확히 언급한 것에 지나지 않으며, 센카쿠열도가 중국의 영토라는 것을 입증하는 자료는 아니라고 비판하고 있다.33 또한, 하라다 노부오(原田禹雄)는 『明史』 권323 「列傳」의 「外國4」를 보면 계롱(鷄籠), 즉 타이완이 외국에 포함되어 있기 때문에 '소류큐(小琉球)=타이완'은 명대에 중국 고유의 영토가 아니었다고 하며, 소류큐를 중국령으로 보는 이노우에의 주장은 완전히 허구라고 부정하고 있다.34 즉, 하라다의 주장은 반대로 생각하면, 타이완이 중국에 속해 있지 않았기 때문에 조어도제도는 중국에 속한 것이 아니라는 것이며, 오히려 타이완에 속한 것이라는 의미이다. 그러나 하기의 [사료 3]에 보이는 바와 같이 타이완에는 영토를 영유할 주권과 국가라는 것이 없었다.

[사료 3]
ⓐ계롱산(雞籠山)은 팽호서(彭湖嶼)의 동북쪽에 있기에 옛 이름은 북항(北港), 또는 동번(東番)이라고도 부르는데, 취안저우(泉州)를 가는데 상당히 가깝다. 그 땅에 깊은 산과 큰 못이 많으며, 취락이 별과 같이 흩어져 있다. ⓑ군장(君長)이 없

32　芹田健太郎, 『島の領有と經濟水域の境界確定』(有信堂高文社, 1999), 215-221쪽 ; 芹田健太郎, 앞의 책, 151-161쪽.
33　奧原敏雄, 「尖閣列島の領有權問題」, 『沖繩』 58, 1971).
34　原田禹雄, 앞의 책, 21쪽.

으며, 15개의 단체가 있고, 그 단체는 많으면 천여 명, 적으면 혹은 500-600명
이다. 요역과 부과되는 세금이 없고, 여자가 많기 때문에 사람들은 남자로 하여금
호령(號令)을 맡긴다. 비록 해중에 있지만, 혹독한 바다를 두려워하여 배를 조정
하는 것이 서투르며, 늙어 죽을 때까지 인국(隣國)과의 왕래가 없다.35

위의 사료는 『明史』「鷄籠條」로서 밑줄 ⓐ부분을 보면, 계롱산(雞籠山)36은 팽호서(彭湖嶼, 彭湖島)의 동북쪽에 있고 옛 이름은 북항(北港), 또는 동번(東番)이라고 하며, 밑줄 ⓑ에서는 군장(君長)이 없어 단지 15개의 단체가 있을 뿐이며, 요역과 세금이 없고 여자가 많아 남자가 단지 명령을 내릴 뿐이라는 사실을 언급하고 있다. 즉, 타이완에는 그 어떠한 국가권력도 존재하지 않았던 곳이며, 특정 지역을 영유할 만한 주권이나 권력 자체가 없었다는 것을 의미하고 있다. 더욱이 위의 사료 후술 부분을 보면, "영락제 때 정화가 동서양을 편력했는데, 보배를 바치지 않은 것을 연유로 두려워한 후에 동번(東番)만이 멀리 피하여 이르지 않았다."37는 기술이 있어 명 지배의 영향권 하에 있었다는 것을 추측할 수 있다. 물론, 이것은 사료상의

35 『明史』 권323, 外國4, 雞籠條. "雞籠山在彭湖嶼東北, 故名北港, 又名東番, 去泉州甚邇. 地多深山大澤, 聚落星散. 無君長, 有十五社, 社多者千人, 少或五六百人. 無徭賦, 以子女多者爲雄, 聽其號令. 雖居海中, 酷畏海, 不善操舟, 老死不與鄰國往來."
36 '계롱산(雞籠山)'은 정확하게 현재 타이완의 지룽시(基隆市)를 말하지만, 소류큐(小琉球)와 마찬가지의 넓은 의미로서 현재의 타이완을 가리킨다.
37 상동. "永樂時, 鄭和徧歷東西洋, 靡不獻琛恐後, 獨東番遠避不至."

기술이지만, 타이완에 권력이 형성되어 있었다고 하더라도 조어도제도를 당시 일본 측이 지배하고 있었다는 사료나 기록, 또는 관련 내용이 현재까지는 전혀 없다. 이를 염두에 두고 [사료 1]과 [사료 2]를 살펴보면, 적어도 조어도제도를 포함한 적서(赤嶼[赤尾嶼]), 즉 다이쇼지마(大正島) 이전까지의 팽가산(彭加山[彭佳嶼])·조어서(釣魚嶼[釣魚島])·화병산(花瓶山[花瓶嶼])·황모산(黃毛山[黃尾嶼])·적서(赤嶼[赤尾嶼]) 항로에 보이는 제 지역은 명의 세력 하에 있었다고 보는 것이 타당하다.

한편, 조어도제도가 명의 영토인식에 포함되어 있었다는 보다 명확한 사료가 있는데, 바로 명대(明代)에 왜구 침구에 대한 해상과 강구 방어의 방책을 서술한 정약증(鄭若曾, 1503-1570)의 『鄭開陽雜著』(1562)이다. 여기에는 각 지역의 해도(海圖)가 수록되어 있으며, 특히 「萬里海上防圖論上」의 「福建界」를 보면([그림 2] 참조)[38] 계롱산(鷄籠山)·등이 포함되어 있다. 다만, 화병산(花瓶山)이 조어도(釣魚島)의 다음에 그려지고 있어 위치 관계에 상이점이 있지만,[39] 이를 제외하고는 모두 적합한 순서로 그려지고 있으며, 이 지도가 해상 방어를 위해 그려진 지도라는 것을 염두에 두면, 당연히 조어서(釣魚嶼)·황모산(黃毛山)·적서(赤嶼) 등의 조어도제도는 명의 지배하에 있었고, '푸젠계(福建界)'라는 명칭으로부터도 이는 조어도제도를 명의 영토인식 안에 포함하고 있었다는 것을 의미한다. 이러한 인식은 동 시기

---

38 鄭若曾, 『鄭開陽雜著』 권1, 「萬里海上防圖論上」, 福建界, 福建八(『文淵閣 四庫全書 電子版』, 이후 『四庫全書』로 약칭). 참고로 『鄭開陽雜著』 권8 「海防一覽」의 「第六幅東南向」에도 鷄籠山, 彭加山, 北山, 釣魚嶼, 黃毛山, 花瓶山, 赤嶼 등 수많은 섬들이 그려지고 있다.

39 원래 福建에서 류큐까지의 항로 순서대로라면, "鷄籠山 → 花瓶山 → 彭佳山 → 釣魚嶼 → 黃毛山 → 赤嶼"의 순서가 정확하다.

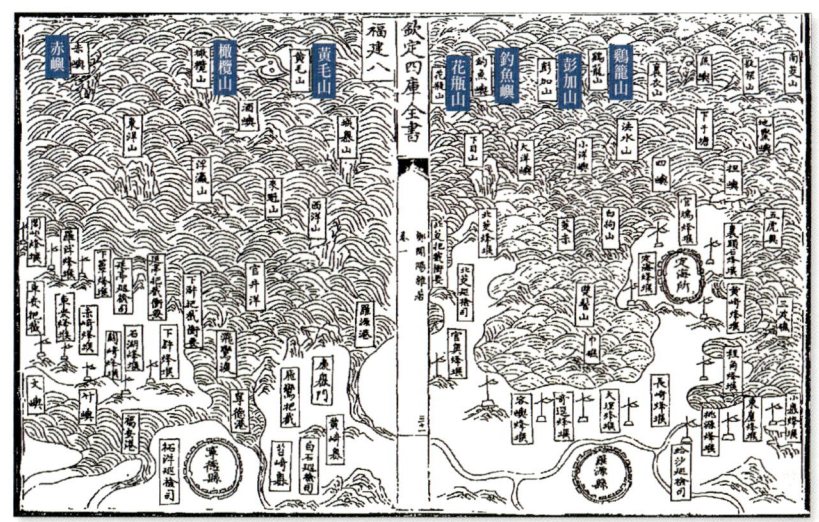

[그림 2] 『鄭開陽雜著』(권1)의 「萬里海上防圖論上」(福建八)

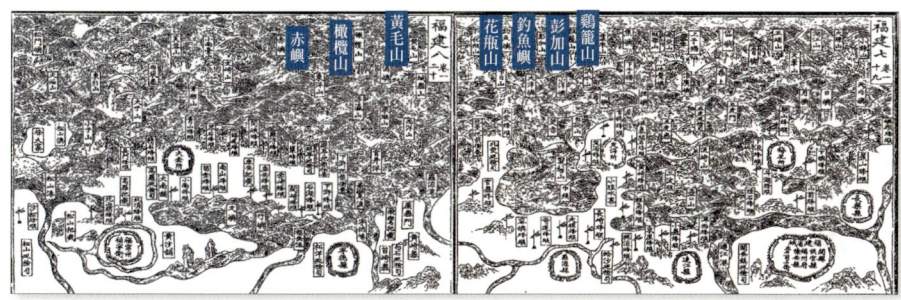

[그림 3] 『籌海圖編』(권1)의 「福建界」(福建七-福建八)

에 같은 계통의 문헌으로서 호종헌(胡宗憲)이 편찬한 『籌海圖編』(권1)에도 보인다.([그림 3] 참조).[40]

40　　胡宗憲, 『籌海圖編』권1, 福建界, 福建七·福建八(『四庫全書』). 위의 [그림 3]은

이외에 명대의 영토인식과 직접적인 관련은 없지만, 상당수의 자료에서 조어도제도와 관계된 명칭들이 나타나고 있다. 대부분은 류큐까지 왕래하는 항로를 표기한 것으로 대표적인 몇 가지만 보면, 『鄭開陽雜著』의 「福建使往大琉球鍼路」[41]에는 매화(梅花) → 소류큐(小琉球) → 계롱서(鷄籠嶼) → 화병서(花瓶嶼) → 팽가산(彭嘉山) → 조어서(釣魚嶼[釣魚島]) → 황마서(黃麻嶼) → 적감서(赤坎嶼) → 고미산(古米山) → 마기산(馬齒山) → 대류큐(大琉球, 那覇)로의 항로가 서술되어 있고, 1579년 제14차 책봉사인 소숭업(蕭崇業)과 사걸(四傑)의 『使琉球錄』에 수록된 「琉球過海圖」([그림 4] 참조)[42]에는 푸젠(福建)에서 류큐까지 이르는 과정의 도서들을 항로의 방향에 준하여 순차적으로 기입하고 있는데, 매화두(梅花頭) → 동사산(東沙山) → 소류큐(小琉球) → 팽가산(彭佳山) → 조어서(釣魚嶼[釣魚島]) → 황미서(黃尾嶼) → 적서(赤嶼) → 호미산(粘米山) → 류큐(琉球)의 루트로 조어도제도를 경유하고 있음을 알 수 있다. 1606년 제15차 책봉사인 하자양(夏子陽)의 『使琉球錄』[43]에도 소류큐(小琉球) → 팽가산(彭佳山) → 화병서(花瓶

福建七과 福建八을 편집하여 붙인 것이다.

41 鄭若曾, 『鄭開陽雜著』 권7, 「琉球圖說」, 「福建使往大琉球鍼路」(『四庫全書』).
42 蕭崇業·謝杰, 『使琉球錄』卷首, 「琉球過海圖」(「沖繩の歷史情報研究CD-ROM版(第8卷)」). "梅花頭正南風東沙山, 用單辰針六更, 船又用辰巽針二更. 船小琉球頭乙卯針四更, 船彭佳山單卯針十更, 船取釣魚嶼, 又用乙卯針四更, 船取黃尾嶼, 又用單卯針五更, 船取赤嶼, 用卯針伍更, 船取粘米山, 又乙卯針六更, 船取馬齒山直到琉球." 한편, 「琉球過海圖」는 전체 도(圖)인데, 여기서는 조어도제도 부분 2도만을 편집함.
43 夏子陽, 『使琉球錄』(「沖繩の歷史情報研究CD-ROM版(第8卷)」). "二十六日, 過平佳山, 花瓶嶼. 二十七日, 風忽微細, 舟不行, 而浪反顛急, 舟人以爲怪事, 請作彩舟禳之, 而仍請余輩拜祷於神. 甫拜畢, 南風驟起, 人咸異焉. 午後, 過釣魚嶼. 次日, 過黃尾嶼. 是夜, 風急浪狂, 舵牙連折. 連日所過水皆深黑色, 宛如濁溝積水,

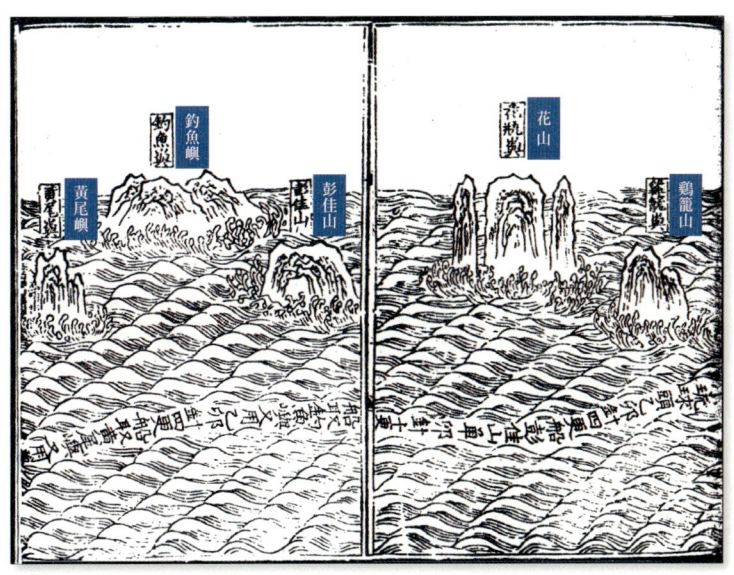

[그림 4] 『使琉球錄』의 「琉球過海圖」 일부

嶼) → 조어서(釣魚嶼) → 황미산(黃尾嶼) → 호미산(粘米山) → 류큐(琉球)의 루트가 이용되고 있다. 물론, 이들 루트로 이용된 장소들이 직접적인 영토인식의 표출이라고는 할 수 없지만, 적어도 일본의 전근대 사료에 거의 없는 제1급 사료로서 전술한 『使琉球錄』·『重編使琉球錄』·『鄭開陽雜著』등과 함께 조어도제도에 대한 중국의 영토인식을 역사성을 보여주는 사료라

或又如○色, 憶前『使錄補遺』稱, '去由滄水入黑水', 信哉言矣. 二十九日, 望見粘米山, 夷人喜甚, 以爲漸達其家. 午後, 有小掉乘風忽忽而來, 問之, 爲粘米山頭目, 望余舟而迎者. 獻海螺數枚, 余等令少賞之. 夷通事從余舟行者, 因令先馳入報. 是日, 舟人喜溢眉端, 其暈船嘔○, 連日不能興者, 亦皆有起色矣. 三十日, 過土那奇山, 復有一小夷舟來○. 即令導引前行. 午後, 望見琉球山, 殊爲懽慰, 然彼國向尙未及知. 比遣官幷引港船至, 時已夜矣. 舟人疑有礁, 不敢進, 即從其地泊焉."

고 판단된다.

3. 청대(清代)의 조어도제도 인식

청대에 들어와서도 류큐로의 책봉사는 파견되고 있었지만, 명대와 같은 책봉체제 하에서의 안정된 파견은 아니었다. 그것은 1609년에 류큐가 시마즈(島津) 씨의 침공으로 사쓰마번(薩摩藩)을 경유한 막번체제(幕藩體制)에 편입되기 시작했고, 이러한 상황은 명(明)과 에도막부(江戶幕府) 사이에서 양속 관계라는 특수한 형태의 외교관계를 탄생시켰기 때문이다. 더욱이 1644년 청이 베이징을 함락시켜 이른바 명청교체(明淸交替)가 이루어졌지만, 아직도 대륙의 남부에서는 남명(南明) 정부가 존재하고 있었기 때문에 류큐는 일본뿐만이 아니라, 명·청과의 외교관계로 인해 상당한 시련을 겪게 되었다. 이러한 시기의 류큐에 대해 도미야마 가즈유키(豊見山和行)는 "류큐의 명청교체기 당시 외교 자세는 '소국(小國)'의 존립을 위해 명·청, 그리고 삼번(三藩)·청 모두에게도 대응할 수 있는 것이었다. 그러나 그 자세는 막번제국가(幕藩制國家)의 승인을 받으면서 전개했다. 환언하면, 류큐는 늘 시마즈 씨의 지시를 받을 수밖에 없는 정치구조 속에 있었다."[44]고 평가할 만큼 그 국가적 측면에서의 자주성을 상실해 나가기 시작했다.

이러한 과정에서 1663년 청으로부터 제1차 책봉사가 파견되었는데, 류큐 측에서는 애당초 명확한 책봉 의사를 표명하지 않았고, 3년 전에 화

---

44 豊見山和行, 『琉球王國の外交と王權』(吉川弘文館, 2004), 78쪽.

재로 소실된 슈리성(首里城)은 재건되지 않은 상태였으며, 더욱이 사전에 통지된 책봉사의 방문이 아니었기 때문에 접대에 혼란이 있었지만, 사통사(土通事) 사필진(謝必振)의 적절한 대응으로 정사 장학례(張學禮) 등은 무사하게 책봉 의식을 마칠 수 있었다고 한다.[45] 이때의 책봉사행의 기록은 장학례의 『使琉球紀』에 남아 있는데, 역시 명대와 마찬가지의 루트, 즉 조어도제도를 경유해 류큐에 도착하고 있다. 다만, 이전과는 달리 사행의 경로에 대한 지명이나 명칭 등의 기재가 거의 없고, 또 원래 목적지였던 나하(那覇)에 도착한 것이 아니라, 날씨 등으로 인해 유황산(硫黃山, 현재 이오토리시마[硫黃鳥島])이 보이는 류큐의 북산(北山, 현재의 아마미오시마[奄美大島])과 일본의 경계 지역에 도착하였다는 점에 특색이 있다.[46]

그런데, 1683년의 책봉사였던 왕즙(汪楫)의 『使琉球雜錄』에는 조어도제도의 영유 문제와 관련된 중요한 기사가 수록되어 있다. 이에 대해서는 학자들 간에 논쟁이 많아 여기서 보다 구체적으로 논증해 보도록 하겠다. 약간 길지만, 다음과 같은 내용이다.

---

45 西里喜行, 「明淸交替期の中琉日關係再考-琉球國王の冊封問題を中心に」 (『International journal of Okinawan studies』1-1, 2010), 21-34쪽.

46 張學禮, 『使琉球紀』(馬俊良輯, 『龍威秘書』7集, 早稻田大學圖書館 소장, 청구번호:文庫01_01521). "十五日, 有風自北來. 又見一山如長蛇, 蜿蜒水中. 至晚抵山下, 見柴薪堆積, 知有居民. 恐有礁石不敢近, 遶山行以待天明. 居民驚疑, 遜入深山. 差王大夫鄭通使, 上山探問云, 是琉球北山與日本交界. 擧舟歡忭. 隨有地方官, 進水薪. 居民亦至, 間所見小山云, '乃尤家埠硫黃山也'. 北去日本, 東去弱水洋矣."

[사료 4]

해도(海圖)를 보면, 동사산(東沙山)을 지난 후에 소류큐(小琉球)·계롱서(鷄籠嶼)·화병서(花瓶嶼)의 여러 산을 지나가게 되어 있다. ⓐ24일 새벽이 되어 산을 보니 팽가산(彭佳山)이었다. 여러 산들은 언제 지나가버렸는지 알 수 없었다. 오전 8시(辰刻)에 팽가도(彭佳島)를 지나 오후 6시(酉刻)에 드디어 조어서(釣魚嶼)를 지났다. 배는 마치 하늘을 높이 나는 것 같았고, 때때로 배는 기울어질 때도 있었다. 수비(守備)가 선례에 따라 면조패(免朝牌)를 걸어둘 것을 청하였기에 그것을 허락했다. 파도는 결국 조용해졌다. ⓑ25일 섬을 보았는데, 응당 앞에 있는 것은 황미서(黃尾嶼), 뒤에 있는 것은 적서(赤嶼)일 것이다. 얼마 안 가서 적서(赤嶼)에 이르렀는데, 황미서(黃尾嶼)는 아직도 보이지 않았다. 저물녘에 '교(郊, [혹은 구(溝)라고도 쓴다])'를 지났는데, 바람과 파도가 크게 일었다. 살아있는 돼지와 양을 1마리씩 던지고, 5두(斗)의 쌀죽을 뿌렸으며, 종이를 태웠다. 배에서는 징을 울리고 북을 쳤으며, 여러 군인들은 모두 무장을 하고, 뱃전을 구부려보면서 적을 막아내려는 자세를 취하기 시작했다. 그것을 오랫동안 행했는데, 비로소 [바람과 파도가] 멈추었다. ⓒ"'교(郊)'라는 것은 어떠한 의미로부터 말하는 것인가?"라고 물으니, "중외(中外)의 경계입니다."라는 것이다. ⓓ"경계는 무엇으로 분별하여 정하는가?"라고 말하니, "추량일 뿐입니다. 그렇지만, 조금 전에 지난 곳은 마침 그곳에 해당하는 곳이며, 억측이 아닙니다."라고 하는 것이었다. 먹을 것을 바친 것과 병사의 은위(恩威)가 어울려 구제받을 수 있었던 것이다. 적서(赤嶼)를 지난 후에 지도를 보았다. 응당 적감서(赤坎嶼)를 지나면, 비로소 고미산(姑米山, 久米島)에 도착할 것이다. 26일 어느덧 이미 마치산(馬齒山)에 도착했다. 돌아보니, 고미산(姑

米山)은 왔던 길에 옆으로 펼쳐있었다. 그러나 배 안의 사람들은 모두 지나왔던 것을 느끼지 못하였다.47

위의 사료 밑줄 ⓐ를 보면, 6월 24일 왕즙(汪楫) 등의 책봉사절은 팽가도(彭佳島)를 거쳐 오후 6시 무렵에 조어서(釣魚嶼, 釣魚島)를 지났으며, 밑줄 ⓑ로부터 25일에는 적서(赤嶼, 赤尾嶼·大正島)를 지났고, 저물녘에 '교(郊)'라는 곳을 지나가고 있음을 확인할 수 있다. 여기서 '교(郊)'라는 것은 '국경', '끝'이나 '가장자리'를 의미하는 것으로『使琉球雜錄』의 원문에는 "혹은 구(溝)라고도 쓴다(或作溝)"라는 부기가 붙어 있다. '구(溝)'라는 용어는 '도랑'이나 '해자', '사이를 띄우다'라는 의미를 가지고 있는데, 이러한

---

47   汪楫,『使琉球雜錄』(「琉球·沖繩關係重要資料 디지털아카이브」, https://shimuchi.lib.u-ryukyu.ac.jp, 2022.07.30. 검색). 이 사료는 논문 작성 당시에「尖閣諸島問題」(http://www.geocities.jp/tanaka_kunitaka/senkaku, 2012.06.04. 검색)라는 사이트의「중국의 문헌」화상자료를 이용한 것이나 현재는 열람 불가. 한편, 전술한「沖繩の歷史情報硏究CD-ROM版(第8卷)」에도 동 사료가 수록되어 있으나, 조어도제도 관련 부분만이 삭제되어 비공개로 되어 있음. "按海圖, 過東沙山後應過小琉球雞籠嶼花瓶嶼諸山. 及二十四日天明, 見山則彭佳山也. 不如諸山何時飛越. 辰刻過彭佳山, 酉刻逐過釣魚嶼. 船如凌空而行, 時復欹側. 守備請循例, 掛免朝牌許之. 浪竟卒. 二十五日見山, 應先黃尾後赤嶼. 無何逐至赤嶼, 未見黃尾嶼也. 薄暮過郊[或作溝], 風濤大作. 投生猪羊各一, 潑五斗米粥, 焚紙. 船鳴鉦擊鼓, 諸軍皆甲露, 亦俯舷作禦敵狀, 久之始息. 問郊之義何取曰, 中外之界也. 界拎何辨曰, 懸揣耳, 然頃者恰當其處, 非臆度也. 食之復兵之恩威幷濟之義也. 過赤嶼後接圖. 應過赤坎嶼, 始至姑米山. 乃二十六日倏忽巳至馬齒山, 回望姑米橫亙來路. 而舟中人皆過之不覺." 위에서 '[ ]'표기는 원문에 부기 되어 있는 내용을 의미함.

의미를 모르는 상태에서 서보광(徐葆光)이 '교(郊)'라는 용어를 사용했다고는 볼 수 없다. 즉, 서보광이 '교(郊)'라는 용어를 쓴 것은 이곳이 류큐와의 경계가 된다는 것을 명확하게 인식하고 있었다는 것을 의미하는 것이다. 같은 의미로서 '구(溝)'라는 용어는 1606년 하자양의 『使琉球錄』, 1719년 서보광의 『中山傳信錄』,[48] 1756년 주황(周煌)의 『琉球國志略』에도 같은 지역을 가리키는 용어로 사용되고 있다. 이곳은 사료 상에서 적서(赤嶼)로 불리는 현재 다이쇼지마(大正島)와 고미산(古米山)이나 호미산(粘米山)으로도 불렸던 현재 구메지마(久米島) 사이의 수심이 깊은 해역을 가리키는데, 밑줄 ⓑ에서 "저물녘에 '교(郊)'를 지났는데, 바람과 파도가 크게 일었다."라는 것으로부터 알 수 있듯이 해역이 험난하기 때문에 해신(海神)에게 생 돼지와 양을 바다에 던지고 쌀죽과 함께 지전을 태웠던 것이다. 한편, 보다 중요한 부분은 밑줄 ⓒ부분으로 왕즙이 '교(郊)'의 의미를 묻자, "중외(中外)의 경계입니다."라고 대답했다는 것은 이곳이 바로 중국과 외국(류큐)과의 경계라는 것을 대답한 사람이 명확하게 인식하고 있다는 것을 의미하며, 이것은 부인할 수 없는 사료적 근거가 된다.

그러나 상기와 같이 명확한 사료적 근거가 있음에도 우라노 다쓰오(浦野起央)는 "단지, 이러한 [서보광의] 변경인식을 가지고 그것을 지배의 경계로 볼 수는 없다. 즉 항해를 통한 인식과 이해가 그대로 판도(版圖)의 확

---

48 徐葆光, 『中山傳信錄』권1, 「後海行日記」(早稻田大學圖書館 소장, 청구번호:文庫 08_c0123. 1721년 序刊本의 飜刻). 한편, 동 사료는 「沖繩の歷史情報研究CD-ROM版(第8卷)」에도 수록되어 있음. "二十日丁巳, 日出, 轉艮寅東北順風, 日中, 轉甲卯, 用辛戌四更, 日入, 轉乙辰風, 大雨. 船共行二十六更半. 是日, 海水見綠色. 夜過溝, 祭海神. 轉巽巳風, 用辛酉三更半, 至明."

인이라고 해석할 수 없기 때문이다. 여기서 '구(溝)'의 의미가 '중외(中外)의 계(界)'로서 '경계를 접한다.'고 해석되고 있지만, 그것은 항해 루트의 표식으로서 자연의 경계를 말하는 것이며, 이것을 가지고 지배의 경계 설정을 확인한 것이라고는 말할 수 없다."[49]고 '구(溝)'의 경계설을 비판하고 있다. 하지만, '구(溝)'가 단순한 자연적 경계로서의 의미가 아니라, 국가의 경계가 되고 있다는 것은 역시 [사료 4]의 "중외(中外)의 경계입니다."라는 기술로부터 명확하며, 후술하는 서보광의 『中山傳信錄』에서도 규명된다.

이와 관련해 하라다 노부오(原田禹雄)도 '교(郊)'가 중외의 경계라는 것에 대해 추량일 뿐이며, 여기서 "경계라는 것은 바다의 난소(難所), 즉 '낙제(落漈)'라는 더블 이미지를 가진 두려워할 곳으로서 바다 사람들에게 알려져 있기 때문에 결코 나라와 나라의 경계가 아니었다는 것도 이 말에서 명백하다."라고 사료 자체를 부정하고 있다. 하지만, 하라다는 사료를 명확하게 분석하지 않았다. 그것은 밑줄 ⓓ에 보이는 바와 같이 "경계는 무엇으로 분별하여 정하는가?"라는 물음에 추량이긴 하지만, 조금 전에 지난 곳, 즉 '교(郊)'는 그곳에 해당하는 곳이며, 억측이 아니라고 대답하고 있었기 때문이다. 즉, 단순한 개인의 고집스러운 판단이 아니라, 당시 선원들 사이에서 '교(郊)'라는 지역이 중국과 류큐의 경계로서 인식되고 있었다는 일반적이며 객관적인 사실임을 보여주고 있는 것이다. 이를 근거로 판단할 때, '교(郊)'를 사이에 두고 조어도제도의 동쪽 끝에 있는 다이쇼지마(大正島)까지는 중국의 영토인식에 포함되고, 구메지마(久米島)부터는 중국 측도 일본의 영토라는 인식이 있었음을 추정할 수 있으며, 결국 조어도제도가 이 당

49　浦野起央, 앞의 책, 74쪽.

시에 중국의 영토인식에 포함되어 있었다고 추측하는 것은 어려운 일이 아닙니다.

한편, 청대에 들어와 1719년 책봉사절의 일원이었던 서보광의 『中山傳信錄』에도 조어도제도 관련 기사가 있다. 여기에서는 지금까지의 문헌에 보였던 조어서(釣魚嶼)라는 명칭 대신에 조어대(釣魚臺)라는 용어가 혼용되어 쓰이기 시작하는데,50 본고에서 흥미롭게 취급하고 싶은 것은 명대 정약증(鄭若曾)의 『鄭開陽雜著』에 수록된 「琉球圖」의 오류를 지적한 다음 부분이다.

[사료 5]

ⓐ신(臣) 보광(葆光)이 생각건대, 예부터 전해지는 도서(島嶼)에는 오류가 심히 많다. 선인들의 사록(使錄)에 이미 많다는 것은 분명하다. 앞의 명나라 때 『一統志』에서 말하기를, "원벽서(黿鼊嶼)는 나라의 서쪽에 있고 물길로 하루가 걸리며, '고화서(高華[혹은 영(英)으로 쓴다]嶼)'는 나라의 서쪽에 있는데, 물길로 3일 걸린다."고 하는데, 지금 2개의 섬을 생각하니, 모두 없다. ⓑ또 말하기를, "팽호도(彭湖島)는 나라의 서쪽에 있는데, 물길로 5일 걸린다."고 하는데, 팽호(彭湖)와 타이완(臺灣)을 생각하니, 취안저우(泉州)에 가까워 류큐(琉球)의 속도(屬島)가 아니

50　徐葆光, 『中山傳信錄』권1,「前海行日記」. "二十七日己亥, 日出, 丁午風. 日未中, 風靜船停, 有大沙魚二, 見于船左右. 日入, 丁午風起, 至二漏, 轉丁風, 用乙辰針二更半. 天將明, 應見釣魚臺, 黃尾, 赤尾等嶼, 皆不見. 共用卯針二十七更半, 船東北下六更許."

다. ⓒ곤산(崑山) 정약증(鄭若曾)이 저술한 「琉球圖」는 완전히 잘못되었다. 우선, 침로(針路)로서 취한 팽가산(彭家山)·조어서(釣魚嶼)·화병서(花瓶嶼)·계롱(鷄籠)·소류큐(小琉球) 등의 산은 류큐에서 2·3천 리 떨어져 있는 것인데, 모두 위치는 고미산(姑米山) 나하항(那霸港)의 왼쪽 가까이에 있다. 어그러진 오류가 특히 심하다.51

[사료 5]의 밑줄 ⓐ부분에서 서보광은 예부터 전해져 왔던 도서(島嶼)에는 오류가 많다는 사실을 지적하고 있는데, 그 사례로서 밑줄 ⓑ에서는 "팽호도(彭湖島)는 나라의 서쪽에 있는데, 물길로 5일 걸린다."고 명대의 『一統志』는 기술하고 있지만, 팽호(彭湖)와 타이완(臺灣)을 생각해보니, 취안저우(泉州)에 가깝기 때문에 류큐(琉球)에 속한 섬이 아니라고 그 오류를 지적하고 있다. 또 밑줄 ⓒ에서는 앞에서도 언급했던 정약증의 『鄭開陽雜著』에 수록된 「琉球圖」의 오류, 즉 류큐까지의 항로에 위치했던 팽가산(彭家山)·조어서(釣魚嶼)·화병서(花瓶嶼)·계롱(鷄籠)·소류큐(小琉球) 등의 도서 지역이 모두 고미산(姑米山) 나하(那霸) 항구 근처에 표기되어 있으나([그림 5] 참조),51 이곳들은 류큐에서 2-3천 리 떨어져 있어 그 오류가 특히

51　徐葆光, 『中山傳信錄』권2, 「封舟到港」. "臣葆光按, 舊傳島嶼誤謬甚多. 前人使錄已多辨之. 前明一統志云, 電籠嶼, 在國西, 水行一日, 高華[一作英]嶼, 在國西, 水行三日, 今考二嶼, 則皆無有. 又云, 彭湖島, 在國西, 水行五日. 按彭湖與臺灣, 泉州相近, 非琉球屬島也. 崑山鄭子若曾所著, 琉球圖, 一仍其誤, 且以針路所取彭家山, 釣魚嶼, 花瓶嶼, 鷄籠, 小琉球等山, 去琉球二三千里者, 俱位置在姑米山那霸港左近. 舛謬尤甚."

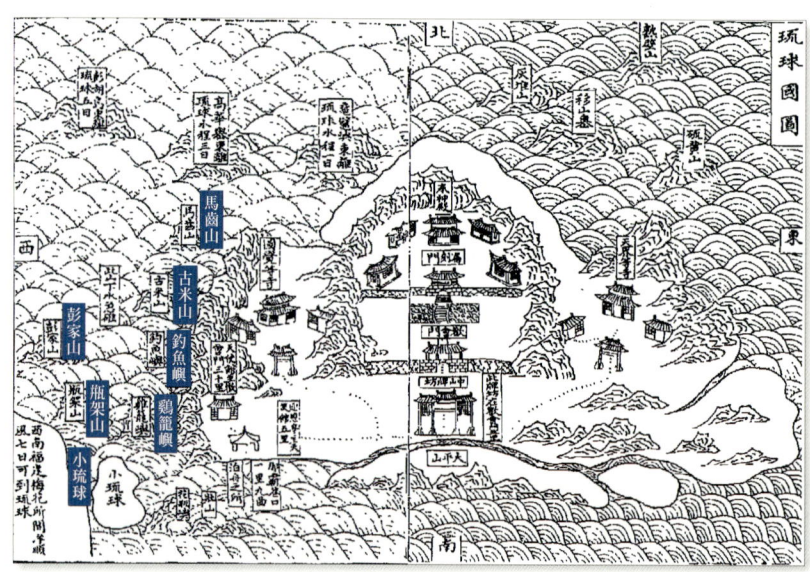

[그림 5] 『鄭開陽雜著』 권7의 「琉球國圖」.

심하다는 것을 주장하고 있다.

이러한 서보광의 영토인식은 『中山傳信錄』(권4)의 「琉球三十六島圖」에 잘 나타나 있으며([그림 6]),[53] 이것이 바로 류큐의 영토로서 고미산(姑米山, 현재 구메지마[久米島]) 이후 서쪽에 푸저우(福州)와 타이완(臺灣)을 표기한 것([그림 6]의 하단 부분)은 이 지역이 바로 중국과의 경계가 된다는 것을 의미한다.

[52] 鄭若曾, 『鄭開陽雜著』 권7, 「琉球國圖」(『四庫全書』). 양쪽을 편집한 것임.
[53] 徐葆光, 『中山傳信錄』 권4, 「琉球三十六島圖」. 양쪽을 편집한 것임. 『中山傳信錄』 권4에는 36개의 섬을 나열하고 있는데, 여기에도 류큐의 서남쪽 제일 마지막 경계인 고미산까지만 수록되어 있고, 조어도제도의 섬들은 포함되어 있지 않다.

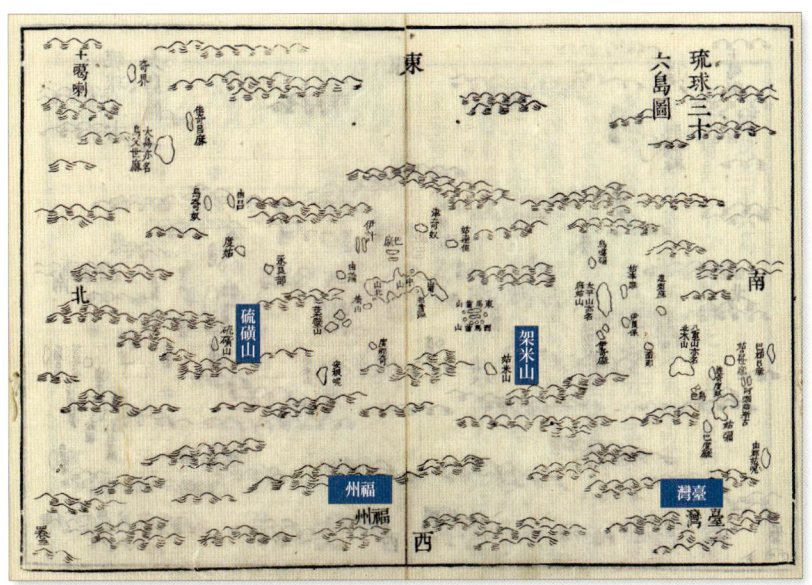

[그림 6] 『中山傳信錄』(권4)의 「琉球三十六島圖」.

더욱이 그는 『中山傳信錄』(권1)에서 『指南廣義』의 기록을 인용하여 "고미산(姑米山)[류큐 서남쪽 방면 경계의 진산(鎭山)]을 가려면, 단묘침(單卯針)을 이용하고, 마치(馬齒)를 가려면 갑묘(甲卯)와 갑인침(甲寅針)을 이용하여 류큐의 나하(那覇) 항구에 들어갈 수 있다."고 기술하고 있다.54 여기서 고미산(姑米山)에 대한 설명으로 "류큐(琉球) 서남쪽 방면 경계의 진산

---

54 徐葆光, 『中山傳信錄』권1, 「針路」. "[指南廣義云] 福州往琉球, 由閩安鎭出五虎門, 東沙外開洋, 用單[或作乙]辰針十更. 取雞籠頭[見山, 即從山北邊過船, 以下諸山皆同], 花瓶嶼, 彭家山, 用乙卯並單卯針十更. 取釣魚臺, 用單卯針四更. 取黃尾嶼, 用甲寅[或作卯]針十[或作一]更. 取赤尾嶼, 用乙卯針六更. 取姑米山[琉球西南方界上鎭山], 用單卯針, 取馬齒, 甲卯及甲寅針, 收入琉球那覇港."

(鎭山)"이라는 부기를 붙이고 있다. 이노우에의 연구[55]에 의하면, 이 부기는『指南廣義』의 저자인 데이준소쿠(程順則)가 붙인 것이 아니라,『中山傳信錄』을 저술한 서보광이 붙였다는 것이 밝혀지고 있는데, 이노우에는 '진(鎭)'의 의미는 국경이나 마을의 경계를 다스리는 '진수(鎭守)'의 역할로서, 고미산(姑米山)은 중국에서 류큐를 왕래할 때의 국경에 해당한다고 주장하고 있다.[56] 이에 대해 전술한 오쿠하라 도시오, 하라다 노부오를 비롯한 수많은 일본 학자들이 이노우에를 비판을 하고 있지만, 사료상의 해석으로서 전혀 문제가 없다고 판단된다. 왜냐하면, 실제로 '진(鎭)'은 한자 의미로도 "요해지나 전략상의 요긴한 곳"이며, 동사로도 "지키다."를 의미하는데, "류큐(琉球) 서남쪽 방면 경계의 진산(鎭山)"이라고 붙인 것은 고미산(姑米山), 즉 구메지마가 류큐의 요해지로서 반드시 지켜야 할 국경의 섬이었기 때문이다. 이러한 사실을 서보광은 명확하게 이해하고 있었기에 자신이 저술한『中山傳信錄』에 위와 같은 부기를 일부러 첨부한 것이고, 그렇기 때문에「琉球三十六島圖」에 조어도제도를 제외시킨 것이다.

결론적으로『中山傳信錄』의 [사료 5]의 내용과 [그림 6]을 염두에 두고 생각해본다면, 고미산(姑米山), 즉 구메지마가 류큐의 서남쪽 국경이 되고, 중국 쪽으로 있는 조어도제도는 류큐의 영토가 아니라, 중국의 영토 인식에 포함되어 있었다고 판단할 수 있다.

또한, 1756년 책봉사의 일원이었던 주황(周煌)의『琉球國志略』에도 조어도제도에 관한 기술이 보인다. 이때의 책봉사도 계롱산(鷄籠山) → 조

---

55 井上淸,「釣魚列島(尖閣列島等)の歷史と歸屬問題」(『歷史學硏究』381, 1972).
56 井上淸, 앞의 책, 40-41쪽.

어대(釣魚臺) → 적양(赤洋) → 구(溝) → 고미산(姑米山)의 항로를 이용해 류큐에 도착하고 있었는데,57 이 사료가 흥미로운 것은 여기에 수록된 「琉球國全圖」([그림 7])58이다. 즉, 전술한 서보광의 『中山傳信錄』에 보이는 「琉球三十六島圖」([그림 6])와 마찬가지로 고미산(姑米山, 久米島)까지를 류큐의 영토로 그리고 있다는 점이며, 조어도제도는 이 지도상에서 류큐의 영토에 포함되어 있지 않았음을 알 수 있다. 이점은 1616년부터 1785년까지 각종 전장제도(典章制度)와 연혁을 건륭제의 명으로 혜황(嵇璜) 등이 1747년에 편찬한 『皇朝文獻通考』의 「琉球」를 설명한 부분에서 "지형은 동서로 협소하고, 남북은 길며 사방은 모두 바다이다. 해중(海中)의 섬이 원근으로 둘러싸여 류큐에 속해 있는데, 무릇 36개의 섬을 관할한다. … 푸저우(福州)에서 그 나라까지는 반드시 고미산(姑米山)을 바라보고 가야 하는데, 이로써 기준으로 삼는다."59라는 기술이 있고, 36개의 섬에 조어도제도의 섬들이 포함되지 않았다는 내용으로부터도 중국의 영토라는 인식이 확고하게 있었음을 확인할 수 있다.

한편, 1800년 책봉사 이정원(李鼎元)의 『使琉球記』에는 조어도제도 및 류큐 항로와 관련해 팽가산(彭家山) → 조어대(釣魚臺) → 적미서(赤尾嶼) → 고미산(姑米山)의 루트가 언급되고 있는데,60 1808년 책봉사 제곤(齊

---

57 周煌, 『琉球國志略』권5(「沖繩の歷史情報研究CD-ROM版(第8卷)」).
58 周煌, 『琉球國志略』首卷(상동).
59 『皇朝文獻通考』권295, 「四裔考」, 東, 琉球條(『四庫全書』). "地形東西狹, 南北長, 四際皆海, 海中島遠近環列 屬琉球 轄凡三十有六. … 由福州至其國必望取姑米山, 以爲準."
60 李鼎元, 『使琉球記』권3(「沖繩の歷史情報研究CD-ROM版(第8卷)」).

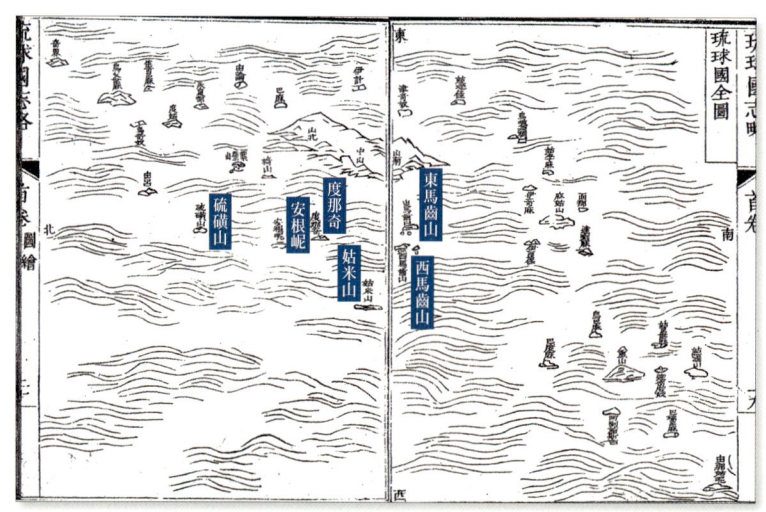

[그림 7] 『琉球國志略』(首卷)의 「琉球國全圖」.

鯤)·비석장(費錫章)의 『續琉球國志畧』[61]에는 화병서(花瓶嶼) → 매화서(梅花嶼) → 조어대(釣魚臺) → 적미서(赤尾嶼) → 고미산(姑米山)의 루트, 1866년 책봉사 조신(趙新)의 『續琉球國志略』[62]에는 반가산(半架山) → 조어산(釣魚山) → 구장도(久場島, 黃尾嶼) → 구미적도(久米赤島, 赤嶼) → 고미산(姑米山)의 루트만이 언급되어 있을 뿐이다. 다만, 이정원의 『使琉球記』에 기술된 조어도제도와 구메지마 사이, 즉 중국과 류큐 사이의 경계가 되는 '구(溝)'에 대해서는 학자들 간의 심각한 논쟁이 있어 다음 기회에 검토해 보도록 하겠다.

61 齊鯤·費錫章, 『續琉球國志畧』 권3(「沖繩の歷史情報研究CD-ROM版(第8卷)」).
62 趙新, 『續琉球國志略』 권2(「沖繩の歷史情報研究CD-ROM版(第8卷)」). 동 사료는 早稻田大學圖書館(請求記號ル04_03457)에도 소장되어 있음(온라인 열람 가능).

[사료 6]

(10월 6일) 이날, 개산(介山, 정사 조문해[趙文楷]의 호)과 함께 반찬과 술을 갖추어 손님들을 초청하여 술을 마셨는데, 한창 마시고 있을 때에 ⓐ한 손님이 말하기를, "바다는 서쪽으로 흑수구(黑水溝)와 민해(閩海)를 사이에 두고 경계로 한다고 들었습니다. 옛날 명칭은 창명(滄溟), 또는 동명(東溟)이라고도 말하였는데, 류큐 사람은 모릅니다. 이번 사행에 또한 이곳을 지나지 않았는데, 어찌된 일입니까."라고 하였다. 내가 말하기를, ⓑ"도해하는 사람은 많고, 책을 쓰는 사람은 적습니다. 배를 타고 토하지 않고[뱃멀미를 하지 않고], 하루 종일 지휘하는 곳에 앉아서 친히 그 본 바를 쓰는 사람은 특히 적습니다. 한 사람이 창을 하면 따라서 많은 사람들은 그것에 서로 응하는데, 남이 하는 말을 그대로 듣고 말하는 것을 어찌 다 믿을 수가 있겠습니까. ⓒ류큐 사람은 매년 1번 바다를 건너지만, 흑구(黑溝)의 법칙을 모릅니다. 즉, 말하자면 흑구(黑溝)라는 것은 없습니다."라고 하였다.63

즉, 밑줄 ⓐ를 보면, 이정원은 술자리에서 만난 류큐 사람으로부터 류큐의 바다 서쪽으로 '흑수구(黑水溝)와 민해(閩海)'64를 사이에 두고 경계

63 李鼎元, 『使琉球記』권6(「沖繩の歷史情報硏究CD-ROM版(第8卷)」). "是日與介山, 具餚酒鋪招從客飮酒酣有客曰, 聞海面西距黑水溝與閩海界. 古稱滄溟亦曰東溟, 球人不知. 此行亦未之過何也. 余曰, 渡海者多著書者少. 登舟不嘔, 日坐將臺, 親書其所見者, 尤少. 率一人倡之衆人和之, 耳食之談, 何可盡信. 球人歲一渡海, 而不知黑溝則. 即謂無黑溝也."
64 '흑수구(黑水溝)'는 여러 기록에 보이는 '교(郊)'나 '구(溝)'와 같은 지역을 말한

로 한다는 것을 전해 들은 이야기와 함께 류큐 사람은 이곳을 모른다는 사실을 듣고 있었으며, 또 이정원 일행이 류큐로 올 때는 '구(溝)'를 지나지 않았음을 확인할 수 있다. 그리고 밑줄 ⓑ에서는 경험하지 않고 남이 하는 말을 그대로 믿을 수 없다는 자신의 신조를 언급하고 있다. 때문에 자신이 '구(溝)'를 통과하여 직접 경험하지 못한 것에 대한 자의식 속에서 밑줄 ⓒ에서는 류큐 사람의 말을 근거로 '흑구(黑溝)'라는 것은 없다고 하는 내용을 전해 듣고 있다.

    이에 대해 하라다 노부오(原田禹雄)는 이정원의 위와 같은 '구(溝)' 인식에 대해 "나는 이정원의 이 센카쿠제도 항해의 문장을 사랑한다. 실로 아름답고 우아한 문장이다."[65]라고 찬미함과 동시에 이노우에 기요시의 연구에 대한 비판을 행하고 있다. 더욱이 그는 "바다의 난소(難所)라는 의미의 '구(溝)'를 부정한 이정원 단지 한 사람의 체험을 추종하여 그를 전후한 책봉사들이 함께 인정하고 있는 '중외(中外)의 계(界)'를 도저히 부정할 수 없다."라고 언급한 이노우에의 주장을 비판하면서, "이것이 국립대학 연구소에서 역사학을 전공하는 교수로서 지위와 급여를 받는 입장의 인간이 할 수 있는 것인가, 여기서 나는 이노우에 기요시를 용서할 수 없게 되었다."고 비학술적인 용어를 스스럼없이 사용하면서 신랄하게 비판하고 있다.[66]

    그러나 『使琉球記』에 류큐에서 푸저우(福州)까지의 귀로를 기술한 10월 25일의 기술에는 "해면을 보니 깊어 검은 색이고, 하늘과 물이 멀리

다. '민해(閩海)'는 푸젠(福建) 지역에 살고 있던 옛 종족의 이름이 '민(閩)'이었던 것으로부터 현재 푸젠성(福建省)의 앞 바다를 가리킨다.

65   原田禹雄, 앞의 책, 102쪽.
66   상동.

떨어져 있는데, 즉 이른바 흑구(黑溝)라는 것인가. 아마도 여기에 온 사람은 모두 남의 말을 그대로 듣고서는 감히 자신이 보지도 않고, 드디어는 거짓으로 기이한 것을 만들어 내는구나. 이 모두 가히 알지 못하겠지만, 내가 목격한 것은 진실로 다른 이상함은 없었다."67라고 하여 '구(溝)'를 통과하고 있었다. 즉, 이정원은 류큐와 중국의 경계로서 '구(溝)'의 존재를 부정한 것이 아니다. 이에 대해 이노우에도 하라다도 이정원이 '구(溝)'의 존재를 부정하고 있었던 것처럼 판단하고 있으나, 어디까지나 이정원이 말한 것은 '구(溝)'라는 곳은 남들이 말할 때 험난한 곳이고, 이곳에서 바다의 신에게 제사를 지내기도 하지만, 자신이 경험한 바에 의하면 아무런 특이 사항이 없었다는 것을 위와 같이 기록한 것이다. 다시 말하면, '구(溝)'는 앞의 절에서도 언급한 왕즙(汪楫)의 『使琉球雜錄』에 보이는 '교(郊)'와 마찬가지로 중국과 류큐와의 국경을 의미하는 용어라고 할 수 있다.

4. 맺음말

지금까지 전근대 시기의 문헌을 중심으로 조어도제도에 대한 중국과 일본의 영토인식을 고찰해 보았는데, 그 논점을 간단히 정리해 보면 다음과 같다.

첫째, 명대의 조어도제도와 관련된 문헌 자료는 본 장에서 살펴본 바

67　李鼎元, 『使琉球記』권6(「沖繩の歷史情報硏究CD-ROM版(第8卷)」). "視海面深黑, 天水遙接, 豈卽所謂黑溝耶. 抑來者皆耳食未敢親視, 遂妄生奇異耶. 是皆未可知以, 余目擊固無他異."

와 같이 일본에 거의 없는 것에 비해 중국에는 류큐로 도해한 책봉사가 남긴 다수의 문헌을 비롯해 각종 사본과 지도 등이 남아 있으며, 이 기록들을 통해 조어도제도가 중국의 영토로서 인식되고 있었다는 점을 확인할 수 있다. 이러한 인식은 우선 책봉사 관련 자료에 보이고 있는데, 1534년 진간(陳侃)의 『使琉球錄』과 1562년 곽여림(郭汝霖)의 『重編使琉球錄』을 보면, 고미산(姑米山, 현 구메지마[久米島])은 류큐에 속하고, 조어도제도의 동쪽 끝에 위치한 적서(赤嶼, 현 다이쇼지마[大正島])는 류큐(琉球)와 경계가 된다는 기록이 있어 현재의 구메지마와 다이쇼지마 사이가 중국과 류큐의 경계라는 인식이 중국 측에 있었음을 알 수 있다. 이에 대해 본고에서 언급한 일본의 상당수의 연구자들은 조어도제도를 중국(明)이 지배했다고는 볼 수 없기 때문에 중국의 영토는 아니라고 한다. 그러나 명대에 직접적으로 타이완을 영토로 편입시키지는 않았지만, 지배의 영향권 안에 있었고, 더군다나 타이완에는 영토권을 주장할 국가권력이 없었다. 또한, 명대의 해상방어책을 서술한 정약증(鄭若曾)의 『鄭開陽雜著』를 비롯한 관련 자료에 수록된 「福建界」에도 조어도제도가 포함되어 있어 조어도제도에 대한 영토인식의 존재를 확인할 수 있다.

둘째, 청대에 들어와서도 명대의 조어도제도 인식, 즉 적서(赤嶼)와 고미산(姑米山) 사이를 국경으로 보는 영토인식이 더욱 강화되고 있다는 점이다. 즉, 이미 전술한 바이지만, 1683년 책봉사였던 왕즙의 『使琉球雜錄』에는 적서(赤嶼, 다이쇼지마)와 고미산(姑米山, 구메지마) 사이에 '교(郊)'라는 곳이 있는데, 이곳이 중국과 류큐의 경계로서 명확하게 인식되고 있었다. '교(郊)'라는 것은 국경의 의미로서 여러 문헌에 보이는 '구(溝)'와 같은 지역을 가리키는 곳으로 적서(赤嶼) 이전까지는 중국의 영토라는 것을 말하는 것이다.

다시 말하자면, 조어도제도의 동쪽 끝에 위치한 적서(赤嶼, 다이쇼지마) → '교(郊, 또는 溝)' → 고미산(姑米山, 구메지마)이라는 위치 관계 속에서 '교(郊)'와 '구(溝)'가 국경이었던 것이다. 이러한 인식은 1719년 책봉사였던 서보광이 『中山傳信錄』에서 조어도제도를 류큐 지도 속에 포함시킨 『鄭開陽雜著』를 비판하고, 조어도제도를 전부 누락시킨 「琉球三十六島圖」를 편찬하고 있다는 것으로부터도 입증된다. 그렇기 때문에 서보광은 현재의 구메지마가 류큐의 서남단 마지막 영토라는 인식을 가지고 『中山傳信錄』에서 고미산(姑米山)에 대한 설명으로 "류큐의 서남쪽 방면 경계의 진산(鎭山)"이라고 부기한 것이다. 1747년에 편찬된 『皇朝文獻通考』에도 류큐의 부속 도서에 조어도제도가 포함되지 않았는데, 이러한 사실들은 조어도제도가 류큐에 속한 것이 아니라, 당시 중국(淸)의 영토였다는 것을 보여주는 입증자료가 될 수 있다.

셋째, 조어도제도를 과연 역사적으로 어느 쪽이 먼저 선점하고 영유하고 있었는가의 문제이다. 현재, 일본 측에서는 조어도제도에 대한 지배를 명확하게 명시한 기록이 없는 이상, 조어도제도는 전근대 시기에 '무주(無主)의 땅'으로서 중국이나 타이완의 영토가 아니며, 1895년 이후 일본이 해당 지역을 실효적으로 지배하기 시작했기 때문에 일본의 영토라고 주장한다. 이 '무주(無主)의 땅'이었다는 논리는 일본 측이 영토문제와 관련해 항상 거론하는 논점이기도 하고, 또 독도에 대해서도 일본 측이 주장하는 논리인데, 어찌 되었든 여기서 조어도제도를 현재 일본이 실효적으로 지배하고 있다는 것을 부정할 생각은 없다. 하지만, 본 장에서 대상으로 삼은 전근대 시기에 한정해 본다면, 일본에는 전근대 시기에 조어도제도에 관한 사료가 거의 없고, 그나마 남아 있는 서너 개의 사료들 중에서도 조어도제도가 일본 측이나 류큐의 영토 경계 안에 포함되어 있었다는 자료는 보이지 않는다. 반면에 중국 측에는 조어도제도에 관한 수많은 종류의 문헌 자료들이 산재해 있음과 동시에 이들 중의 많은 자료들은 이곳을 중국의 경계·영토인식 속에 포함하고 있어 '무주(無主)의 땅'이 아님을 증명하고 있다. 이러한 점에서 본다면, 조어도제도에 대한 선점권이 중국에 있든, 타이완에 있든, 일본에 없다는 것만큼은 확실하다. 또한, 누가 먼저 영유를 주장했는가의 측면에서 본다면, 이것도 이미 본고에서 관련 사료로서 입증한 것들이지만, '교(郊)'나 '구(溝)'를 사이에 두고 중국과 류큐가 경계를 이룬다는 중국 측의 기록이 존재한다는 것은 이미 당시에 중국인들이 '교(郊)'나 구(溝)'에 대해서 일본과의 경계가 된다는 점을 확실하게 인식하고 있었다는 것을 입증하는 것이다.

그러한 의미에서 판단한다면, 결국 조어도제도는 1868년 메이지유신(明治維新)을 전후한 시기 이후의 일본 제국주의적 침략과 식민정책, 특히 1874년 타이완침략을 시작으로 한 침략적 팽창정책 속에서 1895년 이후 강제 점유된 지역이라고 규정할 수 있다. 다만, 본고에서는 근대, 즉 메이지유신 이후의 조어도제도에 대한 영토인식과 국제법상의 문제 및 일본의 강제 점유에 대해서는 다루지 않았는데, 이에 대해서는 금후의 과제로 삼도록 하겠다.

제9장

근세 후기 『赤蝦夷風說考』를 통해 본 일본의 북방인식과 에조치(蝦夷地)

1. 머리말

　　에도시대(江戶時代) 전기는 3대 쇼군 도쿠가와 이에미쓰(德川家光)에 의해 이른바 '쇄국(鎖國)·해금(海禁)'이라는 대외통제책의 실시와 함께 막번체제(幕藩體制)도 안정기로 들어서기는 했지만, 해외와의 교류를 완전히 단절시킨 것은 아니었다. 이 점에 대해서는 본서의 여러 곳에서 이미 언급한 것인데, 즉, 나가사키(長崎)에서의 중국과 네덜란드, 사쓰마(薩摩)에서의 류큐(琉球), 쓰시마(對馬)에서의 조선, 마쓰마에(松前)에서의 아이누 관계라는 이른바 해외를 향해 열린 '4개의 창구(四つの口)'를 통해 무역과 외교를 비롯해 해외정보의 입수에도 노력하면서 일본 역사에서 에도시대(江戶時代)라는 역사상 유례없는 장기간의 평화기를 창출했다.

　　그러나 18세기 중후반에 들어와 러시아의 남하로 인해 일본은 에조치(蝦夷地, 현 홋카이도[北海道])[01]에서의 외교 문제로 서서히 혼란의 소

01　가이호 미네오(海保嶺夫)에 의하면, '에조(蝦夷)'는 '에미시' 또는 '에조'라고 읽

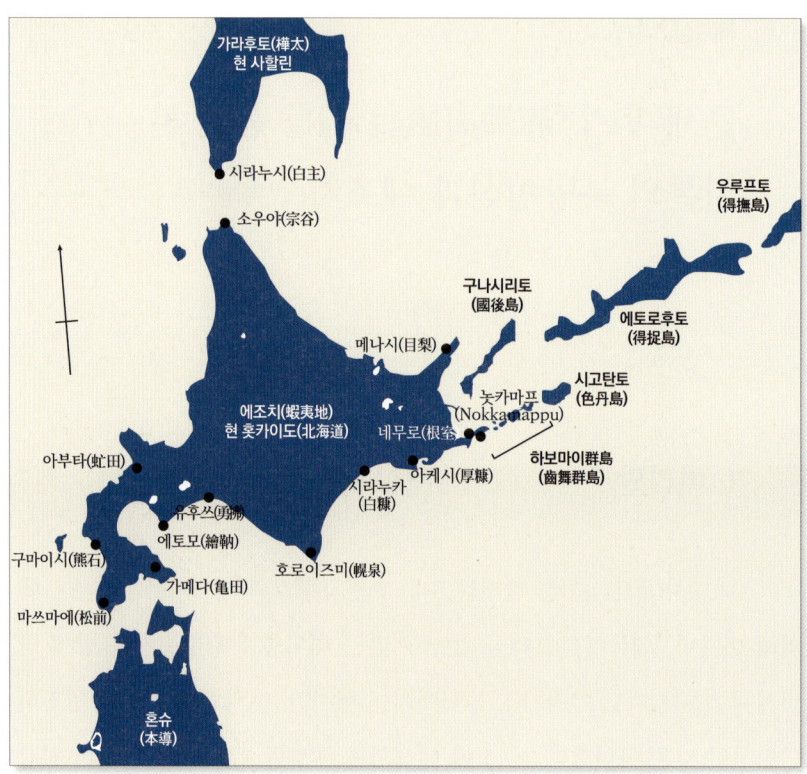

[그림 1] 일본 북방지역 지명 표기도
참고사항: 본 지도([그림 1·2])는 Craft MAP(http://www.craftmap.box-i.net)의 「日本·世界의 白地圖」를 필자가 임의로 편집·작도한 것임.

용돌이에 빠져들게 되었다. 대표적인 것이 1778년에 러시아인이 히가시

는데, '에미시'는 고대(7-11세기)이래 나라와 교토를 중심으로 하는 정권에 복종하지 않은 도호쿠(東北) 지역의 사람들을 말하고, '에조'는 확실하게 12세기에 사용되기 시작해 아이누만을 가리키고 있었다고 하며, '에조치'(蝦夷地)라는 용어는 아이누의 봉기였던 '샤크샤인의 난'(1669-1672) 전후부터 사용된 용어라고 한다(海保嶺夫, 『エゾの歷史-北の人々と「日本」』, 講談社, 2006, 13-14쪽).

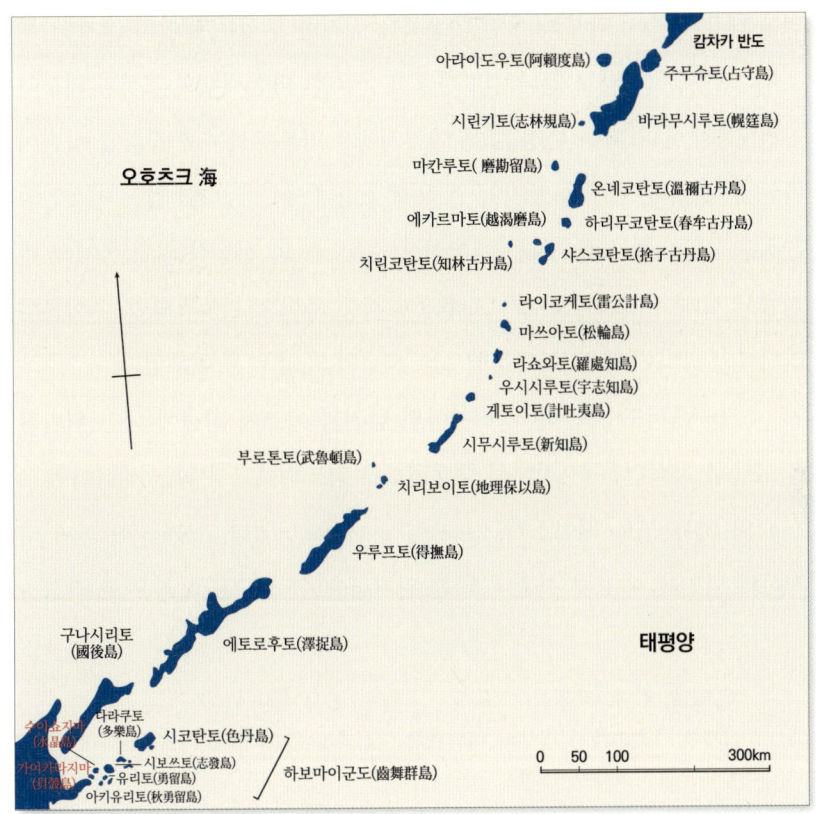

[그림 2] 지시마열도(千島列島) 지명 표기도

에조치(東蝦夷地)의 네무로(根室, 지명에 대해서는 [그림 1·2]를 참조) 동북쪽에 위치한 놋카마프(ノッカマップ), 1779년에는 남동부에 위치한 앗케시(厚岸)에 들어와 마쓰마에번(松前藩)에 대해 통상을 요구한 사건으로 마쓰마에번은 국법에 의해 금지되어 있다는 것을 이유로 거절하였다.02 물론, 이 사

02 　コラー・スサンネ, 「安永年間のロシア人蝦夷地渡來の歷史的背景」(『スラヴ硏

건에 대해서 즉시 막부가 어떤 대응책을 실시한 흔적은 보이지 않지만, 에조치는 17세기 이래로 일본인의 진출 및 강력한 막번체제의 형성과 더불어 막번체제에 편입되는 과정 중에 있었기에[03] 막부로서는 충격적인 사건이 아닐 수 없었다. 이후 북방지역, 특히 에조치에 대한 막부와 일본 지식인의 관심은 '쇄국·해금체제'라는 에도막부(江戶幕府)의 전통적 외교 통제의 관점에서 시대적 위기감으로서 표출되어 각종 문헌으로 출판되었고, 이른바 러시아의 남하에 따른 '북방문헌(北方文獻)의 의 붐'[04]을 이루었다.

그중에서도 제일 먼저 러시아의 남진과 에조치 진출에 대한 위기감을 표출한 지식인은 본 장에서 중점적으로 검토해보고자 하는 센다이번(仙台藩)의 의사 구도 헤이스케(工藤平助, 1734-1800)였다. 그는 1781년에 러시아의 남진과 에조치 진출에 대한 위기감을 『赤蝦夷風說考』[05]로 작성하

究』51號, 北海道大學スラヴ研究センター, 2004), 409-410쪽.

03 이계황, 「에도[江戶]막부의 대외관계 형성과정」(『한국학연구』20, 인하대학교한국학연구소, 2009), 257쪽.

04 和田敏明, 「鎖國の夢を破った古典的三名著」(『北方未公開古文書集成(第3卷)』, 叢文社, 1978), 7-8쪽. 여기서 와다 도시아키는 "(이 저서들은) 당시 세론(世論)의 계발에 도움이 되었고 막부의 북방경영에도 크게 공헌했다. 우리들의 흥미를 끄는 것은 이들 저자가 친구, 친족, 사제관계로 깊게 연결되어 있다는 점으로 상호 가르침을 받고 장려·자극을 받아 바야흐로 제가(諸家)가 일체를 이루어 '북방문헌의 붐'이 출현한 것처럼 보인다."고 평가하고 있다.

05 『赤蝦夷風說考』는 현재 그 사본이 일본공문서관 「內閣文庫」(『蝦夷地一件』에 수록, 청구번호:178-0184)에 소장되어 있으며, 일본국회도서관 텐리대학(天理大學)도서관에도 소장되어 있는 것이 알려지고 있다. 또한 『赤蝦夷風說考』의 출판본으로는 다음과 같은 것들이 있다. 大友喜作 解說校訂, 『北門叢書(第1卷)』(北光書房, 1943. 1972년에 國書刊行會에서 재간행) ; 『赤夷動靜·赤蝦夷風說考·三國通覽圖說-北方未公開古文書集成(第3卷)』(叢文社, 1978) ; 井上隆明, 『赤蝦夷風說考』(敎育社新書, 1979). 본고에서 사용한 『赤蝦夷風說考』는 『北方未公

였는데, 이 저서는 상하 2권으로 구성되어 있으며, 하권은 1781년, 상권은 1783년에 집필하여 완성하였다. 상권에서는 러시아의 무역 진출에 대한 대책, 그리고 나가사키(長崎) 등의 무역지와 관련해 에조치의 금은광 개발을 제안하고 있으며, 하권에서는 네덜란드 서적의 지식을 토대로 러시아의 역사와 현황 및 에조치의 지리 정보를 밝히고 있다. 특히, 상권에서는 에도막부 최초로 에조치에 대한 위기감뿐만 아니라 해당 지역에 대한 개발과 러시아의 남진에 대한 시급한 대응책을 언급하고 있다. 더욱이『赤蝦夷風說考』의 제안은 당시 로주(老中) 다누마 오키쓰구(田沼意次)에 의해 수용되어 막부 내부에서 에조치 개발계획이 수립되고 탐험대가 파견될 정도로 일본의 에조치 개발과 북방진출의 토대를 만들고 있기 때문에 일본사 측면에서 본다면 그 역사적 가치와 의의가 크다. 물론, 다누마 정권의 실각과 뒤를 이은 마쓰다이라 사다노부(松平定信)에 의한 북방정책의 백지화로 인해 실패로 끝났지만, 기쿠치 이사오(菊池勇夫)가 말한 바와 같이『赤蝦夷風說考』는 러시아 남진에 대해 방비를 주장한 효시이며,[06] 이후 하야시 시헤이(林子

開古文書集成(第3卷)』을 토대로 이노우에 다카아키(井上隆明)의 출판물을 참조했다. 사본 중에는『加摸西葛杜加國風說考』라는 서명도 있는데 '가모서갈두가(加摸西葛杜加)'는 캄차카를 말하며,『魯西亞略說』등의 명칭도 있다. 후에 모가미 도쿠나이(最上德內)가『別本赤蝦夷風說考』를 저술하고 있는데, 완전히 다른 내용의 저서이다. 한편, 본고에서는『赤夷動靜』,『三國通覽圖說』도 이용하고 있는데, 모두『北方未公開古文書集成(第3卷)』에 수록된 것임을 밝혀둔다.

[06] 菊池勇夫,「海方と北方問題」(『岩波講座-日本通史14』, 岩波書店, 1995), 223-224쪽. 기쿠치는 일본의 에조치 진출의 일단을 인물사적으로 말하면, "러시아에 대한 방비를 주장한 효시로서 구도 헤이스케(工藤平助), 에토로후토·우루프토에 건너가 러시아인의 지시마(千島) 남하의 실정을 처음으로 조사한 탐험대로서 모가미 도쿠나이(最上德內), 에토로후토의 경영에 노력해 북방경비와 에조치 개발에 공적이 있다고 여겨지는 곤도 쥬조(近藤重藏), 가라후토·흑룡강(아

平), 혼다 도시아키(本多利明) 등 에도시대 해방론(海防論)의 선구자들에게도 영향을 끼쳤다. 특히, 하야시의 북방인식과 해방론에 상당한 영향을 끼쳤는데, 하야시가 저술한 『海國兵談』의 서문을 구도(工藤)가 작성했다는 사실로부터도 구도의 영향력을 짐작할 수 있다.

한편, 과거 20여 년간에 걸친 근세사 분야에서 에조치에 대한 연구 동향의 특징은 전통적인 '개척사관(開拓史觀)'에서 탈피해 홋카이도(北海道)를 무대로 한 역사사상(歷史事象)을 일본 중세·근세 사회의 모습과 전근대 동아시아 세계의 모습과의 관련성에서 이해하는 연구가 적극적으로 행해져 이전과는 비교가 안 될 정도로 질적·양적인 발전을 이룩했다[07]는 긍정적 평가가 이루어지고 있다. 또한, 패전 이후 지금에 이르기까지 일본인의 역사 인식에서 북진(北進)이나 국방(國防)에 대한 공헌도로 평가해왔던 '북방사관(北方史觀)'의 속박에서 어느 정도 해방되었을지 상당히 위태롭다는 비판적 견지 위에서 1970년대 이후부터 단일민족사관의 비판과 함께 선주민인 아이누 민족을 역사 주체로서 대치시키는 관점이 힘을 얻어 '북방사

무르강) 하류 지역을 탐험하고 마미야(間宮) 해협의 '발견'자가 된 마미야 린조(間宮林藏)였다."고 평가하고 있다. 한편, 종래의 구도에 대한 평가에서 『赤蝦夷風說考』에 보이는 그의 북방에 대한 관심이 항상 클로즈업되어 왔지만, 한편에서는 1783년에 로주(老中) 다누마에게 올린 상서(上書)로서 『報國以言』을 기초하여 나가사키 무역의 시정(동무역의 통일화, 밀무역에 대한 엄중한 단속)을 강하게 주장하고 있었다는 것을 근거로 다누마시기에 보이는 구도의 사상과 행동에 대해서는 『赤蝦夷風說考』와 『報國以言』을 총체적으로 평가할 필요가 있다는 문제 제기도 행해지고 있다(矢嶋道文, 「工藤平助'國益思想'의 再評價-『報國以言』を中心に」, 『日本思想史學會2002年度大會-「大正思想史の諸問題」』 발표문, 2002).

07　榎森進, 『北海道近世史の硏究-增補改訂』(北海道出版企劃センター, 1997), 495쪽.

상(北方事象)'의 점검과 재검토가 이루어지고 있다[08]는 평가도 받고 있다.

이러한 연구 동향 속에서 본고에서 테마로 삼고 있는 구도 헤이스케와 『赤蝦夷風說考』는 일본의 북방 진출과 개발이라는 차원에서 평가를 받아왔으나, 대부분은 북방진출, 또는 에조치와 막번제(幕藩制)의 역사적 의의를 규명하기 위한 보조적 자료로서 소개·이용되고 있었을 뿐 『赤蝦夷風說考』를 전문적으로 검토한 연구는 거의 없다. 또한, 구도의 견해와 더불어 막부 내부에서의 에조치 개발론에 대한 변화 과정, 탐험대의 파견과 영향에 대한 전문적인 연구도 이루어지지 않은 상태이다. 다만, 『赤蝦夷風說考』와 더불어 그 직후에 파견된 탐험대의 조사보고서인 『蝦夷拾遺』, 탐사 중지령과 처벌 및 막부의 변동을 기록한 『蝦夷地一件』의 내용 중에서 기본적인 일부 내용만 발췌 수록한 이노우에 다카아키(井上隆明)의 『赤蝦夷風說考』[09]라는 연구가 있다. 또 하나의 대표적 연구로서 이와사키 나오코(岩崎奈緒子)의 연구가 있는데, 이와사키는 『赤蝦夷風說考』의 원래 명칭이 마쓰다이라 사다노부(松平定信) 가문에 소장되어 있던 사본 『加模西葛杜加國風說考』라는 명칭이며, 이 책이 저술되었던 당초에는 「世界圖」와 「蝦夷圖」 2매가 수록되어 있었다는 것을 규명함과 동시에 이 지도가 막부의 세계 인식에 혁신을 가져왔다는 것을 밝히고 있다.[10]

---

08 菊池勇夫, 앞의 논문, 224쪽.
09 井上隆明, 앞의 책.
10 岩崎奈緒子, 「『赤蝦夷風說考』再考」(『北海道·東北史研究』3, 北海道·東北史研究會 編, 2006); 同, 「史料紹介:天理大學付屬天理圖書館所藏『加模西葛杜加國風說考』」(『北海道·東北史研究』3, 北海道·東北史研究會 編, 2006); 同, 「『加模西葛杜加國風說考』の歷史的意義」(九州史學研究會 編, 『境界からみた內と外』, 岩田書院, 2009).

한편, 한국의 변정민은 「18세기 후반 幕府의 蝦夷地 개발 정책」[11]에서 구도 헤이스케와 하야시 시헤이의 '건의서'를 비교하여 일본의 에조치 개발을 고찰하고 있는데, 기존의 선행연구보다 『赤蝦夷風說考』의 내용을 상세히 검토하고 있어 본고에서도 많은 참조가 되었다. 다만, 구도의 견해를 에조치에 대한 국방문제로 지나치게 강조하고 있다는 점, 구도의 중요 인식으로서 누케니(밀무역)에 대한 검토가 누락되어 있다는 점, 막부가 구도의 견해를 받아들여 본토의 피차별민을 에조치에 이주시켜 개발하려는 정책 등의 변화가 존재함에도 막부의 에조치 정책이라는 것이 결국은 구도의 견해에 한정되어 있다는 점, 하야시는 결국 막부에 의해 사형을 당하고 있어 그의 견해를 막부의 정책이라고 할 수 없다는 점 등에서 견해를 달리하지만, 구도의 견해와 하야시의 해방론을 비교·정리하고 있다는 점에서 높이 평가할 수 있다. 그 외에 『赤蝦夷風說考』를 언급한 연구들이 보이는데,[12] 이러한 연구들은 『赤蝦夷風說考』를 통한 구도의 북방인식을 비롯해 그로부터 시작된 막부의 탐험대 파견, 그리고 마쓰다이라 사다노부 정권에 의한 북방계획의 폐기와 막부의 북방인식 변화 및 전개 과정을 총체적으로 파악한 연구는 아니다.

11 변정민, 「18세기 후반 幕府의 蝦夷地 개발 정책」(부산대학교대학원 석사학위논문, 2008).

12 高倉新一郎, 『蝦夷地-日本歷史新書』(至文堂, 1966), 111-116쪽 ; 石川猶興, 「記傳を歩く(28)-工藤平助著「赤蝦夷風說考」-前人未踏の蝦夷地開發論」(『農政調査時報』373, 全國農業會議所, 1987) ; ブレット·ウォーカー, 『蝦夷地の征服 1590-1800』(北海道大學出版會, 2007), 207·213쪽 ; アニック·ホリウチ, 「近世日本の知のネットワーク-'魯西亞(ロシア)'關連の言說を通して」(『比較日本學敎育硏究センター硏究年報』5, お茶の水女子大學比較日本學敎育硏究センター, 2009), 127쪽.

따라서 본고에서는 『赤蝦夷風說考』를 중심으로 다음과 같은 내용을 고찰해보고자 한다. 첫째는 『赤蝦夷風說考』에 기술된 구도의 북방인식의 내용과 그러한 인식이 당시 일본의 어떠한 상황을 반영하고 무엇에 영향을 끼쳤는가, 둘째는 다누마 정권에서 계획한 에조치 개발의 내용이 무엇이며, 그것이 일본사에 어떠한 영향과 의미를 가지고 있는가, 셋째는 다누마 정권의 몰락에 의한 에조치 개발의 좌절 이후, 일본에서 에조치에 대해 어떠한 재개발 논의가 이루어지고 있었는가를 에조치의 막령화(幕領化, 1799) 이전까지 살펴보는 것이다. 또한, 본고 전체에서 『赤蝦夷風說考』의 역사적 의의와 에조치에 대한 일본의 인식변화를 살펴보는 것도 본고의 목적 중의 하나이다.

2. 구도 헤이스케(工藤平助)의 북방인식과 에조치(蝦夷地) 대책

1) 러시아 남하와 구도 헤이스케의 북방인식

18세기 이후 일본은 이른바 '4개의 창구' 설정에 의한 외교 관계가 완전히 정착함에 따라 일본 역사상 유례없는 평화의 시기를 맞이하고 있었다. 그러나 북방의 러시아에서는 중국과 국경 분쟁을 종결시킨 1689년의 네르친스크조약 이후, 러시아의 모피 수렵자들이 북태평양으로 이동하여 쿠릴열도(지시마[千島]열도)의 탐험을 시작하였고, 17세기 말에는 러시아인들이 시베리아와 캄차카반도 주변에 살고 있던 캄차달족과 지시마의 아이누로부터 '사쿠'라는 일종의 공납으로 징수한 모피를 거래하기 위해 캄차

카에 출장소를 건설하고 있었다.[13]

더욱이 18세기에 들어와 러시아는 표트르 대제 때인 1705년에 상트페테르부르크(Sankt Peterburg)에 일본어 학교를 개설하였고, 1738-1742년 사이에는 일본 근해에 탐험대를 파견하는 등 일본에 대한 관심이 높아졌으며, 1754년부터는 표류해 온 일본인으로부터 일본에 좋은 항구가 있다는 소문을 비롯해 이르쿠츠크(Irkutsk)에 있는 일본인 교사로부터는 지시마의 여러 섬들이 일본으로부터 독립되어 있다는 것, 나아가 그 섬들을 영유한다면 일본과의 교역 관계를 쉽게 수립할 수 있을 것이라는 정보를 입수하면서[14] 일본으로의 적극적인 남진을 도모하고 있었다. 정보를 전해준 일본인에 대해서는 기사키 료헤이(木崎良平)의 매우 상세한 연구[15]가 있어 여기서는 생략하지만, 러시아의 이러한 움직임은 예카테리나 2세가 1762년에 즉위하면서 더더욱 체계화 되었고, 특히 1764년에 러시아의 해운성에 북태평양의 섬들에 대한 조사와 개발을 위한 탐험대의 조직을 칙명으로 내리면서 본격화 되었다.[16]

13　ブレット・ウォーカー/秋月俊幸 譯, 『蝦夷地の征服 1590-1800』(北海道大學出版會, 2007), 204쪽.

14　コラー·スサンネ, 앞의 논문, 391·399쪽. 한편, 러시아의 캄차카 주변에 대한 탐험대 파견은 17세기 말부터 시작되었고, 18세기 초에도 수차례에 걸쳐 이루어지고 있었다(大熊良一, 「ロシア人による北方海域探險の歷史」, 『幕末北方關係史攷』, 北方領土問題對策協會, 1972], 114-118쪽).

15　木崎良平, 『漂流民とロシア-北の黒船に搖れた幕末日本』(中央公論社, 1991), 1-24쪽.

16　コラー·スサンネ, 앞의 논문, 396쪽. 코라 스산네의 연구에 의하면, 예카테리나 2세 때에 예카테리나호(1774, 破船), 니콜라이호(1775, 破損), 나탈리아호(1777[歸帆]·1778[破損] 2회)에 의한 에조치 탐험이 이루어지고 있었다.

이렇게 18세기 중후기 무렵부터 일본 북방으로의 러시아 진출이 활발해졌지만, 에조치에 대한 막부의 대응은 전통적인 형태로서 마쓰마에번(松前藩)에 의한 위임체제가 유지되고 있어 막부 권력 자체가 에조치에 직접 개입하는 일은 없었다.[17] 그러던 중 1771년에 '한벤고로 사건'이 발생해 에조치 문제는 새로운 전환을 맞이하게 되었다. 이 사건은 헝가리 출신의 남작 베뇨후스키(M. A. A. Benyovzky)가 러시아의 포로가 되었다가 캄차카에서 도망쳐 아마미오시마(奄美大島)에서 나가사키의 네덜란드 상관장에게 편지를 보내 러시아의 일본 침략을 경고한 사건[18]이다. 여기서 '한벤고로'의 명칭은 오스트리아의 군인으로 위장한 베뇨후스키가 독일풍의 이름으

17 菊池勇夫, 「外壓と'蝦夷地'支配」(紙屋敦之·木村直也 編, 『海禁と鎖國』, 東京堂出版, 2002), 391쪽. 菊池勇夫, 앞의 논문(1995), 225쪽 참조. 참고로 「外壓と'蝦夷地'支配」는 1979年度 歷史學硏究會大會報告 논문임(『歷史學硏究-世界史における地域と民衆』別冊特集, 歷史學硏究會 編, 青木書店, 1979).

18 芳賀徹 譯, 『日本人の西洋發見』(中央公論社, 1982), 44-54쪽. 특히, 『日本人の西洋發見』에는 베뇨후스키의 서한 전문이 실려 있는데, 중요 부분만 소개하면 다음과 같다. "올해(1771)에 러시아 측의 명령에 따라 가리옷트선 2척과 후레가토선 1척이 캄차카를 출발해 일본 근해를 항해하고 그 시찰의 성과를 정리해 하나의 계획이 만들어졌는데, 그 계획에서는 내년 마쓰마에 및 북위 41도 38분 부근의 여러 섬을 공격할 것이 정해졌습니다. 그 목적을 위해서 캄차카에서 가장 가까운 지시마의 한 섬에 이미 요새가 축성되었고, 탄약·총포의 비축과 함께 군수창고도 1동이 건설되었습니다." 이외에 이하의 것을 참조 바람. 水口志計夫/沼田次郎 編譯, 『ベニョフスキー航海記』(平凡社, 1970) ; 日蘭學會/法政蘭學研究會 編, 『和蘭風說書集成(下)』(吉川弘文館, 1979), 55쪽("一, 去年琉球國大島之內江漂來異國船之儀咬口留吧において風聞承り申候處, ボウル國之者ニ而可有御座哉. バロン·モリツ·アラアダル·ハン·ヘンゴロウと申者浦に相成, シベーリ國に差送り候處夫よりカムシカシテカ江落行, 右之所より船を盜同類乘組逃出申候, 其末去年アマガハ之地に着船夫よりロソン江渡りフランス船に更乞仕, 右フランス國を指罷越候由沙汰有之候.").

로 네덜란드 상관에 편지를 보냈고, 그것을 일본인이 '한벤고로'라고 부르기 시작한 것에서 유래한다.[19] 아무튼 '한벤고로 사건'은 에조치만이 아닌 일본의 북방지역에 대한 커다란 위기감으로 작용하기 시작했는데, 하야시 시헤이가 『海國兵談』을 저술한 계기가 이 사건이었다는 것만으로도 그 충격을 짐작할 수 있다. 다만, 이 사건 이후 에조치에 대한 막부의 변화는 없었기 때문에 외교적 영향을 주었다고는 평가할 수는 없으며, 이러한 막부의 태도는 전술한 바이지만, 1779년 러시아가 앗케시에서 통상을 요구했을 때도 에도막부의 외교나 에조치에 대한 특별한 변화는 없었다.

하지만, 당시 지식인들에 대한 충격은 막부의 외교변화를 초래하였고, 그것의 출발점이 바로 러시아의 남하에 대한 대책과 에조치 개발을 주장한 구도 헤이스케의 『赤蝦夷風說考』이다. 당시, 구도는 난학자들과 통사(通詞) 요시오 고사쿠(吉雄幸作) 등을 통해서 나가사키와 네덜란드의 정보를 상세히 입수하고 있었는데, "난학자는 아니지만, 그 사상의 방법은 난학계의 개명적(開明的) 지식인"[20]이라고 평가될 정도로 학식이 풍부했다. 때문에 구도에게 제자 입문을 원하여 마쓰마에에서 찾아오는 사람들, 그리고 마쓰마에에서 공무 관련 재판의 판결에 조언을 얻기 위해 많은 사람들이 방문하고 있었고, 구도는 그들로부터 마쓰마에 사정과 에조치 교역의 실태, 러시아 남하에 대한 정보를 입수해 상세히 알고 있었다는 것이 밝혀지고 있다.[21]

---

19 芳賀徹 譯, 위의 책, 271쪽(각주 5번) 참조.
20 沼田次郞/松村明 校註, 『日本思想大系(64)-洋學(上)』(岩波書店, 1976), 해설 참조.
21 門玲子, 『わが眞葛物語江戸の女性思索者探訪』(月藤原書店刊, 2001), 第一章 「眞葛小傳」.

물론, 나카이 노부히코(中井信彦)의 연구에 의하면, 에조치에 대해서는 구도보다도 앞서 나미카와 덴민(并河天民)이 1717년 이전(1717년에 병사)으로 생각되는 시점에서 『關疆綠』을 저술해 에조치의 일본 복속과 개발을 언급하였고, 그의 형인 나미카와 세이쇼(并河誠所)가 막부에 헌책하기 위한 노력도 보이지만,22 당시 이러한 견해는 막부에 수용되지 않았을 뿐만 아니라, 개인적 차원의 문제로 에조치에 대한 어떠한 변화도 초래하지 않았다. 그러던 것이 구도의 『赤蝦夷風說考』가 막부에 의해 수용되어 에조치에 대한 정책 변화를 초래하는데, 과연 『赤蝦夷風說考』에 보이는 구도의 북방인식은 어떤 것이었을까 우선 서문부터 살펴보도록 하겠다.

[사료 1]

ⓐ카무사스카(캄차카반도)라는 곳은 아카에조(赤蝦夷)의 올바른 명칭이다. 유심히 그것을 물어보니, 네덜란드의 동쪽 옆에 오로샤[러시아]라는 나라가 있는데, 수도를 무스코비야[현 모스크바의 주변]라고 한다. 우리나라에서는 무스코베야라고 말하고 있다. ⓑ오로샤는 간분(寬文) 연간(1661-1672) 무렵부터 세력을 키워 쇼토쿠(正德, 1711-1715) 무렵에는 오쿠에조(奧蝦夷)23 카무사스카의 나라들까지 다스렸다. 에조(蝦夷[현 홋카이도])와 카무사스카 사이에 지시마(千島)의 섬

22 中井信彦, 「蝦夷地開拓說の系譜」(『社會經濟史學』 18-5, 社會經濟史學會, 1953), 70쪽.
23 북해도의 제일 깊숙한 곳을 말하며, 명확하게는 호로이즈미(幌泉)보다 먼 곳, 그리고 지시마열도(千島列島), 가라후토 등을 가리킨다.

들이 이어져 있다. 이곳을 오로샤는 교호(享保, 1716-1735) 무렵부터 침략하기 시작해 성곽을 구축하고 있었다고 한다. 오로샤 사람들은 때때로 마쓰마에(松前)24 부근에 표류해 오는 것 같다. 네덜란드와 인접해 있으면서 그곳에서 오쿠에조까지 확장해왔다고 듣고 있다. 이상의 사정을 생각해보니, 마쓰마에에서의 소문과 네덜란드 서적에 기재된 것이 일치하는 점도 있어 내가 생각한 바를 삽입해 신기한 이야기로서 1책으로 만들었다. 더욱이 사견(私見)의 증거를 들어 1책을 추가하여 합쳐서 2책으로 한다. 그러나 독자들은 상권 1책으로 충분하리라 생각된다. 하권은 읽지 않아도 될 내용이라고 할 수 있을 것이다.

덴메이(天明) 3년(1783) 계유 정월 일25

우선 밑줄 ⓐ로부터 쿠릴열도의 제일 북쪽 대륙부에 위치한 캄차카반도가 바로 아카에조(赤蝦夷)라는 것을 확인할 수 있다. 아카에조는 에토로후토(澤捉島)·우루프토(得撫島) 등에 내항한 러시아인을 가리키는데, 일설에는 빨간 얼굴 또는 빨간색의 옷을 입고 있었기 때문에 붙여진 명칭이라고 하나 명확하지는 않다. 어쨌든 『赤蝦夷風說考』는 러시아와 러시아인에 대한 풍설고로서 구도는 이미 러시아 대륙부의 캄차카반도에 대한 지리적 인식과 함께 모스크바(무스코베야)26에 대한 지리 정보도 획득하고 있

24 여기서 마쓰마에쵸(松前町)를 가리키는 것이 아니라, 동쪽으로는 가메다(龜田) 서쪽으로 구마이시(熊石)의 지역을 말하며, 일반적으로 화인지(和人地), 마쓰마에로 불렸다고 한다(井上隆明, 앞의 책, 48쪽).
25 『北方未公開古文書集成(第3卷)』, 앞의 책, 29쪽.

었음을 위의 [사료 1]로부터 알 수 있다. 또한, 밑줄 ⓑ에서는 러시아가 세력을 확장해 1711-1715년 무렵에 캄차카를 다스렸고, 1716-1735년 사이에 지시마의 섬들까지 공격해 성을 구축했으며, 때로는 마쓰마에까지 표류해 온다고 하여 러시아의 남진의 상황을 설명하고 있다. 구도의 기술대로 1711-1735년 사이는 표트르 대제에 의한 남진이 적극적으로 시행되고 있을 때임을 염두에 두면 명확한 시대적 상황 인식의 반영이라고 평가할 수 있다.

구도의 러시아에 대한 인식은 본문에서 더욱 구체화하고 있는데, 지시마 지역에서는 이전부터 러시아와 에조치 사이에 무역이 활발하였다는 사실, 또한 러시아 측에는 에조치 통사(蝦夷通詞)와 일본 통사(日本通詞)가 있어 일본어를 사용하고 있기 때문에 말이 통하지 않는 것이 없다고 하는 기술,[27] 러시아의 무역품목과 무역 전반에 걸친 개관, '한벤고로 사건'에 대한 평가, 러시아에 대한 남진과 무역 대응책 및 이에 대한 개선점, 그리고 에조치에 대한 개발 등 다종다양한 시각과 측면에서 러시아와 에조치에 대한 문제를 거론하고 있다.

그러나 구도는 러시아의 남진을 군사적 위협이라는 위기의식보다는

26   '무스코베야'는 '무스코비야'와 같은 뜻으로 모스크바의 교외 지역을 말한다. 원래는 일본에 수입된 가죽 제품의 하나를 말하는데, 네덜란드인이 일본에 가져온 것이다. 러시아의 모스크바 산품이었기 때문에 붙여진 이름이다. 백수나 건달들이 애용하고 있었기에 근세 중기의 희극 작품에 '무스코베야'라는 이름으로 사용되었다. 井上隆明, 앞의 책, 92-93쪽(각주1) 참조.
27   이것은 러시아가 일본으로의 남진을 위해 표류한 일본인으로부터 일본어를 습득하고 있었다는 것을 의미하는 것으로 『赤蝦夷風說考』에 이들 통사가 "우리들의 선조는 일본인이고 나라는 오로샤(러시아)이다."라고 말한 것으로부터도 이해할 수 있다.

러시아의 무역 진출이라는 위기의식으로 파악하고 있었다. 그것은 『赤蝦夷風說考』에 당시 러시아인들은 에조치와의 교역을 위해 일부러 표류해오기도 한다는 '고표(故漂)' 관련 기술, '한벤고로 사건'에서 베뇨후스키가 언급한 러시아의 일본에 대한 침략의 풍설[28]에 대해서는 전혀 믿지 않고 있었다는 점으로부터 확인이 된다. 또한, 구도가 "아카에조(러시아)가 일본에 음모를 꾸미고 있다는 설에 대해서는 이해할 수 없는 부분이 있고, 의심해야 할 첫 번째의 것으로 삼겠다. 그러한 의도가 있든 없든 입 밖에 내서는 안 되는 내용이다. 하물며 전후 사정을 생각해 보면 커다란 전쟁을 걸어 올 것이라고는 생각지 않는다."[29]고 그의 저서에서 단언하고 있는 것으로부터도 확인이 된다. 그런데, 이러한 인식은 다음과 같은 네덜란드와의 연관성에서 표출되고 있었다.

[사료 2]

ⓐ원래 네덜란드 측은 일본과의 교역을 허락받아, 나라도 부유하다고 듣고 있는데, 만약 오로샤[러시아]가 일본무역을 시작하게 된다면 국가의 흥망이 걸려있기 때문에 후에 오로샤가 진출하지 못하도록 온갖 잡설을 말하고 있는 것이라고 생각된다. 네덜란드의 교역품이 이미 남만산(南蠻産)으로 치중되어 있는 것도 북쪽을 경계하는 이유이다. … 오로샤에서 당(唐, 중국)으로의 통로는 세 가지 길이 있

---

28 각주 18)번 참조.
29 『北方未公開古文書集成(第3卷)』, 앞의 책, 31-32쪽. 井上隆明, 『赤蝦夷風說考』, 53-54쪽.

> 다. 교역과 사폐(使幣[使者와 贈物])가 서로 통하고 있기 때문에 당물(唐物[중국 물품])은 베이징으로부터 많이 운반되고 있다. 가까운 나라들 사이의 거래이기에 가격은 싸다. ⓑ오로샤와 일본의 교역이 개시되면, 네덜란드의 나가사키 교역은 쇠퇴할 것이다. 각종의 뜬소문을 퍼트리는 네덜란드의 속내는 오로샤가 가까워지지 않도록 하는 것에 있는 것 같다.30

즉, 밑줄 ⓐ부분을 보면, 전술한 베뇨후스키의 풍설을 입수한 네덜란드 상관이 러시아의 남진과 일본에 대한 군사적 음모에 대해서 여러 가지 말을 하고 있지만, 일본이 러시아와 무역을 하게 되면 네덜란드의 흥망이 걸려있기 때문에 이렇게 '온갖 잡설'을 다 말하고 있다는 것이다. 실제로 「阿蘭陀風說書」에는 "류스국[러시아]에서 군선 25척 정도를 준비하고 있는데, 본국으로부터 넘어온다고 합니다. 하지만, 어디로 올지에 대해서는 알지 못해 말씀 드릴 수 없지만, 먼 나라에 보낸다는 것은 듣고 있습니다. 풍문입니다만, 보고합니다."31라고 막부에 알리고 있었다.

또한 밑줄 ⓑ에서 알 수 있듯이 러시아와 일본이 교역을 하게 되면 네덜란드의 일본무역은 쇠퇴할 것이며, 이렇게 소문을 퍼트리는 것은 일본

---

30 『北方未公開古文書集成(第3卷)』, 앞의 책, 32-33쪽. 井上隆明, 『赤蝦夷風說考』, 54-56쪽.

31 『和蘭風說書集成(下)』, 앞의 책, 62쪽. "リュス國ニ而軍船貳拾五艘程用意有之候儀, 本國より申越候, 尤何方江參候哉之儀は相知不申候得共, 遠國江差越候儀とは相聞申候由, 風聞仕候段申越候."

이 러시아와 가까워지지 못하도록 하는 것이라는 평가를 하고 있었다. 그런데, 흥미로운 것은 당시 이러한 구도의 인식이 매우 정확하다는 것이다. 왜냐하면 17세기 중후반부터 네덜란드는 실론·반다·믈라카·타이·바타비아 등의 상관에서 모두 무역 결손상태로 나가사키 상관에서 얻는 이익에 의해 그 결손을 보충하고 있었다고 말해질 정도였고,[32] 18세기에 들어와서는 해상 패권을 영국에 넘겨주었을 뿐만 아니라, 18세기 후반에 들어와서는 제 지역의 무역 상관들을 폐쇄할 수밖에 없는 지경에 이르렀기 때문이다.[33]

이러한 점을 염두에 두면, 구도의 러시아 남진의 위기의식에서 군사적 위기의식을 완전히 배제할 수는 없지만, 그것보다는 러시아의 무역 진출에 대한 위기감의 발현이 상당히 강했다는 것을 알 수 있다. 그것은 지금까지 에조치에서 통상의 상대가 '시마에비스'(島えびす[섬의 야만인으로 에조(蝦夷)를 말함])로 한정되어 있었지만, 러시아와 같은 대국이라면 방치해 둘 수만은 없다고 하면서 다음과 같이 말한 것으로부터도 확인된다.

[사료 3]

ⓐ[러시아는] 그 어떤 나라보다도 두려운 나라이며, 어떤 문제로 발전해나갈지 예측하기 어렵다. 일본인을 무육(撫育)하고 언어를 잘 알고 있으며, 그리고 한벤고로가 해상에서 돌아다니면서 지세에 대한 조사를 꾀하고 있는 상황에서는 무엇을

32 永積昭,『オランダ東インド會社』(近藤出版社, 1971), 112쪽.
33 네덜란드는 이후, 1795년 프랑스에 의해 본국이 점령되었고, 1799년에는 네덜란드 동인도연합회사(VOC)가 해산되고 있었다.

> 획책하고 있는지 알 수가 없고, 그대로 방치해 둘 수만은 없다. 아무쪼록 교역에 대한 것을 아주 상세하게 조사해야 한다. ⓑ나의 말에 잘못된 점이 없다면 북쪽의 교역로 한 곳이 있으면 좋을 것이다. 지금과 같이 비밀리에 숨어서 행하고 있어서는 언제까지나 음지의 성질로부터 벗어날 수 없다. 또한, 누케니(拔荷[밀무역])의 상황은 알 수 없다고는 하지만 은밀하게 행해지고 있다고 생각된다. 누케니 방지책은 상당히 어려운 것이다. 한편, 교역 통로를 개설했을 경우, 여러 가지의 방법이 생각될 수 있는데, 첫째로는 요해(要害)를 선택해 설치하고, 둘째로는 누케니를 금제하는 것이다. ⓒ지금 이대로의 방임 상태로는 더더욱 누케니가 능숙해질 것이다. 정식 교역의 허가야말로 가장 좋은 대책이다. 인정·풍토도 알려져 있고, 그것에 맞추어 대책을 세워야 한다.³⁴

위의 밑줄 ⓐ에서 러시아는 그 어떤 나라보다 두려운 나라로서 향후 어떤 문제가 발생할지 모르며, 이러한 상황들을 그대로 둘 수만은 없다는 구도의 위기의식을 볼 수 있다. 물론, 러시아가 해상에서 지세를 조사하는 등의 사태에 위기감을 느끼고 있었다는 점을 감안하면 러시아의 군사적 행동을 완전히 배제하지는 않았다고 볼 수도 있겠지만, 구도 자신은 이에 대해서 부정적이었고, 또한 이러한 북방의 위기감을 러시아와의 교역에 의해 해결하려 했다는 것은 교역에 더 많은 관심이 있었다는 것을 의미한다. 그

---

34 『北方未公開古文書集成(第3卷)』, 앞의 책, 33-34쪽 ; 井上隆明, 『赤蝦夷風說考』, 58-61쪽.

렇기 때문에 밑줄 ⓑ에서 북쪽, 즉 아카에조와의 교역을 위한 교역로의 설정을 제안하고 있었던 것이며, 이것은 바로 당시 에조치 주변에서 성행하고 있던 러일 간의 누케니를 방지하기 위한 대책이기도 했다. 때문에 밑줄 ⓒ에서 "정식 교역의 허가야말로 가장 좋은 대책이다."라고 확언하고 있는 것이다.

3. 『赤蝦夷風說考』의 에조치 개발론

한편, 지금까지 살펴본 아카에조, 즉 러시아에 대한 구도의 견해는 러시아가 에조치에 내항해온 이유가 무역 때문이며, 누케니를 금지하기 위해서라도 에조치를 개척하여 러시아와 교역해야만 한다는 것이었다. 그런데 구도는 여기서 그치지 않고, 러시아와의 교역을 효율적으로 추진함과 동시에 일본의 경제적 이익, 나아가서는 러시아 무역 진출로 인한 에조치 손실이라는 위기 상황에 대처하기 위해서라도 에조치에 대한 개발을 주장하였다. 구도의 에조치 개발론의 가장 중요한 논점 두 가지는 에조치의 금은동 광산 개발과 러시아와의 교역에 따른 대응책으로서 누케니 방지이다. 즉, 에조치의 금은동을 채굴해서 러시아와의 교역을 통해 일본의 이익으로 삼아야 하며, 에조치를 비롯해 일본 각 지역에 부교(奉行)를 배치해 누케니를 방지하게 되면 수십 년 안에 일본은 부유하게 될 것이라는 것인데, 다음과 같이 주장하고 있다.

[사료 4]

ⓐ(에조치에) 금은동이 있다고 한다면 채굴해서 오로샤[러시아]와 교역을 행하고, 상당한 이윤이 생긴다면 얼마나 많은 비용이 들더라도 흥산(興産)의 수단을 강구해야만 한다. 자세하게 말하면, 오로샤에서 오는 산물과 약종(藥種)은 에조치의 금은동으로 교환할 수 있는 것이기 때문에 나라를 윤택하게 한다. 또한, 당(唐[중국])과 홍모(紅毛[네덜란드])와의 교역은 오로샤의 일본 통상에 의해 자극받고 경쟁에 의해 싼 가격을 초래할 것이며, 거기에다 나가사키를 경유한 동(銅)도 그다지 일본에서 유출하지 않아도 괜찮다. … ⓑ만약에 오로샤 교역의 통로가 개설되지 않아 실현되지 않았다고 하더라도 에조치의 금은동으로 당(唐)·홍모(紅毛)의 교역에 충당한다면 국익이 될 것이다. 출비로 인해 수지타산이 맞지 않는다고 하여 버려둘 장소는 아니다. 언제든 우리나라를 부유하게 하기 위해서 이 책략보다 뛰어난 것은 없다. 오로샤가 대국이 되는 것을 두려워해 통상을 안 한다는 이치는 있을 수 없다. 잘 조사하지 않으면 좋은 정치를 할 수 없고 안심도 이룰 수 없다. 종문(宗門)의 조사도 마찬가지로 조사하지 않고 버려두는 것은 어떠한 것인가 생각해본다. ⓒ그런데 조사한 후에는 부교(奉行) 담당제도로서 매년 교대제를 취해야만 한다. 교역의 경우도 상세하게 조사해야 한다. ⓓ지금까지와 마찬가지라고 한다면 매년 누케니는 늘어날 것이다. 아무튼 매년 오로샤 사람들이 오고 있고, 이익을 좋아하는 것이 인정(人情)이기 때문에 누케니는 반대로 늘어나고 있다. 실제로 에조구치(蝦夷口)에서의 누케니는 금지할 수 없는 부분이 있다. 마쓰마에 지역에만 지시해서는 멀리까지 이르지 않는다. 여러 나라로부터 마쓰마에 산물의 매입 상인이 모이고, 누케니에 의한 판매는 여러 곳에서도 가능하다. 동해

의 해로를 기억해 류큐(琉球)와 교역하는 것에 대해서는 또한 문제가 많으며 알기 어렵다. 홍모서(紅毛書)를 생각해본다면, 오로샤가 일본 교역을 선호하는 것은 수십 년 이전부터의 일이다. 어떻게 해서라도 교역을 실시하려는 속셈이라고 생각된다. 이러한 사정이기 때문에 여기저기에 부교를 배치하여 지배하지 않으면 누케니 금제는 실현되지 않는다. 좋은 기회로서 우선 에조의 산출품을 조사하는 것보다 더 좋은 것은 없다. ⓔ에조치 산출의 금은동을 가지고 우리나라에 필요한 약종 등으로 바꾸어 가는 것이다. 이것에 의해 매년 나가사키로부터 수출하고 있는 동(銅)을 줄이고 또한 누케니 금제의 법령이 두루 미친다면, 수십 년 안에 나라가 부유하게 될 것은 손바닥을 보듯이 명확하게 될 것이다. 대체로 나라를 다스리는 첫 번째는 나라의 힘을 쌓는 것에 있다. 국력을 두텁게 하는 것에는 외국의 귀중한 것을 우리나라에 들여오는 것이다. 금은동과 같은 귀중한 것을 일본으로 수출하도록 한다면 외국은 대단히 열심히 할 것이다. 그러한 마음을 가지고 우리나라도 열심히 일하지 않으면 안 되지만, 상당히 그러한 마음가짐에는 궁색하며, 실현까지는 마음고생이 있을 것이다. 일본의 국력을 늘리는 것은 에조치에 금산(金山)을 열고 산출물을 많이 늘릴 수밖에 없다. 개발에 대한 이야기는 옛날부터 광산 채굴업자들이 말하는 바이지만, 투자와 생산량이 맞지 않아 쇠퇴해갔다. 전술한 오로샤 교역이 실현된다면, 지금만큼의 힘을 가지고서도 개발이 가능하다. ⓕ 개발과 교역의 힘을 빌려 에조 일국(一國)에 대책을 세운다면 금은동뿐만이 아니라, 모든 산물 전부가 우리나라[일본]의 수용(需用)을 도와주는 것이 될 것이다. 위의 교역 장소는 에조치 만에 한정되지 않는다. 나가사키를 시작으로 모든 요해지, 좋은 항구에서 받아들여도 좋다.35

여기에서는 명기하지 않았지만, 위 [사료 4]의 앞부분 기술에서는 에조치에 '사금(砂金)'이 많이 있고, 구도 자신이 알고 있는 사람의 부친이 금산(金山)을 경영하고 있다는 사례를 언급하고 있는데, [사료 4]의 밑줄 ⓐ와 ⓔ에서는 만약에 에조치에서 금은동이 산출되어 러시아와의 교역을 통해 이윤이 많이 생긴다면, 비용이 많이 들더라도 개발해야만 한다는 주장을 피력하고 있다. 더욱이 에조치의 금은동은 러시아에서 수입되는 산물이나 약종과 교환할 수 있고, 이러한 러시아와의 교역은 나가사키에서 중국·네델란드 등에게 가격 경쟁을 일으켜 싼 가격으로 물품을 구입할 수 있으며, 나가사키에서 동(銅)의 유출도 줄일 수 있다는 것이다. 당시 일본은 18세기 중엽부터 최대의 수출품이었던 동 생산이 상당히 불안정한 상태였고 동 생산의 감소에 따라 당해 연도의 무역량이 감소하는 사태까지 발생[36]하고 있었기 때문에 동의 유출을 막기 위한 의도가 구도에게 있었음을 엿볼 수 있다. 이를 추진하기 위해서는 나가사키에서와 같은 부교(奉行)의 설치를 주장하고 있는데(밑줄 ⓒ), 이는 후술하겠지만 1793년 막부가 에조치에 나가사키 부교와 같은 홋코쿠군다이(北國郡代)[37]의 설치를 시도하고 있

---

35 『北方未公開古文書集成(第3卷)』, 앞의 책, 35-36쪽 ; 井上隆明, 『赤蝦夷風說考』, 58-61쪽.

36 윤병남, 『구리와 사무라이-아키타번을 통해 본 일본의 근세』(소나무, 2007), 240-242쪽.

37 홋코쿠군다이(北國郡代)는 '간세이(寬政) 개혁'에서 북방 방비의 일환으로 신설할 것이 모색되었던 직명이다. 개혁을 추진했던 사다노부(定信)는 자신이 직접 이즈(伊豆)·사가미(相模)를 순검(巡檢)하여 에도만(江戶灣)의 방비체제 구축을 모색하였고, 이에 부교소(奉行所)를 이즈에 4개소, 사가미에 2개소 설치할 것을 주장함과 동시에 에조치로의 도항을 위해서 무쓰(陸奧) 지방 연안의 요충지인 미마야(三馬屋)를 천령(天領)으로 삼고, 그곳에 대포(大筒)를 배치하여 홋코

다는 점에서도 선구적인 견해였다. 또한 밑줄 ⓑ에서는 러시아와의 교역에 문제가 생기더라도 에조치 산출의 금은동을 중국과 네덜란드의 무역에 충당하면 국익이 되며, 일본이 부국을 이루기 위해서 에조치의 금은동 개발보다 더 뛰어난 책략은 없다고 강하게 주장하고 있다. 이것은 밑줄 ⓐ의 내용을 포함해 구도의 주장이 나가사키에서의 무역 상황까지도 염두에 둔 에조치 개발론으로서 일본 국내의 대외무역 발전과 경제적 안정을 도모한 일본 부국론이었다는 것을 보여주는 것이다.

이렇게 금은동을 개발하려는 목적에는 에조치에서의 누케니 방지가 있었음을 밑줄 ⓓ와 ⓔ로부터 확인할 수 있다. 즉, 에조치에서의 누케니 문제를 거론하여 마쓰마에뿐만이 아니라, 에조치 각 곳에 부교를 두어 누케니 금제의 확산을 주장하고 있는데, 이것은 누케니로 인해 일본의 부가 누출되는 것을 막기 위한 정책이기도 했다.

한 가지 흥미로운 것은 밑줄 ⓕ에서 개발과 교역 중심의 에조치 대책을 세운다면, 에조치의 금은동만이 아니라, 모든 산물이 일본으로서는 필요한 물품이기에 도움이 된다고 평가한 부분이다. 에조치의 금은동 개발과 산물의 중요성을 언급한 부분이지만, '에조 일국(一國)'과 '아국(我國)'으로서 일본을 구분하고 있다는 점이다. 즉, 구도에게 에조치가 일본은 아니었지만, 러시아의 남하에 대비하고 교역을 발전시키기 위해서라도 에조치의 금은동 광산을 개발하여 발전시켜야 한다는 것이 구도의 생각이었던 것이고, 이것이 바로 구도의 에조치 개발론에서 식민지적 성격의 일단을 엿볼

쿠군다이를 설치하는 계획을 입안했다. 그러나, 이러한 해방 강화계획은 제안자인 마쓰다이라 사다노부(松平定信)가 로주(老中)를 사직하면서 사라졌다.

수 있는 부분이라고도 생각해 볼 수 있다.

이러한 구도의 에조치에 대한 인식은 『赤蝦夷風說考』의 마지막 결론 부분인 [사료 5]에서 더욱 선명히 드러난다.

[사료 5]

위에서 언급한 대로 일본의 국력을 늘리는 것은 에조치에 그 생각을 전하는 것이다. ⓐ이대로 내버려 둔다면, 카무사스카[캄차카]의 사람들이 에조치와 하나가 되어 에조치가 오로샤[러시아]의 지시를 따르게 되는 것으로 변하여 더는 우리나라의 지배를 따르지 않을 것이다. 이렇게 된다면, 후회해도 돌이킬 수 없다. 여러 가지의 풍설이 유행하고 있다. ⓑ그것을 들으면 동북 에조치 쪽에서는 점점 오로샤에 순종하여 따르고 있다는 것이다. 그러한 실정으로 일단 오로샤에 따르게 되면 우리의 힘도 미치지 못할 것이며, 지금까지의 상황조차도 유지하지 못할 것이다. 이미 언급한 바와 같이 통상이 없다면, 어떠한 사태가 일어날지 알 수 없다. 앞에서 기술한 바와 같이, 우리의 국력을 증강하기 위해서 에조치 대책에 필적할 만한 것은 없다. 주의해야 한다. 그 어떠한 국익책(國益策)이라 하더라도 국내적 상황만으로 수단을 궁리하는 것에 그친다면 일이 순조롭게 진행될 수 없다. … 나의 비평의 말은 여기에서 그치겠다. 다만 1천 냥, 2천 냥의 산출고로는 1년의 교역량에 미치지 않기 때문에 당(唐[중국])과 홍모(紅毛[네덜란드])의 교역과 비교해 생각해두어야 한다. 게다가 ⓒ에조치의 금산(金山)에 대한 채굴 방법, 즉 채광부 고용이라든가 임금에 대해서는 다른 지방의 금산과는 사정이 다르다. 에조치에서는 금은이 통용되지 않는다. 쌀·술·소금·담배 등의 종류만 선호하기 때문에 금은

> 을 중시하지 않는다. 광산에서 일하는 보수도 마찬가지로 현지의 에조 사람이 섞여 있기 때문에 다른 지방과는 다르다. 임금으로는 모두 표물(俵物[섬에 넣은 쌀이나 해산물])을 요구하기 때문에 실제로 금과 은은 필요치 않은 경향이 있다. 그 때문에 출자(出資)가 겹쳐져도 산출고를 가지고 교역의 바탕으로 삼아야 한다.38

즉, 밑줄 ⓐ에서는 에조치를 그대로 두면 일본의 지배에서 벗어나 러시아의 지배를 받게 되어 에조치를 상실할 것이기 때문에 일본의 국익을 위해서도 자신의 에조치 개발론에 대한 빠른 시행을 제안하고 있다. 밑줄 ⓑ에서는 동북 에조치는 러시아를 따르고 있는데, 그렇게 되면 일본의 힘이 미치지 못해 에조치에 대한 일본의 권익조차 유지하지 못할 것이기 때문에 일본의 국력 증강을 위해서 에조치에서의 통상과 그 대책을 강조하고 있다. 나아가 밑줄 ⓒ에서는 에조치 금산의 채굴 방법, 광부의 고용, 임금의 산정 방식이 일본 국내 방식과는 다르고, 금은도 통용되지 않으며, 광산에서의 보수도 에조치 사람들이 섞여 있기 때문에 에조치에 적합한 대책의 수립을 주장하고 있다.

이러한 구도의 북방인식과 에조치에 대한 개발론을 두 가지 점에서 정리해본다면, 첫째는 구도의 북방인식이라는 것은 러시아의 남하에 대한 위기의식의 발현으로서 그 대책은 초지일관한 러시아와의 교역 추진과 그

---

38 『北方未公開古文書集成(第3卷)』, 앞의 책, 36-37쪽 ; 井上隆明, 『赤蝦夷風説考』, 61-62쪽.

에 따른 누케니 방지이며, 둘째는 러시아의 무역 진출에 의해 에조치를 잃지 않기 위해서는 에조치를 개발해야 한다는 것으로서 가장 좋은 방법은 에조치의 금은동 광산개발을 통해 일본의 부를 끌어내야 한다는 '에조치=식민지'라는 인식이 적용된 제국주의적 성격의 개발론이었다고 평가할 수 있다.

4. 막부의 『赤蝦夷風說考』 수용과 에조치 이주 개발론

1) 막부의 『赤蝦夷風說考』 수용

앞에서 살펴본 구도의 에조치에 대한 견해는 당시 막부의 실권자로서 재정 개혁을 추진하고 있던 로주(老中) 다누마 오키쓰구(田沼意次)의 중상주의적 정치 지향으로서 받아들여지기 쉬웠으며,[39] 더욱이 재정 확충을 위해 광산 개발에 적극적이었고, 해외의 금은화폐를 중심으로 외화 획득에 열심이었던 다누마 정권의 경제정책[40]과도 일맥상통하고 있었다. 여기에

[39] 菊池勇夫, 앞의 논문(1995), 227쪽. 한편, 구도의 딸 다다노 마쿠주(只野眞葛)가 저술한 『むかしはなし』의 내용을 근거로 『赤蝦夷風說考』는 다누마 오키쓰구(田沼意次)의 수하인 미우라 쇼지(三浦庄二)의 의뢰를 받아 집필하게 되었다는 견해(門玲子, 앞의 책, 제一章 참조)와 마찬가지로 『むかしはなし』에 수록된 구도와 미우라(三浦庄二)의 대화 내용("いざさらば其あらまし主人[田沼]へ申上度し、一書にしていだされよといひし故、父樣書て出されしを、隨分うけもよく感心有て、其奉行に父樣をなさんといひしとぞ")을 근거로 다누마의 직접 명령에 의해 작성되었다는 견해(井上隆明, 앞의 책, 17-18쪽)가 있음을 밝혀 둔다.

[40] 關根德男, 『田沼の改革-江戶時代最大の經濟改革』(郁朋社, 1999), 제4장 「田沼の改革」 참조.

1785년 9월 하야시 시헤이가 『三國通覽圖說』[41]을 저술하여 에조치에 대한 영토권 확보와 에조치 개발론을 주장하면서 다누마의 에조치 개발 의지는 더욱 확고해졌다. 이러한 막부 인식의 변화는 에조치 탐험대의 조직과 파견으로 실현되었는데, 이러한 사정에 대해서는 지샤부교(寺社奉行)였던 요도번(淀藩)의 번주 이나바 마사아키(稻葉正諶)의 가신인 미야카와 도메(宮川留)가 작성한 『蝦夷地一件』[42]에 그 전모가 밝혀져 있다. 요도번의 이나바(稻葉) 씨가 이것을 작성한 것은 이나바 씨의 분가(分家)가 쇼군과 로주(老中) 사이에서 연락을 담당한[お側御用取次役] 이나바 마사아키(稻葉正明)로서 정보에 통달해 있었기 때문이라는 추측도 있다.[43] 아무튼 『蝦夷地一件』은 당시에는 극비문서로서 『赤蝦夷風說考』로 시작된 탐험대의 조직, 북방 조사, 러시아인, 산단인(山丹人[아무르강 하류 부근에 거주하는 오로촌족])과의 대화, 교역의 실정, 간세이 개혁에 의한 탐험의 중지령과 처벌에 이르기까지 전개 과정을 상세히 기록한 사료로서 특히 구도의 제안이 막부에 수용

---

41 『北方未公開古文書集成(第3卷)』, 앞의 책, 74-78쪽. 하야시 시헤이가 주장한 내용의 일부는 다음과 같다. "一. 에조치에는 금산이 많은데, 에조인(아이누)들은 채굴할 줄 모르고, 또 사금도 많이 있음에도 이것을 그냥 방치하는 것은 아까운 일이며, 지금 채굴하지 않으면 러시아가 채굴할 것이니 이 자원의 확보가 시급하다. 一. 구마이시(熊石, 현재는 후타미[二海]郡 야쿠모쵸[八雲]町의 서부지역)를 국경으로 하는 것은 에조를 외국으로 간주하는 것이고, 에조의 제일 북쪽의 소우야(宗谷)와 시라누시(白主)로서 국경의 끝으로 삼는 것은 에조코구(蝦夷國)를 일본의 영토로 보는 식견이다."

42 『蝦夷地一件』(全5冊, 日本國立公文書館所藏, 청구번호:0178-0184). 한편 출판본으로는 『新北海道史(第7卷-史料1)』(北海道, 1969)와 전술한 이노우에 다카아키(井上隆明)의 『赤蝦夷風說考』(앞의 책)의 부록으로서 『蝦夷地一件』의 일부 사료가 수록되어 있는데 본고에서는 『新北海道史(第7卷-史料1)』를 이용했다.

43 井上隆明, 앞의 책, 46쪽.

되는 과정을 살펴볼 수 있다.

　그렇다면, 우선 구도의 『赤蝦夷風說考』는 어떻게 막부에 전해지게 되었는지부터 『蝦夷地一件』을 토대로 살펴보겠다.

[사료 6]

구도 헤이스케(工藤平助)라는 사람의 저작 『赤蝦夷風說考』를 일람했던 바, 에조(蝦夷)의 동북쪽에 아카에조(赤蝦夷)라고 칭하는 나라가 있다고 합니다. … 집필자 구도 헤이스케는 임관(任官)의 몸이지만, 의사도 겸하고 있었습니다. ⓐ『風說考』를 읽고 난 후에 구도를 만나서 작성된 내용 이외에 여러 가지 질문을 해보았습니다. 에조치에 상세하고 마쓰마에(松前)에 알고 지내는 친구도 있어 이러한 관계로 에조치의 사정을 얻을 수 있었다고 합니다. 구도 헤이스케의 마쓰마에 정보라는 것은 아래와 같습니다. … 이러한 사정으로 지난해부터 마쓰마에의 누케니 문제에 대한 풍문을 조사하고, 단속법을 검토하기 위해, 또 금산(金山) 등의 산물 조사를 위해 우선 막부에 의한 공사 담당자(公儀御普請役)라도 파견해야 할 것으로 생각했었습니다. ⓑ마침 그때 『赤蝦夷風說考』가 작성되어 저자인 구도 헤이스케의 이야기를 들을 기회가 생겼습니다. 그에 의하면, 에조치에 대한 조사(見分)가 쉽지 않다는 것을 알 수 있었습니다. 저희의 역할도 있기 때문에 이미 은밀하게 사람을 에조치에 파견하여 풍문·풍설의 종류를 조사시키고 있는 중입니다. ⓒ이상의 정보를 가지고 또 다시 구도 헤이스케를 만나 『風說考』의 내용에 조사를 거듭하고, 마쓰마에 시마노카미(志摩守公廣)의 하인을 저의 집으로 불러서 은밀하게 사정을 들어야만 한다고 생각합니다. 따라서 마쓰마에 시마노카미 쪽에서

> 공의(公儀[막부])에 진언하는 형태를 취하여 금은산의 개발, 러시아 교역을 공의에 의한 조사라는 명목으로 내걸고, 새롭게 공의가 "마쓰마에번(松前藩)의 단독행동은 삼가하도록"이라는 지시를 내리도록 하고 싶습니다. 그러나 이것은 어디까지나 표면적인 형태가 될 것입니다. 그렇게 결정이 된다면, 마쓰마에 시마노카미의 하인을 불러들여 마쓰마에번의 사정을 듣고 싶습니다. 이것을 우선 문의드립니다. 진(辰, 1784) 5월[44]

위의 [사료 6]은 당시 다누마 권력의 핵심이었던 간죠부교(勘定奉行) 마쓰모토 이즈노카미(松本伊豆守[松本秀持])[45]가 1784년 5월 16일 다누마에게 보낸 서한으로 밑줄 ⓐ로부터 마쓰모토가 먼저 『赤蝦夷風說考』를 보고 나서 구도에게 에조치의 사정 청취를 하고 있음을 알 수 있다. 또한 밑줄 ⓑ에서는 구도로부터 에조치에 대한 사정을 듣고 나서 에조치에 대한 직접

---

44 『蝦夷地一件』, 「赤蝦夷之儀に付申上候書付」(『新北海道史』, 앞의 책, 273-275쪽).
45 윤병남은 다누마 시기의 간죠부교(勘定奉行)에 대해서 자세히 검토하여, "[간죠부교는] 막부 재정운영의 책임을 맡고 있었는데, 그 전문성으로 인해 막부의 위계질서를 뛰어넘어 영향력을 행사하는 경우가 많았다."(윤병남, 앞의 책, 249쪽)고 평가하고 있다. 실제로 마쓰모토 역시 다누마 정권에서 출세한 최고의 인재 중 한 명이었으며, 당시 막부의 중요 정책 결정을 비롯해 에조치에 관련된 거의 모든 사항이 마쓰모토에 의해서 추진되고 있었다. 쓰지 젠노스케(辻善之助)는 마쓰모토에 대해서 "재정에는 상당한 수완이 있어 다누마의 재정계획을 떠받치고 있었으며, 다누마의 정책은 마쓰모토의 생각에서 나온 것이 많았을 것으로 생각된다."(辻善之助, 『田沼時代』, 岩波書店, 1980, 263-264쪽)고 평가할 정도로 막부 내부에서 그의 역할은 절대적이었다.

적인 실태조사가 어렵다는 것을 알았고, 그 때문에 이미 사람을 에조치에 파견하여 풍문·풍설을 조사시키고 있다는 것이다. 그리고 밑줄 ⓒ에서는 구도를 다시 만나 『赤蝦夷風說考』의 내용에 대한 재확인과 함께 마쓰마에번의 가신을 소환해 사정을 들어야만 하고, 에조치의 금은산 개발과 러시아 교역에 대한 조사는 마쓰마에번의 요청에 의한 형식을 따르되 마쓰마에번의 단독 행동은 삼가라는 지시를 내려줄 것을 요청하고 있다. 이러한 요청은 5월 23일 자로 다누마가 받아들였고, [사료 6]에서 알 수 있듯이 마쓰모토가 다누마에게 진언한 것은 구도가 『赤蝦夷風說考』에서 제안했던 내용을 토대로 하고 있으며, 특히 금은산의 개발, 러시아 교역에 대한 문제는 구도가 주장한 것이 그대로 적용되고 있음을 확인할 수 있다.

한편, 밑줄 ⓑ에서 마쓰모토에게 에조치에 대한 조사 지시를 받은 사람은 간죠쿠미가시라(勘定組頭) 쓰치야마 소지로(土山宗次郎)로서 『蝦夷地一件』에 의하면 조사보고서[46]를 그해 5월에 제출하고 있다. 정확한 제출 날짜가 확인되지 않지만, 5월 23일 조사 지시를 받고 즉시 보고서를 올릴 정도로 에조치 문제는 중요한 현안으로서 부상하고 있었다. 그 내용은 에조치의 자연환경과 마쓰마에 주변 지리, 에조치의 항구 및 계절별 생산물, 에조치의 산업과 각 지역 간의 교역 상황, 금은동 광산의 상황, 마쓰마에번의 재정 상태, 러시아와의 관계, 에조의 생활과 그에 대한 평가 등으로 당시 에도에 있던 마쓰마에번의 하인(게라이[家來]) 미나토 겐자에몽(湊源左衛門)으로부터 입수한 정보가 중심이었다.

---

46 『蝦夷地一件』, 「松前幷蝦夷地之並儀に付及承候趣申上候書付」(『新北海道史』, 앞의 책, 275-279쪽).

흥미로운 것은 에조, 즉 아이누에 대한 쓰치야마의 다음과 같은 평가인데, "에조(蝦夷)는 뒤떨어져 있습니다. 문자도 없어, 일본의 통사(通詞)가 상당히 괴로워하고 있습니다. 일본인에 대한 태도는 좋은데, 그만큼 일본인이 그들에게 엄중하게 지시하고 있기 때문일 것입니다. … 어쨌든 그럴듯한 논리에 에조는 매번 패하고 있으며, 분쟁이 있을 때마다 이길 때가 없습니다. 일본인에게는 지고 있습니다. 교역에서도 그러합니다. 장사로 다툼이 생겨도 끝에는 일본인에게 속아 넘어가 물품을 많이 내줘버립니다. 교역의 가격도 이렇다 할 기준이 없을 것입니다. 꼬챙이 하나에 연어 5마리를 묶어 거래를 합니다. 술에는 물 반을 섞어 그들에게 넘깁니다. 그것도 2승(升, 3.6 l) 들어가는 나무통으로 연어 10묶음도 구할 수 있는데, 1묶음은 연어 20마리입니다."[47]라고 하여 당시 일본인에게 차별 받는 아이누의 실정, 그리고 일본과 아이누 간 교역에서의 불평등성을 엿볼 수 있다.

이러한 상황에서 마쓰모토는 마쓰마에번에 직접 조사를 지시하고, 또 6월에는 마쓰마에번의 번사 등을 불러들여 조사를 지시하기는 했지만, 명확한 조사 결과가 나오지 않자, 1784년 10월에 마쓰모토는 구도가 제안한 에조치에서의 러시아 무역과 금은동 광산의 개발을 위해 조사단의 파견을 다누마에게 건의하였고, 다누마는 이에 대한 결정을 내려 에조치 '조사탐험대(見分隊)'의 파견이 결정되었다.[48]

『蝦夷地一件』에는 '조사탐험대'의 파견을 위한 선박의 건조에 이르기까지 상세히 기록되어 있는데, 1785년 5월 2일의 기록에 의하면, 이세(伊

47 상동.
48 井上隆明, 앞의 책, 18-19쪽.

勢)에서 회선(回船) 2척, 비선(飛船) 2척, 부선(艀船) 2척이 만들어져 시나가와(品川)에 입항하였고, 설계 도안대로 만들어졌는지 조사하여 그 상황을 막부에 보고하고 있으며,49 동시에 '조사탐험대'의 선박에 실린 선적물에 대한 매입을 완료해 4월 29일 시나가와를 출발하고 있다는 것도 막부에 보고되고 있다.50

　이 대규모의 '조사탐험대'는 1785년 4월 29일에 출항하여 1786년 10월 28일 간세이 개혁에 의한 정변으로 탐험이 중지되어 1787년 1월에 '조사탐험대'가 에도로 귀항하기까지 약 20개월에 걸친 대규모 조사대였다. '조사탐험대'의 성과와 기록에 대한 상세한 내용은 탐험대 기록보고서라고 할 수 있는『蝦夷拾遺』51에 상세히 남아있는데, 사토 유키노부(佐藤行信)가 작성한 서문에 의하면 조사대에는 본인을 비롯해 야마구치 다카시나(山口高品), 이하라 노리가타(庵原宣方), 미나가와 히데미치(皆川秀道), 아오시마 노리오키(靑島軌起)가 참가하고 있었으며,『蝦夷地一件』등의 기록에 보

49　『蝦夷地一件』, 「蝦夷地見分に付新作廻船出來形之儀申上候書付」(『新北海道史』, 앞의 책, 321-322쪽).

50　『蝦夷地一件』, 「蝦夷地見分に付回船之積入候荷物幷出帆之儀申上候書付」(『新北海道史』, 앞의 책, 322- 323쪽).

51　많은 사본이 전해지고 있는데 이노우에 다카아키에 의하면, 사토 겐로구로본(佐藤玄六郎本)이 도쿄대학(東京大學)총합도서관, 에베쓰시(江別市) 홋카이도도립도서관(北海道立圖書館), 테루이 요시히코(照井良彦, 노시로시[能代市] 하나조노마치[花園町] 3-8) 씨 등의 소장본이 있다고 하며(井上隆明, 앞의 책, 45쪽), 이외에도 홋카이도대학(北海道大學)도서관에『蝦夷拾遺』와『蝦夷拾遺補遺』, 아키타현립(秋田縣立)도서관에『蝦夷拾遺附言』, 와세다대학(早稻田大學)도서관에『蝦夷拾遺』라는 명칭으로 소장되어 있는데, 이들은 모두 데이터베이스화 되어 인터넷상에서도 원문의 열람이 가능하다. 본고에서는 전술한 바와 같이 이노우에 다다아키의『赤蝦夷風說考』에 권말로 전문이 수록된『蝦夷拾遺』를 참조했다.

면 『蝦夷草紙』를 저술한 모가미 도쿠나이(最上德內) 등도 포함되어 있었다. 『蝦夷拾遺』에 의하면 조사 내용은 에조치의 주민과 거주지 및 지리(元之卷·亨之卷의 地理大槪[上下]), 에조치의 인물과 생산품(利之卷), 에조치에 관한 잡설(雜說)과 더불어 에조의 문화생활 전반에 걸친 언어학적인 조사(貞之卷), 아카히도(赤人[赤蝦夷, 러시아인])에 대한 제설(諸說)과 에조치와의 관계 및 러시아의 종교[러시아 정교]·산단인(山丹人)에 대한 설(別之卷) 등으로 구성되어 있다.

한편, '조사탐험대'는 일련의 조사를 마치고, 1785년 겨울을 대비하기 위해 마쓰마에에 머물게 되었는데, 사토 유키노부(佐藤行信)만은 탐험대의 중간 보고를 위해 12월에 에도로 출발하였다. 곧이어 중간보고서는 1786년 2월에 에도에서 간죠부교(勘定奉行) 구와바라 모리카즈(桑原盛員)에게 보고되었고,52 이어 다누마에게도 보고되었다. 그 후 사토는 다시 에조치로 출발했는데, 이 보고서의 내용은 획기적인 것이었다. 그것은 사토 유키노부가 기존의 에조치 개발론에서 벗어나 본토의 인적 자원과 결부된 새로운 시각에서의 개발론을 제안하고 있었기 때문이다. 즉, 본토에 있는 에타(穢多)와 히닌(非人)이라는 천민들을 이용해 에조치를 개간시킨다는 놀랄만한 내용으로서 다음과 같다.

52 원래는 마쓰모토 간죠부교에게 보고되어야 했으나, 간죠부교의 실무에서 떠나있었으며, 윤 10월 3일로 면직되었다고 한다. 이노우에 다다아키(井上隆明)에 의하면, 이미 간세이 개혁(寬政改革)의 전조가 시작되고 있었던 것이며, 에조치 문제도 마쓰모토에서 구와노로 이관되었다고 한다(井上隆明, 앞의 책, 287쪽, 각주 2번 참조).

[사료 7]

ⓐ에조치는 주위 700리, 면적 1,166만 4천 정보입니다. 이 정도로 놀리고 있는 토지가 있고, 사람도 적어 식량이 부족합니다. 1할을 개간하더라도 전답지 116만 6천 4백 정보가 될 것이다. 1반(反) 5두(斗)의 수확을 예상하면,[53] 583만 3천 석이 가능하다. ⓑ아사쿠사(淺草) 이마도(今戶)의 에타카시라(穢多頭) 단자에몽(彈左衛門)[54]에게 자문해보니 수하의 3만 3천 명 중에서 7천 명을 이주시킬 수 있으며, 전국의 에타(穢多)·히닌(非人) 23만 명 중에서 6만 3천 명을 이주시킬 수 있다고 합니다. ⓒ그때는 히닌과 에타의 차별을 해소시키고 싶습니다. 이것에 의해 에조치는 간토(關東)와 동등한 발전을 이룩할 것입니다.[55]

위에서 확인이 되듯이 당시의 규모로서는 상상하기 힘들 정도의 대규모 이주민 계획에 의한 에조치 개발론이다. 밑줄 ⓐ에서 에조치가 넓으

---

53 에도시대의 면적 환산율은 1町=10段(反), 1段=260步, 大=240步, 半=180步, 小=120步, 1步=方1間=方6尺.

54 단자에몽은(彈左衛門)은 에도시대 피차별민이었던 에타(穢多)·히닌(非人) 신분의 두령이었다. 일반적으로 막부 측의 호칭으로서 에타카시라(穢多頭)라고 하며, 스스로는 쵸리카시라(長吏頭) 야노단자에몽(矢野彈左衛門)이라고 칭하였고, 아사쿠사(淺草)를 본거지로 했기 때문에 아사쿠사 단자에몽(淺草彈左衛門)이라고도 한다. 막부로부터 칸핫슈(關八州, 水戶藩·喜連川藩·日光神領 등을 제외), 이즈(伊豆) 전역 및 카이 쓰루군(甲斐 都留郡)·수루가 순토군(駿河 駿東郡)·무쓰 시라카와군(陸奧 白川郡)·미카와 시타라군(三河設樂郡)의 일부 피차별민을 통괄하는 권리를 부여받으면서 전국의 피차별민을 지휘할 수 있게 되었다(鹽見鮮一郎, 『彈左衛門とその時代』[河出書房新社, 2008], 22-59쪽).

55 『蝦夷地一件』, 「赤蝦夷之儀に付申上候書付」(『新北海道史』, 앞의 책, 329-331쪽).

며 더욱이 개간이 되지 않은 토지가 상당히 많기 때문에 1할만 개간해도 583만 3천 석의 수확이 가능하다는 것이다. 에도시대 1697년도의 생산량이 약 2,709만 석이고 1829년에는 약 3,055만 석이었다는 것56을 염두에 두면, 일본 총생산량에서 약 1/5을 에조치에서 확보할 수 있다는 제안이다. 그런데 여기서 토지는 많지만, 사람이 적어 개발을 못하고 있기 때문에 그 대안을 제시한 것이 밑줄 ⓑ에서 에타와 히닌이라는 본토에 거주하는 피차별민을 이주시켜 개간하자는 것이다. 그것도 단자에몽 수하 7천 명의 이주에 그치는 것이 아니라, 전국에 산재해 있는 에타와 히닌 23만 명 중에서 6만 3천 명을 이주시킨다는 대규모 동원이었다. 또한, 사토는 이것이 실행된다면, 밑줄 ⓒ에 보이는 바와 같이 에타와 히닌의 차별성을 해소할 수 있고, 에조치를 간토(關東)와 마찬가지로 발전시킬 수 있다는 제언을 상신하고 있었다.

그러나 막말과 근현대 일본에 들어와서도 에타와 히닌 문제는 완전히 해소되지 않았을 뿐만 아니라, 더군다나 근대 이후 일본 정부와 홋카이도에 이주한 일본인들에 의해 아이누가 차별 아닌 차별 속에서 생존하고 있다는 것을 염두에 두면, 과연 사토의 생각처럼 에조치 개발이 이루어졌을까 하는 점에서 의문이다. 실제로 에타와 히닌의 부류는 아니지만, 1799년 에조치가 막부의 직할령이 된 이후 '하치오지센닌도신(八王子千人同心)'57이라는 무사시노쿠니(武藏國) 다마군(多摩郡[현 八王子市])에 배치된

---

56 『日本大百科全書』(小學館, 1994), '江戸時代' 항목.
57 '하치오지센닌도신(八王子千人同心)'은 에도막부 직제의 하나이다. 막부의 직할령은 무사시노쿠니(武藏國) 다마군(多摩郡) 하치오지(八王子)에 배치된 후다이(譜代)·하타모토(旗本) 및 그 부하인 무사들(譜代同心)을 말한다.

향사(鄕士) 집단이 막부에 소청하여 에조치로 이주한 사례가 있었다. 즉, 당시 이들의 두령이었던 하라 한자에몬(原半左衛門)을 대장으로 삼아 도신(同心)의 자제 100명을 동반하여 1800년에 에조치의 시라누카(白糠)와 유후쓰(勇拂)로 이주함과 동시에 에조치 개발에 착수했으나, 병자와 사망자가 속출하여 4년 만에 중지한 전례가 있었다.58 이를 볼 때, 사토의 위와 같은 에조치에 대한 인식을 통해 당시의 에조치 개발론을 평가하자면, 에조치에 대한 불분명한 상황 판단과 에조치에 대한 일종의 멸시가 잠재되어 있었다고 볼 수 있고, 이는 에조치에 대한 종속적이고 식민지적인 북방인식의 발현이라고도 볼 수 있겠다.

아무튼 사토의 에조치 개발론에 대해서 다누마는 2월 14일에 승인을 하였고, 사토는 자신의 개발안 실현을 위해 다시 에조치로 출발하여 5월 22일에는 마쓰마에번에 도착하고 있었다. 그러나 본토인 이주계획은 마쓰다이라 사다노부(松平定信)가 권력을 장악하면서 에조치 '조사탐험대'의 중지와 함께 실패로 끝나버렸고, 구도의 『赤蝦夷風說考』에서 제안했던 에조치에서의 러시아 교역 추진과 에조치 개발은 모두 백지화되었다. 이에 대해서는 다음 4장에서 살펴보도록 하겠다.

---

58 吉岡孝, 『八王子千人同心(同成社江戶時代史叢書)』(同成社, 2002), 76-77쪽 ; 菊池新一, 「北海道屯田兵制度の先驅的類型-八王子千人同心の移住を中心として」(『經濟論集』4, 大東文化大學經濟學會, 1966), 참조. '하치오지센닌도신'은 막부의 직제 하에 편입되어 무사시(武藏)와 카이(甲斐)의 국경 경비와 치안을 유지하는 임무를 담당하고 있었으나, 근래에 들어와 센닌도신(千人同心)을 무사계급으로 볼 수 없다는 견해가 정착되고 있다.

2) 에조치 이주 개발론의 본질

다만, 여기서 한 가지 검토하고 넘어가지 않으면 안 될 사항으로서 사토의 본토인(本土人[일본인]) 이주에 의한 에조치 개발론 이후, 당시 지식인들에 의해 이주 개발론이 본토의 문제 해결, 즉 본토의 범죄자들을 이용한 개발론으로 전개되면서 일본 역사에 계속 등장하고 있다는 점이다. 우선, 혼다 도시아키(本多利明)의 이주 개발론을 살펴보면, 혼다는 1791년 1월에 『蝦夷動靜』[엄밀하게는「赤人日本國へ漂着に擬へ近年繁々渡來するに謂ある事」]을 저술하고 있었는데, 그 속에서 다음과 같이 말하고 있다.

[사료 8]

ⓐ에조치의 제도(諸嶋)도 모두 북극 고도 40여 도의 땅이고, 쌀과 여러 토산물이 풍요로운 최량국(最良國)으로 만들기 위해서는 토착민을 증가시키는 것이다. 토착민을 증식하면 개발도 자연히 성취된다는 것은 명확하다. 따라서 일본 안에 있는 도적, 또는 법도를 어기는 등 사형에 처해야 할 죄인 모두의 목숨을 살리고, 그 다음으로 가벼운 죄인도 모두 [에조치로] 보내서 어로나 또는 경작으로 생계를 유지케 해야 한다. 원래 목숨을 살려주기를 원하는 몸이기 때문이다. 자연스럽게 개발도 이룰 수 있고, 이국과 일본의 경계도 세울 수 있어 국가 진호(鎭護)의 토대를 여는 데에 가장 뛰어나고 소중한 것이 아니겠는가. 그렇게 하면 죽는 자도, 쓸모없는 자도 구원을 받아 커다란 자비가 되며, 커다란 국익이 될 것이다. 소중한 국민이고, 1인이라도 버리는 것은 아깝기 때문에 ⓑ특별한 중죄인 이외에는 모두 에조의 토착 서민이 되어야 한다는 제도를 만든다면, 일본의 악당도 적어질 것이

고, 자연히 나쁜 풍습도 점점 고쳐져서 밤도둑·강도·노상강도도 적어질 것이다. … 지금 제국(諸國)에 강도가 배회하고, 여러 구니(國)를 돌아다니며 부자 백성과 도시민(町人)·사원 등을 노리고 야밤중에 많은 세력을 이끌고 와서 가족들을 모두 묶어버리고, 몸값으로 금은을 비롯한 좋은 재료를 빼앗아 많은 사람들을 괴롭고 고통스럽게 하기에 이르렀다. 세상에서는 이것을 떠돌이 도둑이라고 한다. ⓒ이들을 모두 붙잡아 에조치에 보내버리면 일본 양민(良民)의 폐해도 피할 수 있게 되어 안도를 얻을 것이다. ⓓ또한 에조치에서는 지금도 금은전(金銀錢)의 통용이 없고 의류와 기자재도 부족하며, 토착민이 적어서 나쁜 짓을 할 수도 없기 때문에 악당도 반드시 자업(自業)을 가지고 생계를 위해 계속 노력을 다해야 한다. 그렇게 한다면, 서민도 증가하고 개발도 이룰 수 있어 커다란 국익이 된다.59

위의 밑줄 ⓐ에서 혼다는 에조치를 풍요롭게 만들기 위해 본토인의

---

59 『北方未公開古文書集成(第3卷)』, 앞의 책, 128-129쪽. "蝦夷諸嶋も皆北極高四十余度の土地なれば, 米穀·諸土産豊饒の最良國となさんには, 土人を増殖するにあり. 土人を増値すれば開發も自然と成就するは瞭かなり. 依って日本國中の盜人或は法度を犯したるなどの死刑に処すべき罪人を悉く助命せしめ, その次の輕き罪人も悉く送り遣したらば, 或は漁獵をし或は耕作をして生計を保つべけれ. もとより助命を蒙りたる躬なればなり. 自然と開發も成就し, 異國と日本の境界も立て, 國家鎭護の基を聞かば, 拔群の大功ならずや. さすれば斬する人, 廢する人もともに救れて, 大なる慈仁になり, 大なる國益になるなり. 大切の國民なれば, 一人にでも 廢るは惜き者なれば, 格別の重き罪人の外は, 悉く蝦夷土地の庶民たるべきとの御制度御建立あらば, 日本の惡黨も薄くなり, 自然と惡風俗も漸々直り, 夜盜·强盜·追剝も薄くなるべし. … 今旣に諸國に强盜徘徊し, 國々を渡り巡り, 豪富なる百姓·町人·寺院等をねらひ, 夜中深更に及ひ大勢押し来て, 家內の者を悉く縛縊し, 身上限の金銀長財を奪取り,

이주에 의한 개발을 주장하고 있는데, 그 대상은 본토의 도적이나 법도를 어긴 사형수 등의 죄인과 경범죄자들이었으며, 이들을 이용해 에조치의 개발과 함께 일본의 방비에 이용한다면 죄인을 구원하는 자비인 동시에 국익에도 도움이 된다는 것이다. 그러기 위해서는 이들 죄인을 에조치에 정주시켜 서민이 될 수 있도록 법을 제정해야 하고, 그렇게 하면 일본 본토의 악당들, 즉 밤도둑과 강도 등이 줄어들어 일본 양민들이 안심할 수 있을 것이라는 견해이다(밑줄 ⓑⓒ). 또한, 에조치에는 금은화폐의 유통이 없고, 토착민의 수도 적어 죄인들이 범죄 행위를 할 수 없어서 자연히 생계를 위해 일할 수밖에 없기 때문에[즉, 에조치를 개발할 수밖에 없기 때문에] 일본의 국익이 된다는 주장이다. 정리 하자면, 본토 죄인들의 에조치 이주라는 혼다의 주장은 에조치 개발, 북방의 경비, 일본 본토의 범죄 해결이라는 3가지 목적을 동시에 이룰 수 있다는 개발론이었다. 앞의 절에서 사토가 언급한 본토의 천민 계층을 이용한 에조치 개발론에서 혼다가 주장한 본토의 범죄자들을 이용한 개발론으로까지 변화되면서 에조치 문제는 본토의 내부적 문제 해결의 차원에서도 인식되고 있었음을 엿볼 수 있다.

이러한 에조치 개발론은 미토번(水戶藩)의 제9대 번주이며 15대 마지막 쇼군 도쿠가와 요시노부(德川慶喜)의 친부이기도 했던 도쿠가와 나리아키(德川齊昭)가 저술한 「北方未來考」에서도 확인할 수 있다. 당시 '이국

> 多くの人を悩み煩せしむるに至る. 世俗是を渡り盗人といふ. 此者どもをも悉く召捕て, 蝦夷土地へ送り遣したらば, 日本の良民災害も遁て安堵を得べし. 又かの惡党も蝦夷土地にいまだ金銀銭の通用なく, 衣類器財も乏く, 土人少ければ惡事を働くべき様なくして, 是非とも自業を勤め守り, 生計を励みつくすべし. さすれば庶民も増殖し, 開發も成就して大なる國益なり."

선타불령(異國船打拂令)'이 실행되고 있었음에도 러시아의 남진이 극화되는 상황에서 나리아키는 북방 방비와 번 재정의 확충이라는 관점에서 수차례에 걸쳐 막부에 에조치 개발을 건의하고 있었는데, 「北方未來考」는 장래에 자신이 마쓰마에·에조 일대의 영지를 배령 받을 것이라는 전제하에 본토 낭인들의 에조치 이주를 가정하여 1833년에 집필한 것으로 다음과 같은 흥미로운 기술이 보인다.

[사료 9]
一, 이번에 미토도노(水戶殿[도쿠가와 나리아키])가 마쓰마에·에조 일대의 영지를 배령(拜領) 받았는데, ⓐ북쪽의 오랑캐를 진무(鎭撫)하는데 열심히 시행한 바, 인력이 부족하여 황무지를 개간하고 북쪽 오랑캐를 방어하는 것이 제대로 이루어지지 않았기 때문에 낭사(浪士[낭인]) 등을 시작으로 함께 마음을 합쳐 본조(本朝)의 오랑캐를 방어해야만 한다. 몇 명이든 뜻 있는 무리들이 오는 대로 무사의 가신 신분으로 삼아 각기 토지를 나누어줄 것이다.
一, 금일의 경영에 지장이 있어 ⓑ신분이 낮은 자들이라도 북쪽 땅에 오면 토지를 주고 각기 직업을 배정해 고용할 것이다. 그렇기에 에도(江戶) 안에는 물론, 제번(諸藩) 모든 곳에서 몹시 쪼들려 살 곳이 없거나 또는 거지가 되었다든지, 또는 방화와 도둑질 등을 하고, 사람들의 돈과 곡식 등을 빼앗아 여러 사람들에게 고통을 끼쳐 결국에 그 자신이 처벌을 받을 일도 없도록 하기 위해, 경영에 지장을 초래하는 자들의 처자까지도 같이 데려와서 각기에게 토지를 나누어주어 사용케 한다.
위와 같은 조항들을 낭민(浪民)에게 알리도록 해야 한다.60

즉, 나리아키는 ⓐ에 보이는 바와 같이 에조치를 배령(拜領) 받았다는 가정하에 북쪽 오랑캐[러시아]를 진무했으나, 에조치에는 인력이 없어 개간 및 러시아 방어가 힘들기 때문에 낭인을 에조치로 불러 가신으로 고용하고 토지를 나누어 준다는 것이다. 다시 말하면, 본토의 낭인들을 이주시켜 에조치를 개간·개발하고 동시에 러시아 남진에 대응하겠다는 것인데, 밑줄 ⓑ에서는 한발 더 나아가 사회적 문제를 야기하는 빈곤자·거지·방화자·도둑·강도 등의 범죄자 및 그 가족까지도 에조치로 이주시켜 개발에 이용하겠다는 견해를 피력하고 있다. 즉, 본토 경영에 지장을 초래하는 범죄자들에게 에조치의 토지를 분급해 개발시키겠다는 것으로 이는 1791년 『蝦夷動靜』에서 혼다가 [사료 8]에서 주장한 본토 범죄자들을 이용한 에조치 개발론과 궤를 같이하고 있다. 원래부터 도쿠가와 나리아키의 에조치에 대한 관심은 혼다 도시아키를 비롯해 다치하라 스이켄(立原翠軒)·고미야마 후켄(小宮山楓軒) 등과의 교류를 통해서 영향을 받고 있었기 때문에[61]

60　德川齊昭,「北方未来考(抄)」(高須芳次郎 編,『水戶學大系』第五卷(水戶義公·烈公集), 水戶學大系刊行會, 1942). "一. 此の度水戶殿儀 松前·蝦夷一圓領知に拜領致され, 北狄鎭撫の儀等厚く尊慮を蒙られ候所, 人力少くしては土地切り開き, 北狄防禦の儀も行屆かせられず, 依ては浪士を初め, 共に一心を同じ本朝の御爲夷狄防禦致すべし. 有志の輩は何人たりとも參り次第士分に召抱へ, 夫れぞれ土地相渡し申さるべき事. 一. 今日の經營に指し支へ候下々の者たりとも, 北地へ來り候はゞ土地を渡し, 夫れぞれの職業を以て召使せらるべく候. 依ては江戸内は勿論, 諸國共窮迫等にて據なく或は乞食に成り, 又は火付盗賊などいたし, 人の金穀抔を奪ひ數人へ難儀をかけ, 終に其の身も刑に相成り候樣の事致さず, 經營に指し支へ候者は, 妻子迄も召し連れ來り候はゞ, 夫れぞれに土地を渡し使はせられ候事. 右の條々浪民へ觸れ候間御意を得べき事."

61　桂島宣弘,「華夷思想の解体と自他認識の變容」(島薗進他 編,『岩波講座 近代日本の文化史(2)』, 岩波書店, 2001). 본 논문은『自他認識の思想史』(有志舎,

본토 범죄자들의 에조치 이주를 통한 개발론도 결국은 혼다의 영향을 받았다는 것을 짐작할 수 있다.

다만, 도쿠가와 나리아키의 이와 같은 견해는 「北方未來考」라는 제목에서 밝히고 있듯이 미래에 대한 구상이기는 하지만, 당시 러시아 남하가 극심해진 에조치의 위기 상황이었고, 이러한 상황의 타개책으로서 나리아키가 에조치에 대한 방비와 개발을 정리하고 있다는 측면에서 당시 일본 관료들의 에조치에 대한 인식의 틀을 엿볼 수 있다. 다른 측면에서 본다면, 일본 본토를 중심으로 한 대내외적 문제의 해소를 위한 하나의 방법으로서 에조치 개발론이 진행되고 있었다고도 평가할 수 있는 부분이다.

한편, 여기서 [사료 7]·[사료 8]·[사료 9]의 관련 속에서 생각해보면, 사토가 본토의 에타·히닌이라는 천민 계급을 이용해 에조치를 개발하자는 '이주 개발론'은 혼다에 의해서 본토의 범죄자들을 이용한 '이주 개발론'으로 발전하였고, 이후 도쿠가와 나리아키에 의해 범죄자만이 아닌 낭인까지도 포함한 '이주 개발론'으로 전개되어 당시 지식인들의 에조치 개발에 대한 기본 인식으로 이주계획이 자리 잡아가고 있었음을 확인할 수 있다. 이들의 공통점은 당시 일본 사회에서 핍박받아왔던 차별적 존재들과 일본 사회를 어지럽히는 범죄자들, 조금 더 강조한다면 일본 사회의 최말단에 위치하면서 사회문제를 일으키고, 이용 가치가 없는 자들을 이주시켜 에조치를 개발하자는 것으로 본토의 사회문제 해결과 결부된 에조치 개발론이었다. 다른 측면에서 생각해 볼 때, 에타와 히닌, 낭인과 범죄인 및 그 가족 등을 에조치로 이주시켜 이용하자는 것은 에조치 개발의 본질이 기본

2008)에 수정하여 수록.

적으로는 멸시와 차별, 그리고 불평등을 내재하고 있었음을 의미하는 것이다.

참고로, 본 장에서 취급하는 시기는 아니지만, 1864년에 사카모토 료마(坂本龍馬)도 낭인들을 모집해 이주시킴으로써 에조치를 개발하려는 계획이 널리 알려져 있는데,[62] 그러나 이것 역시 실패로 끝나고 본격적인 이주가 실행되는 것은 1869년에 에조치가 홋카이도(北海道)라는 명칭으로 개정된 이후, 메이지정부의 모집과 사족단체 및 사회단체에 의한 이주였는데[63] 아이러니 하게도 사카모토의 이주계획은 그의 조카였던 사카모토 나오히로(坂本直寬)가 1897년에 홋카이도 개척 사업을 위한 '홋코샤(北光社)'라는 합자회사를 만들면서 실현되고 있다.[64]

5. 에조치 비(非)개발에서 재(再)개발로
   -1799년 막령화(幕領化)까지

구도의 『赤蝦夷風說考』의 제안을 받아들여 막부가 에조치 개발을 추진하고 있었다는 것은 전술한 바이나, 결국 이러한 에조치 개발은 마쓰

---

62 童門冬二, 『坂本龍馬に學ぶ』(新人物往來社, 2009), 123-131쪽.
63 武田安弘, 「明治期における北海道移住農民-檢討視角と課題」(『地方史硏究』 29-4, 地方史硏究協議會, 1979), 24-28쪽 ; 白井暢明, 「北海道開拓者精神史における聖園農場および武市安哉の思想の特色と意義」(『旭川工業高等專門學校硏究報文』33, 旭川工業高等專門學校, 2002).
64 白井暢明, 「'北光社'農場·坂本直寬のキリスト教的開拓者精神-北海道開拓者精神史におけるその特色と限界」(『旭川工業高等專門學校硏究報文』37, 旭川工業高等專門學校, 2000).

다이라 사다노부 정권이 들어서면서 백지화되고 말았다. 왜 개발이 중지되었고, 이후 에조치에 대한 어떠한 정책 변화가 있었으며, 이른바 에조치에 대한 적극적 진출에 의한 막령화(幕領化)는 어떠한 의미를 가지고 있는지 이하 살펴보도록 하겠다.

구도의 『赤蝦夷風說考』에서 시작된 에조치 개발 문제는 막부, 즉 당시의 다누마(田沼) 정권에 의해 막대한 지원을 받으며 추진되고 있었고, 에조치 '조사탐험대' 일원이었던 사토 유키노부(藤玄行信)가 중간보고서에서 제안한 에조치 111만 6,400정보의 개간 사업을 승인하는 등 에조치 개발은 본궤도에 오르는 듯하였다. 그러나 1786년 8월에 10대 쇼군이었던 도쿠가와 이에하루(德川家治)가 급병으로 쓰러져 20일에는 쇼군의 사망설이 시중에 떠돌았고, 22일에는 다누마의 에도성 등성(登城)이 갑자기 중지되었으며, 27일에는 로주(老中) 다누마의 해임, 9월 6일에는 쇼군의 중병에 의한 고산케(御三家)·구니모치(國持)·후다이(譜代)·도자마(外樣) 가신들의 에도성 입성, 9월 8일에는 쇼군 사망의 공표, 10월 4일에는 장례식이 거행되는 등 숨 가쁜 정변이 계속되고 있었다.[65] 이러한 정세 변화 속에서 반 다누마 파였던 로주 마쓰다이라 사다노부(松平定信)가 득세하면서 다누마는 실각하여 에조치 개발 계획은 중지되었고, 뒤이어 다누마 세력에 대한 숙청 작업이 이루어지면서 에조치에 대한 막부의 관심은 퇴보할 수밖에 없었다. 즉, 동년 10월에 에조치 조사와 개발을 추진했던 간죠부교(勘定奉行) 마쓰모토 히데모치(松本秀持), 11월에는 아카이 다다아키라(赤井忠晶)가 해임되

---

[65] 黑板勝美·國史大系編修會, 『德川實紀(第10編)』(新訂增補 國史大系, 吉川弘文館, 1976), 807-813쪽 ; 井上隆明, 앞의 책, 30쪽 참조.

었고, 다누마도 10월 5일 자로 5만 7천 석 중에서 2만 석의 감봉, 간다바시(神田橋)에 있는 가미야시키(上屋敷)와 오사카(大阪) 구라야시키(藏屋敷)의 몰수, 에도성으로의 등성(登城) 금지 등의 처분이 내려지고 있었다.66

또 1787년 6월에 마쓰다이라가 새로운 로주(老中)에 취임하면서 긴축 재정과 문예 부흥의 기치를 내건 간세이(寬政) 개혁과 함께 에조치에 대한 거의 모든 사안은 마쓰마에번에 위임되었으며, 동 지역에 대한 비(非)개발 정책으로 후퇴해버리고 말았다.67 간세이 개혁이 정치적으로는 다누마파의 숙청, 경제적으로는 긴축재정에 의한 검약과 중상주의 정책에 대한 부정, 사상적으로는 주자학만을 막부 승인의 학문으로 인정한 '이학(異學)의 금(禁)', 막부에 대한 정치 비판을 금지하고 난학(蘭學)을 공적 기관에서 철저하게 폐지한 '처사횡단(處士橫斷)의 금(禁)' 등을 내용68으로 하고 있었기 때문에 막대한 비용이 소비됨과 동시에 다누마 정권에 의해 시행되었던 에조치에 대한 조사·개발 계획은 마쓰다이라 정권이 제일 먼저 제거해야 할 정책이었던 것이다.

다누마 파에 대한 숙청은 에조치 '조사탐험대'에까지 미쳤다. 1786년 10월 에조치 조사 중지 명령이 내렸을 때에 '조사탐험대'는 아직도 에조치에 있었다. 1786년 윤10월 20일에 고후신야쿠(御普請役)69로서 야마구치 다

---

66 辻善之助, 앞의 책, 218-255쪽 ; 關根德男, 『田沼の改革-江戶時代最大の經濟改革』(郁朋社, 1999), 제5장 「失脚」 참조.
67 藤田覺, 「一九世紀前の日本」(『岩波講座 日本通史(15)-近世5』, 岩波書店, 1995), 13쪽.
68 竹內誠, 「寬政改革」(『岩波講座 日本歷史』12, 岩波書店, 1976), 33-35쪽 참조.
69 '고후신야쿠(御普請役)'는 에도막부 직명의 하나로서 간죠부교(勘定奉行)에 속해 있었다. 에도(江戶)·간토(關東) 8주, 그 이외에 막부령 및 막부가 관할하는 하

카시나(山口高品)·사토 유키노부(佐藤行信)·미나가와 히데미치(皆川秀道)·아오시마 노리오키(青島軌起)의 명의로 제출된 보고서에 의하면, 이미 윤10월 3일에 사토가 구와바라 간죠부교의 저택에 불려가 에조치 조사가 중지되었음을 확인받고 있었다.70 그 후에 '조사탐험대'와 관련이 있는 거의 전원이 처벌을 받게 되는데, 그중에서도 간죠쿠미가시라(勘定組頭)였던 쓰치야마 소지로(土山宗次郎[土山孝之])는 공금횡령의 죄목까지 더해져 1787년 12월에 다누마 파 중에서도 가장 무거운 참수형을 당했다.71

마찬가지로 최후까지 마쓰마에에 남아 뒤처리를 담당하고 있었던 아오시마 노리오키(青島軌起)와 모가미 도쿠나이(最上德內) 등도 조사에서 돌아온 뒤 투옥되었다. 모가미는 혼다 도시아키의 제자로서 혼다의 탄원에 의해 석방되고 있었지만, 『蝦夷地一件』에 수록된 아오시마에 대한 조사보고서[1790년 7월 13일 마쓰다이라 사다노부에게 보고된 기록]를 보면, 아오시마는 자신의 직무 권한을 벗어난 행동을 하고 있었다. 또한, "여관에서 역인(役人)에게 주흥(酒興)을 접대받고 동행한 사무라이 몰래 야밤중에 빠져나가 갑자기 유녀집(遊女屋)에 들어갔습니다. 여자를 사서 희롱하고 놀았던 것입니다. 그것을 마쓰마에 역인이 알았다면 불쾌하게 생각했을 것이고, 어디에 보고해야 할지 헤아리기 어렵습니다."72라는 보고 내용도 있어 기본

    천의 관개·용수를 비롯해 도로·다리 등의 토목공사를 담당했다.
70 『蝦夷地一件』,「赤蝦夷之儀に付奉申上候書付」(『新北海道史』, 앞의 책, 403-410쪽).
71 野口武彦, 『大江戶曲者列傳-太平の卷』(新湖社, 2006), 106-111쪽. 쓰치야마가 가장 중죄에 처해진 이유는 에조치 개발 계획의 입안자 중의 1인이었고, 사치스러운 생활로 인한 낭비였다고도 한다.
72 『蝦夷地一件』,「赤蝦夷爲御用着遣候青嶋俊藏不正之取計仕候一件吟味仕候趣申上候書付」(『新北海道史』, 앞의 책, 492-494쪽).

적으로는 다누마 정권에 대한 숙청의 일환이기도 했지만, 아오시마의 부정도 원인을 제공했던 것으로 보인다. 그 후 아오시마는 사형에서 원도(遠島) 유형으로 감형되었으나 형집행 이전인 1790년 8월 17일에 병사[73]하여 형의 집행은 중지되었다. 결국, 다누마 파에 대한 숙청 작업과 에조치 조사와 관련자들의 처벌 등으로 다누마 정권의 능동적인 에조치 개발과 진출은 실패로 끝나고 말았다.

한편, 간세이 개혁이 한창 추진되고 있던 1789년 5월 31일에 에조치에서는 큰 봉기가 발생했다. 이른바 '구나시리(國後)와 메나시(目梨)의 봉기'로서 '구나시리·메나시의 전투'라고도 하는데, 마쓰마에번(松前藩)의 상인 히다야(飛驒屋)의 난폭한 거래에 불만을 가진 구나시리의 아이누가 수장 쓰키노에가 자리를 비웠을 때 봉기를 일으켜 상인과 상선을 공격해 역인(役人) 1명과 번인(番人) 70명을 살해하였고, 여기에 메나시의 아이누 집단이 참가하면서 일본인 상인들을 공격한 사건이다.[74] 마쓰마에번은 철포와 대포로 무장한 260명의 부대를 파견했는데, 조사결과 130명의 아이누가 살해에 가담하였다는 것이 밝혀졌고, 그중에서 37인을 감옥의 창살 안에서 잔인하게 처형시켰다. 일본사에서는 '에조소동(蝦夷騷動)'이라고도 하는

---

73 상동. 이 기록에는 주서(朱書)로서 "아오시마는 그 후에 원도(遠嶋)의 처벌을 받았지만, 출항하기 전인 1790년 8월 17일 병사하였다."는 내용이 첨부되어 있다.

74 根室市立博物館開設準備室 編, 『クナシリ·メナシの戰い』(根室歷史硏究會, 1994), 16-24쪽. 이 책에서는 구나시리의 총수장(總首長)이었던 산키치 및 산키치의 동생, 수장(首長) 마메키리의 처가 독살되었던 것이 봉기의 직접적인 원인이 되었다고 추측하고 있다. 市毛幹幸, 「18世紀末における近世國家とアイヌ社會の關係秩序-クナシリ·メナシの戰いのアイヌ仕置を手掛りとして」(『北海道·東北史硏究』3, 2006), 18-34쪽 참조.

데, 이 봉기는 막부에도 보고되어 커다란 충격을 주게 된다. 기쿠치 이사오(菊池勇夫)의 연구에 의하면, 에조치 대책으로서 마쓰마에번이 책임을 지고 아이누를 복속시킬 것, 에조치의 요소에 근번(勤番)을 둔다고 하는 '에조치 개정(蝦夷地改正)'을 실시했으나, 로주 마쓰다이라는 이것으로도 충분치 않다고 하여 1791년에 다누마 정권 때인 1785·86년에 에조치 탐험에 참가한 모가미 도쿠나이 등에게 다시 에조치 탐험을 명하여 동쪽으로는 우루프토(得撫島), 서쪽으로는 가라후토(樺太) 서안과 에토로후토(擇捉島)까지 조사시키고 있었다.[75]

그런데, 에조치에서 또 하나의 사건이 발생했다. 1792년 9월 3일 러시아 사절단으로서 락스만이 네무로(根室)에 와서 통교를 요구한 사건으로 나가사키항으로 입항할 수 있는 신패(信牌)를 급부하는 것으로 일단락되었지만, 막부의 입장에서 아이누의 봉기와 러시아의 남진이라는 에조치 사태는 심각한 위기감을 안겨주었고, 막부는 그 대책안 마련에 부심하게 되었다. 결국, 마쓰다이라는 1793년 1월에 에조치 방비와 대책에 대한 건의서를 쇼군에게 제출하여 승인을 받고 있다. 그 내용은 에조치의 마쓰마에 위임을 원칙으로 3년 내지는 5년에 한 번씩 '어구교역(御救交易)'[76]의 실시, 구나시리·우루프토 주변에 대한 불시 검문, 홋코쿠군다이(北國郡代)의 설치 등이며, 이것은 규슈(九州)에서 나가사키 부교와 마찬가지의 권력 장치를 홋코쿠군다이라는 형태로 실현해 마쓰마에번을 후방에서부터 감독·지원함과 동시에 나가사키 부교·홋코쿠군다이(北國郡代) 라인으로 외교·무역 시

75　菊池勇夫, 앞의 논문(1995), 230쪽.
76　'어구교역(御救交易)'은 일본어로 'おすくいこうえき'라고 읽는데, 에도막부 중심의 아이누 교역을 의미한다.

스템의 강화를 모색한 것이었다.77 그러나 1793년 7월에 마쓰다이라가 로주를 사임하면서 이 계획도 중지되어 버렸는데, 1796년 8월 영국의 브로튼 선장이 지휘하는 프로비던스호가 아부타(虻田)와 에토모(繪鞆)에 내항해 와서 주변 해역을 측량한 사건을 계기로 에조치에 대한 막부의 관심은 또 다시 커졌다.

이에 막부는 에조치에 '마쓰마에고요가카리(松前御用掛)'를 두고 간죠카타(勘定方)와 메쓰케(目付)를 파견하여 군사적인 요해지와 신전(新田) 개발을 위한 조사에 착수시키고, 곤도 쥬조(近藤重藏)에게는 에조치 파견 명령을 내리고 있었다. 이에 곤도는 조사를 실시한 후 1798년 8월 막부에 제출한 보고서에서 에조치 대책으로서 "첫째는 에조를 어령(御領, 幕府領)으로 삼고, 둘째는 에조를 번성하게 하여 단단히 준비해야 하며, 셋째는 이국(異國)의 경계에 매우 튼튼한 성(城)과 해자를 설치할 것도 없이 에조를 일본으로 변하게 하여 에도의 은혜에 귀복(歸復)하게 하는 것이 급무라고 생각합니다."78라고 하여 에조치를 막부령으로 삼아야 한다는 대책을 상신하고 있었다.

77　菊池勇夫, 위의 논문, 232쪽. 조금 더 구체적으로 보면 이 건의서는 「蝦夷御取〆建議」라는 제명으로 1792년 12월 14일에 동료인 로주에게 먼저 제시하고 있는데, "에조의 땅은 마쓰마에(松前)에 위임시키고, 일본 땅은 쓰가루(津輕)·난부(南部)로서 그곳의 방비를 지키게 하며, 도해(渡海) 장소에 부교소(奉行所)를 만들어야만 한다."는 주장이었다(松平定信·松平定光校訂, 『宇下人言 修行錄』, 岩波書店, 1942, 175쪽).

78　『大日本近世史料 近藤重藏蝦夷地關係史料1』(藤田覺, 앞의 논문, 24쪽). "一ニハ蝦夷を御料[幕領]に被成, 二ニハ蝦夷振起仕候樣厚く御手当有之, 三ニハ異國境金城湯池を被置候ニも不及, 蝦夷を日本ニ變し, 江戸表之御恩澤に歸服爲仕候義急務と奉存候" 사료 내용 중의 '[ ]' 기호는 후지타 사토루(藤田覺)의 주기임.

결국, 1799년 2월에 막부는 약 200년간 마쓰마에번에 위임해왔던 에조치 비개발이라는 방침에서 탈피해 히가시에조치(東蝦夷地)에 대한 7년간의 '상지령(上知令)'79을 발령하여 막령화(幕領化)함으로써 직할지로서의 토대를 만들고 있다. 이러한 에조치 막령화의 이유는 "에조치가 막번제 사회의 재생산에 불가결한 존재로 되었고, '장소청부제(場所請負制)'80가 홋카이도 전역에 전개되어 실태로서 국가 영역화가 추진되고 있었으며, 또한 마쓰마에번만으로 북방방비를 일임시키는 것이 불가능"81 했기 때문이다. 즉, 에조치의 막령화는 이국선 대책뿐만이 아니라, 에조치에 대한 '상지(上知)'를 염두에 둔 사전 조사의 성격을 강하게 가지고 있는 것으로 에조치에 대한 내국화를 의미하는 것이기도 했다.82 아라노 야스노리(荒野泰典)도 에조치의 막령화에 대한 의의로서, "첫째, 에조치가 일본 북방의 최전선으로서 재인식되었고 그것에 대응하기 위해 막부의 에조치에 대한 자세가 종래의 '화이주의(華夷主義)'에서 '동화주의(同化主義, 內國化)'로 전환되었다는 점이다. … 둘째, 에조치 막령화가 동북 지방 민중에게 '에조치=프론티어'

---

79 '상지령(上知令)'은 에도막부가 다이묘(大名)·하타모토(旗本) 등의 영지를 거두어들인 대신에 다른 영지를 급여하는 '봉토전환령(封土轉換令)'을 말한다.

80 '장소청부제(場所請負制)'는 마쓰마에번(松前藩)에서 번주(藩主)와 번사(藩士)가 운상금(運上金)의 납부를 조건으로 에조치에서의 교역권을 상인에게 위탁하고, 그 경영을 청부한 제도를 말한다. 에조치에서의 교역권을 마쓰마에의 가신들에게 일임하는 기존의 '상장지행제(商場知行制)'가 정체 상태에 빠지자 상인들에게 교역을 맡긴 것이다. 그 배경에는 나가사키 무역에서 수출 해산물 비중의 증가, 국내 상품작물 생산을 위한 금비(金肥) 이용의 증가 등이 존재하는데, '장소청부제' 속에서 아이누는 교역의 주체적 존재에서 어로 노동자로 전락하였다. 이 제도는 1869년에 폐기되었다.

81 菊池勇夫, 『幕藩體制と蝦夷地』(雄山閣, 1984), 193-196쪽.

82 菊池勇夫, 위의 논문, 238-244쪽.

의 환상을 부여하는 계기가 되었다는 점이다. 이 이후 에조치로의 이주와 돈벌이를 위한 이동이 증가하게 되었다."83라고 평가하고 있는데, 결과적으로 에조치의 막령화가 이른바 '내국화'로의 발전이라고는 하지만, 에조치에 대한 실질적 일본 영토화의 출발점이 되고 있다는 점, 일본의 근세 시기부터도 막부의 침탈적이고 능동적인 영토 확장이 이루어지고 있다는 점을 염두에 두지 않으면 안된다.

또한, 당시 '에조치도리시마리가카리(蝦夷地取締掛)'였던 하부토 마사야스(羽太正養)가 에조치의 막령화(幕領化) 목적에 대해서 "이번 에조치 어용(御用, 幕領化)의 취지는 그 섬이 미개의 지역이고, 이인(夷人)들 모두 의식주 세 가지가 갖추어지지도 않았으며, 인륜의 도리도 분별하지 못해 불편하기 때문에 이번에 역인(役人)을 파견하여 덕화(德化)와 교육을 베풀어서 점점 일본의 풍속으로 돌아오게 하고, 두터이 복종케 하여 설령 일외국(一外國)을 따르는 일 등이 있더라도 마음속으로는 따르지 않도록 하게 하는 것이 그 취지의 첫째입니다."84라고 말한 것에서 알 수 있는 바와 같

83　荒野泰典, 『近世日本と東アジア』(東京大學出版會, 1988), 16-17쪽.
84　北海道廳編纂, 『新撰北海道史(第5卷-史料1)』(淸文堂, 1991), 548쪽. "今度蝦夷地御用之御趣意は, 彼島未開の地に有之, 夷人共衣食住之三も不相整, 人倫之道も辨へざる儀, 不便之次第ニ付 此度御役人被遣, 御德化及教育をたれ, 漸々日本之風俗ニ歸し, 厚く服從致し, 万々一外國より懷け候事など有之候とも, 心底不動樣存込セ候儀, 御趣意之第一ニ候" 참고로 『休明光記』(1807)는 하부토 마사야스(羽太正養, 1754-1814)가 1799년에 '에조치도리시마리가카리(蝦夷地取締掛)'에 임명된 이후 하코다테부교(函館奉行)·마쓰마에부교(松前奉行)로서 에조치 경영의 최고 관료였던 시대의 기록을 잘 정리하고 있기 때문에 막부의 에조치 직할의 상황을 파악하기 위해서는 빼놓을 수 없는 자료라고 평가받고 있다(和田敏明, 『北方領土の幻覺』[叢文社, 1981], 85쪽 참조).

이, 에조치 막령화라는 것은 아이누 멸시관에 입각한 외국 방비책의 일환이기도 했다. 아이누에 대한 멸시관과 '내국화' 과정은 밀접한 관계에 있어 엄밀한 검토가 필요하지만, 여기서는 금후의 과제로서 남겨두겠다. 아무튼, 막부의 이러한 움직임들은 이후 일본의 공간적 영역 확대로 이어졌고, 에조치를 포함한 북방에 대한 영토인식의 확대를 일본인에게 강렬하게 심어주어 근대 이후 일본의 이른바 '북방영토' 문제의 근원을 이루게 되었다는 점에서 1799년의 에조치 막령화는 일본의 북방사 연구에서 중요한 위치를 점하고 있다고 할 수 있겠다.

6. 맺음말

지금까지 에조치를 공간적 소재로 삼아 1783년 구도의 『赤蝦夷風說考』에 보이는 북방인식과 에조치에 대한 개발론, 막부의 에조치 '조사탐험대' 파견, 그리고 본토인 이주계획에 의한 에조치 개발론의 변화와 그 본질, 다누마 정권의 몰락에 따른 에조치 개발 중지와 이후 재개발 추진 및 에조치 막령화까지의 변화를 살펴보았는데, 몇 가지 사항으로 간단히 정리해보면 다음과 같다.

첫째, 구도의 『赤蝦夷風說考』에 보이는 북방인식은 러시아의 남진에 대한 위기의식의 발로이지만, 러시아의 군사적 위협이라기보다는 러시아의 무역 진출에 대한 위기의식이 더 강했고, 그 대책으로서 일본 국내외 경제문제의 해결, 특히 국내의 누케니 방지와 나가사키에서의 해외무역에 따른 문제 해결책의 연장선상에서 러시아와의 교역을 주장한 인식이었다는 점에 특색이 있다. 그것은 구도의 에조치 개발론에도 잘 나타나 있는데, 에조치의 금은동을 개발해 러시아에서 수입되는 물품을 구입하고, 이로써 나가사키에서 중국과 네덜란드의 가격 경쟁을 일으켜 싼 가격으로 물품을 사들일 수 있을 뿐만이 아니라, 당시 일본에서 문제가 되는 동의 해외 유출도 막을 수 있다는 주장에서 확인할 수 있다. 때문에 러시아와의 정식 교역이야말로 가장 좋은 대책이라고 강하게 주장한 것이다.

둘째, 구도의 에조치에 대한 북방인식의 틀 속에서 영토인식의 문제와 에조치 개발론의 문제이다. 그는 『赤蝦夷風說考』에서 명확히 '에조치 일국(一國)'과 일본을 구분하고 있는데, 이것은 구도에게 에조치는 일본이 아니었다는 반증이다. 그러한 점에서 구도가 에조치를 개발하고자 한 것은 일본이라는 영토적 관념에 기인한 것이 아니라, 본 장에서 살펴본 바와 같이 러시아의 무역 진출에 의해 에조치 무역권을 잃지 않기 위한 개발이었고, 에조치의 금은동 광산의 개발안도 결국은 일본 국내의 부국화에 토대를 둔 북방인식의 발현이었다. 하지만, 이러한 구도의 북방인식이 종속적이고, 침탈적인 에조치관에 상당한 영향을 끼치고 있다는 점도 부정할 수 없다.

셋째, 막부의 에조치 '조사탐험대' 파견 후에 탐험 대원이었던 사토 유키노부(佐藤行信)의 조사보고서와 제안, 즉 에타와 히닌이라는 본토의 천민 계급을 이용해 에조치를 개발하자는 '이주 개발론'이 다누마 정권의 실각으로 실행되지는 못했지만, 막부에 의해 승인되고 있었다는 점에서 당시 에조치에 대한 차별성을 살펴볼 수 있다는 점이다. 더욱이 사토의 천민 계급 '이주 개발론'은 혼다에 의해서 본도의 범죄자들을 이용한 '이주 개발론'으로 발전하였고, 이후 도쿠가와 나리아키가 범죄자만이 아닌 낭인까지도 포함하여 에조치의 '이주 개발론'을 제시하고 있다는 점에서 에조치 개발이 근본적으로 일본 내부의 차별성 토대를 두고 전개되고 있음을 알 수 있다. 다른 한편에서 생각해본다면, 에조치 '이주 개발론'이라는 것은 일본 국내 사회를 혼란케 하는 피차별민과 범죄자, 즉 당시 일본 사회의 최말단에 위치하면서 사회문제를 야기하고, 이용가치가 없는 자들을 이주시켜 에조치를 개발하자는 것으로 본토의 사회문제 해결과 결부된 개발론이었다. 또 다른 측면에서는 일본 국내 구성원에 대한 차별성과 멸시, 그리고 에조치에 대한 차별성과 멸시라는 불평등 사회구조 속에서 출발한 개발론이었다고 평가할 수 있겠다.

넷째, 구도의 『赤蝦夷風說考』와 에조치 개발론은 이전 막부의 에조치 처리 방식에 커다란 변화를 초래했으며, 막부가 에조치 '조사탐험대'를 파견하는 등의 실질적 에조치 개발의 계기를 이루고 있다는 역사적 의의에 대한 평가이다. 일본사적인 관점에 한정해서 본다면, 그간 막부의 전통적인 에조치 처리방식, 즉 마쓰마에번에 일임하는 방식에서 벗어나 막부가 직접 참여하는 개발로 변화를 초래했다는 점에 그 의미를 부여할 수 있고, 이후 에조치 개발에 대한 토대를 마련하고 있다는 점에서도 그 의의는 크다고 볼 수 있다. 나아가 구도의 에조치 개발론은 러시아의 남진에 대비한 에조치 개발론에 한정된 것이 아니라, 나가사키에서 중국과 네덜란드의 무역 상황까지 염두에 둔 개발론으로서 일본 대외무역의 발전과 국내의 안정을 도모한 선구적 일본 부국론이 그 기저에 깔려있다. 물론, 다누마 정권의 몰락과 함께 에조치 개발도 일시적으로 백지화가 되었지만, 구도의 『赤蝦夷風說考』는 이후 모가미 도쿠나이(最上德內)의 『蝦夷草紙』,[85] 혼다 도시아키

---

85 『蝦夷草紙』는 1785·86년 막부의 에조치 탐험에 참가한 모가미 도쿠나이가 마쓰

(本多利明)의 『蝦夷動靜』・『蝦夷拾遺』・『蝦夷道知邊』86・『經世秘策』,87 하야시 후쿠사이(林復齋)의 에도시대 외교사료집인 『通航一覽』88 등 일본 북방지역에 관한 정보서 집필의 붐을 일으키는 계기를 마련해 주었고, 이것이 바로 『赤蝦夷風說考』의 역사적 의미라고 평가할 수 있다.

이러한 북방 관련 저서들의 출판에 따른 북방 정보의 확산은 일부 지식인들에게만 한정된 것이 아니라, 아이누 민족의 봉기와 러시아의 락스만 등을 비롯한 이국선 내항이라는 대외적 위기감과 결부되어 막부에서까지도 에조치에 대한 관심을 재차 불러일으켰다. 물론, 여기에는 일본의 지배와 무역정책에 대한 아이누의 봉기, 그리고 격심해지는 러시아 남하와 이국선 내항이 그 배경에 존재하지만, 구도의 『赤蝦夷風說考』가 다른 무엇보다도 일본의 북방정책에 큰 전환점이 되었다는 것은 말할 필요도 없다. 때문에 1791년 모가미 도쿠나이의 지시마 파견과 무역의 확대, 그다음 해인 1792년의 가라후토 조사, 1798년 곤도 쥬조 등의 북방지역 탐험 등 막부의

마에번의 에조치 대책, 아이누의 풍속・생업・언어 이외에 지시마(千島)・가라후토・캄차카의 지리・연혁을 상세하게 기술한 저서이다. 원문은 홋카이도대학(北海道大學) 부속도서관 북방자료실에 소장되어 있고(청구기호:舊記 0117),「北方資料 데이터베이스」에서 전문 열람 가능(http://ambitious.lib.hokudai.ac.jp/hoppodb), 일본국회도서관에도 2종류의 사본이 소장되어 있다(사본1:청구기호[W328-3], 사본2:원본대체청구기호[YD-古-3032]). 간행본으로 『北門叢書(第1卷)』(大友喜作 解說校訂, 北光書房, 1943)가 있으며, 『赤蝦夷風說考』・『蝦夷拾遺』・『蝦夷草紙』가 수록되어 있다.

86 『蝦夷道知邊』(日本國會圖書館 所藏, 請求記號:166-283, 原本代替請求記號:YD-古-3034).
87 다수의 간행본이 존재하나 본고에서는 『日本思想大系(44)』(塚谷晃弘 外 校注, 岩波書店, 1970)를 참조.
88 林復齋, 『通航一覽(1-8)』(國書刊行會, 1912-1913).

에조치와 북방지역에 대한 적극적 진출 정책이 시행되었으며, 결과적으로 1799년 막부의 에조치 막령화라는 결과를 끌어낸 것이다.

끝으로 일본의 아이누 민족에 대한 멸시관과 이른바 에조치 '내국화'라는 강제적 점유의 비교·고찰, 구도 이후에 저술된 에조치 관련서와 에조치 개발론에 대한 일본 측 연구의 비판적 검토에 대해서는 많은 사례들을 다루지 못했는데, 이것은 본 장의 남겨진 과제로 명기해 두겠다.

제10장

근세 후기 경세론가(經世論家)의 에조치(蝦夷地)에 대한 침탈적 인식의 변화

1. 머리말

에도시대(江戶時代) 에조치(蝦夷地, 현 홋카이도[北海道])가 일본과의 관계 속에서 커다란 변화가 있었던 것은 말할 것도 없이 1669년 6월에 발생한 '샤크샤인의 전투(シャクシャインの戰い)'라는 아이누의 봉기이다.[01] 이것은 시베챠리(シベチャリ, 현재 신히다카쵸[新ひだか町]로 위치는 [그림 1] 참조)를 거점으로 아이누 추장이었던 샤크샤인이 일본 측(마쓰마에번[松前藩])의 부당한 무역 거래에 반발한 아이누 최대의 무력 봉기로서 마쓰마에번은 봉기를 진압한 후에 에조치 무역에 대한 절대적 주도권을 장악하였다. 이후 마쓰마에번은 아이누에 대한 복속 의례로서「7개조 기청문(起請文)」을 작성하는 등 아이누에 대한 정치적·경제적 지배를 강화해 나갔고,[02] '상장지행제(商場知行制)'라는 아이누 교역의 수탈 시스템이 에조치 전역에 퍼져

---

01   菊池勇夫,『蝦夷地と北方世界』(吉川弘文館, 2003), 62-66쪽 참조 ; ブレット·ウォーカー著/秋月俊幸 譯,『蝦夷地の征服1590-1800』(北海道大學出版會, 2007), 63-92쪽 참조.

나감과 동시에 '나카마데이리(仲間出入)'라는 마쓰마에번의 강제력이 논쟁 조정자로서 아이누 사회 내부까지 침투해가는 전환점이 되었다[02]는 평가를 받고 있다.

다만, 막번제 국가의 성립 이후, 막부는 마쓰마에번에 아이누 교역의 독점을 인정하는 대신에 '진적(鎭狄)의 역(役)[에조치 담당의 역]'을 부담시키기는 했지만, '샤크샤인의 전투'에 보이듯이 하타모토(旗本)였던 마쓰마에 야스히로(松前泰廣)를 파견하는 등 막부에 의한 '정이(征夷)'를 제외하고는 막부 자체가 에조치에 직접적으로 개입하는 일은 없었다.[04] 물론 1669년 '샤크샤인의 전투'로 인해 막부 권력의 개입이 있었지만, 가미야 노부유키(紙屋敦之)가 "1682년 막부는 마쓰마에 아이누의 에조치 왕래를 금지하고, 에조치와 일본인 거주지(和人地)에 대해 아이누 민족의 분담지배를 법제화했다. 그러나 에조치·가라후토(樺太, 사할린)·산단(山丹[연해주])의 통행이 금지된 흔적은 없다. 에조치는 막번제 국가의 '이역(異域)'이었다."[05]라고 말한 바와 같이 '샤크샤인의 전투' 이후에도 에조치는 일본인 거주 지역의 일부를 제외하고 막부에 의해 직접 지배되지 않았던 아이누 민족의 자립적 영유지였다.

그러나 18세기 후반에 들어와 러시아 남하로 인해 에조치는 일본의 외교 문제로서 또 다시 혼란의 소용돌이에 빠져들었다. 이러한 상황에 일본 지식인 중에서 구도 헤이스케(工藤平助)는 『赤蝦夷風說考』(1781)를 저

02　菊池勇夫, 앞의 책, 66쪽.
03　紙屋敦之, 『大君外交と東アジア』(吉川弘文館, 1997), 118-122쪽.
04　菊池勇夫, 「海防と北方問題」(『岩波講座日本通史』14, 岩波書店, 1995), 225쪽.
05　紙屋敦之, 앞의 책, 126-127쪽.

술하여 이에 대한 위기감을 표출하였고, 이에 따라 막부도 에조치에 대한 개발 계획과 함께 탐사대를 파견하는 등의 대책을 수립하기도 하였다. 구도의 견해에 따라 막부가 움직였다는 것은 중요한 사실이고, 이에 대해서는 이미 필자도 언급한 바가 있지만,06 구도를 전후한 시기부터 러시아의 남하에 대한 위기감과 에조치 진출에 대한 견해를 피력한 지식인들은 당시에도 상당수 있었다.

대표적으로는 『三國通覽圖說』(1785)과 『海國兵談』(1791)을 저술한 하야시 시헤이(林子平, 1738-1793), 『經世秘策』(1789-1801)과 『赤夷動靜』(1791)을 저술한 혼다 도시아키(本多利明, 1743-1821), 『宇內混同秘策』(1823)의 사토 노부히로(佐藤信淵, 1769-1850), 『幽囚錄』(1868)을 저술한 요시다 쇼인(吉田松陰) 등 당대의 해방론가(海防論家) 내지는 경세가(經世家)라고 할 수 있는 많은 지식인들이 에조치에 대한 북방인식을 표출하여 위기감의 극복을 주장하면서 각종 문헌을 출판하고 있었다. 당시의 북방 관련 서적의 대대적 출판 상황에 대해 와다 도시아키(和田敏明)는 "[이 저서들은] 당시 세론(世論)의 계발에 도움이 되었고 막각(幕閣)의 북방 경영에도 크게 공헌했다. 우리들의 흥미를 끄는 것은 이들 저자가 친구·친족·사제관계로 깊게 연결되어 있다는 점으로 상호 가르침을 받고 장려·자극을 받아 바야흐로 제가(諸家)가 일체를 이루어 '북방문헌의 붐'이 출현한 것처럼 보인다."07라고 평가하고 있다는 점에서도 당시의 에조치에 대한 경세론가들

---

06   신동규, 「『赤蝦夷風說考』와 에도막부(江戶幕府)의 북방인식」(『東北亞歷史論叢』 30, 동북아역사재단, 2010) ; 본서의 제9장 참조.

07   和田敏明, 「鎖國の夢を破った古典の三名著」(『北方未公開古文書集成(第3卷)』, 叢文社, 1978), 7-8쪽 ; 신동규, 앞의 논문, 168쪽 참조.

의 관심을 짐작해볼 수 있다.

이렇게 '북방문헌의 붐'이 시작된 시기의 에조치에 대한 선행연구를 보면, 일본에서는 마쓰마에번의 진출과 관련된 일본인 거주지(和人地) 형성 및 막번권력으로의 편입과정과 '내국화' 과정을 취급한 것이 대부분이고,[08] 이외에는 막말의 에조치 막령화 정책이나 혼슈 북부 지역과 아이누·에조치 관계에 대한 논고가 주류를 이루고 있다.[09]

한국에서는 최근에 들어와 일본의 독도 영유권 주장에 대한 비판과 대응이라는 측면에서 일본의 영토문제에 깊은 관심을 가지게 되었고, 이에 따라 에조치 개발과 북방인식에 대한 연구가 시작되고 있다. 대표적으로는 구도 헤이스케와 하야시 시헤이의 에조치 개발과 관련된 북방인식을

---

[08] 高倉新一郎, 『蝦夷地』(至文堂, 1959) ; 高倉新一郎, 『北海道史の歴史』(改訂版, みやま書房, 1964) ; 海保嶺夫, 『日本北方史の論理』(雄山閣, 1974) ; 榎森進, 『北海道近世史の研究』(北海道出版企劃センター, 1982) ; 海保嶺夫, 『近世蝦夷地成立史の研究』(三一書房, 1984) ; 菊池勇夫, 『幕藩体制と蝦夷地』(雄山閣出版, 1984) ; 大場四千男, 「近世蝦夷地の內國植民經營と場所請負制」(『北海學園大學經濟論集』45-4, 1998) ; 菊池勇夫, 『蝦夷島と北方世界』(吉川弘文館, 2003) ; 谷本晃久, 「貢納と支配-幕末期小笠原諸島と蝦夷地の'內國化'를 事例に」(『北海道·東北史研究』4, 2007).

[09] 長谷川伸三, 「幕府の蝦夷地直轄と生産·流通政策」(地方史研究協議會1979年度大會特集, 『地方史研究』29-4, 1979) ; 杉谷昭, 「安政年間における蝦夷地政策」(佐賀大學敎育學部研究論文集』33(2-1), 1986) ; 尾崎房郎, 「蝦夷地第1次幕領政策の論理」(『北大史學』27, 1987) ; 麓愼一, 「幕末における蝦夷地政策と樺太問題-1859(安政6)年の分割分領政策を中心に」(『日本史硏究』371, 1993) ; 麓愼一, 「蝦夷地第二次直轄期のアイヌ政策」(『北大史學』38, 1998) ; 寺崎仁樹, 「第一次幕領期の蝦夷地政策と箱館-場所經營方法の變化への對應を中心に」(『論集きんせい』27, 2005) ; 寺崎仁樹, 「第一次蝦夷地幕領政策の破綻-經營收支の檢討を中心に」(『日本歷史』712, 2007).

비교·고찰한 변정민의 「18세기 후반 막부의 에조치 개발정책」[10]과 에도시대의 국제정세 인식 속에서 '해양 방어론'이 형성된 과정을 고찰한 이규배의 「德川시대 일본의 국제정세 인식과 대응전략에 관한 一考察」[11] 등이 있다. 또한, 「18세기 말-19세기 전반 일본의 대외관 연구」라는 특집 논문의 일환으로 집필한 졸고 「『赤蝦夷風說考』와 에도막부(江戶幕府)의 북방인식」 [본서 제9장에 수정 게재], 러시아 남하에 즈음해 에조치의 경제적 개발이라는 관점에서 혼다 도시아키의 북방인식을 고찰한 류미나의 「'식민사상의 선구자 혼다 도시아키'의 재발견-'속도개업' 논의를 중심으로」, 사토 노부히로(佐藤信淵)의 일본 방어적 대외인식을 고찰한 최은석의 「사토 노부히로의 대외관-구제와 침략」, 강렬한 배외주의와 아시아 침략주의를 주장했던 요시다 쇼인의 대외관을 고찰한 박훈의 「吉田松陰의 대외관-'敵體'와 팽창의 이중구조」 등이 있다.[12] 또한, 일본 사상가들의 해외 팽창론을 고찰한 박훈의 「18세기말-19세기초 일본에서의 '戰國'적 세계관과 해외팽창론」[13]도 당시 경세가들의 에조치 인식을 살펴볼 수 있는 성과 중의 하나로서 이들 논고들은 한국에서 그다지 명확히 언급되지 않았던 막말 지식인의 대외관을 고찰하고 있다는 점에서 그 의의가 있다고 판단되지만, 이 연구들은 막

10 변정민, 「18세기 후반 幕府의 蝦夷地 개발정책」(부산대학교대학원석사학위논문, 2008). 본 논문은 이후 「18세기 후반 幕府의 蝦夷地 개발정책」(『역사와 세계』 33, 효원사학회, 2008)으로 발표.
11 이규배, 「德川시대 일본의 국제정세 인식과 대응전략에 관한 一考察」(『東아시아硏究論叢』9, 제주대학교동아시아연구소, 1998).
12 이들 논문은 『東北亞歷史論叢』30호(동북아역사재단, 2010)의 특집2: 「18세기말-19세기 전반 일본의 대외관 연구」에 수록된 논문들이다.
13 박훈, 「18세기말-19세기초 일본에서의 '戰國'적 세계관과 해외팽창론」(『동양사학연구』104, 2008).

말의 위기의식 속에서 일본의 대외관이나 해외 팽창의 전체상을 파악하기 위한 것이지 에조치를 중심 대상으로 삼은 것은 아니다.

따라서 여기서는 막말 지식인층이었던 경세론가(經世論家)[14] 중에서 구도·하야시·혼다·사토를 중심으로 이들이 가지고 있던 에조치에 대한 침탈적 인식의 실체를 밝혀보고자 한다. 구체적으로 첫째는 본 장에서 대상으로 삼은 경세론가들의 저서를 통해 에조치 인식에 대한 각자의 언설과 이들 인식의 공통점을 비교·검토하여 어떠한 침탈적 인식이 내재되어 있었는가를 규정해보는 것이며, 둘째는 에조치에 대한 침탈적 인식이 언제부터 시작되어 어떠한 과정에서 확대·생산되었는가를 고찰하는 것이 본 장의 목적이다. 이를 통해 근대 이후 일본의 팽창주의와 침략주의 정책이 메이지유신(明治維新)으로 갑작스럽게 탄생한 것이 아니라, 이미 전근대 시기에 잉태되어 있었다는 점을 시론적으로 정리해보고 싶다.

2. 침탈적 에조치 인식의 시원과 전개

1) 구도 헤이스케(工藤平助)의 에조치 인식

에도시대 18세기 중후반부터 19세기 초엽은 막번체제의 위기가 심각하게 대두된 시기로 주요 원인은 크게 두 가지 점에 있었다. 첫째는 경제적 위기로서 이전의 농촌을 중심으로 한 자연경제에서 도시를 중심으로 한

---

[14] 본고에서 경세론가(經世論家)는 해방론가(海防論家)를 포함하여 에도시대에 경세(經世)의 논리를 주장한 지식인 전체를 일컫는 것으로 한다.

화폐경제와 상품경제로 변화되어 농촌에 경제기반을 두고 있던 막부와 제번(諸藩)은 적자를 거듭할 수밖에 없었다는 점, 둘째는 대외적 위기로서 러시아의 남하정책에 따른 북방지역의 위기감이 고조되고 있었다는 점이다. 특히, 18세기 후반 이후 러시아의 남하로 시작된 서양 이국선의 일본 근해 출몰은 일본 지식인들에게 커다란 위기의식으로 다가왔고, 이러한 대외적 위기에 대한 방비책으로 대두된 논의가 바로 해방론(海防論)이다. 여기에는 구도 헤이스케(工藤平助)와 하야시 시헤이(林子平)를 중심으로 한 북방방비론(北方防備論)과 사토 노부히로(佐藤信淵)·사쿠마 쇼잔(佐久間象山) 및 미토학(水戶學)의 해방론 등이 포함되는데, 이들 지식인들은 혼다 도시아키(本多利明)와 같이 당시 막말의 제 문제를 정치·경제·외교정책으로 해결하려고 한 경세론가이기도 했다. 특히, 후술하는 사토는 국제정세 인식의 영향을 수용한 해방론가인 동시에 해외 식민지의 획득과 개발을 위해 침략론을 주장했던 극단적 경세론가이기도 했다.

우선, 침탈적인 에조치 인식과 관련해서 그 누구보다도 먼저 언급해야 할 지식인은 구도 헤이스케이다. 물론, 구도보다도 앞선 시기의 나미카와 덴민(幷河天民, 1679-1718)이 "[에조치를] 일본국과 하나로 만들어야만 하고 그렇게 된다면 '대일본국(大日本國)'을 더더욱 증가시켜 '대대일본국(大大日本國)'으로 할 수 있을 것이다."라고 주장한 '에조치 개벽론(蝦夷地開闢論)'이 등장했었고,[15] 광산업자로도 유명한 사카쿠라 겐지로(坂倉源次郎)가 막부의 명령을 받아 1736년과 37년에 걸쳐 에조치의 금은산(金銀山)을

---

15 桂島宣弘, 「華夷思想の解體と自他認識の變容」(島薗進他 編, 『岩波講座-近代日本の文化史(第2卷)』, 岩波書店, 2001).

채굴했을 당시 그 기록을 정리한 『蝦夷隨筆』(1739)에도 에조치에 대한 금은산 개발에 대한 의지가 엿보이고 있으나,16 이때는 러시아의 본격적인 남하 이전으로 구도 이후의 에조치 진출론과는 약간 성격을 달리하며, 에조치 진출의 구상도 구체적이지 못했다.

구도는 러시아의 남진에 대한 위기감을 『赤蝦夷風說考』(1781)17에 표출시키고 있는데, 이러한 위기감은 네덜란드인으로부터 입수한 러시아의 일본에 대한 음모설이 하나의 원인을 제공하고 있었다. 물론, 구도가 러시아의 일본 진출이라는 이 음모설을 완전히 믿고 있었던 것은 아니었다고 보이지만, 당시 에조치 주변에는 러시아 선박이 자주 출입하여 문제를 일으키고 있었고, 나아가서는 해안과 수심에 대한 측량을 행하고 있었다. 때문에 "아카에조(赤蝦夷[러시아])가 일본에 대해 음모를 꾸미고 있다는 설에 대해서는 납득할 수 없는 부분도 있지만, 의심해야 할 제일 첫 번째의 것으로 삼겠다."18라고 하며 러시아에 대한 위기감을 나타냈던 것이다. 특히, "[러시아의 남하] 이전까지는 통상의 대상이라고 해봐야 섬의 야만인에 한정되어 있었고, 에조 사람들과 마찬가지로 내버려 두어도 좋았지만, 러시아와 같은 대국이라고 한다면 그렇게는 안 된다. 그 어떤 나라보다도 두려운

---

16 新井白石·坂倉源次郎·松前廣長, 『蝦夷地·蝦夷隨筆·松前志:北方未公開古文書集成-第1卷』(叢文社, 1979), 76-77쪽.

17 본고에서 참고한 『赤蝦夷風說考』는 다음과 같다. 工藤平助 外 著, 『赤夷動靜·赤蝦夷風說考·三國通覽圖說:北方未公開古文書集成-第3卷』(叢文社, 1978. 이하 『北方未公開古文書集成-第3卷』으로 약칭) ; 井上隆明, 『赤蝦夷風說考』(敎育社新書, 1979).

18 工藤平助, 『赤蝦夷風說考』(『北方未公開古文書集成-第3卷』), 32쪽 ; 井上隆明, 『赤蝦夷風說考』, 54쪽.

나라이며, 어떤 문제로 발전해나갈지 예측하기 어렵다."19고 하여 러시아를 대국으로 보고 에조치 진출에 대한 일단의 두려움도 느끼고 있었다.

그러나 구도의 이런 위기감과 두려움은 에조치에 대한 일본의 적극적 이권 방어로 눈을 돌리게 했다. 그것은 『赤蝦夷風說考』에 상세히 서술되어 있는데, 이에 대해서는 에도막부의 북방인식을 고찰하기 위해 이미 앞의 논고에서 소개한 것이지만[본서 제9장], 이하 구도의 침탈적 인식의 존재 여부를 살피기 위해 일부 다시 인용하여 검토해보겠다.

[사료 1]
ⓐ에조치에는 금산(金山)이 많다고 전해지고 있다. … 옛날에는 잔디 밑에도 금(金)이 있었다고 하는데 지금은 물속에 있는 사금(砂金)이다. … (에조치에) 금은동이 있다고 한다면 채굴해서 오로샤[러시아]와 교역을 행하고, 상당한 이윤이 생긴다면 얼마나 많은 비용이 들더라도 흥산(興產)의 수단을 강구해야만 한다. 자세하게 말하면, ⓑ오로샤에서 오는 산물과 약종(藥種)은 에조치의 금은동으로 교환할 수 있는 것이기 때문에 나라를 윤택하게 한다. 또한, 당(唐[중국])과 홍모(紅毛[네덜란드])와의 교역은 오로샤의 일본 통상에 의해 자극받고 경쟁에 의해 싼 가격을 초래할 것이며, 거기에다 나가사키를 경유한 동(銅)도 그다지 일본에서 유출하지 않아도 괜찮다.20

---

19   工藤平助, 『赤蝦夷風說考』(『北方未公開古文書集成-第3卷』), 33쪽 ; 井上隆明, 『赤蝦夷風說考』, 56쪽.

20   工藤平助, 『赤蝦夷風說考』(『北方未公開古文書集成-第3卷』), 34쪽 ; 井上隆明,

즉, 다음의 [사료 1]의 밑줄 ⓐ부분에서 구도는 에조치에 금이 많이 매장되어 있다는 것을 전제한 후, 이 금을 채취하여 러시아와의 교역을 통해 상당한 이윤을 창출할 수 있기 때문에 비용이 많이 들더라도 개발해야만 하고, 밑줄 ⓑ에서는 에조치에서 산출된 금은동(金銀銅)을 가지고러시아에서 수입되는 산물·약종과 교환할 수 있으며, 이 교역은 나가사키에서 중국과 네덜란드의 가격 경쟁을 일으켜 싼 가격으로 물품을 구매할 수 있기 때문에 나가사키에서 동(銅)의 유출도 줄일 수 있다고 주장한다. 당시 일본은 18세기 중엽부터 최대의 수출품이었던 동 생산이 상당히 불안정한 상태였고, 동 생산의 감소에 따라 당해 연도의 무역량이 감소하는 사태까지 발생하고 있었기에 구도는 동의 유출을 막으려고 했었던 것이다.[21]

결국, 이러한 구도의 주장은 러시아의 남하에 대한 위기감이 일본의 에조치에 대한 이권, 즉 이전에는 당연하기도 한 동시에 그다지 관심을 끌지 못했던 에조치의 실질적 자원과 무역의 이권에 대한 방어적 권리로 전환되었다는 것을 보여준 선구적 주장이었다고 평가할 수 있다. 그렇기 때문에 그의 주장은 당시 로주(老中)였던 다누마 오키쓰구(田沼意次)에 의해 수용되었고, 막부 내부에서도 에조치에 대한 개발 계획이 수립되어 탐험대가 파견될 정도였다.[22] 한마디로 이전 시대와는 다른 북방 진출의 토대를 만들었다는 점, 에도시대에 전통적으로 유지되고 있던 일본인들의 에조치 인식에 변화를 초래했다는 점에서 구도는 막말의 시대적 분기점에 서 있던 경세가로 평가할 수 있는 인물이었다.

『赤蝦夷風說考』, 58쪽.
21 신동규, 앞의 논문, 181-183쪽.
22 신동규, 앞의 논문, 168-169쪽.

한편, 고우케쓰 아쓰시(纐纈厚)는 에도시대 후기부터 막말 무렵까지 침략사상의 시원을 하야시 시헤이의 『三國通覽圖說』(1785)과 『海國兵談』(1791)으로 보고 있다.23 여기서 말한 하야시의 침략사상이라는 것은 후술하겠지만, 러시아의 위협과 중국의 잠재적 위협에 대항한 해방론으로서 에조치는 물론 대륙에 대한 침탈을 의미하는 것이다. 하지만, 하야시의 『三國通覽圖說』과 『海國兵談』보다도 먼저 저술된 구도의 『赤蝦夷風說考』에도 에조치에 대한 침탈적 인식이 다음과 같이 잠재되어 있었다.

[사료 2]

ⓐ에조치에서 산출된 금은동(金銀銅)을 가지고 우리나라에 필요한 약종 등으로 바꾸어 가는 것이다. 이것에 의해 매년 나가사키(長崎)에서 수출하고 있는 동(銅)을 줄이고 또한 누케니 금제의 법령이 두루 미친다면, 수십 년 안에 나라가 부유하게 될 것은 손바닥을 보듯이 명확하게 될 것이다. 대체로 나라를 다스리는 첫 번째는 나라의 힘을 쌓는 것에 있다. 국력을 두텁게 하는 것에는 외국의 귀중한 것을 우리나라에 들여오는 것이다. … ⓑ개발과 교역의 힘을 빌려 에조(蝦夷) 일국(一國)에 대책을 세운다면 금은동뿐만이 아니라, 모든 산물 전부가 우리나라[일본]의 수용(需用)을 도와주는 것이 될 것이다. 위의 교역 장소는 에조치 만에 한정되지 않는다. 나가사키를 시작으로 모든 요해지, 좋은 항구에서 받아들여도

---

23 纐纈厚, 「大陸侵略思想の構造と系譜」(『情況』第二期5-11, 情況出版, 1994), 21-24쪽. 후에 情況出版編集部 編, 『ナショナリズムを読む』(情況出版, 1998)에 수록.

> 좋다. ⓒ위에서 언급한 대로 일본의 국력을 늘리기 위해서는 에조치에 [이러한] 생각을 전하는 것이다. 이대로 방치해 둔다면, 카무사스카[캄차카]의 사람들이 에조치와 하나가 되어 에조치가 오로샤[러시아]의 지시를 따르게 되는 것으로 변하여 더 이상 우리나라의 지배를 따르지 않을 것이다. 이렇게 된다면, 후회해도 돌이킬 수 없다. … 앞에서 기술한 바와 같이, ⓓ우리의 국력을 증강하기 위해서 에조치 대책에 필적할 만한 것은 없으니, 주의해야 한다. 그 어떠한 국익책(國益策)이라 하더라도 국내적 상황만으로 수단을 궁리하는 것에 그친다면 일이 순조롭게 진행될 수 없다.[24]

즉, [사료 2]의 밑줄 ⓐ에서 구도는 에조치의 광산 자원인 금은동을 일본의 약종과 교환하여 일본 국내의 동(銅) 수출을 줄이게 한다면, 이것은 일본을 부유하게 만들고 나아가 국력을 강화하는 일이라고 주장하고 있다. 또, ⓑ에서는 '에조(蝦夷) 일국(一國)', 즉 에조치에 대한 개발과 교역을 강조함과 동시에 에조치의 모든 산물이 '아국(我國[일본])'에 도움이 된다는 것을 강조하고 있다. 이것은 물론 에조치의 금은동 개발과 산물의 중요성을 언급한 부분이기는 하지만, 구도 스스로가 '에조 일국'과 '아국(我國)'이라고 하여 일본을 에조치와 구별하고 있다는 점에서 보면, 구도에게 에조치는 일본이 아니었으며, 이러한 점에서 일본이 아닌 이역에 대한 침탈적

---

[24] 工藤平助, 『赤蝦夷風說考』(『北方未公開古文書集成-第3卷』), 35-37쪽 ; 井上隆明, 『赤蝦夷風說考』, 58-62쪽.

인식의 일단을 엿볼 수 있다. 그야말로 아이누의 삶의 터전으로서 에조치는 밑줄 ⓒ에 보이는 구도의 발언으로 확인할 수 있듯이 일본인의 일방적인 국력을 늘리기 위한 대상지였고, 러시아가 에조치를 장악하는 등의 후회가 있기 이전에 일본이 지배해야 할 일종의 '침탈 대상지'로 인식되고 있었던 것이다. 그렇기 때문에 밑줄 ⓓ에서 일본의 국력 증강에 절대적인 요소가 에조치에 대한 대책이며, 주의를 기울일 것을 재차 강조하고 있다.

다시 말하면, 에조치의 금은동 광산 개발을 통해 일본의 부를 끌어내야 한다는 구도의 주장에는 서구열강의 제국주의적인 성격이 잠재되어 있었고, 이것은 에조치에 대한 침탈적 인식 속에서 마치 에조치가 일본의 식민지와도 같은 단계에 설정되어 있음을 말해주는 것이다.

2) 하야시 시헤이(林子平)의 에조치 인식

그렇다면 해방론가인 동시에 경세가로서 유명한 하야시 시헤이의 에조치 인식은 어떠했을까. 하야시는 막신(幕臣)이었던 오카무라 겐고베(岡村源五兵衛)의 차남으로 1738년 에도에서 태어났으나, 숙부인 하야시 쥬고(林從吾)가 키웠기 때문에 이후 하야시의 성을 이어받았다. 이후 에도와 나가사키 등에서 학문을 익혀 병학과 지리학, 난학 등을 배웠으며, 오쓰기 겐타쿠(大槻玄澤)·가쓰라가와 호슈(桂川甫周)·우다가와 겐스이(宇田川玄隨)·구도 헤이스케 등과 친분을 다지게 되었다.[25] 특히, 구도와는 상당히 절친한 사이로 하야시가 저술한 『海國兵談』의 서문을 구도가 작성했다는 사실로부터도 구도의 영향력을 짐작할 수 있다.

---

25 和田敏明, 앞의 논문, 15-16쪽.

하야시의 에조치 인식을 가장 잘 살펴볼 수 있는 것은 1785년에 저술한 『三國通覽圖說』이다. 『三國通覽圖說』은 일본에 인접한 삼국, 즉 조선·류큐·에조 및 그 부근의 섬들에 대한 설명과 풍속을 파악한 일종의 경세서(經世書)로서 「三國通覽輿地路程全圖」 5매를 포함하고 있다. 특히, 해방의 필요성과 에조치 개발을 역설하여 에조치에 대해서 상세히 언급하고 있는데, 우선 『三國通覽圖說』의 「에조(蝦夷)」 항목 앞부분에 나타난 인식을 보면 다음과 같다.

[사료 3]
그 나라는 문자가 없고, 재화도 없으며, 곡식과 비단(穀帛)이 없고, 동철(銅鐵)에 익숙하지 않다. 다만, 해산물을 채취하고, 또한 조류를 잡아먹으며 삶을 이어가고 있을 뿐이다. 그 나라는 의약이 없고, 병이 걸렸을 때는 단지 기도만 할 뿐이다. 그렇지만 어떠한 신에게 기도를 하는지 알 수 없는데, 생각건대 하늘에 기도한다고 한다.[26]

즉, [사료 3]의 밑줄 내용으로부터 일본과는 달리 에조치에는 문자·재화·곡식·비단이 없고, 그리고 동철(銅鐵)에 익숙하지 않으며, 병에 걸려도 의약품이 없어 기도만 할 뿐이라는 하야시 자신의 아이누에 대한 차별인식의 단상을 엿볼 수 있다. 더욱이 하야시는 네덜란드 상관장 헤이트[27]로

---

26 林子平, 『三國通覽圖說』(『北方未公開古文書集成-第3卷』), 71쪽.

부터 들은 정보를 인용해 다음과 같이 언급하고 있었다.

[사료 4]

ⓐ에조(蝦夷[아이누])의 성품은 어리석지만 착하다. 아이누인과 접촉한 오로샤[러시아] 사람에게 들었는데, ⓑ"이전부터 병기를 사용하지 않았고, 역모를 도모하지 않으며, 에조치는 추운 지방이기 때문에 후추(胡椒)를 먹여 추위를 이겨내게 하고, 솜옷을 입혀서 한기를 막게 하였다. 또는 달콤한 설탕을 먹이거나, 혹은 독하고 좋은 술을 마시게 하여 이인(夷人[아이누])의 입을 기쁘게 한다. 또는 대포 소리로 놀라게 하여 위엄을 보이며, 문무를 겸하여 이인(夷人)으로 하여금 자신에게 순종케 하는 술수를 피고 있다."고 한다. 오로샤 사람들은 대체로 알고 있을 것이라고 헤이트는 말했다.28

위의 밑줄 ⓐ를 보면, 아이누의 어리석음을 멸시하는 차별인식을 보이고 있으며, 밑줄 ⓑ에서는 헤이트의 말을 인용하여 에조치가 전쟁이나 역모를 도모하지 않은 유순한 지역임을 설파하고 있다. 다만, 러시아로부

27 헤이트(Arend Willem Feith)는 1771년부터 1781년까지 네덜란드 상관장으로 5차례 근무하면서 에도참부(江戶參府)를 6차례 행하였고, 수많은 일본인들과 접촉하면서 해외정보와 서구의 신지식 등을 제공한 인물이다. 하야시 시헤이도 나가사키 데지마(出島)를 방문하여 많은 정보를 획득하고 있었으며, 특히 『三國通覽圖說』과 『海國兵談』에는 헤이트로부터 세계 지리 지식과 무인도, 에조치와 에조치 대책, 러시아의 남하 등에 관한 많은 정보를 얻고 있음을 밝히고 있다.
28 林子平, 『三國通覽圖說』(『北方未公開古文書集成-第3卷』), 74쪽.

터 후추나 솜옷, 또는 설탕과 술을 얻어 생활하고 있으며, 한편에서 러시아는 무력을 과시하여 아이누인들을 순종시키고 있다는 위기의식을 표출하고 있는데, 이것은 말할 것도 없이 러시아의 남하를 막아야 한다는 하야시의 에조치에 대한 문제 제기였다.

또한 에조치에는 상당한 금은동이 매장되어 있다는 것을 하야시는 중히 여기고 있었다. 물론, 이러한 인식은 구도의 에조치 개발론과 동일하지만, 구도보다는 더 구체적인 상황 파악이 이루어지고 있다.

[사료 5]

ⓐ그 나라에는 첫째로 금산(金山)이 매우 많다. 그렇지만, 채굴하는 방법을 몰라 헛되이 묻혀있다. 은산(銀山)·동산(銅山) 또한 마찬가지이다. 또한, 사금이 산출되는 곳이 많다. 쿤누이(國縫)·운베쓰(사마니쵸[樣似町] 해변)·유바리(夕張)·시코쓰(支笏)·하보로(羽幌) 등이다. 이 사금은 강물에서 흘러나오는 것만이 아니다. 사금이 있는 땅은 10리·20리나 되는 땅 전체에서 나고 있다. 하보로의 사금은 해저에서 올라온다고 생각된다. 서북의 큰 벌판 뒤에는 해변 40리 사이의 일대가 금색을 띠고 있다고 한다. ⓑ이러한 금은을 취하지 않고 헛되이 버려두는 것은 아까운 일이다. 은밀하게 생각건대 지금 취하지 않으면, 후세에 반드시 모스코비아(莫斯哥未亞[러시아])가 이것을 빼앗을 것이다. 모스코비아에 이것을 빼앗기고 나면 후회해도 늦을 것이다.29

29 林子平, 『三國通覽圖說』(『北方未公開古文書集成-第3卷』), 74쪽.

[그림 1] 에조치의 지명 위치도
참고사항
- 본 지도는 Craft MAP(http://www.craftmap.box-i.net)의 「日本·世界の白地圖」를 필자가 임의로 편집·작도한 것임.
- 본문 중의 센다이부(仙台府)에 소재한 6개 지명은 생략.
- 본서 제9장 [그림1]에서 지명 수정하여 표기.

위의 [사료 5]의 밑줄 ⓐ에 의하면, 에조치에는 금은동산이 많을 뿐만 아니라, 다량의 사금이 쿤누이·운베쓰·유바리·시코쓰·하보로 등에 있고(이하 지명에 대해서는 [그림 1] 참조), 10리·20리나 되는 넓은 땅에 분포하고 있으며, ⓑ에서는 이렇게 수많은 금은을 채취하지 않고 내버려 두는 것은 아까운 일로서 지금 취하지 않으면 러시아가 먼저 에조치의 금은을 취할 것이라 경고하고 있다. 즉, 에조치의 금은동 광산 개발의 주장과 에조치로의 경제적 침탈을 주장하고 있다. 다만, 금은동 광산의 개발만을 전제로 한 침탈론은 아니다. [사료 5]의 뒤를 이어 "에조국(蝦夷國)의 산물에는 좋은 재료가 많다."30고 서술하면서 수많은 동식물과 약종을 열거하고 있어 에조치가 자원의 보고임을 설파하여 침탈의 당위성을 더욱 강조하고 있다.

그러나 위와 같은 하야시의 에조치 인식은 결국 일본의 영토 팽창에 있었다고 생각된다. 그것은 하야시가 일본과 에조치의 국경에 대해서 다음과 같이 언급하고 있었던 것으로부터 확인할 수 있다.

[사료 6]
은밀하게 생각해보니, 에조의 가장 북쪽에 있는 소야(宗谷), 시라누시(白主) 등으로써 일본 풍토의 한계로 삼아야 한다. 이것은 에조국(蝦夷國)을 일본으로 보는 식견이다. 그렇기 때문에 어떻게 되든지, 옛날의 에조는 실로 에조라고 할 수 없다.30

[사료 7]
ⓐ에조국(蝦夷國)에 왕으로 불리는 자도 없고, 다이묘(大名)라는 자도 없다. 단지, 한 마을마다 취락을 이루어 그 가운데에서 가문에 유서가 있고, 인망이 있는 노

---

30 林子平, 『三國通覽圖說』(『北方未公開古文書集成-第3卷』), 78쪽.

> 년의 사람이 그 부족장이 되어 일을 꾸려간다고 한다. 그때에는 누가 에조국의 주인이라고 하는 것도 없다. 그 위에 ⓑ이인(夷人[아이누])의 성품이 어리석고 착해서 그 나라 사람은 모두 상국(上國[일본])의 풍속을 바라는데, 어린아이가 부모를 흠모하는 것과 같다고 들었다. ⓒ이에 따라 생각해보면, 그 나라에 들어가 상인과 선원들이라도 이인을 깨우치게 하여 상국[일본]의 풍속으로 바꾸어 쉽게 해두면, 공적으로서도 충의를 지키는 것이다.31

위 [사료 6]의 밑줄 부분을 보면, 일본의 가장 북쪽 경계를 에조의 북쪽에 있는 소야(宗谷)와 시라누시(白主)로 삼아야 하며, 이것은 에조국(蝦夷國), 즉 에조치를 일본의 영토로 보는 식견이라고 주장하고 있다. 여기서 말하는 소야라는 곳은 아래의 [그림 1]에 보이는 바와 같이 에조치의 최북단, 즉 현재 홋카이도의 소야군(宗谷郡) 지역을 말하며, 시라누시는 가라후토(樺太[사할린])의 최남단에 위치해 있다. 하야시의 『三國通覽圖說』이 나오기 이전의 에도시대에 이 두 지역을 경계로 삼아 에조치를 일본의 영토로 보는 인식은 존재하지 않았으나, 하야시에 의해서 가라후토의 최남단에 위치한 시라누시까지가 일본의 경계로서 확장된 것이다. 다시 말하자면, 당시 에조치는 일본의 영토가 아니었음에도 하야시에 의해서 에조치 전체가 일본에 포함되어 버린 북방 경계인식의 팽창이 이루어진 것이다.

한편, 하야시의 에조치에 대한 멸시적인 인식은 전술한 [사료 3]과

---

31 林子平, 『三國通覽圖說』(『北方未公開古文書集成-第3卷』), 81쪽.

[사료 4]에도 보이고 있지만, 『三國通覽圖說』의 마지막 부분인 [사료 7]의 밑줄 ⓑ에서도 마찬가지로 "어리석고 착해서", "상국[일본]의 풍속을 바라는데, 어린아이가 부모를 흠모하는 것과 같다."는 표현으로 일본 우위의 멸시적인 차별인식을 나타내고 있다. 『三國通覽圖說』의 내용 중에는 이러한 인식이 많이 보이고 있는데, 마쓰마에 사람으로부터 "이인(夷人[아이누]) 등은 일본을 떠받들었는데 지금에는 이인 모두가 일본인이 되고자 하는 마음이 많다."[32]고 한다거나, 네덜란드 상관장 헤이트로부터는 "일본이 조금만 초유(招諭)하면, 일본의 풍속을 바라고 있기에 순식간에 변화할 것이며, 그 풍속이 변화되면 그 나라는 모두 일본의 영토가 될 것이다."[33]라는 에조치에 대한 사적 정보의 영향도 많이 받고 있었다.

그러나 여기서 더 중요한 것은 바로 [사료 7]의 밑줄 ⓐ부분으로 에조치에는 왕이나 다이묘(大名)도 없고 단지 노년의 부족장이 있을 뿐, "에조국의 주인이 없다."고 하는 인식이다. 이것은 에조치에 정치적 지배자나 국가권력이 존재하지 않는다는 것을 언급한 것으로 이른바 에조치가 '무주(無主)의 땅'으로서 일본이 진출해도 어떠한 지장이 초래되지 않는다는 논리를 내포하고 있다. 결국, 하야시는 [사료 7]의 밑줄 ⓒ에 보이는 바와 같이 상인이나 선원이라 하더라도 에조치에 들어가 아이누를 깨우치게 하고, 이들의 풍속을 일본의 풍속으로 바꾸면, 일본을 위해 충의를 지키는 것이라고 하여 '무주의 땅'으로서 에조치에 대한 교화를 일본의 에조치 진출과 결부시킴으로서 자신의 주장을 합리화하고 있다. 이것이 바로 하야시의 에

---

32 林子平, 『三國通覽圖說』(『北方未公開古文書集成-第3卷』), 79쪽.
33 상동.

조치에 대한 멸시적이고 침탈적인 에조치 인식의 실상이었던 것이며, 구도의 에조치 인식의 연장선상에서 식민지적 위치 부여가 전개되고 있었다.

3. 침탈적 에조치 인식의 강화와 정착

1) 혼다 도시아키(本多利明)의 에조치 인식

혼다 도시아키(本多利明)는 난학과 다양한 경제론을 체계화한 경세론가이다. 혼다도 역시 하야시 시헤이와 마찬가지로 『赤蝦夷風說考』의 저자인 구도 헤이스케에게 많은 영향을 받았다. 이점은 혼다의 저서인 『赤夷動靜』과 『蝦夷拾遺』 속에 구도의 주장을 그대로 수용하거나 약간 수정하여 가필한 부분이 상당수 수록되어 있고, 두 사람 모두 수록된 내용의 근거가 네덜란드 상관 내지는 북방을 견문한 자들에 의한 정보로서 북변의 국방 강화 및 개국과 교역이라는 측면에서 극히 유사한 점이 많기 때문이다. 하지만 와다 도시아키(和田敏明)는 혼다의 '북방 경영론'에는 수학·천문학·지리학·항해론·경제학 등에 토대를 둔 주장들이 많으며, 그의 경영론은 막부의 조법(祖法)을 준수해왔던 또 다른 경세론가들에게는 위협적인 동시에 최첨단의 주장이 내포되고 있어 구도의 추종자라고는 볼 수 없다고 평가한다.[34]

아무튼 경세론가로서 혼다의 주장들은 그가 생존해 있었을 당시에는 그다지 주목받지 못했지만, 메이지시대(明治時代) 이후 "경제부흥책의 선각

34　和田敏明, 앞의 논문, 20-21쪽.

자"란 시각에서 관심을 얻게 되었고, 나아가 "근대 일본의 아시아 진출을 위해 기반을 닦은 지식인"으로 평가되고 있다.35 더욱이 혼다의 경세론가적인 진취성은 1785년에 자신의 제자 모가미 도쿠나이(最上德內)를 당시의 노중 다누마 오키쓰구(田沼意次)가 파견한 에조치 탐사대에 참가시키고 있었다는 점36에서도 어느 정도 느낄 수 있지만, 과연 혼다의 에조치 인식의 실체는 어떠했을까. 여기서 우선 『經世秘策』(1789-1801)을 토대로 검토해 보겠다.

『經世秘策』은 상·하권과 『經世秘策(補遺)』로 구성되어 있는데, 대부분이 경세론적인 입장에서 일본의 부국화를 위한 '사대급무(四大急務)'에 관한 내용이다. '사대급무'라는 것은 "제1 염초(焰硝[화약의 재료]), 제2 제금(諸金), 제3 선박, 제4 속도(屬島)의 개업(開業)"37을 말하며, 그 내용은 첫째로 군비의 충실, 둘째로 광산의 개발, 셋째로 선박의 충실과 교역 진흥, 넷째로 에조치 등을 속도(屬島)로 보는 북방 개척을 의미한다. 결국, '사대급무'라는 것은 국방 문제, 국내개발과 경제의 정비, 에조치 진출과 개발의 문제였다. 본 장에서 관심을 두고 있는 것은 '사대급무' 중에서 네 번째의 속도 문제로 이른바 '속도개업론(屬島開業論)'38이라고도 하는데, 일본의 주변

---

35 류미나, 「'식민사상의 선구자·혼다 도시아키'의 재발견-'속도개업' 논의를 중심으로」,『동북아역사논총』30호, 동북아역사재단, 2010), 217-218쪽.

36 折原裕,「江戸期における重商主義論の成立:海保青陵と本多利明」,『敬愛大學研究論集』43, 敬愛大學經濟學會, 1993), 67쪽.

37 本多利明,『經世秘策』(塚谷晃弘·蔵並省自 校注,『日本思想大系(44)-本多利明·海保青陵』, 岩波書店, 1970). 이하,『日本思想大系(44)-本多利明·海保青陵』은 『日本思想大系(44)』로 약칭함.

38 혼다 도시아키의 '속도개업론(屬島開業論)'과 경제론에 대해서는 다음의 논고를 참조. 池田喜義,「本多利明の經濟說について」(『宮崎大學學藝學部研究時報』

에 인접한 섬들에 대한 적극적 진출과 교역을 주장한 것으로 이들 속도 중에 가장 많은 부분을 차지하는 것이 바로 에조치였다. 『經世秘策(補遺)』의 전체가 바로 에조치 관련 내용으로 그 서두에는 다음과 같이 기술되어 있다.

> [사료 8]
> ⓐ네 번째로 '속도(屬島)의 개업'이라는 것은 일본 부근의 섬들을 열어 '양국(良國)'으로 만드는 것을 말한다. ⓑ일본 주변의 섬들을 열어 '양국'으로 만들면, [일본 국내] 60여 주와 같은 구니(國)들이 많이 출래할 것이고, 일본의 요해지가 될 뿐만이 아니라, 여러 금산(金山)도 열리고, 여러 곡과들도 생기며, 그 외의 여러 산물도 생겨 윤택하게 되어 크게 일본의 국력을 증식할 수 있을 것이다.40

위의 밑줄 ⓐ에서 속도(屬島)라는 것은 일본 주변의 섬들, 특히 에조치를 가리키고 있는데, 그 지역을 양국(良國)으로 만드는 것이라고 하며, 밑줄 ⓑ에서는 일본 국내의 여러 구니(國)들이 에조치에 출래하면 에조치는 일본의 요해지가 될 것이고, 에조치의 금 광산을 채굴하거나 에조치의 많은 산물이 일본 국내로 들어오게 되어 일본의 국력이 크게 신장할 것이라고 주장하고 있다. 이와 같은 구도의 인식은 "원래 속도이기 때문에 인국

    1-3, 1957) ; 平田厚志, 「本多利明の經濟思想小論-特に重商主義論を中心として」(『龍谷史壇』59, 1968) ; 宮田純, 「本多利明の北方開發經濟思想-寬政三年成立 『赤夷動靜』を中心として」(『日本經濟思想史研究』4, 2004) ; 류미나, 앞의 논문.
39 本多利明, 『經世秘策』(『日本思想大系(44)』), 44쪽.

(隣國)에 거리낄 것이 없다. … 점차 사람도 증식시켜 일본에서 자연스럽게 들어와 앞에서 말한 금산, 은산도 개척하고, 인삼도 자연스럽게 독식하여 재배하며 윤택하게 산출시켜 일본국용으로 쓰고, 이국 교역에까지 나갈 수 있다면, 일본의 광휘를 더해 풍요를 돕게 될 것이다."[40]라고 한 것에서도 알 수 있는 바와 같이 에조가 원래 속도라는 것은 혼다의 에스노센트리즘적인 관점이지만, 에조치의 자원침탈과 경제적 수탈을 염두에 둔 인식이기도 했다.

또한, 혼다는 에조치 개발을 언급한 『赤夷動靜』이라는 저서의 맺음말 부분에서 에조치를 개발해야 하는 다섯 가지의 이유에 대해서 말하고 있는데, 이것은 바로 혼다의 에조치 인식이 결정체와도 같은 것이다.

[사료 9]

ⓐ에조치를 방치해두는 것은 국가의 대사가 걸린 일이기 때문에 정말로 개발을 꾀하지 않으면 안 된다. 그렇다면, ⓑ첫째로 이국(異國)과 일본국과의 경계도 자연히 세워져 북방의 적을 막는 요해지가 되고, 오로시야[러시아]인이 일본의 경내에 들어와 함부로 배회하는 일이 없을 것이며, 사종문(邪宗門[그리스도교])의 무리도 들어올 수 없을 것이다. ⓒ둘째로 일본 국내의 죄를 지은 사형수도 살려주고 추방인, 원류인(源流人)도 모두 국가의 일에 사용케 하는 것은 국익인 동시에 인정(仁政)이 될 것이다. 셋째로 금은동·연철(鉛鐵)을 채굴하여 일본에 들여와 국력을 강하게 하며, ⓓ넷째로 개발에 공을 들였기에 온갖 곡식과 과일 및 강과 바

---

40 本多利明, 『蝦夷道知邊』(『近世社會經濟學說大系-本多利明集』, 誠文堂, 1935), 334쪽.

다의 토산물이 해마다 많이 들어와 일본 미곡(米穀)을 위한 보조가 되어 기근이 있는 해의 대비도 될 것이다. 또한 일본 국내의 세금도 점차 줄어들면 궤자(潰子)의 폐단도 그쳐 농민도 늘어날 것이고, 그 위에 만들어지는 덕정(德政)의 35년을 부여해 그저 지금까지 다루기 힘들었던 거친 땅도 신불의 가호로서 되돌려 놓으면, 토지의 인민도 옛날로 되돌릴 수 있을 것이다. ⓔ다섯째로 큰 나무의 좋은 목재가 많은 토지이기 때문에 운송을 위한 긴 선박을 새롭게 만들 수 있는 목재를 얻고, [목재] 3개를 이어 만든 돛대 3개를 가진 큰 선박을 제작하여 태풍을 만나더라도 영구히 파손이나 전복 없이, 또 표류 없이 안전하게 해양을 건널 수 있어 운송의 뜻을 이룰 수 있다. 국가안전의 기본으로서 경사스러운 일이 될 것이다. 이렇게 좋은 일에 좋은 일이 겹쳐 경사로움의 중첩이라고 할 수 있으며, 더 이상 있을 수 없는 좋은 일이다.42

혼다는 [사료 9]의 밑줄 ⓐ에서 에조치 개발은 국가의 대사라고 강조하며, 에조치를 개발하면 다섯 가지의 목적을 이룰 수가 있다고 주장하고 있다. 그 첫 번째 목적은 밑줄 ⓑ에서 이국과 일본국의 경계가 만들어져 에조치가 북방의 적을 방어하는 요충지가 될 것이며, 러시아인들이 남하하여 함부로 배회하지 못할 것이라는 점을 강조하고 있다. 즉, 에조치를 일본의 영토로 인식한다는 것이고, 이것은 하야시 시헤이가 전술한 [사료 6]에서 "에조의 가장 북쪽에 있는 소야(宗谷), 시라누시(白主) 등으로써 일본 풍

---

41 本多利明, 『赤夷動靜』(『北方未公開古文書集成-第3卷』), 132-133쪽.

토의 한계로 삼아야 한다."는 경계인식과 궤를 같이 하고 있다. 더욱이 ⓒ에서는 두 번째로 일본 본토에서의 사형수나 추방인, 또는 먼 곳으로 유배되는 자들을 에조치에 정주시켜 에조치를 개발하고, 세 번째로 금은동·연철의 광산을 개발해 국력을 강화시켜야 한다는 것이다. 혼다의 이러한 에조치 '이주 개발론'은 본토의 죄인들을 에조치로 이주시킴으로써 에조치를 개발함과 동시에 북방의 경비, 일본 본토의 범죄 해결이라는 3가지 목적을 동시에 이룰 수 있다는 개발론으로서 에조치 문제가 본토의 내부적 문제 해결의 차원에서도 인식되고 있었다는 것을 의미한다.42 밑줄 ⓓ에서는 에조치를 개발하면 온갖 곡식과 과일, 그리고 토산물을 일본으로 들여올 수 있고, 이것으로 기근에 대비할 수도 있다는 것이며, ⓔ에서는 에조치의 좋은 목재를 이용해 대형 선박을 만들면 태풍과 해난사고 등과 관계없이 안전하게 해양을 건널 수 있다는 경제적 목적을 드러내고 있다.

　그런데, 여기서 흥미를 끄는 것은 에조치 개발의 첫 번째 목적인 이국과의 경계 설정, 그리스도교 금지를 제외하면, 나머지 네 개의 목적은 전부 일본 부국화를 위한 경제적 목적에 뜻을 두고 있다. 그것은 바로 혼다의 에조치 개발이 국내의 경제적 위기 극복에 주안점을 두고 있다는 것을 의미하는 것이지만, '사대급무'의 첫 번째가 '염초(焰硝)'로 국방의 강화에 있다는 것도 염두에 두지 않으면 안 된다. 하지만 혼다의 일본 부국화는 다음과 같은 침탈적 인식도 내재하고 있었다.

42　신동규, 앞의 논문, 194-196쪽 참조. 혼다의 에조치 이주 개발론에 대해서는 『赤夷動靜』(『北方未公開古文書集成-第3卷』, 126-129쪽)에 상세히 기술되고 있다.

[사료 10]

일본은 해국(海國)이기 때문에 도해(渡海)·운송·교역은 물론이고, 국군(國君)의 천직이 가장 첫 번째 국무이므로 만국(萬國)에 선박을 보내 나라에 필요한 산물과 금은동을 빼내 일본에 들여와서 국력을 두텁게 하는 것은 해국(海國)을 갖추기 위한 수단이다.43

즉, [사료 10]의 밑줄 부분에서 알 수 있는 바와 같이 만국에 선박을 보내 각종 산물과 금은동을 빼내서 일본의 국력을 갖추어야 한다는 제국주의적 침탈인식을 표출하고 있었고, 에조치 역시 그 침탈의 대상으로서 인식되고 있었음을 말해주는 것이다. 결국, 혼다에게 에조치는 개화의 대상이 아니라, 일본의 부국강병을 위한 침탈의 대상으로서 일종의 식민지적 위치로 상정되고 있음을 확인할 수 있다. 여기서 또 한 가지 중요한 점은 밑줄 ⓐ에서 혼다가 "국군(國君)의 천직이 가장 첫 번째"라고 언급한 점이다. 이 것은 '국군(國君)'이 모든 정치권력을 장악한 통일국가로의 전망을 혼다가 가지고 있었다는 것이며, 중앙집권적인 근대 국가로의 맹아를 엿볼 수 있는 부분이기도 하다. 이러한 침탈적 인식은 『西域物語(下)』에서도 "일본국의 국호(國號)를 캄차카의 토지로 옮겨 '고일본(古日本)'이라고 국호를 개혁하고, 임시의 관(館)을 설치해 신분이 높고 낮은 사람 중에서 뛰어난 재능과 영재를 겸비한 인물을 뽑아 군현(郡縣)에 임명하여 살게 하고, 개업(開

---

43 本多利明, 『經世秘策』(『日本思想大系(44)』), 32쪽.

業)에 정성을 다하게 하면, 시간이 흘러 양국(良國)이 되어 머지않아 번영을 이룰 것이다. 결국에는 세계 제일의 대양국(大良國)이 될 수 있다."⁴⁴라고 언급한 것에서 알 수 있는 바와 같이 보다 적극적인 구체성을 띠고 표출되고 있다. 다만, 혼다의 경세론과 에조치에 대한 침탈적 인식은 당시에 너무나 과도적이었고, 이른바 '쇄국조법(鎖國祖法)'을 굳건히 고수하고 있던 당시 막번체제의 입장에서는 기피될 수밖에 없었던 이상론에 불과했다. 그렇지만, 구도와 하야시의 에조치 인식보다는 강렬하게 각인된 침탈적 인식이 내재하고 있었음을 강조해두겠다.

2) 사토 노부히로 (佐藤信淵)의 에조치 인식

사토 노부히로(佐藤信淵, 1769-1850)는 에도 말기 절대주의적 사상가인 동시에 경세론가·병학가·농학가로서 널리 알려졌지만, 한편으로서는 사상의 표절가(剽竊家)로서도 유명해 일본 학계에서도 지금까지 평판이 엇갈리는 특이한 인물이다. 어린 시절부터 일본 각지를 편력하였고, 에도에 정착한 이후에는 유학과 난학, 히라타 아쓰타네(平田篤胤)의 국학을 익혔으며, 이를 토대로 분카기(文化期, 1804-1818) 이후에는 병학과 대외관계에 관한 상당한 저술을 남겼다.⁴⁵ 일본의 팽창론을 주장한『宇內混同秘策』(1823), 농정·농학을 중심으로 한『農政本論』(1829)을 시작으로『天柱記』(1825)·『經濟要錄』(1827)·『垂統秘錄』(1823) 등 경세가의 관점에서 우주론

44　本多利明,『西域物語(下)』(『日本思想大系(44)』), 160쪽.
45　사토에 대한 편력은 森銑三,『佐藤信淵:疑問の人物』(今日の問題社, 1942) ; 稲雄次,『佐藤信淵の虛像と實像-佐藤信淵硏究序說』(岩田書院, 2001) ; 碓井隆次,『佐藤信淵-思想の再評價』(タイムス, 1977)을 참조.

에 이르기까지 활발한 저작 활동을 펼친 인물이다.

이러한 사토에 대해 이미 가와카미 하지메(河上肇)는 1903년부터 그를 제국주의와의 관련성에서 언급하기 시작했는데, 러일전쟁에 승리한 후인 1907년에는 "『宇內混同秘策』이라는 것은 생각건대 이른바 제국주의라는 것이다. 그는 메이지유신이 시작되기도 이전에 이미 제국주의 필요성을 주장하였고, 이것을 실행하기 위해서 크게 육해군을 양성하고, 사단을 각지에 설치할 것을 논하였다."[46]라고 하여 사토를 제국주의자로 규정하고 있다. 이와는 달리 긍정적인 측면에서의 평가도 이루어졌는데, 다카쿠라 신이치로(高倉新一郎)는 "척식의 선각자·지도자들에 의해 기술적·경제적 참고서로서 채용되었고, 그들의 이론적·실제적 지식의 근거가 되었다는 것은 의심할 여지가 없다."[47]라고 평가하고 있으며, 가쓰라지마 노부히로(桂島宣弘)는 사토가 표절가이기는 하지만, 막말 국학의 사상사적인 측면, 즉 국학적 우주론의 전회(轉回) 속에서 일정의 영향을 끼친 공인된 사상가였다고 평가하고 있다.[48] 한편, 한국에서는 사토의 대외인식을 웅비론적인 해외 팽창론으로 규정하여 그를 '해외 침략론자'로서 평가한 박훈과 최은석의 연구[49]도 있는데, 본고 역시 이들 연구에 시사 받은 점이 많다.

이에 본 장에서는 사토의 대외인식을 에조치에 한정하여 과연 그가

---

46 碓井隆次,「佐藤信淵と河上肇:帝國主義思想と社會主義思想」(『社會問題研究』 21-1·2, 1971), 9쪽 재인용.

47 高倉新一郎,「佐藤信淵と蝦夷地開拓」(『社會經濟史學』5-4, 1935), 457쪽.

48 桂島宣弘,『思想史の十九世紀-「他者」としての德川日本』(ぺりかん社, 1999), 第5章 「幕末國學の轉回と佐藤信淵の思想-『天柱記』と『鎔造化育論』を中心に」참조.

49 박훈, 앞의 논문, 285-289쪽 ; 최은석, 「사토 노부히로의 대외관-구제와 침략」 (『東北亞歷史論叢』30, 동북아역사재단, 2010), 251-260쪽.

에조치에 대해 어떠한 침탈인식이 있었는지 고찰해보고자 한다. 특히, 일본이 만국의 근본이라는 입장에서 세계를 속령으로 삼기 위해 국내적으로는 에도를 도쿄(東京), 오사카를 사이쿄(西京)로 삼아 일본 전국을 14성(省)으로 구분하고, 대외적으로는 만주·중국·조선·남방제국으로의 침략정책을 주장한 『宇內混同秘策』[50]을 중심으로 에조치에 대한 어떠한 침탈적 인식이 나타나 있는지 그 실체를 검토해보겠다. 원래 사토 가문의 에조치에 대한 관심은 조부 사토 노부카게(佐藤信景) 때부터라고 알려졌는데,[51] 사토의 에조치 인식은 "일본의 토지가 절묘하다는 것은 남방에 적국이 명확하게 없었기 때문에 그 뜻을 한결같이 북방 개척에 둘 수 있었다."[52]고 한 점에서 알 수 있듯이 에조치라는 공간은 그의 대외인식에서 다른 무엇보다 중요한 사상적 공간이기도 했다.

한편, 사토의 에조치 인식에는 앞에서 살펴본 경세론가와 마찬가지로 전통적 토지개발론이 그 근저에 내재하고 있었다. 즉, "에조국(蝦夷國) 전 지역의 땅은 개벽 이래 토인들이 모두 어로와 사냥만을 업으로 삼아 농경에 종사한 적이 없었다. 그렇기에 간세이(寬政)·교와(享和) 무렵 관부에서는 히가시에조치(東蝦夷地)를 개발하겠다는 명령을 내려 다수의 농부 등을 그 지역에 파견해 큰 들판의 토지를 개척하고 곡물류를 경작하게 하였지만, 원래 우매한 농민들이었기에 땅의 성질을 조화시키거나 전환하는 방

---

50 佐藤信淵, 『混同秘策』(『日本思想大系(45)-安藤昌益·佐藤信淵』, 岩波書店, 1977). 이하, 『日本思想大系(45)-安藤昌益·佐藤信淵』은 '『日本思想大系(45)』'로 약칭함.

51 高倉新一郞, 「天明以前の蝦夷地開拓意見(上)」(『社會經濟史學』3-1, 社會經濟史學會), 62-64쪽.

52 佐藤信淵, 『混同秘策』(『日本思想大系(45)』), 430쪽.

법도, 기후를 헤아려 변통하는 기술도 없어 아는 자가 없었으며, 태고 이래 일찍이 농사를 지은 적도 없는 토지에 곧바로 곡물을 경작했기 때문에 애를 썼음에도 성과가 없어 결국에는 개발의 업을 그만두었다."54고 언급하고 있었다. 그렇기에 이에 대한 대책으로서 "죄인뿐만이 아니라 메아카시(目明し)와 오캇피키(岡っ引)까지도 파견하고, 악행을 거듭한 지독한 악인이 세상의 정교를 깨는 것은 가장 큰 일이기에 모두 쫓아 몰아내 에조국으로 보내 보리밭을 개척하게 해야 한다."54라고 언급한 것에 보이듯이 에조치의 토지개발에 대한 인식이 강하게 내재하고 있었다. 그렇기 때문에 에조치의 강력한 개발을 위해 일본 국내에서 사형 처벌을 받은 자들을 모아 에조치로 보내 개발할 것을 주장한 것이다.55 물론, 일본 본토의 사형수를 에조치로 보내 이용하자는 것은 사토의 생각이 아니라, 이미 전술한 바와 같이 혼다 도시아키가 주장한 내용들이며, 거의 동시대의 도쿠가와 나리아키(德川齊昭)도 자신이 마쓰마에·에조 일대의 영지를 배령 받을 것이라는 전제하에 본토 낭인들의 에조치 이주를 가정해 집필한 『北方未來考』(1833)에서도 피력하고 있었다.56

다만, 사토의 에조치에 대한 인식은 이전의 경세론가보다 더욱 강렬

---

53   佐藤信淵 著/瀧本誠一 編, 『佐藤信淵家學全集(上)』(岩波書店, 1925), 792쪽.
54   佐藤信淵 著/瀧本誠一 編, 『佐藤信淵家學全集(中)』(岩波書店, 1926), 372쪽. 메아카시(目明し)와 오캇피키(岡っ引)는 에도시대 마치부교(町奉行)의 요리키(與力)와 도신(同心)에게 사적으로 고용되어 범죄인의 조사나 체포에 종사했던 자를 말한다.
55   佐藤信淵 著/瀧本誠一 編, 『佐藤信淵家學全集(下)』(岩波書店, 1927), 827쪽.
56   德川齊昭, 「北方未来考(抄)」(高須芳次郎 編, 『水戶學大系』第5卷(水戶義公·烈公集), 水戶學大系刊行會, 1942). 신동규, 앞의 논문, 196-198쪽 참조.

한 침략성이 내재하고 있었다. 즉, 그가 저술한 『宇內混同秘策』에는 만주·중국·조선·남방제국을 비롯해 북방 루트로의 침략이 구체적으로 상세하게 표출되고 있는데, 이에 대해서는 박훈의 연구[58]가 상세히 언급하고 있어 생략하지만, 사토의 침략적 사상의 기저를 짐작할 수 있는 부분에 대해서는 여기서 간단히 살펴보도록 하겠다.

[사료 11]

지금 만국의 형세를 자세히 살펴 우리 일본 전국의 형세를 보니, 적도의 북쪽 30도에서 시작해 45도에 이르고, ⓐ기후가 온화하고 토양이 비옥하여 만 종류의 물산이 심히 넘쳐나지 않는 것이 없고, 사방이 모두 대양에 면해 있어 바다에 배를 대거나 해운 하는데 그 편리함이 만국에 비할 수 없으며, 땅에 영기(靈氣)가 있고 인걸의 용감함이 다른 나라에 비해 유난히 뛰어나다. 그 형승의 기세는 스스로 온 세상에 당당하니 자연히 우내(宇內[천하 또는 세계])를 편달할만한 요소를 모두 가지고 있다. ⓑ이러한 신주(神州)의 웅위(雄威)를 가지고 벌레 같은 만이(蠻夷)를 정벌한다면, 세계를 하나로 합쳐서 만국을 통일하려는 것에 무슨 어려움이 있겠는가.[58]

즉, 밑줄 ⓐ에서는 만물이 넘쳐나 해운에 편리하여 일본만큼 좋은 나라가 없다는 자기 중식적인 인식을 표출함과 동시에 일본의 형세가 세계를

---

57 박훈, 앞의 논문, 286-287쪽.
58 佐藤信淵, 『混同秘策』(『日本思想大系(45)』), 426쪽 ; 박훈, 앞의 논문, 288쪽 참조.

지도할 만한 요소를 모두 가지고 있다고 주장하고 있다. 또한 사토는 여기서 한발 더 나아가 밑줄 ⓑ에 보이는 바와 같이 신주, 즉 일본의 웅위로 벌레 같은 이민족들을 정벌하여 세계를 하나로 합쳐 통일하는 데 그 어떤 어려움도 없다고 주장하며 망상적 침략주의자의 일면을 적나라하게 드러내고 있다.

　　이와 같은 침략주의적 사상의 단면은 일본 중심적 국학 사상과 결부된 것으로서 그의 저서 『天柱記(上)』에서 "황국은 이자나기·이자나미의 두 신이 일찍이 황조대신(皇祖天神)의 조(詔)를 받아 세운 곳이다. 대지를 최초로 만들고, 천손이 하늘에서 내려온 이후, 황위가 무궁하게 대대로 이어져 천지와 함께 오래되었다. 실로 만국의 기본으로서 더할 말이 없다."59라고 일본 황국론을 주장한 것으로부터도 사토의 경세론이 모토오리 노리나가(本居宣長)·히라타 아쓰타네(平田篤胤)의 국학으로부터 상당한 영향을 받고 있었음을 보여주고 있다.

　　한편, 사토의 위와 같은 침략주의적 인식은 에조치에 대해서도 예외 없이 다음과 같이 적용되고 있었다.

[사료 12]
ⓐ센다이이부(仙台府)는 이와키(岩城)·소마(相馬)·센도(仙道)·오사키(大崎)·난부(南部) 및 히가시에조치(東蝦夷)의 6주를 관령하고 있다. 이 진(鎭)에는 아부쿠마(阿武隈) 북쪽에 2개의 큰 강이 있어 화물의 운송이 상당히 편리하다. … ⓑ미야코

59　佐藤信淵, 『天柱記』(『日本思想大系(45)』), 366쪽.

> (宮古)항에서부터는 히가시에조치(東蝦夷地) 및 북해의 구나시리(國後), 에토로후(択捉) 등의 여러 섬을 개척하여 곳곳에 성읍을 구축하고, 다량의 병량을 저축하여 무기를 정리(精利)하게 제작함과 동시에 군졸을 훈련시켜 일이 있을 때는 러시아의 속도(屬島)로부터 카모사쓰카(加謨沙都葛[캄차카]), 오호츠크 등의 시베리아(止白里) 지방을 경략해야 한다.[60]

위 사료의 밑줄 ⓐ에서는 센다이부(仙台府)가 히가시에조치를 포함한 6개 주를 관령하고 있으며, 북쪽으로의 큰 강을 통해 물자의 운송이 편리하다는 사실을 언급하고 있다. 이러한 위치적 조건을 토대로 밑줄 ⓑ에서는 센다이번(仙台藩)으로 하여금 미야코항에서부터 히가시에조치와 구나시리, 에토로후 등에 진출하여 무기와 군졸을 정비해 러시아의 캄차카와 오호츠크를 시작으로 시베리아지역까지 침략할 것을 주장하고 있다. 어디까지나 군사적 침략을 염두에 둔 이와 같은 사토의 주장은 에조치를 대륙 침략의 발판으로 삼으려 한 것으로 다음과 같은 내용에서도 확인된다.

[사료 13]
[일본 및 에조국의 산물을 수송하여 그로써] 호시(互市)의 이득을 취하고, 또한 더욱 더 에조치를 개발하며, 우선은 카모사쓰카(葛模佐都加, 캄차카)를 공격해 빼앗

---

60 佐藤信淵,『混同秘策』(『日本思想大系(45)』), 476-477쪽.

> 아 러시아국에서 설치한 진병(鎭兵)을 사로잡아 이쪽에서[일본에서] 강건한 병사를 파견하고 성곽을 구축해 일본의 영지로 만들어야 한다.61

즉, [사료 13]의 밑줄 부분은 일본과 에조치 사이에서 무역을 통해 이득을 취하는 동시에 캄차카를 무력으로 공격하여 성곽을 구축한 후 일본 땅으로 만들어야 한다는 침략적 진출 방안이었다. 물론, 이것은 러시아에 대한 남하 방지와 군사적 침략을 의미한 것이기도 하지만, 이점과 함께 사토의 대륙침략 루트, 즉 일본 동북부→에조치→흑룡강 주변부와 연해주→만주→조선·중국이라는 침략 루트62와 일본 동북부→에조치→구나시리·에토로후→캄차카·오호츠크→시베리아라는 침략 루트([사료 12] 참조)63를 염두에 두고 볼 때, 에조치의 주변부에 대한 장악은 대륙침략을 위한 발판으로서의 성격을 가지고 있었다. 일견 황당무계한 공상에 지나지 않지만, 고우케쓰 아쓰시(纐纈厚)에 의하면, 이러한 사토의 침략론은 훗날 러시아의 위협이라는 위기 설정과 중국에 대한 침략이 천황제 국가의 지배원리에 합치되고 있었다는 점에서 일본 육군이 만주를 점령하려는 계획의 동기부여와 유사하며, 실제로 1920년대 후반부터 30년대 초엽에 걸쳐 군부와 우익들을 중심으로 한 대륙침략 행동의 획책 속에서 사토 노부히로의 침략 사상이 반복되어 차용되고 있었다는 점64을 볼 때 금후의 과제로 삼

61　佐藤信淵 著/滝本誠一 編, 『佐藤信淵家學全集(下)』(岩波書店, 1927), 822쪽.
62　佐藤信淵, 『混同秘策』(『日本思想大系(45)』), 430-436쪽.
63　佐藤信淵, 『混同秘策』(『日本思想大系(45)』), 476-477쪽.

아 보다 상세히 검토할 필요가 있다.

한편, [사료 12]와 [사료 13]에 보이는 에조치를 발판으로 한 캄차카로의 침략은 사토 고유의 주장으로 볼 수 없다. 전술한 바와 같이 일본을 캄차카로 옮기자는 혼다 도시아키의 주장을 계승한 것이었으며, 이것은 바로 사토의 표절가로서의 일면을 드러낸 한계성이기도 했다. 하지만, 혼다와 사토의 에조치를 거점으로 한 대륙침략론은 이후 근현대를 거치면서 계속 성장해나갔다. 막말의 사상가인 동시에 존왕론자로서 아시아 침략론을 적극적으로 주장했던 요시다 쇼인(吉田松陰)도 "에조(蝦夷)를 개간하여 제후를 봉하고, 틈을 타서 캄차카(加摸察加)와 오호츠크(隩都加)를 빼앗을 것이며, 류큐(琉球)를 타일러 조정에 와서 회동(會同)하게 하여 내지의 제후와 같게 한다."[65]라고 말하여 캄차카와 오호츠크에 대한 침략을 주장했기 때문이다. 이러한 점에서 볼 때, 에도시대 후기의 침탈적 에조치 인식은 서양에 대한 위기의식의 고조와 더불어 시간을 거듭할수록 제국주의적 성격을 더욱 강렬하게 발현하면서 일본의 경세론가들 사이에서 일반화되어 갔음을 상정해 볼 수 있다. 이러한 사상적 굴곡이 메이지유신 이후 일본을 제국주의 국가로, 나아가서 침략국으로 규정할 수밖에 없는 역사적 흐름을 고착시켰다고 생각된다.

---

64 纐纈厚, 앞의 논문, 23쪽.
65 吉田松陰, 『幽囚錄』(松本三之介 編, 『日本の名著(31)-吉田松陰』, 中央公論社, 1984), 227쪽.

4. 맺음말

　이상, 에도시대 후기의 경세론가들, 즉 구도 헤이스케부터 시작해 하야시 시헤이·혼다 도시아키·사토 노부히로에 이르기까지 이들이 지니고 있던 침탈적 에조치 인식을 고찰해보았는데, 여기서 몇 가지 점으로 나누어 정리해보면 다음과 같다.

　우선, 첫째는 구도의 에조치 인식과 침탈적 에조치 인식의 시원과 관련된 문제이다. 18세기 중후반 이후 러시아 남진으로 인한 위기감은 『赤蝦夷風說考』에 보이는 바와 같이 구도에 의해 에조치 이권에 대한 방어적 논리 속에서 에조치 개발론으로 전개되어 막부도 이를 수용하여 개발에 착수하였지만, 어디까지나 에조치는 아이누의 생활 터전으로서 독자적 공간이었다. 그런데도 구도는 금은동 광산 개발 등을 통한 일본의 부를 위해, 또 러시아보다 먼저 지배하기 위해 침탈해야 할 대상으로서 에조치를 인식하고 있었다. 그러한 점에서 구도는 침탈적 에조치 인식의 원조격이라고 할 수 있으며, 그간 선행연구에서 하야시라고 평가되어 왔던 점은 재고할 필요가 있다.

　둘째는 하야시의 에조치 인식에 대한 평가인데, 하야시는 구도의 에조치 인식에 상당한 영향을 받아 에조치의 금은동 광산 개발 등의 침탈적 주장에 대해서는 궤를 같이하고 있다. 다만, 구도와 달리 일본의 가장 북쪽 경계를 현재 홋카이도의 최북단에 있는 소야(宗谷)와 현재 사할린의 최남단에 있는 시라누시(白主)로 삼아야 할 것을 주장하여 에조치를 일본의 영토로 보고 있었다. 여기에는 에조치가 '무주의 땅'이라는 에조치에 대한 멸시관과 일종의 식민지적 위치 부여가 밑바탕에 깔려 있었고, 결국 이러한 점은 하야시의 팽창적이고 침탈적인 경계인식 확장을 보여주는 것으로 구도에서 시작된 침탈적 인식이 하야시에 의해 적극적으로 전개되는 양상을 엿볼 수 있다.

셋째는 혼다의 에조치에 대한 침탈적 인식의 강화에 관한 문제이다. 혼다는 『經世秘策』을 비롯해 『赤夷動靜』의 '사대급무'에서 일본의 국력 강화와 부국화를 위해 군비의 충실과 경제 부흥을 주장했는데, 특히 경제적인 측면에서 에조치를 대상으로 '속도개업론(屬島開業論)'을 펼쳐 금은 광산과 농경 및 삼림의 개발을 제안했다. 경제적 개발과 자원의 침탈이라는 측면에서는 이전의 경세론가와 유사하지만, 군비의 강화와 경제적 침탈을 구체적으로 드러내고 있으며, 『西域物語』에 보이듯이 일본을 캄차카로 옮기면 세계 제일의 대양국(大良國)이 될 수 있다고 하는 제국주의적 침탈 의식의 강화라는 차별성을 가지고 있다. 한마디로 혼다에게 에조치는 일본의 부국강병을 위한 발판인 동시에 해외 침략의 교두보와 같은 존재였다.

넷째는 사토의 에조치에 대한 침탈적 인식의 정착과 본격적인 침략론의 정착에 관한 문제이다. 사토의 에조치 인식은 에스노센트리즘적인 일본 중심사상의 극대화 속에서 이루어지고 있는데, 일본 이외의 이민족을 벌레와 같이 보는 멸시관 속에서 대륙침략론으로 전개하여 세계를 무력으로 통일한다는 망상적인 침략주의자의 일면을 적나라하게 드러내고 있었다. 그가 저술한 『宇內混同秘策』과 『天柱記』를 종합해 볼 때, 대륙침략론의 루트는 2가지로 설정되고 있다. 하나는 일본 동북부의 센다이번을 기점으로 히가시에조치와 구나시리·에토로후에 진출해 무역 이득을 취함과 동시에 무기와 군졸을 정비한 후, 캄차카를 무력으로 공격하여 성곽을 구축한 후 일본 땅으로 만들고, 나아가서는 오호츠크를 거쳐 시베리아 지역까지 침략한다는 것이다. 또 하나는 일본 동북부를 기점으로 에조치→흑룡강 주변부와 연해주→만주→중국이라는 침략 루트가 설정되어 있다. 이 점으로 볼 때 에조치의 주변부에 대한 장악은 대륙침략을 위한 발판으로서의 성격을 가지고 있었으며, 이는 혼다의 에조치 인식과도 일맥상통한다. 하지만, 사토의 구체적인 침략 루트의 설정과 대륙침략 구상은 일본에서 침탈적 에조치 인식의 정착을 의미하는 것이었으며, 또 다른 측면에서 본다면, 구도·하야시·혼다와는 차원을 달리하는 강렬한 침략주의를 근대 일본에 이식시켜 나갔다고 평가할 수 있다.

결과적으로 볼 때 에조치에 대한 침탈적 인식의 변화는 시대 흐름과 더불어 구도→하야시→혼다→사토를 거치면서 침략주의로 노골화되어 당대의 지식인층에 확산하여 갔고, 점차 침략 대상의 공간적 확대가 이루어지면서 근대 일본의 제국주의적 침략정책의 기조가 만들어졌다고 볼 수 있다. 이것이 바로 일본의 근대적 침략주의가 메이지유신으로 탄생한 것이 아니라, 이미 에도시대에 잉태되고 있었다는 것의 방증이다. 한편, 본 장에서는 사토의 대륙침략 획책이 이후 근대 일본의 침략정책에 어떠한 형태로 차용되고 있었는가에 대해서는 구체적으로 살펴보지 못했다. 또한, 최근 '새로운 역사 교과서를 만드는 모임'[새역모·つくる會]에서 출판한 교과서에서 사토를 개국론자로서만 평가한 것에 대한 비판적 검토를 하지 못했는데, 이에 대해서는 금후의 과제로 삼겠다.

참고문헌 (가나다순)

● 사료·자료

「寬永正保之度耶蘇宗門御嚴禁ニ付朝鮮國御往復御書翰寫」(東京大學史料編幕所 소장, 청구번호:宗家史料-4-5).

「大日本國圖」(『拾芥抄』, 早稻田大學圖書館 소장), 請求記號:イ0301827.

「大日本全圖」(國立公文書館 소장), 內閣文庫, 請求番号:177-0285.

「北方未来考(抄)」(德川齊昭 著/高須芳次郎 編, 『水戶學大系』第5卷(水戶義公·烈公集), 水戶學大系刊行會, 1942).

「行基圖」(『拾芥抄』, 早稻田大學圖書館 소장, 請求記号:イ0301827).

『イギリス商館長日記-日本關係海外史付錄譯文編(上·下)』(東京大學史科編纂所, 1979·80).

『オランダ商館長日記(譯文編9·10卷)』(東京大學史料編纂所, 2001·2003).

『フィリピン諸島誌』(モルガ 著, 大航海時代叢書Ⅶ, 岩波書店, 1966).

『フロイス 日本史(全12卷)』(松田毅一/川崎桃太 譯, 中央公論社, 19770-80).

『ベニョフスキー航海記』(水口志計夫/沼田次郎編 譯, 平凡社, 1970).

『江戶開幕400年記念特別展-伊能忠敬と日本圖』(東京國立博物館, 2003).

『經世祕策』(塚谷晃弘 外 校注, 『日本思想大系(44)』, 岩波書店, 1970).

『崎陽群談』(大岡淸相 編/中田易直·中村質 校訂, 近藤出版社, 1974).

『那覇市史(資料篇第1卷2)』(那覇市企劃部市史編集室, 1966).

『南部漂着記-南部山田浦のオランダ船長コルネリス·スハプの日記』(永積洋子 譯, キリシタン文化研究會, 1974).

『德川實紀(全10卷)』(德川實紀研究會 編, 吉川弘文館, 1978-82).

『島原半島史(上·中·下卷)』(林銑吉 編, 長崎縣南高來郡市教育會, 1954).

『東方諸國記』(トメ·ピレス 著/生田滋 外譯註, 大航海時代叢書 5, 岩波書店, 1966).

『綿考輯錄(全7卷)』(土田將雄 編, 汲古書院, 1988-91).

『明史』권323, 外國4, 雞籠條.

『北門叢書(第1卷)』(大友喜作 解說校訂, 北光書房, 1943). 1972년에 國書刊行會에서 재간행.

『北方未公開古文書集成(全10卷)』(寺澤一/和田敏明/黒田秀俊 編, 叢文社, 1978·79).

『使琉球錄』(周煌, 『沖繩の歷史史情報』第8卷, 重点領域研究「沖繩の歷史情報研究」CD-ROM版研究成果報告書). 이하, 「沖繩の歷史情報研究CD-ROM版(第8卷)」 약칭.

『使琉球錄』(夏子陽,「沖繩の歷史情報研究CD-ROM版(第8卷)」).

『使琉球錄』卷首(蕭崇業·謝杰,「沖繩の歷史情報研究CD-ROM版(第8卷)」).

『使琉球記』(李鼎元,「沖繩の歷史情報研究CD-ROM版(第8卷)」).

『使琉球紀』(『龍威祕書』7集, 早稻田大學圖書館 소장, 청구번호:文庫01_01521).

『使琉球雜錄』(汪楫,「琉球·沖繩關係重要資料デジタルアーカイブ」).

『西域物語』(本多利明 著/塚谷晃弘·蔵並省自 校注, 『日本思想大系(44)』, 岩波書店, 1970).

『續琉球國志畧』(齊鯤·費錫章,「沖繩の歷史情報研究CD-ROM版(第8卷)」).

『續日本紀』(坂本太郎 校訂, 『新訂增補國史大系(前·後)』, 吉川弘文館, 1968).

『信長公記』(奧野高廣 校注, 角川文庫, 1996).

『新撰北海道史(第5卷-史料1)』(北海道廳編纂, 淸文堂, 1991).

『御触書寬保集成』(高柳眞三·石井良助 編, 岩波書店, 1989).

『宇下人言 修行錄』(松平定信·松平定光校訂, 岩波書店, 1942).

『原史料で綴る天草島原の亂(史料集)』(鶴田倉造 編, 本渡市, 1994).

『越前若狹古文書選』(牧野信之助 選輯, 福井縣名著刊行會, 1971).

『琉球國志略』(周煌,「沖繩の歷史情報研究CD-ROM版(第8卷)」).

『幽囚錄』(吉田松陰 著/松本三之介 編, 『日本の名著(31)-吉田松陰』, 中央公論社, 1984).

『異國往復書翰集·增訂異國日記抄』(村上直次郎 譯註, 駿南社, 1965).

『日本古地圖大成』(海野一隆/織田武雄/室賀信夫 編, 講談社, 1972).

『日本敎會史(下)』(ジョンアン·ロドリーゲス 著, 大航海時代叢書Ⅹ, 岩波書店, 1970).

『日本史史料(3)-近世』(歷史學硏究會 編, 岩波書店, 2006).

『日本思想大系(64)-洋學(上)』(沼田次郎/松村明 校註, 岩波書店, 1976).

『日本王國記』(アビラ·ヒロン 著, 大航海時代叢書XI, 岩波書店, 1965).

『日本莊園繪圖集成(上·下)』(西岡虎之助, 東京堂, 1976·77).

『日本後紀』(坂本太郎 校訂,『新訂增補國史大系3』, 吉川弘文館, 1975).

『長崎實錄大成(正編)』(田邊茂啓, 長崎文獻社, 1973).

『長崎縣史(全8卷)』(長崎縣史編纂委員會 編, 吉川弘文館, 1963-86).

『赤蝦夷風說考』(井上隆明, 敎育社新書, 1979).

『鄭開陽雜著』(鄭若曾,『文淵閣 四庫全書 電子版』).

『佐藤信淵家學全集(上·中·下)』(佐藤信淵 著/滝本誠一 編, 岩波書店, 1925-27).

『籌海圖編』(胡宗憲,『文淵閣 四庫全書 電子版』).

『中山傳信錄』(早稻田大學圖書館 소장, 청구번호:文庫08_c0123).

『重編使琉球錄』二卷(郭汝霖,『四庫全書存目叢書史部』, 雜史類49, 齊魯書社, 1996).

『天柱記』(佐藤信淵,『日本思想大系(45)-安藤昌益·佐藤信淵』, 岩波書店, 1977).

『通航一覽(1-8)』(林復齋 編, 國書刊行會, 1912·13).

『平戶オランダ商館の日記(全4卷)』(永積洋子 譯, 岩波書店, 1969).

『蝦夷道知邊』(本多利明 著,『近世社會經濟學說大系-本多利明集』, 誠文堂, 1935).

『蝦夷道知邊』(日本國會圖書館 所藏, 請求記号:166-283, 原本代替請求記号:YD-古-3034).

『蝦夷地一件』(全5冊, 日本國立公文書館所藏, 청구번호:0178-0184).

『蝦夷地一件』(『新北海道史(第7卷-史料1)』, 北海道, 1969).

『蝦夷草紙』(北海道大學付屬圖書館 소장, 청구기호:舊記0117).

『海事史料叢書(1)』(住田正一 編, 成山堂書店, 1969).

『混同祕策』(佐藤信淵,『日本思想大系45-安藤昌益·佐藤信淵』, 岩波書店, 1977).

『和蘭風說書集成(上·下)』(日蘭學會/法政蘭學硏究會 編, 吉川弘文館, 1979).

『華夷變態』(上·中·下)』(林春勝/林信篤 編, 東洋文庫, 1958).

『皇朝文獻通考』권295(「四裔考」, 東, 琉球條, 『文淵閣 四庫全書 電子版』).

● 저역서

박석순 외, 『일본사』(대한교과서주식회사, 2005).

박종귀, 『아시아의 분쟁』(새로운 사람들, 2000).

신동규, 『근세 동아시아 속의 日·朝·蘭 국제관계사』, 경인문화사, 2007).

윤병남, 『구리와 사무라이-아키타번을 통해 본 일본의 근세』(소나무, 2007).

이훈, 『朝鮮後期 漂流民과 韓日關係』(국학자료원, 2000).

최장근, 『일본의 영토분쟁 - 일본 제국주의 흔적과 내셔널리즘 - 』(백산자료원, 2005).

한일관계사학회 편, 『조선시대 한일 표류민연구』(국학자료원 2001).

Holden Furber, Rival Empires of Trade in the Orint, 1600-1800(Europe and the World in the Age of Expansion, vol. II), University of Minnesota Press, 1976.

Kirti N. Chaudhuri, The English East India Company : A Study of an Early Joint-Stock Company 1600-1640, London: F. Cass, 1965.

M.N.ピアスン 著/生田滋 譯, 『ポルトガルとインド-中世グジャラートの商人と支配者』(岩波書店, 1984).

Om Prakash, European Commercial Enterprise in Pre-Colonial India, Cambridge University Press, 1998.

Pablo Pastells 著/松田毅一 譯, 『16-17世紀 日本·スペイン交渉史』(大修館書店, 1994).

Pieter Geyl, The Netherlands in the 17th Century, Part One : 1609-1648, Ernest Benn Ltd, 1961.

オスカー·ナホット 著/富永牧太 譯, 『十七世紀日蘭交渉史』(天理大學出版部, 1956).

ブライアン·ハリソン 著/竹村正子 譯, 『東南アジア史』(みすず書房, 1967).

ブレット·ウォーカー/秋月俊幸 譯, 『蝦夷地の征服 1590-1800』(北海道大學出版會, 2007).

マイケル·クーパー 著/松本たま 譯, 『通辭ロドリゲス』(原書房, 1991).

レイニア·H·ヘスリンク/鈴木邦子 譯, 『オランダ人捕縛から探る近世史』(山田町教育委員會, 1998).

ロナルド·トビ, 『鎖國という外交-新視點近世史』(小學館, 2008).

加藤榮一, 『幕藩制國家の成立と對外關係』(思文閣出版, 1998).

加藤榮一, 『幕藩制國家の形成と外國貿易』(校倉書房, 1993).

加藤榮一/山田忠雄 編, 『鎖國』(有斐閣, 1981).

加來耕三, 『天の子 天草四郎』(叢文社, 1988).

榎森進, 『北海道近世史の研究-增補改訂』(北海道出版企劃センター, 1997).

榎森進, 『北海道近世史の研究』(北海道出版企劃センター, 1982).

岡田章雄, 『三浦按針』(思文閣出版, 1984).

桂島宣弘, 『思想史の十九世紀-「他者」としての德川日本』(ぺりかん社, 1999).

桂島宣弘, 『自他認識の思想史』(有志舍, 2008).

高橋庄五郎, 『尖閣列島ノート』(青年出版社, 1979).

高倉新一郎, 『北海道史の歷史』(改訂版, みやま書房, 1964).

高倉新一郎, 『蝦夷地』(日本歷史新書, 至文堂, 1966).

科野孝藏, 『榮光から崩壞へ-オランダ東インド會社盛衰史』(同文館, 1993).

關根德男, 『田沼の改革-江戸時代最大の經濟改革』(郁朋社, 1999).

菊池勇夫, 『幕藩体制と蝦夷地』(雄山閣出版, 1984).

菊池勇夫, 『蝦夷島と北方世界』(吉川弘文館, 2003).

根室市立博物館開設準備室 編, 『クナシリ·メナシの戰い』(根室歷史研究會, 1994).

芹田健太郎, 『島の領有と經濟水域の境界確定』(有信堂高文社, 1999).

芹田健太郎, 『日本の領土』(中央公論新社, 2010).

吉岡孝, 『八王子千人同心(同成社江戸時代史叢書)』(同成社, 2002).

金指正三, 『江戸時代における海難の研究』(はしがき, 1956).

金指正三, 『近世海難救助制度の研究』(吉川弘文館, 1968).

金指正三, 『日本海難救助法制史』(はしがき, 1955).

大石學, 『江戸の外交戰略』(角川學藝出版, 2009).

碓井隆次, 『佐藤信淵-思想の再評價』(タイムス, 1977).

大庭脩, 『德川吉宗と康熙帝-鎖國下での日中交流』(大修館書店, 1999).

大阪人權歷史資料館 編, 『キリシタン禁教と宗教統制-隱れキリシタンの背景を
　　　さぐる』(大阪人權歷史資料館, 1990).

稻雄次, 『佐藤信淵の虛像と實像-佐藤信淵研究序說』(岩田書院, 2001).

島原半島かくれ切支丹研究會 編, 『島原半島の切支丹文化-かくれ切支丹の遺物と遺
　　　跡』(島原半島かくれ切支丹研究會, 1996).

童門冬二, 『坂本龍馬に學ぶ』(新人物往來社, 2009).

李薰·池內敏, 『朝鮮後期漂流民と日朝關係(韓國の學術と文化)』(法政大學出版局,
　　　2008).

立松和平, 『奇蹟-風聞·天草四郎』(東京書籍, 2005).

木崎良平, 『漂流民とロシア-北の黑船に搖れた幕末日本』(中央公論社, 1991).

武田万里子, 『鎖國と國境の成立』(江戸時代叢書21, 同成社, 2005).

門玲子, 『わが眞葛物語江戸の女性思索者探訪』(月藤原書店刊, 2001).

芳賀徹 譯, 『日本人の西洋發見』(中央公論社, 1982).

白石隆, 『海の帝國-アジアをどう考えるか』(中央公論新社, 2000).

保阪正康, 『歷史でたどる領土問題の眞實』(朝日新書309, 朝日新聞出版, 2011).

保阪正康/東鄕和彦, 『日本の領土問題-北方四島, 竹島, 尖閣諸島』(角川書店, 2012).

夫馬進 編, 『使琉球錄解題及び研究:研究成果報告書』(京都大學文學部東洋史研究室,
　　　1998).

北島万次, 『豊臣秀吉の朝鮮侵略』(吉川弘文館, 1995).

北島万次, 『豊臣正權の對外認識と朝鮮侵略』(校倉書房, 1990).

山本紀綱, 『長崎唐人屋敷』(謙光社, 1983).

山本博文, 『寛永時代』(吉川弘文館, 1989).

山本博文, 『幕藩制の成立と近世の國制』(校倉書房, 1990).

山本博文, 『鎖國と海禁の時代』(校倉書房, 1995).

山下和正, 『江戸時代古地圖をめぐる』(NTT出版, 1996).

森銑三, 『佐藤信淵:疑問の人物』(今日の問題社, 1942).

三好唯義/小野田一幸, 「日本古地圖コレクション」(河出書房新社, 2004).

上田信, 『海と帝國-明淸時代』(講談社, 2005).

上地龍典, 『尖閣列島と竹島:中國·韓國との領土問題』(教育史, 1978).

石井進/服部英雄 編, 『原城発掘-西海の王土から殉教の舞台へ』(新人物往来社, 2000).

船越昭生, 『北方圖の歴史』(講談社, 1967).

小堀桂一郎, 『鎖國の思想-ケンペルの世界史的使命』(中央公論社, 1974).

小葉田淳, 『日本と金銀島』(創元社, 1942).

孫崎享, 『日本の國境問題』(ちくま親書905, 筑摩書房, 2011).

松浦章, 『海外情報からみる東アジア:唐船風說書の世界』(淸文堂出版, 2009).

神奈川県立博物館 編, 『世界のかたち日本のかたち-渡邊紳一郎古地圖コレクションを中心に-』(神奈川県立博物館, 1997).

神田千里, 『島原の亂』(中央公論新社, 2005).

神戸市立博物館 編, 『古地圖セレクション-神戸市立博物館』(神戸市スポーツ教育公社, 1994).

辻善之助, 『田沼時代』, 岩波書店, 1980).

岩生成一, 『南洋日本町の研究』(岩波書店, 1966).

岩生成一, 『續南洋日本町の研究』(岩波書店, 1987).

岩下哲典, 『江戸情報論』(北樹出版, 2000).

岩下哲典/眞榮平房昭 編, 『近世日本の海外情報』(岩田書院, 1997).

野口武彦, 『大江戸曲者列傳-太平の卷』(新湖社, 2006).

鹽見鮮一郞, 『彈左衛門とその時代』(河出書房新社, 2008).

永積昭,『オランダ東インド會社』(近藤出版社, 1971).

永積洋子,『朱印船』(吉川弘文館, 2001).

五野井隆史,『大航海時代と日本』(渡邊出版, 2003).

五野井隆史,『德川初期キリシタン史研究』(吉川弘文館, 1983).

五野井隆史,『日本キリスト教史』(吉川弘文館, 1990).

五野井隆史,『大航海時代と日本』(渡邊出版, 2003).

原田禹雄,『尖閣諸島-冊封琉球使錄を讀む』(榕樹書林, 2006).

應地利明,『繪地圖の世界像』(岩波新書480, 岩波書店, 1996).

伊能忠敬研究會 編,『忠敬と伊能圖』([株]アワ・ブラニング, 1998).

李元植,『朝鮮通信使の研究』(思文閣出版, 1997).

的場節子,『ジパングと日本』(吉川弘文館, 2007).

煎本增夫,『島原の亂(歷史新書101)』(敎育社, 1980).

田中健夫,『對外關係と文化交流』(思文閣出版, 1982).

田中健夫,『倭寇-海の歷史』(敎育社歷史新書, 1982).

井上秀雄,『古代日本の外國觀』(學生社, 1991).

井上淸,『尖閣列島-釣魚諸島の史的解明』(第三書館, 1996).

情況出版編集部編,『ナショナリズムを讀む』(情況出版, 1998).

朝尾直弘,『鎖國-日本の歷史(17)』(小學館, 1975).

助野健太郎,『島原の亂』(東出版株式會社, 1966).

住田正一,『日本海事法』(巖松堂書店, 1927).

竹島問題硏究會 編,『「竹島問題に關する調査硏究」最終報告書』(竹島問題硏究會 2007).

竹越與三郞,『日本經濟史(8)』(日本經濟史編纂會, 1920).

池內敏,『近世日本と朝鮮漂流民』(臨川書店, 1998).

池內敏,『大君外交と武威-近世日本の國際秩序と朝鮮觀』(名古屋太學出版會, 2006).

紙屋敦之,『大君外交と東アジア』(吉川弘文館, 1997).

紙屋敦之·木村直也 編,『展望日本歷史(14)-海禁と鎖國』(東京堂出版 2002).

織田武雄, 『地圖の歷史』(講談社, 1973).

川勝守, 『日本近世と東アジア世界』(吉川弘文館, 2000).

淺田實, 『東インド會社-巨大商業資本の盛衰』(講談社, 1989).

川村博忠, 『江戶幕府の日本地圖』(吉川弘文館, 2010).

川村博忠, 『江戶幕府撰國繪圖の硏究』(古今書院, 1983).

川村博忠, 『國繪圖』(吉川弘文館, 1990).

川村博充, 『近世日本の世界像』(ペリカン社, 2003).

秋岡武次郎, 『日本地圖史』(河出書房, 1955).

片桐一男, 『京のオランダ人-阿蘭陀宿』海老屋の實態』(吉川弘文館, 1998).

平松茂雄, 『中國はいかに國境を書き換えてきたのか』(草思社, 2011).

浦野起央, 『尖閣諸島·琉球·中國-日中國際關係史』(增補版, 三和書籍, 2010).

豊見山和行, 『琉球王國の外交と王權』(吉川弘文館, 2004).

鶴田文史, 『西海の乱と天草四郎』(葦書房, 1990).

鶴田倉造, 『天草島原の亂とその前後』(熊本縣上天草市, 2005).

海保嶺夫, 『近世蝦夷地成立史の硏究』(三一書房, 1984).

海保嶺夫, 『エゾの歷史-北の人々と「日本」』(講談社, 2006).

海保嶺夫, 『日本北方史の論理』(雄山閣, 1974).

和田敏明, 『北方領土の幻覺』(叢文社, 1981).

荒野泰典 編, 『江戶幕府と東アジア』(吉川弘文館, 2003).

荒野泰典, 『'鎖國'を見直す』(わかさき市民アカデミー講座ブックレット[No 13],
 川崎市生涯學習振興事業團, 2003).

荒野泰典, 『近世日本と東アジア』(東京大學校出版會, 1988).

黒田日出男, 『龍の棲む日本』(岩波新書831, 岩波書店, 2003).

● 논문

堀新, 「동아시아 국제관계로 본 임진왜란」(『壬辰倭亂과 東아시아 世界의 變動』, 韓日文
 化交流基金·東北亞歷史財團주최 한일국제학술회의 초록, 2009년 9월 19).

권태환, 「일·중 영유권 갈등과 전망 - 尖閣열도를 중심으로 - 」(『한일군사문화연구』 11, 2011).

金明基, 「獨島 問題와 釣魚島 問題의 比較考察」(『강원법학』10, 1998).

김선화, 「중·일간 조어도의 영유권 분쟁에 대한 고찰」(『海事法研究』19-2, 2007).

남종호, 「중·일 양국의 조어도열도 영유권분쟁과 이어도문제」(『한중사회과학연구』 23, 2012).

류미나, 「'식민사상의 선구자·혼다 도시아키'의 재발견-'속도개업' 논의를 중심으로」(『동북아역사논총』30호, 동북아역사재단, 2010).

민덕기, 「에도 幕府의 동아시아 국제사회로의 진입 노력-무로마치 幕府와 비교하여」(『日本思想』6, 한국일본사상사학회, 2004).

박승우, 「스페인 식민지배하 필리핀의 토착 지배계급의 형성 과정」(『동남아시아연구』13, 한국동남아학회, 2003).

朴正義, 「日本神話による世界觀の變遷」(『日本文化學報』15, 한국일본문화학회, 2002).

박정현, 「근대 중국의 해양인식과 영유권 분쟁」(『아세아연구』48-4, 2005).

박훈, 「18세기말-19세기초 일본에서의 '戰國'적 세계관과 해외팽창론」(『동양사학연구』104, 2008).

변정민, 「18세기 후반 幕府의 蝦夷地 개발정책」(부산대학교대학원석사학위논문, 2008). 동 논문은 「18세기 후반 幕府의 蝦夷地 개발정책」(『역사와 세계』33, 효원사학회, 2008)으로 발표.

신동규, 「'VOC'의 동북아시아 진출에 보이는 조선무역의 단절과 일본무역 유지정책」(『韓日關係史研究』22, 한일관계사학회, 2005).

申東珪, 「근세 일본 '島原·天草의 亂'에 보이는 天草四朗의 신격화와 그 영향」(『日本思想』13, 한국일본사상사학회, 2007).

申東珪, 「근세 일본의 그리스도교 禁制政策과 珍島 표착 異國船의 처리」(『日本文化研究』24, 동아시아일본학회, 2007).

申東珪, 「근세 漂流民의 송환유형과 '國際關係'-조선과 일본의 제3국 경유 송환유형을 중심으로」(『江原史學』17·18 합집호, 강원사학회, 2002).

申東珪, 「明淸交替期 明의 원군 요청에 대한 德川幕府의 외교정책」(『제46회 전국역사학대회』, 역사학회, 2003).

申東珪, 「耶蘇宗門禁制를 둘러싼 朝日外交關係」(『江原史學』通號13·14, 1998).

신동규, 「에도시대(江戶時代) 후기 일본 經世論家의 에조치(蝦夷地)에 대한 침탈적 인식 고찰」(『韓日關係史硏究』39, 한일관계사학회, 2011).

申東珪, 「일본의 私撰地圖로 본 전근대 '三島領土觀'에 대한 고찰」(『전근대 일본의 영토인식』, 동북아역사재단, 2012).

申東珪, 「前近代 일본의 西洋異國船 표착처리」(『韓日關係史硏究』25, 한일관계사학회, 2006).

신동규, 「『赤蝦夷風說考』와 에도막부(江戶幕府)의 북방인식」(『東北亞歷史論叢』30, 동북아역사재단, 2010).

윤유숙, 「전국시대 일본적 세계관과 신국사상」(김현구 외, 『동아시아 세계의 일본사상-'일본 중심적 세계관' 생성의 시대별 고찰』, 동북아역사재단, 2009).

이계황, 「에도(江戶)막부의 대외관계 형성과정」(『한국학연구』20, 인하대학교한국학연구소, 2009).

이규배, 「德川시대 일본의 국제정세 인식과 대응전략에 관한 一考察」(『東아시아硏究論叢』9, 제주대학교동아시아연구소, 1998).

이문기, 「중국의 해양도서 분쟁 대응전략: 조어도와 남사군도 사례를 중심으로」(『아시아연구』10-3, 2008).

이은자, 「한중간 영토 분쟁에 대한 비판적 검토」(『아시아문화연구』14, 2008).

이정태, 「조어도 분쟁에서 '무주지 선점론'과 '역사주권론'」(『국제정치연구』14-1, 2011).

李昌偉, 「중국의 도서와 해양경계 문제」(『국제법학회논총』54-1, 2009).

진필수, 「센카쿠(댜오위타이)제도 영유권 분쟁에 있어 이시가키시 의회의 과잉애국심과 지역활성화의 논리」(『비교민속학』47, 2012).

최은석, 「사토 노부히로의 대외관-구제와 침략」(『東北亞歷史論叢』30, 동북아역사재단, 2010).

Jose Luis Alvarez-Taladriz, 「1494年のトルデシーリャス條約と極東伝道のデマルカシオン」(『サピエンチア: 英知大學論叢』29, 聖トマス大學, 1995).

Le' Le' Wynn, 「中世日本における龍の表象と國土觀-「行基圖」をめぐって」 (『Zeami』2, 森話社, 2003).

アニック·ホリウチ, 「近世日本の知のネットワーク-'魯西亜(ロシア)'關連の言說を通して」(『比較日本學教育研究センター研究年報』5, お茶の水女子大學比較日本學教育研究センター, 2009).

コラー·スサンネ, 「安永年間のロシア人蝦夷地渡來の歷史的背景」(『スラヴ研究』51號, 北海道大學スラヴ研究センター, 2004).

ブルース·バートン, 『日本の「境界」-前近代の國家·民族·文化』(靑木書店, 2000).

メアリ·エリザベス·ベリ, 「統一權力と地圖作成」(黒田日出男/メアリ·エリザベス·ベリ/杉本史子 編, 『地圖と繪圖と政治文化史』(東京大學出版會, 2001).

ロナルド·トビ, 「近世期の'日本圖'と'日本'の境界」(黒田日出男/メアリ·エリザベス/杉本史子 編, 『地圖と繪圖と政治文化史』(東京大學出版會, 2001).

加藤榮一, 「ブレスケンス号の南部漂着と日本側の對應」(『幕藩制國家の成立と對外關係』, 思文閣出版, 1998).

加藤榮一, 「鎖國と幕藩制國家」(『鎖國-講座日本近世史2』, 有斐閣, 1981).

桂島宣弘, 「宣長の「外部」-18世紀の自他認識」(『思想』932, 岩波書店, 2001).

桂島宣弘, 「華夷思想の解体と自他認識の變容」(島薗進他 編, 『岩波講座 近代日本の文化史(2)』, 岩波書店, 2001).

高橋公明, 「外交儀禮よりみた室町幕府の日朝關係」(『史學雜誌』91-8, 史學會, 1982).

高橋公明, 「朝鮮遣使ブームと世祖の王權」(田中健夫 編, 『日本前近代國家と對外關係』, 吉川弘文館, 1987).

高橋公明, 「朝鮮外交秩序と東アジア海域の交流」(『歷史學研究』573, 歷史學研究會, 1987).

高橋公明, 「村井報告批判」(『歷史學研究』510, 歷史學研究會, 1982).

高木昭作,「秀吉·家康の神國觀とその系譜-慶長18年「伴天連追放之文」を手がかりとして」(『史學雜誌』101-10, 史學會, 1992).

高倉新一郎,「佐藤信淵と蝦夷地開拓」(『社會經濟史學』5-4, 1935).

高倉新一郎,「天明以前の蝦夷地開拓意見(上)」(『社會經濟史學』3-1, 社會經濟史學會).

谷本晃久,「貢納と支配-幕末期小笠原諸島と蝦夷地の'內國化'を事例に」(『北海道·東北史研究』4, 2007).

公文俊平,「試論:近世日本の長波と日本史の超長波」(『GLOCOM review』41, 國際大學グローバル·コミュニケーション·センター, 1999).

菅谷成子稿,「フィリピンとメキシコ」(歷史學研究會編,『講座世界史1-世界史とは何か』, 東京大學出版會, 1995).

關周一,「アジアから見た日本の境界」(竹田和夫,『古代中世の境界意識と文化交流』, 勉誠出版, 2011).

纐纈厚,「大陸侵略思想の構造と系譜」(『情況』第二期5-11, 情況出版, 1994).

菊池新一,「北海道屯田兵制度の先驅的類型-八王子千人同心の移住を中心として」(『經濟論集』4, 大東文化大學經濟學會, 1966).

菊池勇夫,「外壓と'蝦夷地'支配」(『歷史學研究-世界史における地域と民衆』別冊特集, 歷史學研究會編, 靑木書店, 1979).

菊池勇夫,「海方と北方問題」(『岩波講座-日本通史14』, 岩波書店, 1995).

堀江洋文,「イギリス東インド會社の盛衰」(『專修大學人文科學研究所月報』230, 專修大學人文科學研究所, 2007).

宮田純,「本多利明の北方開發經濟思想-寬政三年成立『赤夷動靜』を中心として」(『日本經濟思想史研究』4, 2004).

奈倉哲三,「秀吉の朝鮮侵略と「神國」-幕藩制支配イデオロギー形成の一前提として」(『歷史評論』314, 歷史科學協議會, 1976).

大熊良一,「ロシア人による北方海域探險の歷史」(『幕末北方關係史攷』, 北方領土問題對策協會, 1972).

大場四千男,「近世蝦夷地の內國植民經營と場所請負制」(『北海學園大學經濟論集』45-

4, 1998).

碓井隆次, 「佐藤信淵と河上肇:帝國主義思想と社會主義思想」(『社會問題研究』21-1·2, 1971).

渡邊美季, 「近世琉球における對「異國船漂着」體制-中國人·朝鮮人·出所不明の異國人の漂着に備えて」(琉球王國評定所文書編集委員會 編, 『琉球王國評定所文書補遺別卷』, 浦添市教育委員會, 2002).

渡邊美季, 「漂流·漂着から見る近世琉球-中國と日本の狭間で」(社會制度の持續性チーム研究會報告, 元興寺文化財研究所, 2004).

渡邊一郎, 「最近における伊能日本圖の所在と概況について」(『地圖』34-2, 日本國際地圖學會, 1996).

藤田覺, 「一九世紀前の日本」(『岩波講座 日本通史(15)-近世5』, 岩波書店, 1995).

藤井讓治, 「一七世紀の日本-武家の國家の形成」(『岩波講座 日本通史(12)-近世2』, 岩波書店, 1994).

鈴木純子, 「北方四島の地圖(特集:北海道の地圖)」(『地圖情報』23-1, 2003).

鈴木純子, 「伊能圖の成り立ち」(『地理』49-11, 古今書院, 2004).

麓愼一, 「幕末における蝦夷地政策と樺太問題-1859(安政6)年の分割分領政策を中心に」(『日本史研究』371, 1993).

麓愼一, 「蝦夷地第二次直轄期のアイヌ政策」(『北大史學』38, 1998).

林田秀晴, 「南蠻繪師山田右衛門作の謎」(『歷史研究』428, 歷研, 1997).

馬場章, 「地圖の書誌學-長久保赤水『改正日本輿地路程全圖』の場合」(黑田日出男/メアリ·エリザベス·ベリ/杉本史子 編, 『地圖と繪圖と政治文化史』, 東京大學出版會, 2001).

武田安弘, 「明治期における北海道移住農民-檢討視角と課題」(『地方史研究』29-4, 地方史研究協議會, 1979).

尾崎房郞, 「蝦夷地第1次幕領政策の論理」(『北大史學』27, 1987).

米山孝子, 「日本圖と行基傳承」(『大正大學大學院研究論集』27, 2003).

梶輝行, 「通説をくつがえす檢証シーボルト事件」(『歷史讀本』857, 新人物往來社,

2010).

白井暢明,「'北光社'農場·坂本直寬のキリスト敎的開拓者精神-北海道開拓者精神史におけるその特色と限界」(『旭川工業高等專門學校硏究報文』37, 旭川工業高等專門學校, 2000).

白井暢明,「北海道開拓者精神史における聖園農場および武市安哉の思想の特色と意義」(『旭川工業高等專門學校硏究報文』33, 旭川工業高等專門學校, 2002).

保柳睦美,「伊能忠敬の測量と地圖」(『日本古地圖大成-解說』, 講談社, 1972).

福本健太郎,「行基圖系日本圖の變遷について」(『國學院雜誌』100-6, 國學院大學, 1999).

服部英雄,「原城發掘」(荒野泰典 編, 『江戶幕府と東アジア』, 吉川弘文館, 2003).

北島万次,「秀吉の朝鮮侵略における神國意識」(『歷史評論』438, 歷史科學協議會, 1986).

浜岡究,「スペイン·ポルトガルの大西洋制海權爭い」(『武藏大學人文學會雜誌』154, 2008).

濱川今日子,「尖閣諸島の領有をめぐる論点-日中兩國の見解を中心に」(『調査と情報』565, 2007).

濱下武志,「東アジア國際體系」(有賀貞, 『講座國際政治(1)』, 東京大學出版會, 1989).

濱下武志,「東アジア史に見る華夷秩序」(濱下武志 編, 『東アジア世界の地域ネットワーク』, 山川出版社, 1999).

寺崎仁樹,「第一次幕領期の蝦夷地政策と箱館-場所經營方法の變化への對應を中心に」(『論集きんせい』27, 2005).

寺崎仁樹,「第一次蝦夷地幕領政策の破綻-經營收支の檢討を中心に」(『日本歷史』712, 2007).

山本博文,「'鎖國令'の背景」(『歷史評論』493, 歷史科學協議會, 2006).

山本博文,「日本の沿海防備體制と朝鮮」(『歷史評論』516, 歷史科學協議會, 1993).

山田準,「リーフデ号とスペイン」(『東洋硏究』152, 大東文化大學東洋硏究所, 2004).

山脇悌二郎,「近世の對外關係」(『大系日本史叢書5-對外關係史』, 山川出版社, 1978).

杉谷昭,「安政年間における蝦夷地政策」(佐賀大學敎育學部硏究論文集』33(2-1), 1986).

三好唯義,「『日本輿地圖藁』について-伊能忠敬, 文化6年(1809), 神戶市立博物館藏 (120.5×204.0cm)」(『地圖』34-2, 日本國際地圖學會, 1996).

上原兼善,「明淸交替期における幕藩制國家の琉球支配」(箭內健次編,『鎖國日本と國際交流(上)』, 吉川弘文館, 1988).

生島廣治郞,「德川時代に於ける海難救助の硏究」(『經濟學商業學國民經濟雜誌』34-5·35-2, 神戶大學, 1923).

西里喜行,「明淸交替期の中琉日關係再考-琉球國王の冊封問題を中心に」 (『International journal of Okinawan studies』1-1, 2010).

石原道博,『明末淸初日本乞師の硏究』(冨山房, 1945).

石田一良,「日本古代國家の形成と空間意識の展開」(『東北大學文學部日本文化硏究所報告』2, 東北大學文學部, 1966).

石川猶興,「記傳を步く(28)-工藤平助著「赤蝦夷風說考」-前人未踏の蝦夷地開發論」 (『農政調査時報』373, 全國農業會議所, 1987).

松方冬子,「'四つの口'の彼方-日本近世對外關係史硏究の視野」(『UP』36-11, 東京大學出版會, 2007).

松方冬子,「風說書確立以前のオランダ人による情報提供について」(『東京大學史料編纂所硏究紀要』9, 東京大學史料編纂所, 1999).

松永伍一,「天草四郞陣中旗餘談」(『學鐙』97-9, 學鐙編集擔當編, 2000).

松永伍一,『まぼろしの天使-天草四郞』(偕成社, 1986).

松浦章,「淸に通報された「島原の亂」の動靜」(『東西學術硏究所紀要』19, 關西大學東西學術硏究所, 1986).

藪下信幸,「17世紀前半におけるイギリス東インド會社の航路網の推移」(『商經學叢』134, 近畿大學2001).

矢嶋道文,「工藤平助'國益思想'の再評價—『報國以言』を中心に」(『日本思想史學會

2002年度大會-「大正思想史の諸問題」』, 2002).

市毛幹幸,「18世紀末における近世國家とアイヌ社會の關係秩序-クナシリ・メナシの戰いのアイヌ仕置を手掛りとして」(『北海道・東北史研究』3, 2006).

新宮正春,「天草四郎の大問題-天草四郎は實在か, 非實在か?」(『歷史讀本』709, 新人物往來社, 1999).

神田千里,「宗教一揆としての島原の亂」(『東洋大學文學部紀要-史學科編』30, 東洋大學文學部史學科研究室, 2004).

神田千里,「土一揆としての島原の亂」(『東洋大學文學部紀要-史學科編』29, 東洋大學文學部史學科研究室, 2003).

深谷克己,「'島原の乱'の歷史的意義」(『歷史評論』201, 歷史科學協議會, 1967).

深谷克己,「島原・天草一揆の思想史的位置」(『百姓一揆の歷史的構造』, 校倉書房, 1979).

深谷克己,「歷史の中の'天草島原の亂'」(『熊本史學』66・67, 熊本大學, 1990).

深井甚三,「幕府撰日本圖に見る近世越中の地域像」(『人間發達科學部紀要』1-1, 2006).

兒島正彌,「古地圖にみるエゾ地-近世初期の北方地理認識(含討論)」(『日本史研究』485, 2003).

安野眞幸,「伴天連追放令の研究」(『文化紀要』14, 1980).

岩崎奈緒子,「「加模西葛杜加國風說考」の歷史的意義」(九州史學研究會 編,『境界からみた内と外』, 岩田書院, 2009).

岩崎奈緒子,「「赤蝦夷風說考」再考」(『北海道・東北史研究』3, 北海道・東北史研究會編, 2006).

岩崎奈緒子,「史料紹介:天理大學付屬天理圖書館所藏「加模西葛杜加國風說考」」(『北海道・東北史研究』3, 北海道・東北史研究會編, 2006).

岩崎奈緒子,「十八世紀後期における北方認識の展開」(藤井讓治/杉山正明/金田章裕 編,『大地の肖像』, 京都大學學術出版會, 2007).

野上勝彦,「翻刻『アンボイナ事件』(1624年版)第二部及び第三部-イギリス東イン

ド會社の興亡(1の2)」(『千葉工業大學硏究報告(人文編)』43, 千葉工業大學, 2006).

野上勝彦, 「翻刻『アンボイナ事件』(1624年版)第一部-イギリス東インド會社の興亡(1の1)」(『千葉工業大學硏究報告(人文編)』43, 千葉工業大學, 2006).

奧原敏雄, 「動かぬ尖閣列島の日本領有權 – 井上淸論文の「歷史的虛構」をあばく」(『日本及日本人』1515, 1973).

奧原敏雄, 「明代および淸代における尖閣列島の法的地位」(『季刊 沖繩』63, 1972).

奧原敏雄, 「尖閣列島の領有權問題」(『沖繩』58, 1971).

奧原敏雄, 「尖閣列島領有權の根據」(『中央公論』93-7, 1978).

奧原敏雄, 「尖閣列島領有權の法理-日·中·臺の主張の根據と對立点」(『日本及日本人』1507, 1972).

奧原敏雄, 「尖閣列島問題と井上淸論文」(『朝日アジアレビュー』4-1, 1973).

奧原敏雄, 「尖閣列島 – 中國及び臺灣の領有權論據批判」(『AFAシリーズ』78, アジア親善交流協會, 1979).

羽田野正隆, 「伊能圖の評價に關する諸問題」(『地學雜誌』78-6, 東京地學協會, 1969).

位田繪美, 「長崎民衆が想う'島原の亂-「長崎舊記類」の山田右衛門作記事をめぐって」(『文學硏究』95, 日本文學硏究會, 2007).

長谷川伸三, 「幕府の蝦夷地直轄と生産·流通政策」(地方史硏究協議會1979年度大會特集, 『地方史硏究』29-4, 1979).

的場節子, 「南蠻人日本初渡來に關する再檢討」(『國史學』162, 國史學會, 1997).

田邊貞夫, 「天草四郞, 原田甲斐(歷史と文學のあいだ-特集)」(『國文學』14-16, 學燈社, 1969).

煎本增夫, 「島原·天草の亂の發端について」(『日本歷史』659, 日本歷史硏究會, 2003).

田村吉永, 「オランダ風說書について-硏究予錄」(『日本歷史』50, 日本歷史學會, 1952).

田村榮太郞, 「肥後の天草四郞·桐生の四郞兵衛」(『歷史評論』47, 歷史科學協議會, 1953).

折原裕,「江戸期における重商主義論の成立:海保青陵と本多利明」(『敬愛大學硏究論集』43, 敬愛大學經濟學會, 1993).

鄭伯衡,「臺灣貿易の史的考察(1)-和蘭の據台以前及び據台以後の時期」(『修道商學』33-1, 廣島修道大學商經學會, 1992).

井上淸,「釣魚列島(尖閣列島等)の歷史と歸屬問題」(『歷史學硏究』381, 1972).

鄭成一,「全羅道 住民의 日本列島 漂流記錄 分析과 데이터베이스화(1592-1909)」(『史學硏究』72, 韓國史學會, 2003).

朝尾直弘,「鎖國制の成立」(『講座 日本史(4)』, 東京大學出版會, 1970).

佐伯正,「雁道について」(『明治大學人文科學硏究所紀要』47, 2000).

竹內誠,「寬政改革」(『岩波講座 日本歷史』12, 岩波書店, 1976).

中西啓,「シーボルト事件を巡って」(『洋學』5, 洋學史學會, 1996).

中田薰,「德川時代ノ海法」(『法學協會雜誌』32-3·4, 1914).

中井信彦,「蝦夷地開拓說の系譜」(『社會經濟史學』18-5, 社會經濟史學會, 1953).

中村質,「島原の亂と鎖國」(『岩波講座日本歷史-近世1』, 岩波書店, 1979).

中村孝志,「オランダの臺灣經營」(『天理大學學報』15-3, 天理大學, 1964).

增田義郎,「ポルトガルとアジア(2)」(『國際關係紀要』9-第1·2合倂號, 亞細亞大學國際關係硏究所, 2000).

曾煥棋,「明淸時代中國に朝貢する琉球國に對する薩摩藩の姿勢と態度」(『南島史學』69, 南島史學會, 2007).

紙屋鈍之,「德川家康と琉球王の對面に關する一史料」(『日本史攷究』22, 日本史攷究會, 1996).

池田喜義,「本多利明の經濟說について」(『宮崎大學學藝學部硏究時報』1-3, 1957).

織田武雄,「行基圖の成立とその影響」(『日本古地圖大成-解說』, 講談社, 1972).

川村博忠,「江戸初期日本總圖再考」(『人文地理』50, 人文地理學會, 1998).

靑山宏夫,「雁道考-その日本圖における意義を中心にして」(『人文地理』44-5, 人文地理學會, 1992).

靑山宏夫,「特集:繪圖·地圖のなかの交通-行基圖と中世繪圖を中心に」(『古代交通硏

究』9, 1999).

淸水紘一,「伴天連追放令の發布をめぐって」(『中央大學文學部紀要』128, 1988).

村井章介,「鐵炮傳來再考」(『東方學會創立五十周年記念東方學論集』, 東方學會, 1997).

春名徹,「近世日本船海難にかんする中國全記錄の再檢討-東アジアにおける近世漂流民送還制度と日本」(『海事史研究』62, 2005).

春名徹,「漂流民送還制度の形成について」(『海事史研究』52, 1995).

太田勝也,「德川鎖國の本質」(第21回中央史學會大會-シンポジウム東アジアの中近世日本, 日本中央大學3號館, 1996년 6월 22일).

板澤武雄,「蘭船ブレスケンス號の南部入港」(『日蘭文化交渉史研究』, 吉川弘文館, 1959).

板澤武雄,「鎖國および'鎖國論'について」(『日蘭文化交渉史』, 吉川弘文館, 1959).

片桐一南,「蘭船の出帆手續きと村井喜右衛門の沈船引揚げ事件」(『海事史研究』43, 日本海史史學會, 1986).

片桐一南,「村井喜右衛門の沈船引揚げ繪畵資料」(『海事史研究』47, 日本海史史學會, 1990).

平野友彦,「古地圖からみた北方史の一齣-「東西蝦夷地圖」の境界線」(『地方史研究』43-5, 地方史研究協議會, 1993).

平田厚志,「本多利明の經濟思想小論-特に重商主義論を中心として」(『龍谷史壇』59, 1968).

豊見山和行,「近世琉球史への視点-薩摩藩による琉球支配の再檢討」(『歷史地理敎育』714, 歷史敎育者協議會, 2007).

河內將芳,「豊國社の成立過程について-秀吉神格化をめぐって」(『ヒストリア』164, 大阪歷史學會, 1999).

鶴田啓,「近世日本の四つの'口'」(紙屋鈍之/木村直也 編,『海禁と鎖國』, 東京堂出版, 2002).

鶴田啓,「近世日本の四つの'口'」(荒野泰典·石井正敏·村井章介 編,『アジアの中のい日本史(2)-外交と戰爭』(東京大學出版會, 1992).

鶴田倉造,「'西海の亂'の名稱論と視點論」(『西海の亂』14, 西海の亂史硏究會·西海文化硏究所, 1997).

鶴田倉造,「湯島談合の檢証」(『西海の亂-天草四郎の亂』創刊號, 西海の亂史硏究會·島原·天草の亂獻灯の會編, 1989).

鶴田八洲成,「島原における一揆發端の事件の分析」(『熊本史學』32, 熊本大學, 1967).

鶴田八洲成,「天草·島原之亂の史的硏究」(『熊本史學』31, 熊本大學, 1966).

海老澤有道,「寬永鎖國令」(『歷史敎育』5-11, 歷史敎育硏究會, 1957).

海老澤有道,「豊臣秀吉の日本神國觀-キリシタン禁制をめぐって」(『社會科學ジャーナル』17, 國際基督敎大學社會科學硏究所, 1979).

華立,「唐船風說書」に見る長崎貿易と海上交易ネットワーク」(『東アジア硏究』46, 大阪經濟法科大學アジア硏究所, 2006).

和田敏明,「鎖國の夢を破った古典的三名著」(『北方未公開古文書集成(第3卷)』, 叢文社, 1978).

荒木敎夫,「領土·國境紛爭における地圖の機能」(『早稻田法學』74-3, 1999).

荒野泰典,「國際認識と他民族觀-『海禁』『華夷秩序』論覺書-」(歷史科學協議會 編, 『現代を生る歷史科學(2)』, 大月 書店, 1987).

荒野泰典,「近世の對外觀」(『岩波講座 日本通史(13)-근세3』, 岩波書店, 1994).

荒野泰典,「近世の日朝關係」(歷史學硏究會 編, 『日朝關係史を考える』, 靑木書店, 1989).

荒野泰典,「近世日本の漂流民送還體制と東アジア」(『歷史評論』400, 歷史科學協議會, 1984[후에 『近世日本と東アジア』(東京大學出版會, 1988)에 수록]).

荒野泰典,「大君外交體制の確立」(『講座日本近世史(2), 有斐閣, 1981).

荒野泰典,「東アジア華夷秩序と通商關係」(歷史學硏究會 編, 『講座世界史(1)』, 東京大學出版會, 1995).

荒野泰典,「幕藩制國家と外交」(『世界史認識における民族と國家-1978年度歷史學硏究會大會報告』, 歷史學硏究別冊特集, 靑木書店, 1978).

荒野泰典,「日本の鎖國と對外意識」(『歷史學硏究別冊特集-東アジア世界の再編民衆

意識』, 1983年度歷史學硏究會大會報告).

荒野泰典, 「日本型華夷秩序の形成」(朝尾直弘 等 編, 『日本の社會史(1)』, 岩波書店, 1987).

荒野泰典, 「日本型華夷秩序の形成」(『日本の社會史-列島內外の交通と國家-』, 岩波書店, 1987).

荒野泰典, 「一八世紀の東アジアと日本」(『講座 日本歷史(6)』(東京大學出版會, 1985).

荒野泰典, 「天竺の行方-三國世界觀の解體と天竺-」(『中世史講座(11)-中世における地域·民族の交流』, 學生社, 1996).

黒田日出男, 「寬永江戶幕府國繪圖小考」(『史觀』107, 早稻田大學史學會, 1982).

● 이미지 자료

- 京都大學圖書館古地圖コレクション, http://edb.kulib.kyoto-u.ac.jp/exhibit/maps/index.html
- 九州大學デジタルアーカイブ, https://www.lib.kyushu-u.ac.jp/ja/collections/q_digitalarchive
- 國立公文書館デジタルアーカイブ(繪圖), http://www.digital.archives.go.jp
- 國際日本文化硏究センター所藏地圖DB, https://www.nichibun.ac.jp/ja/db/
- 東京國立博物館情報アーカイブ, https://webarchives.tnm.jp/database
- 明治大學圖書館蘆田文庫古地圖コレクション, http://www.lib.meiji.ac.jp/ashida/index.html
- 文化廳文化遺産オンライン, http://bunka.nii.ac.jp/Index.do
- 北海道大學附屬圖書館北方資料高精細畵像電子展, http://www.lib.hokudai.ac.jp/hoppodb/
- 鳥取縣立圖書館所藏繪圖, https://www.library.pref.tottori.jp/information/cat17/post-9.html

찾아보기

ㄱ

가라쓰(唐津) 173, 176, 177
가라코(唐比) 140, 141
가라토지마(カラト島) 319
가라후토(樺太) 265, 295, 315, 319, 320, 323, 327, 330, 334, 336, 341, 384, 387, 395, 431, 438, 441, 456, 458
가마쿠라(鎌倉) 270, 271, 279
加摸西葛杜加國風說考 387, 389,
가쓰 가이슈(勝海舟) 299
가쓰라가와 호슈(桂川甫周) 452
가즈사(加津佐) 130
가쿠나이(覺內) 124, 125, 135,
가쿠레기리시탄(隱れキリシタン) 115, 154
가키자키(蠣崎) 281
간노 사자에몬(神野佐左衛門) 151, 152
간세이 개혁(寬政改革) 410, 415, 416, 428, 430
간죠부교(勘定奉行) 412, 416, 427, 428, 429
간죠쿠미가시라(勘定組頭) 413, 429
간토(關東) 417, 418, 428,
간파쿠(關白) 076, 077
감합무역(勘合貿易) 060, 083
강화교섭(講和交涉) 082
개국(開國) 460, 478
改正日本輿地路程全圖 286, 287, 288, 289, 290, 293

개척사관(開拓史觀) 388
개항(開港) 229
갠지스강(Ganges) 068
건륭제(乾隆帝) 375
걸사(乞師) 050, 083, 084
검지(檢知) 032, 264, 308
겐로쿠시대(元祿時代) 101, 286, 304
견당사(遣唐使) 063, 066
견수사(遣隋使) 066
견직물(絹織物) 031, 199, 207
경세가(經世家) 442, 444, 449, 452, 467
경세론가(經世論家) 007, 017, 326, 440, 442, 445, 446, 460, 461, 467, 469, 470, 475, 476, 477
經世秘策 438, 442, 461, 462, 466, 477
慶長日本總圖 310, 311, 312
계롱(鷄籠) 358, 359, 360, 362, 366, 371, 374
계롱산(雞籠山) 358, 359, 360, 374
계롱서(鷄籠嶼) 362, 366
고니시 유키나가(小西行長) 119, 120, 121, 129, 159
高來郡一揆之記 118, 134, 135, 188, 191,
고려(高麗) 272, 274, 291
고로비 증문(轉び証文) 154
고미산(古米山) 354, 355, 357, 362, 366, 368, 371, 372, 373, 374, 375, 376,

380, 381
고미야마 후켄(小宮山楓軒) 424
古事記 062, 081
고산케(御三家) 427
고쓰우라(上津浦) 133, 137, 139
고아(Goa) 023, 024
고요제이(後陽成) 079
고지도(古地圖) 007, 008, 072, 262, 263, 264, 265, 266, 267, 269, 270, 272, 274, 282, 285, 287, 288, 291, 293, 307, 308, 309, 310, 311, 317, 332, 341
고토(五島) 234, 246, 254
고표(故漂) 398
고학(古學) 084, 156, 168, 160
고화서(高華嶼) 370
곤도 쥬조(近藤重藏) 387, 432, 438
곤산(崑山) 371
공의(公儀) 127, 412
공조(共助) 006, 015, 047, 052, 103, 162, 165, 178, 179, 186, 210, 211, 212
곽여림(郭汝霖) 356, 380
관금(關禁) 102
寬文日本圖 282, 283
관수(官守) 104
寬永日本圖 310, 311, 312, 313, 315, 316, 321, 340
관찬지도 007, 016, 263, 264, 265, 282, 286, 289, 293, 295, 303, 305, 306, 307, 308, 309, 310, 315, 317, 320, 321, 322, 326, 327, 330, 334, 339, 340, 341, 342

官板實測日本地圖 011, 329, 331, 332, 335, 341
교키(行基) 266, 267, 270, 313
교토(京都) 011, 037, 040, 042, 051, 062, 069, 072, 120, 215, 337, 384
교회(敎會) 011, 025, 030, 033, 034, 037, 042, 068
구(溝) 367, 368, 369, 375, 377, 378, 379, 380, 381, 382
구교국(舊敎國) 042, 251
구나시리(國後) 430, 473, 474, 477
구나시리(國後)·메나시(目梨)의 전투 430
구나시리토(國後島) 295, 323, 330, 341, 342, 384, 385, 456
구도 헤이스케(工藤平助) 007, 017, 386, 387, 389, 390, 391, 394, 395, 396, 397, 398, 400, 401, 402, 405, 406, 407, 408, 409, 410, 411, 412, 413, 414, 419, 426, 427, 435, 436, 437, 438, 439, 441, 442, 443, 445, 446, 447, 448, 449, 450, 451, 452, 455, 460, 462, 467, 476, 477, 478
구마모토번(熊本藩) 117, 150
구메지마(久米島) 355, 356, 357, 358, 368, 369, 372, 374, 376, 380, 381
구미적도(久米赤島) 376
구바지마(久場島) 355
구와바라 모리카즈(桑原盛員) 416
구장도(久場島) 376
구치노쓰(口之津) 139, 140
국가권력(國家權力) 004, 005, 007, 060, 091, 235, 243, 263, 264, 265, 268,

269, 306, 307, 308, 311, 339, 341, 359, 380, 459
국가신도(國家神道) 161, 158,
국군도(國郡圖) 268, 269, 270, 307, 308, 313
국제관계사(國際關係史) 012, 087, 099, 100
국제법(國際法) 266
국제사법재판소(國際司法裁判所) 349
국제인식(國際認識) 088, 089
국제질서(國際秩序) 006, 008, 050, 058, 059, 060, 061, 062, 083, 086, 087, 088, 089, 090, 094, 099, 100, 101, 102, 109, 110, 111
국학(國學) 084, 110, 156, 157, 158, 160, 467, 468, 472
국회도(國繪圖) 264, 265, 308, 309, 310, 315, 317, 320
군국주의(軍國主義) 158, 161, 346
그리스도교(Christianity) 006, 008, 011, 015, 020, 022, 029, 030, 031, 032, 033, 034, 035, 037, 041, 042, 043, 044, 045, 046, 047, 048, 049, 051, 052, 053, 055, 056, 070, 071, 072, 074, 080, 091, 094, 102, 103, 114, 115, 117, 119, 122, 123, 124, 125, 126, 128, 129, 130, 132, 133, 134, 135, 136, 138, 139, 141, 145, 146, 147, 149, 153, 154, 156, 159, 160, 161, 162, 163, 166, 172, 173, 178, 190, 191, 198, 201, 204, 205, 206, 208, 210, 211, 212, 213, 217, 220, 221, 222, 223, 224, 225, 226, 217,

228, 230, 245, 250, 251, 256, 257, 463, 465
금교(禁敎) 006, 008, 014, 028, 032, 037, 041, 042, 047, 052, 053, 056, 115, 153, 154, 156, 208, 222, 224, 256, 257
금산(金山) 404, 405, 407, 408, 410, 411, 448, 455, 462, 463
今昔物語集 065
금은동(金銀銅) 402, 403, 404, 405, 406, 409, 413, 414, 436, 448, 449, 450, 451, 452, 455, 456, 457, 463, 465, 466, 476
금은산(金銀山) 412, 413, 446, 447
금은섬(金銀島) 251
금제(禁制) 022, 031, 037, 042, 043, 046, 049, 052, 056, 072, 102, 103, 114, 115, 117, 154, 156, 161, 163, 166, 199, 206, 208, 210, 212, 213, 217, 221, 222, 223, 228, 230, 245, 250, 251, 256, 401, 404, 406, 450
기리시탄(キリシタン, 吉利支丹, 切支丹) 011, 115, 119, 121, 126, 128, 132, 136, 154
崎陽群談 219, 220, 224
기유약조(己酉約條) 051
기죽도(磯竹島) 291
기키야쿠(開役) 246
기타에조(北蝦夷) 330

ㄴ

나가무라 구라노스케(長村內藏助) 200

나가사키 부교(長崎奉行) 179, 180, 181, 182, 184, 185, 186, 195, 197, 225, 228, 232, 235, 236, 237, 242, 243, 252, 254, 405, 431,
나가쿠보 세키스이(長久保赤水) 267, 286, 287, 296,
나라시대(奈良時代) 270, 271
나미카와 덴민(并河天民) 395, 446
나미카와 세이쇼(并河誠所) 395
나베시마 가쓰시게(鍋島勝茂) 150
나이에론드(Cornelis van Neijenroode) 167
나찰국(羅刹國) 272, 275, 276, 282, 286, 304, 314
나하(那覇) 352, 365, 371, 373
난군(亂軍) 047, 114, 128, 129, 132, 133, 135, 136, 139, 141, 143, 144, 145, 146, 147, 148, 149, 152, 153, 159, 160, 163, 165, 177, 178, 182, 184, 185, 186, 190, 191, 192, 196, 211, 212
난부(南部) 251, 252, 432, 472
난선(難船) 214, 235, 236
난파(難破) 254, 255
난학(蘭學) 085, 156, 160, 394, 428, 452, 460, 467
남만(南蠻) 072, 074, 153, 154, 224, 398
남만선(南蠻船) 033, 034, 053, 220, 221, 225
남만인(南蠻人) 072, 074
남명(南明) 050, 083, 084, 232, 364
남섬부주(南瞻部洲) 073
남아메리카(South America) 031

南瞻部州大日本國正統圖 275, 276
南瞻部洲萬國掌菓之圖 072
南瞻部洲之圖 072, 073
낭민(浪民) 423
낭사(浪士) 423
낭인(浪人) 118, 119, 120, 121, 129, 146, 147, 159, 423, 424, 425, 426, 436, 470
내국화(內國化) 433, 434, 435, 439, 443
내셔널리즘(nationalism) 006, 015, 084, 086, 113, 117, 150, 156, 157, 158, 160, 161, 162, 348,
內證佛法相承血脈譜 065
4개의 창구(四つの口) 006, 013, 015, 048, 049, 054, 057, 060, 061, 084, 094, 095, 096, 097, 098, 100, 109, 110, 111, 214, 217, 229, 248, 253, 255, 256, 257, 258, 383, 391
네덜란드 동인도연합회사(Vereenigde Oostindische Compagnie, VOC) 025, 026, 027, 028, 039, 041, 106, 108, 163, 167, 169, 198, 170, 209, 249, 400
네덜란드 상관(商館) 044, 049, 164, 168, 172, 176, 177, 180, 182, 195, 251, 252, 394, 399, 460
네덜란드 상관장(商館長) 104, 108, 110, 193, 196, 200, 393, 453, 454, 459
네덜란드 선박(船舶) 006, 015, 043, 049, 106, 164, 167, 178, 181, 182, 183, 191, 194, 217, 225, 226, 228, 248, 249, 251, 252, 253, 254, 255, 256,

257, 258
네덜란드선 053, 188, 191, 200, 249, 252, 253
네덜란드인 042, 048, 107, 108, 163, 164, 169, 170, 171, 172, 179, 180, 187, 188, 189, 190, 192, 193, 194, 195, 198, 200, 201, 202, 203, 204, 205, 211, 212, 250, 252, 253, 397, 447
네르친스크조약(Nerchinsk 條約) 391
네무로(根室) 385, 431
네트워크(network) 020, 022, 025, 028, 031, 041, 043, 049, 054, 055, 056, 060, 061, 086, 089, 090, 099, 111, 214, 243
노미 이치로베(乃美市郎兵衛) 120
놋카마프(Nokkamappu) 385
농성(籠城) 123, 136, 139, 140, 141, 144, 146, 148, 149, 159, 160, 192
누케니(抜荷) 234, 390, 401, 402, 403, 404, 406, 409, 411, 435, 450
닌나지(仁和寺) 270
닝보(寧波) 011, 028, 078

ㄷ

다네가시마(種子島) 029, 072, 198
다누마 오키쓰구(田沼意次) 387, 409, 449, 461
다누마 정권(田沼政權) 387, 391, 409, 412, 428, 430, 431, 435, 436, 437
다다노 마쿠주(只野眞葛) 409
다이쇼지마(大正島) 011, 355, 357, 360, 368, 369, 380, 381

다이카개신(大化改新) 268
다치하라 스이켄(立原翠軒) 424
다카하시 가게야스(高橋景保) 293, 295, 322, 326, 327
다카하시 요시토키(高橋至時) 322
다카호코지마(高鉾島) 254
단가제도(檀家制度) 154
단고지마(談合島) 133
단교(斷交) 043, 044, 048, 051, 056, 084, 091, 103, 154, 196, 199, 201, 203, 206, 207, 208, 212, 226, 251
단자에몽(彈左衛門) 417, 418
당선(唐船) 097, 188, 224, 227, 230, 231
당토(唐土) 070, 272
唐船風說書 049, 085
대국관(大國觀) 065
대군(大君) 090
대당(大唐) 011, 068, 076, 275
대등의례(對等儀禮) 106
대류큐(大琉球) 355
대륙침공(大陸侵攻) 078
대륙침략(大陸侵略) 007, 473, 474, 475, 477, 478
대명(大明) 011, 076, 083, 103, 104
대외무역(對外貿易) 026, 038, 046, 075, 102, 163, 212, 230, 406, 436
대외인식(對外認識) 005, 006, 007, 012, 013, 016, 071, 079, 088, 468, 469,
대외정책(對外政策) 005, 006, 012, 013, 014, 037, 045, 050, 055, 092, 094, 222, 229, 258
대일무역(對日貿易) 167, 178

大日本國大繪圖 282, 284, 286
大日本國圖 275, 313
大日本國沿海略圖 299, 305
大日本國地震之圖 278, 279, 304
大日本大略全圖 298
大日本分境圖成 298
大日本輿地全圖 296, 297, 305
大日本沿海輿地全圖 295, 322
大日本全圖 337, 338
大日本地圖 333, 334
大日本總圖 282, 285, 286, 304
대포(大砲) 163, 178, 180, 181, 182, 185, 186, 187, 188, 189, 191, 194, 196, 197, 205, 405, 430, 454
대항해시대(大航海時代) 006, 020, 021, 022, 028, 055, 074, 075, 214
댜오위다오(釣魚島) 007, 342, 343
德川實紀 150, 206, 427
덕화(德化) 434
데라모토 규타로(寺本久太郎) 151
데라사와 가타다카(寺澤堅高) 113, 162
데우스(デウス, Deus) 130, 155, 156
데이준소쿠(程順則) 352, 374
데지마(出島) 049, 056, 208, 251, 454
덴몬카타(天文方) 322
도다 우지카네(戸田氏鐵) 186, 187, 189, 196, 197
도미니코회(Ordo fratrum Praedicatorum) 035
도미오카성(富岡城) 137, 139
도사(土佐) 035, 036, 158
도수령(刀狩令) 032

도신(同心) 232, 233, 418, 419, 470
도요토미 히데쓰구(豊臣秀次) 076
도요토미 히데요시(豊臣秀吉) 011, 021, 032, 033, 034, 035, 036, 037, 051, 058, 062, 071, 075, 076, 077, 078, 079, 080, 081, 082, 085, 089, 091, 094, 104, 105, 110, 229, 238, 277, 281
島原半島史 114, 117, 118, 122, 123, 124, 125, 127, 129, 132, 133, 134, 138, 140, 143, 144, 145, 147, 187, 188, 191
島原一揆松倉記 191
嶋原天草日記 130
도자기 031
도자마(外樣) 320, 427
도진마치(唐人町) 085, 089
도진야시키(唐人屋敷) 051
도쿠가와 나리아키(德川齊昭) 422, 423, 424, 425, 436, 470
도쿠가와 쓰나요시(德川綱吉) 317, 319,
도쿠가와 요시노부(德川慶喜) 422
도쿠가와 요시무네(德川吉宗) 310, 317
도쿠가와 이에미쓰(德川家光) 031, 051, 182, 197, 201, 283, 383
도쿠가와 이에쓰나(德川家綱) 182
도쿠가와 이에야스(德川家康) 010, 037, 038, 054, 082, 091, 105, 129, 166, 227, 250, 310
도쿠가와 이에하루(德川家治) 427
도쿠가와 히데타다(德川秀忠) 041, 052, 074, 250

도쿠가와막부(德川幕府) 042
독도(獨島) 272, 274, 289, 291, 293, 342, 349, 381, 443
독점권(獨占權) 026, 030, 041, 048, 049, 054, 163, 200, 320
독점무역(獨占貿易) 164, 166
돈 페트로 아크냐(Don Pedro de Acunha) 166
동(銅) 199, 403, 404, 405, 448, 449, 450, 451,
동남아시아(東南亞細亞) 020, 022, 023, 025, 026, 027, 028, 039, 040, 041, 055, 075, 209
東大寺墾田地圖 268
동래부(東萊府) 051
동방견문록(東方見聞錄) 020
동번(東藩, 東番) 265, 358, 359
동사산(東沙山) 362, 366
동이(東夷) 072
동인도회사(東印度會社) 039, 044, 166
동중국해(東中國海) 343, 344
동화주의(同化主義) 433
디오고 로페스 드 세케이라(Diogo Lopes de Sequeira) 023

ㄹ

러시아(Russia) 004, 008, 054, 218, 229, 258, 266, 326, 341, 342, 383, 386, 387, 391, 392, 393, 394, 395, 396, 397, 398, 399, 400, 401, 402, 403, 405, 406, 407, 408, 409, 410, 412, 413, 414, 416, 419, 423, 424, 425, 431, 435, 436, 437, 438, 441, 442, 444, 446, 447, 448, 449, 450, 451, 452, 454, 455, 457, 463, 473, 474, 476
러시아인 384, 387, 391, 396, 398, 410, 416, 464
러일관계(露日關係) 332
러일전쟁(露日戰爭) 468
레이프호(De Ryp) 181, 182, 183, 189, 194
로드리게스(Fray Agustin Rodriguez) 010, 035, 068, 069
魯西亜略說 387
로주(老中) 103, 207, 226, 239, 242, 252, 387, 388, 406, 409, 410, 427, 428, 431, 432, 449
루손(ルソン, 呂宋) 072, 153
루이 로페스 데 빌라로보스(Ruy Lopez de Villalobos) 030
琉球國中山世鑑 346, 352
琉球國志略 346
류큐 선박(琉球 船舶) 243, 244, 245, 246, 247, 248, 256
류큐 침공(琉球 侵攻) 052, 083, 091, 319
류큐국왕사(琉球國王使) 093, 094
류큐열도(琉球列島) 317, 319, 320, 330, 337, 339, 342
류큐책봉사(琉球册封使) 007
리차드 콕스(Richard Cocks) 040, 166, 222
리흐데호(De Liefde) 037, 038, 164, 248

ㅁ

마기산(馬刵山) 362

마닐라(Manila) 031, 032, 035, 042, 053, 055, 091, 166, 197, 198, 199, 203, 206
마르코 폴로(Marco Polo) 020
마리아상(Maria像) 154, 228
마미야 린조(間宮林藏) 327, 388
마부치 지코안(馬淵自藁庵) 282, 284, 286, 304
마스다 도키사다(益田時貞) 114, 120
마스다 시로(增田四郎) 114, 124
마스다 진베(增田甚兵衛, 益田甚兵衛) 118, 119, 120, 121, 129, 147
마시타 나가모리(增田長盛) 035
마쓰다이라 노부쓰나(松平信綱) 120, 128, 130, 144, 146, 182, 186, 195, 211, 226
마쓰다이라 사다노부(松平定信) 387, 389, 390, 405, 406, 419, 427, 429
마쓰다이라 후마이(松平不昧) 157
마쓰라 시게노부(松浦鎭信) 035, 181
마쓰마에 야스히로(松前泰廣) 441
마쓰마에(松前) 053, 054, 094, 095, 096, 104, 217, 255, 256, 258, 280, 281, 286, 288, 289, 294, 298, 305, 317, 319, 321, 383, 384, 393, 394, 396, 397, 403, 406, 411, 412, 413, 416, 423, 429, 431, 432, 433, 434, 456, 459, 470
마쓰마에번(松前藩) 048, 054, 095, 256, 257, 385, 393, 412, 413, 414, 419, 428, 430, 431, 433, 437, 440, 441, 443

마쓰모토 히데모치(松本秀持) 412, 413, 414, 416, 427
마쓰에몬(松右衛門) 126, 129
마쓰쿠라 가쓰이에(松倉勝家) 139, 141, 162
마쓰쿠라 시게마사(松倉重政) 139
마쓰쿠라(松倉) 047, 114, 124, 162, 188, 191
마젤란(Magellan) 030, 037, 038
마치산(馬齒山) 362, 366, 367, 372, 373, 376
마카오(Macao) 029, 035, 043
마키노 노부시게(牧野信成) 201, 203, 204
마후무드 샤(Mahmoud Shah) 023
막령화(幕領化) 007, 017, 391, 426, 427, 433, 434, 435, 439, 443
막말(幕末) 004, 007, 008, 084, 154, 160, 164, 296, 299, 323, 326, 329, 418, 443, 444, 445, 446, 449, 450, 468, 475
막번제(幕藩制) 092, 095, 217, 364, 389, 433, 441
막번체제(幕藩體制) 008, 060, 114, 162, 163, 171, 182, 210, 217, 245, 364, 383, 386, 445, 467
막부군(幕府軍) 047, 114, 128, 129, 130, 143, 144, 145, 146, 150, 153, 162, 163, 164, 179, 182, 184, 185, 186, 187, 192, 196, 197, 211, 212
막부령(幕府領) 428, 432
만주(滿洲) 469, 471, 474, 478
말레이시아(Malaysia) 022
매화(梅花) 362, 376

머스킷 총(musket) 184
메쓰케(目付) 252, 432
메아카시(目明し) 470
메이지시대(明治時代) 007, 156, 160, 303, 306, 309, 340, 460
메이지유신(明治維新) 086, 382, 445, 468, 475, 478
메이지정부(明治政府) 008, 158, 306, 332, 334, 337, 341, 426
멕시코(Mexico) 031, 035
綿考輯錄 117, 150, 152
멸시관(蔑視觀) 435, 439, 476, 477
明史 358, 359
명청교체(明淸交替) 044, 050, 053, 058, 059, 060, 061, 083, 089, 094, 096, 102, 108, 109, 110, 232, 363
明治國繪圖 332
모가미 도쿠나이(最上德內) 387, 416, 429, 431, 437, 438, 461
모스코비아(莫斯哥未亞) 455
모스크바(Moscow) 395, 396, 397
모쿠사에몬(杢左衛門) 132
모토오리 노리나가(本居宣長) 156, 161, 472
몰루카(Molucca) 023, 024, 025, 027, 030, 038
몽고(蒙古, 몽골) 088, 272, 274
무가사회(武家社會) 066, 110
무로마치(室町) 032, 275
무사(武士) 032, 033, 034, 122, 147, 157, 418, 419, 423
무쓰노쿠니(陸奧國) 251
무위(武威) 088, 089, 090, 092, 100, 192

무육(撫育) 096, 105, 400
무주지(無主地) 346, 349
문인(文引) 238
믈라카(Melaka) 023, 024, 025, 028, 041, 400
미겔 로페스 데 레가스피(Miguel Lopez de Legazpi) 030
미나가와 히데미치(皆川秀道) 415, 429
미나미토리시마(南鳥島) 342
미나토 겐자에몽(湊源左衛門) 413
미노오도리(箕踊り) 172
미야카와 도메(宮川留) 410
미우라 안징(三浦案針) 038
미토번(水戶藩) 422
미토학(水戶學) 084, 158, 160
민해(閩海) 377, 378
밀무역(密貿易) 029, 050, 234, 388, 390, 401
밀입국(密入國) 042, 056, 199, 223, 224, 230

ㅂ

바바 도시시게(馬場利重) 180, 181, 219, 220
바바 사주로(馬場佐十郞) 327
바타비아(Batavia) 025, 028, 041, 043, 044, 106, 167, 172, 173, 176, 177, 189, 194, 228, 251, 400
바테렌(伴天連) 032, 034, 037, 041, 069, 124, 125, 127, 154, 206, 220, 223, 224
반가산(半架山) 376

반다(Banda) 025, 027, 400
반도(叛徒) 176, 177, 178
반란(反亂) 006, 044, 047, 084, 113, 114,
　　116, 162, 166, 171, 172, 173, 178,
　　187, 190, 192, 201, 204, 205, 206,
　　210, 211, 250
반청운동(反淸運動) 044
반텐(Banten) 026, 027, 028
백제(百濟) 266, 270, 313
번국가(藩國家) 157
번정개혁(藩政改革) 084, 158
범릉적(犯陵賊) 105
범죄자(犯罪者) 420, 422, 424, 425, 436,
　　437
베뇨후스키(M. A. A. Benyovzky) 393, 398,
　　399
베이징(北京) 050, 078, 079, 083, 364, 399
베트남(Vietnam) 088, 100
벳토(別當) 132
闘疆綠 395
別當杢左衛門覺書 132, 191
別本赤蝦夷風說考 387
병농분리(兵農分離) 032, 062
報國以言 388
本朝圖鑑綱目 282, 284, 285
본토(本土) 241, 390, 416, 418, 419, 420,
　　422, 423, 424, 425, 436, 437, 465,
　　470
본토인(本土人) 419, 420, 421, 435
봉건제(封建制) 046, 307
봉공인(奉公人) 121, 250
봉기(蜂起) 012, 054, 091, 113, 114, 116,
　　126, 128, 157, 162, 163, 173, 222,
　　224, 256, 384, 430, 431, 438, 440
봉서선(封書船) 046
부국강병(富國强兵) 086, 158, 466, 477
부국론(富國論) 406, 437
부국화(富國化) 436, 461, 465, 477
부산(釜山) 051, 238, 319
부선(艀船) 415
부헨(無邊) 066, 067
북방경비(北方警備) 387
북방경영(北方經營) 386
북방계획(北方計劃) 390
北方未來考 422, 423, 425, 470
북방방비(北方防備) 433, 446
북방사관(北方史觀) 388
북방영토(北方領土) 435
북방인식(北方認識) 007, 013, 017, 383,
　　388, 390, 391, 395, 408, 419, 435,
　　436, 442, 443, 444, 448
북방정책(北方政策) 007, 387, 389
북방진출(北方進出) 387, 389
북산(北山) 360, 365
북적(北狄) 072
분고(豊後) 037, 164, 248
불교(佛敎) 033, 034, 046, 062, 063, 064,
　　066, 069, 071, 072, 073, 074, 080,
　　081, 082, 084, 110, 115, 130, 154,
　　156, 158
불교적 세계관(佛敎的 世界觀) 062, 063,
　　064, 066, 071, 073, 074, 082, 085
브레스켄스호(Breskens) 251, 252
비교(秘敎) 115, 154

비석장(費錫章) 376
비선(飛船) 415
肥前國有馬高來郡一揆籠城之刻々日記 146
肥前國有馬古老物語 133, 135

ㅅ

사가(佐賀) 129, 150, 310
사가미(相模) 405
사걸(四傑) 362
사교관(邪敎觀) 052, 154, 156, 160
사금(砂金) 405, 410, 448, 455, 456
사나다 유키히로(眞田幸弘) 157
사노 야시치자에몬(佐野彌七左衛門) 124, 188, 191
사대급무(四大急務) 461, 465, 477
사도(佐渡) 150, 275, 313, 314, 315
사도영토관(四島領土觀) 007, 008, 016, 263, 295, 305, 309, 321, 323, 326, 328, 332, 337, 339, 340, 341, 342
사라고사(Saragossa) 조약 030
四郞法度書 147, 148
사략선(私掠船) 038
使琉球雜錄 346
사몬도노(左門殿) 184, 185, 186, 189, 197, 198
사무역(私貿易) 050, 093
사법(邪法) 033, 034, 042, 080, 155
사송선(使送船) 238
사쓰마(薩摩) 010, 052, 053, 094, 095, 096, 097, 217, 219, 220, 221, 231, 243, 244, 245, 246, 247, 248, 253, 255, 256, 257, 383

사쓰마번(薩摩藩) 048, 052, 053, 095, 158, 220, 221, 222, 243, 244, 245, 246, 247, 248, 257, 364
使琉球紀 353, 365
使琉球錄 352, 353, 355, 356, 362, 363, 368, 380
使琉球雜錄 353, 365, 379, 380
사이고쿠(西國) 239, 240, 250
사이쵸(最澄) 065
사이쿄(西京) 469
사자에몬(佐左衛門) 150, 151, 152, 153
사종(邪宗) 220, 463
사찬지도(私撰地圖) 006, 016, 262, 263, 264, 267, 279, 282, 284, 287, 296, 303, 304, 305, 306, 309, 326, 339, 341, 342
사청제도(寺請制度) 154
사카모토 나오히로(坂本直寬) 426
사카모토 료마(坂本龍馬) 426
사카이 다다카쓰(酒井忠勝) 207
사카쿠라 겐지로(坂倉源次郎) 446
사카키바라 모토나오(榊原職直) 186, 219, 220
사쿠마 쇼잔(佐久間象山) 446
사토 노부카게(佐藤信景) 469
사토 노부히로(佐藤信淵) 007, 156, 442, 444, 446, 467, 468, 474, 476
사토 유키노부(佐藤行信) 415, 416, 427, 429, 436
사통사(土通事) 365
사필진(謝必振) 365
사할린(Sakhalin, 樺太) 265, 295, 315, 316,

320, 336, 384, 441, 456, 458, 476
사형(死刑) 390, 420, 422, 430, 463, 465, 470
산 페리페호(San Felipe) 035, 036
산단(山丹) 410, 416, 441
산스크리트어(Sanskrit) 063
山田右衛門佐口書寫 114, 126, 137, 143, 146
산젠자에몬(山善左衛門) 126, 129
산키치(三吉) 124, 125, 135, 430
삼국(三國) 065, 068, 069, 070, 073, 076, 077, 453
삼국세계관(三國世界觀) 062, 064, 065, 066, 067, 068, 069, 070, 071, 072, 073, 075, 077, 078, 079, 080, 081, 082, 083, 085, 110, 161
三國通覽圖說 011, 386, 387, 410, 442, 450, 453, 454, 458, 459
三國通覽輿地路程全圖 453
삼도영토관(三島領土觀) 006, 007, 008, 016, 262, 263, 267, 268, 271, 272, 275, 277, 279, 282, 283, 286, 288, 294, 295, 296, 299, 300, 303, 304, 305, 306, 309, 314, 315, 316, 321, 322, 323, 326, 332, 340, 342, 345
삼한정벌(三韓征伐) 089, 100
상장지행제(商場知行制) 433, 440
상지령(上知令) 433
생사(生絲) 031, 044, 056, 083, 170, 199, 202, 203, 207, 230, 251
샤크샤인(シャクシャイン, 沙牟奢允) 012, 054, 091, 384, 440, 441, 464, 465

샴(シャム, 暹羅) 040, 072
서보광(徐葆光) 368, 369, 370, 371, 372, 374, 375, 381
서양(西洋) 010, 012, 021, 069, 071, 074, 075, 082, 085, 086, 110, 156, 160, 161, 178, 186, 222, 250, 256, 304, 322, 446, 475
西域物語 466, 477
서유럽(West Europe) 004, 005, 006, 008, 014, 020, 021, 022, 023, 028, 034, 037, 038, 045, 046, 049, 050, 052, 054, 055, 056, 057, 058, 066, 072, 074, 075, 082, 089, 090, 091, 096, 110, 156, 163, 165, 166, 209, 210, 213, 258
서융(西戎) 072
석고제(石高制) 046, 062, 276, 308, 312
선교사(宣敎師) 032, 033, 034, 035, 037, 042, 046, 051, 053, 056, 069, 074, 080, 091, 115, 125, 128, 153, 199, 201, 206, 220, 221, 223, 230
선교사추방령(宣敎師追放令) 080, 091
성경(聖經) 011, 132, 133
성화상(聖畵像) 228
성회도(城繪圖) 309
세견선(歲遣船) 051, 237
세레베스섬(Celebes) 038
細川家記 150
세키가하라(関が原) 전투 119, 120, 129
세키야도번(關宿藩) 203
센다이번(仙台藩) 386, 473, 477
센다이부(仙台府) 456, 472, 473

찾아보기 513

센카쿠도(尖閣島) 007, 343, 344, 346
센카쿠열도(尖閣列島) 358
센카쿠제도(尖閣諸島) 343, 344, 348, 350, 378
센푸쿠기리시탄(潛伏キリシタン) 115
소 요시나리(宗義成) 090, 240
소가 마타자에몽(曾我又左衛門) 200
소류큐(小琉球) 354, 355, 358, 359, 362, 366, 371
소마(相馬) 472
소마은(ソーマ銀) 195
소숭업(蕭崇業) 353
소야(宗谷) 456, 457, 458, 464, 476
소이(宗意) 126, 129
소중화(小中華) 088
小學必携日本全圖 336, 337
속국(屬國) 064, 069
속도(屬島) 370, 438, 444, 461, 462, 463, 473,
속도개업론(屬島開業論) 461, 477
속번(屬藩) 222, 244, 245
續琉球國志略 353, 376
續琉球國志畧 353, 376
續日本紀 268
송도(松島) 291
松嶋繪圖 291
쇄국(鎖國) 008, 021, 031, 045, 048, 050, 056, 060, 087, 092, 093, 095, 097, 101, 102, 156, 160, 164, 199, 208, 217, 218, 221, 222, 255, 383, 386, 467
쇄국령(鎖國令) 047, 048, 049, 218, 250

쇄국정책(鎖國政策) 031, 044, 115, 154, 163, 171
쇼군(將軍) 031, 041, 051, 052, 090, 091, 094, 095, 096, 104, 105, 176, 182, 187, 193, 197, 198, 200, 201, 202, 203, 204, 208, 250, 252, 265, 283, 317, 319, 310, 383, 410, 422, 427, 431
쇼레이(尙寧) 052
쇼야(庄屋) 132
쇼쿠호시대(織豊時代) 014, 028, 062, 068, 069, 071, 085
쇼하시(尙巴志) 052
秀吉所持扇面日本圖 277, 278
수도사(修道士) 035, 036, 206
수도회(修道會) 031, 032, 035
수직(受職) 237
순견사(巡見使) 310, 311
순교(殉敎) 035, 037, 141
順風相送 346
슈리성(首里城) 365
슈몬부교(宗門奉行) 154
슈미센(須彌山) 063
스사미 곤노죠(須佐美權之允) 122
스사미 한노죠(須佐美半之允) 122
스에쓰구 헤이죠(末次平藏) 106, 167, 174, 175, 194, 195
스즈테이 야가(鈴亭谷我) 296
스페인(Spain) 006, 020, 021, 022, 023, 025, 028, 029, 030, 031, 032, 035, 036, 038, 041, 042, 043, 045, 046, 055, 056, 072, 075, 091, 094, 207,

251
스하프(Hendrick Cornelisz Schaep) 252
시라누시(白主) 384, 410, 456, 457, 458, 464, 476
시라누카(白糠) 384
시마바라(島原) 006, 008, 015, 044, 047, 084, 113, 117, 124, 125, 126, 128, 130, 133, 134, 136, 137, 138, 139, 140, 141, 159, 162, 166, 172, 182, 188, 199, 209, 210, 213, 222, 224, 250, 256, 311
시마바라·아마쿠사의 난(島原·天草의 亂) 006, 008, 015, 044, 047, 113, 114, 115, 116, 117, 120, 122, 123, 124, 125, 126, 128, 129, 130, 131, 132, 133, 134, 135, 136, 138, 139, 140, 141, 146, 147, 148, 149, 150, 153, 154, 156, 159, 160, 162, 163, 164, 165, 166, 171, 172, 173, 174, 175, 176, 177, 178, 179, 180, 181, 182, 184, 186, 188, 189, 190, 191, 193, 194, 195, 196, 197, 199, 200, 201, 204, 205, 206, 208, 209, 210, 211, 212, 213, 224, 250, 256
시마바라성(島原城) 137, 139, 140, 172
시마에비스(島えびす) 400
시마즈 이에히사(島津家久) 052, 231
시마즈(島津) 052, 053, 083, 091, 222, 231, 243, 245, 246, 319, 364
시마코(島子) 137, 139
시모사노쿠니(下総國) 203
시베리아(Siberia) 391, 473, 474, 477

시베챠리(シベチャリ) 440
시볼트(Philipp Franz Balthasar von Siebold) 295, 323, 326
시즈키 다다오(志筑忠雄) 101
시카키(志柿) 137, 139
시코쓰(支笏) 455, 456
시코쿠(四國) 008, 263, 171, 272, 274, 275, 303, 304, 306, 309, 319, 323, 328, 330, 337, 339, 342, 345
시코탄토(色丹島) 330, 332, 341, 342, 385
식민정책(植民政策) 382
식민지(植民地) 023, 024, 042, 046, 055, 248, 305, 406, 409, 419, 446, 452, 460, 466, 476
신격화(神格化) 006, 013, 015, 047, 080, 081, 085, 113, 116, 117, 126, 128, 130, 132, 133, 134, 135, 138, 144, 145, 146, 149, 159, 160, 162
신국(神國) 033, 034, 042, 065, 080, 081, 084, 086, 087, 090, 091, 092, 109, 110, 161
신도(神道) 063, 080, 084, 158
신라(新羅) 272, 273, 274
신부(神父) 206
신불(神佛) 136, 464
신불습합(神佛習合) 066
신사(神社) 033, 158,
信長公記 066, 067,
新訂萬國全圖 326, 327, 328
신주(神州) 471, 472
新撰大日本圖鑑 282
신패(信牌) 431

찾아보기 515

실론(Ceylon) 400
拾芥抄 274, 313
십자가(十字架) 127, 128, 153, 206
싱가포르(Singapore) 022
쌍서도(雙嶼島) 011, 028
쓰가루(津輕) 432
쓰시마(對馬) 010, 051, 090, 091, 094, 095, 096, 103, 217, 226, 237, 239, 240, 241, 256, 257, 265, 272, 275, 277, 304, 315, 316, 383
쓰시마번(對馬藩) 048, 051, 095, 237, 238, 241, 265
쓰치야마 소지로(土山宗次郎) 413, 429
쓰키노에(ツキノエ) 430

ㅇ

아담 락스만(Adam Laxman) 431, 438
阿蘭陀別段風說書 085
阿蘭陀風說書 049, 399
아리마(有馬) 124, 125, 132, 140, 171, 172, 173, 174, 176, 177, 179, 181, 182, 193, 194, 195, 197, 200, 201, 204, 205, 206
아마미오시마(奄美大島) 365, 393
아마쿠사 시로(天草四郎) 006, 015, 032, 042, 047, 050, 113, 114, 116, 117, 118, 119, 120, 121, 122, 123, 124, 125, 126, 127, 128, 129, 130, 131, 132, 133, 134, 135, 136, 137, 138, 139, 140, 141, 143, 144, 145, 146, 147, 148, 149, 150, 151, 152, 153, 159, 160, 162, 196

아마쿠사(天草) 006, 008, 015, 044, 047, 084, 113, 114, 117, 118, 124, 126, 127, 128, 132, 133, 134, 135, 136, 137, 139, 140, 141, 159, 162, 166, 172, 182, 196, 201, 206, 209, 210, 213, 222, 224, 250, 256, 311
아메리카(America) 055
아베 시게쓰구(阿部重次) 226
아사야마 니치죠(朝山日乘) 069, 070
아사쿠사 단자에몽(淺草彈左衛門) 417
아스카시대(飛鳥時代) 063
아시카가(足利) 265
아오시마 노리오키(靑島軌起) 415, 429, 430
아유타야(Ayutthaya) 027
아이누(Aynu, アイヌ) 012, 048, 054, 091, 094, 095, 096, 104, 105, 110, 111, 256, 383, 384, 388, 391, 410, 414, 418, 430, 431, 433, 435, 438, 439, 440, 441, 443, 453, 454, 456, 458, 459, 476
아이덴티티(identity) 084, 157, 158
아즈치모모야마시대(安土桃山時代) 062, 276, 280
아카에조(赤蝦夷) 395, 396, 398, 402, 411, 447
아카이 다다아키라(赤井忠晶) 427
아카히토(赤人) 416
아쿠네(阿久禰) 097, 219
아편전쟁(阿片戰爭) 085
아폰수 드 알부케르케(Afonso de Albuquerque) 023
아프리카(Africa) 027, 155

안도 한스케(安藤半助) 191
안도(雁道) 272, 273, 277, 281, 314
안토니오 봔 디멘(Antonio van Diemen) 172, 176
알부케르케(Afonso de Albuquerque) 023, 024
암보이나(Amboyna) 027, 039
앗케시(厚岸) 385, 394
야곱 쿠아케르넥넥(Jacob Quaeckernaeck) 038
야나가와 시게오키(柳川調興) 051, 090
야나가와일건(柳川一件) 051, 090, 094
야노단자에몽(矢野彈左衛門) 417
야마구치 다카시나(山口高品) 415, 418
야마나카 기쓰나이(山中橘內) 078
야마다 에모사쿠(山田右衛門作) 128, 145, 153
야마지 유키타카(山路諧孝) 328
야부미(矢文) 128, 144, 145, 159, 184, 192
야에야마제도(八重山諸島) 327, 337
얀 피에테르존 쿤(Jan Pieterszoon Coen) 027
양학(洋學) 329, 333
양학교(洋學校) 332
에도막부(江戶幕府) 006, 008, 013, 014, 015, 020, 022, 031, 037, 045, 050, 054, 060, 082, 083, 084, 113, 134, 154, 162, 163, 165, 166, 172, 196, 203, 213, 215, 219, 230, 238, 244, 249, 265, 266, 267, 283, 295, 304, 305, 306, 308, 309, 315, 319, 322, 329, 332, 334, 340, 341, 346, 364,
386, 387, 394, 418, 428, 431, 433, 444, 448
에도성(江戶城) 134, 198, 427, 428
에도시대(江戶時代) 004, 013, 021, 059, 067, 082, 085, 090, 097, 105, 115, 117, 147, 154, 156, 182, 214, 215, 216, 218, 246, 254, 255, 256, 257, 264, 267, 270, 273, 279, 281, 282, 284, 295, 296, 300, 302, 306, 308, 309, 310, 314, 319, 322, 340, 341, 383, 388, 417, 418, 438, 440, 444, 445, 449, 450, 458, 470, 475, 476, 478
에도참부(江戶參府) 108, 110, 193, 194, 200, 204, 207, 454
에르세라크(Jan van Elseracq) 252
에부미(繪踏) 227
에스노센트리즘(ethnocentrism) 004, 061, 065, 077, 084, 100, 117, 156, 160, 463, 477
에조국(蝦夷國) 457, 458, 459, 469, 470, 473
에조소동(蝦夷騷動) 430
에조시마(蝦夷嶋) 286
에조치 개발(蝦夷地 開發) 387, 389, 390, 391, 394, 402, 406, 408, 410, 416, 417, 418, 419, 420, 422, 423, 424, 425, 426, 427, 429, 430, 435, 436, 437, 439, 443, 444, 453, 455, 463, 465, 476
에조치 개벽론(蝦夷地 開闢論) 446
에조치 어용(蝦夷地 御用) 434

에조치 이주(蝦夷地 移住) 409, 420, 423, 425, 465, 470
에조치개정(蝦夷地改正) 431
에조치도리시마리가카리(蝦夷地取締掛) 434
에타(穢多) 436, 416, 417, 418, 425
에토로후토(澤捉島) 327, 328, 331, 341, 342, 384, 385, 387, 396, 431, 456, 473, 474, 477
여인국(女人國) 275
여진(女眞) 068, 069, 083, 088, 091,
연안경비체제(沿岸警備體制) 056, 093, 094
연해주(沿海州) 441, 474, 478
영국(英國) 022, 028, 029, 037, 038, 039, 040, 041, 042, 044, 045, 049, 055, 056, 165, 166, 167, 177, 210, 221, 255, 299, 323, 327, 344, 400, 432
영락제(永樂帝) 359
영유권(領有權) 272, 344, 345, 346, 347, 348, 349, 350, 351, 443
영토문제(領土問題) 008, 266, 293, 342, 346, 382, 443
영토분쟁(領土紛爭) 007, 008, 332, 341, 342, 343, 348, 349
영토인식(領土認識) 007, 008, 013, 016, 263, 264, 266, 267, 270, 272, 273, 279, 282, 286, 287, 295, 296, 298, 303, 304, 305, 306, 307, 308, 309, 315, 316, 319, 321, 326, 328, 330, 334, 336, 337, 339, 340, 341, 342, 343, 351, 360, 362, 363, 369, 370, 372, 374, 379, 380, 382, 435, 436
예수회(耶蘇會) 029, 030, 034, 037, 068, 074, 178, 199
예적관계(禮的關係) 091, 094, 104
오가사와라제도(小笠原諸島) 337
오가키번(大垣藩) 186
오다 노부나가(織田信長) 032, 062, 066, 067, 071, 075, 276
오랑캐 354, 423, 424
오로샤(러시아) 395, 396, 397, 398, 399, 403, 404, 407, 448, 451, 454
오로촌족(Orochon, Oroqin) 410
오무라 스미타다(大村純忠) 030, 034
오무샤(オムシャ) 104
오사카(大阪) 036, 042, 120, 200, 203, 241, 337, 428, 469
오사키(大崎) 472
오슈(奧州) 247
오시마(大島) 246, 247, 365, 393
오쓰기 겐타쿠(大槻玄澤) 452
오야노 고자에몬(大矢野小左衛門) 120
오야노(大矢野) 118, 120, 124, 126, 127, 128, 135, 137, 138
오에(大江) 137, 138
오우미노쿠니(近江國) 268
오인조제(五人組制) 154
오천축(五天竺) 073
오카무라 겐고베(岡村源五兵衛) 452
오쿠에조(奧蝦夷) 395, 396
오키(隱岐) 275, 293, 313, 314
오키나와(沖繩) 350
오키노토리시마(沖ノ鳥島) 342
오타 규이치(太田牛一) 067
오토나(乙名) 254

오호츠크 385, 473, 474, 475, 477
온다 모쿠(恩田杢) 132, 157
와다 고레마사(和田惟政) 069, 070
와카토시요리(若年寄) 322
와타나베 고자에몬(渡邊小左衛門) 120
왕즙(汪楫) 353, 365, 367, 379
왕직(王直) 011, 029
왜관(倭館) 051, 103, 104, 106, 238, 319
왜구(倭寇) 028, 029, 032, 058, 089, 090, 093, 102, 369
외국 선박(外國 船舶) 207, 215, 217, 218, 220, 221, 222, 224, 225, 226, 227, 228, 229, 245, 255, 256, 258
외국인(外國人) 166, 208, 245
요나구니지마(與那國島) 337
요도번(淀藩) 410
요리키(與力) 232, 233, 470
요시다 쇼인(吉田松陰) 442, 444, 475
요시오 고사쿠(吉雄幸作) 394
宇內混同秘策 442, 467, 468, 469, 471, 477
우다가와 겐스이(宇田川玄随) 452
우라가와우치(浦河内) 125
우라노 다쓰오(浦野起央) 368
우루프토(得撫島) 384, 385, 387, 396, 431
우스키(臼杵) 037
우에스키 요잔(上杉鷹山) 157
우이마무(ウイマム) 104
우토(宇土) 118, 119, 120, 136
운상금(運上金) 433
운슈(雲州) 291
울릉도(鬱陵島) 272, 274, 293

원국회사(遠國會社) 026
원군(援軍) 044, 050, 083, 084, 137, 139, 188, 189, 200
원도(遠島) 430
元綠日本圖 310, 317, 318, 319, 320, 321, 340
원벽서(黿鼇嶼) 370
原城攻圍陣營竝城中圖 182, 183
윌렘 얀센(Willem Janssen) 106, 107, 167, 169
윌리엄 아담스(William Adams) 038
유교(儒敎) 041, 046, 080, 081, 084, 121, 158
琉球過海圖 362, 363
琉球國全圖 375, 376
琉球國志略 353, 368, 374, 376
琉球圖 370
琉球三省并三十六圖之圖 352
琉球三十六島圖 372, 373, 374, 375, 381
琉球諸島總圖 330
유구책봉사(琉球册封使) 352
琉球册封使錄 346
유녀(遊女) 429
有馬記錄 129
有馬之役 147
유바리(夕張) 455, 456
流宣圖 267, 285, 286, 287, 304
幽囚錄 442
유시마(湯島) 132, 133, 136, 139
유엔아시아극동경제위원회(UN economic commision for Asia and the Far East) 344

유엔해양법회의(UN Conference on the Law of the Sea) 266
유학(儒學) 063, 074, 467
유황산(硫黃山) 365
유후쓰(勇拂) 384, 419
육군참모국(陸軍參謀局) 337
육군참모본부(陸軍參謀本部) 337, 338
육두구(肉荳蔲) 025
육상포격(陸上砲擊) 186
율령(律令) 063, 268
은(銀) 056, 154, 170, 194, 202, 206, 254, 421, 422, 446, 449, 450, 455
은산(銀山) 194, 412, 413, 446, 447, 455, 463
이국(異國) 008, 072, 074, 085, 086, 096, 097, 110, 127, 186, 231, 244, 272, 281, 420, 432, 463, 464, 465
이국선(異國船) 051, 052, 097, 222, 223, 224, 225, 226, 228, 229, 250, 433, 438, 446
이국선타불령(異國船打拂令) 229, 423
이국세계관(二國世界觀) 072, 085, 086, 110
이나바 마사아키(稻葉正諟) 410
이노 다다타카(伊能忠敬) 293, 294, 295, 305, 309, 322, 341
이노우에 다다아키(井上隆明) 415, 416, 427
이노우에 마사시게(井上政重) 206
이노우에 지쿠고노카미(井上筑後守) 154
伊能圖 016, 262, 287, 293, 295, 299, 305, 309, 310, 322, 323, 324, 325, 326, 329, 330, 332, 333, 334, 335, 337, 338, 339, 340, 341

이루만(イルマン, irmão) 032, 154, 206
이르쿠츠크(Irkutsk) 392
이리오모테지마(入表島) 327
이마리(伊萬里) 300
이민족(異民族) 072, 083, 472, 477
이슬람교(Islam敎) 023, 025
이시다 미쓰나리(石田三成) 118
이시비야(石火矢) 144, 188
이시카와 도모노부(石川流宣) 267, 282, 284, 287
이어도(離於島) 349
이역(異域) 077, 096, 272, 281, 441, 451
이오토리시마(硫黃鳥島) 365
이와미(石見) 194
이적(夷狄) 285, 286
이정원(李鼎元) 375, 376, 377
이주 개발론(移住 開發論) 017, 409, 420, 425, 436, 437, 465
이주계획(移住計劃) 419, 425, 426, 435,
이즈노카미(松平伊豆守) 120, 182, 184, 185, 412
이즈도노(伊豆殿) 185, 189, 195, 205
이지항(李志恒) 256
이키(壱岐) 275, 277, 304, 315
이타쿠라 가쓰이에(松倉勝家) 113
이타쿠라 시게마사(松倉重政) 140, 143
이통사(夷通事) 354
이하라 노리가타(庵原宣方) 415
이협(夷狹) 286
익사자(溺死者) 235, 236
인공섬(人工島) 208
인도(印度, India) 021, 023, 025, 027, 039,

041, 049, 063, 064, 066, 067, 068, 069, 070, 071, 075, 076, 077, 078, 079, 080, 081, 082, 085, 110, 161, 209
인도네시아(Indonesia) 022, 023, 026, 027, 41
인도양(印度洋, the Indian Ocean) 025, 026
인도주의(人道主義) 222, 229, 256
인삼(人蔘) 463
인슈(隱州) 291
일국일성령(一國一城令) 140
일란관계(日蘭關係) 015, 165, 170, 196, 211, 248, 251
일란무역(日蘭貿易) 178
일륜신화(日輪神話) 078
일본 선박(日本 船舶) 238, 244
일본 정부(日本 政府) 345, 348, 350
日本敎會史 068
日本國之圖 279, 280, 281, 304
日本國地理測量之圖 294, 295, 305
일본도(日本圖) 264, 266, 267, 270, 271, 272, 273, 275, 279, 282, 287, 300, 302, 308, 309, 310, 312, 320
日本鹿子 282
일본무역(日本貿易) 012, 020, 040, 043, 044, 045, 049, 107, 108, 164, 166, 167, 168, 169, 170, 197, 200, 204, 209, 210, 212, 213, 249, 398, 399
일본사(日本史) 005, 098, 099, 162, 387, 391, 430, 437
日本書紀 062, 064, 082, 307
일본서사(日本誓詞) 154

日本暗射地圖 335
일본어 학교(日本語 學校) 392
日本輿地圖藁 293, 294, 295, 305
일본전도(日本全圖) 268, 269, 270, 289, 300, 308, 323, 326, 332, 334, 337, 340, 341
日本誌 101
日本地圖屛風 276, 277, 280
日本總圖 282
일본해상보안청(日本海上保安廳) 344
일본형 중화사상(日本型 中華思想) 087
일본형 화이의식(日本型 華夷意識) 087, 088, 109, 110
일본형 화이질서(日本型 華夷秩序) 015, 058, 060, 061, 065, 086, 087, 089, 090, 092, 094, 098, 099, 100, 102, 103, 104, 105, 106, 108, 109, 110, 111
日本後紀 269
一統志 370, 371
입공(入貢) 104, 105

ㅈ

자국중심주의(自國中心主義) 004, 329
자바(Java) 026, 028, 038
자비에르(Francisco de Xavier) 030
자유무역(自由貿易) 107, 108, 168, 169
자카르타(Jakarta) 028, 043
작크 스펙스(Jacques Specx) 106, 167, 211
장소청부제(場所請負制) 433
莊園繪圖 270, 308
장학례(張學禮) 365
재정개혁(財政改革) 158

저장성(浙江省) 011, 028
적감서(赤坎嶼) 362, 366
적미서(赤尾嶼) 011, 355, 357, 375, 376
적서(赤嶼) 010, 011, 354, 355, 356, 357, 360, 362, 366, 367, 368, 380, 381
赤水圖 017, 267, 286, 287, 289, 293, 294, 296, 305
적양(赤洋) 375
赤夷動靜 386, 387, 442, 460, 463, 477
赤蝦夷風說考 007, 011, 013, 017, 296, 383, 386, 387, 388, 389, 390, 391, 394, 395, 396, 397, 398, 402, 407, 409, 410, 411, 412, 413, 419, 426, 427, 435, 436, 437, 438, 444, 447, 448, 450, 460, 476
전국시대(戰國時代) 021, 032, 062, 069, 130
전도(田圖) 268, 269, 307
전라도(全羅道) 216, 238
전쟁(戰爭) 004, 027, 032, 077, 082, 085, 086, 114, 116, 135, 139, 161, 162, 165, 171, 173, 175, 177, 193, 206, 229, 398, 454, 468
전해령(展海令) 044
鄭開陽雜著 360, 361, 362, 363, 370, 371, 372, 380, 381
정벌(征伐) 076, 089, 091, 092, 100, 471, 472
正保日本圖 289, 292, 310, 315, 316, 317, 319, 320, 321, 340
정성공(鄭成功) 011, 044, 254
정약증(鄭若曾) 360, 370, 371, 380
정이(征夷) 441

정크선(Junk) 035, 040
정화(鄭和) 359
제곤(齊鯤) 375
제국주의(帝國主義) 008, 161, 266, 304, 338, 346, 349, 382, 409, 452, 466, 468, 475, 477, 478
제금(諸金) 461
제민족 잡거(諸民族 雜居) 089
제주도(濟州島) 253
젠자에몬(善左衛門) 126, 129,
젤란디아(Zeelandia) 028, 043
조공(朝貢) 029, 059, 069, 103, 105, 108
조공무역(朝貢貿易) 060, 090, 093
조공사절(朝貢使節) 105, 108
조공책봉체제(朝貢册封體制) 020, 050, 058, 059, 060, 061, 089, 090, 108
조서(釣嶼) 357
조선 선박(朝鮮 船舶) 225, 226, 237, 238, 239, 241, 243, 256
조선무역(朝鮮貿易) 012, 020, 048, 209
조선인(朝鮮人) 089, 216, 240, 242, 243, 256
조선침략(朝鮮侵略) 051, 058, 077, 078, 079, 082, 085, 089, 091, 094, 104, 110, 229, 238
조선해(朝鮮海) 328
조신(趙新) 376
조안 로드리게스(João Rodrigues) 010, 035, 068
조어대(釣魚臺) 370, 375, 376
조어도(釣魚島) 007, 008, 011, 016, 343, 344, 345, 346, 347, 348, 349, 350,

351, 352, 353, 354, 355, 356, 357,
358, 360, 362, 363, 364, 365, 367,
369, 370, 372, 374, 375, 376, 379,
380, 381, 382,
조어산(釣魚山) 376
조어서(釣魚嶼) 010, 011, 352, 354, 355,
356, 360, 362, 363, 366, 367, 370,
371
조일관계(朝日關係) 051, 090
조총(鳥銃) 144, 175
존왕양이(尊王攘夷) 084, 158
종교 반란(宗敎反亂) 006, 047, 210, 250
종교 전쟁(宗敎戰爭) 116, 162
종문(宗門) 011, 136, 137, 154, 223, 403,
463
종문개(宗門改) 154
宗門人別帳 154
佐野彌七左衛門覺書 135
죠슈번(長州藩) 158
주식회사(株式會社) 026, 249
주인선(朱印船) 044, 075, 089, 106, 165,
167, 208
주인장(朱印狀) 038, 166, 231, 249, 250
주자학(朱子學) 156, 428
주잔왕(中山王) 052
주황(周煌) 368, 374
籌海圖編 346, 361
죽도(竹島) 291, 293
중계무역(中繼貿易) 029, 043, 052, 053, 056
중국 선박(中國 船舶) 043, 046, 049, 188,
219, 224, 226, 229, 230, 231, 232,
233, 234, 236, 237, 255, 256, 257

중국 해적(中國 海賊) 189
중국선(中國船) 050, 097, 188, 213, 219,
224, 225, 227, 230, 231, 234, 235,
236
중국인(中國人) 044, 051, 059, 067, 068,
102, 103, 104, 177, 198, 226, 233,
234, 235, 236, 344, 352, 382
중근세(中近世) 006, 007, 016, 020, 262,
268
中山傳信錄 353, 368, 369, 370, 372, 373,
374, 375, 381
중상주의(重商主義) 409, 428
重訂萬國全圖 328, 329, 330
重編使琉球錄 353, 356, 363, 380
중화사상(中華思想) 058, 072, 087
增訂日本輿地全圖 296, 297, 305
지구의(地球儀) 074
指南廣義 352, 373, 374
지시마(千嶋, 千島) 054, 280, 319, 320, 327,
336, 342, 385, 387, 391, 392, 393,
395, 397, 438
지즈카시마(千束島) 126, 128
지진(地震) 279
지토(地頭) 236
지팡그(Zipangu, 일본) 021
직할령(直轄領) 095, 271, 418
직할지(直轄地) 235, 236, 433
진간(陳侃) 352, 355, 380
진단(震旦) 021, 064, 065, 066, 067, 075,
080, 110
진도(珍島) 052

ㅊ

참수(斬首) 128, 129, 209, 295, 326, 429
참죄(斬罪) 208, 224, 225
창명(滄溟) 377
책봉사(冊封使) 011, 352, 353, 355, 356, 358, 362, 364, 365, 367, 370, 374, 375, 376, 378, 380, 381
책봉사록(冊封使錄) 358
처형(處刑) 037, 430
천계령(遷界令) 044, 050
천민(賤民) 416, 422, 425, 436
천인(天人) 130, 159
天柱記 467, 472, 477
천축(天竺) 021, 063, 064, 065, 067, 068, 070, 071, 072, 073, 074, 075, 078, 079, 082, 085, 110
天竺國圖 073
天竺之圖 072, 073
천황(天皇) 079, 089, 090, 100, 271, 307
천황제(天皇制) 158, 161, 474
철포(鐵砲) 143, 144, 149, 159, 175, 188, 430
청일전쟁(淸日戰爭) 086
초량두(草梁頭) 318, 319
총무사령(總無事令) 032
쵸리카시라(長吏頭) 417
축생국(畜生國) 155, 156
축토(竺土) 080
충절(忠節) 048, 164, 210, 212
취안저우(泉州) 358, 370, 371
치리운강(Ciliwung) 028

침략론(侵略論) 446, 468, 474, 475, 477
침략정책(侵略政策) 469, 478
침략주의(侵略主義) 004, 005, 338, 444, 445, 472, 477, 478
針路條記 352
枕屛風日本圖 283

ㅋ

카레우타(galeota) 096, 097, 201, 206, 208, 224
카론(Charon) 179, 180
카모사쓰카(葛模佐都加, 加謨沙都葛) 473
카피탄(カピタン) 200, 206
칸푸스(Reonardt Camps) 167
캄보디아(Cambodia) 040
캄차달족(Kamchadals) 391
캄차카(Kamchatka) 265, 336, 385, 387, 391, 392, 393, 395, 396, 397, 407, 438, 451, 466, 473, 474, 475, 477
코넬리스 드 하우트먼(Cornelis de Houtman) 026
코레이(Coray) 068, 069
코친시나(Cochin China, 交趾支那) 040
쿠릴열도(Kuril Islands) 315, 337, 339, 342, 391, 396
쿠케박케르(Nicolaas Koeckebakker) 170, 171, 172, 176, 179, 182

ㅌ

타이완 무역(臺灣 貿易) 106
타이완 사건(臺灣事件) 106, 108, 167, 169, 170, 174, 211

타이완 상관(臺灣 商館) 044, 106, 167, 170
탁발수도회(托鉢修道會) 031, 035
탈중화(脫中華) 050, 058, 061, 082, 083, 109, 110
탐험대(探險隊) 387, 390, 392, 410, 414, 415, 416, 419, 427, 428, 429, 435, 436, 437, 449
태정관(太政官) 332
태평양(太平洋) 030, 314, 328, 385, 391, 392
테르나테섬(Pulau Ternate) 030
토메 피레스(Tome Pires) 023
토지개발론(土地開發論) 469
토착민(土着民) 420, 421, 422
통사(通詞, 通事) 069, 101, 184, 197, 198, 204, 232, 233, 354, 365, 394, 397, 414
통상국(通商國) 004, 006, 209, 226, 255, 257
통상조약(通商條約) 042
통신국(通信國) 004, 226, 241, 243, 244, 248, 257
통신사(通信使) 051, 093, 094, 104, 105, 106, 108, 110, 239, 240, 241
통킨(トンキン, Tonkin) 040
通航一覽 218, 219, 228, 230, 238, 243, 244, 245, 246, 249, 254, 438
티도레섬(Pulau Tidore) 027

ㅍ

파드레(padre) 032
파선(破船) 214, 235, 236

파타니(Pattani) 027
팔삭례(八朔禮) 104, 105
팽가도(彭佳島) 366, 367
팽가산(彭佳山) 356, 360, 362, 366, 371, 375
팽가서(彭佳嶼) 011, 355
팽창론(膨脹論) 444, 467, 468
팽창주의(膨脹主義) 445
팽호도(彭湖島) 370, 371
팽호서(彭湖嶼) 358, 359
페르시아(Persia) 024
페리(Matthew Calbraith Perry) 229
평가산(平嘉山) 010, 011, 354, 355
폐관정책(閉關政策) 102
폐번치현(廢藩置縣) 052
포격(砲擊) 047, 163, 178, 179, 183, 184, 185, 186, 187, 190, 191, 192, 195, 205, 206, 212
포교(布敎) 020, 029, 030, 031, 032, 034, 035, 037, 045, 055, 056, 074, 125, 126, 128, 138, 166, 201, 251
포르투갈선 097, 199, 208, 225
포르투갈어 032, 097, 125
포르투갈인 023, 029, 039, 047, 068, 072, 190, 198, 199, 200, 201, 202, 203, 205, 206, 207, 209
포상금(褒賞金) 154
표류(漂流) 215, 216, 217, 220, 221, 245, 392, 396, 397, 398, 464
표류민 송환체제(漂流民 送還體制) 216, 217, 238, 243
표류민(漂流民) 096, 216, 217, 226, 228,

230, 237, 238, 241, 243, 245, 248, 256, 257
표인영래차왜(漂人領來差倭) 238
표절가(剽竊家) 467, 468, 475
표착 선박(漂着 船舶) 232, 233, 234, 252
표착(漂着) 029, 035, 036, 037, 038, 052, 072, 097, 164, 198, 215, 216, 219, 220, 221, 225, 226, 227, 228, 229, 230, 232, 233, 234, 235, 236, 237, 238, 239, 241, 242, 243, 244, 245, 246, 247, 248, 249, 250, 251, 252, 253, 254, 256
漂着幷難船破船扱方 249
漂着幷漂流扱方 218
표착선(漂着船) 220, 236, 237
표트르 대제(Пётр I Алексеевич, Pyotr I Alekseevich) 392, 397
푸저우(福州) 352, 356, 372, 375, 378
푸젠(福建) 347, 360, 362, 378
프란치스코회(Ordo Fratrum Minorum) 035
프랜시스 드레이크(Francis Drake) 038
피차별민(被差別民) 390, 417, 418, 437
피텔 누이츠(Pieter Nuijts) 106, 167
필리핀(Philippines) 021, 022, 030, 031, 032, 035, 042, 077

ㅎ

하늘의 사자(使者) 047, 116, 127, 130, 144, 153, 159, 160
하라 한자에몬(原半左衛門) 419
하라노시마(原の島) 137
하라다 마고시치로(原田孫七郎) 035

하라성(原城) 047, 114, 123, 128, 139, 140, 141, 142, 143, 144, 145, 148, 149, 150, 153, 159, 160, 162, 163, 182, 183, 184, 185, 186, 187, 188, 191, 192, 194, 196
하마다 야효에(濱田彌兵衛) 106, 167
하멜보고서 253
하보로(羽幌) 455, 456
하보마이군도(齒舞群島) 330, 341, 342, 385
하부토 마사야스(羽太正養) 434
하세카와 겐에몬(長谷川源右衛門) 146
하야시 슌사이(林春齋) 059
하야시 시헤이(林子平) 007, 351, 387, 390, 394, 410, 442, 443, 446, 450, 452, 454, 460, 464, 476
하야시 쥬고(林從吾) 452
하야시 후쿠사이(林復齋) 219, 438
蝦夷圖 265, 389
蝦夷道知邊 438
蝦夷動靜 420, 424, 438
蝦夷隨筆 447
蝦夷拾遺 389, 415, 416, 438, 460
蝦夷拾遺補遺 415
蝦夷拾遺附言 415
蝦夷地一件 389, 410, 411, 413, 414, 415, 429
蝦夷草紙 416, 437
하자마 시게토미(間重富) 327
하자양(夏子陽) 362, 368
하치오지센닌도신(八王子千人同心) 418, 419
하카타(博多) 097, 219
하타모토(旗本) 105, 319, 418, 433, 441

한당(韓唐) 273, 286
한반도(韓半島) 064, 073, 274, 277, 328
한벤고로(Maurycy Beniowski) 사건 393,
　　394, 397, 398, 400
한족(漢族) 050, 083
함포사격(艦砲射擊) 184, 185, 186
海國兵談 388, 394, 442, 450, 452, 454
해군수로부(海軍水路部) 323
해금(海禁) 006, 008, 028, 045, 048, 050,
　　056, 060, 092, 093, 094, 096, 097,
　　098, 099, 100, 101, 102, 103, 109,
　　110, 111, 115, 154, 160, 171, 199,
　　208, 218, 222, 254, 383, 386
해금령(海禁令) 029, 044
해난구조(海難救助) 015, 215, 216, 217,
　　218, 220, 222, 225, 226, 228, 229,
　　230, 232, 233, 234, 235, 236, 237,
　　238, 239, 241, 243, 245, 246, 248,
　　249, 252, 253, 255, 256, 257, 258
해난구조법(海難救助法) 215
해난구조정책(海難救助政策) 015, 214, 217,
　　218, 238, 249, 251, 255, 257, 258
해난사고(海難事故) 006, 214, 215, 216,
　　217, 218, 220, 239, 241, 243, 247,
　　250, 252, 255, 257, 258
海東諸國紀 275, 279
해방(海防) 234, 453,
해방론(海防論) 388, 390, 446, 450
해방론가(海防論家) 299, 442, 445, 446, 452
해상교역(海上交易) 025
해상권(海上權) 041
해상무역(海上貿易) 024, 093, 165

해상방어책(海上防禦策) 380
해신(海神) 368
해외무역(海外貿易) 075, 165, 198, 209, 435
해적(海賊) 029, 032, 038, 189
핸미 도요지로(逸見豊次郎) 296
行基圖 016, 266, 267, 268, 270, 274, 275,
　　304, 312, 313, 314
行基菩薩說大日本國圖 313, 314,
行基式日本圖 016, 266, 267, 270, 272,
　　273, 275, 276, 277, 279, 280, 282,
　　286, 289, 300, 302, 304, 305, 312,
　　313, 314, 315, 317, 321
향료(香料) 024, 025, 026, 027, 028
享保日本圖 310, 317, 320, 321, 340
향사(鄕士) 419
향장(鄕帳) 264
헤이안시대(平安時代) 066
헤이트(Arend Willem Feith) 453, 454, 459
헨드릭 하멜(Hendrik Hamel) 253
혜황(嵇璜) 375
호르무즈(Hormuz) 024
호미산(粘米山) 362, 363, 368
호소카와 다다토시(細川忠利) 150, 151, 152
호조 우지나가(北條氏長) 315
호종헌(胡宗憲) 361
혼다 도시아키(本多利明) 007, 388, 420,
　　421, 422, 424, 425, 429, 436, 437,
　　442, 444, 445, 446, 460, 461, 463,
　　464, 465, 466, 467, 470, 475, 476,
　　477, 478
혼슈(本州) 007, 008, 239, 247, 263, 271,
　　272, 274, 289, 294, 303, 304, 306,

309, 314, 316, 317, 319, 321, 323, 328, 330, 337, 339, 340, 342
홋카이도(北海道) 007, 096, 105, 256, 266, 277, 295, 299, 305, 316, 334, 336, 337, 339, 342, 383, 384, 388, 395, 415, 418, 426, 433, 438, 440, 456, 458, 476
홋코샤(北光社) 426
홋코쿠군다이(北國郡代) 405, 431
홍모(紅毛) 403, 404, 407, 448
홍양현(洪陽縣) 238
화관(和館) 319
화병산(花瓶山, 花瓶嶼) 360
화병서(花瓶嶼) 362, 366, 371, 376
화약(火藥) 163, 174, 175, 178, 179, 180, 181, 185, 211, 461
화이관(華夷觀) 072
화이변태(華夷變態) 058, 083, 159
화이의식(華夷意識) 014, 059, 061, 062, 065, 087, 088, 091, 094, 099, 100, 109, 110
화이질서(華夷秩序) 006, 014, 058, 059, 060, 061, 065, 083, 086, 087, 089, 090, 091, 092, 094, 095, 096, 098, 099, 100, 102, 103, 104, 105, 106, 108, 109, 110, 111
화인지(和人地) 281, 321, 396
화혼양재(和魂洋材) 160
황금(黃金)의 섬 020
황마서(黃麻嶼) 362
황모산(黃毛山) 360, 361
황모서(黃毛嶼) 010, 354, 355, 356

황미산(黃尾嶼) 363
황미서(黃尾嶼) 011, 355, 356, 366
황실신도(皇室神道) 156
황제(皇帝) 040, 093, 187, 193, 198, 208
皇朝文獻通考 375, 381
회선(回船) 415
효가노쿠니(日向國) 227
효고(兵庫) 076
효고노카미(兵庫頭) 137
후다이(譜代) 203, 418, 427
후미에(踏繪) 154, 227, 228
흉노(匈奴) 088
흑구(黑溝) 377, 378, 379
흑선(黑船) 033, 228, 229, 258
흑수구(黑水溝) 377
히가시에조치(東蝦夷地) 433, 469, 472, 473, 477
히고(肥後) 118, 119, 120, 122, 136
히노에성(日野江城) 140
히닌(非人) 416, 417, 418, 425, 436
히다야(飛騨屋) 430
히데요시(秀吉) 011, 021, 032, 033, 034, 035, 036, 037, 051, 058, 062, 071, 075, 076, 077, 078, 079, 080, 081, 082, 085, 089, 091, 094, 104, 105, 110, 229, 238, 277, 281
히라도 부교(平戶 奉行) 184, 185, 186, 188, 189
히라도 상관(平戶 商館) 028, 045, 166, 167, 169, 170, 175, 250
히라도(平戶) 028, 030, 035, 036, 038, 039, 040, 045, 046, 106, 107, 164, 165,

166, 167, 168, 169, 170, 171, 175,
180, 181, 184, 185, 186, 187, 188,
189, 191, 192, 193, 194, 195, 196,
200, 204, 208, 231, 249, 250, 251
히라도번(平戶藩) 194, 200
히라야마 조친(平山常陳) 042
히라타 아쓰타네(平田篤胤) 467, 472
히사카이 마사토시(久貝正俊) 200
히젠노쿠니(肥前國) 246
히젠번(肥前藩) 158

동아대학교 역사인문이미지연구소 총서 04
근세 일본의 국제관계와 대외인식

초판 1쇄 인쇄 2024년 12월 24일
초판 1쇄 발행 2024년 12월 30일

저　　자 신동규
편　　찬 동아대학교 역사인문이미지연구소
전　　화 051-200-8742

발 행 인 한정희
발 행 처 경인문화사
편 집 부 김지선 김윤진 한주연 김한별 양은경
마 케 팅 유인순 하재일

출판신고 제406-1973-000003호
주　　소 경기도 파주시 회동길 445-1 경인빌딩 B동 4층
대표전화 031-955-9300　팩　스 031-955-9310
홈페이지 http://www.kyunginp.co.kr
이 메 일 kyungin@kyunginp.co.kr

ISBN 978-89-499-6830-8 94910
　　　978-89-499-4868-3 (세트)
값 45,000원

※ 파본 및 훼손된 책은 교환해 드립니다.